Lehr- und Handbücher der Politikwissenschaft

Herausgegeben von
Dr. Arno Mohr

Theorien Internationaler Politik

Einführung und Texte

Eingeleitet und bearbeitet
von
Dr. Ursula Lehmkuhl
Ruhr-Universität Bochum

R. Oldenbourg Verlag München Wien

Die Deutsche Bibliothek - CIP-Einheitsaufnahme

Theorien internationaler Politik : Einführung und Texte /
eingeleitet und bearb. von Ursula Lehmkuhl. - München ; Wien
: Oldenbourg, 1996
    (Lehr- und Handbücher der Politikwissenschaft)
    ISBN 3-486-23538-9
NE: Lehmkuhl, Ursula [Bearb.]

© 1996 R. Oldenbourg Verlag GmbH, München

Gesamtherstellung: R. Oldenbourg Graphische Betriebe GmbH, München

ISBN 3-486-23538-9

Inhaltsübersicht

Vorwort

Was ist eine Theorie und wozu benötigt man eine solche, wenn man internationale Beziehungen analysieren will? Mit diesen und ähnlichen Fragen beginnen klassischer Weise Einführungen in die Theorien internationaler Politik.[1] Die angebotenen Antworten auf diese Fragen lassen sich wie folgt zusammenfassen: Theorien sind notwendig, um die äußerst komplexen Interaktionsstrukturen und die verwirrende Vielfalt von Akteuren, Prozessen und Strukturen, die die internationale Politik ausmachen, intellektuell bewältigen zu können. Die Aufgabe einer Theorie besteht demnach darin, auszuwählen, zu ordnen und zu erklären. Theorien der Internationalen Politik gehen, wenn auch oft unausgesprochen, davon aus, daß die bestehenden Zustände verbesserungswürdig sind. Das heißt: Die Theorien sind zu einem wesentlichen Teil darauf ausgerichtet, den Ursachen für erkannte Defizite im Zusammenleben der Staaten und Völker nachzugehen. Die Ursachen für die Mängel werden je nach dem Schwerpunkt der Theorien in den Akteuren, in deren innerer Struktur und schließlich der Struktur des internationalen Systems selbst gesucht.

Es lassen sich grob drei Schulen der wissenschaftlichen Theoriebildung unterscheiden: 1. Die philosophisch-metaphysisch argumentierende essentialistische Theorie, 2. die philosophisch-materialistisch argumentierende historisch-dialektische Theorie und 3. die empirisch-analytische Theorie. Während die ersten beiden Theorietypen holistisch orientiert sind, d.h. die Totalität der menschlichen Gesellschaft zu erfassen versuchen, geht die emprisch-analytische Theorie davon aus, daß gesellschaftliche Totalität prinzipiell nicht wissenschaftlich zu erfassen ist. Wissenschafliche Theorie muß sich vielmehr darauf beschränken, Hypothesen über Teilzusammenhänge zu entwerfen und zu testen. Solange deren Widerlegung nicht gelingt, können sie als gesichert, als Theorie gelten.

Bei den in diesem Band vorgestellten Theorien handelt es sich ausnahmslos um empirisch-analytisch vorgehende "Theorien geringer Reichweite", die jeweils spezifische Ausschnitte der internationalen Politik erschließen helfen. Mit dieser Textauswahl verknüpft, ist ein erstes Anliegen der Anthologie. Sie soll dem Studienanfänger und der Studienanfängerin vor Augen halten, daß es keine den Ansprüchen sozialwissenschaftlicher Methoden genügende "allgemeine Theorie" der internationalen Beziehungen gibt. Jeder Versuch, die Komplexität internationaler Beziehungen mit einer alles erklärenden Theorie erfassen zu wollen, läuft unweigerlich Gefahr, normativ-metaphysische oder normativ-materialistische Denkkategorien zu übernehmen oder zu entwickeln und damit an Wissenschaftlichkeit einzubüßen.

---

[1] Vgl. etwa Ernst-Otto Czempiel, Internationale Politik. Ein Konfliktmodell, Paderborn, München 1981; ders., Die Lehre von den Internationalen Beziehungen, Darmstadt 1969; Helga Haftendorn (Hrsg.), Theorie der Internationalen Politik. Gegenstand und Methoden der Internationalen Beziehungen, Hamburg 1975; Manfred Knapp/Gert Krell (Hrsg.), Einführung in die Internationale Politik. Studienbuch, München, Wien [2]1991; Henning Behrens/Paul Noack, Theorien der Internationalen Politik, München 1984.

Die in diesem Band vorgestellten theoretischen Erklärungsansätze untersuchen, mit Hilfe einer empirisch-analytischen Herangehensweise, verschiedene Dimensionen von Handlungszusammenhängen, (historisch-vertikale genauso wie geographisch-horizontale) und orientieren sich dabei an unterschiedlichen theoretischen oder vortheoretischen Entwürfen über Akteure und Interaktionen. Die Funktion dieser Vororientierungen - man kann sie auch als Modelle bezeichnen - besteht darin, zu bestimmen, welche Hypothesen überhaupt möglich sind und auf welche Weise sie getestet werden können. Für die wissenschaftliche Analyse ist es zentral, die benutzten Modelle oder Selektionskriterien offen zu legen. Erst durch diese Offenlegung läßt sich begründen, warum z.B. die einen in der internationalen Politik nur Staatenbeziehungen, die anderen nur soziale Beziehungen und die dritten nur Marktbeziehungen erblicken. Diese drei wohl gängigsten Modelle und ihre wichtigsten theoretischen Ausformungen und Vertreter finden sich in der getroffenen Textauswahl wieder.

Neben der Verpflichtung zum empirisch-analytischen Vorgehen - im weitesten Sinne - wurden nur solche Theorien herausgegriffen, die in der gegenwärtigen Theoriediskussion noch eine Rolle spielen. Ansätze, wie etwa der systemtheoretische, der zwar in einer Kombination der Modelle von Karl W. Deutsch und David Easton ein geschlossenes Analyseraster für die Innenpolitik präsentiert, bei dem es jedoch noch nicht gelungen ist, eine solche Gesamtanalyse auch für das erheblich amorphere internationale Staatensystem zu erstellen, wurden nicht berücksichtigt.

Das Buch ist konzipiert nach dem Vorbild amerikanischer Textbooks, ein Genre, das auf dem deutschen Büchermarkt leider immer noch viel zu selten angeboten wird. Es soll Studierenden und Lehrenden, die sich mit Theorien der Internationalen Politik auseinandersetzen, eine Text- und Diskussionsgrundlage bieten. Zu diesem Zweck werden die ausgewählten Texte jeweils in einer kurzen Einleitung wissenschaftsgeschichtlich und -theoretisch verortet. Sie sind mit Erschließungsfragen versehen, die dem Leser einerseits eine inhaltsorientierte Leseperspektive geben sollen, die andererseits aber auch zur Überprüfung des Textverständnisses herangezogen werden können. Jedes Kapitel schließt ab mit einem Hinweis auf weiterführende Literatur zu den in dem Kapitel behandelten Fragen. Zentrale Begriffe werden im Anhang in einem Glossar definiert.

Zur Vergegenwärtigung der normativen Grundlagen internationaler Politik und der Vielfalt der beteiligten Akteure sowie der Mehrdimensionalität der Handlungszusammenhänge werden den hier behandelten Theorien zwei Aufsätze vorweggeschickt, die sich mit eben diesen Grundlagen auseinandersetzen und sie systematisch aufschlüsseln. Daran schließen sich die zu erörternden Ansätze und Theorien an, die einmal hinsichtlich des zugrundeliegenden Modells (Welt als Staatenwelt, Welt als Weltgesellschaft, Welt als Weltmarkt) und zum zweiten in chronologischer Hinsicht (Entstehungszeitraum) gegliedert sind. Es kommen hier sowohl die Vertreter der Schulen bzw. Denkansätze selbst als auch solche Autoren zu Wort, die Inhalte der Schulen und Konzepte systematisch analysieren. Diese auf den ersten Blick vielleicht ungewöhnliche Mischung von "Ur"- und "Meta"-Texten erschien sinnvoll, um ein zweites Anliegen des Bandes einlösen zu können, nämlich die Wiedergabe der Prämissen, Inhalte und Deutungsmuster der verschiedenen Schulen. In manchen Fällen, wie etwa bei der historischen Soziologie, dem Bürokratiepolitik-Modell, der Transnationalen Politik und den internationalen Wirtschaftsbeziehungen, leisteten dies die theoretischen Väter und Mütter der vorzustellenden Konzepte selbst. In anderen Fällen, wie der Realistischen Schule, der Integrations- und Interdependenztheorie und der Regimetheorie erschien es sinnvoller, "Meta"-Texte zu verwenden, weil diese mit klareren analytischen Kategorien arbeiteten und in der Rückschau auch die wissenschaftstheoretische Entwicklung miteinbeziehen konnten.

Ungewöhnlich mag es auch erscheinen, englisch- und deutschsprachige Texte gemischt abzudrucken. Auch dies hat im Rahmen des Genre "textbook" eine nicht unwichtige Funktion. Internationale Politik ist als Fach jung und vor allem durch die angelsächsische Forschung geprägt. Studierende dieses Faches werden es kaum vermeiden können, englischsprachige Beiträge zu rezipieren. Ein Problem, das sich dabei immer wieder - gerade Studienanfängern - stellt, ist die Tatsache, daß das verwendete Fachvokabular fremd ist und meist wenig mit dem Schulenglisch gemein hat. Deshalb sollen die hier abgedruckten Texte auch verstanden werden als Einstiegshilfen in die Lektüre weiterführender amerikanischer oder englischer Fachliteratur.

Die Idee zur Erarbeitung eines "textbook" zu Theorien Internationaler Politik entstand im Rahmen der Vorbereitung und Durchführung einer obligatorischen Einführungsveranstaltung zum Teilgebiet Internationale Politik im Grundstudium Politikwissenschaft an der Ruhr-Universität Bochum. Studierende wie Lehrende waren im Hinblick auf dieses Teilgebiet mit dem Problem konfrontiert, daß eine dem doppelten Ziel dieser Einführungsveranstaltung - nämlich einerseits unter einer wissenschaftsgeschichtlichen Perspektive unterschiedliche Herangehensweisen an die Analyse internationaler Politik zu erläutern und damit auf die Komplexität internationaler Beziehungen aufmerksam zu machen und andererseits die kritische Auseinandersetzung mit der Forschungsliteratur zu ermöglichen - entsprechende Lehr- und Lerngrundlage auf dem deutschen Büchermarkt nicht erhältlich war. Diese Lücke will der vorliegende Band schließen. Das Konzept des Bandes wurde im WS 93/94 entworfen und im SS 94 und WS 94/95 in der Lehre getestet. Ich habe viele Anregungen von Seiten der Studierenden bezüglich Textauswahl und Organisation der Texte erhalten und verarbeitet. Für ihre konstruktive Kritik möchte ich allen Seminarteilnehmern danken.

Ursula Lehmkuhl

I.
Grundlagen
Internationaler Politik

1. EINFÜHRUNG

Mit den beiden Texten von Reimund Seidelmann und Ernst-Otto Czempiel soll auf Grundprobleme und Grundkonstellationen der internationalen Politik aufmerksam gemacht werden. Die Grundprobleme, auf die sich das Handeln der das internationale politische System konstituierenden Akteure ausrichtet, werden anhand der normativen Postulate der internationalen Beziehungen, Frieden, Freiheit und Gerechtigkeit, erörtert. Die Grundwerte der internationalen Politik erlauben die Entwicklung wissenschaftlicher Fragestellungen; sie dienen der Konstruktion von Ordnungsmodellen, und sie erlauben eine Bewertung von Durchsetzungsstrategien. Der bewußte Umgang mit normativen Setzungen und die Offenlegung des erkenntnisleitenden Interesses ist eine der Voraussetzungen für die Wissenschaftlichkeit einer Analyse. Die Vergegenwärtigung der eigenen normativen Perspektiven verhindert einen "naiven" Umgang mit der komplexen Materie der Internationalen Beziehungen und macht damit die Ergebnisse der Analyse erst intersubjektiv kommunikabel und nachvollziehbar.

Die von Czempiel ins Bewußtsein gerufene Komplexität der Interaktionen und Akteure in der internationalen Politik dient dem gleichen Zweck, wenngleich er inhaltlich auf zwei weitere Analysedimensionen der internationalen Beziehungen aufmerksam machen will, nämlich auf die Akteure und Interaktionsprozesse. Auch dieser Text soll helfen, den Blick zu schärfen und den Wert von "Alltagswissen" als heuristisches Prinzip in Frage zu stellen. Die Komplexität der von Czempiel dargelegten Akteure und Handlungszusammenhänge soll darüber hinaus auch das Argument empirisch untermauern, daß Theorien der Internationalen Beziehungen, um der Gefahr eines normativen Determinismus zu entgehen, nur "Kleine Theorien" sein können und jeweils nur einen Teilausschnitt der internationalen Beziehungen zu beleuchten imstande sind.

2. LEKTÜRE

Frieden, Freiheit, Gerechtigkeit: Normative Postulate der Internationalen Beziehungen[1]

REIMUND SEIDELMANN

Reimund Seidelmann (* 1944) lehrt seit 1979 als Professor für Politische Wissen-schaft an der Universität Gießen. Seine Arbeitsschwerpunkte liegen im Bereich der Internationalen Beziehungen. Neben theoretisch-methodischen Fragen der internationalen Politik beschäftigt er sich mit der Entspannungspolitik der Bundesrepublik Deutschland, der Sicherheits- und Militärpolitik sowie mit internationaler Parteienkooperation.

1. Internationale Beziehungen und die Frage nach den Grundwerten

1.1. Internationale Beziehungen und erkenntnisleitendes Interesse

Als die Politikwissenschaft in den 60er Jahren die Frage diskutierte, ob, wie und welche Werturteile in die wissenschaftliche Analyse eingeführt werden soll-ten, der "Werturteilsstreit"[2], haben die Befürworter einer wertorientierten und kritischen Wissenschaft den Begriff des erkenntnisleitenden Interesses eingeführt. Damit können zunächst Kriterien für die Entwicklung wissenschaftlicher Frage-stellungen und für die Bewertung der damit gewonnenen Untersuchungsergebnis-se abgeleitet werden. Es erlaubt darüber hinaus auch die Konstruktion von alter-nativen bis hin zu utopischen Ordnungsmodellen, Idealtypen sowie auch prakti-scher Reformpolitik und hilft bei der Bewertung von Durchsetzungsstrategien. Die Wahl eines solchen erkenntnisleitenden Interesses kann ethisch, religiös oder im historischen Bezug begründet, aber nicht logisch abgeleitet werden. Es ist eine normative Setzung, die auch dann vorliegt, wenn sie vom jeweiligen Autor nicht deutlich gemacht oder nicht reflektiert wird. Es gibt weder ein logisch richtiges noch falsches Erkenntnisinteresse - auch wenn gerade aus den wissenschaftlichen und politischen Auseinandersetzungen zwischen Vertretern verschiedener Wert-haltungen fruchtbare Impulse für Wissenschaft und Praxis gekommen sind. Logi-sche Überprüfung auf Stimmigkeit, empirische Richtigkeit und analytische Rele-vanz muß aber immer dann einsetzen, wenn aus dem allgemeinen erkenntnislei-tenden Interesse spezifische Beurteilungskriterien, Modelle und Handlungsvor-

---

[1]   Aus: Manfred Knapp/Gert Krell (Hrsg.), Einführung in die Internationale Politik, München 1990, S. 26-52. Mit freundlicher Genehmigung des Oldenbourg Verlages.
[2]   Zur ersten Einführung siehe Hans Albert/Ernst Topitsch (Hrsg.), Werturteilsstreit, Darmstadt, 2., um eine Bibliogr. erw. Aufl., 1979.

schläge abgeleitet und in der politischen Wirklichkeit umgesetzt werden. Daher muß sorgfältig zwischen einem Disput aufgrund unterschiedlicher Wertbezüge und aufgrund unterschiedlicher Untersuchungsergebnisse unterschieden werden; der eine ist eine Frage politischer Ethik, der andere ist eine Frage sozialwissenschaftlicher Professionalität.

Die Internationalen Beziehungen haben den Werturteilsstreit relativ spät - vor allem in den 70er Jahren - nachvollzogen und sich dabei auf den Friedensbegriff konzentriert. Während die realpolitische Schule die von der Politik vorgegebenen Handlungsmaximen übernahm und ihre Kritik auf Kosten-Nutzen-Verhältnisse, Ziel-Mittel-Relationen und allgemeine Zweckrationalität beschränkte, verstand sich die friedenspolitische Schule auch als gesellschaftskritische Wissenschaft. Sie will Außenpolitik und Internationale Politik auf ihren Friedensgehalt, ihre Friedensfähigkeit und ihre Friedensmöglichkeit untersuchen. Innerhalb dieser Schule gibt es wiederum mehrere Richtungen, die sich vor allem in der politischen Reichweite des Friedensbegriffes unterscheiden. Die rüstungskontrollpolitische Richtung geht von einem auf traditionelle Sicherheits- und Verteidigungspolitik beschränkten Friedensbegriff aus. Die gewaltkritische Richtung verwendet dagegen einen Friedensbegriff, der nicht nur militärische, sondern auch nichtmilitärische Gewalt abbauen und überwinden will. Die entwicklungsorientierte Richtung weitet dann den Friedensbegriff noch mehr aus und schließt die Nord-Süd-Diskussion oder die Frage globaler Entwicklungsgerechtigkeit mit ein. Alle drei gehen dabei von der Notwendigkeit und der Möglichkeit aus, die internationale Ordnung zu verbessern, d.h. "friedlicher" zu gestalten.

Im folgenden werden in bezug auf diese Diskussion Frieden, Freiheit und Gerechtigkeit als erkenntnisleitendes Interesse formuliert, als Beurteilungskategorien operationalisiert und auf ihre politisch-praktischen Folgen hin diskutiert. Dabei muß vorweg auf den Unterschied zwischen der Aufgabe von Politikwissenschaft und politischer Praxis hingewiesen werden. Während politische Praxis in erster Linie eine Frage des politischen Machens ist, das Zustimmung, Macht und politischen Willen erfordert, ist Politikwissenschaft, auch wenn sie sich noch so sehr als Gewissen, Korrektiv oder Vorbereitung "besserer" Politik versteht, zunächst und in erster Linie eine Frage der systematischen, logisch überprüfbaren und empirisch abgesicherten Analyse. Dabei sind Fähigkeit und Wille zur selbstkritischen Überprüfung des eigenen Standortes, der verwandten Methoden und der inhaltlichen Ergebnisse wesentliche Momente wissenschaftlichen Vorgehens.

1.2. Die globalen Grundprobleme als Ausgangspunkt einer grundwertorientierten Betrachtung

Um die Diskussion über diese Fragen in den Internationalen Beziehungen zu verstehen, muß zweierlei berücksichtigt werden. Erstens bedeutete die Entwicklung eines gesellschaftskritischen Bezuges auch die Auseinandersetzung mit der Frage, welche Aufgaben die Wissenschaft von den Internationalen Beziehungen für eine moderne Industriegesellschaft vom Typ Bundesrepublik Deutschland erfüllen kann, soll und muß. Für die Anhänger der wertorientierten Betrachtung bedeutet dies, nicht nur normative Ansprüche wie z.B. "Frieden" zu entwickeln, sondern sich auch mit den Grundwerten auseinanderzusetzen, die in Verfassungen, Parteiprogrammen, internationalen Verträgen und Konventionen usw. festgeschrieben sind. So beziehen sich Vertreter der friedenspolitischen Schule in den Internationalen Beziehungen z.B. auf das Friedensgebot des bundesrepublikanischen Grundgesetzes, der Ostverträge und der KSZE-Schlußakte und fragen, ob und wie dies in politische Praxis umgesetzt wird. Zweitens wird nach Art und Ausmaß der internationalen Friedensordnung und insbesondere nach der Rolle militärischer Macht, des Weltwirtschaftssystems und des Nationalstaates gefragt.

Bei der Kritik militärischer Machtpolitik stehen gegenwärtig vier Punkte im Mittelpunkt. Erstens sind es Erfahrungen mit den Zerstörungen und den politischen Folgen von Kriegen, die Kriegsursachenforschung[3] und politische Debatte prägen. In Europa, Japan, den USA und der UdSSR sind es dabei vor allem die beiden Weltkriege, die zu kollektiven Lernprozessen und einer neuen Form friedenspolitischer Verantwortung geführt haben. Zweitens kommt die Einsicht hinzu, daß Entwicklung und Verbreitung von Nuklearwaffen die Gefahr des globalen Selbstmordes beschworen haben.[4] Drittens hat sich angesichts der steigenden Kosten des Rüstungswettlaufes herausgestellt, daß selbst die Aufrechterhaltung einer hinreichenden Verteidigungsfähigkeit immer neue und höhere militärische Aufwendungen erfordert, ohne ein Mehr an Sicherheit zur Folge zu haben. Für Europa ist dabei der Widersinn zwischen steigenden Verteidigungskosten und abnehmenden Möglichkeiten, mit militärischen Instrumenten politische Ziele zu erreichen, besonders deutlich geworden. Nukleare Abschreckung hat daher die Zweckrationalität militärischer Macht in zunehmendem Ausmaß in Frage gestellt. Viertens haben Rüstungswettläufe, Rüstungstransfers, regionale Kriege und militärische Interventionen in der Dritten Welt das Problem globalisiert. Der Weltfrieden ist nicht mehr nur eine Angelegenheit von Großmächten, Europäern oder industrialisierten Ländern, sondern zum Problem aller Staaten geworden.[5]

Auch die Diskussion über das gegenwärtige Weltwirtschaftssystem läßt sich in vier Punkten zusammenfassen. Ersten haben historische Erfahrungen auch hier eine Umdenken ausgelöst. Was für die sicherheitspolitische Diskussion die beiden Weltkriege sind, ist für den wirtschaftpolitischen Bereich die Weltwirtschaftskrise der 30er Jahre. Keynesianismus, indirekter Staatsinterventionismus, "Sozialpartnerschaft" und "konzentrierte Aktion" sind Versuche, wirtschaftliche Krisenzyklen zunächst national abzuschwächen bzw. zu kompensieren, um politische Destabilisierungen zu vermeiden. Hinzu kommt zweitens die Einsicht in die Folgen weltwirtschaftlicher Verflechtungen. Ölkrisen, exportbeeinflußte Rezessionen und Eingriffe des Weltwährungsfonds in die Wirtschaftspolitik einzelner Länder haben dabei deutlich gemacht, daß diese wirtschaftliche Interdependenz weder vor westlichen Industrie-, realsozialistischen oder Entwicklungsländern

---

[3] Vgl. zum neueren Stand der bundesrepublikanischen Kriegsursachenforschung Kriegsursachen, Friedensanalysen Nr. 21, Frankfurt 1987.

[4] Dies wurde insbesondere in der Bundesrepublik Deutschland von der Kampf-dem-Atomtod-Bewegung der 50er und der Friedensbewegung der 80er Jahre deutlich gemacht.

[5] Dies kommt z.B. in der Vier-Kontinente-Initiative und der Arbeit der Palme-Kommission zum Ausdruck.

halt macht noch mit den klassischen Mitteln nationaler Wirtschaftspolitik gesteuert werden kann. Die Tatsache, daß in der Bundesrepublik Deutschland fast 1/4 des Bruttosozialproduktes über den Außenhandel erwirtschaftet wird und die heutige EG für rund die Hälfte des Welthandels verantwortlich ist, macht deutlich, daß nationaler Wohlstand nicht nur von nationaler Politik, sondern auch von internationaler Zusammenarbeit abhängt. Drittens hat die Verschuldungskrise der 80er Jahre zu einer kollektiven Bedrohung größten Ausmaßes geführt. Angesichts der Bedeutung von Wohlstand und Wirtschaftswachstum für die Legitimation politischer Systeme, so wird argumentiert, würde ein von der Verschuldungsproblematik ausgelöster Zusammenbruch der Weltwirtschaft nicht nur katastrophale wirtschaftliche, sondern ebenso folgenschwere soziale und politische Krisen in Nord und Süd auslösen.[6] Unter- und unzureichende Entwicklung in der Dritten Welt wird viertens nicht nur als unnötig verschenkte Chance für Wachstum in den Industrieländern, sondern auch als moralisch-politisches Problem angesehen.[7]

Die Forderungen nach einer "friedlicheren" Sicherheits- und Weltwirtschaftspolitik hängen dabei eng mit dem Ruf nach einer organisatorischen Neuordnung der Staatenwelt zusammen, in deren Mittelpunkt die Kritik am Nationalstaat, dem nach wie vor wichtigsten Akteur in der Weltpolitik, steht. Erstens wird den Nationalstaaten vorgeworfen, daß sie ihre Politik in erster Linie und häufig sogar in der Regel ausschließlich am eigenen nationalen Nutzen ausrichten. Der politische Entscheidungsprozeß, der in westlichen Nationalstaaten in erster Linie durch Kabinett, Parlamentsfraktion und Parteien bestimmt ist, und der Legitimationsmechanismus durch Wahlen, bei denen es in erster Linie um nationale Interessenwahrung geht, erlaube auch nichts anderes. Nationalstaatliches Außenverhalten werde damit letztlich zu einer Politik auf Kosten bzw. gegen den anderen Staat, sei es Nachbar, Kolonie oder machtpolitisch Abhängiger. Zweitens wird dem Nationalstaat vorgeworfen, daß er sich zur Durchsetzung seiner Politik direkter und indirekter Gewaltmittel bediene. Militärischer Zwang sei dabei nur die ultima ratio; wirtschaftliche Abhängigkeit, Einbezug in ein Bündnis- oder Blocksystem usw. seien seine langfristig wirksameren und ergänzenden Strategien. Durch diese Gewaltanwendung in zwischenstaatlichen Beziehungen werde aus dem Staatensystem ein Herrschaftssystem, in dem sich derjenige durchsetzt, der über die meisten und größten Machtmittel verfügt. Und drittens wird dem Nationalstaat vorgeworfen, daß er unter Berufung auf ein überholtes Souveränitätsprinzip[8] die nötigen internationalen Reformen verschleppe, beschränke oder ganz verhindere. Unabhängig davon, wie weit man in der Kritik am Nationalstaat geht

---

6 Siehe Helmut Schmidt, Strategie für den Westen, Bonn 1986.

7 Die kirchliche Entwicklungsarbeit, die internationale Reaktion auf die afrikanischen Hungerkatastrophen und das Flüchtlingselend in der Dritten Welt haben dies deutlich gemacht.

8 Der im 16./17. Jahrhundert entwickelte Souveränitätsbegriff definiert den Territorialstaat als unabhängiges Völkerrechtssubjekt, das alleinige Kompetenz für die Gestaltung seiner Außen- und Innenpolitik besitzt. Interdependenz bzw. Abhängigkeit bedroht Souveränität ebenso wie "Einmischung in die inneren Angelegenheiten"; angesichts der vorhandenen Interdependenzen und angesichts der Notwendigkeit, sich in innere Angelegenheiten z.B. aus Menschenrechtsgründen (Südafrikanische Republik, UdSSR, Chile usw.) einzumischen, ist der klassische Souveränitätsbegriff nicht nur in der Politikwissenschaft, sondern auch im Völkerrecht umstritten.

- die strukturelle Schwäche der internationalen aber auch der regionalen Staatenordnungen liegt auf der Hand. Folgt man der Vorstellung von einer Weltgesellschaft, dann reichen angesichts von Krieg und Intervention, Unterentwicklung und politischer Unterdrückung die bestehenden Ordnungs-, Regelungs- und Schutzmechanismen nicht bzw. nicht mehr aus. Angesichts der zunehmenden internationalen Verflechtung werden auch die national definierten Freiheitskataloge fragwürdig. Deshalb wird gefordert, die klassischen individuellen und sozialen Grundrechte auch für Staaten fortzuschreiben bzw. einen "Gesellschaftsvertrag" für das internationale System zu entwickeln, der Sicherheit, Wohlstand und Freiheit nicht nur innerhalb, sondern auch zwischen Nationalstaaten garantiert. Dies läuft letztlich auf eine wie auch immer geartete Form von Weltregierung mit wirksamen und legitimierten Ordnungsinstrumenten hinaus.

2. Friede

Die Suche nach Frieden hat die Geschichte der westlichen Philosophie, der Religion, des Staats- und Völkerrechts sowie der Literatur und Kunst geprägt. Die Suche nach dem "goldenen Zeitalter", die christlichen Paradiesvorstellungen, die Staatsutopien des Mittelalters und die Idealstaatsmodelle der Aufklärung, die kritische Darstellung von Krieg und Militär bis hin zu Verfassungen und Parteiprogrammen der Gegenwart versuchen, den allgemeinen Wunsch nach Frieden aufzugreifen und zu prägen. Die Auffassung von Frieden als soziale Harmonie, individuellem Wohlbefinden und Sicherheit findet sich ebenfalls in außereuropäischen Kulturen der verschiedensten Entwicklungsstufen. Friedensvorstellungen sind nicht nur global verbreitet, sondern sind auch genuiner Bestandteil eines historischen Erbes und Auftrages an Politik. Die Bedeutung von Frieden läßt sich auch politisch-ethisch begründen. Der Schutz des Lebens, das Tötungsverbot und die Pflicht zur Erhaltung der Menschheit als Ganzes finden sich nicht nur in fast allen Religionen, sondern stellen einen gemeinsamen Nenner vieler politischer Bewegungen dar, von denen der Pazifismus nur ein extremes Beispiel darstellt. Angesichts der Existenz von Massenvernichtungswaffen, der kritischen Ernährungssituation in Teilen der Dritten Welt und der Vielzahl von Kriegen, militärischen Interventionen und Gewaltakten gewinnt diese politisch-ethische Begründung eine besondere Aktualität. Schließlich kann Frieden als sachlogisch notwendig und Voraussetzung für andere politische Ziele begründet werden. Die Hinweise, daß mit einem Bruchteil der jährlichen Rüstungsausgaben, der von Kriegen zerstörten Werte und der Kriegsfolgekosten eine Vielzahl nationaler und internationaler Probleme von Hunger bis Umweltschutz rasch und vollständig behoben werden könnte, ist zwar eine argumentative Verkürzung, macht aber die Problemstellung deutlich. Hinzu kommt, daß Wohlfahrt, politische Freiheit und Selbstentfaltung, nur in einem friedlichen Umfeld voll verwirklicht werden können.

Die Auseinandersetzung über Krieg und Frieden ist in Ausmaß und Intensität nicht immer gleich gewesen; sie hatte Höhe- und Tiefpunkte, aber sie war kontinuierlich. In den Sozialwissenschaften sind im Anschluß an den Ersten Weltkrieg die ersten Arbeiten zur Kriegsursachenforschung entstanden, die nach dem

Zweiten Weltkrieg verstärkt aufgenommen und in der Bundesrepublik Deutschland mit der Anfang der 70er Jahre etablierten Friedensforschung[9] systematisch vorangetrieben wurde. Wissenschaft und Gesellschaft hatten dabei ein gleiches Ziel und eine gemeinsame Hoffnung - über die Erforschung von Ursachen und Bedingungen von Krieg, militärischer Drohpolitik und Rüstungswettläufen die Chancen friedlicher Konfliktlösung und Abrüstung zu verbessern. Dabei stand die genaue Bestimmung des Friedensbegriffes sowie seine wissenschaftliche Operationalisierung im Vordergrund. Hierbei sind vier Ergebnisse von besonderer Bedeutung: die Entwicklung des negativen und des positiven Friedensbegriffs, der gradualistischen Friedensstrategie, der Modelle zur Friedenssicherung und die Differenzierung der Gewaltproblematik.

2.1. Der negative Friedensbegriff

Angesichts der nuklearen Bedrohung, der zahlreichen Kriege bzw. Militäraktionen in der Dritten Welt und des Wettrüstens hat die Friedensforschung zunächst den negativen Friedensbegriff entwickelt. Negativer Frieden oder auch Nichtkrieg ist dabei der Zustand eines Staatensystems, in dem Konflikte nicht mit militärischer Gewalt ausgetragen werden.[10] Im Rahmen dieser Definition sind vier Punkte von besonderer Bedeutung.

Erstens bezieht sich dieser Friede sowohl auf einen Verhaltenszustand als auch ein Prozeßmuster zwischenstaatlicher Beziehungen. Friede ist damit Kriterium zur Bewertung nationalstaatlicher Außenpolitik, regionaler Staatenordnungen und des internationalen Systems. Vorgänge innerhalb einer nationalstaatlich organisierten Gesellschaft werden daher nur dann in die Analyse einbezogen, wenn sie für diese Außenpolitik, regionale oder internationale Politik, unmittelbar verantwortlich sind. Diese definitorische Eingrenzung ist doppelter Natur. Sie schließt nichtstaatliche Akteure internationaler Politik wie z.B. multinationale Konzerne, supranationale Organisationen und nicht-gouvernementale internationale Akteure aus. Dies läßt sich z.B. damit begründen, daß aufgrund des militärischen Gewaltmonopols des modernen Nationalstaates diese nicht über eigene und von Regierungen unabhängige militärische Machtmittel verfügen.[11] Umgekehrt sind selbst in erster Linie innengeleitete Rüstungs-, Militarisierungs- oder Formierungsmaßnahmen von Bedeutung, wenn diese von Nachbarstaaten als potentielle Bedrohung verstanden werden oder von sich aus zu Kriegsmaßnahmen führen.

---

[9] Zu den in den 70er Jahren geschaffenen Einrichtungen der Friedensforschung gehören die Hessische Stiftung für Friedens- und Konfliktforschung in Frankfurt (HSFK), das Institut für Friedensforschung und Sicherheitspolitik an der Universität Hamburg (IFSH), die später aufgelöste Deutsche Gesellschaft für Friedens- und Konfliktforschung mit Sitz in Bonn (DGFK) und die Arbeitsgemeinschaft für Friedens- und Konfliktforschung (AfK). Alle haben regelmäßig Bücher und Broschüren mit ihren Arbeitsergebnissen herausgegeben.

[10] Siehe Ernst-Otto Czempiel, Friedensstrategien. Systemwandel durch Internationale Organisation, Demokratisierung und Wirtschaft, Paderborn 1986, S. 35.

[11] Der multinationale Konzern kann zwar von einer Regierung die militärische Intervention verlangen, sie aber nicht gegen ihren Willen erzwingen; die NATO kann den Verteidigungsfall zwar feststellen, benötigt dazu aber die Zustimmung ihrer Mitgliedsstaaten; die Ver-

Die friedenspolitische Analyse muß schließlich auch solche inneren Entwicklungen einbeziehen, die eine Gefahr für den regionalen bzw. globalen Frieden darstellen.[12] Negativer Friede ist also ein zwischenstaatliches Verhaltensmuster, das sowohl von inneren als auch von äußeren Entwicklungen bestimmt wird.

Zweitens bezieht sich dieser Friedensbegriff auf die Anwendung militärischer Gewalt. Diese läßt sich nach Art, Ausmaß und Intensität im Einzelfall, für eine Periode und für ein Staatensystem empirisch nachweisen. Direkte militärische Gewalt ist klar erkennbar, völkerrechtlich definiert und über Indikatoren wie Zerstörung von Sachen und Personen verhältnismäßig einfach zu erfassen. Der Einsatz von militärischen Gewaltmitteln zur Konfliktlösung oder zur Begrenzung, zur zeitlichen Verschiebung und zur Veränderung der Kräfteverhältnisse ist eine Frage des Austragungsmodus von Konflikten unabhängig von deren Entstehungsursache oder Inhalt. Dies bedeutet, daß die Existenz von militärischen Gewaltmitteln etwa zur Selbstverteidigung zunächst nicht einem so definierten Friedensbegriff widerspricht. Zwischen Fähigkeit, politischem Willen und konkretem militärischen Handeln muß also unterschieden werden.

Drittens bezieht sich der negative Friedensbegriff auf das Nichtvorhandensein bestimmter Verhaltensformen. Dies erleichtert zunächst sowohl Analyse als auch Konstruktion von Friedensstrategien. Überall dort, wo keine militärische Gewalt angewandt wird, besteht aufgrund dieser Definition negativer Frieden, so z.B. für die Periode des Kalten Krieges. Selbst ein Waffenstillstand oder eine längere militärische Atempause erfüllt die Bedingungen dieser Definition. Und politische Strategien zur Befriedigung, zum Friedenserhalt oder zur strukturellen Absicherung von Frieden können sich aufgrund dieses negativen Ansatzes darauf konzentrieren, militärische Konflikte soweit wie möglich zu begrenzen, so schnell wie möglich zu beenden und so langfristig wie möglich auszuschließen.

Viertens läßt sich dieser Friedensbegriff ausdifferenzieren. Die Anwendung militärischer Gewalt kann nach Art, Ausmaß und Intensität unterschieden werden. Die massivste Form direkter und unbegrenzter Anwendung militärischer Gewalt wäre im globalen Nuklearkrieg zu erwarten. Darunter kann aber das militärische Instrumentarium regional, zeitlich, von den eingesetzten Waffentypen und angegriffenen Zielen her mehr oder weniger begrenzt eingesetzt werden. Dies reicht vom mehrjährigen konventionellen Krieg bis hin zur mehrtägigen militärischen Intervention. Eine weitere Form ist die indirekte Anwendung militärischer Gewalt, so z.B. in Form eines Ultimatums oder einer militärischen Erpressung. Hier wird zwar offen die Anwendung angedroht, aber nach Möglichkeit auf den direkten Einsatz verzichtet. Schließlich kann auch der Aufbau von kurz- oder länger-

---

einten Nationen können peace-keeping-Aktionen durchführen, brauchen dazu aber den Konsens der betroffenen Länder sowie derjenigen, die die nationalen Truppenkontingente stellen.

[12] Vgl. so z.B. die Auffassung innerhalb der UNO, daß die Apartheidpolitik der Südafrikanischen Republik und das ungelöste Palästinaproblem eine Gefahr für den Weltfrieden seien.

fristigen militärischen Drohoptionen als indirekte Anwendung weil Androhung militärischer Gewalt verstanden werden.[13]

Die Friedens- und Konfliktforschung, die diesen Friedensbegriff als erkenntnisleitendes Interesse verwendet, hat ihre kritische Analyse vor allem auf vier Themenbereiche konzentriert. Erstens werden die bestehenden bzw. in der Entwicklung befindlichen militärischen Mittel einschließlich ihrer Anwendungsformen, d.h. Militärpotentiale und Militärstrategien untersucht. Dazu gehört z.B. die Diskussion über Vor- und Nachteile der Abschreckungsstrategie. Trotz aller grundsätzlichen Problematik jeglicher militärischen Gewalt wird in diesem Zusammenhang auf die These vom Systemzwang hingewiesen: daß nämlich in einem internationalen System, das von Nationalstaaten bestimmt wird, die militärische Gewalt als ultima ratio zur Verfolgung ihrer Interessen einsetzen, eine einseitige und vollständige Abrüstung ohne Sicherheitsgarantien anderer Staaten zu Abhängigkeit oder gar Verlust der staatlichen Existenz führt. Der militärische Gewaltcharakter internationaler Politik konstituiert also einen Zwang, sich im Rahmen dieses Systems zu behaupten, indem man wenigstens den direkten oder indirekten militärischen Gewalteinsatz gegen die eigene Gesellschaft begrenzt oder verhindert. Aufgrund des traditionellen Souveränitätsverständnisses geschieht dies in der Regel durch Aufbau und Erhalt eines eigenen Militärapparates, durch Beitritt zu Verteidigungsbündnissen usw. Darüber hinaus wird auch auf das international akzeptierte und vom Grundsatz der nationalen Existenzerhaltung ableitbare Recht zur individuellen oder kollektiven Selbstverteidigung hingewiesen, durch das sich militärische Verteidigungsmaßnahmen legitimieren lassen.

Akzeptiert man Systemzwangthese und Selbstverteidigungsrecht, stellen sich aber zwei Fragen. Erstens, ob Art, Ausmaß und Charakter des jeweiligen militärischen Instrumentariums die grundsätzliche Bereitschaft des Staatensystems zur militärischen Konfliktaustragung fördern, dämpfen oder gar überwinden helfen.[14] Zweitens, ob insbesondere die gegenwärtig die Ost-West-Beziehungen bestimmende nukleare Abschreckung wirklich kriegsverhindernd sei - ob also z.B. ein Krieg in Europa nicht wegen, sondern trotz Abschreckung ausgeblieben sei.

Befürworter von "Frieden durch Abschreckung" weisen darauf hin, daß z.B. in Europa gerade die Existenz ausreichender nuklearer Waffen und der glaubwürdige Wille, diese auch einzusetzen, einen Krieg - und dabei auch einen kon-

---

[13] Diese Ausdifferenzierung des negativen Friedensbegriffes wird dort wichtig, wo es um die Bewertung politischer Handlungsprioritäten und kurz-, mittel- und langfristiger Zielsetzungen geht. Sie erlauben die Entwicklung des prozeßhaften Friedensansatzes, dem es im Gegensatz zum statischen nicht um die Frage "Frieden - ja oder nein?", sondern um die Frage nach "Wieviel mehr oder weniger an Frieden?" geht und der über einen schrittweisen Reformprozeß die Anwendung militärischer Gewalt begrenzt, verringert und schließlich überwindet. Bei den dynamischen Friedensansätzen spielt die gradualistische Friedensstrategie eine zentrale Rolle.

[14] Diese Diskussion hat z.B. zur Unterscheidung zwischen defensiveren und offensiveren Militärpotentialen und -strategien, zwischen ausreichender, Gegenrüstung provozierender und übermäßiger Rüstung und schließlich zwischen unterschiedlichen Bedrohungsoptionen geführt.

ventionellen oder chemischen - verhindert habe.[15] Kritiker der Abschreckung[16] weisen darauf hin, daß eine Kriegsverhinderungspolitik, die auf Kriegsführungsoptionen beruht, in sich widersinnig sei, im Falle ihres Versagens zu katastrophalen Folgen führe und in der militärischen Praxis zum Irrglauben verführe, man könne einen Nuklearkrieg führen, begrenzen oder sogar gewinnen.[17]

Der zweite Themenbereich der Friedensforschung, die Rüstungswettlaufanalyse, schließt daran an. Hierbei geht es um die Analyse sowohl von nationaler als auch regionaler bzw. internationaler Rüstungs- und militärischer Drohdynamik. Zentrale Frage dieser Untersuchungen war und ist es, welche Faktoren diesen Interaktionsprozeß bedingen, vorantreiben oder beschleunigen.

Der dritte Bereich, die Kriegsursachenforschung, setzt diese Diskussion fort, indem konkretes militärisches Konfliktverhalten auf Verlaufsformen, innere Dynamik und Konfliktursachen befragt wird. Dabei geht es nicht nur um Entstehungs- und Eskalationsursachen, sondern ebenso um die Frage, warum vorhandene Kriegsverhinderungs-, politische Konfliktmanagement- oder Kriegsbegrenzungsmechanismen nicht funktionieren - ganz im Sinne des Interesses, militärische Konfliktaustragung zu minimieren. Allerdings sind hier wie auch bei den Untersuchungen, wie z.b. über westeuropäische Integration oder den KSZE-Prozeß Kriege in West- bzw. Gesamteuropa verhindert werden können, die Grenzen dieses engen Friedensbegriffes deutlich geworden. Gelungene oder gescheiterte Kriegsverhinderung resultiert nicht nur aus militärischen, sondern auch aus politischen Konstellationen und ist nicht nur eine Frage von Abwesenheit von militärischer Gewalt, sondern ebenso Anwesenheit von nichtmilitärischen Konfliktlösungsmechanismen.

Trotzdem ist die Bearbeitung des vierten Themenbereiches, der Rüstungskontroll- und Abrüstungspolitik, notwendig und im Sinne des negativen Friedensbegriffes legitim, weil Fähigkeit und Wille zur Kriegsführung die Existenz von militärischen Potentialen voraussetzt. Je mehr dieses Potential begrenzt oder verringert werden kann und je kooperativer dieser Prozeß erfolgt, desto geringer sind Kriegswahrscheinlichkeit und Kriegsschäden. Auch hier stößt aber der negative Friedensbegriff an seine Grenzen, wenn es um die politischen Rahmenbedingungen für Rüstungskontrolle und Abrüstung geht. Dies hat in der Friedensforschung zur Entwicklung des positiven Friedensbegriffes geführt.

---

[15] Vgl. z.B. die Weißbücher des Bundesverteidigungsministeriums.

[16] Vgl. z.B. Dieter Senghaas, Die Zukunft Europas. Probleme der Friedensgestaltung, Frankfurt 1986, passim.

[17] Wie bei der Frage konventioneller Waffen wird dabei vorgeschlagen, das bestehende Abschreckungssystem schrittweise zu überwinden, so z.B. durch Verhinderung oder Abbau besonders destabilisierender Nuklearwaffen, Beschränkung von Raketenabwehrsystemen, zahlenmäßige Verringerung von Raketen und Sprengköpfen, Übergang zur Minimalabschreckung usw. Ein gewissermaßen klassisches Beispiel für die Auseinandersetzung über Abschreckung war die Debatte über militärischen Sinn bzw. Notwendigkeit der Stationierung amerikanischer INF-Systeme in Westeuropa zu Beginn der 80er Jahre.

2.2. Der positive Friedensbegriff

Der positive Friedensbegriff, der vor allem im Rahmen der "kritischen Friedensforschung" entwickelt wurde, enthält drei zentrale Gedankengänge. Erstens wird zwischen aktueller und struktureller Gewalt unterschieden und damit das Gewaltverständnis des negativen Friedensbegriffes ausgeweitet. Aktuelle Gewalt ist direkt auf Personen und Sachen einwirkende und an den davon ausgehenden Beschädigungen oder Zerstörungen empirisch erfaßbare Gewalt. Strukturelle Gewalt sind diejenigen Strukturen, die zur Aufrechterhaltung von ungerechter Herrschaft dienen und die nur indirekt, d.h. über den Rückschluß von mangelnden Selbstbestimmungs- und Selbstverwirklichungsmöglichkeiten erfaßbar sind. Strukturelle Gewalt sind verfestigte gesellschaftliche Muster, die durch Verinnerlichung, Gewöhnung oder schlichte Hinnahme zu ihrer Aufrechterhaltung in der Regel keiner aktuellen Gewalt mehr bedürfen. Strukturelle Gewalt ist objektiv vorhanden und konstituiert Konfliktpotential, das aber, weil es oft subjektiv nicht wahrgenommen wird, nicht zur Austragung kommt. Die gewaltkritische Schule verdeutlicht diesen Zusammenhang gerne mit dem Verhältnis zwischen Herrn und Knecht, das auf der einen Seite ein objektives Gewaltverhältnis darstellt, auf der anderen Seite aber deshalb so stabil ist, weil der Knecht dieses Verhältnis subjektiv nicht wahrnimmt bzw. aufgrund der dem Herrn aktuell verfügbaren Gewaltmittel den Konflikt nicht zum Austrag bringt. Aktuelle Gewalt ist z.B. die Bestrafung oder Unterdrückung eines Auflehnungsversuches von seiten des Knechtes; sie ist allgemein in der Regel notwendig, um strukturelle Gewaltverhältnisse einzurichten oder wieder herzustellen; sie ist in strukturellen Gewaltverhältnissen latent angelegt, muß aber nicht ständig angewandt werden.

Die Anwendung dieses ausgeweiteten Gewaltbegriffes auf internationale Politik und Außenpolitik ergibt zweierlei. Erstens wird damit die Aufmerksamkeit auf nichtmilitärische Gewaltformen gelenkt, so z.B. wirtschaftlicher Gewalt in Form von Preisdiktaten, politischen Auflagen bei Umschuldung, Firmenübernahme, Handelskriege usw. oder soziokultureller Gewalt in Form von kultureller Überfremdung, Zwang zur Übernahme einer fremden Sprache, selektive Informationspolitik usw. Zweitens wurde mit dem Hinweis auf strukturelle Gewaltverhältnisse zwischen und innerhalb von Staaten der Blick wieder verstärkt auf das Macht- und Herrschaftsproblem in den internationalen Beziehungen gelenkt. Strukturelle Gewalt wird dabei z.B. in Militärallianzen wie der Warschauer Vertragsorganisation (WVO), in der Abhängigkeit der sich entwickelnden Länder von den industrialisierten Ländern oder in kolonialen bzw. imperialen Herrschaftsstrukturen wahrgenommen. Auch wenn dabei die die jeweilige Region bzw. das internationale System beherrschenden Staaten über militärische Mittel verfügten, seien sie - so die Argumentation der Gewaltkritik - aus öffentlichkeitstaktischen, Kosten-Nutzen- und langfristigen Interessengründen immer stärker dazu übergegangen, den Einsatz militärischer Gewalt soweit wie möglich herauszuschieben und statt dessen wirtschaftliche und andere Gewaltformen einzusetzen. Wie es der Übergang vom Kolonialismus zum Imperialismus gezeigt habe, sei dies herrschaftsstrategisch auch wirksamer, weil die Anwendung wirtschaftlicher Gewaltformen in der Regel nicht wie militärische Gewalt die betroffene Gesellschaft integriere oder solidarisiere, sondern sie spalte. Nationale Bourgeoisien oder Staatsklassen würden am Herrschaftsnutzen des gewaltanwendenden Staates beteiligt und damit gewissermaßen politische Brückenköpfe bilden, die ausländischen Interessen wahrnähmen. Nachdem damit der positive Friede zunächst als Abwesenheit nicht nur aktueller, sondern auch struktureller Gewalt definiert wird, liegt der Schluß nahe, sich mit dem inner- und zwischengesellschaftlichen Zustand zu beschäftigen, der sich bei Abschaffung bzw. Überwindung struktureller Gewalt ergibt. Dies führt zum zweiten grundlegenden Gedankengang, nämlich der Auseinandersetzung mit Gesellschafts- und Weltmodellen, die soziale Gerechtigkeit, Selbstentfaltung und genuine Friedfertigkeit optimal miteinander verbinden. Welches Modell von den Vertretern des positiven Friedensbegriffes jeweils gewählt wird, hängt dabei wesentlich von deren politischem bzw. wissenstheoretischem Standpunkt ab. Positiver Friede ist damit nicht nur Abwesenheit von struktureller und aktueller Gewalt, sondern auch das Vorhandensein sozialer Gerechtigkeit - dies sowohl innerhalb als auch zwischen Staaten.

Wenn also die Errichtung einer gewalt- bzw. herrschaftsfreien, gerechten und freien Weltgesellschaft die allgemeine Zielvorstellung des positiven Friedens ist, liegt der dritte Gedankengang nahe - nämlich die Suche nach den geeigneten Durchsetzungsstrategien. Dazu gehört zunächst die Frage, wie ungerechtfertigte Herrschafts- oder wie strukturelle Gewaltverhältnisse überwunden werden können. Dabei hat man ersten revolutionäre Befreiungsbewegungen auf die Frage hin untersucht, ob, wie und mit welchem Erfolg sie innere und äußere Herrschaftsverhältnisse überwinden können. Zweitens hat man in diesem Zusammenhang Forderungen der Dritten Welt nach einer Neuen Weltwirtschaftsordnung auf politischen Sinn und Berechtigung hin diskutiert. Drittens haben sich Vertreter dieses Ansatzes auch mit der Legitimität von Gewalt gegen Sachen und Personen beschäftigt.

Die gewaltkritischen Ansätze sind in mehrfacher Hinsicht kritisiert worden. Erstens zeigte sich, daß eine Operationalisierung des strukturellen Gewaltbegriffs, d.h. die Einlösung in der empirischen Fallanalyse zu erheblichen analytischen Schwierigkeiten führte und jene Ansprüche an Differenzierung vermissen ließ, die die Politikwissenschaft inzwischen bei der empirisch-analytischen Realanalyse stellt. Zweitens wiederholte sich auch in diesem Zusammenhang die Debatte darüber, ob es nicht auch notwendige Herrschafts- und Gewaltstrukturen geben müsse, um die auch bei größtmöglichem positiven Frieden und optimaler nationalstaatlicher Freiheit auftretenden Konflikte zu steuern. Drittens wurde gegenüber den Vertretern insbesondere marxistischer Positionen deutlich gemacht, daß auch die Aufhebung von Klassenherrschaft nicht automatisch zum Frieden führe, wie die militärischen Konflikte zwischen der UdSSR und der Volksrepublik China gezeigt hätten. Viertens hat die Gegenüberstellung von Freiheitsrechten und Gewaltstrategien erheblich dazu beigetragen, die Anwendung von Gegengewalt durch Protest-, Befreiungs- und Bürgerkriegsbewegungen zu problematisieren.

Die Verfechter revolutionärer Gewalt argumentieren, sie sei notwendig, um illegitime Herrschaft, die ihrerseits auf struktureller Gewalt beruhe und immer wieder auch aktuelle Gewalt anwende, zu überwinden. Herrschaftsgewalt müsse mit revolutionärer Gegengewalt "aufgerechnet" werden, wobei sich in der Regel ein Nettogewinn für die Revolution ergäbe. Denn obwohl diese gewaltsam verlaufe, würde sie insgesamt und auf Dauer gewaltfreie oder gewaltmindernde Verhältnisse herstellen. Der Zweck rechtfertige also die Mittel. Die Kritiker revolutionärer Gewalt weisen dagegen auf die historischen Erfahrungen bzw. die immanente Dynamik revolutionärer Gewalt hin. Militarisierte revolutionäre Gewalt, wie sie z.B. in der russischen Oktoberrevolution angewandt worden sei und auch die meisten nationalen Befreiungsbewegungen in der Dritten Welt kennzeichne, würde schon in der revolutionären Phase bei den jeweiligen revolutionären Bewegungen militärische Hierarchien, antidemokratisches Denken und die grundsätzliche Neigung, politische Probleme gewaltsam zu lösen, entstehen lassen. Damit werde schließlich nur die eine Gewaltherrschaft durch eine andere ersetzt, die nicht nur ein anderes, sondern häufig auch ein höheres Ausmaß an Freiheitsbeschränkung, aktueller und struktureller Gewalt mit sich bringe. Fundamentalistische Vertreter gehen noch weiter und lehnen solche Gewalt nicht nur wegen der Zweck-Mittel-Problematik, sondern aus grundsätzlichen Überlegungen ab und setzen vielmehr ihre Hoffnungen auf Lernprozesse, die durch konsequente gewaltfreie Aktion ausgelöst werden. Schließlich wird auch die Auffassung vertreten, daß Gewalt generell nur soweit wie absolut erforderlich zulässig sei. Dort wo wie z.B. in westlichen Demokratien ausreichend politische Beeinflussungs- und Partizipationsmöglichkeiten beständen, sei Gewalt abzulehnen; nur dort, wo das demokratische Minimum eingeschränkt oder abgeschafft sei, sei soviel Gewalt legitim wie notwendig, um diese friedlichen Veränderungsmöglichkeiten wieder oder überhaupt herzustellen.

2.3. Modelle internationaler Friedensordnung

In der wissenschaftlichen und politischen Diskussion über Friedensordnungen haben Ideal- und Realmodelle schon immer eine wichtige Rolle gespielt - dies sowohl zur Legitimierung als auch zur Infragestellung herrschender Konzepte und politischer Praxis. Der Vorteil bei der Konstruktion von Idealmodellen ist dabei, daß von der jeweiligen konkreten historischen Wirklichkeit abstrahiert und die allgemeine friedenspolitische Qualität von Politik generell bewertet bzw. abgeleitet werden kann. Realmodelle, die auf eine jeweils historisch-konkrete Konstellation eingehen, sind dagegen notwendig, wenn handlungsanleitende Optionen, Konzepte oder Einzelvorschläge für Politik und Öffentlichkeit entwickelt werden.

Unter den verschiedenen Ordnungsmodellen sind fünf Typen besonders hervorzuheben. Bei dem ersten Typ handelt es sich um imperiale Ordnungen, bei denen negativer Friede bei Verlust der eigenen nationalen Unabhängigkeit auf-recht erhalten wird.[18] Bei dem zweiten Typ handelt es sich um Abschreckungsordnungen, wo auf militärische Konfliktaustragung deshalb verzichtet wird, weil deren zu erwartender Nachteil alle möglichen Vorteile weit übersteigt. Obgleich bei diesem Typ negativen Friedens Absprachen zwischen den Konfliktparteien fehlen, ist er doch wirksam; positiver Friede wird aufgrund der Konflikt- und Drohlogik der Abschreckung auf Dauer ausgeschlossen.[19] Bei dem dritten Typ handelt es sich um eine Ordnung, in der konfligierende - in der Regel abschreckungsorientierte - und kooperative Muster sich soweit ergänzen, daß das jeweilige nationalstaatliche Kosten-Nutzen-Kalkül zur militärischen Zurückhaltung und damit zu einem wenn auch begrenzten negativen Frieden führt, der aufgrund der kooperativen Elemente erste Ansätze positiven Friedens enthält.[20] Beim vierten Typ handelt es sich um regional integrierte Staatssysteme, in denen wirtschaftliche, politische und militärische Zusammenarbeit bzw. Vergemeinschaftung zu Strukturen und Konfliktlösungsmustern geführt haben, die militärische Gewaltanwendung praktisch ausschließen. Hier ist nicht nur ein hohes Maß an negativem, sondern auch an positivem Frieden verwirklicht.[21] Bei dem fünften Typ handelt es sich um Weltstaatmodelle, wo nationalstaatliche Machtmittel und damit auch das Militär in die Hände einer wie auch immer gearteten internationalen Ordnungsinstanz gelegt werden. Wie bei den regional integrierten Ordnungen ist negativer Friede gegeben und - wenn Dominanzstrukturen vermieden werden - notwendige Voraussetzung für positiven Frieden geschaffen.

Es versteht sich dabei von selbst, daß viele Friedensstrategien sich insbesondere auf jene Modelle konzentrieren, die ein hohes Maß an Verwirklichungschance bei einem größtmöglichen negativen und positiven Friedensausmaß besitzen. Hier wird vor allem die Frage behandelt, wie über regionale Kooperation bis hin zur Integration nicht nur die militärischen Gewaltpotentiale im Rahmen von Rüstungskontrolle und Abrüstung abgebaut, sondern auch übergreifende Gemeininteressen definiert und verwirklicht werden, die den kollektiven Nutzen und deshalb das Interesse an der Fortsetzung der Kooperation mehren. Solche Versuche, Gewaltmuster abzubauen und Kooperationsstrukturen aufzubauen, finden sich nicht nur im europäischen KSZE-Prozeß, sondern z.B. auch in der mittelamerikanischen Contadora-Initiative oder dem den israelisch-ägyptisch-amerikanischen Verhandlungen in Camp David zugrunde liegenden Konzept. Wesentliches Element solcher Strukturveränderungen sind kollektive Lernprozesse, in denen politischer Wille zu regionaler Kooperation, Interesse an regionaler Verflechtung und wechselseitiger Abhängigkeit und institutionelle Verankerung sich miteinander verbinden - mit anderen Worten, die gemeinsame Interessen über nationale Souveränität stellen. Frieden ist damit nicht nur eine Frage eines neuen Typs von

---

[18] Unter bestimmten Vorbehalten könnte die Warschauer Vertragsorganisation dafür als ein Beispiel angesehen werden, weil die UdSSR als beherrschende Macht in der WVO über jeden militärischen Einsatz innerhalb des Bündnisses bestimmt.

[19] Ein Beispiel für diese Form sind die amerikanisch-sowjetischen Beziehungen in den ersten Jahren der Reagan-Administration.

[20] Ein Beispiel dafür ist die Entspannung in Europa während der 70er Jahre.

[21] Beispiele dafür sind die EG und die skandinavischen Länder.

Außenverhalten, sondern auch eine Überwindung der traditionellen nationalstaatlichen Weltordnung.

3. Freiheit

Es war vor allem die Diskussion über den positiven Friedensbegriff, die in den Internationalen Beziehungen an den klassischen Freiheitsbegriff anknüpft. Denn aufgrund der These, daß ein Mehr an innergesellschaftlicher Gerechtigkeit und Selbstverwirklichung auch ein Mehr an friedlichem Außenverhalten bedeute, mußte man sich mit den verschiedenen Demokratiemodellen und den ihnen zugrunde liegenden Wertvorstellungen auseinandersetzen. Dies führte zur Weiterentwicklung des klassischen Freiheitsbegriffes und anschließend zur Frage, mit welchen Strategien die politischen Freiheitsräume innerhalb und zwischen Gesellschaften vergrößert werden können.

3.1. Nationalstaatliche Freiheitsrechte

Der klassische Freiheitsbegriff, wie er vor allem in der Zeit der französischen Revolution geprägt wurde, bezieht sich auf Freiheiten innerhalb eines Nationalstaates. Obwohl dies im Sinne des positiven Friedensbegriffes eine notwendige Voraussetzung für ein friedliches Zusammenleben der Völker ist, mußten die Internationalen Beziehungen den Freiheitsbegriff auch für die zwischengesellschaftlichen bzw. zwischenstaatlichen Beziehungen fortschreiben. Dies ist vor allem auf zwei Wegen geschehen: in der Fortentwicklung des Grundrechtskatalogs und über den Souveränitätsbegriff. Ausgangspunkt war, unter politischer Freiheit des Nationalstaats dessen Unabhängigkeit, Selbstbestimmung und größtmöglichste Selbstverwirklichung zu verstehen.

Der klassische Grundrechtskatalog, der ursprünglich vor allem politische Freiheitsrechte für Individuen und Gruppen enthielt, läßt sich nicht nur um wirtschaftliche und soziokulturelle Freiheitsrechte erweitern, sondern auch sinngemäß auf Nationalstaaten ausdehnen. Nationalstaaten sind dabei gewissermaßen Großgruppen, die über den Gesellschaftsvertrag organisiert sind, über den demokratischen Willensbildungsprozeß ihre Interessen definieren und mit den ihnen zur Verfügung stehenden Instrumenten durchsetzen. Unabhängigkeits-, Befreiungs- und nationale Vereinigungsbewegungen haben sich auf diese nationalstaatlichen Freiheitsrechte bezogen, sich darüber legitimiert und gerade über die Verknüpfung innergesellschaftlicher Reformen und äußerer Unabhängigkeit ihre politische Durchsetzungskraft erhalten.

Mit der Herausbildung des modernen Nationalstaates hat der bereits angesprochene Souveränitätsbegriff nationalstaatliche Freiheit von einer anderen Seite her definiert und im Völkerrecht und der politischen Praxis verankert. Souveränität hat dabei eine doppelte Funktion. Sie hat erstens eine Schutz- und Abwehrfunktion vor Eingriffen in die "inneren Angelegenheiten" eines Staates, vor unmittelbarer Beeinträchtigung seiner Interessenwahrnehmung nach außen und von der gewaltsamen Einschränkung seiner Entfaltungsmöglichkeiten. Dies ist insbesondere für kleine, schwächere oder abhängige Staaten immer wichtig gewesen. Sie enthält zweitens einen politischen Gestaltungsanspruch nach innen und vor allem nach außen, d.h. bei der Formierung, Beeinflussung und Veränderung des regionalen bzw. internationalen Systems, innerhalb dessen sich der jeweilige Nationalstaat bewegt. Souveränität - ihre Wiedergewinnung, ihr Erhalt und ihr Ausbau - sind daher nicht nur ein wesentliches Grundprinzip des gegenwärtigen Völkerrechtes, sondern auch eine wichtige politische Zielvorstellung im gegenwärtigen Staatensystem.

Ob staatliche Freiheitsrechte - politischer, wirtschaftlicher und soziokultureller Art - über einen erweiterten Grundrechtekatalog oder über den Souveränitätsbegriff definiert, legitimiert und begründet werden, ändert aber nichts daran, daß sie dort ihre Einschränkungen finden, wo sie auf Kosten der Freiheitsrechte eines anderen Staates gehen. Damit ist der Zusammenhang vom staatlichen Freiheitsbegriff und der Forderung nach negativem und positivem Frieden hergestellt. Denn die optimale Wahrnehmung von staatlichen Freiheitsrechten erfordert eine internationale Friedensordnung, die sowohl die außenpolitischen Gestaltungsformen dort einschränkt, wo es um die Durchsetzung staatlicher Interessen mit militärischer Gewalt geht oder um den Abbau von Konfliktpotentialen geht, die sich aus unterschiedlichen bzw. gegensätzlichen nationalen Interessen ergeben. Und aus diesem erweiterten Freiheitsbegriff, der nationale wie wirtschaftliche und soziokulturelle Freiheiten einschließt, ergeben sich auch die wichtigsten politischen Einschränkungen für Gewaltanwendung bzw. -androhung, Gegengewalt und Selbstverteidigung. Dabei hat die Debatte über strukturelle Gewalt den Zusammenhang von Frieden und Freiheit und die Schwierigkeiten in der Bestimmung der "richtigen" Strategie zur Veränderung des internationalen Systems deutlich gemacht.

3.2. Modelle internationaler Menschenrechtspolitik

Wie der Friedensbegriff bietet der hier vorgestellte erweiterte Freiheitsbegriff auch Ansatzpunkte für Entwicklung und Bewertung von Modellen, mit denen Freiheitsrechte ausgeweitet und abgesichert werden. Im Sinne westlicher Demokratievorstellungen geht es hier zunächst um innergesellschaftliche Freiheiten bzw. Auf- und Ausbau demokratischer Verhältnisse. Dies bedeutet nicht die Übertragung westeuropäischer bzw. amerikanischer Demokratieformen auf die Dritte Welt, sondern vielmehr den Versuch, dem den westlichen Demokratien zugrundeliegenden Menschenrechtsbegriff weltweit Geltung zu verschaffen. Menschenrechte oder demokratische Grundrechte werden dabei unterschiedlich definiert und allen Versuchen, sie global durchzusetzen, liegen auf das unbedingt Wesentliche begrenzte Rechtskataloge zugrunde. Unabhängig von Durchsetzungsform und Definitionsbreite haben alle Modelle internationaler Menschenrechtspolitik einen gemeinsamen Nenner: sie greifen im eindeutig definierten Einzelfall direkt und indirekt in die inneren Angelegenheiten der betroffenen Länder ein. Dies bedeutet mit anderen Worten, daß der klassische Souveränitätsbegriff, wie er hier auch zur Herleitung des nationalstaatlichen Freiheitsbegriffes verwendet wurde, nicht nur durch objektive wirtschaftliche, militärische und soziokulturelle Interdependenzen, sondern auch durch den politisch bewußten Ordnungseingriff eingeschränkt wird.[22] In der gegenwärtigen Menschenrechtsdiskussion haben sich vor allem fünf Modelle internationaler Menschenrechtspolitik herauskristallisiert: das Interventionsmodell, das Linkage-Modell, das Anreiz-Modell, das Modell multilateraler Verknüpfung und das internationale Regime-Modell.

Die direkte oder indirekte Intervention eines oder mehrerer Staaten in die inneren Angelegenheiten eines Landes mit dem Ziel, ein Mindestmaß an Grundrechten zu erzwingen, hat eine lange Tradition. Solche Interventionen können, müssen aber nicht militärischer Natur sein. Wie aber die Einzelfallanalyse zeigt, dienen solche Interventionen häufig nicht nur Menschenrechtszielen, sondern auch - und dies meist sehr viel mehr - machtpolitischen Interessen. Hinzu kommt, daß solche Interventionen ein hohes Maß an Willkür aufweisen - dies, was den Zeitpunkt, die gewählten Mittel und die Ziele angeht - und mehr dem politischen Opportunitätsprinzip unterliegen als einer konsequenten Menschenrechtspolitik.

Beim Linkage-Modell dagegen wird die Außen- und insbesondere die Außenwirtschafts-, Entwicklungs- und militärische Hilfspolitik eines Landes gegenüber einem anderen vom Ausmaß der Beachtung von Menschenrechten abhängig gemacht.[23] Rückschritte werden durch Entzug von Vorteilen, Vergünstigungen oder Hilfen sanktioniert, Fortschritte durch entsprechende Unterstützung honoriert. Die systematische Anwendung von Menschenrechtskriterien in der Politik gegenüber anderen Ländern führt dabei neben dem Interessen- einen Demokratiebezug in die internationalen Beziehungen ein, der bei konsequenter Anwendung eine qualitative Veränderung im internationalen System bewirken kann.[24]

Der Einsatz kombinierter Anreize und vor allem wirtschaftlicher Vorteile zur Förderung demokratischer Prozesse setzt im Gegensatz zum Linkage-Modell weniger an den Regierungen, sondern mehr an den wirtschaftlichen Eliten des entsprechenden Landes an, indem es ihnen weitreichende und gewichtige Vorteile verspricht, wenn ihr Land die entsprechenden Veränderungen einleitet.[25] We-

---

[22] Der Konflikt wird dabei beispielhaft deutlich, wenn UNO, Westeuropäer und USA Sanktionen oder andere Maßnahmen gegen die Apartheidspolitik der Südafrikanischen Republik verhängen, diese aber jeden Eingriff von außen als Einmischung in die inneren Angelegenheiten ablehnt.

[23] Der Begriff Linkage-Politik stammt aus der amerikanischen Fachsprache und bedeutet, zwei oder mehrere an sich voneinander unabhängige politische Forderungen, Themen oder Bereiche miteinander zu verknüpfen und so politische "Pakete" zu bilden.

[24] Bestes Beispiel für dieses Modell globaler Menschenrechtspolitik ist die human-rights-Politik der amerikanischen Carter-Administration (1977-1981), die eine wesentliche und notwendige Bedingung der Liberalisierungs- und Redemokratisierungsprozesse in Lateinamerika in den 70er Jahren darstellte. Auch wenn der Menschenrechtsbegriff dabei relativ eng gefaßt war - Pressefreiheit, Vereinigungs- und Streikfreiheit, Freilassung politischer Gefangener und ein gemischtes Wirtschaftssystem - und diese Politik in einzelnen Fällen auch nicht konsequent durchgesetzt wurde, handelt es sich hier um den ersten systematischen und weitgehend global angelegten Versuch einer stärkeren Berücksichtigung und Förderung von Voraussetzungen für Demokratie bzw. innergesellschaftlicher Freiheitsrechte, die in wenn auch eingeschränkter Form später von der EG in ihrer AKP-Politik übernommen wurde.

[25] Abgesehen davon, daß dieses Modell die Grundlage für die Nicaragua-Politik der EG nach der sandinistischen Revolution bildete, hat dieses Modell sich vor allem bei der Redemokratisierung Spaniens und Griechenlands bewährt. Hier war es vor allem die Auflage, daß beide Länder erst nach Wiederherstellung demokratischer Zustände in die EG eintreten könnten, die

sentliche Bedingung eines solchen Vorgehens ist allerdings die Existenz eines
geeigneten Instrumentariums. Politische Parteien, Gewerkschaften und politische
Stiftungen usw. sind dabei besonders geeignet, in dem betreffenden Land Korre-
spondenzorganisationen oder -institutionen aufzubauen, zu unterstützen oder
ihnen das nötige politische Know-how zu vermitteln.

Die multilaterale Verknüpfung von Sach- und Menschenrechtspolitik ist wegen der davon ausgehenden Dynamik und der dafür konstitutiven Paketlösungen
von besonderem Interesse. Menschenrechtsforderungen dienen dabei nicht nur
der Demokratisierung an sich, sondern sollen solche interkulturellen Lern- und
Kommunikationsprozesse auslösen, die das jeweilige Außenverhalten friedlicher
machen.[26]

Die Menschenrechtspolitik der UNO oder besser im Rahmen der UNO hat
auf der einen Seite mit der Ausarbeitung von allgemein gültigen Normen oder
Verboten wie z.B. mit der Anti-Folter-Konvention nicht nur den politischen Konsens über das, was global als Menschenrechtsanspruch definiert wird, vorangetrieben, sondern auch in einer Reihe von Einzelfällen die Problematisierung, die
öffentliche Kritik und die Sanktionsdebatten gefördert. Auch wenn UNO-Maßnahmen im einzelnen bei weitem nicht ausreichen, um die betreffende Regierung
zu einer Änderung ihres Verhaltens zu bringen, so bietet die UNO doch einen
öffentlichkeitswirksamen Rahmen für die Verständigung zwischen verschiedenen
Staaten über die Möglichkeiten, den Sinn und die Notwendigkeit eines Eingriffs
von außen.[27] Dies gilt sinngemäß auch für den Internationalen Gerichtshof, der
trotz seiner völkerrechtlichen Legitimität und politischen Notwendigkeit allerdings gerade dort durchsetzungsschwach wird, wo es im Sinne einer gerechten
und friedlichen Konfliktregulierung besonders darauf ankommt. Trotz dieser Einschränkungen erfüllt die unter der Ägide der UNO durchgeführte Menschenrechtspolitik wesentliche Merkmale eines internationalen Regimes.

Die Menschenrechts- und allgemeine Friedensdiskussion hat in den 70er und
80er Jahren einen wichtigen Schritt nach vorn gemacht. Waren früher Menschen-
rechtsaspekte mehr Mittel zur Legitimation politischer Maßnahmen, die primär

den Demokratisierungsprozeß vorangetrieben und abgesichert hat. Im Gegensatz zur Menschenrechtspolitik der Carter-Administration handelte es sich hierbei weniger um eine enge und
eindeutige Definition von Menschenrechtskriterien, sondern um allgemeinere und offenere
Forderungen, die sich aus einem Generalkonsens unter den westeuropäischen Ländern über
Grundinhalte, Grundrechte und die wesentlichen Prozesse von demokratischen Systemen ergaben.
[26] Das beste Beispiel für dieses Modell ist der KSZE-Prozeß, wo zwischengesellschaftliche Kommunikation und Ausbau der Menschenrechte zu einem der drei wesentlichen Komponenten gehört. Auch wenn die diesbezüglichen Prozesse sowohl innerhalb von Osteuropa als
auch in der UdSSR bei weitem nicht in dem Maße vorankommen, wie die westlichen Teilnehmer gefordert haben und wie es die Schlußakte von Helsinki 1975 im einzelnen festlegt, so hat
der KSZE-Prozeß doch insbesondere in Osteuropa und der UdSSR eine Reihe von Entwicklungen ausgelöst, bestärkt und beschleunigt, die auf innere Reform, Liberalisierung und auch
auf ein größeres Maß an nationaler Eigenständigkeit hinauslaufen.
[27] Vgl. hierzu die UNO-Maßnahmen gegen die südafrikanische Apartheid-Politik bzw.
die Haltung Pretorias zum Namibia-Problem.

rechtsaspekte mehr Mittel zur Legitimation politischer Maßnahmen, die primär politischen, wirtschaftlichen und militärischen Interessen dienten, so haben sie in zunehmenden Maße und unterstützt von Teilen der nationalen und internationalen Öffentlichkeiten trotz der nach wie vor bestehenden Verknüpfung mit politischen Sachinteressen eine eigene und selbständige Bedeutung bekommen. Außenpolitik dient damit nicht nur zur Wahrung bzw. Durchsetzung unmittelbar materieller Interessen, sondern auch zur Verwirklichung eines Minimums an politischen Werten - dazu gehört wesentlich der innergesellschaftliche Freiheits- bzw. Demokratiebegriff. Auch wenn diese neue Qualität von internationaler Politik nicht durchgängiges Merkmal ist, nicht überall und nicht in allen Bereichen gilt und im Konflikt mit dem Machtinteresse meist beiseite geschoben wird, ist damit ein Weg beschritten, der in Richtung auf eine qualitative Änderung im internationalen System geht und von daher perspektivisch eine besondere Bedeutung hat.

4. Gerechtigkeit

Die neuere Diskussion über Sinn, Möglichkeit und Notwendigkeit einer globalen Gerechtigkeit, die insbesondere den Ländern der Dritten Welt bessere politische und wirtschaftliche Chancen gewähren soll, vereinigt drei Ansätze. Erstens hat die klassische Dritte-Welt-Forschung in Politikwissenschaft, Wirtschaftswissenschaft und Geographie sich schon relativ früh mit sozio-ökonomischen Problemen der Dritten Welt befaßt. Dabei haben verschiedene wissenschaftliche Richtungen auf die Benachteiligung von Entwicklungsländern aufmerksam gemacht. Zweitens hat die Friedensforschung sich schon zu Beginn der 70er Jahre den Problemen der Dritten Welt zugewandt. Anhänger des negativen Friedensbegriffes haben die zunehmende Militarisierung in der Dritten Welt und ihre Folgen für sozio-ökonomische Entwicklung, regionale Konfliktmuster und Ost-West-Konflikt verdeutlicht. Vertreter der gewaltkritischen Friedensforschung sind dabei weitergegangen und haben den Schwerpunkt auf die strukturellen Gewaltstrukturen im Nord-Süd-Konflikt gelegt und auf Zusammenhänge zwischen Herrschaft und Unterentwicklung hingewiesen. Drittens hat sich die Fachdisziplin Internationale Beziehungen auch in ihrer Gesamtheit verstärkt der Dritte-Welt-Problematik zugewandt, so z.B. bei der Analyse regionaler Konflikte, der Überlagerung von Nord-Süd- und Ost-West-Konflikt und den Forderungen von Dritte-Welt-Ländern nach stärkerer politischer und wirtschaftlicher Unabhängigkeit. Hinzu kommt, daß sich innerhalb der Dritten Welt inzwischen eine Sozialwissenschaft herausgebildet hat, die im Dialog bzw. Diskurs mit den europäischen bzw. nordamerikanischen Politikwissenschaftlern die Interessen ihrer Länder einbringen und damit auch zum besseren Verständnis der Dritten Welt beitragen.

Im Verlaufe dieser Diskussion haben sich drei zentrale Fragen herausgeschält: die Frage nach der Legitimität der Dritten Welt, die Frage nach dem "richtigen" Entwicklungsmodell und die Frage nach Veränderungsstrategien und regionalen bzw. globalen Neuordnungsmodellen.

4.1. Wohlfahrt für die Dritte Welt

Globale Gerechtigkeit heißt für die Dritte Welt in erster Linie Entwicklungsgerechtigkeit bzw. Chancengleichheit im Zugang zur Weltwirtschaft, unter der
Beteiligung am globalen Wohlstand und Wirtschaftswachstum und die angemessene Partizipation in internationalen Entscheidungsprozessen verstanden wird.
Für die normative Debatte ergibt sich daraus dreierlei. Erstens, daß die Dritte
Welt grundsätzlich gleiche Rechte wie Industrieländer besitzen müsse. Aus dem
allgemeinen Gleichbehandlungsgrundsatz, der das innergesellschaftliche Gleich-
heitsgebot sinngemäß fortschreibt, ergibt sich sowohl das Verbot einer Benachteiligung der Dritten Welt als auch das Gebot, ihr in ihrer Entwicklung zu helfen
bzw. die krassen Unterschiede zwischen Nord und Süd auszugleichen. Wohlfahrt
für die Dritte Welt ist damit nicht nur eine Frage von Anstrengungen der Länder
der Dritten Welt selbst, sondern auch ein Gebot an das internationale System,
bestehende Ungleichheiten beseitigen zu helfen. Ein allgemeines Wohlfahrtsgebot
wird aber nicht nur aus einer extensiven Auslegung des globalen Gleichheitsgebo-
tes, sondern auch aus dem Zusammenhang von Frieden, Freiheit und Wohlfahrt
abgeleitet. Ob dies aus politisch-ethischen oder religiösen Motiven her geschieht,
ist dabei nachgeordnet. Die Auffassung, daß Frieden, Freiheit und Wohlfahrt
einen unauflösbaren Verbund darstellen, ergibt sich daraus, daß Friede als notwendige Bedingungen von Existenzerhaltung, Freiheit als notwendige Bedingung
von Entfaltung und Wohlfahrt als notwendige materielle Voraussetzung men-
schenwürdigen Lebens angesehen wird.

Zweitens wird Hilfe für die Dritte Welt bzw. Verbesserung ihrer Zugangs-
chancen zum Weltmarkt verantwortungsethisch begründet. Viele Länder der
Dritten Welt waren bis vor kurz oder lang in kolonialer Abhängigkeit, die für ihre
weltwirtschaftliche Position und sozio-ökonomische Entwicklung folgenschwere
Bedeutung hatte. Eingriffe in sozio-kulturelle und sozio-ökonomische Strukturen
haben in vielen Fällen zu einer kolonialen "Erblast" geführt. Auch wenn damit nur
ein Teil der aktuellen Probleme in der Dritten Welt erklärt wird, ergibt sich eine
besondere historische Verantwortung für die ehemaligen Kolonialmächte
- insbesondere die westlichen Industrieländer. Der Hinweis wird aber von vielen
Politikern der Dritten Welt - so z.B. in lateinamerikanischen Ländern, die bereits
im 19. Jahrhundert unabhängig wurden - durch die Betonung der Ungerechtigkeit
der aktuellen Wirtschaftsordnung ergänzt und erhält sich hier seine politische
Brisanz, die auch die Kritik an den Ostblockländern einschließt. Den reichen Industrieländern, die die Weltwirtschaft dominieren, wird dabei die hauptsächliche
Schuld für die Entwicklungsprobleme der Dritten Welt zugesprochen. Wenn die
Ursachen dieser Unterentwicklung nun letztlich in den herrschenden internationalen Strukturen liegen, müssen Entwicklungsstrategien andere Verhaltensmuster
und solche Systemstrukturen einführen, die nicht nur den Entwicklungsrückstand
überwinden helfen, sondern auch globale Chancengerechtigkeit herstellen. Dies
bedeutet jedoch nicht, daß die industrialisierten Länder allein die Verantwortung
dafür tragen, wie gelegentlich argumentiert wird.

Drittens wird Entwicklung in der Dritten Welt mit den langfristigen Interessen der Industrieländer begründet.[28] Befürworter eines neuen Nord-Süd-Verhältnisses weisen dabei auf der einen Seite auf das wachsende Nord-Süd-Konfliktpotential hin, das möglicherweise auch zu militärischen Verzweiflungsakten gegen die Industrieländer führen kann und insgesamt das internationale System zusätzlich und unnötig belaste. Rechtzeitige Kompromißlösungen seien also aus Gründen eines globalen Konfliktmanagements notwendig und entsprächen auch einer besseren Kosten-Nutzen-Logik. Auf der anderen Seite wird von einer ökonomisch sinnvollen Nord-Süd-Wachstumsgemeinschaft gesprochen. Industrialisierung in der Dritten Welt würde für die Industrieländer zu einem Wachstumsimpuls werden und helfen, die wirtschaftlichen Probleme in Nord und Süd gleichzeitig zu lösen. Ähnlich wie beim Begriff der gemeinsamen Sicherheit im Ost-West-Konflikt werden hier die Vorteile einer kooperativ-konstruktiven Konfliktlösung betont, was den Gedankengang von der zunehmenden Vergemeinschaftung der internationalen Politik aufnimmt.

4.2. Der Entwicklungsbegriff

Die Frage, was unter Entwicklung zu verstehen ist bzw. was entwickelt werden soll, hat in Wissenschaft und Politik in den letzten Jahren zu vier großen Kontroversen geführt, die letztlich auf Unterschiede im normativen Bezug und in den politischen Zielvorgaben zurückgehen.

Die erste Kontroverse hat sich aus der Kritik an einem Entwicklungsbegriff entwickelt, der Entwicklung in der Dritten Welt in erster Linie als wirtschaftliche Entwicklung ansah. Anhänger dieses engen Entwicklungsbegriffes weisen darauf hin, daß in einer Situation, wo die unmittelbare materielle Existenz der Bevölkerung gefährdet ist, die wirtschaftliche Entwicklung Vorrang vor allem anderen haben müsse. Kritiker dieses Entwicklungsbegriffes sprechen von einer ökonomischen Einengung, die gerade wegen der Vernachlässigung sozio-kultureller und politischer Faktoren mittel- und langfristig zu gesellschaftlichen Deformationen führe, und fordern einen weiteren Entwicklungsbegriff. Danach kann die wirtschaftliche Entwicklung eines Landes bzw. einer Region vorübergehend Vorrang erhalten, sofern sich die sozialen, kulturellen, ökologischen und politischen Folgekosten in Grenzen halten. Sobald aber ein bestimmtes Niveau an wirtschaftlicher Leistungsfähigkeit erreicht ist, sollen nichtwirtschaftliche Entwicklungsziele größere Bedeutung, wenn nicht sogar Priorität erhalten.

Die zweite Kontroverse hat sich aus der Kritik an der Industrialisierungspolitik entwickelt, mit der eine Reihe unterentwickelter Länder den Anschluß an den Weltmarkt gewinnen wollten. Anhänger dieser Entwicklungsstrategie haben dabei auf das europäische bzw. auf das sowjetische Beispiel hingewiesen.[29] Auf der

---

28 Vgl. vor allem die Arbeiten der Brandt-Kommission.
29 Während Länder wie Süd-Korea und Taiwan erfolgreiche Beispiele dieser Entwicklungsstrategie sind, hat in der Masse der Dritte-Welt-Länder die mit dieser Entwicklungsstrategie verbundene Vernachlässigung der Landwirtschaft bei wachsender Bevölkerung das Ernährungsproblem verschärft, die Masse der ländlichen Bevölkerung vom wirtschaftlichen

anderen Seite haben Entwicklungsmodelle, die ausschließlich auf die Landwirtschaft, eigene finanzielle und technische Ressourcen und Binnenmarktorientierung gesetzt haben, ebensowenig zu einem befriedigenden und sozial gerecht verteilten Wohlstand geführt. So wird heute in der Regel vorgeschlagen, Landwirtschaft und Industrie gleichzeitig und aufeinander bezogen zu entwickeln und insbesondere dabei auf sozio-ökonomische Gerechtigkeit zu achten. Denn die Kontroverse über entwicklungspolitische Prioritäten ist gleichzeitig eine Kontroverse über Lebensbedingungen in Stadt und Land, die Rolle von Mann und Frau, die Integration von Minderheiten oder Randgruppen und die Frage, welche Gruppen wie ihre Interessen im politischen Entscheidungsprozeß einbringen.

Die dritte Kontroverse konzentrierte sich auf die Frage, ob man für den heimischen oder den Weltmarkt produzieren solle. Ausländische Investoren und am internationalen Kapital- und Warenmarkt interessierte Gruppen in der Dritten Welt sprechen für eine exportorientierte Entwicklungsstrategie. Anhänger der Entwicklung des heimischen Marktes weisen auf die damit verbundenen Abhängigkeiten und Probleme hin. Innengeleitete Entwicklung ist ihrer Meinung nach zwar langsamer, aber insgesamt leichter steuerbar und erhält vor allem die eigene Unabhängigkeit. Ein regionaler Produktions- und Marktverbund unter dem Stichwort "collective self-reliance" soll dabei die immanenten Beschränkungen kleinerer Volkswirtschaften überwinden und gleichzeitig den politischen Zusammenhalt der Dritten Welt fördern bzw. Gegenmacht aufbauen.

Die vierte Kontroverse hat die Frage nach Art und Ausmaß des staatlichen Eingriffs gestellt. Anhänger staatskapitalistischer Modelle weisen dabei auf die asiatischen Exportwissenschaften hin, die hohes reales Wirtschaftswachstum, steigenden Lebensstandard und politischen Bedeutungsgewinn zu verzeichnen haben. Verfechter von sozialistischen Entwicklungskonzepten weisen auf die Notwendigkeit staatlicher Eingriffe hin, um überhaupt nationale Entwicklungsmöglichkeiten herzustellen. Eingriffe wie Landreformen, Öffnung von Wirtschaftsbereichen, die nur bestimmten sozialen, religiösen oder rassischen Gruppen vorbehalten sind, und staatliche Maßnahmen zur Behebung von Grundbedürfnisdefiziten sind weitgehend unumstritten. Nationale Schutzmaßnahmen wie Protektionismus, staatskapitalistische Monopolisierungen oder Beschränkung privater Initiative stehen dagegen im Mittelpunkt dieser Kontroverse.

Diese Kontroversen haben zu drei Einsichten geführt. Die erste Einsicht lautet, daß kein allgemein gültiges Entwicklungsmodell für die Dritte Welt als Ganzes oder für ganze Regionen gibt. Angesichts der ökonomischen, politischen und sozio-kulturellen Unterschiede, angesichts der jeweiligen Besonderheiten in der politischen Geographie, politischen Ökonomie und politischen Kultur und angesichts der unterschiedlichen politischen Geschichte selbst benachbarter Länder muß der jeweilige Entwicklungsweg diese Ausgangsbedingungen und den politischen Willen der betroffenen Bevölkerungen berücksichtigen. In diesem Zusam-

---

Wachstum ausgeschlossen, neue Ungerechtigkeiten geschaffen und zu schweren sozio-ökonomischen Konflikten geführt.

menhang muß auch immer wieder vor eurozentrischen, politischen, ökonomischen und sozialen Entwicklungswegen gewarnt werden.

Die zweite Einsicht lautet, daß innergesellschaftliche Wohlfahrt zwar wirtschaftliches Wachstum voraussetzt, darüber hinaus aber auch einen Verteilungsmodus bedingt, der dafür sorgt, daß privater Wohlstand und öffentliche Dienstleistungen der Bevölkerungsmehrheit zugute kommen. Die Erfahrung hat gezeigt, daß Versuche von außen wie z.B. eine grundbedürfnisorientierte Entwicklungshilfe oder gar soziale Auflagen bei Kredit- und Warenhilfen im allgemeinen nicht ausreichen, wenn die heimischen Eliten nicht zu einer entsprechenden Verteilungspolitik bereit sind. In diesem Zusammenhang ist zunehmend auch Kritik an der Bereicherungspraxis und der Reformunwilligkeit mancher Herrschaftseliten in einigen Entwicklungsländern geübt worden.

Die dritte Einsicht lautet, daß der Begriff Unterentwicklung nicht voreilig verwendet werden darf - so z.B. wenn man Dritte-Welt-Länder mit europäischen Industrieländern vergleicht. Ohne der in der europäischen Tradition immer wieder auftauchenden Projektion vom "glücklichen Wilden" zu verfallen, muß gerade beim Vergleich der europäischen Kultur, ihren Sozialisations-, Konfliktlösungs- und Partizipationsmechanismen mit solchen aus sogenannten Primitivgesellschaften gefragt werden, welche Gesellschaft in welchen Aspekten einen höheren Entwicklungsstand hat. Solche Fragen stellen sich bei einem engen und allein auf die Höhe des Bruttosozialprodukts abstellenden Entwicklungsbegriffes nicht; sobald aber Kriterien wie soziale Gerechtigkeit, Gleichheit, Harmonie zwischen Mensch und Umwelt und Individuum und Kollektiv eingeführt werden - also ein weit gefaßter Entwicklungsbegriff angewandt wird -, erlaubt gerade die Beschäftigung mit der Dritten Welt selbstkritische Rückschlüsse auf Form und Inhalt europäischer Politik.

Trotz all dieser Warnungen vor einem pauschalen und von außen aufgesetzten Entwicklungsbegriff liegt es in der Logik der hier vertretenen These an der Gültigkeit allgemeiner Normen wie Friede, Freiheit und Wohlfahrt festzuhalten und sie sowohl für die Beziehungen zwischen und zu den Ländern der Dritten Welt als auch für deren innergesellschaftliche Verhältnisse zu fordern. Dies hat vor allem drei politische Konsequenzen. Aus dem Friedensbegriff ergibt sich die Forderung der Dritten Welt, sowohl aus der europäischen Geschichte als auch aus dem Verlauf des Ost-West-Konfliktes die notwendigen Lehren zu ziehen. Dazu gehört z.B. anstelle von regionalen Rüstungswettläufen solche Kooperationsstrukturen aufzubauen, die Sicherheit bei einem Minimum an militärischem Aufwand gewährleisten und die notwendigen Konfliktlösungsmechanismen enthalten. Dazu gehört ferner, die innergesellschaftliche Bedeutung von Rüstungsindustrie und Militärapparat so zu beschränken, daß Militärdiktaturen, innengeleitete Militarisierungsprozesse und Aufrüstungsdynamiken dauerhaft verhindert werden. Dazu gehört angesichts der Ressourcenknappheit dieser Länder auch, nichtmilitärische Instrumente zum Souveränitätserhalt zu finden.

Aus dem hier vertretenen Freiheitsbegriff ergeben sich ebenfalls gravierende Folgerungen für Menschenrechte in der Dritten Welt, insbesondere wo es um individuelle und kollektive politische Entfaltung und Beteiligung am politischen, wirtschaftlichen und kulturellen Leben geht. Rassismus, Unterdrückung von Minderheiten, Zensur, Streik- und Vereinigungsverbot und die Existenz von politischen Gefangenen können auch angesichts der Probleme der Dritten Welt nicht toleriert werden. In diesem Zusammenhang gelten die Vorbehalte gegenüber dem Nationalstaat als politisches Organisationsprinzip auch und vor allem für die Dritte Welt. Obwohl "nation-building" gerade für die ehemaligen Kolonien politisch wichtig ist, muß die Überbewertung des Nationalstaates gerade in der Dritten Welt auch kritisch analysiert werden.[30] Gerade wenn man kollektive Entwicklungsziele, wie sie in der Dritten Welt vertreten werden, ernst nimmt, so stellt sich die Frage, warum Lernprozesse, wie sie z.B. die westeuropäischen Länder in Sachen Integration durchgemacht haben, nicht auch in der Dritten Welt möglich sind. Die Schwierigkeiten, die die Dritte-Welt-Länder dabei haben, und das Scheitern zahlreicher solcher Bemühungen ist dabei aber nicht nur Ergebnis von Eingriffen der Industrieländer in diese Prozesse oder Strukturzwang des internationalen Systems, sondern ebenso die Tatsache, daß nationale Identität oder regionale Macht in den sich entwickelnden Ländern häufig eine wichtigere Rolle als die innere wirtschaftliche, sozio-kulturelle und politische Entwicklung spielt. Daran darf auch ein herrschaftskritischer Ansatz nicht vorbeigehen.

4.3. Modelle zur Verbesserung internationaler Gerechtigkeit

Bei den Forderungen der Dritten Welt geht es nicht nur um die Reform der Weltwirtschaft, sondern es geht letztlich um Änderungen in den internationalen Macht- und Herrschaftsstrukturen. Die geringen ökonomischen, wirtschaftlichen und politischen Machtmittel der Dritte-Welt-Länder geben dem Nord-Süd-Konflikt dabei eine andere Konfliktkonfiguration als dem Ost-West-Konflikt, wo wenigstens militärische Parität hergestellt ist. Unterlegenheit an Machtmitteln und begrenzte wirtschaftliche Relevanz der meisten Dritte-Welt-Länder machen deshalb den Nord-Süd-Konflikt in erster Linie zu einer Frage, ob und wie die industrialisierten und vor allem die westlichen Industrieländer zu Kompromissen und Konzessionen bereit sind. Eine solche Einsicht in die realen Machtverhältnisse in den Nord-Süd-Beziehungen, die sich auch bis in viele Süd-Süd-Beziehungen fortsetzen, bedeutet nicht den resignativen Verzicht auf das erkenntnisleitende Interesse, wohl aber die Frage, wie und welche Strategien entwickelt werden können und müssen, um die Politik der westlichen Regierungen und der von ihnen beherrschten internationalen Organisationen und Institutionen zu verändern. Wie in der Friedensfrage schließt dies die Mitverantwortung der Dritten Welt an einer solchen Politik nicht aus, macht aber deutlich, daß Veränderungen vor allem in

---

[30] Ist den ehemaligen Kolonialmächten zu Recht der Vorwurf zu machen, nicht zusammengehörige Regionen und Völker in einer Kolonie zusammengefaßt und beherrscht zu haben, dann gilt ebenso der Vorwurf an die unabhängig gewordenen Staaten, daß sie eben nicht die nötigen Grenzkorrekturen, Zusammenschlüsse oder territorialen Änderungen durchgeführt haben. Die Grenzziehung in Afrika, die Kleinstaaterei in Zentralamerika oder die Bildung von Inselstaaten im Pazifik widersprechen ökonomischer Logik, politischen Unabhängigkeitszielen und sozio-kultureller Zusammengehörigkeit. Separatismus ist dabei ein guter Indikator für die mangelnde Fähigkeit von Dritte-Welt-Regierungen, regional angemessene Autonomie mit nationaler Integration zu verbinden.

der Politik des Nordens stattfinden müssen. Dabei sind drei Ansätze von besonderer Bedeutung: erstens der bi- oder multilaterale Hilfsansatz, zweitens die Abkoppelungsstrategie und drittens der Systemreformansatz. Der erste und bislang den Nord-Süd-Dialog bestimmende Ansatz ist der Versuch, durch Entwicklungshilfe die ökonomische Situation der Dritten Welt zu verbessern und sie in den Stand zu setzen, aus eigener Kraft den Anschluß an die weltwirtschaftliche Entwicklung zu finden. Entwicklungshilfe wird, trotz häufiger Auflagen, von den Empfängerländern in der Regel allgemein begrüßt, aber im einzelnen immer wieder kritisiert. Innerhalb der Industrieländer ist Entwicklungshilfe ebenfalls nicht unumstritten. Vertreter ordoliberaler Ansätze verweisen auf die ASEAN-Länder,[31] die sich aus eigener Kraft industrialisert und zunehmenden internationalen Einfluß gewonnen haben. Vertreter sozialreformerischer Positionen weisen darauf hin, daß Entwicklungshilfe die erwünschten allgemeinen Wohlfahrtseffekte in der Regel nicht erbracht und die notwendigen sozio-ökonomischen Reformen eher erschwert als vorangetrieben habe. Hinzu kommt Kritik an der Entwicklungshilfe von denjenigen Gruppen, die die dafür aufgewandten Mittel lieber im eigenen Land verwandt sehen wollen. Auch wenn Entwicklungshilfe im Verlaufe der Jahre immer stärker die Interessen der Empfängerländer berücksichtigt hat, besteht insgesamt kein Zweifel darüber, daß sie weder die weltwirtschaftlichen Trends geändert noch die allgemein sich verschlechternde Ausgangsposition der Dritten Welt korrigiert, geschweige denn ein Mehr an internationaler Gerechtigkeit erbracht hat.

Das geringe Ausmaß, die ausgebliebenen Effekte und der politische und ökonomische Preis von Entwicklungshilfe hat radikale Vertreter von Dritte-Welt-Positionen dazu gebracht, den Abkoppelungsansatz zu entwickeln. Abkoppeln bedeutet, sich bewußt aus dem Weltwirtschaftsverbund herauszulösen, auf Eigenversorgung und Entwicklung aus eigener Kraft zu setzen. Begründet wird dies mit den negativen Folgen von Weltmarktabhängigkeit für die eigene Volkswirtschaft, sozio-ökonomische Entwicklung und Außenpolitik. Obwohl dieser Gedankengang in der politikwissenschaftlichen Diskussion in den 70er Jahren wichtig war, hat er in der praktischen Politik keine Rolle gespielt. Die Gründe dafür liegen auf der Hand. Das Abkoppeln vom Weltmarkt ist z.B. für wichtige Rohstofflieferanten angesichts der wirtschaftlichen und militärischen Machtmittel der Industrieländer nicht durchzusetzen, ist angesichts der bestehenden wirtschaftlichen Arbeitsteilung samt der ihr zugrunde liegenden komparativen Kostenvorteile ökonomisch nicht sinnvoll und verschärft die Entwicklungsprobleme mehr als daß es sie verringert.

Anstatt sich abzukoppeln, haben sich die Dritte-Welt-Länder auf die Strategie der Reform der Weltwirtschaft konzentriert. Bei der Forderung nach einer Neuen Weltwirtschaftsordnung geht es nicht nur um eine Justierung, sondern um eine Strukturreform: die Dritte Welt will eine grundsätzliche Beteiligung an den weltwirtschaftlichen Herrschaftsinstitutionen. Genau dies stößt aber auf die eingangs genannten Probleme des internationalen Staatensystems. Es gibt weder eine

---

[31] Zum Verband südostasiatischer Staaten (Association of South East Asian Nations, ASEAN) gehören: Indonesien, Malaysia, Philippinen, Singapur, Thailand und Brunei.

kompetente Institution, die eine solche Korrektur der weltwirtschaftlichen
Grundstrukturen gegen das Festhalten der Industrieländer am Status quo durchsetzen kann, noch sind die Dritte-Welt-Länder aufgrund ihrer eigenen wirtschaftlichen, militärischen und politischen Schwäche in der Lage, einzeln oder verbün-
det diese Forderungen durchzusetzen.

5. Grundwerte und Reformpolitik

Soll das von den Grundwerten Friede, Freiheit und Gerechtigkeit geleitete
Erkenntnisinteresse in praktische Politik eingelöst werden, stellt sich nicht nur die
Frage nach dem normativ Wünschbaren, sondern auch nach dem real Machbaren.
Die Grenzen und Möglichkeiten einer Reformpolitik von politischen Verhaltens-
änderungen über eine Relativierung des Nationalstaates bis hin zur Strukturreform
des internationalen Systems werden je nach politischem Standort und Interessenlage immer unterschiedlich beurteilt werden. Der realistische Ansatz wird stets
mit dem idealistischen konfligieren. Politikwissenschaftliche Analysen und die
aus ihnen abgeleiteten Politikentwürfe können falsch sein. Insbesondere die Erarbeitung politischer Reformmodelle, Reforminhalte und Reformstrategien ist nicht
nur ein Anhängsel politikwissenschaftlicher Analyse, sondern erfordert eine sorgfältige Berücksichtigung von Handlungsspielräumen, Akteursinteressen und
Machtzusammenhängen. Friede, Selbstbestimmung und Entwicklungsgerechtigkeit müssen sowohl gesinnungs- als auch verantwortungsethisch interpretiert
werden. Sie müssen sich an Gestalt und Gehalt internationaler Politik orientieren
und sowohl kritische Distanz als auch gesellschaftspraktischen Bezug besitzen,
wenn sie diesem Anspruch gerecht werden sollen.

Wenn man unter diesen Gesichtspunkten die eingangs postulierte Notwendigkeit und die sich aus der Analyse aktueller internationaler Politik ergebenden
Möglichkeiten zur Reform von Weltpolitik und ihrer Strukturen gegenüberstellt,
müssen die ungelösten Probleme der Rüstungskontrollpolitik, die unbefriedigende
Entwicklung bei der Verwirklichung von Menschenrechten und der Stillstand
bzw. Rückschritt im Nord-Süd-Dialog wahrgenommen und auf ihre Ursachen hin
geprüft werden. Dabei muß auch die Frage gestellt werden, ob die jeweiligen
Reformstrategien an sich oder nur in der jeweiligen Ausprägung falsch sind. In
einer sich verändernden Weltgesellschaft müssen auch Reformkonzepte immer
wieder den geänderten Bedingungen angepaßt werden. Dies gilt nicht nur für
Analyse und Strategiediskussion, sondern auch für die Definition bzw. konzeptionelle Operationalisierung von Grundwerten, erkenntnisleitenden Interessen
bzw. normativen Postulaten. Was konstant bleibt, ist jedoch der Anspruch auf
Wahrnehmung oder politische Nutzung von Spielräumen für Veränderungen. Wer
im Sinne der friedenspolitischen Schule von normativen Postulaten wie Friede,
Freiheit und Entwicklung ausgeht, wird im Gegensatz zur realpolitischen Schule
immer nach den vorhandenen und zukünftigen Möglichkeiten suchen, ein Mehr
an Normenverwirklichung - und sei es nur ein wenig Mehr - zu suchen. Die
Spannung zwischen dem Wünschbaren und dem Machbaren wird dabei immer
bleiben. Sie darf aber nicht als Entmutigung, sondern muß als Herausforderung
verstanden werden. Die normative Betrachtung politischer Zusammenhänge kann
die sorgfältige empirische Analyse unter Verwendung abgesicherter Theorien und

differenzierter Methoden nicht ersetzen. Sie hilft aber, sie auf einen Wertbezug zu bringen, dient zur Reflexion der eigenen Werturteile und macht deutlich, welche Normen wie, wann und wo verwirklicht sind, werden oder werden sollen. Hierin liegen sowohl die Grenzen als auch die Möglichkeiten normativer Betrachtungen in der Politikwissenschaft.

* * *

Akteure und Handlungszusammenhänge[32]

ERNST-OTTO CZEMPIEL

Ernst-Otto Czempiel (*1927) studierte in Berlin und Mainz, promovierte 1957 in Mainz, habilitierte sich 1964 an der TH Darmstadt, wurde 1966 an die Universität Marburg und 1970 an die Universität Frankfurt berufen. Seitdem ist er dort Professor für Auswärtige und Internationale Politik sowie Forschungsgruppenleiter an der Hessischen Stiftung Friedens- und Konfliktforschung. Seine Hauptarbeitsgebiete sind: Theorie der Außenpolitik und der Internationalen Politik, Friedensforschung, Außenpolitik der USA.

In dem Buch "Internationale Politik. Ein Konfliktmodell", dem der hier abgedruckte Text entnommen wurde, stellt Czempiel zunächst die bisher vorliegenden Ansätze und Modelle, ihre Leistungen und ihre Defizite vor und entwickelt anschließend ein eigenes neues Modell, das Gittermodell, das den analytischen Problemen, die die gegenwärtige Weltpolitik aufwirft, näherzukommen sucht. Im Hinblick auf dieses Modell werden dann ausführlich die wichtigsten Akteure dargestellt, deren Interaktionen die Weltpolitik der Gegenwart hervorbringen. Die dabei auftretenden Figuren und Strukturen - so lautet die Hauptthese des letzten Teils - entstammen denjenigen Handlungszusammenhängen, die auf "Macht" und/oder "Gewinn" gerichtet sind.

Wenn jetzt Akteure besprochen werden, so stellt dies keinen Rückfall in eine aktionsbezogene Analyse, also etwa in die "Außenpolitik" dar. Da Interaktionen aber von Rollen getragen werden, müssen wenigstens die wichtigsten aufgeführt werden. Gleichzeitig zeigt der Überblick die große Zahl der Akteure, deren Handlungszusammenhänge für die internationale Politik konstitutiv sind.

1. Die politischen Systeme

Im Rahmen der struktur-funktionalen Theorie David Eastons wird unter dem politischen System der Satz derjenigen Rollen verstanden, die rechtlich verbindlich Wertallokationen treffen. In der konventionellen Sprache handelt es sich dabei um die Regierung und das Parlament (im Rahmen der westlichen Demokratien) sowie um die Bürokratie. Hinzuzurechnen sind die "gate-keeper"-Funktio-

---

[32] Aus: Ernst-Otto Czempiel, Internationale Politik. Ein Konfliktmodell, Paderborn u.a. 1981, S. 119-178. Mit freundlicher Genehmigung des Verlags Ferdinand Schöningh, Paderborn.

nen[33], die über den Zugang von Verteilungsanforderungen in das politische System befinden. Um die Darstellung nicht allzusehr terminologisch zu belasten, werden hier die konventionellen Termini beibehalten, wird also von Regierung, Parlament, Bürokratie und von Parteien gesprochen. Dabei ist aber zu berücksichtigen, daß der Gesamtansatz wie das Modell sich im Rahmen der struktur-funktionalen Theorie bewegen, deren Verständnis übernehmen. Die Verwendung konventioneller Sprache darf nicht zu dem Irrtum verführen, als lägen hier auch konventionelle inhaltliche Annahmen zugrunde, oder auch nur solche, die den Staat ontologisieren. Jeder Versuch, mit Hilfe des Modells empirisch zu arbeiten, kann nur im Rahmen dieser struktur-funktionalen Theorie angelegt werden.

Die Bedeutung der politischen Systeme als Allokateure in den Handlungszusammenhängen der internationalen Politik kann nach wie vor nicht überschätzt werden. Die Verteilungskompetenz der politischen Systeme ist nicht relativiert worden, auch nicht im Westen, und schon gar nicht in der Welt. Die politischen Systeme haben sich nicht als durchlöchert ("permeated")[34] erwiesen und nur selten als penetriert[35]. Ihre Allokationsfunktion ist vielmehr erhalten geblieben; sie partiell sogar noch zugenommen. Nach wie vor sind die politischen Systeme die einzigen Akteure, deren Allokationen rechtsverbindlichen Charakter tragen. Das Völkerrecht erkennt nur sie als Subjekte an.

Geändert hat sich - jedenfalls in den hochindustrialisierten Demokratien des Westens - die Bedeutung des Umfeldes der politischen Systeme. Sie hat stark zugenommen. Waren bis zum Ausgang des 19. Jahrhunderts die Beziehungen zwischen den Umfeldern der politischen Systeme weitgehend marginal, so bilden sie heute einen ernsthaften Konkurrenten für die zwischen den politischen Systemen ablaufenden Interaktionen. Auch in den Beziehungen zwischen dem politischen System und dem gesellschaftlichen Umfeld hat sich dessen Position, die Position gesellschaftlicher Akteure, erheblich verstärkt. Sie sind nicht unabhängig von dem politischen System, unterliegen nach wie vor dessen Allokationsfunktion. Sie brauchen auch diese Funktion, ohne die sie ihre Verteilungsinteressen nicht optimal wahrnehmen können. Andererseits muß aber das politische System mit dieser Konkurrenz insofern rechnen, als es auf die Kooperation der gesellschaftlichen Akteure in einem sehr viel höheren Maß angewiesen ist als früher. Auch haben die Interaktionen zwischen den gesellschaftlichen Umfeldern - gerade auf wirtschaftlichem, aber auch auf ideologischem Gebiet - viele Daten gesetzt, die die politischen Systeme zur Kenntnis nehmen müssen. Nichtsdestoweniger bleiben sie die ersten und wichtigsten Akteure.

In den diktatorial-autoritären Staaten sind sie sogar nach wie vor die einzigen Akteure. Die gesellschaftlichen Umfelder spielen dort keine Rolle. Je stärker sich die politischen Systeme gegenüber ihrem gesellschaftlichen Umfeld behaupten können, je autoritärer also die Herrschaft ausgeprägt ist und je totalitärer sie in

---

[33] Dazu D. Easton, A Systems Analysis of Political Life, New York 1963, S. 84 ff.

[34] Dies die ursprüngliche, aber bald revidierte These von J.H. Herz, vgl. seine Aufsätze in: ders., Staatenwelt und Weltpolitik, Hamburg 1974, S. 63 ff., S. 123 ff.

[35] James N. Rosenau, 'Pre-Theories and Theories of Foreign Policy', in: R. Barry Farrell (ed.), Approaches to Comparative and International Politics, Evanston IL 1966.

dem Sinne ist, daß sie viele, wenn nicht alle Lebensbereiche der Gesellschaft zu regeln versucht, desto unabhängiger ist das politische System als internationaler Akteur. Es kann - wie die Beispiele der sozialistischen Staaten in Europa lange zeit vollständig, und am Ende der siebziger Jahre noch weitgehend zeigen - sogar die Beziehung zwischen ihrem gesellschaftlichen Umfeld und den Umfeldern anderer politischer Systeme strikt unterbinden und auf diese Weise sein Monopol bewahren. Umgekehrt sind gerade die westlichen Demokratien dadurch ausgezeichnet, daß die gesellschaftlichen Umfelder an den Interaktionen mit den Umfeldern der internationalen Umwelt ungehindert teilnehmen.

Für das Gittermodell der internationalen Politik muß berücksichtigt werden, daß diese Konkurrenz für das politische System nur in einem kleinen Teil der Welt existiert, nämlich in Westeuropa und in den Vereinigten Staaten. In Japan, das zu den Hochindustrieländern gehört, ist diese Eigenständigkeit auf große wirtschaftliche Unternehmen beschränkt. Gesellschaftliche Gruppen spielen eine untergeordnete Rolle.

Für weniger als 20 % der Weltbevölkerung nur gilt, daß die politischen Systeme die Interaktion des Umfeldes mit der Umwelt zulassen, daß sie dementsprechend die Konkurrenz der gesellschaftlichen Umfelder hinnehmen. Im größten Teil der Welt, mißt man sie nach Menschen und Metern, herrschen die politischen Systeme unangefochten, monopolisieren sie die Beziehungen mit der internationalen Umwelt so, wie sie die Beziehungen zu ihrem gesellschaftlichen Umfeld dominieren. Diese Größenordnungen sagen auch dann etwas aus, wenn man berücksichtigt, daß diese Staaten, wirtschaftlich gesehen, den westlichen weit unterlegen sind. Sie wickeln nur 37 % des Welthandels ab, der zu 63 % bei den OECD-Mitgliedern liegt[36]. Auf der Welt werden ja nicht nur Wirtschaftsgüter verteilt, sondern gerade auch sicherheitsbezogene und herrschaftliche Werte. Wer deren Bedeutung höher veranschlagt als die der ökonomischen, unterschätzt keineswegs die große Relevanz der letzteren. Nur hat sich teilweise die Überschätzung ökonomischer Wertallokationen so eingebürgert, daß es angelegen sein muß, die Prioritäten wiederherzustellen. In den westlichen Industriestaaten, wo die Verteilung der Werte von Sicherheit und Freiheit durch die Beschränkung von Herrschaft traditionell (wenn auch keineswegs schon zureichend) geregelt ist, rückt der Akzent mit Recht auf die Verteilung wirtschaftlicher Werte. Für den größten Teil der Welt muß die Aufmerksamkeit gleichermaßen auf die nicht-wirtschaftlichen Werte gelegt werden. Daraus ergibt sich auch die Relevanz der Aussage, daß im größten Teil der Welt die politischen Systeme nicht nur wichtige, sondern meist die einzigen Akteure von Handlungszusammenhängen sind.

Jenseits dieser Unterscheidung gilt allgemein, daß die politischen Systeme als Akteure in Handlungszusammenhängen außerordentlich große Bedeutung besitzen. Die beiden Hauptziele der herrschaftlichen Organisation von Gesellschaften, die Gewährleistung von Sicherheit nach außen und Freiheit nach innen sowie die Bereitstellung von Chancen wirtschaftlicher Wohlfahrt, sind, wenn auch nicht immer durchgängig, den politischen Systemen anvertraut. Auf dem Gebiet der Sicherheit gilt dies allgemein, auf dem der Wirtschaft gilt es für die

---

[36] Zahlen nach Fischer-Almanach 1979, S. 686.

sozialistischen Staaten und für große Teile der Dritten Welt. Aber auch in den bürgerlichen Demokratien des Westens haben die politischen Systeme bei der Zuteilung von Chancen wirtschaftlicher Wohlfahrt erhebliche funktionale Bedeutung.

In den Handlungszusammenhängen, die Sicherheit nach außen sowie Freiheit und Stabilität im Inneren bewirken sollen, haben die politischen Systeme in allen Gesellschaften das Monopol. Sie unterhalten große Handlungszusammenhänge mit den politischen Systemen der Umwelt; sie repräsentieren diplomatisch und offiziell die Gesellschaft. Deren Beziehung zur internationalen Umwelt wird von den politischen Systemen aktiv gestaltet und beeinflußt. Ob und welche Handlungszusammenhänge mit Gegnern, Alliierten oder befreundeten Gesellschaften unterhalten werden, hängt weitgehend von der Entscheidung der politischen Systeme ab. Sie bestimmen die Figur dieser Handlungszusammenhänge, bestimmen damit maßgeblich deren Einschätzung durch das gesellschaftliche Umfeld.

Dementsprechend nehmen die Partner in solchen Handlungszusammenhängen die Interessen und das Verhalten einer Gesellschaft im wesentlichen über deren politisches System, mit dem sie in den Handlungszusammenhängen verbunden sind, zur Kenntnis. Bei aller Interdependenz zwischen den Gesellschaften (die ohnehin nur innerhalb der OECD-Länder anzutreffen ist) sind doch nach wie vor in erster Linie die politischen Systeme zuständig dafür, die Beziehungen mit der Umwelt zu unterhalten und zu gestalten. Sie sind dabei selbstverständlich nicht unabhängig, sondern führen Anforderungen aus, die aus ihrem gesellschaftlichen Umfeld stammen. Aber das Umfeld ist nicht imstande, seine Anforderungen vollständig selbst zu realisieren. Zwar haben seine autonomen Fähigkeiten zugenommen, insbesondere die der Wirtschaft. Der Regelfall ist dennoch nach wie vor der, daß die Umfelder ihre Anforderungen an die politischen Systeme richten und sie mit der Ausführung beauftragen. Dieser Auftrag ist in der Regel allgemein und diffus; die politischen Systeme sind bei der Ausführung weitgehend frei und nur abhängig von den Handlungszusammenhängen, die sie mit den respektiven Eliten in ihrem gesellschaftlichen Umfeld verbinden. Die Rollen des politischen Systems genießen ein großes Maß an Bewegungsfreiheit. Sie besitzen nicht mehr das Informationsmonopol; es ist ihnen wenigstens im Westen längst von der Presse genommen worden. Sie besitzen aber immer noch das offizielle Repräsentationsmonopol, und ihre Interpretationen der Situation werden vom gesellschaftlichen Umfeld höher eingeschätzt als die der Medien. Die zwischen den politischen Systemen ablaufenden Handlungszusammenhänge zählen daher nach wie vor zu den relevantesten Handlungssystemen des internationalen Systems. Die politischen Systeme erheben damit noch immer den aus einem monarchisch-feudalen Staatsverständnis stammenden Anspruch, die eigentlichen Völkerrechtssubjekte zu sein. In einem demokratischen Zeitalter eigentlich ein unzulässiger Anachronismus, wird dieser Anspruch durch das praktische Monopol der politischen Systeme bei der Aufrechterhaltung von Handlungszusammenhängen mit den anderen politischen Systemen in der internationalen Umwelt nach wie vor funktional gerechtfertigt.

Die Leistung der politischen Systeme tritt besonders deutlich hervor, wenn es um Sicherheit geht, zumal auf dem untersten, dem unmittelbarsten Nenner: der Verteidigung. Hier besitzen die politischen Systeme eindeutig das Monopol. Sie gehen Allianzen und Bündnisse ein; sie unterhalten und bestimmen die Konflikte in den antagonistischen Handlungssystemen; sie verteilen die Verteidigungslasten im gesellschaftlichen Umfeld. Sie interne Verteidigungsleistung, die die politischen Systeme dabei erbringen, ist kaum weniger wichtig als die Gewährleistung von Sicherheit nach außen. In dem beträchtlichen Handlungsspielraum, den die politischen Systeme auf dem Gebiet der Sicherheit besitzen, ist auch ihre Möglichkeit enthalten, die Strukturen des gesellschaftlichen Umfeldes zu beeinflussen. So deutet eine abnorme Betonung äußerer Gefahren und ein entsprechend hoher Aufwand für deren Abwendung in der Regel auf unzureichende Verteilungsleistungen im gesellschaftlichen Umfeld hin. Der "Primat der Auswärtigen Politik", meist der Primat der Sicherheit, wird dazu bemüht, eine bestimmte, nicht durchweg konsensfähige Wertallokation im gesellschaftlichen Umfeld zu rechtfertigen[37]. Oder umgekehrt: Die Zurückhaltung vieler politischer Systeme vor einer durchgreifenden Rüstungskontrolle oder gar Abrüstung ist vielfach auch auf die Sorge zurückzuführen, daß dadurch alte Verteilungsmuster in Frage gestellt und neue, weniger gut kontrollierbare gebildet werden könnten. Dieser Zusammenhang läßt sich gerade bei den sozialistischen Staaten in Osteuropa, vornehmlich bei der DDR, gut erkennen; er ist aber auch den westlichen Demokratien, vor allem den Vereinigten Staaten, nicht fremd.

Auf diesem Gebiet gibt es sogar eine gewisse Kooperation zwischen antagonistischen politischen Systemen. Im amerikanisch-sowjetischen Handlungszusammenhang, beispielsweise, gibt es sehr wohl das amerikanische Interesse, keine durchgreifende Destabilisierung der osteuropäischen Satellitenstaaten zu fördern. Umgekehrt wirkte die Sowjetunion mäßigend auf die kommunistischen Parteien in Westeuropa ein, warb sie für den nicht-revolutionären Weg, um nicht eine Verhärtung der Reaktion des Westens auszulösen[38]. Man kann sogar nicht ausschließen, daß zwischen amerikanischen und sowjetischen Militärs ein Handlungszusammenhang in Gestalt schweigender Übereinkunft besteht, die jeweiligen Rüstungsanteile und damit die jeweiligen Einflußmöglichkeiten nicht substantiell sinken zu lassen.

Das mag übertrieben sein; es macht aber anschaulich, daß Rüstung eine Verteilungsleistung darstellt, die zwar in erster Linie, aber keineswegs ausschließlich aus den Handlungszusammenhängen zwischen den politischen Systemen resultiert. Sie wirkt auch in die Handlungszusammenhänge zwischen dem politischen System und seinem gesellschaftlichen Umfeld hinein und muß auch unter diesen Perspektiven analysiert werden.

Anders läßt sich der große Aufwand, den alle politischen Systeme mit der Rüstung treiben, nicht erklären. Die Größe dieses Aufwandes zeigt die Bedeutung

---

[37] E.-O. Czempiel, 'Der Primat der Auswärtigen Politik', in: Politische Vierteljahresschrift 4 (1963), S. 266 ff.

[38] R. Löwenthal, 'Moscow and the "Eurocommunists"', in: Problems of Communism (1978), S. 38 ff.

der politischen Systeme in der internationalen Politik erneut und drastisch. Im Durchschnitt der Welt werden 5,8 % des Bruttosozialprodukts für die Rüstung ausgegeben, beinahe 2½mal so viel wie für das Gesundheitswesen. Im Durchschnitt hat jeder Weltbürger 1978 92 Dollar für die Rüstung bezahlt, insgesamt 425 Milliarden Dollar[39]. Besser gesagt, die politischen Systeme haben ihn veranlaßt, diesen Betrag auszugeben.

Das gilt vor allem für die Entwicklungsländer. Während im Weltdurchschnitt 25,3 % der Budgets für die Rüstung aufgewandt wurden, waren es bei den Industriestaaten nur 23,8 %, bei den Entwicklungsländern jedoch 32,2 %[40] In den Entwicklungsländern haben die politischen Systeme also rund ein Drittel der Steuergelder für die Rüstung verwandt - sicherlich ein enormer Anteil angesichts der Bedürfnisse dieser Länder. Bei der Interpretation dieses extrem hohen Anteils wird man zunächst die allgemeine Lage der Dritten Welt berücksichtigen müssen. Die Entwicklungsländer leben in außerordentlich instabilen Subsystemen des internationalen Systems, so daß das Ziel der Sicherheit entsprechend hoch veranschlagt werden muß. Andererseits ist nicht zu verkennen, daß Rüstung und Militär gerade in den Entwicklungsländern eine herrschaftsstabilisierende Rolle spielen[41]. Sie wird durch den Hinweis auf das Ziel der Sicherheit häufig nur verdeckt.

Das gilt in gewisser Weise sogar für die westlichen Demokratien. Die Theoreme, die bei dem militärisch-industriellen Komplex eine bedeutende Funktion bei der Festsetzung des Rüstungsaufwandes zubilligen[42], sind nicht von der Hand zu weisen. Sie müssen aber entschieden differenziert und qualifiziert werden. Zunächst müssen sie im Gesamtzusammenhang der Anforderung nach Sicherheit gesehen werden, die alle Gesellschaften an ihre politischen Systeme richten. Sie legitimiert den Aufwand der Sache nach und macht es damit überhaupt möglich, daß sich hinsichtlich der Höhe auch partielle Interessen zu Wort melden. Sie sind keinesfalls nur ökonomischer Natur. Ob eine Gesellschaft ihren Schwerpunkt auf die Gewährleistung äußerer Sicherheit oder auf die zunehmende Gleichverteilung von Wohlfahrtschancen legt: ihr Herrschaftssystem, die Verteilung von Partizipation und Einfluß, wird davon betroffen[43].

Die Verknüpfung der Handlungszusammenhänge, die zwischen dem politischen System und der internationalen Umwelt einerseits, zwischen ihm und seinem Umfeld andererseits ablaufen, wird hier besonders deutlich. Sicherheit stellt eine Primäranforderung dar, die die Umfelder an ihre politischen Systeme richten. Sie rechtfertigt fast jeden Aufwand. Dieses Ziel ist so empfindlich, daß es das

---

[39] R.L. Sivard, World Military and Social Expenditures, Leesburg 1979.

[40] U.S. Arms Control and Disarmament Agency: World Military Expenditures and Arms Transfers 1967-1976, Washington 1978, S. 28.

[41] Zur Rolle des Militärs im Herrschaftsprozeß allgemein und in den Entwicklungsländern vgl. A. Perlmutter, The Military and Politics in Modern Times, New Haven 1977.

[42] So etwa D. Senghaas, Rüstung und Militarismus, Frankfurt 1972.

[43] G. Krell, 'Die Kritik der amerikanischen Rüstung und die Debatte um die "National Priorities"', in: Politische Vierteljahresschrift 14 (1973), S. 257 ff.

"Sicherheitsdilemma" auslöst, den wahrscheinlich stärksten Antrieb der Rüstungsdynamik[44].

Von der Relevanz, die der äußeren Sicherheit beigemessen werden muß, hängt die herrschaftliche Organisation der Einheit maßgeblich ab. Demokratie ist auf Sicherheit angewiesen; sie kann sich unter permanentem Verteidigungsdruck nicht entfalten. Nicht einmal die USA waren reich genug, den Krieg gegen Vietnam und den gegen die Armut in ihrem eigenen Land gleichzeitig zu führen. Es war eine politische Entscheidung, wenn sie dem Vietnam-Krieg Priorität zumaßen.

Der Vorrang der Anforderung nach Sicherheit stellt den Vorrang des politischen Systems sicher. Das Ziel ist so sensitiv, daß es die extensivste Auslegung rechtfertigt. Waffenexport und Waffenhandel, mit ihren Einmischungs- und Belastungsfolgen, sind nicht aus ökonomischen Interessen entstanden, sondern aus Entscheidungen der politischen Systeme[45]. Die Ausgaben dafür stiegen weltweit jährlich um 9 %, beliefen sich 1977 vermutlich auf mehr als 20 Mrd. Dollar.

Der Waffenhandel ist nur zu einem kleinen Teil privat; größtenteils fungieren die politischen Systeme als Verkäufer und Empfänger. In den hier ablaufenden Handlungszusammenhängen werden nicht nur Waffen verkauft, sondern auch Einflußmöglichkeiten gebildet, Abhängigkeiten erzielt. Die Verträge über Militärhilfe und Sicherheitshilfe sehen in der Regel die Beratung durch Militärs des verkaufenden Landes vor, damit auch dessen Einfluß. Mit ihm wird manche Waffentransaktion offen begründet. Empfindlichkeit und Relevanz des Zieles Sicherheit und die Priorität der sich darauf richtenden Anforderungen bewirken in einer durch Unsicherheit charakterisierten Welt, daß die politischen Systeme nach wie vor und durchgehend als die wichtigsten Akteure zu gelten haben. Von ihnen hängt die Gestalt der Prozeßmuster, die die Handlungszusammenhänge im internationalen System kennzeichnen, maßgeblich ab.

Ist damit der Staat-als-Akteur-Ansatz wiederhergestellt? Keinesfalls. Zunächst ist nicht der "Staat", sondern das politische System als Akteur bezeichnet worden, und auch dies nur im Bereich der Sicherheit, vornehmlich dem der Verteidigung. Gleichzeitig ist das politische System als Kreuzungspunkt von Handlungszusammenhängen dargestellt worden, die zwischen ihm und seinem Umfeld einerseits, der internationalen Umwelt andererseits verlaufen. Schließlich sind die politischen Systeme und ihr Verhalten in den jeweiligen Handlungszusammenhängen nach den unterschiedlichen Herrschaftsordnungen bestimmt worden, in denen sie stehen. Ihre Funktionen und Kompetenzen sind keineswegs gleich, sondern höchst heterogen. Sie sind in einem autoritären und totalitären Staat sehr viel größer als in einem pluralistisch-demokratischen. Damit sind die Unterschiede zum Billardball-Modell und zum entsprechenden Staat-als-Akteur-Ansatz deutlich bezeichnet worden. Erst auf dieser Grundlage kann festgestellt werden, daß die politischen Systeme auf dem Gebiet der Sicherheit nach wie vor als die

---

[44] Nachweise aus den Anfängen des Kalten Krieges bei E.-O. Czempiel, Das amerikanische Sicherheitssystem 1945-1949, Berlin 1966.
[45] Vgl. M. Medick, Waffenexporte und auswärtige Politik der Vereinigten Staaten. Gesellschaftliche Interessen und politische Entscheidungen, Meisenheim 1976.

wichtigsten Akteure zu gelten haben. Im größten Teil der Welt sind sie sogar die einzigen Akteure, insofern sie ihren gesellschaftlichen Umfeldern das Recht beschneiden, eigene Handlungszusammenhänge zu unterhalten, Weltweit verteilen sie die Lasten im gesellschaftlichen Umfeld.

In den Handlungszusammenhängen mit der internationalen Umwelt gestalten die politischen Systeme maßgebend den Charakter der Beziehungen. Denn ihre Partner im Handlungszusammenhang, die politischen Systeme der internationalen Umwelt, erfahren in erster Linie durch sie, wie sich die betreffende Gesellschaft verhält: ob gewalt- oder kooperationsorientiert. Andererseits erfährt gerade auch die Gesellschaft durch ihr politisches System, wie sich die politischen Systeme und deren gesellschaftliche Umfelder in der internationalen Umwelt ihr gegenüber verhalten. Selbst in den westlichen Systemen, wo diese Funktion der politischen Systeme flankiert wird durch die Informationsmöglichkeiten der Medien und der gesellschaftlichen Gruppen, genießt das politische System infolge seiner politischen Legitimation und seiner institutionellen Kapazität eine besondere Vorrangstellung. Sie läßt sich beispielsweise am Vietnam-Krieg der USA ablesen, wo das gesellschaftliche Umfeld jahrelang die Analysen, Bewertungen und Allokationen des politischen Systems hinnahm, ehe es sich zu einer Korrektur entschloß. Es setzte seine Definition der Situation an die Stelle derer, die das politische System bisher geboten hatte und nahm ihm damit eine der wichtigsten Funktionen[46].

Nicht nur auf dem Gebiet der Sicherheit, sondern auch auf dem der Wohlfahrt besitzen die politischen Systeme außerordentlich große Bedeutung. Die wirtschaftliche Wohlfahrt des einzelnen zu gewährleisten ist die zweite große Leistung, die Herrschaftssysteme zu erbringen haben - entweder direkt oder dadurch, daß sie die Möglichkeiten für eine erfolgreiche wirtschaftliche Tätigkeit des einzelnen bereitstellen. Bei den sozialistischen Staatshandelsländern besitzen die politischen Systeme das Monopol. Sie allein sind für die Außenwirtschaftsbeziehungen zuständig; sie allein verteilen in ihren Handlungszusammenhängen mit dem gesellschaftlichen Umfeld Wohlfahrtschancen. Das gilt auch für die Entwicklungsländer; für die sozialistischen ohnehin, für die nicht-sozialistischen weitgehend. Wirtschaftliche Entwicklung ist ohne eine rigide Steuerung, die das Verhalten des einzelnen in den Gesamtplan einpaßt, nicht möglich. Aus diesem Grunde haben die Entwicklungsländer immer wieder verlangt, daß sich die mit ihnen zusammenarbeitenden westlichen Firmen, insbesondere die transnationalen Kooperationen, in die von den politischen Systemen aufgestellten Entwicklungspläne einfügen. Die Berechtigung dieser Forderung wird von den Vereinten Nationen unterstrichen.

Aber auch in den Hochindustrieländern des Westens, wo die Autonomie des gesellschaftlichen Umfeldes von der Theorie wie von der Praxis her groß ist,

---

[46] Das war die maßgebende Leistung, die das von Senator Fulbright geleitete Senate Foreign Relations Committee erbrachte, vgl. z.B. U.S. Congress, 92/2, Committee on Foreign Relations, Senate, Causes, Origins, and Lessons of the Vietnam War, Hearings, Washington 1973, die Fulbright unter das Motto stellte: "Warum kämpfen wir in Vietnam? Wie kamen wir dorthin? Was waren die Gründe für das ursprüngliche Engagement?", S. 1.

spielen die politischen Systeme eine beträchtliche Rolle[47]. Einerseits bestimmten sie in ihren Handlungszusammenhängen mit dem gesellschaftlichen Umfeld die Verteilung der Wohlfahrtschancen, indem sie in der Sozial-, der Fiskal- und der Steuerpolitik wichtige Parameter dafür setzen. Andererseits arrangieren sie auch die Bedingungen für die Wohlfahrtschancen, die in den Handlungszusammenhängen zwischen dem gesellschaftlichen Umfeld und der Umwelt wahrgenommen werden. Sie schaffen die rechtlichen Voraussetzungen dafür in Form von Handelsverträgen und Zollvereinbarungen. Sie organisieren und tragen das internationale Währungssystem, setzen die Wechselkursrelationen fest, arbeiten in den Währungsinstitutionen zusammen. Spezifische Austauschsysteme, wie etwa die Europäische Gemeinschaft, die Freihandelszonen von EFTA und LAFTA werden von den politischen Systemen geschaffen und fungieren dann als Möglichkeit und Bedingung für die Handlungszusammenhänge der Umfelder.

Die politischen Systeme treten dabei durchaus auch als Akteure auf, etwa am Devisenmarkt oder bei Verkäufen aus Staatsbesitz, wie im Fall der amerikanischen Auslandshilfe. Möglichkeit und Ausmaß dieser Aktivität variieren je nach dem politischen System. Die ökonomische Bedeutung der von den Vereinigten Staaten unterhaltenen Handlungszusammenhänge in der Auslandshilfe ist erheblich, sowohl im Hinblick auf den Anteil an der Außenwirtschaft, der damit auf das politische System entfällt, als auch im Hinblick auf die Folgen für die Länder, die die amerikanische Hilfe empfangen. Ihre wirtschaftliche Entwicklung wird davon, wie sich am Fall der südostasiatischen Hilfsempfänger ablesen läßt, maßgeblich beeinflußt. Das gilt auch allgemein. Die Entwicklung der Dritten Welt insgesamt hängt wesentlich von der öffentlichen Hilfe (ODA) der westlichen Welt ab, die die von den Entwicklungsländern geforderte Höhe von 0,7 % des Bruttosozialprodukts noch nicht erreicht hat und in absehbarer Zeit auch nicht erreichen wird. Auch muß unter wirtschaftlichen Gesichtspunkten der Waffenhandel noch einmal erwähnt werden, der vornehmlich von den politischen Systemen betrieben wird.

Die wichtigste Funktion der politischen Systeme besteht jedoch in der Organisation und Regulierung der Bedingungen, unter denen die Umfelder autonom interagieren können. Die 1979 abgeschlossene GATT-Runde und der Zusammenhang ihrer Ergebnisse mit dem amerikanischen Trade Act ist ein anschauliches Beispiel für das Ausmaß und die Bedeutung dieser Funktion.

Sie wird nicht im luftleeren Raum, sondern innerhalb der Handlungszusammenhänge ausgeübt, die zwischen dem politischen System und dem jeweiligen Umfeld verlaufen. Für die Forschung relevant ist die Frage, ob in diesen Handlungszusammenhängen die politischen Systeme als Agenten des Kapitals zu sehen sind, sei es direkt oder doch strukturell: so lautet die orthodoxe marxistische These. Zu fragen ist, ob die politischen Systeme die Anforderungen unterschiedlicher und heterogener Gruppen ausführen und dabei integrierend und ausgleichend wirken, wie es die liberale Theorie will, oder ob sie, sei es darüber hinaus oder sei es ausschließlich, ein eigenständiges und autonomes Interesse in den Hand-

---

[47] Vgl. dazu P.J. Katzenstein, International Relations and Domestic Structures: Foreign Economic Policies of Advanced Industrial States, in: International Organization 30 (1976), S. 1 ff.

lungszusammenhängen verfolgen, die sie mit den politischen Systemen und den Umfeldern der internationalen Umwelt unterhalten[48].

Sicher ist, daß auch hier die Handlungszusammenhänge, die das politische System mit seinem jeweiligen Umfeld und der internationalen Umwelt unterhält, miteinander in Beziehung stehen. Die Interaktion der amerikanischen Wirtschaft mit dem politischen System der Vereinigten Staaten war beispielsweise gerade bei dem Trade Act sehr intensiv. Das Gesetz enthielt ganze Passagen, die von der amerikanischen Handelskammer entworfen worden waren[49], Die amerikanisch-sowjetische Vereinbarung über die Weizenlieferung an die Sowjetunion kam ebenfalls auch nicht ohne die betroffene Industrie zustande. Die Konsequenzen dieses amerikanisch-sowjetischen Handlungszusammenhangs gingen aber sehr viel weiter, erreichten mit den enormen Preissteigerungen auf dem amerikanischen Lebensmittelmarkt praktisch die gesamte Bevölkerung der USA.

Auch im Wirtschaftsbereich muß als gesichert gelten, daß trotz der bedeutenden Macht der Umfelder, insbesondere der transnationalen Korporationen, die politischen Systeme große Einfluß- und Steuerungsmöglichkeiten besitzen. Selbst auf dem Währungsgebiet liegt das entscheidende Machtgewicht bei den Regierungen, die den transnationalen Korporationen Anweisungen erteilen könnten, wenn sie es nur wollten[50]. Die Tochtergesellschaften amerikanischer Multis (MOFAs) unterliegen z.B. nach wie vor amerikanischem Recht. Das Verhalten bundesrepublikanischer Firmen wird durch das Außenwirtschaftsgesetz - wenigstens teilweise - geregelt. Vor allem wenn die wirtschaftlichen Handlungszusammenhänge das Problem der Sicherheit berühren, nehmen die politischen Systeme ihre regulierende Funktion voll wahr[51].

Sie unterstützen und fördern auch. Die Bundesrepublik hat ein Förderungsprogramm, das erhebliche Erleichterungen für Investoren in Entwicklungsländern vorsieht. Sie sichert solche Investitionen sowie Auslandsgeschäfte allgemein mit den Hermes-Krediten ab. Bei den Vereinigten Staaten sind es die Export-Import-Bank und die Overseas Private Investment Corporation, die hier wirksam werden und die Investitionen amerikanischer Firmen im Ausland fördern und abschirmen. Die Bedeutung dieser Tätigkeiten der politischen Systeme darf also keineswegs unterschätzt werden. Sie variiert zwar bei den verschiedenen westlichen Staaten, ist aber im Durchschnitt vergleichsweise hoch[52] und daher entsprechend zu berücksichtigen. Nur die transnationalen Korporationen lehnen diese Unterstützung

---

[48] Vgl. die Diskussion bei St. Krasner, Defending the National Interest, Princeton 1978, S. 20 ff.

[49] R. Rode, Amerikanische Handelspolitik gegenüber Westeuropa. Von der Handelsreform zur Tokio-Runde, Frankfurt 1980.

[50] J. Kelly, International Capital Markets: Power and Security in the International System, in: ORBIS (1978), S. 873.

[51] Z.B. mit dem "Trade With the Enemy-Act", mit der Blockade gegen Kuba sowie mit der Handelseinschränkung der westlichen Staaten gegen die Sowjetunion wegen deren Afghanistan-Intervention.

[52] Die Vereinigten Staaten unterstützten 1976 7 % ihrer Exporte, die Bundesrepublik Deutschland 10 %, Frankreich 39 % und Japan 48 %, vgl. C.F. Bergsten, in: Wireless Bulletin 52 (1978), S. 4.

ab, weil ihnen die damit einhergehenden Kontrollen durch das politische System lästig sind.

Die ökonomischen Handlungszusammenhänge, die die politischen Systeme der westlichen Industriestaaten mit den politischen Systemen und den gesellschaftlichen Umfeldern der internationalen Umwelt unterhalten, spielen also in der internationalen Politik eine große Rolle. Autonomie und Potenz der gesellschaftlichen, insbesondere der wirtschaftlichen Akteure werden mit dieser Feststellung nicht unterschätzt. Angesichts jedoch der vorherrschenden fast exklusiven Beschäftigung mit den transnationalen Korporationen ist festzuhalten, daß die ökonomischen Handlungszusammenhänge mit der Umwelt in der Zweiten Welt total, in der Dritten Welt zu einem sehr großen Teil und in der Ersten Welt immer noch in einem bemerkenswerten Ausmaß in der Hand der politischen Systeme liegen. Hinzuzurechnen ist das große Ausmaß der regulierenden Funktion der politischen Systeme[53].

Diese Situation ist neu. Vor dem Ersten Weltkrieg, als es praktisch nur die Erste Welt und in ihr den Goldstandard gab, spielten die politischen Systeme eine relativ geringe Rolle, dominierten die Handlungszusammenhänge der wirtschaftlichen Gruppen in den gesellschaftlichen Umfeldern. Das Ende des Goldstandards und der Aufstieg demokratischer Wohlfahrtsstaaten änderte diese Lage, weil es den politischen Systemen fortan um Vollbeschäftigung, Preisstabilität und Zahlungsbilanz ging. Zugunsten dieser Ziele intervenierten sie in ihrem Umfeld und in der internationalen Umwelt, begannen sie eigene Handlungszusammenhänge mit der Umwelt aufzubauen und zu unterhalten. In der Zweiten Welt entwickelten sich die politischen Systeme alsbald zur alles beherrschenden Figur, in der Dritten Welt zu einem immerhin mächtigen Faktor. Eine Änderung trat wiederum erst mit den sechziger Jahren ein, als das politische System der Vereinigten Staaten sich zunehmend als geschwächt erwies und die wirtschaftliche Führung der westlichen Welt langsam aus der Hand geben mußte. Gleichzeitig vollzog sich der rapide Ausgriff der transnationalen Korporationen, die ihrerseits zum größten, sicherlich aber zum gewichtigsten Teil ihren Hauptsitz in den Vereinigten Staaten hatten. Ihre Expansion bewirkte einen starken Anstieg der Internationalisierung der Produktion, eine neue internationale Arbeitsteilung mit der zunehmenden Tendenz zur Integration des Welthandels in den Händen dieser Korporationen.

Es handelt sich zweifellos um eine gewisse Re-Privatisierung der Weltwirtschaft, jedenfalls um eine Verschiebung der Gewichte zwischen diesen gesellschaftlichen Akteuren und den politischen Systemen. Auf dem internationalen Ölsektor ist der Einfluß der politischen Systeme am Ausgang der siebziger Jahre schwächer geworden. Hier herrschen die großen Firmen. Sie dominieren auch das Handelssystem und die Auslandsinvestitionen auf diesem Gebiet, könnten hier aber relativ rasch unter Kontrolle gebracht werden. Der Agrarmarkt wird zwar im

---

[53] Nach einer Schätzung von Sh. Page, National Institute for Economic and Social Research, wurden 1980 46 % des Welthandels von den Regierungen kontrolliert. 1974 waren es 40 %. Die Steigerung fand auf dem Gebiet der Industriegüter statt, deren kontrollierter Anteil von 13 % (1974) auf 21 % (1980) sprang. Der Handel mit Agrarprodukten hingegen war und ist vollständig unter Regierungskontrolle. Zitiert nach Wall Street Journal, 12.3.1980, S. 1.

gesamten Westen von den politischen Systemen reguliert; unverkennbar aber ist die Stärke der Anforderungen, die von der Landwirtschaft in allen gesellschaftlichen Umfeldern erhoben werden. Die politischen Systeme sind hier eher als Ausführungsorgane anzusehen. In der Europäischen Gemeinschaft ist darüber hinaus eine intensive Interaktion der landwirtschaftlichen Gruppen zu verzeichnen, die auf diese Weise ihren Einfluß weiter verstärken. Kapitel 5.2. wird darauf im einzelnen eingehen und die Prozesse nachweisen, über die die Re-Privatisierung der Weltwirtschaft läuft.

Mit dieser Ausnahme bei einigen Teilen der Weltwirtschaft zeigt der Sachbereich Wohlfahrt wie der der Sicherheit nach wie vor eine starke Prärogative der politischen Systeme. Sie findet sich auch auf dem dritten Sachbereich, dem der Herrschaft.

Herrschaft als Verteilungssystem von Macht, Freiheit und Partizipation bezieht sich in erster Linie auf die Gesellschaft, auf ihre Verfassung und die sich darin ausdrückenden Relationen zwischen dem politischen System und dem gesellschaftlichen Umfeld. Sie ruft aber auch Handlungszusammenhänge aus der Umwelt ab. Der Gegensatz zwischen Ost und West beruht primär auf der Differenz der Herrschaftssysteme, auf der Kontroverse zwischen Legitimität und Legalität. Alle beteiligten Gesellschaften sind legal verfaßt; die Legitimität wird von beiden Seiten exklusiv reklamiert. Im sogenannten real existierenden Sozialismus ist der aus dem Marxismus abgeleitete Anspruch auf den weltweiten Sturz bürgerlich-liberaler Systeme keineswegs aufgegeben worden. Der Westen hat demgegenüber die Freiheit des einzelnen und die Beschneidung der Macht politischer Systeme zur Begründung für seinen Widerstand gegen die Errichtung und Ausweitung des sozialistischen Lagers gemacht. Es ist hier nicht der Ort, über die beiden kontroversen Ansprüche zu entscheiden, wenngleich das Gittermodell und die Begründung einer Theorie der internationalen Politik aus den in den Handlungszusammenhängen vorgenommenen Verteilungen von Chancen der Existenzerhaltung und -entfaltung auch die Möglichkeit bieten werden, Legitimitätswirklichkeiten und nicht Propagandaschleier zu erfassen. Hier kommt es zunächst auf den Nachweis an, daß auch die auf die Herrschaftsordnung gerichteten Handlungssysteme primär von den politischen Systemen unterhalten werden. Sie führen die Auseinandersetzung in der Umwelt und geben sie in Form von Informationen und Konsequenzen auch an ihr Umfeld weiter. Die Menschenrechts-Kampagne, die der amerikanische Präsident Carter zu Beginn seiner Amtszeit entfacht hatte, zielte in dieses Zentrum des ideologischen Konflikts. Sie versuchte, mit dem Maßstab der Menschenrechte die Illegitimität linker wie rechter Diktaturen nachzuweisen. In den sozialistischen Staaten Europas und der Sowjetunion führen gleichfalls die politischen Systeme diese Auseinandersetzung.

Die politischen Systeme haben hier kein Monopol; die politischen Parteien nehmen an diesen antagonistischen Handlungszusammenhängen teil. Das gilt insbesondere für die kommunistischen Parteien in der Sowjetunion und in Osteuropa, die sich an diesem Konflikt beteiligen und über die Schwesterparteien in der Umwelt deren Umfelder direkt zu beeinflussen suchen. Auf westlicher Seite sind auch die Gewerkschaften an diesen auf das Herrschaftssystem gerichteten Handlungszusammenhängen beteiligt, wobei vor allem die AFL-CIO und der Deutsche Gewerkschaftsbund, aber auch der Internationale Bund Freier Gewerkschaften in Brüssel eine herausragende Position einnehmen.

Dennoch liegt der Löwenanteil auch hier bei den politischen Systemen. Die ideologische Auseinandersetzung mit der Umwelt dient auch der Legitimierung und der Absicherung der Herrschaft des politischen Systems über das eigene Umfeld. Dies wird besonders deutlich im sogenannten real existierenden Sozialismus, der die als Verteidigung ausgegebene Abschottung seiner Umfelder gegenüber der internationalen Umwelt eindeutig zur Herrschaftsstabilisierung benötigt. Es gilt streckenweise aber auch für die liberalen Demokratien, deren politische Systeme dieses Instrument nicht ganz außer acht lassen. Nicht umsonst wird beispielsweise in amerikanischen Wahljahren der ideologische Konflikt mit der Sowjetunion besonders hoch veranschlagt. Da am Sachbereich Herrschaft die politischen Systeme naturgemäß besonders interessiert, weil davon abhängig sind, sind sie bereit, die kooperativen und antagonistischen Handlungszusammenhänge auf diesem Gebiet in erster Linie zu führen.

Sie verfügen auch über die dazu erforderlichen Instrumente, insbesondere über die Auslandspropaganda. Die kommunistischen politischen Systeme besitzen hier wiederum das Monopol, während die des Westens wenigstens einen Teil davon an die privaten Medien abgeben. In der Dritten Welt sind es ausschließlich die politischen Systeme, die hier kompetent sind. Es gilt die Faustregel, daß die politischen Systeme um so eher das Monopol der Beteiligung an den auf diesem Gebiet ablaufenden Handlungszusammenhängen beanspruchen, je stärker ihre Herrschaft gegenüber dem eigenen gesellschaftlichen Umfeld ausgeprägt ist. In den Jahren nach 1947 gab es in den Vereinigten Staaten eine intensive und sehr kritische Diskussion darüber, ob das politische System einer Demokratie überhaupt eine Auslandspropaganda einrichten dürfe -, und zwar wegen der zu erwartenden Konsequenzen für das Verhältnis zum gesellschaftlichen Umfeld.

Auch der dritte Sachbereich zeigt also eindeutig eine Dominanz der politischen Systeme. Sie ist unterschiedlich ausgebildet, aber sie ist doch vorhanden. Deren Machtfülle ist nur in den bürgerlich-liberalen Demokratien des industrialisierten Westens beeinträchtigt worden, sicherlich substantiell. Doch ist sie auch dort noch maßgebend - in den anderen beiden Welten hat sie sich voll erhalten, verstärkt sich sogar noch.

1.1. Zwischenstaatliche Organisationen

Die Bedeutung der politischen Systeme erhöht sich weiter, wenn man diejenigen der von ihnen unterhaltenen Handlungszusammenhänge untersucht, die bereits eine institutionalisierte Form angenommen haben. Sie kann informell sein, wie bei den vielen transgovernmental relations, oder formal, wie bei den internationalen Organisationen. Deren Zahl ist erheblich; sie lag 1977 bei 278[54]. Sie betreffen fast alle Bereiche, vor allem die der Sicherheit und die der Wohlfahrt, aber auch die der Kultur. Sie weisen ganz unterschiedliche Intensitäten auf: die Euro-

---

[54] Yearbook of International Organizations, 1978, Table I.

päische Gemeinschaft[55] ist bereits in der Mitte zwischen Kooperation und Integration anzusiedeln, während die Organisation der Afrikanischen Einheit alle Mühe hat, überhaupt als Organisation bestehen zu bleiben. Dennoch ist allgemein die Existenz dieser Organisationen charakteristisch für den Zustand des internationalen Systems und die Rolle der politischen Systeme darin. Die Handlungszusammenhänge zwischen den politischen Systemen haben sich so verdichtet, daß ihre formale Institutionalisierung nicht nur naheliegend, sondern offensichtlich auch zwangsläufig ist.

An erster Stelle stehen zweifellos die Vereinten Nationen, - und zwar nicht nur, weil sie die größte Organisation darstellen, sondern auch, weil sie auf den beiden Gebieten der Sicherheit und der Wohlfahrt arbeiten. Ursprünglich für die Gewährleistung kollektiver Sicherheit gegründet, haben sich die Vereinten Nationen seit 1956 mehr den wirtschaftlichen Problemen zugewendet, insbesondere der Entwicklungsproblematik und deren Ursachen[56]. Auf globaler Ebene sind die sicherheitsbezogenen Interessenidentitäten zwar existent, aber doch noch so schwach ausgebildet, daß sie sich nicht in kooperativen Handlungszusammenhängen organisieren lassen. Der Übergang von der gescheiterten Bemühung um die Gewährleistung kollektiver Sicherheit hin zu der - niemals unproblematischen und alsbald ins Stocken geratenen - Bemühung um die Friedenssicherung kennzeichnet offenbar das Äußerste, was die globale internationale Organisation auf dem Gebiet der Sicherheit zu leisten imstande ist.

Voraussetzung für die Existenz und die Funktion einer internationalen Organisation ist ein gewisser Grad von Interessenidentität. Ist er nicht gegeben oder entfällt er, kommt die Organisation nicht zustande bzw. zerfällt wieder. Huntington unterscheidet sehr richtig die internationale Organisation von der transnationalen[57], die auf Zugang (access) gerichtet ist. Im Gegensatz dazu ist die internationale Organisation auf Übereinstimmung (accord) gegründet und gerichtet. Dementsprechend muß ein beträchtliches Minimum an Übereinstimmung gegeben sein, damit die internationale Organisation als der geeignete Ausdruck dieser Übereinstimmung verwirklicht werden kann. Schwindet sie, so bricht die internationale Organisation wieder auseinander oder verliert an Kompetenz.

Genau dies geschah den Vereinten Nationen 1949, als die NATO und 1955 auch der Warschauer Pakt als Sicherheitsinstrumente gegründet wurden. Zwar versuchte besonders der Westen, die Militärallianz als regionales System nach Artikel 52 der Charta der Vereinten Nationen auszuweisen; mehr als ein semantischer Wert kann dem Versuch nicht beigemessen werden. Der Beginn des Kalten Krieges zeigte schon seit 1947, daß auf dem Gebiet der Sicherheit keine Konvergenz, sondern eine Divergenz der Interessen bestand. Diese Situation hat sich bis zum Ausgang der siebziger Jahre zwar abgeschwächt, aber nicht fundamental

---

[55] H.R. Krämer, Die Europäische Gemeinschaft, Stuttgart 1974, S. 42 ff.

[56] Einen guten Überblick über Leistungen und Schwierigkeiten bieten R. Wolfrum et al. (Hrsg.), Handbuch Vereinte Nationen, München 1977.

[57] S.P. Huntington, Transnational Organizations in World Politics, in: World Politics 25 (1973), S. 333 ff., S. 338.

verändert. Auf dem Gebiet der Sicherheit gibt es nach wie vor keine Interessen-übereinstimmung zwischen Ost und West.

Dennoch blieben die Vereinten Nationen als Organisation erhalten, weil es offensichtlich doch ein gemeinsames Interesse gab: aufgrund der weltweiten Konsequenzen der Kernwaffen den organisierten Kontakt aufrechtzuerhalten und damit die Möglichkeiten weltweiter nuklearer Konfrontation zu entschärfen. Immerhin wurde die Aufhebung der Berliner Blockade in den Vereinten Nationen verabredet, gewann die Organisation nach 1954 als Institut zur Konfrontationsvermeidung weltweit wieder an Bedeutung. Die Friedenssicherungsaktion im Nahen Osten müssen in erster Linie in dieser Weise verstanden werden: als Übereinkunft der Großmächte, sich durch Konflikte in der Dritten Welt nicht in eine direkte Konfrontation verwickeln zu lassen.

Für die Dritte Welt besaß die internationale Organisation der Vereinten Nationen von vornherein eine Sicherheitsfunktion insofern, als die Anrufung dieser Organisation einen gewissen Schutz darstellen konnte. Vor allem aber sah die Dritte Welt in dieser Organisation die Möglichkeit, an einem Ort über weltweite Kontakte und weltweite Repräsentanz gleichzeitig verfügen zu können.

Auf dem zweiten großen Gebiet, der Gewährleistung von Wohlfahrt, besaß die Weltorganisation schon immer große Bedeutung, ausgedrückt zunächst im Wirtschafts- und Sozialrat, sodann auch in der Weltbankgruppe, die die Währungs- und die Entwicklungspolitik des Westens maßgeblich steuert[58]. Mit dem Mitgliederzuwachs aus der Dritten Welt wurden diese Institutionen entsprechend erweitert, kamen neue, etwa UNCTAD und UNIDO, hinzu. Wie groß die konkrete Bedeutung dieser Institutionalisierungen ist, läßt sich am besten daran erkennen, daß die Dritte Welt auf deren Veränderung bzw. auf die Schaffung neuer institutionalisierter Formen drängt. Aus dem gleichen Grund hat sich die Erste Welt energisch, wenn auch langfristig erfolglos, diesen Bemühungen um eine organisatorische Veränderung widersetzt. Die Auseinandersetzung um eine neue Weltwirtschaftsordnung schlägt sich weitgehend in dem Streit um die Erhaltung oder die Veränderung der alten institutionalisierten Formen nieder[59]. Die Dritte Welt hat sehr richtig erkannt, daß diesen internationalen Organisationen als organisatorisch verdichteten Handlungszusammenhängen eine erhebliche Bedeutung bei der Regulierung der Weltwirtschaft zukommt. Konsequent verbindet sie ihre Forderungen nach der Schaffung eines neuen Weltwährungssystems mit der nach der Schaffung einer neuen Weltwährungsinstitution.

Auf der regionalen Ebene, wo die Interessenidentität leichter herzustellen ist, und die von den politischen Systemen unterhaltenen Handlungszusammenhänge erheblich zahlreicher sind, kommt der internationalen Organisation eine entsprechend größere Bedeutung zu. Die größte Rolle spielt sie in der Europäischen Gemeinschaft, die aufgrund der römischen Verträge schon beinahe die Gestalt

---

[58] H. Kraegenau, Die Reform des Internationalen Währungssystems, Hamburg 1974. H.R. Wuffli, Währungsordnung im Umbruch, Zürich/München 1979.

[59] Einen Überblick über die Entwicklung und die Literatur bietet K.P. Sauvant, Von der politischen zur wirtschaftlichen Unabhängigkeit. Die Ursprünge des Programms der Neuen Weltwirtschaftsordnung, in: Vereinte Nationen 27 (1979), S. 49 ff.

eines eigenen politischen Systems angenommen hat. Sie ist durch die erste Direktwahl des Europäischen Parlaments 1979 noch verstärkt worden. Freilich trügt der Schein. Bei aller Beachtung der Kompetenzen, die die Europäische Kommission und das Parlament besitzen, bleibt die Entscheidungskompetenz doch beim Ministerrat, praktisch also bei den politischen Systemen. Übertrieben kritisch betrachtet, aber eben wohl doch auf den richtigen Begriff gebracht, stellt die Europäische Gemeinschaft nichts weiter als einen hochverdichteten Handlungszusammenhang der elf politischen Systeme dar. Er wurde geschaffen, um den gesellschaftlichen Umfeldern, vor allem den wirtschaftlichen Akteuren darin, bessere Interaktionsmöglichkeiten zu bieten. Dies gelang in hohem Maße[60]; gleichzeitig verdichtete sich aber auch die Interaktion der politischen Systeme innerhalb der EG-Struktur. Diesen beiden Gruppen von hochintensivierten Handlungszusammenhängen, die von den politischen Systemen und von wirtschaftlichen Akteuren unterhalten werden, haben die anderen Gruppen in den gesellschaftlichen Umfeldern nichts Vergleichbares entgegenzusetzen. Über ihre institutionalisierte Kooperation haben sich die politischen Systeme der demokratischen Kontrolle weitgehend entzogen. Sie wird auch durch das Europäische Parlament nicht so bald wieder hergestellt werden können.

Ein erheblich schwächeres Maß an Interaktion spiegeln Organisationen wie die der OECD und des GATT wider. Aber auch hier ist die Interessengemeinschaft groß und konsistent genug, um diese Organisationen auf Dauer funktionsfähig zu halten, was bei der OECD nicht von vornherein anzunehmen war[61]. Ein anderes Beispiel stellt die OPEC dar, deren externe Bedeutung außerordentlich hoch, deren interne Kohäsion jedoch sehr gering ist. Bei näherem Zusehen zeigt sich, daß der Handlungszusammenhang zwischen den einzelnen politischen Systemen der OPEC-Staaten sehr fragil und brüchig ist. Die Organisation wird praktisch nur durch das gemeinsame Interesse zusammengehalten, nach außen als einheitliche Gruppe aufzutreten. Selbst im Hinblick auf den erklärten Organisationszweck, die Preisgestaltung, bestehen erhebliche Differenzen innerhalb der OPEC[62].

Auch die Militärallianzen muß man zu den internationalen Organisationen zählen. Sie erfüllen die drei Voraussetzungen, die das Yearbook of International Organizations von einer solchen Organisation verlangt: Sie beruhen auf einem formalen Abkommen zwischen Regierungen, umfassen mindestens drei oder mehr Staaten und besitzen ein ständiges Sekretariat[63]. Wichtiger als die Erfüllung formaler Erfordernisse ist der funktionale Ausdruck gemeinsamer Interessen. Es ist notwendig, sich daran zu erinnern, daß die Organisation des Nordatlantik-Paktes keineswegs mit dem Vertrag selbst, sondern erst später gegründet wurde und von ihm durchaus unabhängig ist. Erst als sich im Verlauf der Zuspitzung des

---

[60] W.J. Feld, Nongovernmental Forces and World Politics, New York 1972, S. 123 ff.
[61] H.J. Hahn und A. Weber, Die OECD, Baden-Baden 1976.
[62] Vgl. R. Stobaugh und D. Yergin, Energy: An Emergency Telescoped, in: Foreign Affairs 58 (1980), S. 563 ff., 575 ff.
[63] A.J.N. Judge, International Organizations: An Overview, in: P. Taylor and A.J.M. Groom (Eds.), International Organizations. A Conceptual Approach, New York 1978, S. 28 ff.

Kalten Krieges durch den Korea-Krieg die Notwendigkeit zeigte, die Zusammenarbeit auf militärischem Gebiet zu aktivieren und auf Dauer zu stellen, wurde dem Vertrag eine Organisation beigesellt. Sie ist, wie die des Warschauer Pakts, außerordentlich stark ausgeprägt, kennt sogar unterhalb der Ebene des NATO-Rates, der nur mit Einstimmigkeit beschließen kann, den Mehrheitsbeschluß.

Zur Gewährleistung des Zieles der Sicherheit haben die westlichen politischen Systeme - von den östlichen läßt sich Vergleichbares in dieser Form nicht sagen - einen Handlungszusammenhang institutionalisiert, der intensiv und exklusiv zugleich ist. Seine Rückbindung in die gesellschaftlichen Umfelder der beteiligten politischen Systeme ist entsprechend hoch. Die Bedeutung dieses Handlungszusammenhangs läßt sich auch daran ermessen, daß ihm bis zum Ausgang der siebziger Jahre kein anderer beigesellt worden ist. Noch immer stellt die NATO das einzige organisatorisch zureichend ausgestattete Bindeglied zwischen den Vereinigten Staaten und ihren westeuropäischen Partnern dar.

1.2. Bürokratie

Die wenigen hier erwähnten Beispiele lassen stellvertretend erkennen, wie derjenige Teil des Gitters ausgebildet ist, der die von den politischen Systemen unterhaltenen Handlungszusammenhänge wiedergibt. Die hohe Zahl der internationalen Organisationen läßt ebenso wie ihre jährliche Zuwachsrate von durchschnittlich 5 % erkennen, daß die Interaktion der politischen Systeme den Raum der internationalen Politik zunehmend erfüllt. Diese Interaktion braucht dabei keineswegs immer den Grad und den Charakter einer internationalen Organisation anzunehmen. Sie findet in jeder Begegnung, jeder Konferenz, jeder Kommunikation zwischen Angehörigen der politischen Systeme statt. Ihre Ausbreitung und ihre Erweiterung wurde und wird durch die immense Verbesserung der Kommunikationsmöglichkeiten bewirkt. Selbst die Beziehung der Regierungschefs ist keineswegs mehr auf Gipfelkonferenzen oder auf Konferenzen überhaupt angewiesen, sie gewinnt auch Gestalt in täglicher routinemäßiger Telekommunikation.

Dabei ist die Ausprägung eines besonderen Typus von Interaktion zu verzeichnen, der einerseits nicht die institutionalisierte Form der internationalen Organisationen angenommen, andererseits aber auch das Stadium der ad-hoc-Kommunikation hinter sich gelassen hat. Die intensive Kommunikation der Bürokratien innerhalb der politischen Systeme hat ein Phänomen heraufgeführt, das sich schwer einordnen läßt. Nye und Keohane haben ihm die Bezeichnung "transgovernmental relations" gegeben[64], um damit die Unabhängigkeit von den Direktiven der jeweiligen Regierungsspitzen anzudeuten, in der sich diese Kommunikation der oberen und mittleren Bürokratien vollzieht. In der Tat lassen sich zahlreiche Fälle nachweisen, in denen diese Zusammenarbeit der Bürokratie dazu benutzt wurde, auf das jeweilige politische System im Interesse der von der Bürokratie verfolgten Ziele einzuwirken. Zwischen der gelegentlichen Interaktion und der institutionalisierten Form der internationalen Organisationen angesiedelt, nehmen diese Handlungszusammenhänge der Bürokratie einen Platz ein, der

---

[64] R.O. Keohane/J.S. Nye, 'Transgovernmental Relations and International Organizations', in: World Politics 27 (1974), S. 39 -62.

vorab schwer gedeutet werden kann. Er stellt offensichtlich ein weiteres Handlungsniveau zwischen dem politischen System und seinem gesellschaftlichen Umfeld dar, auf dem Interaktionen mit diesen beiden sowohl wie mit den Korrespondenten in der internationalen Umwelt stattfinden. Welche Anforderungen darin konvertiert werden und ob sich dabei die bürokratischen Akteure sowohl vom politischen System als auch vom gesellschaftlichen Umfeld emanzipieren und in welcher Weise, muß durch weitere Forschungen erst geklärt werden.

Der Nachweis einer solchen weiteren Ebene stärkt die These, daß die politischen Systeme im Begriff sind, ihre Interaktionen auszubauen und zu intensivieren. Sie erweitern damit ihre Informationsmöglichkeiten, auch ihre Steuerungskapazität[65]. Die zwischenstaatliche Organisation stellt den sichtbarsten und schon institutionalisierten Ausdruck dieser Kapazität dar; keineswegs aber den einzigen. Die von den politischen Systemen des Westens unterhaltenen Handlungszusammenhänge verdichten sich auf verschiedene Weise und auf unterschiedlichem Niveau. Der Vorgang stärkt zunächst erneut die Kontrollkapazität der politischen Systeme, die durch ihre formalisierte oder informelle Interaktion auf zahlreichen Handlungsniveaus ihre Effizienz verbessern. Als wichtiger Nebeneffekt zeigt sich, und zwar besonders bei der Europäischen Gemeinschaft, daß die politischen Systeme in dieser Interaktion zunehmend der demokratischen Kontrolle der Umfelder entgleiten. Die internationalen Organisationen werden von Exekutiven gebildet, die Legislativen haben nichts Vergleichbares aufzuweisen. Sie gehören zwar auch zum politischen System; insofern ist es ungenau, von einer internationalen Interaktion der politischen Systeme zu sprechen. Die Parlamente sind daran nicht beteiligt; die Kontrollfunktion der gesellschaftlichen Umfelder wird dementsprechend geschwächt.

Auf der anderen Seite haben Teilgruppen der gesellschaftlichen Umfelder ihrerseits Interaktionen mit ihren Korrespondenten entwickelt, die sehr viel intensiver und aktiver sind als die der politischen Systeme. Deren Interaktion kommt der großer Wirtschaftsunternehmen nicht gleich, reicht nicht einmal aus, um sie zu kontrollieren. Dem Kompetenzzuwachs der politischen Systeme, den sie durch die internationale Zusammenarbeit gewonnen haben, steht damit ein Kompetenzverlust gegenüber. Die von den Unternehmen gebildeten Handlungszusammenhänge sind an Intensität und Effizienz den politischen Systemen weit überlegen.

2. Unternehmen

Das Paradigma wirtschaftlicher Handlungszusammenhänge geben die transnationalen Korporationen (TNC) ab. Sie stehen daher auch mit Recht im Vordergrund des wissenschaftlichen Interesses[66]. Der Begriff der transnationalen Korporationen ist genauer als der der multinationalen Konzerne, weil er - entsprechend der Definition Huntingtons - die raison d'être dieser Unternehmen charakterisiert:

---

[65] Das gilt vor allem für die regionale Ebene, vgl. J.M. McCormick und Y.W. Kihl, 'Inter-Governmental Organizations and Foreign Policy Behavior', in: American Political Science Review 72 (1979), S. 494 ff.
[66] E. Browndorf, *Bibliography of Multinational Corporations and Foreign Direct Investment*, New York 1978.

Zugang in anderen Ländern zu gewinnen. Diese Unternehmen verkörpern geradezu idealtypisch Handlungszusammenhänge, aus denen sich das internationale System zusammensetzt. Sie verklammern das jeweilige gesellschaftliche Umfeld mit den Umfeldern der Umwelt, um in diesen Zusammenhängen Profit verteilen zu können. Sie sind nicht neu; transnationale Konzerne hat es bereits seit dem 19. Jahrhundert gegeben. Neu ist nur die Geschwindigkeit ihrer Ausbreitung. Sie hat nach dem Zweiten Weltkrieg zugenommen, insbesondere in den sechziger Jahren. Die Direktinvestitionen der TNC haben sich den 10 Jahren von 1967 bis 1976 fast verdreifacht, sind von 105 Milliarden auf 287 Milliarden Dollar angestiegen[67]. 1979 können rund 10 000 Firmen zu den transnationalen Korporationen gezählt werden[68].

Was ist unter einer transnationalen Korporation zu verstehen? Eine einvernehmliche Definition, um die sich die Vereinten Nationen bemühen, steht noch immer aus. Ganz allgemein lassen sich unter diesem Begriff diejenigen wirtschaftlichen Unternehmen der Industrie-, Bergbau-, Dienstleistungs- und Finanzsektoren fassen, die ihren Sitz in einem Land haben und Tochtergesellschaften mindestens in einem fremden Land besitzen[69]. Diese Definition gibt nicht die Unterschiede wieder, die bei den transnationalen Korporationen anzutreffen sind. Einige sind sehr groß, andere sind klein. Von den 10 000 Firmen besaßen 45 % nur eine Auslandstochter, und 4 % hingegen Tochtergesellschaften in mehr als 20 Ländern[70]. Für manche Firmen, wie z.B. IBM und viele amerikanische Banken, bringt das Auslandsgeschäft einen größeren Gewinn als das Inlandsgeschäft; bei den meisten dürfte es sich umgekehrt verhalten. Auch unterscheiden sich die Firmen nach ihrer Organisationsform. Größtenteils ist es die der Mutter-Tochter-Gesellschaft; aber auch der Typ der Holding-Gesellschaft ist vertreten, ebenso wie der des integrierten internationalen Unternehmens, das keine Muttergesellschaft und kein Vaterland mehr kennt. Trotz dieser Unterschiede ist den transnationalen Korporationen gemeinsam, daß sie einer zentralen Leitung folgen. Sie mag unterschiedlich stark ausgebildet sein, aber sie führt das Unternehmen.

Die transnationalen Korporationen haben die von ihnen unterhaltenen Handlungszusammenhänge nicht nur zu dauerhaften Handlungssystemen verdichtet, sondern sie haben diesen Systemen bereits eine feste organisatorische Form gegeben. In ihnen herrscht das Interesse und die Verfahrensordnung der betreffenden Gesellschaft. Sie kann sich damit innerhalb dieses Handlungssystems wie diejenige Einheit verhalten, die konventionell Staat genannt wird, und sie bildet im Gitter der internationalen Politik ein Segment das, funktional äquivalent wie der Staat, eine einmalige Qualität der in ihm ablaufenden Beziehungen ausweist. Wenn auch auf das Gebiet der wirtschaftlichen Nutzenverteilung beschränkt, ist die transnationale Korporation hier genauso unabhängig wie das politische System, jedenfalls de facto. Man hat den Umsatz dieser Unternehmen mit dem

---

[67] In laufenden Dollars, UN-Commission on Transnational Corporations: Transnational Corporations in World Development, New York 1978, S. 236.

[68] Ebd., S. 211.

[69] D.H. Blake, R.S. Walters, The Politics of Global Economic Relations, Englewood Cliffs 1976, S. 80.

[70] UN-Commission (Anm. 67), S. 212.

Bruttosozialprodukt von Staaten verglichen und dabei festgestellt, daß die großen unter ihnen es mit einem mittleren europäischen Staat durchaus aufnehmen können. Relevanter ist es, sie infolge ihres integrativen Charakters auf dem Gebiet der wirtschaftlichen Wertzuweisungen mit politischen Systemen gleichzusetzen. Jedenfalls sind es die transnationalen Korporationen, die neben den Staaten in das System der internationalen Politik integrierte, spezifisch rechtlich geordnete Handlungssysteme eingezogen haben.

Ein weitergehender Vergleich läßt den Staat sogar noch viel schlechter abschneiden. Da die transnationalen Korporationen, wie alle wirtschaftlichen Unternehmen, hierarchisch organisiert sind, laufen ihre Entscheidungsprozesse effizienter und schneller ab als die der politischen Systeme. Sie sind im Besitz von Kommunikationsmöglichkeiten, über die die politischen Systeme gar nicht verfügen. Während infolge zunehmender Demokratisierung die Reaktionsgeschwindigkeit der politischen Systeme abnimmt (was keinen Nachteil, sondern eine notwendige und richtige Folge der Demokratisierung darstellt), nimmt die der transnationalen Korporationen weiter zu.

Hängen die beiden Prozesse zusammen, wird die Schwäche des politischen Systems durch die Stärke der TNC bedingt? Die Vermutung mag einleuchten, sie ist aber unbegründet. Demokratisierung und Interdependenz haben die politischen Systeme nicht geschwächt, sondern lediglich ihre Funktionsweise verändert. Ihre Kompetenz ist ungeschmälert. Die transnationalen Konzerne haben sich daraus keinesfalls emanzipieren können, keine eigene politische Rechtshoheit aufbauen können. Sie haben nur eine praktische Unabhängigkeit dadurch erlangt, daß sie sich in den veränderten Beziehungen zwischen den Umfeldern schneller eingerichtet haben als die politischen Systeme, die darauf bis heute noch nicht reagiert haben. Die von den politischen Systemen unterhaltenen Handlungssysteme sind noch immer so organisiert, wie zu der Zeit, als die Welt noch eine Staatenwelt war. Sie haben die komplementären Handlungssysteme nicht entwickelt, mit denen sie der Verdichtung der Interaktionen und Interdependenz Rechnung tragen und die Teilintegrationen der transnationalen Korporationen flankieren könnten.

Diese Reaktionsverzögerung kommt den TNC zugute. Sie haben die Konsequenz aus der wachsenden Internationalisierung von Produktion, Handel und Dienstleistungen gezogen, während den politischen Systemen offensichtlich schon der Gedanke an solche Konsequenzen schwerfällt[71]. Das eigentliche Problem liegt damit weniger bei den transnationalen Korporationen; sie nehmen vielmehr mit Recht die Möglichkeiten wahr, die der Fortschritt in Produktion und Kommunikation bietet. Das Problem liegt vielmehr bei den politischen Systemen, die sich nicht in der gleichen Weise angepaßt haben, sondern anachronistisch funktionieren. Das gilt in erster Linie für die politischen Systeme der industrialisierten westlichen Welt, weil die transnationalen Korporationen hier ihren eindeutigen Schwerpunkt haben. Es gilt aber auch für die politischen Systeme der Entwicklungsländer, die als Grund für ihre Anpassungsverspätung nicht die lange Tradition des Nationalstaates vorzuweisen haben, auf die im Westen immerhin

---

[71] Vgl. dazu R. Eels, Global Corporations, the Emerging System of World Economic Power, New York, 1976[2].

verwiesen werden kann. Gerade für die Entwicklungsländer gibt es keine andere, jedenfalls keine bessere Möglichkeit als die der regionalen Organisation, zumindest die der multilateralen Kooperation, wenn sie den transnationalen Korporationen pari bieten, die von ihnen gebotenen Vorteile wahrnehmen und die von ihnen heraufbeschworenen Gefahren vermeiden wollen[72].

Die Gefahren sind durchaus real, die Re-Privatisierung der westlichen Außenwirtschaft ist kein Phantom. Die Welt der westlichen Industriestaaten nimmt drei Viertel aller Direktinvestitionen der transnationalen Korporationen auf. Der Schwerpunkt liegt bei Kanada, den Vereinigten Staaten, Großbritannien und bei der Bundesrepublik Deutschland[73]. Die Integration der Produktion nahm aufgrund der Tätigkeiten der transnationalen Korporationen erheblich zu. Bis zu 30 und mehr Prozent, in Kanada sogar bis zu mehr als 50 %, können die Produktionen auf einzelnen Sektoren und der Verkauf nicht mehr national, sondern nur noch transnational definiert werden. In der Bundesrepublik Deutschland, beispielsweise, sind der Sektor Maschinenbau zu 51 % und der der Arzneimittelproduktion zu 35 % von den Investitionen transnationaler Korporationen durchsetzt. Diese Integration in eine transnationale Korporation wird nicht als Ausgliederung aus dem deutschen Wirtschaftssystem in einem nationalen Sinn kritisiert. Es geht nicht um "nationale Interessen", sondern um Kontrollchancen. Die Integration in einen transnationalen Zusammenhang hat bedeutende rechtliche Wirkungen: Die Tochtergesellschaften amerikanischer Firmen unterstehen nach dem Anspruch der Vereinigten Staaten amerikanischem Recht. Der Gesichtspunkt wurde beim Protest amerikanischer Tochtergesellschaften gegen die Erweiterung des deutschen Mitbestimmungsrechts geltend gemacht[74]. Die Konkurrenz verschiedener politischer Systeme um die Rechtshoheit gegenüber transnationalen Korporationen ist nicht der geeignete Weg, mit diesem Phänomen umzugehen. Es hat wenig Sinn, eine transnationale Einrichtung national steuern zu wollen, weil sie ausweichen kann. Das mußten die Gewerkschaften erfahren, deren nationale Streiks die TNC durch Produktionsverlagerung ins Leere laufen ließen. Der Euro-Dollar-Markt entstand, weil amerikanische Banken die ihnen von ihrer Regierung auferlegten Kapitalexportbeschränkungen umgehen wollten. Transnationale Handlungssysteme, wie sie die TNC darstellen, verlangen entsprechende Handlungssysteme der politischen Systeme.

Auch die USA können sich nicht auf ihre "nationale" Gesetzgebungskompetenz verlassen, etwa mit dem Argument, daß transnationale Korporationen amerikanischen Ursprungs eindeutig führend sind. Zwar nimmt ihr Anteil ab, lag 1976 nur noch bei 47,6 % gegenüber 1967 53,8 %. Die Bundesrepublik Deutschland nimmt hier nach Großbritannien (1976 = 11,2 %) einen bescheidenen dritten Platz mit 6,9 % ein[75]. Auf einzelnen Gebieten, etwa auf der Werbung, halten die Ver-

---

[72] So argumentiert auch die UN-Commission (Anm. 67).

[73] Ebd., S. 238.

[74] Vgl. das Gutachten von W. Wengler, Die völkerrechtliche Zulässigkeit der Anwendung des geplanten Mitbestimmungsgesetzes auf amerikanische Beteiligungen in der Bundesrepublik Deutschland, Gutachten erstattet im Auftrag der amerikanischen Handelskammer in Deutschland, Berlin 1974.

[75] UN-Commission (Anm. 67), S. 236.

einigten Staaten 21 der 25 ersten Plätze, wobei die vier anderen, drei aus Japan, einer aus Frankreich, nur jeweils in ihren Mutterländern tätig sind[76]. Besonders dominant wirkt das Gewicht amerikanischer transnationaler Korporationen auf dem Währungssektor. Die Vereinigten Staaten liegen hier eindeutig an der Spitze, wenn auch dichtauf gefolgt von Japan, dessen Banken 1976 Werte in Höhe von 318 Milliarden Dollar besaßen gegenüber den 348 Milliarden Dollar amerikanischer Banken[77]. Dabei ist auffällig, daß amerikanische Banken in den Entwicklungsländern mehr Tochtergesellschaften unterhielten als in den entwickelten Ländern.

Schon 1973 hat der Finanzausschuß des amerikanischen Senates festgestellt, daß die Währungsreserven der westlichen Welt zu mehr als drei Vierteln in den Händen amerikanischer Banken und ihrer Tochtergesellschaften liegen, die damit das System "beherrschen"[78]. Die von den transnationalen Banken gebildeten und gesteuerten internationalen Finanzmärkte, insbesondere der Euro-Währungs- und der Euro-Anleihemarkt, sind auf diese Weise der Kontrolle durch die politischen Systeme entzogen worden[79]. Diese Mächte veranschaulichen sinnfällig nicht nur die Handlungsfreiheit, sondern auch die Einflußmöglichkeiten, über die die transnationalen Korporationen als wirtschaftliche Akteure verfügen. Besonders am Dollar-Kurs spürt es das politische System der USA, daß es auf die Kooperation der anderen politischen Systeme des Westens angewiesen ist. Es war in den siebziger Jahren dennoch nicht bereit, dieser Kooperation die Form eines formalisierten Handlungssystems gleichberechtigter Partner zu geben.

Für die Dritte Welt stellt sich das Problem viel dringender. Zwar haben die TNC ihr Engagement dort verringert: der Anteil der Entwicklungsländer an den Investitionen, der 1967 noch bei einem Drittel gelegen hatte, nahm auf ein Viertel ab. Dafür nahm die Konzentration zu. Die Investitionen konzentrierten sich vor allem auf die Ölländer und die sogenannten Steueroasen wie die Bahamas, Bermuda, Panama etc. Für die restlichen Entwicklungsländer blieben von einer Gesamtinvestitionssumme von 259 Milliarden Dollar 1975 nur 17 Milliarden übrig, und auch sie konzentrierten sich auf einige wenige Länder mit bereits hohem Industrialisierungsgrad.

In den betroffenen Ländern wirkt sich die Tätigkeit der TNC um so stärker aus, weil diese Länder durchweg lange Zeit hilflos dem Einfluß der TNC ausgesetzt waren, es noch immer sind[80]. Zwar beginnt sich die Lage zu bessern, weil der Wettbewerb unter den TNC zunimmt und die Dritte Welt, vor allem im Zusammenhang mit ihren Forderungen nach einer neuen Weltwirtschaftsordnung,

---

[76] Ebd., S. 219.

[77] UN-Commission (Anm. 67), S. 215.

[78] United States Congress, 93/1, Committee on Finance, Senate, Implications of Multinational Firms for World Trade, and Investment, and for US Trade and Labor, Report, Washington 1973, S. 450.

[79] U. Andersen, Das Internationale Währungssystem zwischen nationaler Souveränität und supranationaler Integration. Entwicklungstendenzen seit Bretton Woods im Spannungsfeld der Interessen, Berlin 1977.

[80] Vgl. Th.H. Moran, 'Multinational Corporations and Dependency: A Dialogue for Dependentistas and Non-dependentistas', in: International Organization 32 (1978), S. 79 ff.

sich über die Notwendigkeit der Eingliederung dieser TNC in ihre jeweiligen Entwicklungspläne ins klare gekommen ist. Dennoch gilt ausgangs der siebziger Jahre noch immer, daß die Mittel der Entwicklungsländer für die Regulierung oder auch nur die Prüfung ausländischer Investitionen "begrenzt" sind[81]. Sie werden sich nur durch verstärkte Zusammenarbeit erhöhen lassen.

In der Dritten Welt zeigten die transnationalen Korporationen zum ersten Mal deutlich, daß sie bei der Verfolgung ihrer Interessen nicht nur implizit, sondern auch explizit politisch tätig wurden. Einen Auftakt bildete 1954 das Unternehmen der United Fruit in Guatemala; den Höhepunkt gab zweifellos der Beitrag von ITT zum Sturz von Allende in Chile ab[82]. Solche, fast direkten Interventionen haben sich nicht wiederholt; die transnationale Korporation verzichtet deswegen keineswegs auf den politischen Einfluß, sondern setzt ihn vielmehr etwas subtiler an: durch stärkere Kooperation mit den jeweiligen Regierungen, durch Werbung und Beeinflussung[83].

Ein besonders anschaulicher Fall ist das amerikanisch-kanadische Verhältnis, wo die gleichen transnationalen Korporationen beide Regierungen zu beeinflussen und für ihre Zwecke einzuspannen versuchen[84]. Die transnationalen Korporationen schaffen Konflikte über die Rechtshoheit, die Exterritorialität und die Anti-Trust-Gesetzgebung, über Kapitalkontrollen, Handelsbeschränkungen und Steuern. Sie schaffen Konflikte im Hinblick auf den Export von Arbeitsplätzen, der gerade von den amerikanischen Gewerkschaften immer wieder scharf kritisiert wird. Sie schaffen Konflikte schließlich dadurch, daß sie auch vor direkter Bestechung nicht zurückschrecken, wie die Skandale der siebziger Jahre zeigen[85].

Nicht nur die Einflußmöglichkeiten, sondern auch die Einflußtypen weisen die transnationale Korporation als einen Akteur aus, der sich durchaus mit politischen Systemen vergleichen läßt. Seine Machtmöglichkeiten übersteigen die vieler politischer Systeme; auf dem Währungsgebiet sogar die Macht aller. Um es genauer zu formulieren: Die Unfähigkeit der politischen Systeme, sich den veränderten Produktions- und Kommunikationsprozessen der Welt anzupassen, hat den transnationalen Korporationen einen Freiraum beschert, in dem sie sich weitgehend unkontrolliert als Akteur bewegen können.

Die transnationalen Korporationen sind die wichtigsten, aber keineswegs die einzigen Handlungszusammenhänge, die die Wirtschaft zwischen den einzelnen Umfeldern verbinden. Hinzuzurechnen sind Kooperationen zwischen zwei und mehreren Firmen in zwei oder mehreren Gesellschaften. Diese Kooperationen werden auf Dauer aufrechterhalten, lassen aber die Struktur der Firmen unange-

---

[81] UN-Centre on Transnational Corporations: National Legislation and Regulations Relating to Transnational Corporations, New York 1978, S. 5.

[82] J.S. Nye, 'Multinational Corporations in World Politics', in: Foreign Affairs 53 (1974), S. 153 ff.

[83] P.M. Boarman/H. Schollhammer, Multinational Corporations and Governments. Business-Government Relations in an International Context, New York 1975.

[84] J.S. Nye, 'Transnational Relations and Interstate Conflicts: An Empirical Analysis', in: International Organization (1974), S. 961 ff.

[85] Dazu N.H. Jacoby et al., Bribery and Extortion in World Business. A Study of Corporate Political Payments Abroad, New York 1977.

tastet. Sie treffen Verabredungen zu gemeinsamer Produktion, gemeinsamem Vertrieb und auch gemeinsamer Forschung. Diese Handlungszusammenhänge, die gerade innerhalb der Europäischen Gemeinschaft gängig sind[86], werden ausdrücklich als "Alternativen zur transnationalen Korporation"[87] angesehen, als eine sehr viel reichere, flexiblere und auch unproblematischere Form internationaler Zusammenarbeit. Sie besteht in der Vergabe von Lizenzen, von Leasing-Verträgen und von Verträgen zu industrieller Kooperation. In den Beziehungen zwischen der Ersten und der Zweiten Welt finden diese Formen bevorzugte Anwendung.

Schließlich müssen zu den wirtschaftlichen Akteuren auch die traditionellen internationalen Kartelle gezählt werden, die es unter verschiedenen Namen seit langem gibt. In den siebziger Jahren sind eine Reihe von Produzentenvereinigungen neu gegründet worden, etwa die Internationale Bauxit-Assoziation (1974) und die Internationale Assoziation der merkurproduzierenden Länder (1975)[88]. (Unter systematischem Aspekt gehören hierzu auch die Gremien des Integrierten Rohstoffprogramms der Vereinten Nationen, die, ihrem Organisationstyp nach, zu den internationalen Organisationen gerechnet werden müssen.)

Als Bilanz ergibt sich, daß die von der Wirtschaft gebildeten Handlungszusammenhänge den zweiten Platz nach denen einnehmen, die von den politischen Systemen unterhalten werden. Keine Theorie der internationalen Politik kann an diesem Sachverhalt vorübergehen; ihn zu klären, zählt zu den wichtigsten Forschungsaufgaben. Als einseitig muß die marxistische Sicht gelten, in der das politische System in dem festgestellten Internationalisierungsprozeß der Ökonomie keine Rolle spielt, obwohl dieser Prozeß die Transformation der nationalen Wirtschafts- und Sozialstrukturen bewirkt[89]. Andererseits liegt die wirtschaftliche Macht sicherlich nicht in erster Linie bei den politischen Systemen[90], reicht deren Steuerungskapazität von sich aus nicht aus. Sie haben sich in ihrer Organisation und in ihrer Arbeitsweise nicht den veränderten Bedingungen angepaßt, die durch die neuen Technologien und Produktionsweisen heraufgeführt wurden. Daher sind ihrer Kontrolle diejenigen Prozesse entglitten, die sich nicht mehr exklusiv in den jeweiligen Umfeldern, sondern zwischen ihnen abspielen. Je stärker und schneller diese Handlungszusammenhänge sich ausprägen, desto größer wird der Kontrollverlust der politischen Systeme[91]. Solange können sich in der internationalen Politik solche Verteilungsmuster wieder herstellen, die in den einzelnen Gesellschaften des Westens durch die Entwicklung des demokratischen Wohlfahrtsstaates zwar noch nicht vollständig und schon gar nicht gleichmäßig, aber doch wenigstens tendenziell überwunden worden sind.

---

[86] W.J. Feld, Nongovernmental Forces and World Politics, S. 117 ff.

[87] UN-Commission (Anm. 67), S. 261, S. 68 ff., S. 148 ff.

[88] Vgl. die Zusammenstellung ebd. S. 320 ff.

[89] Charakteristisch für diese Sicht: O. Kreye (Hrsg.), Multinationale Konzerne. Entwicklungstendenzen im kapitalistischen System, München 1974, S. 7 f. (Vorwort des Herausgebers).

[90] So S. Strange, 'What Is Economic Power and Who Has It?', in: International Journal 20 (1975), S. 222 ff.

[91] So auch J.S. Nye, 'Multinational Corporations'.

3. Parteien

Einen wichtigen Beitrag zu der erforderlichen Anpassung der politischen Systeme an die Veränderungen in der internationalen Politik müßten die Parteien leisten. Sie bilden die Brücke zwischen den politischen Systemen und den jeweiligen gesellschaftlichen Umfeldern; sie müßten demzufolge in ihrer Organisation und in ihrem Verhalten den intensivierten Austauschbeziehungen und den verringerten Distanzen zwischen den Umfeldern Rechnung tragen. Eine solche Funktion der Parteien ist im internationalen System jedoch nicht nachzuweisen, jedenfalls nicht in nennenswertem, entsprechendem Ausmaß. Sie treten nicht als eigenständiger Akteur auf, unterhalten keine eigenen, jedenfalls keine relevanten Handlungszusammenhänge mit den politischen Systemen oder deren Umfeldern in der internationalen Umwelt. Sie verstehen sich vielmehr nach wie vor hauptsächlich als Teil jenes Rückkoppelungsprozesses zwischen dem politischen System und seinem gesellschaftlichen Umfeld.

Das muß zunächst als Index für die Bedeutung dieser Rückkoppelungsprozesse verstanden werden: Noch immer laufen die wichtigsten Verteilungsprozesse in diesen Rückkoppelungen ab, also in den Gesellschaften. Vor allem die Verteilung von Herrschaft und Macht findet noch immer innerhalb dieses Zusammenhangs statt. Die Parteien sind in erster Linie darauf ausgerichtet und demzufolge national gerichtet. Sie halten es für weniger wichtig, oder sehen es vielleicht nicht in dem richtigen Ausmaß, was sich in den wirtschaftlichen Handlungszusammenhängen zwischen den Umfeldern herausgebildet hat. Insofern kann der Verzicht der Parteien auf die Ausbildung funktional adäquater Handlungszusammenhänge mit ihren Korrespondenten in der Umwelt nicht allein durch die Bedeutung des Verteilungszusammenhanges Herrschaft erklärt werden, sondern muß auch als Versagen der Parteien interpretiert werden. Sie versuchen noch immer im Rahmen der gewohnten, zwischen dem politischen System und seinem Umfeld ablaufenden Anforderungs- und Umwandlungsprozesse zu interpretieren, was diesen Rahmen längst gesprengt hat. Die Konjunktur, die Währungsstabilität und die Vollbeschäftigung gehören zu diesen Gebieten. Sie sind längst international, zumindest aber doch regional geworden, ohne daß die Parteien ihre Organisation dieser Veränderung angepaßt hätten.

Zwar gibt es die Zusammenarbeit der Parteien im internationalen System, gibt es Handlungszusammenhänge auf der Basis der politischen Parteien. Die meisten dieser Handlungszusammenhänge werden durch Zusammenarbeit nationaler Parteien gebildet; ein zweiter Typ, die internationale Partei, die sich in nationale Fraktionen aufgliedert, tritt heute praktisch nicht mehr auf. Dieser zweite Typ war historisch gesehen lange Zeit vorherrschend. Die Internationale Arbeiterassoziation, die Erste Internationale (1861-1872), deren Statuten von Karl Marx stammten, hatte einen Generalrat als Vorstand, der den einzelnen Fraktionen in den jeweiligen Nationalstaaten gegenüber eine Direktivkompetenz besaß. Die Erste Internationale war die erste - und einzige - internationale sozialistische Partei. Ihre Nachfolger wiesen dieses Merkmal nicht mehr auf. Die Zweite Internationale (1889 bis 1914) war nur noch eine lose Föderation der nationalen Parteien, besaß lediglich in Brüssel ein Büro und später eine interparlamentarische sozialdemokratische Kommission zur Durchführung einheitlicher Aktionen in den verschiedenen Parlamenten. Die Zweite Internationale zerbrach mit dem Beginn des Ersten Weltkrieges, der das Übergewicht des Nationalismus gegenüber dem Internationalismus tragisch bewies. In der sich anschließenden Spaltung der Arbeiterbewegung setzte Moskau mit der Kommunistischen Internationale (1919-1943) und später mit dem Informationsbüro der Kommunistischen und Arbeiterparteien (1947 bis 1956) eine internationale Partei durch; sie stellte jedoch nichts weiter als den Ausdruck politischer Hegemonie der Sowjetunion dar.

Die sozialdemokratische Fortsetzung in der Dritten Internationalen, 1920 in Genf gegründet und nach dem Zweiten Weltkrieg 1951 in Frankfurt wiederbelebt, trug der Fragmentierung der sozialdemokratischen Parteien Rechnung. Die Sozialistische Internationale (SI) ist eine Föderation autonomer Parteien, keine internationale Partei[92]. Zwar hat sie sich in der zweiten Hälfte der siebziger Jahre verstärkt zu Wort gemeldet: Unter der Führung von Willy Brandt hat sie eine Reihe wichtiger internationaler Fragen, insbesondere die der Abrüstung aufgegriffen. Die Vermeidung einer kommunistischen Diktatur im nachrevolutionären Portugal war dem Konto der aktiven Mitarbeit der Sozialistischen Internationale gutzuschreiben. Der Ausnahmefall bestätigte die Regel: Die SI bildet nach wie vor ein Forum, auf dem vornehmlich diskutiert, kaum politisch-praktisch kooperiert wird.

Die beiden anderen großen Parteien, die christlichen und die liberalen Parteien, haben nicht einmal diesen Grad der Ausbildung von Handlungszusammenhängen erreicht. Die "Weltunion Christliche Demokraten", 1947 zunächst als Konferenz, 1961 dann als Organisation gegründet, hat als lockere Föderation christdemokratischer Parteien vornehmlich Europas und Lateinamerikas keine nennenswerte Wirkung erzielt. Sie muß in erster Linie als ein Informationsverbund angesehen werden, der zudem noch regional stark eingeschränkt ist[93]. Vor allem in der Dritten Welt findet das Christentum als Basis politischer Organisation wenig Anklang.

Der Liberalen Weltunion, 1947 gegründet, geht es nicht viel anders. Auch sie weist keine weltweite Mitgliederschaft auf, unterscheidet sich also ebenfalls sehr stark von der Sozialistischen Internationale, die diese Reichweite besitzt. Außerhalb Europas hat die Union Mitgliederparteien nur in Kanada, Australien, Neuseeland und Israel - wenn man von einigen Exilorganisationen Osteuropas absieht. Die Dritte Welt steht dem Liberalismus gleichfalls unmotiviert gegenüber.

Zweifellos überschreiten Weltparteien diejenige Größe von Handlungszusammenhängen, die sich funktional rechtfertigen lassen. Das gleiche gilt für den von den USA unternommenen Versuch, die drei Internationalen und die beiden amerikanischen Parteien zur Zusammenarbeit zugunsten der Menschenrechte zu

---

[92] Vgl. die beiden grundlegenden Dokumente in: Declaration of the Socialist International, London 1978, S. 1 ff.
[93] W.J. Feld, Nongovernmental Forces and World Politics, S. 219.

veranlassen[94]. Der Versuch diente nicht nur deutlich der Instrumentalisierung der Carterschen Außenpolitik; er übersah vor allem die ideologischen und positionalen Differenzen, die zwischen den drei großen demokratischen Parteigruppierungen herrschen. Weder ist die Welt eine geographische Einheit, noch bildet der Westen eine ideologische Einheit; es kann daher weder Weltparteien, noch eine regionale Einheitspartei geben. Zu erwarten wären statt dessen regionale Zusammenschlüsse oder stark ausgebildete regionale Handlungszusammenhänge im Rahmen der einzelnen Parteien. Insbesondere innerhalb der Europäischen Gemeinschaft, aber auch innerhalb der Atlantischen Gemeinschaft müßten solche Handlungszusammenhänge entstehen.

Sie treten auch auf. Schon der Europarat und das - noch nicht direkt gewählte - Europaparlament kannten europäische Fraktionen. Im Zusammenhang mit der Direktwahl sind regelrechte Vereinigungen der großen europäischen Parteien entstanden, die gemeinsame Wahlprogramme herausgaben. Sie nahmen aber nicht als Vereinigung, sondern in Gestalt ihrer nationalen Mitgliederparteien an der Wahl von 1979 teil[95]. Es gibt dementsprechend den Bund der sozialdemokratischen Parteien in der Europäischen Gemeinschaft, die Europäische Volkspartei, die sich im wesentlichen aus den christlich-demokratischen Parteien zusammensetzt, und die Föderation der liberalen und demokratischen Parteien der Europäischen Gemeinschaft. Sie haben sich jedoch, wie das Ergebnis der Wahlkämpfe 1979 zeigte, bis zu diesem späten Zeitpunkt der ersten Direktwahl als nicht besonders relevant erwiesen. Maßgeblich waren die nationalen Parteien. Nimmt man hinzu, daß die Zusammenarbeit im Europäischen Parlament von der Verfassung der Gemeinschaft her nur geringe Folgen bringen wird, so deuten die darauf gerichteten Handlungszusammenhänge der europäischen Parteien gleichzeitig ihre Beschränkung an. Von einer wirklichen, die existierende Interdependenz in der Europäischen Gemeinschaft widerspiegelnden Kooperation der europäischen Parteien, womöglich noch institutionalisiert in organisierten Handlungszusammenhängen, kann bis zum Ausgang der siebziger Jahre nicht die Rede sein.

Das gilt auch für die kommunistischen Parteien in Westeuropa, deren nationale Fragmentierung evident ist. Sie wird durch den Begriff des Eurokommunismus nur verbal überwunden, in dem einige Gemeinsamkeiten dieser KPs, vor allem ihre Kritik an Moskau, ausgedrückt werden sollen. Ob der Begriff wirklich eine "neue Linkspartei in Europa" abdeckt, wie Leonhard meint, ist angesichts der Divergenzen zwischen den Parteien zu bezweifeln[96].

Außerhalb Europas sind die Parteistrukturen sehr viel weniger ausgebildet; dementsprechend geringer auch die Chancen gesellschaftsübergreifender Handlungszusammenhänge. Im Nahen Osten rechnet sicherlich die Baath-Partei dazu.

---

[94] D.M. Fraser/J.P. Salzberg, 'International Political Parties as a Vehicle for Human Rights', in: The Annals of the American Academy for Political and Social Science 422 (1979), S. 63 ff.

[95] Zum folgenden N. Gresch, Transnationale Parteienzusammenarbeit in der EG, Baden-Baden 1978.

[96] W. Leonhard, Eurokommunismus. Herausforderung für Ost und West, München 1978, S. 384.

In Afrika - und im Nahen Osten - müssen die nationalen Befreiungsbewegungen, deren Hauptquartiere sich notwendig außerhalb des zu befreienden Staates befinden, zu den übergreifenden Handlungszusammenhängen gezählt werden[97]. Sie haben darüber hinaus stets Anhänger in mehreren Staaten. Wie weit sie als Parteiformation das Erreichen ihres Zieles überleben werden, bleibt abzuwarten.

In der Dritten Welt sind die Grenzen zwischen den gesellschaftlichen Umfeldern sehr fest gezogen. Das ist wahrscheinlich unvermeidlich in einer Phase, in der die eigene gesellschaftliche Identität erst aufgesucht und gefestigt, ein konsensgetragenes Herrschaftssystem erst eingerichtet werden muß. Andererseits wäre unter dem funktionalen Aspekt der Entwicklung die Herstellung übergreifender Handlungszusammenhänge zwischen den Umfeldern und den politischen Systemen wünschenswert. Dabei müßten dann aber, wie es in einigen Fällen der Ausbildung von Freihandelszonen bereits geschehen ist, die politischen Systeme die Initiative ergreifen.

Selbst im amerikanisch-europäischen Bereich muß die Frage aufgeworfen werden, ob die zahlreichen dort verlaufenden ökonomischen Interaktionen und Handlungszusammenhänge nicht eine stärkere Zusammenarbeit der politischen Parteien erforderten. Die politischen Systeme haben wenigstens auf dem Gebiet der Sicherheit ein Handlungssystem institutionalisiert, die NATO. Das dazugehörige parteipolitische Korrelat: Die NATO-Parlamentarier-Konferenz, ist wenig mehr als ein Appendix[98]. Auf dem wirtschaftlichen Gebiet gibt es nicht mal ihn. Das Gitter der internationalen Politik weist hier eine Asymmetrie zwischen der Autonomie ökonomischer Akteure und der Apathie der politischen Parteien auf, die - zumal wenn man die Handlungszusammenhänge zwischen der Wirtschaft und dem politischen System mit berücksichtigt - als gesellschaftlicher Kontrollverlust gedeutet werden muß.

4. Verbände und nicht-staatliche Organisationen

Im Gegensatz zu den Parteien haben die anderen Gruppen in den gesellschaftlichen Umfeldern, allen voran die wirtschaftlichen, eine außerordentlich rege Tätigkeit bei der Ausbildung von Handlungszusammenhängen entfaltet. Zwischen den Umfeldern der westlich-liberalen Staaten ist ein umfangreiches, dichtes Netz von Handlungszusammenhängen geknüpft und institutionalisiert worden, die streckenweise den Vergleich mit innergesellschaftlichen Handlungszusammenhängen durchaus aufnehmen können. Oder, genauer im Rahmen des Gittermodells ausgedrückt: die Handlungszusammenhänge haben die Umfelder einander so nahe gebracht, so miteinander verknüpft, daß ihre geographische Unterscheidung schon fast gegenstandslos wird. Den größten Beitrag dazu haben zweifellos die transnationalen Unternehmen geleistet, die die Umfelder, wie oben erwähnt, partiell integriert haben. Aber auch diejenigen Handlungszusammenhänge, die als transnationale Gruppen, linkage-Gruppen, als internationale Verbände oder als internationale nicht-staatliche Organisationen bezeichnet werden, tragen zu dieser

---

[97] W.J. Feld, Nongovernmental Forces and World Politics, S. 230 ff.

[98] Vgl. U.S. Congress, 96/1, Committee on Foreign Relations, Senate, The Role of the North Atlantic Assembly, Committee Print, Washington 1977.

Annäherung bei. Die große und schnell wachsende Anzahl dieser Gruppen dokumentiert anschaulich das Bewußtsein in den gesellschaftlichen Umfeldern, daß die angestrebte Verteilung von Werten sich nicht mehr im Rahmen der jeweils eigenen Gesellschaft allein realisieren läßt.

Klassifikatorisch fallen alle diese Verbände in die Kategorie der internationalen nicht-staatlichen Verbände, der International Non-Government Organizations (INGOs) oder auch der NGOs. Beide Bezeichnungen werden synonym verwendet, auch wenn sich im akademischen Bereich der Versuch einbürgert, den Begriff INGO zu bevorzugen und den der NGO für innergesellschaftliche Organisationen zu reservieren. Aber schon diese Unterscheidung bereitet große Schwierigkeiten; einmal haben viele nationale Verbände inzwischen Beobachterstatus bei den Vereinten Nationen bekommen, der bislang den internationalen Verbänden allein vorbehalten war. Zweitens unterhalten diese innergesellschaftlichen Verbände mit ihren Korrespondenten in der internationalen Umwelt ebenfalls Handlungszusammenhänge, die eben nur noch nicht institutionalisiert worden sind. Unter dem Gesichtspunkt der Interaktion der Umfelder ist der Grad der Formalisierung jedoch zweitrangig gegenüber der Intensität. Insofern fängt auch diese Unterscheidung an, hinfällig zu werden, obwohl es nach wie vor sinnvoll ist, internationale Verbände, nicht-staatliche Organisationen, zu unterscheiden von innergesellschaftlichen Gruppen.

Auch innerhalb der Gruppen der INGOs stellen sich zahlreiche terminologische Schwierigkeiten ein. Die konstituierenden Merkmale sind umstritten. Das Yearbook of International Organizations geht sehr streng vor: erfordert die Teilnahme von Vertretern aus mindestens drei Ländern, die Existenz einer Verfassung, einer Geschäftsordnung, gewählte Vorstände etc.[99] Praktisch werden die Kriterien sehr locker gehandhabt, werden mehr an die Vielfalt der vorfindbaren Gruppierungen angelehnt und verlangen dann lediglich die Kooperation zwischen Gruppen zweier Gesellschaften, wobei mindestens eine dieser Gruppen nicht der Regierung angehören darf[100].

Auch der Sprachgebrauch beginnt sich zu wandeln, beginnt den Begriff der transnationalen Organisation gegenüber dem der internationalen vorzuziehen - wohl in Anlehnung an die terminologische Entscheidung, die die Vereinten Nationen im Hinblick auf die transnationalen Konzerne getroffen haben. Gerade diese Entscheidung legt es nahe, die nicht-staatlichen Organisationen weiter als "international" zu bezeichnen, weil die meisten von ihnen auf Konsens, nicht auf Zugang gerichtet sind; nur wenn das letztere der Fall ist, sollte man von "transnationalen" Gruppen sprechen.

Ferner muß das vermehrte Aufkommen vermischter regionaler Organisationen registriert werden, in denen Vertreter der Regierungen mit solchen gesellschaftlichen Gruppen zusammenarbeiten. Als besonders interessante und relevante Gruppen haben die vielen hundert INGOs in der Europäischen Gemeinschaft zu gelten, die Industrie und Handel in der Region koordinieren. Sie haben

---

[99] Dazu A.J.N. Judge, International Organizations, S. 28ff., passim.

[100] K. Skjelsbaek, 'The Growth of International Non-Governmental Organizations in the Twentieth Century', in: International Organization 25 (1971), S. 420 ff.

eine Qualität, die man besser nicht mehr international, sondern schon mit föderal bezeichnet[101]. Schließlich müssen noch zwei Extreme erwähnt werden. Die "Organisation der Organisationen" macht die Beziehungen zwischen nationalen Gruppen selbst zum Gegenstand einer Organisation. Das Gegenstück zu dieser Überorganisation bildet die sporadisch, issue-bezogen auftretende Beziehung, die nur aus Kommunikation besteht. Diese "on-line-intellectual-networks", die aus dem sogenannten Computer Conferencing entstanden sind, treten nur fallweise, etwa bei Abstimmungen zu bestimmten Problemen, in Erscheinung. Allgemein sind sie nur latent, als Möglichkeit vorhanden. Angesichts der verbesserten und sich ständig verbessernden Kommunikationsmöglichkeiten wird diese Form der Organisation zweifellos an Bedeutung zunehmen[102].

Im Jahr 1976 gab es 2401 INGOs, nachdem es 10 Jahre zuvor nur 1675 und 20 Jahre zuvor nur 973 solcher Organisationen gegeben hatte[103]. Schreibt man diese Wachstumsrate fort, so wird es im Jahre 2000 9600 nicht-staatliche Organisationen geben; es können aber auch, wenn sich die Wachstumsrate vermehrt, bis zu 24 000 werden[104]. Das Netz wird in jedem Fall zunehmend und rasch dichter. Natürlich wächst es nicht gleichmäßig. Die größte Anzahl dieser INGOs ist auf den Gebieten der Gesundheit einerseits, des Handels und der Industrie andererseits zu verzeichnen: Wissenschaft und Technologie folgen dichtauf, auch die Sozialwissenschaften.

Die Relevanz dieser Gruppen variiert beträchtlich. Im Durchschnitt haben INGOs höchstens 5 ständige Mitarbeiter - die Internationale Handelskammer hingegen hat 50[105]. Nur die Hälfte aller INGOs geben regelmäßig eine Publikation heraus, 38 % melden sich gelegentlich, der Rest meldet sich überhaupt nicht zu Wort. Dementsprechend schwer ist abzuschätzen, welche Bedeutung den INGOs zukommt, in welcher Weise sie das Feld der internationalen Politik verändern. Fragt man nach meßbarem Einfluß auf die politischen Systeme, so dürfte die Antwort eher zurückhaltend ausfallen. Die Bedeutung der INGOs hat mit der Vermehrung ihrer Anzahl offensichtlich nicht Schritt gehalten[106]. Das minimiert keinesfalls ihren Wert. Diese Gruppen können für die Bewußtseinsbildung und deren Veränderung, für die Herstellung einer regionalen oder globalen Öffentlichkeit, für die Ausbildung gemeinsamer Verhaltens- und Reaktionsmuster, also für wichtige Bestandteile einer gemeinsamen Kultur außerordentlich wichtig und daher langfristig von entsprechendem Einfluß auf die politischen Systeme sein.

In einem kurzfristig-aktuellen Sinne gilt, daß die politisch-ökonomischen Gruppen, die schneller wachsen als die anderen, einen größeren, streckenweise sogar einen erheblichen Einfluß auf die politischen Systeme ausüben. Er ist

---

[101] W.J. Feld, Nongovernmental Forces and World Politics, S. 126 ff., 136.
[102] A.J.N. Judge, International Organizations, S. 77 ff.
[103] Zahlen nach Yearbook of International Organizations, Brüssel 1978, Table I.
[104] Ebd., Table VII.
[105] K. Skjelsbaek, The Growth of International Non-Governmental Organizations.
[106] W.J. Feld, Nongovernmental Forces and World Politics, S. 191.

mitunter größer als der, der von einigen kleinen Nationalstaaten ausgeht[107]. In erster Linie gilt das für die transnationalen Korporationen, die in einer breiten Definition auch zu den INGOs zählen. Aber auch die Gewerkschaften können für sich beanspruchen, in Handlungszusammenhängen untereinander und in Gestalt des Internationalen Bundes Freier Gewerkschaften ein erheblicher Einflußfaktor zu sein.

Unter den allgemeinen Kriterien ist auch die regionale Konzentration der INGOs zu erwähnen. Frankreich, Belgien, England, die Vereinigten Staaten, die Schweiz und Holland haben - in dieser Reihenfolge - die meisten Mitgliedschaften aufzuweisen. Die Bundesrepublik Deutschland folgt an siebenter Stelle[108]. Die meisten Hauptquartiere der INGO's liegen dementsprechend in Paris, Brüssel, London, Genf, New York und Washington. Genf allein hatte 1976 so viele Hauptquartiere aufzuweisen, wie der ganze afrikanische Kontinent. Die Konzentration auf die entwickelte westliche Welt ist also unverkennbar. Sie ist historisch begründet und wird erleichtert durch den Reichtum und die Kommunikationsmöglichkeiten dieses Weltteils.

Gewiß nicht wegen ihres Einflusses, wohl aber wegen der langen Tradition und der großen Intensität der von ihr unterhaltenen Handlungszusammenhänge ist die katholische Kirche an erster Stelle einer exemplarischen Auswahl internationaler Organisationen zu nennen.

Die Kirche ist praktisch seit dem 4. Jahrhundert als "INGO" nachweisbar. Mit mehr als 500 Millionen Mitgliedern zählt sie gegenwärtig zweifellos zu den größten nicht-staatlichen Organisationen. Dabei muß zwischen dem Vatikan-Staat, der ein Territorialstaat ist, und der Kirche als einem religiösen Handlungszusammenhang unterschieden werden.

Die Kirchen sind nicht nur INGOs, sie haben auch weitere Organisationen dieses Typs gegründet und unterhalten sie (Caritas, Brot für die Welt etc.). Der World Council of Churches ist seinerseits ein Dachverband protestantischer INGOs. Seine Kritik am Vietnam-Krieg der USA und sein Anti-Rassismus-Programm[109] waren einflußreich. Über das Gewissen ihrer Mitglieder steuern die Kirchen auch deren politisches Verhalten, gerade in solchen politischen Fragen, deren Zusammenhang mit Moral und Ethik eindeutig ist. Die Einstellung zum Krieg wie zur Entwicklungshilfe, zum Problem der Entwicklungsländer wie zu dem der Menschenrechte ist davon nicht unbeeinflußt geblieben.

Die politische Bedeutung der von den Kirchen unterhaltenen Handlungszusammenhänge kann nicht weltweit, sondern muß regional differenziert werden. In Westeuropa und in den USA, wo sich das Denken zunehmend säkularisiert, ist die Bedeutung nicht allzu groß, bleibt sicher weit hinter der räumlichen Verbrei-

---

[107] Dazu J. Galtung, 'Nonterritorial Actors and the Problem of Peace', in: S.H. Mendlovitz (Ed.), On the Creation of a Just World Order, New York 1975, S. 151 ff., 166 ff.

[108] Yearbook of International Organizations, Table IX.

[109] H. Vogt, 'Die Kirchen als gesellschaftliche Akteure im Rassismuskonflikt', in: L. Harding et al., Die Südafrikapolitik der UNO und der Kirchen, München/Mainz 1977, S. 73 ff.

tung zurück. In der Zweiten Welt spielen diese Handlungszusammenhänge als Widerstandselemente gegen den sowjetischen Marxismus eine nicht unbeträchtliche Rolle. In der Dritten Welt beginnen die von den Religionen gebildeten Handlungszusammenhänge ihre Wirkung erst zu entfalten. Die Rolle des Islam beim Widerstand der Afghanen gegen den sowjetischen Einfluß und vor allem die sowjetische Intervention, bei der Revolution in Iran und dem Revolutionsversuch in Mekka 1979 kann kaum überschätzt werden. Welche Bedeutung der Islam für die politischen Formationen in Afrika gewinnen wird, wird abgewartet werden müssen. Die Unterschätzung der Religionen, nicht nur des Islam, sondern auch des Hinduismus und des Buddhismus, als Träger politisch relevanter Handlungszusammenhänge kann nur als Relikt säkularisierten eurozentrischen Denkens interpretiert werden.

Die mit der Wirtschaft verbundenen INGOs sind dem Umfang nach klein, auf die westlichen Industriestaaten beschränkt, exklusiv nutzenorientiert und sehr einflußreich. Viele von ihnen sind mit den transnationalen Korporationen verbunden, arbeiten jedenfalls mit ihnen zusammen. Ihre Zahl ist groß. An prominenter Stelle steht die Internationale Handelskammer, ein Zusammenschluß nationaler Handelskammern, mit dem Sitz in Paris. Auch die bilateralen Handelskammern, die vor allem die amerikanische Wirtschaft mit den Umfeldern der Umwelt verbinden, müssen zu den wirtschaftlichen Handlungssystemen gezählt werden. Die Bedeutung der INGOs ist schwächer als die der transnationalen Korporationen, besteht im wesentlichen in der Bereitstellung und Aufrechterhaltung von Kommunikationsmöglichkeiten und Informationen. Sie erleichtern die Handlungszusammenhänge, die zwischen den Wirtschaften der jeweiligen Umfelder ablaufen.

Auf Arbeitnehmerseite arbeiten zahlreiche gewerkschaftliche INGOs, die konkret angebbare Ziele verfolgen und bei ihren Mitgliedern entsprechende Resonanz und entsprechendes Verhalten auslösen. Der Internationale Bund Freier Gewerkschaften, Sitz Brüssel, hatte 1977 120 ihm angeschlossene Verbände in 88 Ländern mit mehr als 56 Millionen Mitgliedern[110]. Er entstand nach der kommunistischen Unterwanderung des Weltgewerkschaftsbundes und bildet seit 1955 die maßgebende Arbeitnehmervertretung im internationalen System, etwa speziell in der Internationalen Arbeitskonferenz und dem Internationalen Arbeitsamt. Er hat Regionalorganisationen in Afrika, Asien und Lateinamerika ausgebildet, ihm gehört natürlich auch der Europäische Gewerkschaftsbund an,

Der IBFG arbeitet nicht nur für die Arbeitnehmerinteressen im engeren Sinn, sondern setzt sich auf allen Gebieten der Wirtschaft und der Kultur für die Belange sozialer Gerechtigkeit ein. Er hat sich mehrfach zu aktuellen Problemen der internationalen Politik, etwa zur Apartheid in Südafrika, deutlich geäußert und auch Aktionen gestartet. Über seine Tätigkeit berichtet er auf den alle vier Jahre stattfindenden Weltkongressen[111]. Er arbeitet eng mit der zweiten großen demokratischen Weltorganisation der Arbeitnehmer zusammen, mit dem Weltverband der Arbeitnehmer (World Confederation of Labor). Der Verband entstand 1968

---

[110] Yearbook of International Organizations, A 1672.

[111] Vgl. etwa International Federation of Free Trade Unions: Report of the 11th World Congress, Mexico City, Oktober 1975, Brüssel 1977.

aus dem Internationalen Bund Christlicher Gewerkschaften. Nach anfänglicher Rivalität zwischen den beiden Verbänden hat sich in den siebziger Jahren die Zusammenarbeit verstärkt; sie nimmt weiter zu.

Ein Hauptarbeitsgebiet der beiden großen Weltverbände ist die gewerkschaftliche Organisation gegen die transnationalen Korporationen, der Versuch, den vom Kapital vorgenommenen Teilintegrationen eine entsprechend intensiv ausgebildete internationale Zusammenarbeit der Arbeitnehmer entgegenzustellen. Auf diesem Gebiet sind vor allem führend die sogenannten Berufssekretariate, oder auch Berufsinternationalen. Sie entstammen den achtziger Jahren des 19. Jahrhunderts, sind autonome Verbände auf Branchen- bzw. Industrieebene und haben sich von jeher außerordentlich aktiv um die Belange ihrer Mitglieder gekümmert. Sie fassen Gewerkschaften gleicher Industriezweige oder gleicher Berufe zusammen, haben mehr als 40 Millionen Mitglieder[112]. Die aktivsten und damit die wichtigsten unter ihnen sind der Internationale Metallarbeiterbund mit mehr als 10 Millionen Mitgliedern und die Internationale Föderation von Chemie- und Fabrikarbeiterverbänden mit mehr als 2 Millionen Mitgliedern. Beide haben ihren Sitz in Genf. Beide sind führend bei der Herstellung gewerkschaftlicher Gegengewichte gegen die Macht der transnationalen Korporationen[113]. Der Internationale Metallarbeiterbund hatte schon 1956 Weltautomobilfabrikräte für Ford und General Motors eingerichtet[114].

Die Veränderung, die durch diese Verbände und ihre schon institutionalisierte oder nur organisierte Interaktion in das internationale System getragen wurde, läßt sich schwer exakt vermessen. Zunächst müssen politische und nicht-politische Verbände unterschieden werden, je nachdem ob sie relevante Werte verteilen oder nicht. Die Grenzlinie ist sicherlich schwer zu ziehen, dürfte aber vermutlich die meisten INGOs in den nicht-politischen Raum verweisen. Sie sind deswegen nicht unwichtig. Sie tragen zur Umweltveränderung bei, zu jenem dichten Interaktionszusammenhang zwischen den Umfeldern, der die internationale Politik der Gegenwart von früherer Perioden unterscheidet. Wo einstmals nur Regierungen miteinander verkehrten, herrscht heute ein fast unübersehbarer Kommunikations- und Interaktionszusammenhang zwischen den Gesellschaften. Damit ist zu dem traditionellen politischen Regelkreis zwischen den Anforderungen des gesellschaftlichen Umfeldes und den konvertierenden Entscheidungen der politischen Systeme ein neues Austauschsystem getreten, das zwischen den einzelnen gesellschaftlichen Umfeldern verläuft. Es entzieht sich bisher weitgehend der politologischen Analyse, aber auch der Einwirkung durch die politischen Systeme. Zwar kann man mit gewisser Berechtigung in den "transgovernmental relations"[115] den Versuch der politischen Systeme sehen, mit dem Phänomen fertig zu werden. Richtiger dürfte hingegen wohl sein, die transgovernmental re-

---

[112] Siehe die Liste der wichtigsten Mitglieder bei H. Gottfurcht, Die Internationale Gewerkschaftsbewegung von den Anfängen bis zur Gegenwart, Köln 1966, S. 150.

[113] Vgl. zu dieser Problematik allgemein K.P. Tudyka (Hrsg.), Multinationale Konzerne und Gewerkschaftsstrategie, Hamburg 1974.

[114] Vgl. W.J. Feld, Nongovernmental Forces and World Politics, S. 153 ff., dort auch weitere Beispiele.

[115] R. Keohane/J.S. Nye, 'Transgovernmental Relations', S. 42-44.

lations lediglich als Handlungszusammenhang zwischen Bürokratien zu interpretieren, ohne eine gerichtete Kontrollabsicht. Sie könnte auch nicht durch die Bürokratie, sondern nur durch die politischen Systeme insgesamt verwirklicht werden, die zu diesem Zweck ihre spezifische nationale Identifikation aufgeben müßten. Sie müßten Handlungszusammenhänge untereinander institutionalisieren, die den zwischengesellschaftlichen Handlungszusammenhängen adäquat sind. Wo diese - etwa bei den transnationalen Konzernen - Teile der Umfelder integriert haben, müßte eine ähnlich intensive Interaktion der politischen Systeme stattfinden. Wo die Umfelder, wie bei den meisten INGOs, lediglich näher aneinandergerückt worden sind, würde eine entsprechende Kooperation der politischen Systeme genügen.

Bevor eine solche Forderung aufgestellt werden kann, muß sie im Hinblick auf ihre Berechtigung untersucht werden. Das politische Grundverständnis demokratisch-pluralistischer Gesellschaften des Westens besteht in der Beschränkung der politischen Systeme, in der kontinuierlichen Abwehr ihrer Übergriffe. Auf der Ebene der Interaktion der politischen Systeme darf keine Kontrolle eingerichtet werden, die innerhalb der Beziehungen zwischen politischem System und gesellschaftlichem Umfeld nicht existiert. Es geht statt dessen darum, diejenigen Bereiche von Wertzuweisungen, die aufgrund demokratischer Legitimität der Kontrolle durch die politischen Systeme unterliegen (die ihrerseits als Beauftragte der Gesellschaft zu verstehen sind) dieser Kontrolle wieder zuzuführen, nachdem sie ihr durch ihre Internationalisierung mehr und mehr entkommen sind. Die Zunahme der INGOs indiziert eine Veränderung des gesellschaftlichen Umfeldes, die von der osmotischen Annäherung an andere Umfelder bis zu der durch die TNC bewirkten partiellen Integration von Umweltteilen in das Umfeld reicht. Darauf muß das Verhalten der politischen Systeme eingestellt werden, ohne daß dadurch ihr Kompetenzbereich erweitert wird.

Was sich durch die rasche Vermehrung der INGOs und der Umfeld-Umfeld-Beziehungen herauskristallisiert hat, ist eine Annäherung der Umfelder auf den unterschiedlichsten Interaktionsebenen. Es ist keinesfalls eine "Herrschaftssynthese"[116], kein Zusammenwachsen der Kapitalfraktionen und keine Herausbildung einer internationalen Klassengesellschaft. Abgesehen davon, daß eine solche Definition den größten Teil der Weltbevölkerung nicht träfe, ist sie auch innerhalb der westlichen Welt falsch. Sie überträgt nicht nur ein veraltetes marxistisches Gesellschaftsbild in die internationale Politik, sie unterschlägt auch die Kompetenz der politischen Systeme, unterschätzt ferner das Ausmaß nicht-internationalisierter Produktion. Was in der modernen kapitalistischen Gesellschaft nicht existiert, kann auch begrifflich nicht in sie hineingebracht werden.

Statt dessen verläuft die Trennungslinie horizontal zwischen den politischen Systemen und den von den gesellschaftlichen Umfeldern unterhaltenen Handlungszusammenhängen, die dieser Kontrolle entwachsen sind. Hier liegt das Zen-

---

116 Dies die These von F. Schlupp et al., Zur Theorie und Ideologie internationaler Interdependenz, in: K.J. Gantzel (Hrsg.), Internationale Beziehungen als System, PVS-Sonderheft 5, Opladen 1973, S. 245 ff.

trum der Prozesse, die den Zustand der Interdependenz[117] ausgelöst, das "komplexe konglomerierte System"[118] hervorgerufen haben. Sie lassen sich am Beispiel medialer Handlungszusammenhänge noch einmal verdeutlichen.

5. Die Medien

Information und Kommunikationsmöglichkeiten zählen zu den wichtigen Werten, die politisch relevant verteilt werden. Nur wer ständig informiert ist, kann seine Entfaltungschancen optimal wahrnehmen.

Wer über die Medien verfügt, besitzt eine Einflußmöglichkeit, die - wie eine UNESCO-Studie von 1975 festgestellt hat[119] - nur noch durch die direkte elektrische Beeinflussung des Gehirns übertroffen werden kann.

Dieser Wirkung wegen gehört Information zu den maßgebenden Herrschaftsinstrumenten. Für die auswärtige Politik wurde sie von den politischen Systemen im Ersten, vor allem aber dann im Zweiten Weltkrieg entdeckt, in dem die Propaganda[120] zu einem Teil der Kriegsführung entwickelt wurde. Sie gab den politischen Systemen die Möglichkeit, einen Handlungszusammenhang mit den gesellschaftlichen Umfeldern im gegnerischen Lager aufzubauen und zu unterhalten. Diese Beziehung $PS_i \leftrightarrow UF_k$ ist nach dem Zweiten Weltkrieg von den beiden Weltführungsmächten erweitert worden. Auch die politischen Systeme der anderen Staaten beteiligen sich, freilich in geringem Umfang. Die Vereinigten Staaten, die die "Stimme Amerikas" weltweit, Radio Freies Europa und Radio Liberty speziell für die sozialistischen Staaten und die Sowjetunion benutzen, senden mehr als 1800 Stunden wöchentlich in 44 Sprachen. Sie erreichen pro Woche 100 Millionen Menschen auf der Welt, davon 40 Millionen in der Sowjetunion und in Osteuropa[121]. Für das politische System der Vereinigten Staaten stellt das Radio "die wirksamste Quelle westlichen Einflusses auf die Sowjetunion dar ... Westliche Radiosendungen erfüllen die Funktion einer freien Presse; die Tatsache, daß die sowjetische Bevölkerung auf diese Weise informiert wird, zwingt die (sowjetische Regierung) mit einer gewissen Vorsicht vorzugehen"[122].

Richtung und Inhalt des vom politischen System der USA unterhaltenen Handlungszusammenhangs mit den Bevölkerungen in den sozialistischen Staaten ist damit präzis beschrieben. Das politische System Amerikas interagiert direkt mit den gesellschaftlichen Umfeldern und beeinflußt auf diese Weise deren Beziehung zu ihren politischen Systemen. In diesem Handlungszusammenhang wird

[117] Eine einsichtige Beschreibung bieten R.N. Cooper et al., Wege zur Erneuerung des internationalen Systems, Bonn, Forschungsinstitut der Deutschen Gesellschaft für Auswärtige Politik, 1979, S. 12 ff.

[118] Der Begriff nach R.W. Mansbach et al., The Web of World Politics. Nonstate Actors in the Global System, New Jersey 1976, S. 41 ff.

[119] Zitiert bei L.R. Sussman, 'Mass Media: Opportunities and Threats', in: The Annals of the American Academy for Political and Social Science, Vgl. 442, März 1979, S. 78.

[120] Vgl. D. Lerner, Sykewar. Psychological Warfare Against Germany. D-Day to VE-Day, Cornwall, N.Y., 1949, passim.

[121] F.S. Ronalds, 'Voices of America', in: Foreign Policy 34 (1979), S. 155.

[122] Ebd., S. 156.

alternative Information verteilt, die es den Empfängern möglich macht, sich im sozialistischen Bereich anders zu verhalten[123].

An Quantität werden die Vereinigten Staaten von der Sowjetunion noch übertroffen: Ihre in die Umwelt gerichteten Sendungen belaufen sich auf mehr als 2000 Stunden wöchentlich in 82 Sprachen, davon allein 13 indischen und zahlreichen afrikanischen. Radio Havanna - um ein kleineres sozialistisches Land zu nennen - sendet immerhin noch 600 Stunden wöchentlich[124]. Einen noch größeren Aufwand trieb das politische System der Sowjetunion bei dem Versuch, die Beziehung zwischen ihrem gesellschaftlichen Umfeld und den westlichen politischen Systemen zu stören. Mehr als 2000 Sender und 5000 Angestellte waren bis 1973 mit dem "jamming" westlicher Radiosendungen beschäftigt. Die Volksrepublik China hat erst 1978 die Störungen der "Stimme Amerikas" eingestellt[125].

Nichts bezeichnet deutlicher die große politische Relevanz der kommunikativen Handlungszusammenhänge als die Kosten, die für ihre Unterbrechung aufgewendet werden. Mit Hilfe der Information ist es möglich, Gesellschaften zu desintegrieren, zumindest aber ihre Beziehung zu ihren politischen Systemen zu destabilisieren. Die kommunikativen Handlungszusammenhänge zählen deshalb zu den wichtigsten Instrumentarien der politischen Systeme im internationalen System. Wer die Information steuert, beeinflußt das Verhalten. Das gilt auch für die kommunikativen Handlungszusammenhänge zwischen den gesellschaftlichen Umfeldern ($UF_i \leftrightarrow UF_k$). Die zwischen den westlichen Gesellschaften aufgebauten und unterhaltenen kommunikativen Handlungszusammenhänge haben die Information dieser Gesellschaften fast synchronisiert. Sie wird im wesentlichen von den vier großen Nachrichtenagenturen AP, UPI, Reuter und Agence France Press besorgt; es ist nicht ungewöhnlich, wenn ein Berliner über Vorgänge in Japan aus amerikanischen Quellen informiert wird[126]. Die amerikanischen Nachrichtendienste dominieren die kommunikativen Systeme. Der drittgrößte unter ihnen, United Press International, hat allein 238 Büros in 62 Ländern mit 10 000 Mitarbeitern. Der Dienst wird von 6500 Abonnenten in 133 Ländern benutzt, zirkuliert täglich 4,5 Mrd. Worte in 48 Sprachen[127].

Rechnet man noch die Radio- und Fernsehsendungen hinzu, die innerhalb der westlichen Welt ausgetauscht (aber auch in die nicht-westliche Welt verkauft) werden; berücksichtigt man dabei, daß sie zum großen Teil ebenfalls amerikanischen Ursprungs sind, so ist die Schätzung glaubwürdig, daß zwei Drittel der Weltinformation aus den Vereinigten Staaten stammen[128]. Die auffallende Gleichförmigkeit der Analyse und Bewertung von Vorgängen in der Welt, die im

---

[123] Zum Problem der amerikanischen Propaganda allgemein vgl. M. Knapp, Die Stimme Amerikas. Auslandspropaganda der USA unter der Regierung John F. Kennedys, Opladen 1972.

[124] F.S. Ronalds, 'Voices of America', S. 158.

[125] Ebd., S. 159.

[126] S. Tharoor, 'Information Imbalances: Communications and the Developing World', in: The Fletcher Forum, Vol. 1, Frühjahr 1977, S. 169 ff.

[127] Ebd., S. 167; vgl. J. Somavia, The Transnational Power Structure and International Information, Mexiko 1976.

[128] W.H. Read, 'Multinational Media', in: Foreign Policy 18 (1975), S. 157.

europäisch-atlantischen Bereich vorherrscht, ist damit zu einem guten Teil erklärt. Wahrscheinlich kommt auch hinzu, daß Analysen und Einschätzungen amerikanischer Medien wegen ihrer Schnelligkeit und Zuverlässigkeit gern von anderen Medien übernommen werden[129].

Die sowjetische Agentur TASS und die chinesische Hsin-Hua stehen an Umfang den westlichen nicht nach, wohl aber an Bedeutung. Außerhalb der sozialistischen Staaten werden diese Agenturen, wird vor allem TASS, weniger als Informations- denn als Dokumentationsquelle für den sozialistischen Bereich angesehen.

Nachrichtenagenturen stellen transnationale Unternehmen dar, die nicht-materielle Güter verteilen. Ihre Wirkung ist vermutlich größer als die der industriellen TNC. Über die ihnen angeschlossenen Zeitungen, Rundfunk- und Fernsehstationen erreichen sie täglich Hunderte Millionen Menschen, beeinflussen sie deren Verhalten. Vor allem erzeugen sie mit der Gleichförmigkeit der Information über Zeit jene Erfahrungsbasis, auf der die gemeinsame Kultur, die Voraussetzung der Gesellschaftsbildung, entstehen kann. Die Wertesysteme und Normenkataloge gleich sich an, Verhaltensdifferenzen werden eingeebnet. Gemeinsame Weltbilder werden verbreitet, ein gemeinsames Bewußtsein entsteht. Während wirtschaftliche Handlungszusammenhänge nur Teile der gesellschaftlichen Umfelder einander annähern, werden sie über die Information insgesamt aneinandergerückt.

Der Prozeß verläuft nicht weltweit gleichmäßig, konzentriert sich im Westen, wo die Massenmedien verbreitet sind, die Kommunikationsfreiheit gewährleistet, in Geschichte und Kultur die Basis einer gemeinsamen Kultur schon angelegt ist. Auf diesem Hintergrund stellen die Nachrichtenagenturen das gemeinsame Bewußtsein her, während die Zeitungen nach wie vor lokal-regionale Attitüden verbreiten.

Denn international haben die Zeitungen einen sehr viel geringeren Einzugsbereich, zumal sie meist sprachlich stärker gebunden sind. Auch sind die Auflagen der berühmten und großen Zeitungen relativ klein. Die New York Times hat knapp 1 Million, die Times etwa über 300 000, das Wallstreet Journal 1,5 Millionen Exemplare aufgelegt[130]. (Allerdings erreicht der Nachrichtendienst der New York Times täglich 136 Zeitungen auf der Welt, die auf diese Weise die gleiche Information verbreiten wie die New York Times selbst.) Die International Herald Tribune wird in Europa, Asien und Afrika vertrieben; sie setzte 1980 in 143 Ländern 130 000 Exemplare ab. Die anderen Zeitungen kann man zwar in den Hauptstädten der Welt kaufen, doch dürfte ihr Einfluß relativ gering sein. Die Handlungszusammenhänge werden hier - jenseits der der Nachrichtenagenturen - durch das dichte Korrespondentennetz getragen, das die großen Zeitungen in den westlichen Gesellschaften unterhalten.

Wird die integrierende Wirkung der medialen Handlungszusammenhänge im Westen durchweg als Vertiefung bereits bestehender Gemeinsamkeiten akzep-

---

[129] Vgl. dazu umfassend G. Fisher, American Communication in a Global Society, Norwood, N.J., 1979.
[130] Annuaire de la Presse et de la Publicité, 92. Ausgabe, Paris 1979.

tiert, so wird sie von den Entwicklungsländern als Überfremdung und Einmischung empfunden. Sie beklagen sich seit den sechziger Jahren über das dominierende Übergewicht westlicher Medien, die in ihren Gesellschaften Bewertungsmuster erzeugen, die den westlichen Interessen und Vorstellungen, aber nicht denen der Entwicklungsländer entsprechen. Sie sehen hinter dem Prinzip der Informationsfreiheit nur die Absicht westlicher Agenturen und Medien, "westliche Haltungen und marktwirtschaftliche Interessen in den Entwicklungsländern zu verbreiten"[131].

Die Klage besteht nicht zu Unrecht. Die indische Bevölkerung wird über das Privatleben des englischen Königshauses weit ausführlicher informiert als über die Politik des Nachbarlandes Sri Lanka[132]. Das mag als Kuriosum gelten, beleuchtet aber doch das Ausmaß der Ablenkung öffentlicher Aufmerksamkeit, das durch die Medien bewirkt werden kann. Es schien den politischen Systemen der Dritten Welt so groß und unerträglich zu sein, daß sie Mitte der siebziger Jahre auf der UNESCO-Konferenz in Paris die Regulierung der Presse verlangten. Das konnte zwar verhindert werden. Im November 1978 verabschiedete die UNESCO-Konferenz eine Resolution, die die staatliche Kontrolle der Presse denjenigen Ländern freistellte, in denen sie ohnehin üblich war, im übrigen aber das Prinzip der Pressefreiheit bewahrte. Damit ist jedoch der Vorwurf der Entwicklungsländer nicht entkräftet, daß sie durch die mächtigen westlichen Medien überschwemmt werden, daß diese Medien nicht objektiv und nur selten über die Dritte Welt berichten und die Wirkung dieser Information darauf hinausläuft, die Gesellschaften der Entwicklungsländer von ihrem originären Interesse an der Entwicklung abzubringen[133]. Die politischen Systeme der Dritten Welt verlangten daher analog zur neuen Weltwirtschaftsordnung eine neue Weltinformationsordnung. Sie soll das Übergewicht der westlichen Medien brechen, indem sie Information als entwicklungsrelevanten Wert festlegt und dementsprechend die tradierten westlichen Werte, insbesondere den der Freiheit der Information, kritisch prüft, ergänzt[134].

Hinter dieser Forderung sind auch die Interessen der politischen Systeme in der Dritten Welt zu sehen, die Herrschaftsbeziehungen zu ihren gesellschaftlichen Umfeldern nicht stören zu lassen. Sie kämpfen gegen den Einfluß westlicher Medien, aber sie bekämpfen dahinter die Pressefreiheit schlechthin, weil sie ihre Macht beschneidet. Das Problem ist schwierig und auf der UNESCO-Konferenz ausführlich diskutiert worden. Es interessiert hier nur in dem Maße, in dem die Handlungszusammenhänge, die von den westlichen Medien unterhalten werden, einen so großen Einfluß ausüben, daß davon durchaus auch die Störung des Entwicklungsganges erwartet werden kann. Wenn ständig Verhaltens- und Konsummuster übermittelt werden, die zwar einer entwickelten Gesellschaft angemessen sind, in einer unterentwickelten jedoch nur den Möglichkeiten einer relativ kleinen Schicht entsprechen, dann werden damit wichtige Wertverteilungen vorge-

---

[131] R. Righter, 'A Battle of the Bias', in: Foreign Policy 34 (1979), S. 121 ff.
[132] S.R. Tharoor, 'Information Imbalances'.
[133] R. Righter, 'A Battle of the Bias', S. 122.
[134] Vgl. K. Nordenstreng, K.I. Schiller (Eds.), National Sovereignty and International Communication, Norwood, N.J., 1979.

nommen und beeinflußt. Die zwischen den gesellschaftlichen Umfeldern ablaufenden kommunikativen Interaktionen entziehen das Verhalten der gesellschaftlichen Umfelder in den Entwicklungsländern zu einem gewissen Teil der verteilungspolitischen Kompetenz der politischen Systeme.

Die Entwicklungsländer haben daraus die erste Konsequenz gezogen, eigene Nachrichtenagenturen aufzubauen, um damit das Informationsmonopol der westlichen Agenturen zu brechen und diejenigen Nachrichten bevorzugt zu verbreiten, die im Interesse der Entwicklungsländer liegen. Aufgrund einer Initiative der jugoslawischen Agentur Tanjug bildete sich 1976 offiziell der sogenannte Nonaligned News Pool[135]. Auch wurden Vorschläge entwickelt, wie das Informationsungleichgewicht zwischen der Dritten und der Ersten Welt abgebaut werden könnte. Ob dies gelingt, ohne daß sich die Entwicklungsländer auf einen niedrigeren Stand einer dann freilich exklusiv auf ihre Zwecke bezogenen Information einlassen, muß fraglich bleiben.

Denn die technischen Voraussetzungen moderner Kommunikation befinden sich weitgehend in der Hand westlicher Firmen und werden von ihnen zäh gegen alle Einschränkungen verteidigt. Bis 1974 galt praktisch im Rahmen der International Telecommunications Union das Squatter-Prinzip. Wer zuerst kam, wurde zuerst mit Frequenzen und Satelliten-Orbits bedient, die er praktisch auf Dauer behalten kann. Auf der World Administrative Radio Conference (WARC), 1979 in Genf, verlangten die Entwicklungsländer einen größeren Anteil am Wellenbereich, selbst wenn sie ihn gegenwärtig noch nicht nützen können. Sie befürchten, daß - wie bei der Nutzung des Meeresbodens - die technische Überlegenheit des Westens ihn in Stand setzt, die gegenwärtigen und die künftigen Kommunikationskanäle zu besetzen, bevor die Entwicklungsländer sie in Anspruch nehmen können[136]. Die Sorge ist nicht unberechtigt, sieht man die rapide Entwicklung der Nachrichten- und Radiosatelliten an und berücksichtigt man, daß die westlichen Länder den Entwicklungsländern sogar die Wellenbereiche, innerhalb deren sie ihre Telefon-, Fernschreib- und Datenübermittlungsdienste betreiben, nicht im erforderlichen Ausmaß überlassen wollen. Hinzu kommt die Bedrohung der inneren Sicherheit durch kommunikative Beeinflussung mittels Satelliten[137].

Die Vorherrschaft westlicher Medien muß dennoch qualifiziert werden. Zunächst wirkt sie sich nur in den westlichen Gesellschaften aus; in den sozialistischen Staaten und - teilweise - in der Dritten Welt ist sie abhängig von der Zustimmung der politischen Systeme. Das führt zu einer praktisch vollständigen Eliminierung westlicher Medien aus dem sozialistischen Bereich; und zu einer weitgehenden Beschränkung ihrer Betätigungsmöglichkeiten, jedenfalls zu einer erheblichen Selektion der von ihnen angebotenen Informationen. Die Kritik der Dritten Welt an der Vorherrschaft westlicher Medien darf nicht darüber hinwegtäuschen, daß es in der Dritten Welt keine freie Presse gibt, daß Information

[135] R. Paparian, The Multinational News Pool, in: The Bulletin of the Atomic Scientists 34 (1978), S. 54 ff.
[136] A.W. Branscomb, 'Waves of the Future: Making WARC Work', in: Foreign Policy 34 (1979), S. 139 f.
[137] Dazu C.T. White, Uprooting the Squatters, ebd., S. 184 ff.

größtenteils von der Regierung kontrolliert, wenn nicht selbst sogar hergestellt wird. Die Sprachbarrieren, die es den meisten Menschen außerhalb des europäisch-amerikanischen Kulturkreises unmöglich machen, eine Informationsquelle in einer Fremdsprache zu lesen, erfordern die Übersetzung, die die Übermittlung erschwert. So reduziert sich der Einfluß westlicher Medien auf die von den politischen Systemen akzeptierten Informationssegmente.

Die Grenzen werden durch Ereignisse wie die Revolution im Iran 1978 und die auf den Seychellen 1977 sichtbar gemacht. Beide Länder standen dem Einfluß der westlichen Medien weit offen; in beiden hat sich eine gegen das politische System wie gegen den Westen gerichtete Revolution des gesellschaftlichen Umfeldes durchgesetzt. Beide beleuchten dementsprechend die limitierte Reichweite westlicher Medien in der Dritten Welt (von der in der Zweiten ganz zu schweigen). Die von den Medien unterhaltenen kommunikativen Handlungszusammenhänge wirken in diesen beiden Welten nur auf wenige Bereiche der Oberschichten ein. In der westlichen Welt hingegen haben die kommunikativen Handlungszusammenhänge auf der Basis einer weitgehend ähnlichen Kultur und Ausbildung dazu beigetragen, daß sich die Denkmaßstäbe und die Beurteilungskriterien, die Einschätzung von Vorgängen im internationalen System generell einander angenähert haben.

Die Übersicht über die Akteure ist nicht erschöpfend, insbesondere weil sie den kollektiven Akteur des politischen Systems nicht aufgelöst und besonders wichtige Gruppen, etwa das Militär oder die Nachrichtendienste nicht eigens behandelt hat. Aber die Übersicht reicht aus, um die Komplexität zu veranschaulichen, die die internationale Politik kennzeichnet. Ihr muß jede Analyse gerecht werden.

Diese Forderung kann hier nicht eingelöst werden. Wie im Vorwort erwähnt, sind beim gegenwärtigen Stand der Forschung wissenschaftliche Analysen der internationalen Politik nicht möglich. Jedenfalls sind Analysen, die den zu erhebenden Ansprüchen Rechnung tragen, nicht vorhanden. Die Diskussion der Modelle und Akteure diente dazu, diesen Sachverhalt herauszuarbeiten und damit seine Veränderung einzuleiten. Mehr als der Entwurf eines der Komplexität Rechnung tragenden Modells und die Diskussion seiner theoretischen und methodischen Implikationen kann im Moment nicht geleistet werden.

In einem gewissen Sinn ist es daher durchaus inkonsequent, wenn die folgenden Teile 6 und 7 dennoch diese Grenze überschreiten und eine inhaltliche Diskussion der Figuren und der Prozesse der internationalen Politik anschließen. Die wissenschaftlichen Voraussetzungen dafür fehlen. Auf der anderen Seite schien es reizvoll, angelegen und möglich zu sein, von dem durch den Entwurf des Gittermodells gewonnenen Standpunkt aus die bisherigen Erkenntnisse auf dem Gebiet der internationalen Politik Revue passieren zu lassen. Dabei können keine neuen Ergebnisse, wohl aber neue Fragestellungen gewonnen werden. Es handelt sich nicht um eine Anwendung des Modells, nicht einmal um einen "Probelauf". Beides liegt noch in weiter Ferne. Eine Diskussion des Kenntnisstandes unter dem veränderten Blickwinkel aber ist nicht unmöglich.

Sie ist aber zugegebenermaßen schwierig. Zunächst liegt immer wieder das Mißverständnis nahe, als sei das Modell doch schon angewendet und mit ihm ein neuer Forschungsstand erreicht worden. Mißverständnisse werden vor allem dadurch bewirkt, daß Ergebnisse, die unter einem bestimmten Modell gewonnen worden sind, unter den Prämissen eines anderen diskutiert werden. Solche unterschiedlichen Denkansätze lassen sich nicht ohne weiteres harmonisieren, ganz zu schweigen von den dazugehörigen Sprachsystemen. Trotz so vieler und gewichtiger caveat soll der Versuch unternommen werden, der theoretischen Darstellung des Gittermodells eine Besichtigung seiner forschungspraktischen Konsequenzen folgen zu lassen.

3. ERSCHLIEBUNGSFRAGEN

1) Was versteht man unter "erkenntnisleitendem Interesse"? Was ist nach Seidelmann das erkenntnisleitende Interesse der realistischen Schule, was der friedenspolitischen Schule?

2) Was sind die globalen Grundprobleme, die Seidelmann als Ausgangspunkt einer grundwertorientierten Betrachtung wählt?

3) Was versteht Seidelmann unter "negativem Frieden", was unter "positivem Frieden"?

4) Auf welche Themenbereiche konzentriert sich die kritische Analyse der Friedens- und Konfliktforschung?

5) Welche Modelle internationaler Friedensordnung nennt Seidelmann?

6) Auf welche Freiheiten bezieht sich der klassische Freiheitsbegriff? In welcher Hinsicht wurde er für die zwischengesellschaftlichen bzw. zwischenstaatlichen Beziehungen weiterentwickelt?

7) Was versteht man unter "Linkage"-Politik?

8) Welche Modelle internationaler Menschenrechtspolitik werden in der gegenwärtigen Menschenrechtsdiskussion erörtert?

9) Was versteht man im Rahmen der struktur-funktionalen Theorie David Eastons unter dem politischen System?

10) Welche Leistungen müssen politische Systeme nach Czempiel erbringen?

11) Worin besteht nach Czempiel die Bedeutung der Vereinten Nationen für die in ihnen organisierten politischen Systeme?

12) Welche Rolle spielen nach Czempiel Medien für die internationale Politik?

13) Erläutern Sie anhand von Graphik 1 die Akteure und Handlungszusammenhänge, die nach Czempiel das internationale Beziehungsgefüge konstituieren.

14) Ergänzen Sie Graphik 1 mit Interaktionszeichen: ↔ (für Interaktionen) und ⇔ (für input-output Beziehungen) und begründen Sie Ihre Auswahl.

15) Erläutern Sie anhand der Graphik 2 die historische Entwicklung der Beziehungen zwischen politischem System und Umfeld.

Interaktionszeichen:

Graphik 1

Akteure / Interaktionen
Handlungszusammenhänge

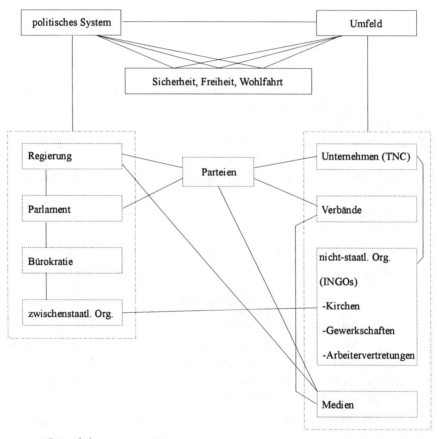

↔ Interaktion

⇔ input-output-Beziehungen

Graphik 2

Entwicklung der Beziehung zwischen politischem System und Umfeld

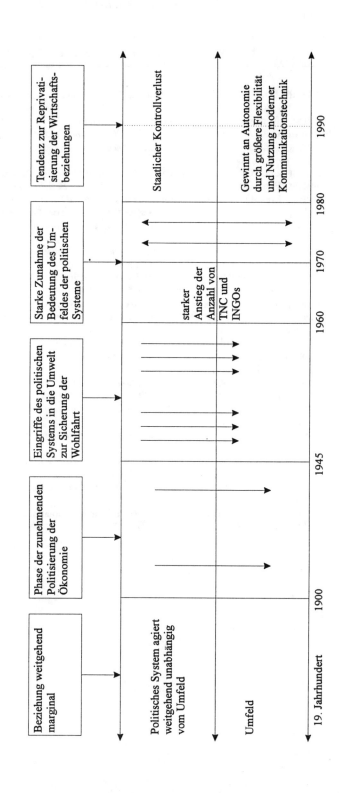

4. Weiterführende Literatur

ALBRECHT, Ulrich, *Internationale Politik. Einführung in das System Internationaler Herrschaft*, München ²1992

BEHRENS, Henning/NOACK, Paul, *Theorien der Internationalen Politik*, München 1984

BERRIDGE, G.R., *International Politics, States, Power and Conflict since 1945*, London 1987

BUßDORF, Heinrich, *Politikwissenschaftliche Theorienbildung. Grundlagen und Verfahrensweisen*, Köln, Wien 1984

CZEMPIEL, Ernst-Otto, *Internationale Politik. Ein Konfliktmodell*, Paderborn, München 1981

CZEMPIEL, Ernst-Otto, *Die Lehre von den Internationalen Beziehungen*, Darmstadt 1969

CZEMPIEL, Ernst-Otto/ROSENAU, James N. (Hrsg.), *Global Changes and Theoretical Challenges. Approaches to World Politics for the 1990s*, Lexington 1989

DYER, Hugh C./MANGASARIAN, Leon (Hrsg.), *The Study of International Relations. The State of the Art*, London 1989

FERGUSON, Yale H./MANSBACH, Richard W., *The State, Conceptual Chaos, and the Future of International Relations Theory*, Boulder 1989

HAFTENDORN, Helga (Hrsg.), *Theorie der Internationalen Politik. Gegenstand und Methoden der Internationalen Beziehungen*, Hamburg 1975

HÄTTICH, Manfred, *Grundbegriffe der Politikwissenschaft*, Darmstadt 1980

KNAPP, Manfred/KRELL Gert (Hrsg.), *Einführung in die Internationale Politik. Studienbuch*, München, Wien ²1991

KRIPPENDORF, Ekkehard, *Internationale Politik. Geschichte und Theorie*, Frankfurt 1987

MEYERS, Reinhard, *Weltpolitik in Grundbegriffen. Band I: Ein lehr- und ideengeschichtlicher Grundriß*, Düsseldorf 1979

OLSON, William C./GROOM, A.J.R., *International Relations Then and Now. Origins and Trends in Interpretation*, London 1991

PAECH, Norman/STUBY, Gerhard, *Machtpolitik und Völkerrecht in den internationalen Beziehungen*, Baden-Baden 1994

RITTBERGER, Volker (Hrsg.), *Theorien der Internationalen Beziehungen*, PVS Sonderheft 21, Opladen 1990

ROSENAU, James N./CZEMPIEL Ernst-Otto (Hrsg.), *Governance without Government: Order and Change in World Politics*, Cambridge 1992

RULOFF, Dieter, *Weltstaat oder Staatenwelt. Über die Chancen globaler Zusammenarbeit*, München 1988

WENDT, Alexander E., "The Agent-Structure Problem in International Relations Theory", in: *International Organization* 41 (1987), S. 335-370

II.
Die Realistische Schule

1. EINFÜHRUNG

Die "Realistische Schule" stellt Macht und das Gleichgewicht der Mächte in den Mittelpunkt ihrer Theorie. Sie wird als der weitestgehende Versuch bezeichnet, Internationale Politik aus einem einzigen Begriff zu deduzieren. Sie hat - mit ihrer Betonung der Macht - Vorgänger in der politischen Philosophie und steht in einer langen geistesgeschichtlichen Tradition.[1] Zu den Hauptvertretern der Realistischen Schule zählen Edward H. Carr, Georg Schwarzenberger, Hans J. Morgenthau und Robert E. Osgood.[2] Die Vertreter der Realistischen Schule unterscheiden sich in ihrer Betrachtungsweise und ihrer Themenstellung. Gemeinsam ist ihnen ein skeptisches Menschenbild, das sich vor allem auf die von Reinhold Niebuhr entworfenen theologisch-anthropologischen Grundlagen des menschlichen und des Verhaltens von Gruppen beruft.[3]

Historische Einordnung: Es gibt zwei Wege, die Entstehungsgeschichte der Realistischen Schule darzustellen: einen ereignisgeschichtlichen und einen wissenschaftsgeschichtlichen. Ereignisgeschichtlich wird die Wiederentdeckung des Staates als Akteur der internationalen Politik und der internationalen Staatengesellschaft als Gegenstand der Analyse zurückgeführt auf die tiefgreifenden Veränderungen in der internationalen Kräftekonstellation, die die Internationale Politik in der zweiten Hälfte der Zwischenkriegszeit kennzeichnen. Die die Internationale Politik der 1920er Jahre charakterisierenden Versuche, die Ideen des Universalismus und des Multilateralismus (Völkerbund, Genfer Protokoll für die friedliche Regelung internationaler Streitigkeiten, Kelloggpakt) zu realisieren, treten in den 1930er Jahren wieder zugunsten einer verstärkten nationalorientierten Außenpolitik in den Hintergrund. An die Stelle der idealistischen Hoffnung auf die universelle Gültigkeit völkerrechtlicher und vernunftbegründeter moralischer Normen tritt die Forderung, die realen Kräfte in der Weltpolitik, nämlich die Staaten, wieder stärker zu berücksichtigen. Staatliches Handeln sei aus dem Zusammenspiel von Macht, nationalem Interesse, Ideologie und Streben nach Si-

---

[1] Vgl. hierzu Reinhard Meyers, Weltpolitik in Grundbegriffen, Band I: Ein lehr- und ideengeschichtlicher Grundriß, Düsseldorf, S. 57-69.
[2] Edward H. Carr, The Twenty Years Crisis, 1911-1932: An Introduction to the Study of International Relations, New York ²1962; Georg Schwarzenberger, Machtpolitik. Eine Studie über die internationale Gesellschaft, Tübingen 1955; Hans J. Morgenthau, Macht und Frieden, Gütersloh 1963; Robert E. Osgood, Ideals and Self-Interest in America's Foreign Relations, Chicago/London 1953.
[3] Vgl. Reinhold Niebuhr, Christlicher Realismus und Politische Probleme, Wien 1957 und ders., Staaten und Großmächte. Probleme staatlicher Ordnung in Vergangenheit und Gegenwart, Gütersloh 1960.

cherheit zu erklären. Damit sind auch schon (die sich direkt aus der Konzentration auf den Staat als Untersuchungsgegenstand ergebenden) theoretischen Vororientierungen und Selektionskriterien (s.u.) dieses Ansatzes benannt.

Wissenschaftsgeschichtlich läßt sich die Wiederentdeckung des Staates als Akteur der internationalen Politik ein Jahrzehnt früher ansetzen. Am 30. Mai 1919 trafen die amerikanische und britische Delegation der Pariser Friedenskonferenz die Vereinbarung, in ihren Staaten je ein Institut zu gründen, das der permanenten Erforschung der internationalen Beziehungen dienen sollte. Die Defekte des internationalen Systems und damit auch der Ausbruch von Kriegen sollte durch eine systematische Aufarbeitung ihrer Ursachen beseitigt werden. Die Kriegsursachenforschung, die auch durch historische Arbeiten in dieser Zeit gestützt wurde, konzentrierte sich auf das Zusammenspiel nationalstaatlicher Akteure und die Differenzen, die sich aus unterschiedlichen nationalen Zielvorgaben im internationalen Raum ergaben.

In den 1930er Jahren, mit dem Aufkommen autoritärer Regime in Europa und Asien, trat an die Stelle der Suche nach den Ursachen von Kriegen die Suche danach, wie Kriege vermieden werden können. Dieser Wandel im erkenntnisleitenden Interesse bedingte den wohl ersten theoretischen Disput innerhalb des Faches Internationale Politik, nämlich den Disput zwischen den "Utopisten", oder denjenigen, die auch weiterhin auf die Durchsetzungsfähigkeit der menschlichen Vernunft auch in den internationalen Beziehungen und damit an die Möglichkeit einer grundsätzlichen Harmonie der nationalen Interessen und einer rechtlichen Regelung der zwischenstaatlichen Beziehungen vertrauten und den "Realisten", die demgegenüber das nationale Interesse der Staaten, die Staatsräson als regulierende Kraft der Internationalen Politik als handlungsbestimmende Faktoren benannten.[4]

Aus dieser praxisorientierten Sicht entwickelte dann Hans J. Morgenthau die Lehre der "Realistischen Schule", die insbesondere in den 1940er und 1950er Jahren die führende Theorie der Internationalen Politik war. Der Praxisbezug macht die hier aus analytischen Gründen vorgenommene Trennung in ereignis- und wissenschaftsgeschichtliche Entstehungsbedingungen fragwürdig. Denn auch Morgenthaus Ansatz war im Grunde genommen vielmehr das Resultat des Durchdenkens der weltpolitischen Entwicklung seit Ende des Zweiten Weltkriegs. Die oben erwähnte Ableitung des eigenen Ansatzes aus den theoretischen Vororientierungen der "Realisten" hat demgegenüber primär heuristische Funktion. Angesichts der sich entwickelnden Bipolarität der Welt übernahmen die USA die Verantwortung als Weltmacht. Gleichzeitig rückte der Gebrauch und Mißbrauch von Macht in den Mittelpunkt des Interesses. Die amerikanische Machtposition nach 1945 wirkte sich wiederum auch auf die Entwicklung der Wissenschaft aus. Die USA stellten der wissenschaftlichen Analyse der internationalen Beziehungen finanzielle Ressourcen zur Verfügung, über die die wenigen europäischen Vertreter des Faches nicht verfügen konnten. Sie förderten damit eine an den politischen Erfordernissen der neuen Weltmacht orientierte Entwick-

---

[4] Die Zusammenfassung orientiert sich an den Ausführungen von Reinhard Meyers, Weltpolitik in Grundbegriffen, S. 53 f.

lung der Theorie der Internationalen Beziehungen. Die im amerikanischen Diskussionskontext entstandenen Ansätze und theoretischen Konstrukte beherrschten auch bald die europäische Fachdiskussion. Die europäischen Vertreter des Faches Internationale Politik sind bis heute im Grund genommen in der Rolle der Rezipienten amerikanischer Anregungen steckengeblieben und haben der Rezeption nur wenig Eigenständiges entgegengesetzt.

Theoretische Vororientierungen und Selektionskriterien: Die realistische Sicht der Internationalen Politik geht nicht vom Konzept einer wie auch immer beschaffenen Weltgesellschaft aus, sondern vom Modell eines offenen, multipolaren, zentraler Entscheidungs- und Sanktionsmöglichkeit entbehrenden internationalen Staatensystems, das sich - in Analogie zu den Vorstellungen Hobbes' - im Naturzustand der Anarchie befindet.[5] Alleiniger Träger der Internationalen Politik ist der souveräne Nationalstaat, der keiner übergeordneten rechtssetzenden Macht unterworfen ist. Da jeder Staat sein eigenes Nationalinteresse gegen alle anderen Staaten durchzusetzen sucht, sind Konflikte, die oft genug zum Krieg führen, unausweichlich (Waltz 1959). Die internationale Politik erscheint im realistischen Verständnis als Nullsummenspiel: was der eine Staat an Ressourcen, Territorien, Einfluß, Macht gewinnt, geht stets zu Lasten anderer; die Gesamtmenge dieser Elemente im internationalen Staatensystem ist begrenzt und kann daher nur umverteilt, nicht aber - wie im idealistischen Verständnis durch Zuwachs der verteilbaren Wirtschaftsgüter - vergrößert werden.[6]

Deshalb kommt dem Begriff des Nationalinteresses, der eng gekoppelt ist an den Begriff der Macht und des Machtgleichgewichts, innerhalb der realistischen Sicht internationaler Politik eine Schlüsselstellung zu. Das Nationalinteresse beschreibt den gesamten Ziel- und Wertkomplex der Außenpolitik und ist zugleich "letzter bestimmender Faktor für die Formulierung außenpolitischer Entscheidungen."[7] Die Durchsetzung der am nationalen Interesse orientierten außenpolitischen Optionen ist wiederum abhängig von den je spezifischen Machtressourcen des Nationalstaates. Das Machtpotential ergibt sich aus der Summe folgender Faktoren: die geographische Lage, die natürlichen Ressourcen, die industrielle Kapazität, das Militärpotential, die Bevölkerungsgröße, der Nationalcharakter, die "nationale Moral",[8] die Qualität der Diplomatie und die Legitimität der Regierung.[9]

---

[5] Reinhard Meyers, Weltpolitik in Grundbegriffen, S. 66.

[6] Allg. zur Einführung in die Spieltheorie Gerd Junne, Spieltheorie in der internationalen Politik. Die beschränkte Rationalität strategischen Denkens, Düsseldorf 1972; Nigel Forward, The Field of Nations. An Account of Some New Approaches to International Relations, London 1971; zur hier diskutierten Konzeption vor allem Thomas C. Schelling, Arms and Influence, New Haven [10]1976.

[7] Walter Zöllner, Das Verhältnis von Zielen und Mitteln beim außenpolitischen Handeln, in: Gottfried-Karl Kindermann (Hrsg.), Grundelemente der Weltpolitik. Eine Einführung, München 1977, S. 159 (156-169).

[8] Damit wird die Qualität der politischen Kultur eines Gemeinwesens angesprochen.

[9] Vgl. Hans J. Morgenthau, Macht und Frieden. Grundlegung einer Theorie der internationalen Politik, Gütersloh 1963.

Macht in den internationalen Beziehungen wird auch theoretisch relevant, insofern sie einen relationalen und prozessualen Charakter hat. Macht kann nur dann ausgeübt werden, wenn ein Gegenpart vorhanden ist. Ein Konflikt allein konstituiert noch keine Machtbeziehung. Erst wenn ein Interessen- oder Wertkonflikt zwischen zwei oder mehreren Personen oder Gruppen besteht, wenn darüber hinaus einer der Beteiligten sich mit seinen Vorstellungen gegenüber den anderen Beteiligten durchsetzen muß und er überdies mit schweren Sanktionen drohen kann, falls seinen Wünschen nicht stattgegeben wird, haben wir es mit einer Machtbeziehung zu tun.

Die so konstituierte Machtbeziehung unterliegt nach den Vorstellungen der Realistischen Schule einem Regelungsbedarf, der durch die Prinzipien der "Balance of Power" und der Reziprozität gewährleistet wird. Die Realistische Schule bezeichnet mit dem Begriff "Balance of Power" (Gleichgewicht der Mächte) einmal die annähernde Gleichheit der (nicht-quantifizierbaren) Macht der Einzelstaaten; und zum zweiten begründet die realistische Schule mit diesem Begriff die Notwendigkeit, daß ein Staat ein Übergewicht über die anderen erhalten müsse. Das Verdienst des Gleichgewichtssystems sei infolgedessen in zwei Hinsichten zu sehen: 1. dient es dazu, die Unabhängigkeit der Einzelteile zu bewahren und 2. ermöglicht es eine realistische Einschätzung der Macht in den internationalen Beziehungen.

Das mit dem Gleichgewichtsprinzip verbundene handlungskontrollierend wirkende Prinzip der Reziprozität stellt die normative Grundlage dar, auf der allein das Gleichgewichtssystem funktionieren kann. Reziprozität überträgt den Kant'schen Kategorischen Imperativ auf die zwischenstaatlichen Beziehungen. Reziprozität soll die innere Souveränität eines Staates sichern und zugleich der äußeren Souveränität eines Staates Grenzen setzen, um einen Mißbrauch von Macht zu verhindern. Reziprozität bedeutet, daß jeder Staat, der die Prinzipien des zwischenstaatlichen Miteinanders mißachtet, mit Vergeltungsmaßnahmen der übrigen Staaten zu rechnen hat. Reziprozität ist insofern die Voraussetzung für die oben genannte zweite Funktion des Gleichgewichtssystems, nämlich die realistische Abwägung des eigenen außenpolitischen Machtpotentials und die Einschätzung des Machtpotentials der anderen Akteure im internationalen Staatensystem.

Konstitutive Grundannahmen: Ziel der Analyse der Politik ist, die Erkenntnis für politisches Handeln nutzbar zu machen. Dabei sollen Lehren aus der Vergangenheit gezogen und diese für die Probleme der Gegenwart nutzbar gemacht werden.[10] Der "Realist" geht davon aus, daß Politik wie Gesellschaft von objektiven, transepochal gültigen Gesetzen beherrscht werden.[11] Ausgehend von dieser Prämisse verficht die "Realistische Schule" vor allem fünf Thesen, die sowohl das wissenschaftliche Erkenntnisinteresse als auch die politische Praxis beeinflussen:

---

[10] H. J. Morgenthau, Macht und Frieden, S. 68.
[11] H. J. Morgenthau, Macht und Frieden, S. 49 ff.

1. Menschliches Handeln sei eingebunden in einen ständigen Widerspruch von Norm und Realität, Wollen und Vollbringen, erfolgreicher Beherrschung der materiellen Natur und Ohnmacht in der Beherrschung des Selbst; Widersprüche, die letztlich daraus resultieren, daß in der menschlichen Freiheit sowohl schöpferische als auch zerstörerische Entwicklungsmöglichkeiten angelegt sind.

2. Der Widerspruch zwischen der schöpferischen und der zerstörerischen Verwirklichungsmöglichkeit der Freiheit im Menschen erzeuge einen Zustand der Angst, dem gegenüber er durch die individuelle oder kollektive Vermehrung seiner Macht Sicherheit zu gewinnen hofft. D.h. Mensch versucht, Macht über seine Mitmenschen zu gewinnen, sie zu beherrschen, damit diese nicht ihn beherrschen können.

3. Das Unvermögen des Menschen, stets normgerecht zu handeln, impliziere notwendigerweise die Herrschaft unvollkommener Machthaber über Machtunterworfene und insofern wohne aller politischen Machtausübung ein Element des Bösen inne, des Mißbrauchs von Menschen als bloßes Mittel des Machtstrebens der Herrschenden.

4. Politisches Handeln orientiere sich nicht an Idealen, sondern am (im Sinne von Macht verstandenen) Eigeninteresse des Handelnden - ein Eigeninteresse, das insbesondere die Erfordernisse des Selbsterhaltungstriebes, des Fortpflanzungstriebes und des Machttriebes reflektiert.

5. Unmittelbares Ziel der Politik sei stets die Macht und insofern kann alle Politik auf drei Grundtypen zurückgeführt werden: sie versucht entweder Macht zu erhalten, Macht zu vermehren oder Macht zu demonstrieren.[12]

Deshalb geht die Realistische Schule davon aus, daß es im Interesse der nationalstaatlichen Akteure liegt, zur Bewahrung einer günstigen Ausgangsposition im Nullsummenspiel des internationalen Wettbewerbs ihre Machtmittel stets einsatzbereit zu halten, sie zu vermehren und dem technischen Fortschritt anzupassen, um so gegenüber ihrer Umwelt eine zusätzliche Menge an Macht zu gewinnen. Dieses gestattet ihnen, nicht nur in Sicherheit vor einer ständig latenten äußeren Bedrohung zu leben, sondern auch ihre Ziele in der internationalen Politik notfalls unter Rekurs auf militärische Gewaltanwendung durchzusetzen.

Methode: Die Realistische Schule ist methodisch einzuordnen in die Gruppe der Traditionalisten, also jener Wissenschaftler, die sich um sorgsam und überlegt formulierte Einsicht in Tatbestände, Entwicklungen und Abläufe internationaler Beziehungen bemühen.[13]

Theoretische Anknüpfungspunkte: Die Prämissen der Realistischen Schule bieten eine Reihe von Anknüpfungspunkten, die weitere theoretische Diskussionen auslösen. So bemüht sich der *Neorealismus* vor allem um eine Ausdifferenzierung des Machtbegriffs. Dazu werden die klassischen Frageebenen der Machtanalyse durch eine Reihe von Kodeterminanten, die einander vielfach

---

[12] Vgl. hierzu die Zusammenfassung von R. Meyers, Weltpolitik in Grundbegriffen, S. 56 f.; grundlegend Hans J. Morgenthau, Dilemmas of Politics, Chicago 1958, S. 48 ff.
[13] Vgl. zur Debatte zwischen Traditionalisten und Szientisten R. Meyers, Weltpolitik in Grundbegriffen, Kap. 2.3.

überlagern, ergänzt. Diese Kodeterminanten erfordern für die Analyse internationaler Machtkonstellationen einen Methodenpluralismus. Dies ist sicherlich ein Grund dafür, daß der Neorealismus als Ansatz/Theorie ein sehr viel weniger geschlossenes Bild bietet und methodische Anleihen aus einer Vielzahl von anderen, vor allem in den 1960er und 1970er diskutierten Theorien, machen muß.

Weniger diffus und eindeutiger zu verorten, ist die aus den Prämissen der Realistischen Schule abzuleitende theoretische Beschäftigung mit dem Sicherheitsdilemma, mit dem sich vor allem auch Vertreter der Perzeptionstheorie - wie der im vorliegenden Band berücksichtigte Robert Jervis - beschäftigen.

Aus der realistischen Sicht internationaler Politik ergeben sich folgende problematische Punkte:

1. Politik wird betrachtet als ein primär auf Erhalt, Ausweitung oder Demonstration von Macht gerichteter Wettbewerb autonomer nationalstaatlicher Akteure.

2. Dieser Wettbewerb findet statt in einem fragmentierten Milieu, in dem Sicherheit und Überleben der nationalen Einheiten den beinahe einzigen gemeinschaftlichen Nenner darstellen.

3. Das Streben der Akteure, durch Stärkung der eigenen Macht gegenüber den anderen Wettbewerbern einen Zugewinn an Sicherheit zu erhalten, führt nicht nur zu einem ständigen latenten Unsicherheitsbewußtsein, sondern auch zu eine immer tieferen Verstrickung in ein Sicherheitsdilemma: Denn das ständige Ansammeln von Machtmitteln zum Erhalt und zur Erweiterung der eigenen Sicherheit bedingt schließlich das Gegenteil des ursprünglichen Ziels, nämlich gesteigerte Unsicherheit, weil diese Politik von anderen Akteuren als Bedrohung empfunden wird und sie ihrerseits zum Aufrüsten veranlaßt, um den vormaligen Machtvorsprung wieder zu erlangen und noch auszubauen.

Das dem Sicherheitsdilemma zugrundeliegende Antriebsmoment ist ein primär (sozial-)psychologisches: Die "Gegner"-Wahrnehmung ist von Mißtrauen gegen den jeweils anderen beeinflußt. Aufgrund dieses Mißtrauens meinen beide Konfliktparteien, sich gegen die möglichen Angriffe des immer mehr als Feind wahrgenommenen anderen, durch geeignete Verteidigungsmaßnahmen schützen zu müssen, um das eigene Überleben zu sichern. Dies wiederum führt auf der Seite des (vielleicht an sich ebenso friedlich eingestellten) Gegenübers zu entsprechenden Reaktionen und löst damit einen Teufelskreis aus, der über die Stufen Machtakkumulation, Machtwettstreit und Aufrüstung letztendlich zur tatsächlichen Gewaltanwendung führen kann.

2. LEKTÜRE

The Realist Model[14]

ROBERT D. MCKINLAY, RICHARD LITTLE

Robert D. McKinlay (*1946) ist Professor of International Studies an der Lancaster University. Er promovierte 1971 an der University of York und hat seither an mehreren Universitäten der USA, Dänemarks, Norwegens und in Südafrika gelehrt. Neben einer Reihe von Aufsätzen über Militärregime, Wirtschaftshilfe, internationale Interdependenz, Wahlfinanzierung und Wahlausgang hat er folgende Bücher veröffentlicht: "The Recalcitrant Rich" (zusammen mit Bergesen und Holm), "Aid and Arms to the Third World" (zusammen mit Mughan), "Global Problems and World Order (zusammen mit Little) sowie "Third World Military Expenditure".

Richard Little (*1944) ist Professor of International Politics an der University of Bristol. Zuvor lehrte er an der Lancaster University und der Open University. Zu seinen wichtigsten Veröffentlichungen zählen "Intervention: External Involvement in Civil Wars" (1975), dann das bereits genannte Buch "Global Problems and World Order" (1986) (zusammen mit McKinlay), "Perspectives on World Politics" (1991) (zusammen mit M. Smith), "The Logic of Anarchy" (1993) (zusammen mit B. Buzan and C. Jones). Von 1990 bis 1994 war er der Herausgeber der "Review of International Studies". Zur Zeit arbeitet er zusammen mit Barry Buzan an einem Buch mit dem Titel "International System: Theory Meets History".

1. Goal

The goal of realism is to establish and maintain a society of sovereign states. There are two dimensions to this goal. In the first place, it entails that 'the principal concern of each state is to preserve its independence'.[15] In the second place, iit presupposes that the independence of the state can only be secured within the framework of an international society. In contrast to many political theorists, realists insist that a state can only be comprehended in its international setting. As Northedge asserts, it is essential 'to define the state in terms of the context in which all states live'.[16] The state and the international society, therefore, are considered to be interdependent, so that it is impossible to consider one without the other.

The realist's goal is premised on the belief that the state can only maintain its independence and pursue its interests in an international society. As Watson has

---

[14] Aus: Global Problems and World Order, London 1986, hg.v. Robert D. McKinlay, Richard Little, London 1986, S. 71-90. Mit freundlicher Genehmigung von Francis Pinter Publisher, London.

[15] A. Watson, Diplomacy, The Dialogue Between States, London 1982, p. 36.

[16] F.S. Northedge, The International Political System, London 1976, p. 41.

observed, the absence of diplomacy, which he sees as providing the bedrock for an international society 'would mean a world which would have to resign itself to a condition of anarchy and isolation, of chronic insecurity and war: something like what Hobbes called a state of nature. States would have to live by and for themselves.'[17] Realists see nothing to recommend the kind of monadic organization which would emerge in such an environment. To avoid this danger, therefore, realists argue that it is necessary to promote an international society. Bull argues that such a society emerges "when a group of states, conscious of certain common interests and common values, form a society in the sense that they conceive themselves to be bound by a common set of rules in their relationship with one another, and share in the working of common institutions.'[18] Realists have paid a good deal of attention to both the state and the international society and, indeed, the realist goal can only be appreciated if the relationship between the two is understood. The relationship is based on sovereignty. Although often discussed in legal terms, realists prefer to identify sovereignty in terms of the internal and external power of the state.[19] Internal sovereignty exists when the state possesses a monopoly on the legitimate use of force within its boundaries. As a consequence, the power of the state cannot be legitimately challenged. It is this power dimension of internal sovereignty which helps to distinguish the nation sate from every other kind of social organization. As Laski has noted: 'All other forms of organization have a certain partial character about them.'[20] Realists accept that internal sovereignty is necessary to transform the state into a complete or total institution.

In practice, power resides with the government, which has control over the coercive machinery of the state. Realists deny, however, that a government, although subject to no higher authority, can exercise power in an arbitrary fashion and expect the state to survive. It is argued that the arbitrary use of power is counter-productive, undermining internal sovereignty. Instead, the realist requires the establishment of a contractual relationship between the state and the nation, with rights and duties on both sides. Meinecke, for example, when examining the emergence of a realist position, believes that even autocrats must establish

> a community of interest between the two [ruler and ruled] which above all contributes towards the bridling of the power-drive of the ruler. For he must also serve the interest of the subjects in some way, because the existence of the whole power system depends upon them; a satisfied people, willing and able to fulfil demands made upon it, is a source of power.[21]

---

[17] A. Watson, Diplomacy, p. 22.

[18] H. Bull, The Anarchical Society: A Study of Order in World Politics, London 1977, p. 13.

[19] International lawyers have never been happy with this development and believe that it has introduced an element of confusion into the discussion of sovereignty. See J.L. Brierly, The Law of Nations, 6th edn, Oxford 1963, p. 13. Political scientists, however, argue that sovereignty has no significance when it is divorced from power.

[20] H.J. Laski, The Foundation of Sovereignty and Other Essays, London 1921, p. 26.

[21] F. Meinecke, Machiavellism: The Doctrine of Raison d'Etat, trans. D. Scott, London 1957, p. 10.

Realists, however, accept that such a contract is not always established and indeed, from their perspective, a basic feature of the contemporary world is that many areas are

> under the sway of states that are not states in the strict sense, but only by courtesy. They are governments or regimes and exercise power over persons and control over territory: but they do not possess authority, as distinct from mere power; they do not possess enduring legal and administrative structures, capable of outlasting the individuals who wield power at any one time; still less do they reflect respect for constitutions or acceptance of the rule of law.[22]

The viability of many nation states is questioned by realists, therefore, not because power has failed to be monopolized by the central authorities, but because the exercise of power is not considered to be legitimate. They believe, moreover, that a sovereign state can only survive if a government can translate power into authority. This end is achieved when the nation accepts the legitimacy of the government. Legitimacy, therefore, represents a fundamental dimension of internal sovereignty.[23]

External sovereignty exists when the state is not subject to any higher authority. But in contrast to internal sovereignty, this freedom cannot be achieved on the basis of holding a monopoly on the instruments of coercion. In the international arena power is diffused; all states possess a power base. External sovereignty, therefore, only presupposes that the state possesses sufficient power to withstand any outside attempt to interfere in its domestic jurisdiction. This condition has important international consequences. It leads Fromkin to conclude that

> the first and essential condition that enables an entity to exist and participate in international politics - which is to say to be an independent state - is the possession of an adequate amount of power. That is the price of independence. What this means is that, in the first instance, all *international* politics necessarily are power politics, for only if a state achieves at least a minimum amount of success in power politics can it go on to engage in any other kind of politics. This condition of existence is what all states have in common with one another.[24]

This line of analysis has encouraged the popular belief that realists recommend a ruthless and unrestrained pursuit of power. But since all states would be required to follow a similar course, such a policy would give rise to a state of nature, and thereby undermine the realist goal of maintaining a society of states.

Realists, however, deny that state interest, or *raison d'état* as it was known in earlier centuries, must necessarily be defined in terms of pure power. The point is made explicitly by Northedge:

---

[22] H. Bull/A. Watson (eds), 'Conclusion' in: The Expansion of International Society, Oxford 1984, p. 430.

[23] See J.H. Herz, 'Legitimacy: Can We Retrieve It?', in: Comparative Politics (1978), p. 317-43.

[24] D. Fromkin, The Independence of Nations, New York 1981, p. 23.

Raison d'état was never in theory, though it may have been so bandied about in the practical arena of politics, equivalent to the crude and ruthless maximization of power in a particular state. It has generally and more accurately been regarded as a certain political and indeed moral obligation: the duty of government to study intensively and without pause what is required to preserve the security and satisfy the needs of the state in an anarchical system.[25]

Realists accept, therefore, that states must seek to defend themselves and protect their will-being but they do not believe that these endeavours must give rise to persistent conflict and perpetual trials of strength. These problems can be avoided in an international society, where there are rules and institutions to restrain the power capabilites of the member states, and state sovereignty is universally acknowledged.

The realist, therefore, is primarily concerned with preserving the sovereign independence of the nation state. This task, however, must be approached from two quite separate directions. In the first instance, it is essential that a nation acknowledges the legitimacy and accepts the authority of the state. These features relate to internal sovereignty. At the same time, it is also essential that the nation state operates within an international society where the members acknowledge each other's right to exist and pursue their own interests. These features relate to the external dimension of sovereignty. Realists insist that these two features of sovereignty cannot be considered independently. As Hinsley observes, the internal and external dimensions of sovereignty 'are complementary, they are inward and outward expressions, the obverse and reverse of the same idea'.[26]

2. Structural arrangement

The realist goal of sustaining a society of sovereign nation states gives rise to a well-defined structural arrangement. Within it, states are organized in terms of an anarchic hierarchy. So, although there is no overarching authority above the component nation states - thereby identifying an anarchic arena - there are power differentials between them - thereby establishing a power hierarchy. Relationships within this anarchic hierarchy are governed by two basic principles or guiding mechanisms. One is reciprocity on the basis of which states form rules and institutions to facilitate international cooperation. The other is the balance of power which discourages conflict and manages the disparities in power which exist among the nation states.

Before looking at these principles which maintain an international society, it is necessary to make some observations on the state itself. Realists argue that a state is defined by four attributes: a population, a territory, a government, and recognition by other members of the international arena.[27] To generate internal sovereignty, however, as already indicated, the government must establish not only a monopoly of power, but also authority and legitimacy. Realists, however, do not specify how this authority is to be achieved, acknowledging that there are

[25] F.S. Northedge, The International System, p. 56.
[26] F.H. Hinsley, Sovereignty, London 1966, p. 158.
[27] See R.H. Cox (ed.), The State in International Relations, San Francisco 1965, p. 11.

different ways, all potentially legitimate, for managing power within the state. Kennan, for example, has asserted that the United States should not attempt to impede or embarrass internal arrangements in the Soviet Union. He argues:

> It is her own laws of development, not ours, that Russia must follow. The sooner we learn that there are many mansions in the house of nations, and many paths to the enrichment of human experience, the easier we will make it for other people to solve their problems and for ourselves to understand our own.[28]

Realists, therefore, identify a norm of non-intervention which gives the state the freedom to pursue its own course of internal development unfettered by outside control. The norm of non-intervention is advocated primarily on the grounds of prudence. Morgenthau, for example, believes that 'we have come to over-rate enormously what a nation can do for another nation by intervening in its affairs - even with the latter's consent ... in truth, both the need for intervention and the chances for successful intervention are much more limited than we have been led to believe'.[29] It follows, therefore, that even requests by one state to another for assistance in establishing or maintaining an internal political system need to be treated with extreme caution. Realists recognize that only in exceptional circumstances, to be touched upon later, can there be any justification for the members of the international society interfering in domestic politics.

The realist structural arrangement, therefore, is defined in the context of the international arena; it does not embrace any domestic political features. States are regarded as autonomous, independent entities. But the structural arrangement does include the power capabilities of states.[30] Although difficult to measure, it is accepted that these vary substantially from state to state and give rise to a power hierarchy in the international society. The basic elements which contribute to the power of a state are geography, which identifies the size and location of a state, natural resources, industrial capacity, military preparedness and the size of the population.[31] Although realists accept that it is impossible to place states on a specific rung on the international hierarchy, they do insist that states can readily be located in the more general categories of great, medium and small powers.[32]

The existence of an international hierarchy complicates the task of establishing an international society because it tends to undermine the capacity of some states to maintain their sovereign equality. The two mechanisms identified by the realist, reciprocity and the balance of power, by working in conjunction, however, are intended simultaneously to maintain sovereign equality and to take a

[28] Cited in K.W. Thompson, Political Realism and the Crisis of World Politics, Princeton 1960, p. 52.

[29] H.J. Morgenthau, 'To Intervene or Not To Intervene?', in: Foreign Affairs 45 (1967), pp. 425-36.

[30] For a justification of the need to include power capabilites in any conception of the international structure, see K.N. Waltz, Theory of International Politics, Reading MA 1979.

[31] These elements are taken from H.J. Morgenthau, Politics Among Nations, New York, 5th edn 1973, Chapter 9. However, there are many similar accounts; for a rather more sophisticated assessment, see B. Buzan, People, States and Fear, Brighton 1983, Chapter 2.

[32] For an attempt to establish a more specific ranking, see W.H. Ferris, The Power Capabilities of Nation States, Lexington 1973.

account of the power inequalities. The two mechanisms need to be discussed separately before it can be shown how they reinforce each other.

Reciprocity, according to the realist, 'implies equality of treatment'.[33] It is seen, therefore, as the foundation for all cooperation in international society. Indeed, this mechanism can be seen as providing the genesis of international society. This is because the prerequisite condition for the establishment of an international society is the willingness of its members to acknowledge each other's independence. Watson has made this point explicitly:

> In a system of states where the policy of each affects the others, many states recognize that they have a joint interest in maintaining their independence; and they come to see in the independence of their fellow members the means to preserve their own ... From this practical and vital involvement in the independence of other states, the concept develops that states have a general right to be independent, and that those which want to exercise this right have an interest in supporting each other in asserting it. So states in systems come to recognize that the mutual acceptance of the principle of independence, even with exceptions, is a necessary condition of a society of states.[34]

The independence of states, therefore, can be seen to rest on the mechanism of reciprocity. Each state has a vested interest in ensuring that the principle of sovereign independence is observed, because violations serve to undermine the general principle. There is, therefore, a mutual interest in seeing the principle upheld. This mutual interest, however, is reinforced by the existence of self-help measures. If one state, for example, begins to criticize the internal political arrangements of another state in a public forum, thereby violating the norm of non-intervention, the criticized state is always in a position to retaliate. This ability reflects the essence of reciprocity. When a procedure operates to the benefit of two parties, it is not possible for one party to withdraw the benefit without running the risk of retaliation.

Realists argue, therefore, that this mechanism provides the basis for diplomacy, international law and international organizations. Schwarzenberger comments:

> In the rules of which those governing diplomatic immunity are typical, the influence of the principle of reciprocity becomes apparent. At a time when, in this sphere, international law was still in its formative stage, states were free to choose whether to interpret restrictively the rights of immunity granted to the representatives of foreign states or to give them a liberal construction. If, in the interest of their own untrammelled sovereignty, states preferred the former course, nothing prevented them from taking this line. In this case, they could not, however, expect more generous treatment for their own envoys abroad than they themselves were prepared to grant to those of other states.[35]

On this basis, it becomes possible to see how a large and complex body of international law can be established. The nature of the law however, is different

[33] M. Palliser, 'Diplomacy Today', in: H. Bull/A. Watson (eds), The Expansion of International Society, p. 379.
[34] A. Watson, Diplomacy, p. 36.
[35] G. Schwarzenberger, Power Politics, London 3rd edn 1964, p. 203.

in character from domestic law which presupposes the existence of a central authority that holds a monopoly on the legitimate use of power. In this international arena where there are competing centres of power, this mechanism for maintaining law is absent. Nevertheless, realists insist that law can be established and maintained even in the absence of a central authority because, as Schwarzenberger observes, these rules derive 'their strength and their authority from the automatic working of the principle of reciprocity'.[36]

Realists have also observed that the growth of international institutions seems to have been influenced by the same principle. Many of these institutions have been established on the grounds that they bring mutual benefits to their members. It was on this basis that the Universal Postal Union, for example, was established in the nineteenth century. In the same war, Schwarzenberger notes how an international river commission can 'overcome on a footing of reciprocity the inconveniences of having a river community artificially segmented by the existence of several riparian states'.[37] Institutions persist, therefore, as long as the states are gaining mutual benefits. States operate within the rubric of an international institution because they know that if they do not, the institution will disintegrate as other states follow suit.

Realists, however, do not assume that interests invariably coincide. They acknowledge that interests often conflict, but they deny that a conflict of interest must necessarily lead to the exercise of force. In an international society, realists recognize that all states have legitimate interests and when a clash of interest occurs, some form of accommodation must be found wherever possible. As Thompson observes, 'there must be a reciprocal process of recognizing each other's vital interests and avoiding collisions and conflicts insofar as it is possible through the compromise of divergent interests'. Indeed, from Thompson's realist perspective 'the one thing which saves the idea of the national interest is its essential reciprocity'.[38]

Reciprocity, therefore, reinforces the independence of nation states and helps to build up the rules and institutions on which an international society depends. The existence of an international society, moreover, far from undermining the independence of states, is seen to consolidate it. The only occasion that the independence of the state conflicts with the existence of an international society is when the state fails to acknowledge the principle of reciprocity. This can happen when a regime comes to power and threatens to undermine the international society. The Bolshevik accession to power in 1917 was viewed in this way by the British. The British Foreign Office argued that it was not possible to establish any agreement with the Bolsheviks because they were 'fanatics who are not bound by any ordinary rules'.[39] Under these circumstances, realists accept therefore, that in order to safeguard the international society, it is appropriate to exclude the

[36] Ibid., p. 203. The same point is made by H. Bull, The Anarchical Society, p. 57.
[37] G. Schwarzenberger, Power Politics, p. 229.
[38] K.W. Thompson, Political Realism, p. 169. See also F. S. Northedge, The International Political System, p. 57.
[39] Cited in R. Little, Intervention, London 1975, p. 21.

deviant state until its government accepts the established rules and institutions in the international society. It was on these grounds that the British Cabinet argued that there could be 'no question of entering into peace negotiations with the Bolsheviks until they had demonstrated their intention not to interfere, by propaganda or otherwise, in the affairs of their neighbours'.[40]

The second principle or mechanism identified by the realists to maintain an international society is the balance of power, which is seen to operatet in conjunction with reciprocity. While reciprocity reflects and supports sovereign equality, the balance of power is seen to accommodate the disparities in power which exist among states. Realists acknowledge that the inequalities in power are an inevitable feature of an anarchic international arena and cannot be eliminated so long as states wish to preserve their independence. At the same time, it is also recognized that the existence of these power inequalities poses a constant challenge to state sovereignty, international society and reciprocity. In the event of a conflict between two states, widely separated in terms of their power capabilities, for example, the weaker state will have not alternative but to submit to the stronger state. If this course of action prevailed and was a characteristic feature of the international arena, then reciprocity would break down. As Bull observes: 'Where one state is preponderant, it may have the option of disregarding the rights of other states without fear that these states will reciprocate by disregarding their rights in turn.'[41] If this condition prevails, then it precipitates a world where states engage in a perpetual struggle for survival, without any regard for each other's interests. As a consequence, all forms of rules and institutions are disregarded. From this power-political perspective, the resulting balance of power operates in the absence of an international society. According to Bull:

> Doctrines which contend that there is, in any international system, an automatic tendency for a balance of power to arise ... derive from a 'power-political' theory of this kind. The idea that if one state challenges the balance of power, other states are bound to seek to prevent it, assumes that all states seek to maximize their relative power position.[42]

Realists, therefore, distinguish between the balance of power in a state of nature and in an international society. They accept that a balance of power can emerge on the basis of states struggling to preserve their own existence. Schuman, for example, argues that 'the principle of the balance of power as an unformulated guide to state action is of great antiquity'.[43] But realists view this 'unformulated', 'automatic' balance of power as a rather primitive mechanism which exists in the absence of an international society. As a consequence, Schuman asserts that,

> in its elementary form, therefore, the balance of power principle is designed not to preserve peace or contribute towards international understanding, as later rationalizations would have it, but simply to maintain the independence of each unit

[40] Ibid., p. 22.
[41] H. Bull, The Anarchical Society, p. 108.
[42] Ibid., p. 111.
[43] F.L. Schuman, International Politics, New York 4th edn 1948, p. 80.

of a state system by preventing any one unit from so increasing its power as to threaten the rest.[44]

As an elementary mechanism, therefore, the balance of power is simply concerned with the preservation of state independence. In such a balance of power, however, even small states may be able to maintain their independence by manoeuvring amongst the more powerful states. A threat to the independence of a state by a second, more powerful state, for example, can be offset by establishing an alliance with another powerful state. The existence of even an elementary balance of power, therefore, can help to preserve the independence of all the members of the international society.[45] Realists, however, often distinguish between the independence of small states and their capacity to pursue their own interests. As Tucker notes: 'If the balance of power often functioned to preserve the independence of small states, it also operated to sacrifice the interests of the weak.'[46]

Realists, therefore, observe a difference between a balance of power in a state of nature and in an international society. The latter only comes into existence when states recognize that they have a common interest in preventing the emergence of a hegemonial state and self-consciously pursue a policy which is designed to maintain an overall equilibrium. For the realist, then, the balance of power implies 'that each state should not only act to frustrate the threatened preponderance of others, but should recognize the responsibility not to upset the balance: it implies self-restraint as well as restraint of others'.[47] Realists recognize that this formulation of the balance of power is not inevitable or automatic. But they assert that in the context of a society, states will exercise restraint and not ruthlessly pursue power as a means of preserving their security. As a consequence in an international society, 'states are constantly in the position of having to choose between devoting their resources and energies to maintaining or extending their international power position, and devoting their resources and energies to other ends.'[48] In an international society, therefore, states will rely on other members of the society to assist in the task of maintaining a balance because it is recognized that a policy designed to maintain an international equilibrium constitutes a rule of 'prudence' or 'common sense'. As Aron notes, the rule involves 'manoeuvring in order to prevent a state from accumulating forces superior to those of its allied rivals. Every state, if it wishes to safeguard the equilibrium, will take a position against the state or the coalition that seems capable of achieving such a superiority.'[49]

At first sight, it may appear that there is no real difference between an 'automatic' balance of power which emerges as the result of an international

[44] Ibid.

[45] See, for example, M. Handel, Weak States in the International System, London 1981.

[46] R.W. Tucker, The Inequality of Nations, New York 1977, p. 7.

[47] H. Bull, The Anarchical Society, p. 106. For a discussion of this 'systemic' view of the balance of power, see H. Butterfield, 'Diplomacy', in: R. Hatton/M.S. Anderson, Studies in Diplomatic History, London 1970.

[48] H. Bull, The Anarchical Society, p. 111.

[49] R. Aron, Peace and War, New York 1967, p. 128.

struggle for power and what Bull calls a 'contrived' balance of power which is based on the desire to prevent the emergence of a hegemonial state. But to the realist, the difference is substantial. A balance of power which emerges spontaneously is seen to be incompatible with an international society because it presupposes that states are guided purely by the desire to maximize their respective power capabilities. States guided by such a motive will not observe established rules or attempt to cooperate in international institutions. An unrestrained struggle for power will undermine the structural mechanism of reciprocity.

A contrived balance of power, on the other hand, is not only compatible with the establishment of an international society, it is seen to represent a necessary feature in such a society where power is located in a variety of centres and is unevenly distributed. If power was evenly distributed, then reciprocity could operate unassisted. But in a society where there is an uneven distribution of power, and no mechanism to manage power, then reciprocity will fail to operate. As Bull notes, rules and institutions which are the defining characteristics of an international society will not come into existence where there is no 'security for the observance of rules of international law other than the mere hope that a preponderant state will choose to be law abiding'. Bull then goes on to cite Oppenheim, who is only one of many international lawyers, of a realist disposition, who recognize that a contrived balance of power can provide a necessary precondition for the observation of international law. Oppenheim notes that 'the first and principal moral that can be deduced from the history of the development of the law of nations is that a law of nations can exist only if there be an equilibrium, a balance of power between the members of the family of nations'.[50] The relationship between the balance of power and international law exists because a state which disregards international law develops an obvious advantage over states which adhere to the law. If such a situation persisted, then the deviant state would, to all intents and purposes, be operating as a hegemonial power. In an international society, therefore, great powers will tend to police the actions of each other, defending the legal right of smaller states, and ensuring that the law operates amongst themselves.

There is, however, an obvious consequence of the balance of power which is not immediately apparent when international law is defined in terms of reciprocity. It is that the content of law must be aligned to the interests of the great powers, which will play the most important role in maintaining the law. For at least some realists, this situation is no different from domestic society. Niebuhr argues, for example, that 'the individual or the group which organized any society, however social its intentions or pretentions, arrogates an inordinate portion of social privilege to itself'.[51] But realists have always believed that the balance of power, while at one level undermining the equalizing capacity of reciprocity, at

---

[50] Cited in H. Bull, *The Anarchical Society*, p. 109. See also A. and O.F. Vagts, 'The Balance of Power in International Law', in: *American Journal of International Law* 73 (1979), p. 555-80.

[51] R. Niebuhr, *Moral Man and Immoral Society*, London 1963, pp. 6-7.

the same time introduces a restraining influence on the behaviour of the powerful states in the international society. It serves to 'moderate the mutual behaviour of the Great Powers'.[52] This benign view of the balance of power is unsurprising because this conception is directly associated with an internal counterpart. From the seventeenth century, it has been believed that a balance of power within government can avert the well-known dangers associated with the concentration of power. When an equilibrium is maintained by different centres of power pulling in opposite directions, then each centre must curb its own demands and endeavour to accommodate the interests of the other centres of power.[53] This internal mechanism is seen to preserve the freedom of the individual and, in the same way, it is argued that the international balance of power will provide the best possible protection of the interests of small states. The protection, however, is not absolutely assured. Realists recognize that under certain circumstances, the interests and even the independence of small states may have to be disregarded in order to prevent general conflagration within the international society. As Bull notes, 'from the point of view of a weak state sacrificed to it, the balance of power must appear as a brutal principle'. Nevertheless, he is quite certain that 'it is part of the logic of the balance of power that the needs of the dominant balance must take precedence'.[54]

To establish an international society, therefore, the realist recognizes that it is necessary to reconcile two conflicting conditions. One is the demand by states for equality, a condition which is inherent in the ideas of sovereignty and independence. The other is the recognition that states possess very unequal power capabilities, generating differential capacities to defend boundaries and pursue interests. The realist relies upon two main mechanisms to reconcile, though not eliminate, these conflicting conditions. The first is reciprocity, which encourages states to deal with each other on an equal footing, and to search for common interests. The second is the balance of power, which can, to some extent, accomodate power differentials in a way which does not lead to a state of nature. It provides the setting where reciprocity can flourish.

3. Beliefs

Contemporary realism is often misunderstood because of the failure to appreciate that it draws upon and pulls together two quite distinct historical traditions. One is the *Realpolitik* tradition which assumes that human beings are governed basically by a drive for power. Without some form of external constraint, therefore, individuals live in a state of nature, where there are no rules, no institutions, and no sense of morality. The state has been most frequently seen to provide the necessary constraint. The other tradition assumes that the defining

---

[52] R.W. Tucker, The Inequality of Nations, p. 6.

[53] For a discussion of the domestic balance of power, see W.B. Gwyn, The Meaning of the Separation of Powers, The Hague 1965. For a discussion of how the domestic and international dimensions of the balance of power have influenced each other, see J.H. Hutson, John Adams and the Diplomacy of the American Revolution, Lexington, pp. 142-3.

[54] H. Bull, The Anarchical Society, p. 6.

characteristics of human beings is their sense of morality: an ability to distinguish between right and wrong. The consequence of this characteristic is that human beings have the capacity and the desire to live under social conditions where behaviour is restrained by the existence of rules and institutions and individuals exercise moral choice.

The first tradition can be traced back through Hobbes and Machiavelli to Thucydides; they all accepted, however, that the centralization of power within the state must inevitably give rise to a persistent struggle for power between states. Thucydides concluded, in the context of the Greek city states, that a state had no alternative but to strive to establish an empire because if it did not, there was an inevitable 'danger of coming ourselves under the empire of others'.[55] This conclusion was seen to be just as valid in Renaissance Europe. Machiavelli, it is argued, 'stated the case for imperialism as for "power politics" more clearly than any earlier or later thinker'.[56] According to this tradition, therefore, a ruler has a duty to promote the well-being of the state and must not be restrained from doing so because of either moral principles or weakness. In the interests of the state, moral principles must be cast aside and there must be an unending search for power. This amoral drive for power is often disgnated as Machiavellian power politics.

According to this tradition, then, society and civilization can develop and flourish within the state, but only at the expense of perpetuating uncivilized behaviour in the international arena. This tradition persists. Fromkin, for example, argues that barbarous and civilized behaviour 'spring from the same impulse'.[57] Civilized behaviour is a product of domestic politics, while barbarous represents the opposite side of the same coin and is product of international politics. He criticizes contemporary realists on the grounds that when confronted by this truth about international politics, they search around for factors which can mitigate the effects of a pure struggle for power and prove 'unwilling to stare unblinkingly into the face of reality'.[58]

Contemporary realists find the *Realpolitik* line of argument unpalatable because they have been influenced by a second tradition, which insists that states can form an international society where common rules and institutions operate.[59] This tradition originated in the belief in natural law of the Stoics in ancient Greece. Natural law was premised on the assertion that there are principles, reflecting the rational and social nature of human beings, which are universally applicable.[60] This tradition was drawn upon by the Romans and it thereby found

---

[55] Cited from 'The Peloponnesian Wars', in: J. Herz, Political Realism and Political Idealism, Chicago 1951, p. 209. For a further discussion, see A.G. Woodhead, Thucydides on the Nature of Power, Cambridge MA 1970.

[56] Leo Strauss, Thoughts on Machiavelli, Seattle 1958, p. 293.

[57] D. Fromkin, The Independence of Nations, p. 154.

[58] Ibid., p. 27.

[59] See H. Bull, 'The Grotian Tradition', in: H. Butterfield/M. Wight, Diplomatic Investigations, London 1966.

[60] For a discussion of the origins of this tradition, see the interesting discussion of M. Donelan, 'Spain and the Indies', which looks at Vitoria's examination of the right of Spain

its way into medieval Christian thought. With the demise of the Christian Empire and the emergence of independent states, the belief in natural law provided the basis for the argument that the leaders of these new states were subject to social norms and institutions and that they could not behave in a completely unrestrained and amoral fashion. From the perspective of this tradition, therefore, it is incorrect to suggest that domestic and international politics are opposed and mutually incompatible forms of activity.

Contemporary realists, however, do not believe it is necessary to make a choice between these two traditions. By themselves, each of these traditions is inadequate. As Berki observes: 'Man's opposition to his fellow human-beings signifies a double-sided relationship; it means both friendliness and enmity. The one-sided emphasis on the latter produces no tenable realism, but only *Realpolitik*, a partial and incoherent conception.'[61] The same argument is made by Herz: 'The fundamental antagonism between co-operation and conflict, the need to depend on his fellow man, and at the same time the necessity for distrusting and possibly destroying him: this is the contradiction with which man is faced once he becomes conscious of his status in the world and society.'[62]

The confusion about contemporary realists has arisen because the second tradition was designated by realists as Utopian or idealist in character. It was assumed, therefore, that the school of self-styled realists, writing after the Second World War, must be reasserting the traditional *Realpolitik* line of thought. But, in fact, almost invariably, these realists were endeavouring to fuse the ideas of idealism with those of *Realpolitik*. They wished to acknowledge the importance of power, while at the same time indicating that there were some important factors which could serve to restrain the exercise of power. In particular, they wished to stress that the leaders of states recognized that they operate in a society and, as a consequence, share a number of common interests. The realists, therefore, were not opposed to the promotion of international law and institutions. Both were recognized to be essential features of any society. What the realists wished to stress, however, was that these rules and institutions would only function if they reflected the existing distribution of power in the international arena. This conviction reflected a number of basic beliefs shard by the realists.

In the first place, realists subscribe to the belief that the nation state is the best available type of political organization. In making this claim, realists are not, however, suggesting that the state must be coterminous with the nation. Since the time of the First World War, realists have acknowledged that national ties were far too complex and fragmented to support the contention that every nation has an a priori right to statehood.[63] The claims of nineteenth-century nationalists have

to conquer Latin America, in H. Bull/A. Watson (eds), The Expansion of International Society, pp. 75-86.

[61] R.N. Berki, On Political Realism, London 1981, p. 129.

[62] J. Herz, Political Realism and Political Idealism, p. 16.

[63] For a discussion of how realist views shifted on this issue, see the discussion of Meinecke's ideas on the subject in R.W. Sterling, Ethics in a World of Power, Princeton 1958, p. 84 ff. and 192-5.

come under increasing attack by realists during the course of the twentieth century.[64] It is accepted that support for the various nationalist movements which exist around the world would give rise to unlimited sources of controversy. Realists, therefore, now do no more than associate the nation with the population living within a state.[65] They retain the term nation, however, because it is recognized that the state is only a viable institution if the population accepts the legitimacy of the state institutions. The acceptance of common institutions is seen to bind the members of the population together.

But the realist belief in the nation state does not indicate an acceptance that the state is an ideal mode of political organization. Realists acknowledge that by supporting the state, they are simultaneously sanctioning the undesirable existence of an anarchic international arena. As far as realists are concerned, however, the only possible alternatives are either undesirable, as in the case of a world empire, where one state subjugates the others, or a world state, where the members of the international community agree to hand over their sovereign rights to a central world government. While some realists believe that this is the only possible mode of organization which could create a world without war, others believe that in practice, there is no difference between a world empire and a world state.[66] The reason is that no state is immune from the possibility of becoming a tyranny. From this perspective, therefore, the best opportunity for maintaining the freedom of the individual is to retain a plurality of states.

Following on from this central belief that the sovereign state represents the most effective form of political organization is the belief that all states must maintain a capacity to defend themselves. The necessity for these defensive arrangements arises, however, not because states possess an inevitable and insatiable drive for power, as adherents of *Realpolitik* assert, but because of the ambiguity and uncertainty which characterizes an anarchic international arena. These characteristics generate a 'tragic predicament' or 'security dilemma' for the component states.[67] There are two main features of the dilemma. The first is the product of the inability of the parties to a conflict to ascertain each other's motives. As a consequence, when two parties become locked into a conflict, each

[64] For a scathing attack, see E. Kedourie, 'A New International Disorder', in: H. Bull/A. Watson (eds), The Expansion of International Society, p. 347-56. For a review of the relationship between state and nation, see L. Tivey (ed.), The Nation-State, Oxford 1981.

[65] See, for example, the definition of nation in J.G. Stoessinger's The Might of Nations, revised edn, New York 1965, p. 10. Realists invariably use the terms 'state' and 'nation' interchangeably, as the titles of many texts by realists indicate. See, for example, H.J. Morgenthau, Politics Among Nations.

[66] Both Fromkin (The Independence of Nations) and Morgenthau (Politics among Nations) pin their ultimate hopes on world government. However, Meinecke favours the persistence of a plurality of states. For Meinecke's views, see F. Meinecke, Machiavellism, trans. D. Scott, London 1957, pp. 93-6 and R.W. Sterling, Ehtics in a World of Power, p. 99.

[67] For a discussion of the tragic predicament, see H. Butterfield, History and Human Relations, London 1951. For a discussion of the security dilemma, see J.H. Herz, Political Realism and Political Idealism. For more recent discussions, see R. Jervis, 'Co-operation under the Security Dilemma', in: World Politics 30 (1978), pp. 167-214, and Barry Buzan, People, States and Fear.

understands his own fear, but is unable to understand the counter-fear of the other party. There is, often, in other words, an unwillingness to recognize that the other party may have a legitimate cause for fear. The second facet of the dilemma, however, is that there will be occasions when the fear is justified and the one party in a conflict intends to destroy the interests of another. The predicament or dilemma arises, therefore, because there is no way of knowing for sure when a threat is real or apparent, because there is no certain way of identifying the motives of a putative enemy. The only rational course of action is to maintain a permanent capacity to defend the state and its interests, even when it is recognized that these actions will precipitate a reciprocal response by other states.

A third belief of the realists, therefore, relates on the need to assuage the effects of the security dilemma. It is argued that this can be done by ensuring that the interests of the state are restricted to the well-being of the nation. Realists then distinguish between core and peripheral interests and argue that it is rational and desirable for states to be willing to negotiate and compromise on the latter.[68] From the realist perspective, however, this conception of national interest is completely undermined when states define their interests in ideological terms, which extend across the state boundary.[69] The pursuit of these interests not only generates conflict, but also leads to counter-productive consequences, because as the scope of the interests extend, so also will the scale of the international opposition. Realists, therefore, argue that it is necessary to delimit the interests of the state and to be willing to compromise on any interest which does not involve survival or core values of the state. There are two caveats, however, often attached to this general belief. The first is that the idea of national security and national interest are highly elastic and can be used to stretch rather than restrict interests.[70] There is, therefore, a constant need to monitor policies pursued by the state, to ensure that they are not, intentionally or unintentionally, being extended beyond their requirements. The second caveat reflects the opposite tendency. Realists recognize that demands are often cast in ideological terms for purely rhetorical reasons. They are, as a consequence, deeply suspicious of demands for universal or sweeping changes, recognizing that often there is little substance behind the demands.[71]

---

[68] The distinction between core and peripheral interests is reflected in the writings of most realists. See, for example, H.J. Morgenthau, 'Another "Great Debate": The National Interest of the US', in: American Political Science Review 46 (1952), pp. 971-8. F.S. Northedge, The International Political System, Chapter 9.

[69] The attack on ideological foreign policy emerges very clearly in H.J. Morgenthau, Politics among Nations.

[70] This point emerges very clearly in A. Wolfers, 'National Security as an Ambiguous Symbol', in: Discord and Collaboration, Baltimore 1962, Chapter 10.

[71] This argument is implicit in Tucker's attack on the New International Economic Order, (R.W. Tucker, The Inequality of Nations), and is also reflected in J. Piscatori, 'Islam in the International Order', in: H. Bull/A. Watson (eds), The Expansion of International Society, p. 320, where he argues that 'Muslim Statesmen, like all statesmen, are guided more by the cold calculation of national interests than by the passionate commitment to ideological values'.

A fourth belief of the realists, that power is a determining feature of relations in an anarchic arena, is then seen to provide a way of making a rational assessment of how extensively national interests can be defined. Realists believe that interests must be defined in the context of power. As the power of a state expands, so the interest of the state can become more extensive. But from the realist perspective, a state which extends its interests beyond its power capabilities is placing itself in a position of vulnerability. Realists recognize, therefore, that power is a relative commodity and that the power of a state must always be measured in terms of the power of other states. It is for this reason, of course, that a state must not only endeavour to identify its own interests, but also those interests of its potential enemies. Interests must then be trimmed in a way which is compatible with the interests and the power positions of these other parties.

A fifth belief of the realists is that, as a means of avoiding conflict, states must accept that their ability to shape the rules and institutions governing the international society must be dependent upon their position in the international power hierarchy.[72] In other words, states must acknowledge that their capacity to influence the structure of international society can only be commensurate with their power capabilities. In moving up the power hierarchy, therefore, a state can anticipate that its influence will increase, while a downward movement must result in a loss of influence. Failure to accommodate to this belief will, realists argue, engender conflict, because a state with power but no influence will be encouraged to violate the rules and disregard the resolutions of international institutions. On the other hand, when power and influence are commensurate, there will be a greater willingness to observe and enforce societal norms.

A sixth belief of the realists is that it is rational for states to promote an international society. Realists, therefore, draw a sharp distinction between an international system and an international society. A system exists when each state finds it necessary to take the presence of the other members into its calculations. Those who subscribe to a *Realpolitik* view of the world, therefore, recognize the need to acknowledge the existence of an international system. Relations in a system, however, are depicted in zerosum terms. The increase in power by one state necessarily presupposes a loss of power by another state. It reflects a conflictual view of the world. Realists consider that this view is one-sided and fails to take account of the common interests which can exist and which need to be promoted between states. These interests, however, can only emerge and flourish in an atmosphare of trust. Such trust can only be built up, however, if Machiavellian statecraft is replaced by a form of diplomacy which is based upon permanent dialogue and an observation of established rules and institutions.

Realists believe that it is rational for states voluntarily to agree to accept societal restraints because under these circumstances, at least some of the uncertainty and ambiguity associated with an anarchical arena can be reduced.

---

[72] This argument is explored in the conclusion to R.W. Cox/H. Jacobson, The Anatomy of Influence, New Haven 1973; in R.O. Keohane/J.S. Nye, Power and Interdependence: World Politics in Transition, Boston 1977; and in R.W. Tucker, The Inequality of Nations.

Moreover, under these circumstances, it is easier to extend mutual interests. Conflict and power remain important features of an international society, but their more destabilizing features can be controlled.

Finally, realists do not believe that there is anything immutable about either the state or the international society. They acknowledge that in the past there have been world empires and transnational societies. They see nothing in principle which would prevent the re-emergence of these structures. However, they do contend that, under existing circumstances, the state, operating within an international society, represents the optimum mode of global organization.

* * *

Cooperation under the Security Dilemma[73]

ROBERT JERVIS

Robert Jervis ist Adlai E. Stevenson Professor of International Affairs an der Columbia University in New York. Er studierte am Oberlin College und an der University of California at Berkeley, wo er 1968 promovierte. Er erhielt mehrere Auszeichnungen u.a. von der American Association for the Advancement of Science und der American Academy of Arts and Sciences. Für sein Buch "The Meaning of the Nuclear Revolution" (1990) erhielt er den "Grawemeyer Award for the book with the best ideas for Improving World Order". Jervis ist ein Vertreter der Perzeptionstheorie. Zu seinen bekanntesten Veröffentlichungen zählen "The Logic of Images in International Relations" (1970), "Perception and Misperception in International Politics" (1976), "The Illogic of American Nuclear Strategy" (1984) und als Mitautor "Psychology and Deterrence" (1985).

1. Anarchy and the Security Dilemma

The lack of an international sovereign not only permits wars to occur, but also makes it difficult for states that are satisfied with the status quo to arrive at goals that they recognize as being in their common interest. Because there are no institutions or authorities that can make and enforce international laws, the policies of cooperation that will bring mutual rewards it others cooperate may bring disaster if they do not. Because states are aware of this, anarchy encourages behavior that leaves all concerned worse off than they could be, even in the extreme case in which all states would like to freeze the status quo. [...]

Unless each person thinks that the others will cooperate, he himself will not. And why might he fear that any other person would do something that would sacrifice his own first choice? The other might not underständ the situation, or

---

[73] Aus: World Politics 30 (1978), S. 167-214 mit freundlicher Genehmigung von Johns Hopkins University Press, Baltimore MD.

might not be able to control his impulses if he saw a rabbit, or might fear that some other member of the group is unreliable. If the person voices any of these suspicions, others are more likely to fear that he will defect, thus making them more likely to defect, thus making it more rational for him to defect. Of course in this simple case - and in many that are more realistic - there are a number of arrangements that could permit cooperation. But the main point remains: although actors may know that they seek a common goal, they may not be able to reach it.

Even when there ist a solution that ist everyone's first choice, the international case ist characterized by three difficulties not present in the Stag Hunt. First, to the incentives to defect given above must be added the potent fear that even if the other state now supports the status quo, it may become dissatisfied later. No matter how much decision makers are committed to the status quo, they cannot bind themselves and their successors to the same path. Minds can be changed, new leaders can come to power, values can shift, new opportunities and dangers can arise.

The second problem arises from a possible solution. In order to protect their possessions, states often seek to control resources or land outside their own territory. Countries that are not self-sufficient must try to assure that the necessary supplies will continue to flow in wartime. This was part of the explanation for Japan's drive to China and Southeast Asia before World War II. If there were an international authority that could guarantee access, this motive for control would disappear. But since there ist not, even a state that would prefer the status quo to increasing its area of control may pursue the latter policy.

When there are believed to be tight linkages between domestic and foreign policy or between the domestic politics of two states, the quest for security may drive states to interfere pre-emptively in the domestic politics of others in order to provide an ideological buffer zone.

More frequently, the concern is with direct attack. In order to protect themselves, states seek to control, or at least to neutralize, areas on their borders. But attempts to establish buffer zones can alarm others who have stakes there, who fear that undesirable precedents will be set, or who believe that their own vulnerability will be increased. When buffers are sought in areas empty of great powers, expansion tends to feed on itself in order to protect what is acquired, as was often noted by those who opposed colonial expansion. Balfour's complaint was typical: "Every time I come to a discussion - at intervals of, say, five years - I find there ist a new sphere which we have got to guard, which ist supposed to protect the gateways of India. Those gateways are getting further and further away from India, and I do not know how far west they are going to be brought by the General Staff."[74]

Though this process ist most clearly visible when ist involves territorial expansion, it often operates with the increase of less tangible power ind influence. The expansion of power usually brings with ist an expansion of responsabilities

---

[74] Quoted in Michael Howard, The Continental Commitment, Harmondsworth, England 1974, p. 67.

and commitments; to meet them, still greater power ist required. The state will take many positions that are subject to challenge. It will be involved with a wide range of controversial issues unrelated to its core values. And retreats that would be seen as normal if made by a small power would be taken as an index of weakness inviting predation if made by a large one.

The third problem present in international politics [...] is the security dilemma: many of the means by which a state tries to increase its security decrease the security of others. In domestic society, there are several ways to increase the safety of one's person and property without endangering others. One can move to a safer neighborhood, out bars on the windows, avoid dark streets, and keep a distance from suspicious-looking characters. Of course these measures are not convenient, cheap, or certain of success. But no one save criminals need be alarmed if a person takes them. In international politics, however, one state's gain in security often inadvertently threatens others. [...]

2. What makes Cooperation more likely?

[...]

2.1. Subjective Security Demands

Decision makers act in terms of the vulnerability they feel, which can differ from the actual situation; we must therefore examine the decision makers' subjective security requirements.[75] Two dimensions are involved. First, even if they agree about the objective situation, people can differ about how much security they desire - or, to put it more precisely, about the price they are willing to pay to gain increments of security. The more states value their security above all else, the more they are likely to be sensitive to even minimal threats, and to demand high levels of arms. And if arms are positively valued because of pressures from a military-industrial complex, it will be especially hard for status-quo powers to cooperate. By contrast, the security dilemma will not operate as strongly when pressing domestic concerns increase the opportunity costs of armaments. In this case, the net advantage of exploiting the other [...] will be less, and the costs of arms races [...] will be greater; therefore the state will behave as though it were relatively invulnerable.

The second aspect of subjective security is the perception of threat (that is, the estimate of whether the other will cooperate).[76] A state that is predisposed to see either a specific other state as an adversary, or others in general as a menace,

[75] For the development of the concept of subjective security, see Arnold Wolfers, Discord and Collaboration, Baltimore 1962, chap. 10. In the present section we assume that the state believes that its security can be best served by increasing its arms; later we will discuss some of the conditions under which this assumption does not hold.

[76] The question of when an actor will see another as a threat is important and understudied. For a valuable treatment (although one marred by serious methodological flaws), see Raymond Cohen, "Threat Perception in International Relations", Ph.D. diss. (Hebrew University 1974). Among the important factors, touched on below, are the lessons from the previous war.

will react more strongly and more quickly than a state that sees its environment as benign. Indeed, when a state believes that another not only ist not likely to be an adversary, but has sufficient interests in common with it to be an ally, then it will actually welcome an increase in the other's power. [...]

One aspect of subjective security related to the predisposition to perceive threat is the state's view of how many enemies it must bei prepared to fight. A state can be relaxed about increases in another's arms if it believes that there is a functioning collective security system. The chances of peace are increased in a world in which the prevailing international system is valued in its own right, not only because most states restrain their ambitions and those who do not are deterred (these are the usual claims for a Concert system), but also because of the decreased chances that the status-quo states will engage in unnecessary conflict out of the quest for security. Indeed, if there were complete faith in collective security, no state would want an army. By contrast, the security dilemma is insoluble when each state fears that many others, far from coming to its aid, are likely to join in any attack. [...]

It takes great effort for any one state to be able to protect itself alone against an attack by several neighbors. More importantly, it is next to impossible for all states in the system to have this capability. Thus, a state's expectation that allies will be available and that only a few others will be able to join against it is almost a necessary condition for security requirements to be compatible. [...]

When each side is ready to cooperate if it expects the other to, inspection devices can ameliorate the security dilemma. Of course, even a perfect inspection system cannot guarantee that the other will not later develop aggressive intentions and the military means to act on them. But by relieving immediate worries and providing warning of coming dangers, inspection can meet a significant part of the felt need to protect oneself against future threats, and so make current cooperation more feasible. Similar functions are served by breaking up one large transaction into a series of smaller ones.[77] At each transaction each can see whether the other has cooperated; and its losses, if the other defects, will be small. And since what either side would gain by one defection is slight compared to the benefits of continued cooperation, the prospects of cooperation are high. Conflicts and wars among status-quo powers would be much more common were it not for the fact that international politics is usually a series of small transactions.

How a statesman interprets the other's past behavior and how he projects it into the future is influenced by his understanding of the security dilemma and his ability to place himself in the other's shoes. The dilemma will operate much more strongly if statesmen do not understand it, and do not see that their arms - sought only to secure the status quo - may alarm others and that others may arm, not because they are contemplating aggression, but because they fear attack from the first state. These two failures of empathy are linked. A state which thinks that the other knows that it wants only to preserve the status quo and that its arms are

---

[77] Thomas Schelling, The Strategy of Conflict, New York 1963, p. 134-35.

meant only for self-preservation will conclude that the other side will react to its arms by increasing its own capability only if it is aggressive itself. Since the other side is not menaced, there is no legitimate reason for it to object to the first state's arms; therefore, objection proves that the other is aggressive. [...]

The other side of this coin is that part of the explanation for détente is that most American decision makers now realize that it is at least possible that Russia may fear American aggression; many think that this fear accounts for a range of Soviet actions previously seen as indicating Russian aggressiveness. Indeed, even 36 percent of military officers consider the Soviet Union's motivations to be primarily defensive. Less than twenty years earlier, officers had been divided over whether Russia sought world conquest or only expansion.[78]

Statesmen who do not understand the security dilemma will think that the money spent is the only cost of building up their arms. This belief removes one important restraint on arms spending. Furthermore, it is also likely to lead states to set their security requirements too high. Since they do not understand that trying to increase one's security can actually decrease it, they will overestimate the amount of security that is attainable; they will think that when in doubt they can "play it safe" by increasing their arms. Thus it is very likely that two states which support the status quo but do not understand the security dilemma will end up, if not in a war, then at least in a relationship of higher conflict than is required by the objective situation.

The belief that an increase in military strength always leads to an increase in security is often linked to the belief that the only route to security is through military strength. As a consequence, a whole range of meliorative policies will be downgraded. Decision makers who do not believe that adopting a more conciliatory posture, meeting the other's legitimate grievances, or developing mutual gains from cooperation can increase their state's security, will not devote much attention or effort to these possibilities.

On the other hand, a heightened sensitivity to the security dilemma makes it more likely that the state will treat an aggressor as though it were an insecure defender of the status quo. [...]

3. Offense, Defense, and the Security Dilemma

Another approach starts with the central point of the security dilemma - that an increase in one state's security decreases the security of others - and examines the conditions under which this proposition holds. Two crucial variables are involved: whether defensive weapons and policies can be distinguished from offensive ones, and whether the defense or the offense has the advantage. The definitions are always clear, and many cases are difficult to judge, but these two variables shed a great deal of light on the question of whether status-quo powers will adopt compatible security policies. All the variables discussed so far leave the heart of the problem untouched. But when defensive weapons differ from

[78] Bruce Russett/Elizabeth Hanson, Interest and Ideology, San Francisco 1975, p. 260; Morris Janowitz, The Professional Soldier, New York 1960, chap. 13.

offensive ones, it is possible for a state to make itself more secure without making others less secure. And when the defense has the advantage over the offense, a large increase in one state's security only slightly decreases the security of the others, and status-quo powers can all enjoy a high level of security and largely escape from the state of nature.

3.1. Offense-Defense Balance

When we say that the offense has the advantage, wie simply mean that it is easier to destroy the other's army and take its territory than it is to defend one's own. When the defense has the advantage, it is easier to protect and to hold than it is to move forward, destroy, and take. If effective defenses can be erected quickly, an attacker may be able to keep territory he has taken in an initial victory. Thus, the dominance of the defense made it very hard for Britain and France to push Germany out of France in World War I. But when superior defenses are difficult for an aggressor to improvise on the battlefield and must be constructed during peacetime, they provide no direct assistance to him.

The security dilemma is at its most vicious when commitments, strategy or technology dictate that the only route to security lies through expansion. Status-quo powers must then act like aggressors; the fact that they would gladly agree to forego the opportunity for expansion in return for guarantees for their security has no implications, for their behavior. Even if expansion is not sought as a goal in itself, there will be quick and drastic changes in the distribution of territory and influence. Conversely, when the defense has the advantage, status-quo states can make themselves more secure without gravely endangering others.[79] Indeed, if the defense has enough of an advantage and if the states are of roughly equal size, not only will the security dilemma cease to inhibit status-quo states from cooperating, but aggression will be next to impossible, thus rendering international anarchy relatively unimportant. If states cannot conquer each other, then the lack of sovereignty, although it presents problems of collective goods in a number of areas, no longer forces states to devote their primary attention to self-preservation. Although, if force were not usable, there would be fewer restraints on the use of nonmilitary instruments, these are rarely powerful enough to threaten the vital interests of a major state.

Two questions of the offense-defense balance can be separated. First, does the state have to spend more or less than one dollar on defensive forces to offset each dollar spent by the other side on forces that could be used to attack? If the state has one dollar to spend on increasing its security, should it put it into offensive or defensive forces? Second, with a given inventory of forces, is it better to attack or to defend? Is there an incentive to strike first or to absorb the other's blow? These two aspects are often linked: if each dollar spent on offense

---

[79] Thus, when Wolfers (Arnold Wolfers, Discord and Collaboration, Baltimore 1962), 126, argues that a status-quo state that settles for rough equality of power with its adversary, rather than seeking preponderance, may be able to convince the other to reciprocate by showing that it wants only to protect itself, not menace the other, he assumes that the defense has an advantage.

can overcome each dollar spent on defense, and if both sides have the same defense budgets, then both are likely to build offensive forces and find it attractive to attack rather than to wait for the adversary to strike.

These aspects affect the security dilemma in different ways. The first has its greatest impact on arms races. If the defense has the advantage, and if the status-quo powers have reasonable subjective security requirements, they can probably avoid an arms race. Although an increase in one side's arms and security will still decrease the other's security, the former's increase will be larger than the latter's decrease. So if one side increases its arms, the other can bring its security back up to its previous level by adding a smaller amount to its forces. And if the first side reacts to this change, its increase will also be smaller than the stimulus that produced it. Thus a stable equilibrium will be reached. Shifting from dynamics to statics, each side can be quite secure with forces roughly equal to those of the other. Indeed, of the defense is much more potent than the offense, each side can be willing to have forces much smaller than the other's, and can be indifferent to a wide range of the other's defense policies.

The second aspect - whether it is better to attack or to defend - influences short-run stability. When the offense has the advantage, a state's reaction to internationl tension will increase the chances of war. The incentives for pre-emption and the "reciprocal fear of surprise attack" in this situation have been made clear by analyses of the dangers that exist when two countries have first-strike capabilites.[80] There ist no way for the state to increase its security without menacing, or even attacking, the other. Even Bismarck, who once called preventive war "committing suicide from fear or death," said that "no government, if it regards war as inevitable even if it does not want it, would be so foolish as to leave to the enemy the choice of time and occasion and to wait for the moment which is most convenient for the enemy."[81] In another arena, the same dilemma applies to the policeman in a dark alley confronting a suspected criminal who appears to be holding a weapon. Though racism may indeed be present, the security dilemma can account for many of the tragic shootings of innocent people in the ghettos.

Beliefs about the course of a war in which the offense has the advantage further deepen the security dilemma. When there are incentives to strike first, a successful attack will usually so weaken the other side that victory will be relatively quick, bloodless, and decisive. It is in these periods when conquest is possible and attractive that states consolidate power internally - for instance, by destroying the feudal barons - and expand externally. There are several consequences that decrease the chance of cooperation among status-quo states. First, war will be profitable for the winner. The costs will be low and the benefits high. Of course, losers will suffer; the fear of losing could induce states to try to form stable cooperative arrangements, but the temptation of victory will make this particularly difficult. Second, because wars are expected to be both frequent and short, there will be incentives for high levels of arms, and quick and strong

[80] Thomas Schelling, The Strategy of Conflict, New York 1963, chap. 9.
[81] Quoted in Fritz Fischer, War of Illusions, New York 1975, p. 377, 461.

reaction to the other's increases in arms. The state cannot afford to wait until there is unambiguous evidence that the other is building new weapons. Even large states that have faith in their economic strength cannot wait, because the war will be over before their products can reach the army. Third, when wars are quick, states will have to recruit allies in advance.[82] Without the opportunity for bargaining and re-alignments during the opening stages of hostilities, peacetime diplomacy loses a degree of the fluidity that facilitates balance-of-power policies. Because alliances must be secured during peacetime, the international system is more likely to become bipolar. It is hard to say whether war therefore becomes more or less likely, but this bipolarity increases tension between the two camps and makes it harder for status-quo states to gain the benefits of cooperation. Fourth, if wars are frequent, statesmen's perceptual thresholds will be adjusted accordingly and they will be quick to perceive ambiguous evidence as indicating that others are aggressive. Thus, there will be more cases of status-quo powers arming against each other in the incorrect belief that the other is hostile.

When the defense has the advantage, all the foregoing ist reversed. The state that fears attack does not pre-empt - since that would be a wasteful use of its military resources - but rather prepares to receive an attack. Doing so does not decrease the security of others, and several states can do it simultaneously; the situation will therefore be stable, and status-quo powers will be able to cooperate. When Herman Kahn argues that ultimatums "are vastly too dangerous to give because ... they are quite likely to touch off a pre-emptive strike,"[83] he incorrectly assumes that it is always advantageous to strike first.

More is involved than short-run dynamics. When the defense is dominant, wars are likely to become stalemates and can be won only at enormous cost. Relatively small and weak states can hold off larger and stronger ones, or can deter attack by raising the costs of conquest to an unacceptable level. States then approach equality in what they can do to each other. Like the 45-caliber pistol in the American West, fortifications were the "great equalizer" in some periods. Changes in the status quo are less frequent and cooperation is more common wherever the security dilemma is thereby reduced. [...]

3.2. Technology and Geography

Technology and Geography are the two man factors that determine whether the offense or the defense has the advantage. As Brodie notes, "On the tactical level, as a rule, few physical factors favor the attacker but many favor the defender. The defender usually has the advantage of cover. He characteristically fires from behind some form of shelter while his opponent crosses open ground."[84] Anything that increases the amount of ground the attacker has to cross, or impedes his progress across it, or makes him more vulnerable while

---

[82] George Quester, Offense and Defense in the International System, New York 1977, p 105-106; Raymond Sontag, European Diplomatic History, 1871-1932, New York 1933, p. 4-5.

[83] Herman Kahn, On Thermonuclear War, Princeton NJ 1960, p. 211 (also see p. 144).

[84] Bernard Brodie, Strategy in the Missile Age, Princeton 1959, p. 179.

crossing, increases the advantage accruing to the defense. When states are separated by barriers that produce these effects, the security dilemma is eased, since both can have forces adequate for defense without being able to attack. Impenetrable barriers would actually prevent war; in reality, decision makers have to settle for a good deal less. Buffer zones slow the attacker's progress; they thereby give the defender time to prepare, increase problems of logistics, and reduce the number of soldiers available for the final assault. [...]

Oceans, large rivers, and mountain ranges serve the same function as buffer zones. Being hard to cross, they allow defense against superior numbers. The defender has merely to stay on his side of the barrier and so can utilize all the men he can bring up to it. The attacker's men, however, can cross only a few at a time, and they are very vulnerable when doing so. If all states were self-sufficient islands, anarchy would be much less of a problem. A small investment in shore defenses and a small army would be sufficient to repel invasion. Only very weak states would be vulnerable, and only very large ones could menace others. As noted above, the United States, and to a lesser extent Great Britain, have partly been able to escape from the state of nature because their geographical positions approximated this ideal.

Although geography cannot be changed to conform to borders, borders can and do change to conform to geography. Borders across which an attack is easy tend to be unstable. States living within them are likely to expand or be absorbed. Frequent wars are almost inevitable since attacking will often seem the best way to protect what one has. This process will stop, or at least slow down, when the state's borders reach - by expansion or contraction - a line of natural obstacles. Security without attack will then be possible. Furthermore, these lines constitute salient solutions to bargaining problems and, to the extent that they are barriers to migration, are likely to divide ethnic groups, thereby raising the costs and lowering the incentives for conquest.

Attachment to one's state and its land reinforce one quasi-geographical aid to the defense. Conquest usually becomes more difficult the deeper the attacker pushes into the other's territory. Nationalism spurs the defenders to fight harder; advancing not only lengthens the attacker's supply lines, but takes him through unfamiliar and often devastated lands that require troops for garrison duty. These stabilizing dynamics will not operate, however, if the defender's war materiel is situated near its borders, or if the people do not care about their state, but only about being on the winning side. In such cases, positive feedback will be at work and initial defeats will be insurmountable.[85]

Imitating geography, men have tried to create barriers. Treaties may provide for demilitarized zones on both sides of the border, although such zones will rarely be deep enough to provide more than warning. Even this was not possible in Europe, but the Russians adopted a gauge for their railroads that was broader

---

[85] See, for example, the discussion of warfare among Chinese warlords in Hsi-Sheng Chi, The Chinese Warlord System as an International System, in: Morton Kaplan (ed.), New Approaches to International Relations, New York 1968, p. 405-25.

than that of the neighboring states, thereby complicating the logistics problems of any attacker - including Russia. [...]

The other major determinant of the offense-defense balance is technology. When weapons are highly vulnerable, they must be employed before they are attacked. Others can remain quite invulnerable in their bases. The former characteristics are embodied in unprotected missiles and many kinds of bombers. (It should be noted that it is not vulnerable per se that is crucial, but the location of the vulnerability. Bombers and missiles that are easy to destroy only after having been launched toward their targets do not create destabilizing dynamics.) Incentives to strike first are usually absent for naval forces that are threatened by a naval attack. Like missiles in hardened silos, they are usually well protected when in their bases. Both sides can then simultaneously be prepared to defend themselves successfully. [...]

Concerning nuclear weapons, it is generally agreed that defense is impossible - a triumph not of the offense, but of deterrence. Attack makes no sense, not because it can be beaten off, but because the attacker will be destroyed in turn. In terms of the questions under consideration here, the result is the equivalent of the primacy of the defense. First, security is relatively cheap. Less than one percent of the G.N.P. is devoted to deterring a direct attack on the United States; most of it is spent on acquiring redundant systems to provide a lot of insurance against the worst conceivable contingencies. Second, both sides can simultaneously gain security in the form of second-strike capability. Third, and related to the foregoing, second-strike capability can be maintained in the face of wide variations in the other side's military posture. There is no purely military reason why each side has to react quickly and strongly to the other's increases in arms. Any spending that the other devotes to trying to achieve first-strike capability can bei neutralized by the state's spending much smaller sums on protecting its second-strike capability. Fourth, there are no incentives to strike first in a crisis.

Important problems remain, of course. Both sides have interests that go well beyond defense of the homeland. The protection of these interests creates conflicts even if neither side desires expansion. Furthermore, the shift from defense to deterrence has greatly increased the importance and perceptions of resolve. Security now rests on each side's belief that the other would prefer to run high risks of total destruction rather than sacrifice its vital interests. Aspects of the security dilemma thus appear in a new form. Are weapons procurements used as an index of resolve? Must they be so used? If one side fails to respond to the other's buildup, will it appear weak and thereby invite predation? Can both sides simultaneously have images of high resolve or is there a zero-sum element involved? Although these problems are real, they are not as severe as those in the prenuclear era: there are many indices of resolve, and states do not so much judge images of resolve in the abstract as ask how likely it is that the other will stand firm on matters which concern them most, it is quite possible for both to demonstrate their resolve to protect their own security simultaneously.

3.3. Offense-Defense Differentiation

The other major variable that affects how strongly the security dilemma operates is whether weapons and policies that protect the state also provide the capability for attack. If they do not, the basic postulate of the security dilemma no longer applies. A state can increase its own security without decreasing that of others. The advantage of the defense can only ameliorate the security dilemma. A differentiation between offensive and defensive stances comes close to abolishing it. Such differentation does not mean, however, that all security problems will be abolished. If the offense has the advantage, conquest and aggression will still be possible. And if the offense's advantage is great enough, status-quo powers may find it too expensive to protect themselves by defensive forces and decide to procure offensive weapons even though this will menace others. Furthermore, states will still have to worry that even if the other's military posture shows that it is peaceful now, it may develop aggressive intentions in the future.

Assuming that the defense is at least as potent as the offense, the differentation between them allows status-quo states to behave in ways that are clearly different from those of aggressors. Three beneficial consequences follow. First, status-quo powers can identify each other, thus laying the foundations for cooperation. Conflicts growing out of the mistaken belief that the other side is expansionist will be less frequent. Second, status-quo states will obtain advance warning velop and deploy offensive weapons. If procurement of these weapons cannot be disguised and takes a fair amount of time, as it almost always does, a status-quo state will have the time to take countermeasures. It need not maintain a high level of defensive arms as long as its potential adversaries are adopting a peaceful posture. (Although being so armed should not, with the one important exception noted below, alarm other status-quo powers.) States do, in fact, pay special attention to actions that they believe would not be taken by a status-quo state because they feel that states exhibiting such behavior are aggressive. Thus the seizure or development of transportation facilities will alarm others more if these facilities have no commercial value, and therefore can only be wanted for military reasons. [...]

The same inferences are drawn when a state acquires more weapons than observers feel are needed for defense. [...]

Of course these inferences can be wrong - as they are especially likely to be because states underestimate the degree to which they menace others.[86] And when they are wrong, the security dilemma is deepened. Because the state thinks it has received notice that the other is aggressive, its own arms building will be less restrained and the chances of cooperation will be decreased. But the dangers of incorrect inferences should not obscure the main point: when offensive and defensive postures are different, much of the uncertainly about the other's intentions that contributes to the security dilemma is removed.

---

[86] Robert Jervis, Perception and Misperception in International Politics, Princeton NJ 1976, p. 69-72, 352-55.

The third beneficial consequence of a difference between offensive and defensive weapons ist that if all states support the status quo, an obvious arms control agreement is a ban on weapons that are useful for attacking. [...]

The only way to discover whether arms are intended for purely defensive purposes or are held in a spirit of aggression is in all cases to enquire into the intentions of the country concerned." Some evidence for the validity of this argument is provided by the fact that much time in these unsuccessful negotiations was devoted to separating offensive from defensive weapons. Indeed, no simple and unambiguous definition is possible and in many cases no judgment can be reached. Before the American entry into World War I, Woodrow Wilson wanted to arm merchantmen only with guns in the back of the ship so they could not initiate a fight, but this expedient cannot be applied to more common forms of armaments.[87]

There are several problems. Even when a differentiation is possible, a status-quo power will want offensive arms under any of three conditions. (1) If the offense has a great advantage over the defense, protection through defensive forces will be too expensive. (2) Status-quo states may need offensive weapons to regain territory lost in the opening stages of a war. It might be possible, however, for a state to wait to procure these weapons until war seems likely, and they might be needed only in relatively small numbers, unless the aggressor was able to construct strong defenses quickly in the occupied areas. (3) The state may feel that it must be prepared to take the offensive either because the other side will make peace only if it loses territory or because the state has commitments to attack if the other makes war on a third party. As noted above, status-quo states with extensive commitments are often forced to behave like aggressors. Even when they lack such commitments, status-quo states must worry about the possibility that if they are able to hold off an attack, they will still not be able to end the war unless they move into the other's territory to damage its military forces and inflict pain. Many American naval officers after the Civil War, for example, believed that "only by destroying the commerce of the opponent could the United States bring him to terms."[88]

A further complication is introduced by the fact that aggressors as well as status-quo powers require defensive forces as a prelude to acquiring offensive ones, to protect one frontier while attacking another, or for insurance in case the war goes badly. [...]

More central difficulties are created by the fact that whether a weapon is offensive or defensive often depends on the particular situation - for instance, the geographical setting and the way in which the weapon is used. [...] Although there are almost no weapons and strategies that are useful only for attacking, there are some that are almost exclusively defensive. Aggressors could want them for protection, but a state that relied mostly on them could not menace others.

[87] Marion Boggs, Attempts to Define and Limit "Aggressive" Armament in Diplomacy and Strategy, Columbia: University of Missouri Studies, XVI, No. 1 1941, p. 15, 40.
[88] Kenneth Hagan, American Gunboat Diplomacy and the Old Navy, 1877-1889, Westport, Conn. 1973, p. 20.

More frequently, we cannot "determine the absolute character of a weapon, but [we can] make a comparison ... [and] discover whether or not the offensive potentialities predominate, whether a weapon is more useful in attack or in defense."[89]

The essence of defense is keeping the other side out of your territory. A purely defensive weapon is one that can do this without being able to penetrate the enemy's land. Thus a committee of military experts in an interwar disarmament conference declared that armaments "incapable of mobility by means of self-contained power," or movable only after long delay, were "only capable of being used for the defense of a State's territory."[90] The most obvious examples are fortifications. They can shelter attacking forces, especially when they are built right along the frontier,[91] but they cannot occupy enemy territory. A state with only a strong line of forts, fixed guns, and a small army to man them would not be much of a menace. Anything else that can serve only as a barrier against attacking troops is similarly defensive. In this category are systems that provide warning of an attack, the Russian's adoption of a different railroad gauge, and nuclear land mines that can seal off invasion routes.

If total immobility clearly defines a system that is defensive only, limited mobility is unfortunately ambiguous. As noted above, short-range fighter aircraft and anti-aircraft missiles can be used to cover an attack. And, unlike forts, they can advance with the troops. Still, their inability to reach deep into enemy territory does make them more useful for the defense than for the offense. Thus, the United States and Israel would have been more alarmed in the early 1970's hat the Russians provided the Egyptians with long-range instead of short-range aircraft. Naval forces are particularly difficult to classify in these terms, but those that are very short-legged can be used only for coastal defense. [...]

Weapons that are particularly effective in reducing fortifications and barriers are of great value to the offense. This ist not to deny that a defensive power will want some of those weapons if the other side has them. [...] Weapons and strategies that depend for their effectiveness on surprise are almost always offensive. [...]

3.4. Offense-Defense Differentiation and Strategic Nuclear Weapons

[...] In the context of deterrence, offensive weapons are those that provide defense. In the now familiar reversal of common sense, the state that could take its population out of hostage, either by active or passive defense or by destroying the other's strategic weapons on the ground, would be able to alter the status quo. The desire to prevent such a situation was one of the rationales for the anti-ABM

---

[89] M. Boggs, Attempts to Define, p. 42, 83. For a good argument about the possible differentiation between offensive and defensive weapons in the 1930's, see Basil Liddell Hart, Aggression and the Problem of Weapons, in: English Review 55 (July 1932), p. 71-78.

[90] Quoted in M. Boggs, Attempts to Define, p. 39.

[91] On these grounds, the Germans claimed in 1932 that the French forts were offensive (ibid., 49). Similarly, fortified forward naval bases can be necessary for launching an attack; see William Braisted, The United States Navy in the Pacific, 1909-1922, Austin TX 1971, p. 643.

agreements; it explains why some arms controllers opposed building ABM's to protect cities, but favored sites that covered ICBM fields. Similarly, many analysts want to limit warhead accuracy and favor multiple re-entry vehicles (MRV's), but oppose multiple independently targetable re-entry vehicles (MIRV's). The former are more useful than single warheads for penetrating city defenses, and ensure that the state has a second-strike capability. MIRV's enhance counterforce capabilities. Some arms controllers argue that this is also true of cruise missiles, and therefore do not want them to be deployed either. There is some evidence that the Russians are not satisfied with deterrence and are seeking to regain the capability for defense. Such an effort, even if not inspired by aggressive disigns, would create a severe security dilemma. [...]

The perceptions of third nations of whether the details of the nuclear balance affect political conflicts - and, to a lesser extent, Russian beliefs about whether superiority is meaningful - are largely derived from the American strategic debate. If most American spokesmen were to take the position that a secure second-strike capability was sufficient and that increaments over that (short of a first-strike capability) would only be a waste of money, it is doubtful whether America's allies or the neutrals would judge the superpowers' useful military might or political will by the size of their stockpiles. Although the Russians stress war-fighting ability, they have not contended that marginal increases in strategic forces bring political gains; any attempt to do so could be rendered less effective by an American assertion that this is nonsense. The bargaining advantages of possessing nuclear "superiority" work best when both sides acknowledge them. If the "weaker" side convinces the other that it does not believe there is any meaningful difference in strength, then the "stronger" side cannot safely stand firm because there is no increased chance that the other will back down.

This kind of argument applies at least as strongly to the second objection. Neither side can employ limited nuclear options unless it is quite confident that the other accepts the rules of the game. For if the other believes that nuclear war cannot be controlled, it will either rafrain from responding - which would be fine - or launch all-out retaliation. Although a state might be ready to engage in limited nuclear war without acknowledging this possibility - and indeed, that would be a reasonable policy for the United States - it is not likeley that the other would have sufficient faith in that prospect to initiate limited strikes unless the state had openly avowed its willingness to fight this kind of war. So the United States, by patiently and consistently explaining that it considers such ideas to be mad and that any nuclear wars will inevitably get out of control, could gain a large measure of protection against the danger that the Soviet Union might seek to employ a "Schlesinger Doctrine" against an America that lacked the military ability or political will to respond in kind. Such a position is made more convincing by the inherent implausibility of the arguments for the possibility of a limited nuclear war.

In summary, as long as states believe that all that is needed is second-strike capability, then the differentiation between offensive and defensive forces that is provided by reliance on SLBM's allows each side to increase its security without menacing the other, permits some inferences about intentions to be drawn from military posture, and removes the main incentive for status-quo powers to engage in arms races.

3. ERSCHLIEßUNGSFRAGEN

1) Was ist nach McKinlay und Little das Ziel der realistischen Schule/Modell?

2) Auf welchen Prämissen basiert das realistische Modell?

3) Wie definiert die Realistische Schule den Begriff des Staates?

4) Was ist der Zweck der von den Realisten identifizierten Norm der "Nichtintervention"?

5) Welche Elemente tragen laut Realistischer Schule zur Macht eines Staates bei?

6) Welche Bedeutung haben das Reziprozitäts- und das Gleichgewichtsprinzip im realistischen Ansatz?

7) Was versteht die neo-realistische Schule unter dem Begriff "strukturelles Arrangement"? In welcher Hinsicht dient ein solches "strukturelles Arrangement" der Aufrechterhaltung des weltpolitischen Systems als internationale Staatengesellschaft?

8) Welche Grundannahmen liegen der *Realpolitik*-Tradition zugrunde und in welcher Hinsicht unterscheidet sich diese Tradition von der Realistischen Schule?

9) Welcher Zusammenhang besteht zwischen dem Staat als Aktionseinheit in der internationalen Staatengesellschaft und dem Sicherheitsdilemma?

10) Worin besteht laut Jervis das Sicherheitsdilemma im internationalen System, verstanden als 'anarchisches' (herrschaftsloses) System?

11) Welche Umstände tragen laut Jervis dazu bei, "**Kooperation**" auch unter den Bedingungen der 'Anarchie' im internationalen System zu begünstigen?

12) Wodurch können Staaten die Wahrscheinlichkeit steigern, daß andere sich kooperationswillig(er) verhalten?

13) Welche Instrumente können Staaten einsetzen, um das Sicherheitsdilemma abzumildern? Unter welchen Voraussetzungen greifen solche Instrumente?

14) Bedeutet Ausbau militärischer Stärke zugleich auch 'mehr Sicherheit'? Können Staaten ihre 'Verwundbarkeit' auf andere Weise reduzieren als durch Hochrüsten?

15) Wie beeinflußt das Verhältnis zwischen offensiven und defensiven Streitkräfte-Strukturen die Perzeption des Sicherheitsdilemmas?

4. WEITERFÜHRENDE LITERATUR

BALDWIN, David (Hrsg.), *Neoliberalism and Neorealism: The Contemporar Debate*, New York 1993

BULL, Hedley, *The Anarchical Society: A Study of Order in World Politics*, New York, London 1976

CARR, Edward H., *The Twenty Years Crisis, 1911-1932: An Introduction to the Study of International Relations*, New York [2]1962

CLAUDE, Inis L., "The Balance of Power Revisited", in: *Review of International Studies* 15 (1989), S. 77-85

CUSACK, Thomas R./STOLL, Richard J., *Exploring Realpolitik. Probing International Relations Theory with Computer Simulation*, London 1990

DAVIS, H.R./GOOD R.C., *Reinhold Niebuhr on Politics - His Political Philosophy and Its Applictions to Our Age*, New York 1960

GALLIE, W.B., "Power Politics and War Cultures", in: *Review of International Studies* 14 (1988), S. 17-27

HAAS, Ernst B., "The Balance of Power As a Guide to Policy-Making", in: *Journal of Politics* 15 (1953), S. 370-398

HAAS. Ernst B., "The Balance of Power: Prescription, Concept, or Propaganda?" in: *World Politics* 5 (1953), S. 442-477

HERZ, John H., "Political Realism Revisited", in: *International Studies Quarterly* 25/2 (1981), S. 182-197

HERZ, John H., *Staatenwelt und Weltpolitik*, Hamburg 1974

HERZ, John H., *Weltpolitik im Atomzeitalter*, Stuttgart 1961

JERVIS, Robert, "Hypotheses on Misperception", in: G. John Ikenberry (Hrsg.), *American Foreign Policy. Theoretical Essays*, Boston, London 1989, S. 461-482 (original: World Politics 20 (1968).

JERVIS, Robert, *Perception and Misperception in International Politics*, Princeton 1976

JERVIS, Robert, *The Logic of Images in International Relations*, Princeton 1970

KELMAN, Herbert C.: "Sozialpolitische Aspekte internationalen Verhaltens", in: Uwe Nerlich (Hrsg.), *Krieg und Frieden im industriellen Zeitalter*, Gütersloh 1966

KEOHANE, Robert O., *Neorealism and Its Critics*, New York 1986

KEOHANE, Robert O.: "Alliance, Threats, and the Uses of Neorealism", in: *International Security* 13/1 (1988), S. 169-176

KINDERMANN, Gottfried-Karl (Hrsg.), *Grundelemente der Weltpolitik*, München 1981

KINDERMANN, Gottfried-Karl, *Hans J. Morgenthau und die theoretischen Grundlagen des politischen Realismus* (Einführung zu H.J. Morgenthaus Buch Macht und Frieden), Gütersloh 1963

KINDERMANN, Gottfried-Karl, *Philosophische Grundlagen und Methodik der realistischen Schule von der Politik*, in: Oberndörfer, Dieter (Hrsg.), *Wissenschaftliche Politik. Eine Einführung in Grundfragen und Tradition ihrer Theorie*, Freiburg/Br. 1962

KINDERMANN, Gottfried-Karl, *The Munich School of Neorealism in International Politics*, München 1985

KISSINGER, Henry A., *Großmacht Diplomatie*, Frankfurt 1972

KLINEBERG, Otto, *Die menschliche Dimension in den internationalen Beziehungen*, Bern und Stuttgart 1966

MCKINLAY, R.D./LITTLE, R., *Global Problems and World Order*, London 1986

MEYERS, Reinhard, *Weltpolitik in Grundbegriffen, Band I: Ein lehr- und ideengeschichtlicher Grundriß*, Düsseldorf 1979

MORGENTHAU, Hans J., *Dilemmas of Politics*, Chicago 1958

MORGENTHAU, Hans J., *In Defense of the National Interest: A Critical Examination of American Foreign Policy*, Lanham, Md. 1951/1982

MORGENTHAU, Hans J., *Macht und Frieden - Grundlegung einer Theorie der internationalen Politik*, Gütersloh 1963 (Titel der ungekürzten amerikanischen Original-Ausgabe: Politics Among Nations. 8. Aufl. 1985)

MORGENTHAU, Hans J., *Politics in the 20th Century*, 3 Bde., Chicago 1962

MORGENTHAU, Hans J./THOMPSON, W. Kenneth, *Power Among Nations: The Struggle for Power and Peace*, 6th ed., New York 1985

MOUL, William B., "Measuring the 'Balance of Power': A Look at Some Numbers", in: *Review of International Studies* 15 (1989), S. 101-122

NELSON, Ernest W., "The Origin of Modern Balance-of-Power Politics", in: *Medievalia et Humanistica* 1 (1943), S. 124-142

NIEBUHR, Reinhold, *Christlicher Realismus und Politische Probleme*, Wien 1957

NIEBUHR, Reinhold, *Staaten und Großmächte. Probleme staatlicher Ordnung in Vergangenheit und Gegenwart*, Gütersloh 1960

NIOU, Emerson M.S./ORDESHOOK, Peter C., "A Theory of the Balance of Power in International Systems", in: *Journal of Conflict Resolution* 30/4 (1968) S. 685-715

OSGOOD, Robert E., *Ideals and Self-Interest in America's Foreign Relations*, Chicago/London 1953

SCHWARZENBERGER, Georg, *Machtpolitik. Eine Studie über die internationale Gesellschaft*, Tübingen 1955

SIMOWITZ, Roslyn, *The Logical Consistency and Soundness of the Balance of Power Theory*, Denver, Colo. 1983

SINGER, Max/WILDAVSKY, Aaron, *The Real World Order. Zones of Peace/Zones of Turmoil*, Chatham NY 1993

THOMPSON, Kenneth W., *Political Realism and the Crisis of World Politics*, Princeton 1960

WALTZ, Kenneth N., *Man, the State, and War: A Theoretical Analysis*, New York 1959

WALTZ, Kenneth N., *Theory of International Politics*, Reading MA 1979

III.

Historische Soziologie

1. EINFÜHRUNG

Unter Historischer Soziologie versteht man die Analyse der Vergangenheit, mit dem Ziel, herauszufinden, wie Gesellschaften funktionieren und wie sie sich verändern. Damit unterscheidet sich dieser Forschungsansatz sowohl von den ahistorisch-empirisch arbeitenden Ansätzen, die weder die zeitliche Dimension des sozialen Lebens, noch die Geschichtlichkeit der sozialen Struktur berücksichtigen als auch von nicht-soziologisch fundierter historischer Forschung, die häufig übersieht, daß Strukturen und Prozesse sich in einzelnen Gesellschaften unterscheiden. Die historische Soziologie versucht hingegen, beide Dimensionen miteinander zu verbinden und beschäftigt sich infolgedessen sowohl mit der gegenseitigen Interpenetration von Vergangenheit und Gegenwart als auch von Ereignis und Prozeß sowie Handeln und Strukturen.[1]

Stanley Hoffmann zählt mit seinem Buch "Gulliver's Troubles" zu einem der wichtigsten Vertreter dieses Ansatzes. Hoffmann bemüht sich um eine Theorie der Internationalen Beziehungen, die sowohl nach den Hauptmerkmalen der internationalen Staatengemeinschaft fragt als auch ihre Determinanten und ihre innere Logik systematisch zu erfassen versucht. Dabei wird der Frage, wie sich der Nationalstil auf die Außenpolitik auswirkt, genauso nachgegangen wie der Frage nach den Rückwirkungen der politischen Institutionen auf die Außenpolitik.

Historische Einordnung: Lange Zeit wurde das Studium der Weltpolitik nur im Rahmen der klassischen Diplomatiegeschichte mit ihrer Betonung der Analyse bestimmter Ereignisse und im Rahmen des Völkerrechts mit seinen normativen statt empirischen Verhaltensregeln betrieben. Als sich die Beschäftigung mit internationaler Politik schließlich als Teil der politischen Wissenschaft etablierte, richteten sich die ersten Bemühungen zwangsläufig auf die Untersuchung ihrer dauerhaften Merkmale und nicht ihrer veränderlichen Konstellationen. Erst in den 1960er Jahren verlagerte sich der Schwerpunkt von der akademischen Erörterung ihres unwandelbaren Wesens zu einer systematischen Analyse ihrer wiederkehrenden Einzelaspekte und damit zu den Erkenntnisinteressen der historischen Soziologie.

Theoretische Vororientierungen und Selektionskriterien: Die Historische Soziologie geht davon aus, daß jedes Begreifen der Weltpolitik oder eines ihres Aspekte ein Begreifen der Charakteristika des internationalen Systems[2]

---

[1]   Vgl. Dennis Smith, The Rise of Historical Sociology, Cambridge 1991, S. 3.

[2]   Stanley Hoffmann knüpft hier an den von Raymond Aron eingeführten Systembegriff an. Aron versteht unter *internationalem System* "die Gesamtheit der politischen Einheiten, die

voraussetzt. Das Verhalten einer gegebenen Größe hängt von den Situationen und Konstellationen ab, in denen sie eine Rolle spielt, und diese Situationen sind wiederum weitgehend eine Funktion des internationalen Systems, in dem sie auftreten. Die Handlungs- und Entscheidungsfreiheit der Grundeinheiten wird von der Art des Systems begrenzt und bedingt. Aus dieser Prämisse werden fünf Schlußfolgerungen abgeleitet:

1. es sei ein Fehler, das Studium der internationalen Beziehungen auf Gegenwartsprobleme zu beschränken. Denn eine Analyse, die sich nur auf einen sehr schmalen Ausschnitt aus dem gesamten Problembereich bezieht, eigne sich nicht zum Vergleich.

2. In den internationalen Beziehungen fehlt eine alles einschließende Zwangsjacke, wie sie der Staat im Bereich der Innenpolitik darstellt. Die internationalen Beziehungen stellen vielmehr ein "offenes System" dar. Dies bedeute nicht, daß keine Regelmäßigkeiten oder Zyklen vorhanden sind. Es unterstreiche jedoch die Notwendigkeit, daß Gesetzmäßigkeiten aus der Geschichte abzuleiten sind und nicht im Wege der Deduktion von abstrakten Größen.

3. Neben der Suche nach Regelmäßigkeiten und Verallgemeinerungen sei es erforderlich zu klassifizieren. Die Beschreibung und Kategorisierung sei die Voraussetzung für das Feststellen von Wiederholungen und für die Voraussage zukünftiger Entwicklungen.

4. Nur die systematische Analyse von Unterschieden zwischen verschiedenen Systemen erlaube es, die dominanten Variablen, die zu verschiedenen Zeiten und in verschiedenen Räumen wirksam sind oder waren, herauszuarbeiten und zu typisieren.

5. Es müsse nicht nur die Rolle regelmäßig wiederkehrender Faktoren bestimmt werden, sondern auch diejenige zufälliger Faktoren.

Die Historische Soziologie betrachtet die Welt nicht als einen Plan, ein Gleichgewicht, eine Organisation oder eine Gemeinschaft, sondern als ein Feld. Innerhalb dieses Feldes werden vier Kategorien von Daten in ihrer Wechselwir-

regelmäßigen Beziehungen miteinander pflegen und in einen allgemeinen Krieg hineingezogen werden können." Vgl. Raymond Aron, Peace and War: A Theory of International Relations, New York 1966, S. 94; Das von Aron entwickelte Konzept vom "internationalen System" beruht auf einer strukturellen Analogie zum innenpolitischen System des struktur-funktionalistischen Ansatzes. Beide Systeme sind theoretische Konstrukte, die sich auf einige Schlüsselfaktoren konzentrieren und auf bestimmten Postulaten beruhen. So gehen sie 1. davon aus, daß das Chaos der politischen Daten geordnet werden kann; 2. daß zwischen den einzelnen Teilnehmern ein deutlich erkennbares Muster von Beziehungen besteht; 3. daß die wichtigsten Größen ohne Willkür ausgesondert werden können und 4. daß Veränderungen der einen Größe deutlich wahrnehmbare Rückwirkungen auf die anderen Größen hervorrufen. Die Analyse von Systemen konzentriert sich auf allgemeine Eigenschaften und nicht auf spezielle Vorgänge. Der Zweck des Systembegriffs, in dem hier verwandten Kontext, liegt darin, das Verstehen konkreter historischer Tatbestände zu erleichtern und Kategorien für ihre Beschreibung bereitzustellen. Er will keine Analyseperspektive vorschreiben.

kung untersucht. Dabei geht die Historische Soziologie davon aus, daß jedes internationale System mit Hilfe dieser vier Kategorien analysiert werden kann:

1. Die *Struktur* der Welt in der betreffenden Epoche: Welches sind die Grundeinheiten (oder Akteure), wie groß ist ihre Zahl, wie ist die Macht verteilt und in welcher Rangordnung stehen sie zueinander? Kann man in der Welt einzelne voneinander abgrenzbare diplomatische Felder unterscheiden, von denen jedes etwa eine Kultur, einen Kontinent, einen bestimmten rassischen oder kulturellen Zusammenhang entspricht? Seit wann fungieren diese Einheiten als unabhängige Akteure innerhalb eines dieser Felder?

2. die *Kräfte,* die innerhalb oder zwischen diesen Einheiten wirken: Stand der Technik, die militärische oder wirtschaftliche Entwicklung; transnationale Bewegungen; ideologische Strömungen und herrschende Begriffe der Legitimität. Es gehe darum, die Ursprünge, die Stärke, den Ausdehnungsbereich und die Bewegungsrichtung dieser Kräfte ausfindig zu machen.

3. die *Beziehungen zwischen der Innen- und Außenpolitik* der Grundeinheiten. Hier sei nach drei Dingen zu fragen: a) Welches sind die "objektiven Faktoren" der betreffenden Einheit (Geographie, Stand der Technik, Wirtschaftspotential, Bevölkerung, militärisches Potential)? b) Wie beeinflußt die Machtstruktur der Einheit den Prozeß der Gestaltung ihrer Außenpolitik? c) Wie beeinflußt die politische Kultur der Einheit die Gestaltung der Außenpolitik? (Urteile, Anschauungen und Gefühle derjenigen Gruppen, die die Außenpolitik zu beeinflussen trachten; außerdem Herkunft, Ausbildung und Geisteshaltung der Politiker selbst: Wie beurteilen sie selbst ihre Politik und die einzusetzenden Mittel?)

4. die *internationalen Beziehungen* im engeren, wörtlichen Sinn. Internationale Beziehungen umfassen dabei sowohl den Bereich der Außenpolitik als auch Aspekte transnationaler Politik. D.h. es muß sowohl die Perspektive von unten nach oben als auch die Perspektive von oben nach unten berücksichtigt werden.

Konstitutive Grundannahmen: 1. das internationale System setzt jedem Staat Grenzen; 2. das System als solches wird zum Teil immer durch die Politik der Hauptmächte geformt; 3. die Politik jedes Staates kann nur dann voll verstanden werden, wenn man den weiteren Bereich der innerstaatlichen Determinanten untersucht; 4. jeder Teil eines "sozialen Ganzen" wird am besten dadurch verstanden, daß das Ganze erfaßt wird; 5. Werte, Erfahrungen, Traditionen, das Regierungssystem und die Bürokratie beeinflussen das Feld der Entscheidung und die Wirksamkeit der Entschlüsse. D.h. die innenpolitische Ausgangslage ist entscheidend für die außenpolitischen Handlungen.

Methode: Ausgangspunkt ist die Analyse einer historischen Situation. Ziel ist es, historische Systeme der internationalen Beziehungen abzugrenzen und zu beschreiben. Um dieses Ziel zu erreichen, wird folgender methodischer Weg eingeschlagen: Zunächst werden verschiedene Situationen analysiert, die zeitlich etwa gleichweit auseinanderliegen. Diese Situationen werden sodann miteinander verglichen. Auf der Grundlage des Vergleichs werden die wichtigsten Variablen eines jeden solchen Systems herausgearbeitet. Dies ermöglicht, die Dynamik des Wandels von einem System zum anderen festzustellen. Am Ende der Analyse steht dann eine Typologie internationaler Systeme. Jeder Typ wird dabei durch ein Merkmal oder eine Kombination von Merkmalen gekennzeichnet, die seine Originalität ausmachen.

Diese Art von Systemvergleich ermöglicht schließlich einige sinnvolle Verallgemeinerungen in bezug auf diejenigen Aspekte, die vielen Systemen gemeinsam sind: Kategorien von Beziehungen zwischen Grundeinheiten, Typen der Außenpolitik, die Rolle bestimmter ausgewählter Faktoren. Schließlich ermöglicht dieses Vorgehen auch Vergleiche zwischen innenpolitischen und internationalen Systemen sowie zwischen *verschiedenen Typen* von innenpolitischen und internationalen Systemen. Derartige Vergleiche sind möglich, weil die verschiedenen Typen und Systeme viele ähnliche Probleme aufweisen: die Organisation der Macht und deren Begrenzung, den Interessenausgleich, die Schaffung von Konsens und Legitimität, das Ausmaß eines geregelten Wandels.

Mit dieser Methode strebt Stanley Hoffmann einen Ausweg aus dem Dilemma der Sozialwissenschaft an, das in der Erkenntnis besteht, ein "soziales Ganzes" niemals wissenschaftlich erfassen zu können; die sozialwissenschaftliche Analyse kann sich jeweils nur auf ausgewählte Aspekte beziehen. Gleichzeitig gilt aber, daß, wenn man nicht zumindest mit einer Annäherung an das Ganze beginnt und sich entweder auf einzelne Tendenzen oder auf eine begrenzte empirische Forschung konzentriert, die Fragmente des Ganzen nicht richtig bearbeitet werden können. Man kann zwar nicht davon ausgehen, daß die Art des internationalen Systems das Verhalten aller seiner Teile in vollem Umfang bestimmt; man kann aber auch nicht umgekehrt die letzteren losgelöst von den ersteren analysieren.

Machtverständnis: Die Macht eines Staates wird gemessen am Umfang, der Anwendung und dem Erfolg der Macht. Unter Umfang der Macht wird wie eh und je das Reservoir von Fähigkeiten verstanden (meistens sind damit materielle Werte gemeint), die dem Staat im internationalen Bereich zu Verfügung stehen. In dieser Hinsicht orientiert sich die Historische Soziologie zum einen an Kategorien der Realistischen Schule: die geographische Lage des Staates, seine Ausstattung mit Bodenschätzen, die Bevölkerungszahl und die unmittelbar einsetzbaren Machtpotentiale. Dieser Kategorienkanon wird dann jedoch erweitert durch Faktoren, die weniger unmittelbar greifbar oder gar meßbar sind, die jedoch im Verständnis der historischen Soziologie wesentliche Elemente eines staatlichen Machtpotentials darstellen. Dazu gehören die nationalen Stile, d.h. die Ideen und Prinzipien, die der Staat fördert genauso wie die Persönlichkeit seiner Führer.

Hinsichtlich der zweiten Kategorie, der Machtanwendung, werden ebenfalls verschiedene Arten unterschieden, die im Spektrum von Machtanwendung zum Zwecke der Zwangsdurchsetzung und Machtanwendung, die allein der Beeinflussung anderer Staaten dient, liegen. Neben der Art der Machtanwendung ist auch ihre Intensität und Form von Bedeutung.

Der Machtbegriff der Historischen Soziologie, insbesondere die Überlegungen zur Bedeutung der militärischen Macht für die erfolgreiche Durchsetzung angestrebter Ziele, trägt der seit den 1950er Jahren, durch die Nuklearisierung der Militärstrategie veränderten Bedeutung militärischer Macht Rechnung. So wird argumentiert, daß das Vernichtungspotential der Nuklearwaffen zwar nicht ihren Einsatz verhindere jedoch die Schwelle für eine Entscheidung zum Einsatz dieser Waffen derart erhöhe, daß ihr Gebrauch sehr unwahrscheinlich erscheint. Damit wird die bis dahin recht konstante Verknüpfung zwischen militärischer Stärke und positiven Erfolgen gelockert, denn die Erzwingungsmacht sei so beschaffen, daß der Inhaber dieser Macht ihren Einsatz beschränken muß, um nicht Selbstmord zu begehen.

Der Wandel in den Bedingungen des vollen Einsatzes der militärischen Macht erfordere ein Überdenken aller anderen Anwendungen und Arten der Macht. Er bedeute jedoch nicht, daß die militärische Macht obsolet geworden ist. Er bedeute vielmehr, daß im Grunde genommen zum ersten Mal in der Geschichte nicht-militärische Komponenten des Machtvolumens insofern eine Selbständigkeit erlangt haben, als sie sogar ohne militärische Macht voll ausnutzbar sind. Internationale Beziehungen werden damit immer weniger von der "Stärke" der beteiligten Akteure gestaltet und ähneln immer mehr einer Verhandlungssituation, in der die "Position" eines Staates zu einem besonders wichtigen Faktor seines Machtvolumens geworden ist, und zwar unabhängig von seiner strategischen Lage auf der Landkarte oder seiner strategischen Rolle in einer regionalen oder globalen Organisation. Damit gleiche sich die internationale Szene in gewisser Weise der Innenpolitik an, in der ebenfalls die "nackte" Gewalt ausgeschaltet sei.

---

2. LEKTÜRE

Gulliver's Troubles oder die Zukunft des Internationalen Systems[3]

STANLEY HOFFMANN

Stanley Hoffmann (*1928) ist Douglas Dillon Professor of the Civilization of France und Chairman des Center for European Studies an der Harvard University, wo er seit 1955 lehrt. Er lebte und studierte Politische Wissenschaften in Frankreich an der Ecole des Hautes Etudes en Science Sociales. Er unterrichtet französische Geistes- und politische Geschichte, amerikanische Außenpolitik, die Soziologie des Krieges, internationale Politik, moderne politische Theorie und Geschichte Europas seit 1945. Zu seinen bekanntesten Büchern zählen "Contemporary Theory in International Relations" (1960), "The State of War "(1965), "Gulliver's Troubles" (1968), "Primacy or World Order: American Foreign Policy since the Cold War" (1978), "The European Sisyphus: Essay on Europe, 1964-1994"(1995). Augenblicklich arbeitet er zusammen mit Michael Smith von der University of Virginia an einem Buch über Ethik und internationale Beziehungen.

---

[3] Stanley Hoffmann, Gulliver's Troubles oder die Zukunft des internationalen Systems, Bielefeld 1970, S. 14-18, 28-33, 66-78.

Als Vertreter der von Raymond Aron begründeten historisch-soziologischen Schule war Hoffmann ein engagierter Kritiker des Szientismus in der Politischen Wissenschaft. Bei dem hier abgedruckten Text handelt es sich um Auszüge aus seinem Buch Gulliver's Troubles. Das Buch beruht auf Vorträgen, die im April und Mai 1965 vor dem Council on Foreign Relations unter dem Titel "Restriktionen der amerikanischen Politik" gehalten worden sind. Es bemüht sich darum, die der amerikanischen Politik offenstehenden Entscheidungsalternativen eingebettet in den Kontext des internationalen Systems der 1960er Jahre zu untersuchen. Hoffmann geht dabei davon aus, daß eine adäquate Untersuchung des genannten Gegenstandes sowohl das internationale System als Ganzes (d.h. westliches Bündnis, Sowjetblock und Dritte Welt) berücksichtigen muß als auch die innenpolitische Ausgangslage für die amerikanische Politik (d.h. amerikanische Lebensart und amerikanische Institutionen).

[...] Beim Studium der Außenpolitik muß man zwei Gefahren vermeiden. Die erste ist die unbewußte Darstellung der Außenpolitik als eine Art Residuum - das, was übrigbleibt, wenn alle anderen äußeren Begrenzungen und inneren Notwendigkeiten berücksichtigt worden sind. Die Außenpolitik wird in keinem höheren Grade von ihren Gegebenheiten bestimmt als die Entscheidungen des Obersten Gerichtshofes von der Verfassung: In beiden Fällen besteht die Staatskunst darin, festzustellen, was eindeutig ausscheidet, was innerhalb des Bezugsrahmens möglich ist und wie dieser Rahmen ohne Schaden ausgedehnt werden kann. Die Gegebenheit ist eine Herausforderung, nicht ein Diktat, und sie läßt sich in dieser Beziehung mit den Regeln des klassischen französischen Theaters vergleichen: Die Verpflichtung des Autors, die Regeln zu beobachten, war sowohl eine Begrenzung, die bestimmte Arten von Handlungen verbot, als auch eine Anregung seiner Phantasie. Jedoch waren die Regeln des Dramas klar und unmißverständlich, während die Gegebenheiten der Außenpolitik umstritten und flexibel sind.

Die zweite Gefahr ist genau das Gegenteil: Die Verwechslung der Außenpolitik mit der bloßen Definition wertvoller Ziele und die bloße Auswahl des besten Mittels zu ihrer Erreichung. Eine Gegebenheit der Außenpolitik beseitigt nicht die Kreativität der Staatskunst, aber die Kreativität wirkt nicht in einem Vakuum. Der Staatsmann ist kein Michelangelo, der dem Stein oder Ton jede Form gibt, die seiner Vision entspricht. In einem Lande mit unvergleichlicher Macht, beträchtlichem Selbstvertrauen und einer schützenden Tradition, die Arnold Wolfers die "angloamerikanische Tradition der auswärtigen Angelegenheiten" genannt hat - eine Tradition, die die freie Entscheidung betont und nicht viel für die Notwendigkeit übrig hat -, ist der Hang zur Begehung dieses Fehlers fast unwiderstehlich. Denis Brogan nannte dies die "Illusion der Omnipotenz". Mit der Illusion des Determinismus ist ihr die Annahme gemeinsam, daß die Führung der Außenpolitik leicht ist. Denn wenn es richtig ist, daß die Grenzen zwingend, klar und eng sind, dann ist die Außenpolitik einfach das, was übrigbleibt, wenn man alle diese Grenzen berücksichtigt hat; und die Außenpolitik ist nur eine Frage der Entscheidung und der schlauen Anwendung der Mittel, wenn "die Grenzen am entfernten Horizont liegen; für viele praktische Zwecke sind sie das, was wir glauben erreichen zu können und was zu erreichen wir in einem gegebenen Zeitpunkt für notwendig halten".[4] O Sancta Simplicitas! Selbst wenn die Außenwelt für den Staatsmann das wäre, was Ton oder Stein für den bildenden Künstler ist, könnte er doch seine Ziele nicht in vollständiger "Freiheit" wählen, da sie ihm weitgehend von seiner eigenen Erfahrung eingegeben, von seinen Werten geformt, aus seinen Erwartungen geboren werden. Nur wenn wir uns dessen bewußt sind, wie die von uns getroffene Auswahl der Ziele unsere Vision, unseren Charakter widerspiegelt, gewinnen wir die echte Freiheit. Ferner entspricht die Welt niemals ganz unserer Vision, und die Freiheit beruht auch darauf, daß wir wissen, ob unsere bevorzugten Ziele für die Welt, in der wir leben, relevant oder irrelevant sind. Auch in der Außenpolitik kann man die Natur nicht meistern, wenn man ihr nicht zuerst gehorcht.

Dieses Buch, das die amerikanische Außenpolitik zum Gegenstand hat, argumentiert mehr gegen die Illusion der Omnipotenz als gegen die Illusion des Determinismus. Ein großer Teil der Krise des Atlantischen Bündnisses beruht auf einer Tendenz der Politiker, etwa mit folgender Einstellung an die Probleme heranzugehen:

"Dies ist der Bereich unserer gemeinsamen Interessen (oder dies sind die überragenden nationalen Interessen), und wir müssen sie durch aktive Führung und mit allen uns zur Verfügung stehenden Mitteln fördern." Mit anderen Worten: "Dies und jenes muß getan werden, und zwar in dieser oder jener Weise." Das von mir vorgeschlagene Verfahren ist komplexer: "Was sollen wir tun, unter Berücksichtigung der Interessen und Ziele unserer Freunde und Feinde und unter Berücksichtigung unserer eigenen Werte und Institutionen, unserer Sorgen und Hoffnungen? Und was können wir unter den gegenwärtigen Umständen tun und was nicht?" Mit anderen Worten: " Wieviel Handlungsfreiheit haben wir wirklich? Was wird uns von unserer Welt und unserer eigenen Natur zwingend vorgeschrieben? Was verbieten die Gegebenheiten? Was ist wünschenswert und leicht zu erreichen? Was ist wünschenswert, aber nur mit Geschick und großen Mühen zu erreichen und nur durch die Veränderung des Veränderlichen?"

Eine solche Methode läßt in erster Linie darauf schließen, daß die Definition einer Außenpolitik eine viel subtilere, schwierigere und anspruchsvollere Aufgabe ist, als die andere, oben beschriebene Einstellung erkennen läßt. Wie eine Kunstschöpfung sollte sie von dem französischen Sprichwort "On ne s'appuie que sur ce qui résiste" inspiriert sein. Zweitens beruhen die Schwierigkeiten zum Teil darauf, daß die von den Gegebenheiten auferlegten Beschränkungen nicht gleichförmig sind: einige sind unveränderlich, andere nur vorübergehend; einige können nur mit einem Kostenaufwand überwunden werden, der die von der Veränderung erwarteten Vorteile vielleicht weit übersteigt, andere müssen überwunden werden, wenn der Staat Ziele erreichen will, die für unverzichtbar gehalten werden. Wiederum ist es klar, daß die Bewältigung der Aufgabe eine schmerzhafte Geburt und keine mechanische Anpassung ist. Denn die Außenpolitik ist nicht nur eine Anpassung an die Außenwelt in Übereinstimmung mit dem eigenen Wesen; wie ich in einem anderen Zusammenhang ausgeführt habe, "besteht die Aufgabe der

---

4 Joseph Jones, The Fifteen Weeks, New York 1955, S. 262.

Staatskunst gerade darin, die günstigste Interpretation der Tatsachen auszuwählen, wenn die aus ihnen zu ziehenden Lehren mehrdeutig sind, oder die subtilste und würdevollste Form der Unterwerfung zu finden, wenn die Lehre außer Zweifel steht; vor allem aber muß sie versuchen, die Tatsachen zu verändern, wenn sie unerträglich sind und es im Interesse des Staates liegt, sie zu verändern"[5].

Was den Politiker an der Staatskunst so erregt und den Gelehrten fasziniert, ist gerade die Tatsache, daß die Staatskunst aus dem Abwägen, Ausnutzen und Formen der Unsicherheit besteht: Sie steigt aus einem Milieu auf - der innerstaatlichen Gesellschaft -, dessen Werte, politische und soziale Institutionen, Erfahrungen und Machtlagen niemals vollständig fixiert oder zusammenhängend sind, niemals in eine einzige Richtung weisen und trotz des Ausschlusses gewisser Alternativen einen beträchtlichen Handlungsspielraum lassen, so wie die richterlichen Präzedenzentscheidungen dem Obersten Gerichtshof einen großen Entscheidungsspielraum gewähren; und die Staatskunst wirkt in einem Milieu - dem internationalen System -, das wiederholt als eine Arena des Wettstreits um verschiedenartige Trophäen definiert worden ist, bei dem nur unsichere Regeln nach und nach von den Teilnehmern (insbesondere den mächtigen) herausgearbeitet werden und bei dem die einzelnen Handlungen, auch wenn sie noch so klug berechnet sind, eher einer Wette ähneln als rationalen Anpassungen der Mittel an Ziele. (Schlimmstenfalls sind sie haarsträubende Glücksspiele, bestenfalls instinktive Stöße ins Dunkel.)

Die Beantwortung der Frage, wie man sich in auswärtigen Angelegenheiten eine gewisse Handlungsfreiheit verschafft, ist nicht nur deswegen kompliziert, weil die Beeinflußbarkeit der Gegebenheiten so verschieden ist, sondern auch weil die Faktoren, von denen die Freiheit beeinträchtigt wird, in zwei verschiedenen Stadien wirksam werden. Mit anderen Worten: Die Handlungsfreiheit in der Außenpolitik enthält zwei Bestandteile. Der erste und offenkundigere ist die Indeterminiertheit. Bevor der Staatsmann seine Zwecke und Mittel definiert, muß er deshalb fragen: "Wieviel Handlungsfreiheit steht mir wirklich zur Verfügung? Wie zwingend sind die äußeren und inneren Kräfte, mit denen ich rechnen muß? Welche Freiheit läßt mir die geographische Lage, die Politik meiner Nachbarn (oder Gegner), der Wohlstand meines Landes, die Stabilität und Funktionsfähigkeit meines politischen Systems, die Entschlossenheit meines Volkes?" Manchmal verengt sich der Bereich der Handlungsfreiheit auf eine Wahl zwischen verschiedenen Formen des Untergangs - z.B. für Polen Ende August 1939, als es zwischen Katastrophe und Verteidigung zu wählen hatte; z.B. für die Vereinigten Staaten im schicksalshaften Winter 1946/47 -, manchmal ist er viel breiter, wie z.B. für das nationalsozialistische Deutschland zwischen 1935 und 1939. Das zweite Element ist ebenso wichtig, wird aber nicht immer so gut verstanden. Wenn man den Entscheidungsvorgang zum Zentralpunkt des Verständnisses der Außenpolitik macht, so besteht die Gefahr, daß die Aufmerksamkeit darauf konzentriert wird, wie die Entscheidung zustande kommt, während vernachlässigt wird, was nach der Entscheidung geschieht. Nun werden Entscheidungen stets im Hinblick auf ihre Auswirkung getroffen und sind nicht wie Steine, die ins Wasser

---

[5]   Stanley Hoffmann u.a., In Search of France, Harvard University Press 1963, S. 74.

geworfen werden, um für kurze Zeit die Wellen zu kräuseln und ohne weiteren Effekt auf den Grund zu sinken. Sie sollen vielmehr, wie Malraux gesagt hat, eine Narbe auf dem Antlitz der Geschichte hinterlassen. Die Macht ist nicht nur Bestand, den man auf Lager hält und liebevoll zu vermehren trachtet. Sie ist eine Beziehung; sie ist die Kunst, andere zu bewegen. Ein Bestand, der leicht vermehrt, aber nicht verwendet werden kann, eine Entscheidung, die in völliger Freiheit, aber ohne Auswirkung getroffen werden kann - das sind Symbole der Frustration. Die Freiheit, die der Staatsmann meint, ist die Freiheit der *wirksamen* Handlung; die Entscheidung, die er treffen will, ist jene Entscheidung, die am ehesten geeignet ist, andere (oder sein eigenes Volk) so zu beeinflussen, wie er es wünscht; die Effektivität der Handlung liegt in der Kunst, das eigene Ziel so zu erreichen, daß es den Interessen anderer dient.

Die Bedeutung dieser beiden Elemente ist deshalb zu betonen, weil zwischen ihnen häufig eine Diskrepanz oder ein Mißverhältnis besteht. Oft findet der Staatsmann in einer Umwelt, die den Handlungsbereich erheblich einschränkt und in der die Handlung weitgehend von äußeren Mächten und inneren Reflexen und Impulsen vorgeschrieben wird, seine größte Chance zur Bewegung anderer und zur Formung der Welt: Hierin liegt meines Erachtens die Größe Churchills im Jahre 1940. Zu anderen Zeiten, in denen die Unbestimmtheit groß ist und die inneren und äußeren Kräfte genügend komplex und widersprüchlich sind, um dem Staatsmann Freiheit zu lassen, ist er vielleicht trotzdem nicht in der Lage, mehr zu tun, als nur an der Oberfläche der Geschichte zu wirken - weil entweder die Welt wie eine von Zäunen, Hecken und dichten Wäldern überzogene Landschaft ist, die den Lauf des Entdeckers anhält oder verlangsamt, oder weil der Staatsmann nicht die Energie und Elastizität besitzt, um seine Politik wirksam zu verfolgen. Deshalb müssen wir bei der Betrachtung des internationalen Systems daran denken, daß einige seiner Merkmale bestimmte Möglichkeiten beinhalten oder ausschließen, während andere zwar keine zwingende Kraft besitzen, aber trotzdem den Erfolg der getroffenen Entscheidungen erheblich beeinträchtigen können. Und wenn wir die innenpolitische Situation betrachten, müssen wir daran denken, daß einige ihrer Faktoren in gleicher Weise die Entscheidungsfreiheit beeinträchtigen, während andere die Effektivität der getroffenen Maßnahme beeinträchtigen.

[...] In erster Linie beabsichtige ich, das gegenwärtige internationale System *als Ganzes* zu untersuchen und mich nicht auf diejenigen Segmente des Systems zu konzentrieren, aus denen das westliche Bündnis oder der sogenannte Sowjetblock oder die Dritte Welt besteht. Denn ich halte an der Überzeugung fest, daß jeder Teil eines "sozialen Ganzen" am besten dadurch verstanden wird, daß das Ganze erfaßt wird; weniger abstrakt ausgedrückt: daß die Ereignisse, die zu weitreichenden Veränderungen innerhalb der beiden Lager im kalten Krieg geführt haben, allgemein und fundamental sind und am besten mit Hilfe des Systembegriffs analysiert werden können, um im Gelehrtenjargon zu sprechen.

Zweitens möchte ich die innenpolitische Ausgangslage für die amerikanische Politik - die amerikanische Lebensart und die amerikanischen Institutionen - untersuchen, um festzustellen, wie und in welchem Ausmaß die Werte, die Erfahrungen, die Traditionen, das Regierungssystem und die Bürokratie Amerikas das

Feld der Entscheidung und Wirksamkeit der Einflüsse beeinflussen. Hierbei werde ich bewußt und durchgängig das Negative betonen, eben weil es mein Ziel ist, so deutlich wie möglich aufzuzeigen, was unsere Entscheidungen und ihre Wirksamkeit begrenzt.

Drittens werde ich zum internationalen Milieu zurückkehren, diesmal speziell zum westlichen Bündnis; ich werde den Einfluß des gegenwärtigen internationalen Systems auf die politischen Beziehungen zwischen den Vereinigten Staaten und ihren europäischen Bündnispartnern analysieren. [...]

Internationale Beziehungen und internationale Systeme

[...] Lange Zeit wurde das Studium der Weltpolitik nur im Rahmen der Diplomatiegeschichte mit ihrer Betonung der Analyse bestimmter Ereignisse und im Rahmen des Völkerrechts mit seinen normativen statt empirischen Verhaltensregeln betrieben. Als sich das Studium der Weltpolitik schließlich als Teil der politischen Wissenschaft etablierte, richteten sich die ersten Bemühungen zwangsläufig auf die Untersuchung ihrer dauernden Merkmale und nicht ihrer veränderlichen Konstellationen.[6] Erst in den letzten Jahren hat sich der Schwerpunkt von der akademischen Erörterung ihres unwandelbaren Wesens zu einer systematischen Analyse ihrer wiederkehrenden Einzelaspekte verlagert, Am ergiebigsten ist in diesem Zusammenhang wohl der Begriff des internationalen Systems.[7] Ein internationales System ist nach Raymond Arons Definition "die Gesamtheit der politischen Einheiten, die regelmäßigen Beziehungen miteinander pflegen und in einen allgemeinen Krieg hineingezogen werden können"[8].

Die Idee des internationalen Systems beruht auf einer Analogie zum innenpolitischen System: beide "Systeme" sind gedankliche Konstruktionen - d.h. analytische Parameter - und konzentrieren sich auf einige Schlüsselfaktoren, die auf bestimmten Postulaten beruhen: daß das Chaos der politischen Daten geordnet werden kann, daß zwischen den einzelnen Teilnehmern ein deutlich erkennbares Muster von Beziehungen besteht, daß die wichtigsten Größen ohne Willkür ausgesondert werden können und daß Veränderungen der einen Größe deutlich wahrnehmbare Rückwirkungen auf die anderen Größen hervorrufen. Die Vorstellung eines internationalen Systems ist verschwommener als die des innenpolitischen Systems, da die akademische Konstruktion womöglich weiter von der politischen Realität entfernt ist, insbesondere von der Realität, wie sie den Teilnehmern entgegentritt. In der Innenpolitik schaffen das Territorium, die staatlichen Institutionen und die Gesetze eines Bezugsrahmen, der dem System eine festum-

---

[6] Dies wurde von so ausgezeichneten Gelehrten wie Hans J. Morgenthau und Arnold Wolfers getan.

[7] Eine weitere Darlegung dieses Standpunktes findet sich bei Stanley Hoffmann, The State of War, Kap. 4; Stanley Hoffmann, Contemporary Theory in International Relations, Englewood Cliffs, New York 1960; vgl. ferner: Morton Kaplan, System and Process in International Politics, New York 1957; Ernst B. Haas, Beyond the Nation-State, Stanford University Press 1964.

[8] Raymond Aron, Peace and War: A Theory of International Relations, New York 1966, S. 94.

rissene Bedeutung, klare räumliche Grenzen und leicht erkennbare zeitliche Fristen verleiht. Das internationale System ist schwerer abzugrenzen. Vor allem läßt seine Dezentralisierung es problematisch erscheinen, ob sich der Staatsmann der Existenz dieses Systems bewußt ist; und die Festlegung seiner zeitlichen und räumlichen Grenzen ist eine recht akademische Entscheidung, die weitgehend von der Auswahl der wesentlichen Größen abhängt.

Dennoch ist der Begriff "internationales System" von einem gewissen Nutzen, solange man sich folgendes vor Augen hält: I. daß sein eigentlicher Zweck darin besteht, beim Verstehen konkreter historischer Tatbestände zu helfen; 2. der richtige Weg, diesen Zweck zu erreichen, ist die Analyse "nicht nur der Beziehungen zwischen Abstraktionen, von denen man annehmen kann, daß sie die Beziehungen zwischen Nationen zusammenfassen"[9]; und 3. der Begriff soll beschreiben, nicht vorschreiben. Nichts wäre falscher als die Annahme, daß das internationale System eine Art Monstrum mit einem eigenen unbeugsamen Willen ist und daß die variablen Elemente so zusammenwirken, daß das Ergebnis ihres Zusammenwirkens genau festliegt, daß die Teilnehmer vom System so beherrscht werden, daß ihre Handlungen bloße Reaktionen auf sein beherrschendes Verhalten sind oder Beispiele für Bedeutungslosigkeit oder Selbstzerstörung, sobald sie gegen die Logik des Systems verstoßen. Denn "es ist weder möglich, diplomatische Vorgänge aus der Analyse eines typischen Systems vorherzusagen, noch kann man dem Fürsten einen Leitfaden geben, der aus der Art des Systems folgt"[10], eben weil die Grenzen nicht starr sind, weil die variablen Größen so zusammenwirken, daß Raum für Manöver und die geschickte Ausnutzung von Situationen bleibt, und weil die Analyse von Systemen von allgemeinen Eigenschaften handelt und nicht von speziellen Vorgängen.

Der Staatsmann wird zweifellos fragen, welchen Nutzen der Begriff unter diesen Umständen für ihn hat. Die Antwort ist leicht: Die Systemanalyse ist nur auf einem bestimmten Abstraktionsniveau möglich, und ihr Nutzen liegt darin, daß sie die Grenzen des Determinismus und den tatsächlichen Entscheidungsspielraum aufzeigen kann. Ein Politiker, der die Grundregeln eines politischen Systems verletzt (z.B. ein amerikanischer Präsidentschaftskandidat, der "eine Entscheidung und kein Echo" verspricht) ist nicht unweigerlich zum Scheitern verurteilt; aber die Kenntnis der Regeln sollte ihn davon überzeugen, daß die Aufgabe, die er sich gestellt hat, nur unter bestimmten Umständen und nach Überwindung großer Widerstände gelöst werden kann. Der Hauptzweck der folgenden etwas abstrakten analytischen Übung besteht darin, die letztlichen Gründe der äußeren Schranken der amerikanischen Handlungsfreiheit zu erhellen.

Obwohl die Lehre von den internationalen Beziehungen noch in den Anfängen steckt, kann bereits eine einfache Typologie der zwischenstaatlichen Systeme aufgestellt werden, die aus zwei Kategorien besteht: gemäßigte und revolutionäre Systeme. Wir haben es hier selbstverständlich mit Idealtypen zu tun: keine tatsächliche internationale Konstellation war durchwegs gemäßigt (jede endete ent-

---

[9] E.B. Haas, Beyond the Nation-State, S. 53.
[10] R. Aron, Peace and War, S. 32.

weder in einem allmählichen Niedergang oder in einem schrecklichen Fiasko) oder durchwegs revolutionär (es gab stets Kräfte, die ein Minimum an Mäßigung mit sich brachten). Aber diese Idealtypen helfen uns, die tatsächlichen konkreten Konstellationen zu verstehen. Das Kriterium, das ich für sie vorschlage, ist das Wesen der verfolgten Ziele und der angewendeten Methoden.

Der Idealtyp eines gemäßigten Systems ist der des sogenannten Mächtegleichgewichts, in dem sich die wichtigsten Komponenten so verhalten, daß sie ihre Ambitionen und Chancen gegenseitig im Zaum halten, ein ungefähres Gleichgewicht der Macht untereinander aufrechterhalten und die Gewaltanwendung möglichst vermeiden. Zu seinen Grundbedingungen gehört die Multipolarität (das Vorhandensein von mehr als zwei Großmächten) und eine internationale Legitimität, die zumindest bestimmte Regeln der Konkurrenz enthält und in der Ähnlichkeit der Regime begründet ist. Das System des Mächtegleichgewichts muß also multipolar und homogen sein.

Hier interessiert uns die Stellung einer Großmacht in diesem System (England im 17. Jahrhundert, das Deutsche Reich unter Bismarck). Die Dynamik des Systems beschränkt eine solche Macht erheblich, entweder durch Selbstbeschränkung aufgrund der klugen Voraussicht der ungünstigen Reaktionen auf eine abenteuerliche Politik oder aufgrund tatsächlicher Reaktionen auf eine solche Politik. Mangelnde Zurückhaltung wäre nämlich sehr kostspielig; deshalb begünstigt das System eine Politik des Mächtegleichgewichts, so daß diese Kosten selbst dann vermieden werden, wenn das Ziel einer jeden einzelnen Macht keineswegs die Aufrechterhaltung des Systems ist. Infolgedessen pflegen die wichtigsten Einheiten gemäßigte Ziele mit gemäßigten Mitteln zu verfolgen. Ihre Außenpolitik ist durch friedliche Methoden gekennzeichnet und ihre zwischenstaatlichen Beziehungen durch begrenzte Kriege. Andererseits gleichen versteckte Vorteile diese Ungereimtheiten aus. Da ist zunächst der Vorteil der Hierarchie: Ein System des Mächtegleichgewichts bringt die kleineren Staaten in eine Art kollektiver Vormundschaft der Großmächte, die eine durch gegensätzliche Bestrebungen gespaltene, aber nicht in permanenter Feindschaft lebende Gesellschaft bilden (so daß sie es nicht nötig haben, bei den kleineren Staaten um Anhänger zu werben); die Großmächte aber sind durch eine Art geheimen Einverständnisses, ein gemeinsames Großmachtinteresse miteinander verbunden. Ein weiterer Vorteil ist die Möglichkeit flexibler Bündnisse: Bei der Verfolgung gemäßigter Bestrebungen oder beim Versuch, die überspannten Ambitionen anderer Mitglieder des Systems zu zügeln, kann jeder Staat sozusagen auf der Basis eines rotierenden Systems sich der Unterstützung seiner Rivalen versichern; denn dank seiner Homogenität funktioniert das System des Mächtegleichgewichts ohne Rücksicht auf Innenpolitik und Ideologie. Zusammenfassend kann man sagen: Wenn die Bedingungen ideal sind, hat jede Macht einen beträchtlichen Entscheidungsspielraum, aber ihre Fähigkeit zu wirksamen Maßnahmen hängt entweder von ihrer Bereitschaft zu einer maßvollen Politik der Vermeidung der üblen Folgen einer Machtüberschreitung ab oder von ihrer Fähigkeit, die Flexibilität der Bündnisse auszunutzen, um ihren Rivalen die Möglichkeit zu nehmen, sich ihr entgegenzustellen.

Eine ähnliche Mischung von positiven und negativen Zügen kennzeichnet das Gesamtsystem. Selbst wenn alle Grundbedingungen für sein erfolgreiches Funktionieren erfüllt sind, ist das Gesamtsystem labil, weil die in seinem Wesen liegende Unsicherheit immer wieder zu Kriegen führt, die daraus entstehen, daß die Staaten bei der Verfolgung ihrer jeweiligen Ziele ihre diplomatische Handlungsfreiheit ausnutzen, um die Grenzen, die ihnen der Mechanismus des Systems normalerweise aufzwingt, zu testen und zurückzuschieben. Es ist auch deshalb labil, weil die erfolgreiche Durchkreuzung von Großmächteplänen diese Mächte dazu verführt, Maßnahmen zu ergreifen, die das System aushöhlen. Trotzdem ist das System gemäßigt (insbesondere, weil es viele Kriege verhindert und die wirklich ausbrechenden Kriege begrenzt) und flexibel (weil es drastische Veränderungen der inneren Merkmale einer jeden nationalen Einheit ebenso aushält wie beträchtliche Neuverteilungen der Macht unter den wichtigsten Einheiten).

Von den *revolutionären Systemen* gibt es verschiedene Arten. Ihr gemeinsames Merkmal ist eine breite Streuung nationaler Ziele, tyrannische Herrschaft der Außenpolitik über die Innenpolitik, die Anwendung ungezügelter Mittel, ein Mangel an Neutralität, eine Inflexibilität der Bündnisse und eine Übertreibung wie auch Unterwanderung der internationalen Hierarchie. Ein solcher revolutionärer Typ ist das bipolare System. Hier verfolgt jede der beiden Hauptmächte sehr verschiedenartige Ziele mit allen ihr zur Verfügung stehenden Mitteln: auf den ersten Blick scheint daher ihre Handlungsfreiheit viel größer zu sein als in einem System des Mächtegleichgewichts. In Wirklichkeit ist jedoch der Freiheitsbereich viel enger, da jeder der beiden Rivalen kaum eine andere Wahl hat, als gegenüber dem anderen Rivalen eine feindliche Politik einzuschlagen, während in einem System des Mächtegleichgewichts die größeren Einheiten zwischen (vorübergehender) Feindschaft und Freundschaft entscheiden können. Ferner führt diese vollkommene Konkurrenz zu einem Wettstreit um Bündnispartner, der die Hierarchie dadurch untergräbt, daß er jede der beiden Mächte weitgehend von der Unterstützung (oder zumindest Neutralität) dritter Staaten abhängig macht. Während die kleineren Staaten einer direkten oder indirekten Beherrschung eher unterliegen als in einem funktionierenden Gleichgewichtssystem, bietet ihnen die Situation auch Möglichkeiten der Erpressung, die im Gleichgewichtssystem nicht vorhanden sind.

Innerhalb dieser klaren Grenzen besitzen also die beiden Mächte aufgrund ihrer ungezügelten Macht einen beträchtlichen Handlungsspielraum. Aber es geht dabei sozusagen um eine vertikale Handlung - die Großmächte können sich auf die kleineren Staaten zu und zwischen denselben bewegen (selbst wenn der letztliche Zweck in der Beeinflussung des Gegners liegt) - und nicht um jene horizontale Handlung (Bewegungen in Richtung auf und zwischen den übrigen Mitgliedern eines Großmächtekonzerts), die das typische Merkmal des Gleichgewichtssystems ist. Das System selbst ist unstabil, da beide Lager versuchen, ihren inneren Zusammenhalt angesichts der ständigen Feindschaft zu bewahren und den des Gegners zu zerstören. Ein weiteres Merkmal dieses Systems ist seine Inflexibilität. Deshalb führt der mit ihm verbundene ungezügelte politische Wettstreit leicht zu einem Weltkrieg, wenn die Eskalation nicht gestoppt wird.

Im multipolaren System genießt eine Großmacht den Vorteil, daß sie zusammen mit ihren Rivalen das gesamte internationale Milieu beherrscht, so daß die Frustrationen der mehr oder weniger freiwilligen Selbstbeschränkung durch die hohe Verantwortung und den geringen Grad der Unsicherheit aufgewogen werden. Im bipolaren System genießt die Großmacht innerhalb ihres eigenen Lagers das nicht immer ungetrübte Glück der Hegemonie, aber dieses wird durch die Risiken der völligen Unsicherheit aufgewogen. In beiden Fällen ist der Krieg ein integrierender Bestandteil des Systems. Im System des Mächtegleichgewichts muß die Großmacht Gewalt anwenden, um Kriege innerhalb des Systems zu führen, sobald sie aufgrund ihrer eigenen Zielvorstellungen zu Recht oder Unrecht davon überzeugt ist, daß die Vorteile dieser Maßnahme größer sein werden als der Schaden, den die Reaktion des Gegners verursacht. Sie muß auch Kriege für das System führen, um die Absichten eines Gegners zu durchkreuzen, dessen Handlungen das Gleichgewicht der Mächte zu zerstören drohen. Im bipolaren System braucht jede Großmacht die militärische Stärke, um notfalls ihren Willen im eigenen Lager durchzusetzen und um dem Rivalen entgegenzutreten, wenn sich eine unmittelbare Konfrontation ergibt.

Sowohl Gleichgewichts- als auch revolutionäre Systeme sind Idealtypen diplomatischer Konstellationen, in denen mindestens zwei rivalisierende Großmächte vorhanden sind, ohne die anderen Einheiten nach Größe und Reichtum weit in den Schatten zu stellen. Ein anderer Idealtypus wäre der des Imperialsystems: ein Imperium kann definiert werden als "ein Staat, der andere Staaten in bezug auf Größe, Einfluß, Macht und Sendungsbewußtsein übertrifft"[11]. In einem Imperialsystem werden die internationalen Beziehungen hierarchisch von der Politik des Imperiums gegenüber seinen abhängigen Staaten und von gelegentlichen Bedrohungen des Imperiums durch Rebellen im Inneren oder andere Staaten und Imperien bestimmt. Zwar muß auch die imperiale Macht mit der Zwangsgewalt sparsam umgehen, aber sie verfügt doch über einen breiten Handlungsspielraum und einen hohen Effektivitätsgrad ihrer Maßnahmen. Die Stabilität des Systems hängt davon ab, ob das Imperium im Inneren in der Lage ist, sich an gewandelte Verhältnisse anzupassen (insbesondere solche, die seine eigene Ausdehnung geschaffen hat) und den sozialen Wandel in die richtige Bahnen zu lenken sowie davon, ob es äußere Bedrohungen ohne allzu großen Machteinsatz und ohne Erschütterung des inneren Zusammenhalts abwehren kann. [...]

Noch nie war die internationale Politik so wichtig für so viele Staaten, aber noch nie war sie auch so schwierig. Die verschiedenen Formen der Macht können erfolgreicher als je zuvor eingesetzt werden, um einem anderen Staat die Erlan-

---

[11] Eine anregende Diskussion findet sich bei: George Liska, Imperial America: The International Politics of Primacy, Studies in International Affairs 2, Washington, Center of Foreign Policy Research, School of Advanced International Studies, The Johns Hopkins University, Baltimore 1967; das Zitat befindet sich dort auf S. 9. Einige der von Liska angeführten Kriterien der imperialen Weltpolitik gelten auch für bipolare Systeme, in denen die "Pole" keine Weltreiche sind, sondern Hegemonialmächte wie Athen und Sparta: z.B. die Tatsache, daß Rolle und Status anderer Staaten durch ihre Relation zur herrschenden Macht (oder zu den herrschenden Mächten) definiert werden, und die Tatsache, daß Bündnisse sowohl Kontrolle als auch Konflikte bewirken.

gung von Vorteilen durch Gewalt zu verwehren. Für die Supermächte und ihre Verbündeten bewirkt dies die Abschreckung auf der atomaren Ebene wie auf der Ebene der konventionellen Macht; und ein begrenzter "Abwehreinsatz" der Zwangsgewalt hat in vielen Fällen die Versuche, gewaltsam zum Ziele zu gelangen, zunichte gemacht. Die Faktoren, die es den Supermächten verwehren, ihren gewaltigen Militärapparat zu anderen Zwecken auszunutzen, erhöhen gleichzeitig die Fähigkeit der kleineren Staaten, ihre eigene Macht zur Abwehr gegen die Supermächte und ihre Verbündeten einzusetzen. Wenn die Klauen des Adlers beschnitten sind, kann die Taube ihr Leben retten. Auf der Ebene der konventionellen Macht ist bei den Zusammenstößen zwischen jenen kleineren Staaten Israels Blitzkrieg im Jahre 1967 der einzige Fall, in dem Erfolge durch Gewaltanwendung errungen wurden; dies beruhte jedoch auf ganz außergewöhnlichen Vorteilen und Umständen. Erst auf der Ebene unterhalb der konventionellen Militärmacht ist die Gewaltanwendung weiterhin erfolgreich geblieben und ist die negative Gewaltanwendung - zum Zwecke der Abschreckung oder "Abwehr" - am wenigsten erfolgreich gewesen. Aber erfolgreiche Gewaltanwendungen zum Zwecke der Erzielung politischer Erfolge ereigneten sich hauptsächlich im Falle von Aufständen gegen eine Fremdherrschaft, wenn das betreffende Volk einen Nationalstaat schaffen wollte. Sobald dieses Ziel erreicht war, konnten in dem neuen Staat selbst durch Subversion kaum noch Erfolge errungen werden.

So können Erfolge - nicht gerade ein untergeordneter Aspekt der Außenpolitik - hauptsächlich nur noch durch den Einsatz subtilerer Formen der Macht als der bloßen militärischen Macht errungen werden, nämlich durch Drohungen und Belohnungen, durch gewaltlose, aber überaus wirksame Methoden der "informellen Durchdringung". Die Wirkung solcher Techniken ist zweifellos beträchtlich, wenn hinter ihnen eine riesige Militärmacht als Reserve steht und wenn sie sich auf riesige wirtschaftliche Hilfsquellen stützen können. Trotzdem werden auch sie von dem Einfrieren der reinen militärischen Stärke berührt; denn in einem dezentralisierten internationalen Milieu ist es für Staaten, die nicht mehr ohne weiteres Gewalt anwenden dürfen, recht schwer, Erfolge zu erzielen. Ebenso wie die neuen Bedingungen der Gewalt zu einer Inflation der Machtwährung führen, erhöhen sie die Wirksamkeit der Defensive gegenüber der Offensive (obwohl sie, wie bereits bemerkt, den kleinen Staaten Offensivchancen bieten). [...]

Die allgemeine Teilnahme der Staaten an diesem nunmehr weniger gespannten System ermöglicht das Wiederauftreten lang unterdrückter Streitfragen und Differenzen, die notwendigerweise in den Hintergrund getreten waren, solange dringende und schwerer wiegende Sorgen die Welt beherrschten, d.h. entweder der kalte Krieg oder der Kampf gegen den Kolonialismus. Heute finden wir an Stelle einfacher Allianzen, in denen verschiedene Perspektiven und Ziele einem gemeinsamen, unmittelbaren Zweck untergeordnet sind, ein reiches und üppiges Wuchern subtiler und sich verändernder Allianzen und ein Überwiegen gemischter Interessen gegenüber der früher herrschenden scharfen Trennung zwischen Freund und Feind. Die Stabilität des nuklearen Gleichgewichts des Schreckens gibt den kleineren Mächten, die unter der Obhut oder im Schatten der beiden Giganten leben, den Luxus von eigenen Zwistigkeiten und Rivalitäten wieder zurück. Ihre Streitigkeiten, die mit Gewalt nicht gelöst worden sind, aber für eine vertragliche Lösung zu heftig sind, schwelen weiter und provozieren immer wieder Proben der Entschlossenheit ohne entscheidendes Resultat: Im Nahen Osten, in Zypern oder in Kaschmir. Das internationale System der Gegenwart, das Kriege verdammt, Revolutionen aber gestattet (solange sie nicht allzu offensichtlich an der Rivalität zwischen dem Kommunismus und seinen Gegnern teilhaben), verschlingt Regierungen mit großem Appetit, erhält aber diese ungesunden Situationen, lebensunfähigen Staaten und fiktiven Nationen. Gewaltige innere Transformationen, ein weltweiter Prozeß der Entwicklung, die Auflösung von Weltreichen, revolutionäre Bedingungen, Rivalitäten auf Tod und Leben - all das scheint paradoxerweise zu einem internationalen System zu führen, das diese Vorgänge durch eine gewisse Unparteilichkeit mäßigt und sie zugleich in die Länge zieht. Konfrontationen und Krisen ereignen sich, als ob sie die Langeweile unterbrechen und die Teilnehmer daran erinnern sollten, wie schrecklich es wäre, wenn eine echte internationale Bewegung wieder möglich würde, oder wie gefährlich es wäre, wenn die unbeweglichen Akteure wieder dem Feind mit der geballten Faust ins Gesicht schlügen. [...]

Im internationalen System der Gegenwart ist die Macht dezentralisiert, das einstmals homogene System ist in eine Anzahl von Subsystemen aufgeteilt, die Zahl der Akteure ist groß, und die Faktoren, die ihre Politik bestimmen, sind zahlreich. Die Fähigkeit eines jeden Staates, andere Staaten entscheidend zu beeinflussen, ist begrenzt, insbesondere in bezug auf positive Erfolge. Selbstverständlich können die Supermächte dank ihrer enormen Hilfsquellen in fast allen Subsystemen präsent sein, während kleinere Staaten ihren Horizont begrenzen müssen. Aber auch an einem unbegrenzten Horizont geht vielleicht die Sonne des vollen Erfolgs niemals auf; denn erste Pflicht der Großmacht ist es, andere davon abzuhalten, sich in die falsche Richtung zu bewegen. [...]

Aus Gründen des Systems wie auch aus nationalen Gründen haben sich die Einsätze des internationalen Konkurrenzkampfes in zweierlei Weise verändert. Erstens überwiegen heute die Milieuziele gegenüber den Besitzzielen. Die Staaten wollen vor allen Dingen[12] die innerstaatliche "Umwelt" formen, die die Lenkung der auswärtigen Angelegenheiten beeinflußt (so erstreben z.B. die Vereinigten Staaten die Errichtung und Festigung moderner und gemäßigter Regierungen in unterentwickelten Ländern und die Beendigung der Ausbreitung des Kommunismus), und erst dann wollen sie ein günstiges internationales Milieu schaffen (z.B. durch Maßnahmen der Rüstungskontrolle oder durch die Förderung des friedlichen Wandels - oder der gewaltsamen Revolution - oder durch Entwicklungspläne).

Zweitens überwiegt hinsichtlich der Mittel die sogenannte internationalisierte Weltpolitik: Die Verlagerung der Macht von der Eroberung zur Subversion und die Verwandlung des Krieges in ein legitimes Anhängsel der Revolution gehören ebenso hierher wie die Anwendung einer Vielzahl von gewaltlosen Techniken der

---

[12] Ich meine damit die von ihnen selbst erstrebten Ziele und nicht nur den erfolgreichen Ausschluß anderer von diesen Zielen.

"informellen Durchdringung", die von Kulturprogrammen bis zur Wirtschaftshilfe, von militärischer Unterstützung und der Ausbildung von Verwaltungsbeamten bis zur Belohnung und Finanzierung freundlicher oder potentiell freundlicher Führer oder Gruppen oder der Kontrolle durch "Front-Organisationen" reichen.

Diese beiden Veränderungen sind der unvermeidliche Ausgleich für die Unerreichbarkeit von Besitzzielen und die Frustrationen der internationalen Beziehungen. Ein Staatsmann, der die Macht seines Landes produktiv und positiv einsetzen will und feststellt, daß die unmittelbare Kontrolle der Ereignisse oder die Einflußnahme auf andere nicht möglich ist, wird nach mittelbaren Kontrollen der Intervention Ausschau halten und seine Erfolge im Sinne von Milieuzielen definieren. [...]

Diese Veränderungen machen die internationale Politik zu einer flüchtigeren und zugleich beständigeren Sorge und Faszination, einem mehr verallgemeinerten und permanenten "Engagement" der meisten Staaten. Die wirtschaftliche und militärische Abhängigkeit der Supermächte von der übrigen Welt ist vielleicht gering, aber die Veränderung der Einsätze verstreut und verstärkt ihr Engagement; die kleineren Mächte aber, die nur begrenzte Besitzziele erstreben, geringe Mittel besitzen und materiell von den größeren Staaten abhängig sind, können trotzdem ihr eigenes Spiel auf dem neuen Schachbrett spielen.

Diese Veränderung kann auch als Streben nach der Wiederherstellung der Mobilität eines Systems gesehen werden, das ohne dieses Streben zum Stillstand verurteilt wäre - und zwar mit geringem Aufwand. Wenn man den Sieg der antikolonialen Kräfte in ganz Afrika oder des Kommunismus (oder des demokratischen Pluralismus) in der ganzen Welt als "nationales Ziel" aufstellt, so verwendet man eine lange Zeitperspektive und angenehm undeutlichere Kriterien des Erfolges, selbst wenn Macht angewendet wird, während die herkömmlichen Besitzziele ziemlich enge Zeitspannen umfaßten und den Führern keinen Raum zum Ausweichen ließen. Entweder man erreichte, was man wollte, oder man unterlag. Bei den Milieuzielen kann ein Führer stets erklären, er sei mit den bisherigen (positiven oder negativen) Ergebnissen zufrieden; per definitionem ist die Aufgabe niemals gelöst - es gibt stets Neokolonialisten, Neoimperialisten oder Reaktionäre und neue Bedrohungen der Demokratie -, und deshalb wird man nie in der peinlichen Lage sein, neue Ziele erfinden zu müssen. Außerdem entfernt sich das Milieuziel wie eine Fata Morgana, je mehr man sich ihm nähert, und vor allem ist man zur Erreichung solcher Ziele auf die Mithilfe anderer angewiesen, so daß jeder Fehlschlag den anderen zugeschrieben werden kann und der eigene Beitrag nicht allzugroß zu sein braucht. Auch das Interventionsspiel bringt die Erregung der unmittelbaren Aktion und der unbegrenzten Möglichkeiten. Da es um die Beeinflussung von Kräften geht, die man nicht vollständig kontrolliert (solange die Fassade der Souveränität erhalten bleibt), wird man, soviel Geschicklichkeit man auch entwickelt, immer noch mehr Geschick zeigen müssen. Während diplomatische oder konventionell-militärische Niederlagen im allgemeinen unmißverständlich sind, können Niederlagen in diesem neuen Spiel leicht als vorübergehende Rückschläge von geringer Bedeutung für die Lebensinteressen des Staates dargestellt werden. Ein kluger Analytiker hat gemeint, daß eine solche

Politik das Disengagement nach einem allzu starken "Einsteigen" ermöglicht.[13] Je mehr verdeckte Intervention im Spiele ist, desto leichter können die Rückschläge verheimlicht werden.

So sind die beiden Veränderungen in Zielen und Mitteln Korrektive oder Korrektivversuche angesichts des Überwiegens der Abwehrerfolge gegenüber dem Gewinnen. Aber diese indirekten Arten, positive Erfolge zu erringen, sind noch weniger befriedigend als die alten direkten Arten; heute ist die positive Machtproduktivität viel unsicherer als die negative; denn dieser Versuch, die Mobilität des Systems wiederherzustellen, kann gerade deshalb letztlich nicht erfolgreich sein, weil die Kriterien so unbestimmt sind und das gesamte Unternehmen eine Sisyphusarbeit ist. Bewegung ist durchaus vorhanden, aber es ist kein Fortschritt in eine bestimmte Richtung. Kein einziger Staat kann für sich allein das internationale Milieu verändern oder die inneren Angelegenheiten anderer Staaten in dem Maße kontrollieren, daß er einen echten Durchbruch erringt - deshalb der Gegensatz zwischen nervöser Betriebsamkeit und langsamem Fortschritt.[14] Trotzdem finden Veränderungen statt, und wir haben oft ihre Bedeutung hervorgehoben. Woher kommen sie also?

Sie beruhen auf zwei Ursachen. Die eine liegt in den großen "Konfrontationen", die den großräumigen Krieg verdrängt haben - die Situationen der akuten Spannung wie im Koreakrieg, in der Berlinkrise, der Kubakrise und in Vietnam. Diese Prüfsteine der Entschlossenheit sind die kleinen Münzen der traditionellen Kriege. Paradoxerweise helfen sie den Antagonisten kaum, ihre Besitzziele zu erreichen, weil eben die Abwehr (durch Verteidigung, Abschreckung oder Zwangsbereinigung) vorherrscht. Aber sie verändern das Milieu. Der Koreakrieg stärkte die NATO und störte mittelbar den Prozeß der europäischen Integration, obwohl er weder den Nordkoreanern noch den Streitkräften der Vereinten Nationen das ganze Korea in die Hände gab. Die Kubakrise verschaffte den Sowjets keinen Stützpunkt in Kuba und gab den Vereinigten Staaten keine Möglichkeit, Castro zu beseitigen, aber sie hatte gewaltige Rückwirkungen in beiden "Blöcken" - indem sie zur Desintegration des kommunistischen beitrug und den westlichen erheblichen Belastungen aussetzte - und sie verwandelte das Klima der amerikanisch-sowjetischen Beziehungen und führte zu Übereinkünften, die vorher blockiert gewesen waren. Die Konfrontationen sind wie Kieselsteine, die in einen Teich geworfen werden: Die Steine verschwinden, aber die Wellen ziehen noch lange ihre Kreise.

Die zweite große Ursache der Veränderung sind die Wechselfälle der Innenpolitik. Innenpolitische Veränderungen, insbesondere Revolutionen (wie etwa die chinesische oder die kubanische) erreichen das, was die Intervention zu erreichen versucht. Sie bestimmen die "Position" der Akteure und rufen politische Führer

---

[13] Andrew M. Scott, The Revolution in Statecraft, New York 1965, S. 162 ff.
[14] Auch hier ist die Nahostkrise von 1967 ein lehrreiches Beispiel: Die "Erwerbungen" Israels sind in erster Linie für die Verteidigung wertvoll; aber die positiven Ziele Israels - d.h. die Ziele, die über die Abdrängung des Gegners hinausgingen - waren Milieuziele, die nicht erreicht wurden.

auf die Bühne - oder von der Bühne weg -, deren Ziele, Ansprüche und Geschrei das internationale Milieu formen wollen oder geformt haben.

So ist letztlich die Gewalt noch immer die Hebamme der internationalen Gesellschaft. In den zwischenstaatlichen Beziehungen ist sie sozusagen der Ersatz der Götterdämmerung. Innerhalb der Staaten erlangt sie eine immer größere Bedeutung, als ob all das, was durch den Krieg verlorenging, durch Revolution gewonnen worden wäre. Was nun den Versuch betrifft, den Wandel zu fördern, um den Weg zum positiven Fortschritt zu öffnen und das mangelnde Gleichgewicht zwischen Abwehr und Gewinn wiederherzustellen, so bringt diese Gewalt den Staaten weniger Nutzen, als es früher häufig bei Kriegen der Fall war. Denn Konfrontationen berühren weniger den Besitz als vielmehr das Milieu, und zwar weitgehend unkontrollierbar. Je mehr die beiden Mächte ihre Konfrontationen kontrollieren, um den großen Krieg zu vermeiden - und so ihre negative Machtproduktivität einsetzen -, desto weniger sind sie in der Lage, die Auswirkungen auf das Milieu selbst zu manipulieren. Und die innerstaatliche Gewaltanwendung ist zwar häufig Gegenstand der Außenpolitik, gehorcht aber einer eigenen Dynamik.

Obwohl die neuen Ziele kein ausreichender Ersatz für die alten sein mögen und die neuen Wandlungsprozesse vielleicht noch weniger kontrolliert werden können als die alten, hatte das Streben nach Milieuzielen verbunden mit der Internalisierung der Weltpolitik zwei wichtige Rückwirkungen auf die Gestaltung der Außenpolitik. Die eine besteht darin, daß die symbolische Dimension der Außenpolitik immer größeres Gewicht erlangte. Herkömmlicherweise bildeten Symbole wie Ehre, Rang oder Prestige eine Art Heiligenschein um die Besitztümer eines Staates. Sie waren der immaterielle Ausfluß der materiellen Güter, die die Akteure besaßen (oder erstrebten). Heute ist das nicht mehr der Fall. Einer Großmacht können die Bibliotheken ihrer Auslandsinstitute verbrannt, ihre Diplomaten belästigt, ihre Wirtschaftsunternehmen enteignet werden, ohne daß sie deshalb ihr Gesicht verliert; und doch sind "Gesicht" und guter Ruf mehr denn je wichtige Objekte und Inhalte der Außenpolitik. Besitzziele können nicht ohne weiteres mit traditionellen Machtmitteln erstrebt werden, aber man kann immer noch versuchen, sie mit Geschick und Staatskunst sozusagen ohne Ballast in der Luft schweben zu lassen. Der gute Ruf, das persönliche Ansehen, die Ehrfurcht oder Sympathie, die durch Verhalten und Stil geschaffen werden, der Respekt, der einer Nation entgegengebracht wird - ein ganzes Arsenal von Symbolen kann immer noch als gängiges Zahlungsmittel der Macht benutzt werden.

Ferner erfüllen diese Symbole eine weitere Funktion: Je mehr man nach Milieuzielen strebt, desto wichtiger ist es, das Prestige zu besitzen, das andere dazu ermuntert, die eigenen Ideale nachzuahmen. Wenn die Wechselwirkung intensiver als je, die direkte Kontrolle über die Grenzen hinweg aber weniger häufig ist, muß die Führung hauptsächlich aus dem Aufstellen von Richtlinien bestehen, und das ist nur möglich, wenn derjenige, der die Richtlinien aufstellen will, respektiert wird. Das Prestige hängt jedoch weniger von den Besitztümern ab: Besitz und Ansehen sind zwei verschiedene Dinge. Ein Staat kann ein Weltreich verlieren und wegen der Art, wie er den Verlust trägt, Prestige gewinnen; er kann ein Weltreich mit Gewalt zusammenhalten und gerade deswegen sein Gesicht verlieren.

Wenn die Börse der Besitztümer lustlos ist, erhält die Börse der Symbole Auftrieb. Besitzziele führen zu einem Kampf um die Kontrolle knapper Güter; Milieuziele führen zu einem Kampf um die Gestaltung der internationalen Legitimität.

In bezug auf die Internalisierung[15] der Weltpolitik stellt die Verschleierung, die wegen der Illegitimität der offenen Manipulierung innenpolitischer Strukturen in dem unerbittlichen Druck auf die einzelnen politischen Gemeinschaften notwendig ist, einen weiteren Grund für die Inflation der Symbole dar. Kein Staat wagt es, den Sturz eines Regimes zu befürworten, das ihm unangenehm ist, aber keine offene Feindseligkeit zeigt; deshalb wird der Aufruf zur Veränderung auf allgemeine Werte und Symbole gestützt. Kein Staat wagt es, befreundete unabhängige Regierungen aufzufordern, einschneidende politische oder soziale Veränderungen herbeizuführen; deshalb kleidet sich die Aufforderung in rein technische oder vage symbolische Formulierungen.

Diese symbolische Dimension umfaßt nicht nur die Formulierung der Ziele, sondern auch den tatsächlichen Inhalt der Außenpolitik. Die Unterscheidung zwischen Taten und Worten verliert ihre Brauchbarkeit. Es pflegte richtig zu sein, daß die großen Mächte handeln, während die kleineren im wesentlichen nur reden konnten. Heute steht die spektakulärste aller Taten - die militärische Aktion - entweder unter strenger Kontrolle oder wird hauptsächlich zu Abwehrzwecken verwendet, die kleineren Staaten können durch Subversion oder diplomatisches Verhandeln manches erreichen, und Drohungen sind häufiger, produktiver und gleichmäßiger verteilt als "reale" Maßnahmen, und so hat jene Unterscheidung ihren Sinn verloren. Es ist recht zwecklos, als Kriterium der "Ernsthaftigkeit" die Frage zu stellen, wie viele Divisionen der Papst besitzt, wenn zur gleichen Zeit der Kaiser seine Divisionen kaum einsetzen kann oder sie in einen von Partisanen geschaffenen Morast schicken muß. Die Außenpolitik aller Staaten weist heute einen außerordentlich hohen Prozentsatz rein verbaler Politik auf. Der Zwist der Supermächte, der einen Endkampf ebenso ausschließt wie endgültige Regelungen, verurteilt jede von ihnen zu einer Politik der Proklamationen und Deklarationen für das Protokoll. Der allgemeine Wettlauf um Prestige (der durch eine allzu starke Gewaltanwendung verloren werden kann) und das Überwiegen der Einflußnahme und der Verwendung milderer Formen des Zwangs werten den Verbalismus auf. Die Bedeutung von Zeichen, Botschaften, Mitteilungen in Verhandlungssituationen, wie sie in der Gegenwart bestehen (gekennzeichnet durch gemischte Interessen und begrenzte Gewaltanwendung), bringt es mit sich, daß die verbale Politik wirklich eine Politik ist und insofern wichtiger ist als Handlungen, als sie das Verständnis des Gegners für die Haltungen und Reaktionen eines Staates beeinflussen kann. Was bedeutet Abschreckung, wenn nicht einen Nexus glaubwürdiger Drohungen, d.h. verbaler Politik? In Fragen wie der Wiedervereinigung Deutschlands, des westdeutschen Strebens nach Besitz oder Kontrolle von Nuklearwaffen, Frankreichs Rolle in der NATO, Chinas Beziehungen zu Sowjetrußland, Amerikas Beziehungen zu Rotchina, den strategischen Positionen der Supermächte charakterisiert eine Mischung von "Handlungen" (häufig innerhalb

---

[15] Verlagerung der Außenpolitik in die Innenpolitik.

des Staatsgebiets oder der Interessensphäre) und verbaler Politik das Verhalten aller interessierten Parteien, der großen wie der kleinen. Eine verbale Politik ist weitgehend ein Ersatz für Taten, die zum Untergang führen würden, ebenso wie das Wuchern der theoretischen Strategie in Friedenszeiten ein Ersatz für die strategische Handlung ist, die zur Katastrophe führen würde. In beiden Fällen teilt der Ersatz mehr mit als nur eine Geisteshaltung; er ist gleichzeitig Maßstab der Entschlossenheit.

Man versteht also, warum ein Autor,[16] allerdings irrtümlicherweise, gemeint hat, daß bei der Analyse der internationalen Beziehungen das alte "Machtmodell" durch ein "Kommunikationsmodell" ersetzt werden sollte. Die gegenwärtige Bedeutung der Kommunikationen ist ein unmittelbares Ergebnis der Revolution der Gewaltanwendung. Die Beeinflussung anderer bleibt der Hauptgegenstand der Weltpolitik, aber die Betonung liegt jetzt auf indirekten psychologischen Arten der Beeinflussung anderer. Die Kommunikationen gedeihen, weil sie das neue und notwendige Instrument für die Ausübung der Macht unter den Bedingungen der Gegenwart sind. Und Kommunikationen und Zeichen werden im neuen internationalen System von Bedeutung bleiben, selbst wenn die Revolution der Gewaltanwendung irgendwie rückgängig gemacht werden sollte, weil einfach die Zahl der Akteure im diplomatischen Feld so groß ist, die Beziehungen so gespannt und die Arten der Interdependenz so mannigfaltig sind.

Die zweite Auswirkung des Strebens nach Milieuzielen und der Internalisierung der Weltpolitik auf die Gestaltung der Außenpolitik möchte ich als Inflation der persönlichen Talente bezeichnen. Die Geschicklichkeit des Diplomaten, vom Staatsmann bis zum kleinsten Funktionär, war stets für die Außenpolitik von ausschlaggebender Bedeutung. Aber die materielle Macht konnte Lücken in der Fähigkeit zur Zwangsdurchsetzung ausfüllen. Heute ist angesichts der schwindenden Bedeutung unmittelbarer und gewaltsamer Aktionen und jener Art der Diplomatie, die (mehr oder weniger verhüllt) auf dem Vorhandensein einer höchst überzeugenden ultima ratio beruhte, die geschickte Ausnutzung des symbolischen und des unterirdischen Bereiches zur Grundvoraussetzung der Effektivität in der gegenwärtigen Weltpolitik geworden. Um andere Staaten davon zu überzeugen, daß ihre nationalen Interessen im Lichte höherer Erwägungen (der internationalen Sicherheit oder der Ideologie) interpretiert werden müssen, und um die richtige Gruppe zu unterstützen oder den Erfolg der falschen Gruppe innerhalb des politischen Systems eins anderen Staates zu verhindern, müssen persönliche Talente eingesetzt werden, die von dem materiellen Inhalt der Macht fast gänzlich losgelöst sind. Selbstverständlich wird die "reine Intelligenz" (ohne jede Unterstützung) oder der bloße Bluff kaum zum Erfolg führen, aber die bloße Masse ohne Intelligenz ist ziemlich nutzlos. Dem Niedergang der Machtphysik entspricht der Aufstieg der Machtpsychologie. Das internationale System der Gegenwart verstärkt nicht nur die symbolische Komponente der Außenpolitik, sondern auch die Funktion der Intelligenz in jedem Sinne dieses Wortes - die Funktion des für analytische und operative Zwecke eingesetzten Verständnisses anderer Geisteshaltungen und Gesellschaften; die Funktion der Informationsverarbeitung und des

[16] John Burton, International Relations, Cambridge MA 1966.

Lernens aus der Flut von Informationen, die jeder Staat in bezug auf die Handlungen, Absichten, Aussichten und Ungewißheiten anderer Staaten erhält; die Funktion der Ausnutzung dieses Wissens zur Beeinflussung des Verhaltens anderer in der gewünschten Weise entweder durch eine Beherrschung der Nachrichtenmedien oder durch eine Beherrschung der dunkleren Künste der "informellen Durchdringung".

Als Zusammenfassung seien daher einige Bemerkungen über das Wechselspiel der Gegensätze - oder auch der Widersprüche - gestattet, das dazu führt, daß die Weltpolitik heute wie ein gigantisches und zermürbendes russisches Roulett aussieht.

Zunächst besteht ein Widerspruch zwischen der Dichte (der Verwobenheit und Interdependenz) des Systems und seiner Teile. Die Enge des Systems erklärt die überragende Bedeutung der Milieuziele für Einheiten, deren Besitzziele wertlos wären, wenn das Milieu verschwände. Sie erklärt auch die enge Verbindung zwischen Innen- und Außenpolitik. Doch umfaßt dieses erste weltweite internationale System mehr Akteure als jedes System früherer Zeiten und ist heterogener. Deshalb fällt es jeder Einheit schwer, die Ereignisse jenseits ihrer eigenen Grenzen zu kontrollieren, insbesondere wegen der neuen Bedingungen der Gewaltanwendung und der nationalen Legitimität. Und obwohl der Gipfel der Macht (im herkömmlichen Sinne) von nur zwei Staaten besetzt ist, deren Gier nach Kontrolle einer raubtierhaften Gefräßigkeit gleichkommt, sind ihre tatsächlichen Kontrollmöglichkeiten gering. Daraus folgt unser erstes Paradoxon: Die Abhängigkeit vom Milieu wird stärker, die Kontrolle aber schwächer.

Ein zweiter Widerspruch besteht zwischen der Stabilität oder Zähflüssigkeit, die aus dem Überwiegen der Abwehr und der geringen Chance zur Erzielung klarer Gewinne resultiert, und der Instabilität, die aus den unvorhersehbaren Konfrontationen und Revolutionen, aus dem Einsatz einer Vielzahl "inflatorischer" Zahlungsmittel der Macht (Zahlungsmittel, die nicht von der Goldreserve der traditionellen Militärmacht gedeckt sind) und aus der wachsenden Bedeutung jenes höchst unberechenbaren Faktors, des persönlichen Geschicks, resultiert. Daraus folgt das Paradoxon der zunehmenden taktischen Mobilität ohne strategischen Durchbruch.

Der dritte Widerspruch ist der Widerspruch zwischen dem sichtbaren Aspekt der internationalen Politik, bei dem die Schau im Vordergrund steht - die "Posituren", Kommuniqués, Staatsbesuche und symbolischen Maßnahmen -, und der unsichtbaren Seite - den heimlichen Maßnahmen der Subversion und Unterstützung -, auf der tatkräftig gehandelt wird. Daraus folgt ein Paradoxon der offenen und ständigen Maßnahmen ohne erkennbare Wirkung bei gleichzeitigem gelegentlichem Auftreten von Ereignissen ohne erkennbare Ursache.

Es gibt auch gewisse Mehrdeutigkeiten. Sie betreffen in erster Linie die Frage der Originalität. Einerseits kann das Streben nach Milieuzielen, die Internalisierung der Weltpolitik, die Legitimität der Nation, die Bedeutung der nichtmilitärischen Macht kaum als etwas Neues bezeichnet werden. Andererseits kommt man zu einem Punkt, an dem quantitative Veränderungen in eine qualitative Andersartigkeit umschlagen. Die Gesamtsumme aller erwähnten Veränderungen ist in der Tat etwas Neues. Ferner erhebt sich die Frage der Dauerhaftigkeit. In welchem Grade sind diese Veränderungen lediglich ein vorübergehendes Zusammentreffen gewöhnlicher Merkmale revolutionärer Systeme (die stets die Bedeutung von Milieuzielen und Interventionen in die inneren Angelegenheiten aufwerten) mit einem Tabu der Gewaltanwendung in großem Stil? Inwieweit werden die internationalen Beziehungen zum alten Modell zurückkehren, sobald sich eine echte Mäßigung einstellt - eine endogene Mäßigung innerhalb der verschiedenen Elemente des Systems anstelle der exogenen, von den Atomwaffen erzwungenen Beschränkung - oder sobald das Tabu vielleicht unter der Last der Weiterverbreitung von Atomwaffen zusammenbricht? Wir können hier nicht die Frage beantworten, ob die Gegenwart erkennen läßt, in welche Richtung sich die Zukunft bewegen wird. Jedenfalls aber erklärt die Gegenwart sehr deutlich, warum der Status einer Supermacht einen sehr zweifelhaften Segen bedeutet. [...]

3. ERSCHLIEßUNGSFRAGEN

1) Was ist das Erkenntnisinteresse der historischen Soziologie?

2) Worin unterscheidet sich die historisch-soziologische Analyse internationaler Beziehungen von der realistischen Herangehensweise?

3) Welche Faktoren beeinträchtigen die außenpolitische Handlungsfreiheit?

4) Wie definiert Raymond Aron das internationale System und inwiefern unterscheidet sich seine Definition von der struktur-funktionalistischen Definition?

5) Was sind aus historisch-soziologischer Sicht die Ursachen für Kriege?

6) Welche Typen internationaler Systeme unterscheidet Stanley Hoffmann und wie begründet er seine Differenzierung?

7) Was versteht Stanley Hoffmann unter Bipolarität, was unter Multipolarität?

8) Welche Formen/Arten der Macht unterscheidet Hoffmann?

9) Inwiefern hat sich nach Hoffmann der Machtbegriff in den 1960er Jahren verändert?

10) Was sind nach Hoffmann die wesentlichen Gründe für die Erfolglosigkeit der Machtanwendung?

11) Inwiefern kann man nach Hoffmann von einer Angleichung von Innen- und Außenpolitik sprechen?

4. Weiterführende Literatur

ARON, Raymond, *République impériale. Les Etats-Unis dans le monde 1945-1972*, Paris 1973
ARON, Raymond, *Foreign Policy in a Polycentric Wold*, London 1966
ARON, Raymond, *Frieden und Krieg. Eine Theorie der Staatenwelt*, Frankfurt a.M. 1962
ARON, Raymond, *Peace and War: A Theory of International Relations*, New York 1966
BANKS, J.A., "From Universal History to Historical Sociology", in: *British Journal of Sociology*, 40/4 (1989), S. 521-43
BRUCAN, Silviu, Die Auflösung der Macht. Eine Soziologie der Internationalen Beziehungen und der Internationalen Politik, München 1973
DODD, P./COLLS, R., *Englishness. Politics and Culture 1880-1920*, London 1986
GEERTZ, Clifford, *The Interpretation of Cultures*, New York 1973
GIDDENS, A./STANWORTH, P.H. (Hrsg.), *Elites and Power in British Society*, Cambridge 1974
HOFFMANN, Stanley, "The Future of the International Political System: A Sketch", in: Samuel P. Huntington/Richard N. Cooper (Hrsg.), *Global Dilemmas*, Lanham Md. 1985, S. 280-307
HOFFMANN, Stanley, *Gulliver's Troubles oder die Zukunft des internationalen Systems*, Bielefeld 1970
HUNT, Lynn (Hrsg.), *The New Cultural History*, Berkeley 1989
JONES, G.S., "From Historical Sociology to Theoretical History", in: *British Journal of Sociology* 27/3 (1976), S. 295-305
LIDZ, V., "The American Value System: A Commentary on Talcott Parson's Perspective and Understanding", in: *Theory, Culture and Society*, 6/4 (1989), S. 559-76
LIPSET, Seymor Martin, "History and Sociology: Some Methodological Considerations", in: ders./Richard HOFSTADTER (Hrsg.), *Sociology and History: Methods*, New York, London 1968, S. 3-28
RIEMER, Holger-Jens, *Historische Soziologie als Gegenwartstheorie: Studien zu gegenwartstheoretischen Aspekten der Begriffsbildung*, Hamburg Diss. FB Philosophie und Sozialwissenschaft 1979
ROPER, J., *Democracy and its Critics. Anglo-American Democratic Thought in the Nineteenth Century*, London 1989
SMITH, Dennis, *The Rise of Historical Sociology*, Cambridge 1991
THOMPSON, E.P., *The Poverty of Theory*, London 1978
WALLERSTEIN, Immanuel, "Culture as the Ideological Battleground of the Modern World-System", in: *Theory, Culture and Society* 7/2-3 (1990), S. 31-55
WILLKE, Helmut, *Ironie des Staates, Grundlinien einer Staatstheorie polyzentrischer Gesellschaft*, Frankfurt, M. 1992

IV.
Entscheidungstheorien

1. EINFÜHRUNG

Die Entscheidungstheorie gehört zu den neueren Theorien der Internationalen Politik. Die Analyse außenpolitischer Entscheidungsprozesse ist ein vielschichtiges Forschungsfeld. Die verschiedenen Dimensionen dieses Forschungsfeldes wurden in der grundlegenden Studie von Richard Snyder, H.W. Bruck und Burton Sapin, die Anfang der 1960er Jahre im Auftrag der amerikanischen Regierung einen Bezugsrahmen für die Analyse außenpolitischer Entscheidungsprozesse entwickeln sollte, skizziert.[1] Ihre Ideen wurden aufgegriffen und weiterentwickelt vor allem von den Amerikanern Graham T. Allison, Robert Axelrod, Charles Lindblom, Morton Halperin und in der deutschen Forschung von Henning Behrens, Joseph Frankel und Kai Schellhorn.

Empirisch vorgehende Folgestudien, die zur Modellbildung für Entscheidungsprozesse geführt haben, waren zunächst auf das Verhalten von Staaten, Institutionen oder bürokratischen Einheiten konzentriert.[2] Zum Teil in Anlehnung an diese empirischen Arbeiten wurde der entscheidungstheoretische Ansatz weiterentwickelt. Dabei lassen sich zwei Entwicklungsrichtungen unterscheiden: die erste Richtung orientiert sich vor allem an der Organisationstheorie und ergänzt diese durch Modelle aus der Betriebs- und Volkswirtschaftslehre.[3] Die zweite Richtung orientiert sich sehr viel stärker an psychologischen Modellen und konzentriert sich auf den individuellen Entscheidungsträger und dessen subjektive Einstellungen und Entscheidungskriterien. Der Entscheidungsträger, so wurde angenommen, handle nicht primär anhand der ihm zur Verfügung stehenden Informationen, sondern aufgrund seiner durch Sozialisation, Erfahrung und Lernen zustandegekommenen individuellen Denkbilder (belief systems).[4]

---

[1] Vgl. Richard C. Snyder/H.W. Bruck/Burton Sapin, Foreign Policy Decision-Making. An Approach to the Study of International Politics, Clencoe 1962.

[2] Vgl. Graham T. Allison. Essence of Decision. Explaining the Cuban Missile Crisis, Boston 1971; ferner David Braybrook/Charles E. Lindblom, 'Types of Decision-Making', in: James F. Rosenau (Hrsg.), International Politics and Foreign Policy. A Reader in Research and Theory, New York 1969, S. 207-216.

[3] Vgl. Herbert A. Simon, Models of Man. Social and Rational: Mathematical Essays on Rational Human Behavior in a Social Setting, New York 1955; Herbert A. Simon, 'Human Nature in Politics: The Dialogue of Psychology with Political Science', in: American Political Science Review 79/2 (1985), S. 293-304; vgl. Henning Behrens, Politische Entscheidungsprozesse. Konturen einer politischen Entscheidungstheorie, Opladen 1980.

[4] Vgl. zum Konzept des "belief system" in der internationalen Politik: Richard Little/ Steve Smith, Belief Systems and International Relations, Oxford 1988 und Christian

Historische Einordnung: Zwar läßt sich entscheidungstheoretisches Denken in frühere Jahrhunderte zurückverfolgen (z.B. Daniel Bernoulli, 1770-1782), ihren eigentlichen Aufschwung nahm die Entscheidungstheorie jedoch erst seit dem Zweiten Weltkrieg. So begann der Psychologe und Kybernetiker Herbert Simon im Jahr 1947 die Annahmen der aus dem 18. Jahrhundert stammenden Entscheidungstheorie zu überprüfen und durch realistischere Verhaltensannahmen zu ersetzen. Die in der Folge entwickelten entscheidungstheoretischen Konzepte bauen auf diesen Überlegungen auf und entwickeln sie in dem oben beschriebenen Sinne weiter.

Theoretische Vororientierungen und Selektionskriterien: Da an außenpolitischen Entscheidungsprozessen in der Regel mehrere Entscheidungsträger beteiligt sind und ihr Umfeld innenpolitisch aus konkurrierenden Gruppen und Organisationen und außenpolitisch aus der "Anarchie" des internationalen Staatensystems besteht, bedient sich die Analyse außenpolitischer Entscheidungsprozesse der Instrumentarien einer Reihe von Nachbardisziplinen: u.a. der Systemtheorie, der Kybernetik, der Organisationstheorie, der Kognitions- und Sozialpsychologie, der Informationstheorie, der Verhandlungstheorie, der Spieltheorie und der Konflikttheorie. Es lassen sich verschiedene Modelle unterscheiden, mit deren Hilfe Regierungshandeln erläutert wird: 1. das *Modell der rationalen Politik*, 2. das *Modell des organisatorischen Prozesses* und 3. das *Modell der bürokratischen Politik*.

Nach dem *Modell der rationalen Politik* erscheinen außenpolitische Ereignisse als bewußte Entscheidungen von Nationen oder nationalen Regierungen. Die getroffenen Entscheidungen dienen in diesem Modell dem alleinigen Zweck der Maximierung staatlicher Macht und der Realisierung des nationalen Interesses. Die Summe der für ein Problem relevanten Tätigkeiten der Regierungsvertreter wird gleichgesetzt mit der von der Nation gewählten "Lösung". Auf diese Weise wird die Entscheidung als eine kontinuierliche Wahl zwischen alternativen Handlungsmöglichkeiten betrachtet.

Das *Modell des organisatorischen Prozesses* betrachtet Politik als Ergebnis organisatorischer Leistung. Der Akteur ist nicht eine monolithische "Nation" oder "Regierung", sondern vielmehr eine Konstellation von locker verbündeten Organisationen, an deren Spitze die Regierung steht. Sie handelt nur entsprechend der Routine der Organisationen, die sie bilden. Die operativen Ziele einer Organisation gehen selten aus einem formalen Mandat hervor. Sie ergeben sich vielmehr zum einen aus dem Zwang einer jeden Organisation, zur Selbstlegitimation akzeptable Leistungen abzugeben, und zum zweiten aus einer Mischung von Erwartungen und Forderungen anderer Organisationen innerhalb der Regierung, gesetzlicher Vollmacht, Forderungen von Bürgern und Interessengruppen und nicht zuletzt auch einem Verhandlungsprozeß innerhalb der Organisation. Der Entscheidungsprozeß verläuft in vielen Aspekten routinisiert. Denn ohne Routine wäre es kaum möglich, bestimmte aufeinander abgestimmte Aufgaben

Tuschhoff, Einstellung und Entscheidung: Perzeptionen im sicherheitspolitischen Entscheidungsprozeß der Reagan-Administration 1981-1984, Baden Baden 1990.

durchzuführen. Die Routine trägt dazu bei, organisatorisches Verhalten zu formalisieren, wodurch es häufig schwerfällig und unangemessen wirkt. Organisationen benötigen Programme und Repertoires zur Koordination der mit einem Problem befaßten Akteure. Durch diese Programme gestalten Organisationen eine Umwelt, die in erster Linie durch Abmachungen definiert wird. Wenn Situationen nicht als Standardsituationen konstruiert werden können, befassen sich Organisationen mit der Suche nach Lösungsmöglichkeiten. Auch die Methode der Suche und die Lösung werden weitgehend von bestehenden Routineverfahren bestimmt. Damit bleiben die Parameter organisatorischen Verhaltens weitgehend konstant. Als Antwort auf ungewohnte Probleme nehmen Organisationen die Suche nach Lösungsmöglichkeiten auf, und es entstehen Routineverfahren, welche wiederum auf neue Situationen angewandt werden.

Das *Modell der bürokratischen Politik* geht demgegenüber davon aus, daß Entscheidungen und Handlungen von Regierungen im wesentlichen intra-nationale politische Ergebnisse sind. Die getroffene Entscheidung wurde demnach nicht als Lösung für ein Problem gewählt, sondern ist vielmehr ein Resultat von Kompromissen, Koalitionen, Wettbewerb und mangelnder Sachkenntnis unter den Regierungsbeamten. Sie ist politisch, weil sie das Ergebnis eines Verhandlungsprozesses darstellt. In diesem Modell ist weder der Nationalstaat noch ein Konglomerat von Organisationen der zu analysierende Akteur, sondern dieser setzt sich zusammen aus einer Anzahl verschiedener Personen, die bestimmte Ämter vertreten. Die Konfliktlösungsmuster dieser Personen sind abhängig von ihrer jeweiligen Stellung, dann aber auch von der jeweiligen Persönlichkeitsstruktur. Das Persönlichkeitsmuster bildet im Grunde genommen das Kernstück bürokratischer Politik. Der individuelle Arbeitsstil und die sich ergänzenden oder gegensätzlichen Persönlichkeiten und Stile im Zentrum der Politik sind charakteristische Merkmale des Politikgemisches. Das Modell bürokratischer Politik fragt danach, ob ein Akteur von seinen Kabinettskollegen zu einer Entscheidung ermächtigt wird, ob ein Entscheidungsträger mit alleiniger Entscheidungskompetenz einem Beraterausschuß gegenübersteht, oder ob eine verschachtelte Bürokratie die Entscheidungskompetenz hat. All das genau zu untersuchen, sei deshalb wichtig, weil nur auf diese Weise in Erfahrung gebracht werden kann, welche Ressourcen etwa in Form von Erfahrungen und Kompetenzen, welche Verantwortlichkeiten und welche Problemdefinitionen in einen Entscheidungsprozeß eingeflossen sind.

Konstitutive Grundannahmen: Die Vertreter der Entscheidungstheorien gehen davon aus, daß wir nur dann ein besseres Verständnis von den Ereignissen in der Internationalen Politik erhalten, wenn wir uns bewußt machen, wie verschiedene Beobachter zu ihren Analyseergebnissen gelangen. Die Analyse müsse dabei sowohl das *Moment* umfassen, in dem eine individuelle Entscheidung gefällt wird, als auch über längere Zeiträume verlaufende politische *Ent-*

scheidungsprozesse.[5] Die Grundannahmen entscheidungstheoretischer Modelle lassen sich in folgenden sieben Punkten zusammenfassen.

1. Der Analytiker kann bei dem Versuch, ein bestimmtes Ereignis zu beschreiben, nicht einfach den Gesamtzustand der Welt beschreiben, der zu diesem Ereignis führte. Die Logik der Erklärung verlangt, daß er die relevanten und wichtigen Determinanten des Ereignisses aussondert und sie hinsichtlich ihrer Bedeutung für das zu analysierende Ereignis zusammenfaßt.

2. Die Entscheidungstheorie geht davon aus, daß sich die Analyse Internationaler Politik vornehmlich auf Aktionen, Reaktionen und Interaktionen zwischen den politischen Einheiten konzentrieren muß. Die Betonung der Aktion erfordert eine Prozeßanalyse, die sowohl die zeitliche Dimension als auch die ständigen Veränderungen in Beziehungen und deren Ursachen und Konsequenzen berücksichtigt.

3. Da es eine Vielzahl von Aktionen, Reaktionen und Interaktionen gibt, umfaßt die Analyse auch eine Vielzahl von Prozessen.

4. Eine Handlung resultiert aus der Notwendigkeit, zufriedenstellende Kontakte zwischen Staaten herbeizuführen, zu erhalten und zu regulieren und ungewollte allerdings unvermeidbare Kontakte zu kontrollieren.

5. Handlungen sind planbar in dem Sinne, daß sie einen Versuch darstellen, bestimmte Ziele zu erreichen und ungewollte, als Bedrohung empfundene Ziele anderer Staaten abzuwehren bzw. auf ein Minimum zu beschränken.

6. Die Analyse der Prozesse staatlichen Handelns muß nicht-staatliche Faktoren und Beziehungen mit berücksichtigen: Innenpolitik, die Umwelt, "cross-cultural" und soziale Beziehungen, öffentliche Meinung, geographische Lage, Aktionen und Reaktionen anderer Staaten.

7. Es ist zu unterscheiden zwischen weitreichenden Entscheidungen und solchen, die nur beschränkte Folgen haben.

Methode: Entscheidungstheoretische Methoden sind lange vor allem in der Wirtschaft und im militärischen Bereich, und nur wenig in der auswärtigen Politik angewandt worden. Eine wichtige methodische Grundannahme ist, daß die Entscheidung aus einer einmaligen Wahl aus endlich vielen Strategien besteht. Zum zweiten sind zwei verschiedene Entscheidungstypen zu unterscheiden: 1. *Entscheidungen bei Sicherheit* und 2. *Entscheidungen bei Risiko.* Bei beiden Entscheidungstypen gibt es zunächst zwei Probleme zu lösen. Zunächst sind die Strategien festzustellen, die zur Lösung eines Problems zur Verfügung stehen. In einem zweiten Schritt geht es darum, die Präferenzordnung des Entscheidenden herauszuarbeiten. Dies ist in der Regel nicht einfach. Falls der Entscheidende ein Gremium ist, kann es sehr verschiedenen Meinungen darüber unter den Mitgliedern des Gremiums geben, und auch einfache Mehrheitsentscheidungen führen nicht immer zu widerspruchsfreien Präferenzordnungen, denn es existiert so etwas wie ein Abstimmungsparadox. Sind diese beiden Probleme allerdings gelöst,

---

[5] Vgl. Graham T. Allison, Begriffliche Modelle und das Wesen der Entscheidung, in: H. Haftendorn (Hrsg.), Theorie der Internationationalen Politik, S. 255.

so ist die Entscheidungsregel im Kontext "Entscheidungen bei Sicherheit" trivial: wähle die Strategie, die zum bestmöglichen Ergebnis führt. Wegen dieser Trivialität rechnet man solche Entscheidungen bei Sicherheit vielfach gar nicht zu den Gegenständen der Entscheidungstheorie. Vielmehr umfaßt diese in der üblichen Definition nur Entscheidungen bei Risiko. Hier sind die Konsequenzen der eigenen Entscheidung nicht mehr mit Sicherheit bekannt. Und es geht nun darum, eine Lösung mit Hilfe von Wahrscheinlichkeitsberechnungen zu finden, die entweder einen maximalen Nutzen unter Einrechnung des Risikos versprechen, oder aber eine Stabilisierung der Situation (spieltheoretisch gesprochen: Schutz gegen ein "Hereinlegen" durch einen Gegenspieler) herbeiführen.[6]

Machtverständnis: Im Unterschied zur realistischen Schule und auch zur historischen Soziologie geht es dem entscheidungstheoretischen Ansatz nicht primär um die Inhalte und Ziele politischer Entscheidungen und der Art und Weise ihrer Durchsetzung gegenüber konkurrierenden Optionen dritter Akteure, sondern es geht primär darum, den Prozeß zu rekonstruieren, der zu einer Entscheidung geführt hat. Dabei stehen die auf diesen Prozeß einwirkenden Faktoren im Zentrum der Analyse. Die Vernachlässigung der kritischen Auseinandersetzungen mit den politischen Zielen und der zu ihrer Realisierung eingesetzten Machtmittel muß als Kritikpunkt an diesem Ansatz genannt werden.

Kritik und theoretische Anknüpfungspunkte: Daneben lassen sich zwei weitere entscheidende Kritikpunkte benennen, die sich vor allem auf den von Snyder, Bruck und Sapin entworfenen Bezugsrahmen für die Entscheidungsanalyse beziehen. Erstens ist es bisher keinem Analytiker außenpolitischer Entscheidungsprozesse gelungen, den von Snyder, Bruck und Sapin erstellten umfassenden Bezugsrahmen an Beispielen zu konkretisieren und auch nur halbwegs mit entsprechenden Daten zu füllen. Zweitens hat es bisher noch niemand vermocht, die in diesem Bezugsrahmen aufgeführten Determinanten außenpolitischer Entscheidungsprozesse in überzeugender Weise zu gewichten.

Wegen der Schwierigkeiten bei der Umsetzung des von Snyder, Bruck und Sapin entwickelten Bezugsrahmens haben sich andere Entscheidungsmodelle in der empirischen Analyse stärker durchsetzen können. Hierzu zählen vor allem das von David Braybrook und Charles Lindblom entwickelte Modell des "muddling through" (Sich-Durchwursteln). Dieses geht davon aus, daß in realen politischen Entscheidungsprozessen weniger nach einem langfristigen umfassenden Programm vorgegangen wird als vielmehr die Strategie eines schrittweise und segmentierten Entscheidungsprozesses zur Anwendung kommt.

Als zweite Weiterentwicklung wurde von Herbert Simons im Rückgriff auf das klassische *Modell rationaler Politik* das Entscheidungskonzept der *begrenzten Rationalität* entwickelt ("bounded rationality"). Wie die klassische Rationalanalyse geht dieses Modell davon aus, daß Entscheidungsträger ihr komplexes

---

[6] Vgl. Wilhelm Krelle, 'Entscheidungstheoretische Methoden in der auswärtigen Politik', in: H. Haftendorn (Hrsg.), Theorie der Internationalen Politik, S. 244-254; ders., Theorien der wirtschaftlichen Entscheidung, Tübingen 1965.

Umfeld durch eine Zweck-Mittel-Orientierung zu strukturieren und zu steuern versuchen. Im Unterschied zur Rationalanalyse führe das Modell der "bounded rationality" jedoch den Zweck der Entscheidungsprozesse nicht auf das Prinzip der Maximierung zurück, sondern es gehe vielmehr um "satisficing". Alternativen werden in der Realität bereits dann akzeptiert, wenn bestimmte Erwartungsniveaus erfüllt werden.

Eine weitere Möglichkeit der empirischen Umsetzung entscheidungstheoretischer Ansätze haben jene Autoren demonstriert, die die Bürokratien und ihre Wirkungsweise zur Erklärung politischer Entscheidungsprozesse herangezogen haben (Morton Halperin, Francis Rourke, Alexander George, Graham T. Allison). Insbesondere Graham T. Allison hat mit Beispielen aus der Kuba-Krise in der Kombination der drei Modelle (rationale Politik, organisatorischer Prozeß, Bürokratie) ein anwendbares Erklärungsschema entwickelt. So benutzt Allison das Rationalmodell als Erklärungsschema für Entscheidungen im Hinblick auf Zwecke. Mit dem Modell organisatorischer Prozesse erfaßt Allison jene Aspekte des Regierungshandelns, die durch Routineverfahren und Programme determiniert sind. Der Schwerpunkt dieses Modells liegt auf dem organisatorischen "output". In dem dritten Modell bürokratischer Politik stehen dagegen sowohl der organisatorische "output" wie auch die Verhandlungsprozesse, z.B. der Ressortminister als Exponent dieser Organisationen im Blickpunkt des Interesses. Das Bürokratie-Politik-Modell soll helfen herauszufinden, wie es einer Gruppierung in einer Mehrpersonenregierung bzw. in einem Entscheidungsgremium gelingen konnte, die Unterstützung für die schließlich zur Anwendung gekommene Handlungsstrategie zu erhalten. Dabei wird davon ausgegangen, daß vor allen Dingen Rekrutierung, Erfahrungen, Rollensozialisation und kollegiale Zusammenarbeit maßgeblich bestimmen, welche Haltung letztlich zu einem Entscheidungsproblem eingenommen wird. Im Grunde genommen lassen sich deshalb Modelle II und III zusammenfassen zu dem oben ausgeführten dritten entscheidungstheoretischen Modell, nämlich der "Bureaucratic Politics".

2. LEKTÜRE

Modell III: Governmental Politics[7]

GRAHAM T. ALLISON

Graham T. Allison (*1923) war Professor of Politics an der Harvard University, Cambridge MA. Er studierte in Oxford Philosophie, Politik und Ökonomie und promovierte an der Harvard University im Fach Politische Wissenschaft. Allison ist stark von den Arbeiten Richard Neustadts and Thomas C. Schellings beeinflußt. Zu seinen wichtigsten Veröffentlichungen zählen: "The Essence of Decision. Explaining the Cuban Missile Crisis" (1971) und zusammen mit M. Halperin, "Bureaucratic Politics. A Paradigma and Some Policy Implications", in: R.H. Ullmann und R. Tanter (Hrsg.), Theory and Policy in International Relations (1972).

Hier abgedruckt ist das fünfte Kapitel aus seinem Buch "The Essence of Decision". In diesem Buch analysiert Allison die Kuba-Krise mit Hilfe von drei verschiedenen Modellen: dem Modell der rationalen Politik, dem Modell des organisatorischen Prozesses und schließlich dem Modell der bürokratischen Politik. Auf diese Weise gelingt es ihm die häufig unerkannt bleibenden Entscheidungsdeterminanten - in diesem Falle der Kuba-Krise - herauszuarbeiten und dabei gleichzeitig dem Leser vor Augen zu führen, wie theoretische Selektionskriterien und Vororientierungen das Ergebnis einer Analyse beeinflussen.

[...] Government behavior can thus be understood according to a third conceptual model, not as organizational outputs but as results of these bargaining games. In contrast with Model I, the Governmental (or Bureaucratic) Politics Model sees no unitary actor but rather many actors as players - players who focus not on a single strategic issue but on many diverse intra-national problems as well; players who act in terms of no consistent set of strategic objectives but rather according to various conceptions of national, organizational, and personal goods; players who make government decisions not by a single, rational choice but by the pulling and hauling that is politics.

The apparatus of each national government constitutes a complex arena for the intra-national game. Political leaders at the top of the apparatus are joined by the men who occupy positions on top of major organizations to form a circle of central players. Those who join the circle come with some independent standing. Because the spectrum of foreign policy problems faced by a government is so

---

[7] Graham T. Allison, The Essence of Decision: Explaining the Cuban Missile Crisis, Boston 1971, S. 144-184: 5. Kapitel: Modell III: Governmental Politics.

broad, decisions have to be decentralized - giving each player considerable baronial discretion.

The nature of foreign policy problems permits fundamental disagreement among reasonable men about how to solve them. Analyses yield conflicting recommendations. Separate responsibilities laid on the shoulders of distinct individuals encourage differences in what each sees and judges to be important. But the nation's actions really matter. A wrong choice could mean irreparable damage. Thus responsible men are obliged to fight for what they are convinced is right.

Men share power. Men differ about what must be done. The differences matter. This milieu necessitates that government decisions and actions result from a political process. In this process, sometimes one group committed to a course of action triumphs over other groups fighting for other alternatives. Equally often, however, different groups pulling in different directions produce a result, or better a resultant - a mixture of conflicting preferences and unequal power of various individuals - distinct from what any person or group intended. In both cases, what moves the chess pieces is not simply the reasons that support a course of action, or the routines of organizations that enact an alternative, but the power and skill of proponents and opponents of the action in question.

This characterization captures the thrust of the bureaucratic politics orientation. If problems of foreign policy arose as discrete issues, and decisions were determined one game at a time, this account would suffice. But most "issues" - e.g., Viet Nam, or the proliferation of nuclear weapons - emerge piecemeal over time, one lump in one context, a second in another. Hundreds of issues compete for players' attention every day. Each player is forced to fix upon his issues for that day, deal with them on their own terms, and rush on to the next. Thus the character of emerging issues and the pace at which the game is played converge to yield government "decisions" and "actions" as collages. Choices by one player (e.g., to authorize action by his department, to make a speech, or to refrain from acquiring certain information), resultants of minor games (e.g., the wording of a cable or the decision on departmental action worked out among lower-level players), resultants of central games (e.g., decisions, actions, and speeches bargained out among central players), and "foul-ups" (e.g., choices that are not made because they are not recognized or are raised too late, misunderstandings, etc.) - these pieces, when stuck to the same canvas, constitute government behavior relevant to an issue. To explain why a particular formal governmental decision was made, or why one pattern of governmental behavior emerged, it is necessary to identify the games and players, to display the coalitions, bargains, and compromises, and to convey some feel for the confusion.

This conception of national security policy as political resultant contradicts both public imagery and academic orthodoxy. Issues vital to national security are considered too important to be settled by political games. They must be "above" politics: to accuse someone of "playing politics with national security" is a most serious charge. Thus, memoirs typically handle the details of such bargaining with a velvet glove. For example, both Sorensen and Schlesinger present the efforts of the ExCom in the Cuban missile crisis as essentially rational deliberation among a unified group of equals. What public expectation demands, the academic penchant for intellectual elegance reinforces. Internal politics is messy; moreover, according to prevailing doctrine, politicking lacks intellectual substance. It constitutes gossip for journalists rather than a subject for serious investigation. Occasional memoirs, anecdotes in historical accounts, and several detailed case studies to the contrary, most of the foreign policy literature avoids bureaucratic politics.

The gap between academic literature and the experience of participants in government is nowhere wider than at this point. For those who participate in government the terms of daily employment cannot be ignored: government leaders have competitive, not homogeneous interests; priorities and perceptions are shaped by positions; problems are much more varied than straightforward strategic issues; management of piecemeal streams of decisions is more important than steady-state choices; making sure that the government does what is decided is more difficult than selecting the preferred solution.[8] As the first Secretary of Defense, James Forrestal, once observed: "I have always been amused by those who say they are quite willing to go into government but they are not willing to go into politics. My answer ... is that you can no more divorce government from politics than you can separate sex from creation."[9] [...]

A Governmental (Bureaucratic) Politics Paradigm

[...]

1. Basic Unit of Analysis: Governmental Action as Political Resultant

The decisions and actions of governments are intranational political resultants: *resultants* in the sense that what happens is not chosen as a solution to a problem but rather results from compromise, conflict, and confusion of officials with diverse interests and unequal influence; *political* in the sense that the activity from which decisions and actions emerge is best characterized as bargaining along regularized channels among individual members of the government.

---

[8] The tendency of participants in American government to understand these facts when thinking about an issue within the U.S. government, but to downgrade them and rely instead on Model I concepts and logic when thinking about other national governments, is well illustrated by an anecdote told by Henry S. Rowen. Shortly after taking a job in the U.S. government, Rowen attended a meeting of twelve representatives from different agencies on the problem of desalination in the Middle East. After more than an hour of discussion of U.S. policy, no one was in doubt about the fact that each of the representatives favored a policy that conflicted sharply with the policies of the others. Moreover, several of the agencies were carrying out directly contradictory courses of action. But when the group turned to the next item on the agenda, everyone proceeded to talk about "the Israeli policy on desalination" as if a consistent course of action had been chosen by a single rational individual in the light of broad national goals.

[9] Walter Millis (ed.), Forrestal Diaries, New York 1951.

Following Wittgenstein's employment of the concept of a "game", national behavior in international affairs can be conceived of as something that emerges from intricate and subtle, simultaneous, overlapping games among players located in positions in a government. The hierarchical arrangement of these players constitutes the government.[10] Games proceed neither at random nor at leisure. Regular channels structure the game; deadlines force issues to the attention of incredibly busy players. The moves, sequences of moves, and games of chess are thus to be explained in terms of the bargaining among players with separate and unequal power over particular pieces, and with separable objectives in distinguishable subgames.

In analyzing governmental actions - for example, U.S. government efforts to retard the spread of nuclear weapons - one must examine all official actions of the U.S. government that affect this outcome. U.S. government actions affecting the spread of nuclear weapons include the State Department's efforts to gain adherence to the Nonproliferation Treaty, Presidential offers of guarantees to non-nuclear nations against nuclear blackmail; Atomic Energy Commission (AEC) tests of nuclear explosives for peaceful purposes (that consequently provide a convenient shield for non-nuclear powers' development of nuclear devices); withdrawal of U.S. forces from the Far East (which may increase the concern of some Japanese and Indians about their national security); statements by the AEC about the great prospects for peaceful nuclear weapons (designed to influence AEC budgets); an AEC commissioner's argument, in the absence of any higher level decision, to a Brazilian scientist about the great virtues of peaceful nuclear explosives; and U.S. government refusal to confirm or deny the reported presence of nuclear weapons aboard ships calling in foreign ports. As this list suggests, it is important to recognize that governmental actions relevant to some issues are really an agglomeration or collage composed of relatively independent decisions and actions by individuals and groups of players in a broader game, as well as formal governmental decisions and actions that represent a combination of the preferences and relative influence of central players or subsets of players in more narrowly defined games. For purposes of analysis, it will often be useful to distinguish among: (1) governmental actions that are really agglomerations of relatively independent decisions and actions by individuals and groups of players, (2) *formal* governmental decisions or actions that represent a combination of the

---

[10] The theatrical metaphor of stage, roles, and actors is more common than the metaphor of games, positions, and players. Nevertheless, the rigidity connoted by the concept of "role" both in the theatrical sense of actors reciting fixed lines and in the sociological sense of fixed responses to specified social situations makes the concept of games, positions, and players more useful for this analysis of active participants in the determination of national foreign policy. Objections to the terminology on the grounds that "game" connotes nonserious play overlook the concept's application of most serious problems both in Wittgenstein's philosophy and in contemporary game theory. Game theory typically treats more precisely structured games, but Wittgenstein's examination of the "language game" wherein men use words to communicate is quite analogous to this analysis of the less specified game of bureaucratic politics. Wittgenstein's employment of this concept forms a central strand in his Philosophical Investigations. See also Thomas C. Schelling, 'What is Game Theory?', in: James Charlesworth, Contemporary Political Analysis, New York 1967.

preferences and relative influence of *central* players in the game, (3) formal governmental decisions and actions that represent a combination of the preferences and relative influence of a special *subset* of players in the game.

2. Organizing Concepts

The organizing concepts of this paradigm can be arranged as strands in the answers to four interrelated questions: Who plays? What determines each player's stand? What determines each player's relative influence? How does the game combine players' stands, influence, and moves to yield governmental decisions and actions?

A. Who plays? That is, whose interests and actions have an important effect on the government's decisions and actions?

1. *Players in Positions.* The governmental actor is neither a unitary agent nor a conglomerate of organizations, but rather is a number of individual players. Groups of these players constitute the agent for particular government decisions and actions. Players are men in jobs.

Individuals become players in the national security policy game by occupying a position that is hooked on to the major channels for producing action on national security issues. For example, in the U.S. government the players include *Chiefs*: the President, the Secretaries of State, Defense, and Treasury, the Director of the CIA, the Joint Chiefs of Staff, and, since 1961, the Special Assistant for National Security Affairs;[11] *Staffers*: the immediate staff of each Chief; *Indians*: the political appointees and permanent government officials within each of the departments and agencies; and *Ad Hoc Players*: actors in the wider government game (especially "Congressional Influentials"), members of the press, spokesmen for important interest groups (especially the "bipartisan foreign policy establishment" in and out of Congress), and surrogates for each of these groups. Other members of the Congress, press, interest groups, and public form concentric circles around the central arena - circles that demarcate limits within which the game is played.[12]

---

[11] Inclusion of the President's Special Assistant for National Security Affairs in the tier of Chiefs rather than among the Staffers involves a debatable choice. In fact he is both super-Staffer and near-Chief. His position has no statutory authority. He is especially dependent on good relations with the President and the Secretaries of Defense and State. Nevertheless, he stands astride a genuine action process. The decision to include this position among the Chiefs reflects my judgment that the function that McGeorge Bundy served is becoming institutionalized.

[12] For some purposes, organizations and groups can be treated as players. In treating an organization or group as a player, it is important to note the differences among (1) summarizing the official papers that emerge from an organization as coherent calculated moves of a unitary actor; (2) treating the actions of the head of an organization, whose goals are determined largely by that organization, as actions of the organization; and (3) summarizing the various actions of different individual members of an organization as coherent strategies and tactics in a single plan.

Positions define what players both may and must do. The advantages and handicaps with which each player can enter and play in various games stem from his position. So does a cluster of obligations for the performance of certain tasks. The two sides of his coin are illustrated by the position of the modern Secretary of State. First, in form and usually in fact, he is a senior personal adviser to the President on the political-military issues that are the stuff of contemporary foreign policy. Second, he is the colleague of the President's other senior advisers on problems of foreign policy, the Secretaries of Defense and Treasury, and the Special Assistant for National Security Affairs. Third, he is ranking U.S. diplomat in negotiations with foreign powers. Fourth, he serves as the primary representative of the administration's foreign policy in Congress. Fifth, he is an educator of the American public about critical issues of foreign affairs and a defender of the actions of the administration. Sixth, he serves as an administration voice to the outside world. Finally, he is Mr. State Department or Mr. Foreign Office, "leader of officials, spokesman for their causes, guardian of their interests, judge of their disputes, superintendent of their work, master of their careers".[13] But he is not first one and then the other: all these obligations are his simultaneously. His performance in one affects his credit and power in the others. The perspective he gets from the daily work he must oversee - the cable traffic by which his department maintains relations with other foreign offices - conflicts with the President's requirement that he serve as a generalist and coordinator of contrasting perspectives. The necessity that he be close to the President restricts his ability to represent the interests of his department. When he defers to the Secretary of Defense rather than fighting for his department's position - as he often must - he strains the loyalty of his officialdom. In the words of one of his Indians: "Loyalty is hilly, and it has to go down if it is going to go up."[14] Thus he labors under the weight of conflicting responsibilites.

A Secretary of State's resolution of these conflicts depends not only upon the position, but also upon the player who occupies it. For players are also people; men's metabolisms differ. The hard core of the bureaucratic politics mix is personality. How each man manages to stand the heat in *his* kitchen, each player's basic operating style, and the complementarity or contradiction among personalities and styles in the inner circles are irreducible pieces of the policy blend. Then, too, each person comes to his position with baggage in tow. His bags include sensitivities to certain issues, commitments to various projects, and personal standing with and debts to groups in the society.

B. What determines each player's stand? What determines his perceptions and interests that lead to a stand?

1. *Parochial Priorities and Perceptions.* Answers to the question "What is the issue?" are colored by the position from which the question is considered.

---

[13] These points are drawn from Richard Neustadt, Testimony, U.S., Congress, Senate, Committee on Government Operations, Subcommittee on National Security Staffing, Administration of National Security, 88th Congress, 1st Session, March 25, 1963; see especially pp. 82-83.

[14] Roger Hilsman, To Move a Nation, New York 1967, p. 81.

Propensities inherent in positions do not facilitate unanimity in answering the question "What must be done?" The factors that encourage organizational parochialism also exert pressure upon the players who occupy positions on top of (or within) these organizations. To motivate members of his organization, a player must be sensitive to the organization's orientation. The games into which the player can enter and the advantages with which he plays enhance these pressures. Thus propensities and priorities stemming from position are sufficient to allow analysts to make reliable predictions about a player's stand in many cases. But these propensities are filtered through the baggage that players bring to positions. Some knowledge of both the pressures and the baggage is thus required for sound predictions.

2. *Goals and Interests*. The goals and interests that affect players' desired outcomes include national security interests, organizational interests, domestic interests, and personal interests. Some national security objectives are widely accepted - for example, the interest in U.S. avoidance of foreign domination and the belief that if the United States were to unilaterally disarm other nations would use military force against it and its allies with serious adverse consequences. But, in most cases, reasonable men can disagree about how American national security interests will be affected by a specific issue. Thus other interests aas well affect an individual's stand on an issue of national security or foreign policy. Members of an organization, particularly career officials, come to believe that the health of their organization is vital to the national interest. The health of the organization, in turn, is seen to depend on maintaining influence, fulfilling the mission of the organization, and securing the necessary capabilities. While many bureaucrats are unconcerned with domestic affairs and politics and do not ask themselves how a proposed change in policy or behavior would affect domestic political issues, the President and senior players will almost always be concerned about domestic implications. Finally, a player's stand depends on his personal interests and his conception of his role.

3. *Stakes and Stands*. Games are played to determine decisions and actions. But decisions and actions advance and impede each player's conception of the national interest, his organization's interests, specific programs to which he is commited, the welfare of his friends, and his personal interests. These overlapping interests constitute the *stakes* for which games are played. *Stakes* are an individual's interests defined by the issue at hand. In the light of these stakes, a player decides on his *stand* on the issue.

4. *Deadlines and Faces of Issues*. "Solutions" to strategic problems are not found by detached analysts focusing coolly on *the* problem. Instead, deadlines and events raise issues and force busy players to take stands. A number of established processes fix deadlines that demand action at appointed times. First, in the national security arena, the budget, embassies' demands for action-cables, requests for instructions from military groups, and scheduled intelligence reports fix recurring deadlines for decision and action. Second, major political speeches, especially Presidential speeches, force decisions. Third, crises necessitate

decisions and actions. Because deadlines raise issues in one context rather than in another, they importantly affect the resolution of the issue.

When an issue arises, players typically come to see quite different *faces of the issue*. For example, a proposal to withdraw American troops from Europe is to the Army a threat to its budget and size, to the Budget Bureau a way to save money, to the Treasury a balance-of-payments gain, to the State Department Office of European Affairs a threat to good relations with NATO, to the President's congressional adviser an opportunity to remove a major irritant in the President's relations with the Hill. (Chiefs, especially, tend to see several faces of the issue simultaneously.) But the face of the issue that each player sees is not determined by his goals and interests alone. By raising an issue in one channel rather than in another, deadlines affect the face an issue wears.

C. What determines each player's impact on results?

1. *Power.* Power (i.e., effective influence on government decisions and actions) is an elusive blend of at least three elements: bargaining advantages, skill and will in using bargaining advantages, and other players' perceptions of the first two ingredients. The sources of bargaining advantages include formal authority and responsibility (stemming from positions); actual control over resources necessary to carry out action; expertise and control over information that enables one to define the problem, identify options, and estimate feasibilities; control over information that enables chiefs to determine whether and in what form decisions are being implemented; the ability to affect other players' objectives in other games, including domestic political games; personal persuasiveness with other players (drawn from personal relations, charisma); and access to and persuasiveness with players who have bargaining advantages drawn from the above (based on interpersonal relations, etc.). Power wisely invested yields an enhanced reputation for effectiveness. Unsuccessful investments deplete both the stock of capital and the reputation. Thus each player must pick the issues on which he can play with high probability of success.

D. What is the game? How are players' stands, influence, and moves combined to yield governmental decisions and actions?

1. *Action-channels.* Bargaining games are neither random nor haphazard. The individuals whose stands and moves count are the players whose positions hook them on to the action-channels. An action-channel is a regularized means of taking governmental action on a specific kind of issue. For example, one action-channel for producing U.S. military intervention in another country includes a recommendation by the ambassador to that country, an accessment by the regional military commander, a recommendation by the Joint Chiefs of Staff, an evaluation by the intelligence community of the consequences of intervention, a recommendation by the Secretaries of State and Defense, a Presidential decision to intervene, the transmittal of an order through the President to the Secretary of Defense and the JCS to the regional military commander, his determination of what troops to employ, the order from him to the commander of those troops, and orders from that commander to the individuals who actually move into the country. Similarly, the budgetary action-channel includes the series of steps

between the Budget Bureau's annual "call for estimates", through departmental, Presidential, and congressional review, to congressional appropriation, Presidential signature, Bureau of Budget apportionment, agency obligation, und ultimately expenditure.

Action-channels structure the game by preselecting the major players, determining their usual points of entrance into the game, and distributing particular advantages and disadvantages for each game. Most critically, channels determine "who's got the action" - that is, which department's Indians actually do whatever is decided upon.

Typically, issues are recognized and determined within an established channel for producing action. In the national security area, weapons procurement decisions are made within the annual budgeting process; embassies' demands for action-cables are answered according to routines of consultation and clearance from State to Defense and White House; requests for instructions from military groups (concerning assistance all the time, concerning operations during war) are composed by the military in consultation with the Office of the Secretary of Defense, the Secretary of State, and the White House; crises responses are debated among White House, State, Defense, CIA, Treasury, and ad hoc players.

2. *Rules of the Game.* The rules of the game stem from the Constitution, statutes, court interpretations, executive orders, conventions, and even culture. Some rules are explicit, others implicit. Some rules are quite clear, others fuzzy. Some are very stable; others are ever changing. But the collection of rules, in effect, defines the game. First, rules establish the positions, the paths by which men gain access to positions, the power of each position, the action-channels. Second, rules constrict the range of governmental decisions and actions that are acceptable. The Constitution declares certain forms of action out of bounds. In attempting to encourage a domestic industry - for example, the computer industry - to take advantage of certain international opportunities, American players are restricted by antitrust laws to a much narrower set of actions that, for example, are players in Japan. Third, rules sanction moves of some kinds - bargaining, coalitions, persuasion, deceit, bluff, and threat - while making other moves illegal, immoral, ungentlemanly, or inappropriate.

3. *Action as Political Resultant.* Government decisions are made, and government actions are taken, neither as the simple choice of a unified group, nor as a formal summary of leaders' preferences. Rather, the context of shared power but separate judgements about important choices means that politics is the mechanism of choice. Each player pulls and hauls with the power at his discretion for outcomes that will advance his conception of national, organizational, group, and personal interests.[15]

---

[15] How each player ranks his interests as they are manifest as stakes at particular points in the game is a subtle, complex problem. In one sense, players seem to have gone through a Model I analysis. American culture tends to legitimize national interests and to render "political considerations" beyond the pale. This makes it difficult for many players to articulate, even to themselves, the priorities that their behavior suggests.

Note the *environment* in which the game is played: inordinate uncertainly about what must be done, the necessity that something be done, and the crucial consequences of whatever is done. These features force responsible men to become active players. The *pace of the game* - hundreds of issues, numerous games, and multiple circuits - compels players to fight to "get others' attention", to make them "see the facts", to assure that they "take the time to think seriously about the broader issue". The *structure of the game* - power shared by individuals with separate responsibilities - validates each player's feeling that "others don't see my problem", and "others must be persuaded to look at the issue from a less parochial perspective". The *law of the game* - he who hesitates loses his chance to play at that point and he who is uncertain about his recommendation is overpowered by others who are sure - pressure players to come down on one side of a 51 to 49 issue and play. The *reward of the game* - effectiveness, i.e., impact on outcomes, as the immediate measure of performance - encourages hard play. Thus, most players come to fight to "make the government do what is right". The strategies and tactics employed are quite similar to those formalized by theorists of international relations.

Advocates fight for outcomes. But the game of politics does not consist simply of players pulling and hauling, each for his own chosen action, because the terms and conditions of players' employment are not identical. Chiefs and Indians are often advocates of particular actions. But staffers fight to find issues, state alternatives, and produce arguments for their Chiefs. Presidential staffers - ideally - struggle to catch issues and structure games so as to maximize both the President's appreciation of advocates' arguments and the impact of Presidential decision. Chiefs sometimes function as semi-staffers for the President. The President's costs and benefits often require that he decide as little as possible, keeping his options open (rather than coming down on one side of an uncertain issue and playing hard).

When a governmental or Presidential decision is reached, the larger game is not over. Decisions can be reversed or ignored. As Jonathan Daniels, an aide to Franklin Roosevelt, noted:

> Half of a President's suggestions, which theoretically carry the weight of orders, can be safely forgotten by a Cabinet member. And if the President asks about a suggestion a second time, he can be told that it is being investigated. If he asks a third time, a wise Cabinet officer will give him at least part of what he suggests. But only occasionally, except about the most important matters, do Presidents ever get around to asking three times.[16]

And even if not reversed or ignored, decisions still have to be implemented. Thus formal governmental decisions are usually only way-stations along the path to action. And the opportunity for slippage between decision and action is much larger than most analysts have recognized. For after a decision, the game expands, bringing in more players with more diverse preferences and more independent power.

[16] Daniels, Frontier on the Potomac, New York 1946, pp. 31-32.

Formal decisions may be very general or quite specific. In some cases, the players who reach a formal decision about some action that the government should take will have no choice about who will carry it out. But in other cases, there will be several subchannels leading from decision to action. For example, negotiations with foreign governments are usually the concern of the State Department but can be assigned to a special envoy or to the intelligence services. Where there are several subchannels, players will maneuver to get the action into the channel that they believe offers the best prospect for getting their desired results.

Most decisions leave considerable leeway in implementation. Players who supported the decision will maneuver to see it implemented and may go beyond the spirit if not the letter of the decision. Those who opposed the decision, or opposed the action, will maneuver to delay implementation, to limit implementation to the letter but not the spirit, and even to have the decision disobeyed.

3. Dominant Inference Pattern

If a nation performed an action, that action was the *resultant* of bargaining among individuals and groups within the government. Model III's explanatory power is achieved by displaying the game - the action-channel, the positions, the players, their preferences, and the pulling and hauling - that yielded, as a resultant, the action in question. Where an outcome was for the most part the triumph of an individual (e.g., the President) or group (e.g., the President's men or a cabal) this model attempts to specify the details of the game that made the victory possible. But with these as with "orphan" actions, Model III tries not to neglect the sharp differences, misunderstandings and foul-ups that contributed to what was actually done.

4. General Propositions

The difficulty of formulating Model III propositions about outcomes can be illustrated by considering the much simpler problems of a theorist attempting to specify propositions about outcomes of a card game he has never seen before but which we recognize as poker. As a basis for formulating propositions, the analyst would want information about (1) the rules of the game: are all positions equal in payoffs, information, etc., and if not, what are the differences? (2) the importance of skill, reputation, and other characteristics that players bring to positions: if important, what characteristics does each player have? (3) the distribution of cards, i.e., the advantages and disadvantages for the particular hand; (4) individual players' valuation of alternative payoffs, e.g., whether each simply wants to maximize his winnings or whether some enjoy winning by bluffing more than winning by having the strongest cards. This partial list suggests how difficult the problem is, even is this relatively simple, structured case.[17] The extraordinary

---

[17] An analogous difficulty is faced by economists trying to formulate propositions in oligopoly theory.

complexity of cases of bureaucratic politics accounts in part for the paucity of general propositions. Nevertheless, as the paradigm has illustrated, it is possible to identify a number of relevant factors, and, in many cases, analysts can acquire enough information about these factors to offer explanations and predictions.

A. *Political Resultants.* A large number of factors that constitute a governmental game intervene between "issues" and resultants,

1. The peculiar preferences and stands of individual players can have a significant effect on governmental action. Had someone other than Paul Nitze been head of the Policy Planning Staff in 1949, there is no reason to believe that there would have been an NCS-68. Had MacArthur not possessed certain preferences, power, and skills, U.S. troops might never have crossed the narrow neck.

2. The advantages and disadvantages of each player differ substantially from one action-channel to another. For example, the question of economic directives for Germany was considered by the U.S. government in a military context. If the issue had arisen through international monetary channels, players in the Treasury would have had more leverage in pressing their preferences.

3. The mix of players and each player's advantages shift not only *between* action-channels but also *along* action-channels. Chiefs dominate the major formal decisions on important foreign policy issues, but Indians, especially those in the organization charged with carrying out a decision, may play a major role thereafter.

B. *Action and Intention.* Governmental action does not presuppose government intention. The sum of behavior of representatives of a government relevant to an issue is rarely intended by any individual or group. Rather, in the typical case, separate individuals with different intentions contribute pieces to a resultant. The details of the action are therefore not chosen by any individual (and are rarely identical with what any of the players would have chosen if he had confronted the issue as a matter of simple, detached choice). Nevertheless, resultants can be roughly consistent with some group's preference in the context of the political game.

1. Most resultants emerge from games among players who perceive quite different faces of an issue and who differ markedly in the actions they prefer.

2. Actions rarely follow from an agreed doctrine in which all players concur.

3. Actions consisting of a number of pieces that have emerged from a number of games (plus foul-ups) rarely reflect a coordinated government strategy and thus are difficult to read as conscious "signals".

C. *Problems and Solutions*

1. "Solutions" to strategic problems are not discovered by detached analysts focusing coolly on *the* problem. The problems for players are both narrower and broader than *the* strategic problem. Each player focuses not on the total strategic problem but rather on the decision that must be made today or tomorrow. Each decision has important consequences not only for the strategic problem but for

each player's stakes. Thus the gap between what the player is focusing on (the problems he is solving) and what a strategic analyst focuses on is often very wide.

2. Decisions that call for substantial changes in governmental action typically reflect a coincidence of Chiefs in search of a solution and Indians in search of a problem. Confronting a deadline, Chiefs focus on an issue and look for a solution. Having become committed to a solution developed for an earlier, somewhat different and now outmoded issue, Indians seek a problem.[18]

D. *Where you stand depends on where you sit.*[19] Horizontally, the diverse demands upon each player shape his priorities, perceptions, and issues. For large classes of issues - e.g., budgets and procurement decisions - the stance of a particular player can be predicted with high reliability from information about his seat. For example, though the participants in the notorious B-36 controversy were, as Eisenhower put it, "distinguished Americans who have their country's good at heart", no one was surprised when Admiral Radford (rather than Air Force Secretary Symington) testified that "the B-36, under any theory of war, is a bad gamble with national security", or when Air Force Secretary Symington (rather than Admiral Radford) claimed that "a B-36 with an A-bomb can take off from this continent and destroy distant objectives which might require ground armies years to take and then only at the expense of heavy casualties".[20]

E. *Chiefs and Indians.* The aphorism "Where you stand depends on where you sit" has vertical as well as horizontal application. Vertically, the demands upon the President, Chiefs, Staffers, and Indians are quite distinct. first in the case of policymaking, and second in the case of implementation.

The foreign policy issues with which the President can deal are limited primarily by his crowded schedule. Of necessity, he must deal first with what comes next. His problem is to probe the special face worn by issues that come to his attention, to preserve his leeway until time has clarified the uncertainties, and to assess the relevant risks.

Foreign policy Chiefs deal most often with the hottest issue *du jour*, though they can catch the attention of the President and other members of the government for most issues they take to be very important. What they cannot guarantee is that "the President will pay the price" or that "the others will get on board". They must build a coalition of the relevant powers that be. They must "give the President confidence" in the choice of the right course of action.

Most problems are framed, alternatives specified, and proposals pushed, however, by Indians. Indians' fights with Indians of other departments - for example, struggles between International Security Affairs of the Department of Defense and Political-Military of the State Department - are a microcosm of the action at higher levels. But the Indians' major problem is how to get the *attention*

---

[18] This proposition was formulated by Ernest R. May.

[19] This aphorism was stated first, I think, by Don K. Price.

[20] Paul Hammond, 'Super Carriers and B-36 Bombers', in: H. Stein (ed.), American Civil-Military Decisions, Birmingham Ala. 1963.

of Chiefs, how to get an issue on an action-channel, how to get the government "to do what is right". The incentives push the Indian to become an active advocate.

In policymaking, then, the issue looking *down* is options: how to preserve my leeway until time clarifies uncertainties. The issue looking *sideways* is commitment: how to get others committed to my coalition. The issue looking *upward* is confidence: how to give the boss confidence to do what must be done. To paraphrase one of Neustadt's assertions, the essence of *any* responsible official's task is to persuade other players that his version of what needs to be done is what their own appraisal of their own responsibilities requires them to do in their own interests.[21]

For implementation of foreign policy decisions, vertical demands differ. The Chief's requirements are two, but these two conflict. The necessity to build a consensus behind hsi preferred policy frequently requires fuzziness: different people must agree with slightly different things for quite different reasons; when a government decision is made, both the character of the choice and the reasons for it must often remain vague. But this requirement is at loggerheads with another: the necessity that the choice be enacted requires that footdragging by the unenthusiastic, and subversion by the opposed, be kept to a minimum. Nudging the footdraggers and corraling the subversives constitute difficult tasks even when the decision is clear and the watchman is the President. And most oversight, policing, and spurring is done not by the President but by the President's men or the men who agree with the government decision. Men who would move the machine to act on what has been decided demand clarity.

F. *The 51-49 Principle.* The terms and conditions of the game affect the time that players spend thinking about hard policy choices and the force and assurance with which they argue for their preferred alternative. Because he faces an agenda fixed by hundreds of important deadlines, the reasonable player must make difficult policy choices in much less time and with much less agonizing than an analyst or observer would. Because he must compete with others, the reasonable player is forced to argue much more confidently than he would if he were a detached judge.

G. *Inter- and Intra-national Relations.* The actions of one nation affect those of another to the degree that they result in advantages and disadvantages for players in the second nation. Thus players in one nation who aim to achieve some international objective must attempt to achieve outcomes in their intra-national game that add to the advantages of players in the second country who advocate an analogous objective.

H. *The face of the issue differs from seat to seat.* Where you sit influences what you see as well as where you stand (on any issue). Rarely do two sets of eyes see the same issue. President Truman never saw the issue of defense in the military budget of 1950. Arguments about security and the forces required to

---

[21] Richard Neustadt, Presidential Power, New York 1960, ch. 3.

support our foreign policy appeared purely as military strategies for expanding the budgets of the services concerned.

I. *Misperception.* The games are not played under conditions of perfect information. Considerable misperception is a standard part of the functioning of each government. Any proposal that is widely accepted is perceived by different men to do quite different things and to meet quite different needs. Misperception is in a sense the grease that allows cooperation among people whose differences otherwise would hardly allow them to coexist.

J. *Misexpectation.* The pace at which the multiple games are played allows only limited attention to each game and demands concentration on priority games. Thus players frequently lack information about the details of other players' games and problems. In the lower priority games, the tendency to expect that someone else will act in such a way that "he helps me with my problem" is unavoidable. In November 1950, each man expected that someone else would go to the President to get MacArthur's orders changed.

K. *Miscommunication.* Both the pace and the noise level merge with propensities of perception to make accurate communication difficult. Because communication must be quick, it tends to be elliptic. In a noisy environment, each player thinks he has spoken with a stronger and clearer voice than the others have actually heard. At the Key West meeting of March 1947, the Chiefs understood Forrestal to say that the President had decided to purchase a flush deck carrier. Forrestal heard the Chiefs' acceptance of the President's decision as their approval of the merits of a flush deck carrier. These differences came to light only when the issue was reopened.[22]

L. *Reticence.* Because each player is engaged in multiple games, the advantages of reticence - i.e., hesitant silence and only partially intended soft-spokenness - seem overwhelming. Reticence in one game reduces leaks that would be harmful in higher priority games. Reticence permits other players to interpret an outcome in the way in which the shoe pinches least. It gives them an ill-focused target of attack. Reticence between Chiefs and Staffers or Indians permits each Indian to offer a charitable interpretation of the outcome - the proposal that simply never moves, for example, or the memo that dies at an interagency meeting of Chiefs. And at least it reduces explicit friction between a Chief an his men. Neustadt's example of the reticence of various Chiefs in speaking to Truman about leashing MacArthur is classic.

M. *Styles of Play.* There are important differences in the behavior of (1) bureaucratic careerists, whether civilian or military, (2) lateral-entry types, and (3) political appointees. These differences are a function of longerrange expectations. The bureaucrat must adopt a code of conformity if he is to survive the inevitable changes of administration and personnel, whereas the lateralentry type and the political appointee are more frequently temporary employees, interested in policy. The political appointees have a very limited tenure in office

---

[22] P. Hammond, 'Super Carriers'.

and thus impose a high discount rate, that is, a short-time horizon on any issue. Careerists know that presidents coem and presidents go, but the Navy ...

Style of play is also importantly affected by the terms of reference in which a player conceives of his action. Some players are not able to articulate the bureaucratic politics game because their conception of their job does not legitimate such activity. On the other hand, Acheson maintained that the Secretary of State works "in an environment where some of the methods would have aroused the envy of the Borgias". The quality he distinguished from all others as the most necessary for an effective American Secretary of State was "the killer instinct".[23]

5. Specific Propositions

A. *Nuclear Crises*

1. A decision to use nuclear weapons is less likely to emerge from a game in which a political leader (whose position forces upon him the heat of being a Final Arbiter) has most of the chips than from a game in which the military have most of the chips.

2. The probability of the U.S. government making a decision to use more military force (rather than less) in a crisis increases as the number of individuals who have an initial, general, personal preference for more forceful military action increases in the following positions: President, Special Assistant for National Security Affairs, Secretaries of Defense and State, Chairman of the JCS, and Director of the CIA.

3. In a nuclear crisis, the central decisions will be hammered out *not* in the formal forums, e.g., the National Security Council, but rather by an *ad hoc* group that includes the President, the heads of the major organizations involved, plus individuals in whom the President has special confidence.

4. These individuals' perception of the issue will differ radically. These differences will be partially predictable from the pressure of their position plus their personality.

B. *Military Action*

1. For any military action short of nuclear war, decision and implementation will be delayed while proponents try to persuade opponents to get on board.

2. Major decisions about the use of military tend not simply to be Presidential decisions, or majority decisions, but decisions by a large plurality.

3. No military action is chosen without extensive consultation of the military players. No decision for a substantial use of force, short of nuclear war, will be made against their advice, without a delay during which an extensive record of consultation is prepared.

---

[23] Dean Acheson, 'The President and the Secretary of State', in: D. Price (ed.), The Secretary of State, New York 1960.

6. Evidence

Information about the details of differences in perceptions and priorities within a government on a particular issue is rarely available. Accurate accounts of the bargaining that yielded a resolution of the issue are rarer still. Documents do not capture this kind of information. What the documents do preserve tends to obscure, as much as to enlighten. Thus the source of such information must be the participants themselves. But, *ex hypothesis*, each participant knows one small piece of the story. Memories quickly become colored. Diaries are often misleading. What is required is access, by an analyst attuned to the players and interested in governmental politics, to a large number of the participants in a decision before their memories fade or become too badly discolored. Such access is uncommon. But without this information, how can the analyst proceed? As a master of this style of analysis has stated, "If I were forced to choose between the documents on the one hand, and late, limited, partial interviews with some of the principal participants on the other, I would be forced to discard the documents."[24] The use of public documents, newspapers, interviews of participants, and discussion with close observers of participants to piece together the bits of information available is an art. Transfer of these skills from the fingertips of artists to a form that can guide other students of foreign policy is this model's most pressing need. [...]

3. ERSCHLIEßUNGSFRAGEN

1) Was ist das analytische Interesse des Bürokratie-Politik-Modells?

2) Was ist das Erkenntnisinteresse des Bürokratie-Politik-Modells?

3) Auf welchen Grundannahmen basiert das Bürokratie-Politik-Modell?

4) Inwiefern kann man davon sprechen, daß Regierungsentscheidungen eine "collage" darstellen?

5) Durch welche Merkmale zeichnen sich außenpolitische Entscheidungen aus?

6) Welche internen Einflußfaktoren für das Zustandekommen außenpolitischer Entscheidungen sind zu berücksichtigen?

7) Welche Arbeitsschritte sind notwendig, um die Hintergründe und Einflußfaktoren, die auf eine Regierungsentscheidung einwirken, rekonstruieren zu können?

8) Allison spricht davon, daß Regierungsentscheidungen und Regierungshandeln als "intranational political resultants" bezeichnet werden müssen. Erläutern Sie, was er darunter versteht.

---

[24] Richard Neustadt.

9) Was versteht man unter Entscheidungsrestriktionen?

10) In welchen Hinsichten kann man dem Bürokratie-Politik-Modell analytischen Reduktionismus vorwerfen?

4. WEITERFÜHRENDE LITERATUR

ALLISON, Graham T., *Essence of Decision. Explaining the Cuban Missile Crisis*, Boston 1971

ALLISON, Graham T./HALPERIN, Morton H., "Bureaucratic Politics: A Paradigm and Some Policy Implications, in: Raymond Tanter/Richard H. Ullman (Hrsg.), *Theory and Policy in International Relations*, Princeton NJ 1972, S. 40-70

ART, Robert J., "Bureaucratic Politics and American Foreign Policy: A Critique", in: *Policy Sciences* 4 (1973),S. 467-489

AXELROD, Robert, *Structure of Decision. The Cognitive Maps of Political Elites*, Princeton 1976

BEHRENS, Henning, *Politische Entscheidungsprozesse. Konturen einer politischen Entscheidungstheorie*, Opladen 1980.

BRAYBROOK, David/LINDBLOM, Charles E., "Types of Decision-Making", in: James F. Rosenau (Hrsg.), *International Politics and Foreign Policy. A Reader in Research and Theory*, New York 1969, S. 207-216

BRAYBROOK, David/LINDBLOM, Charles, *A Strategy of Decision. Policy Evaluation as a Social Process*, New York 1963

CROZIER, Michel, *The Bureaucratic Phenomenon*, Chicago 1964

FALKOWSKI, Lawrence S. (Hrsg.), *Psychological Models in International Politics*, Boulder Col. 1979, S. 49-69

FRANKEL, Joseph, *Die außenpolitische Entscheidung*, Köln 1965

GEORGE, Alexander L., "The 'Operational Code': A Neglected Approach to the Study of Political Leaders and Decision-Making", in: *International Studies Quarterly* 13 (1969), S. 190-222

GEORGE, Alexander, *Presidential Decision-Making in Foreign Policy. The Effective Use of Information and Advice*, Colorado 1980

HAFTENDORN, Helga, "Zur Theorie außenpolitischer Entscheidungsprozesse", in: Volker Rittberger (Hrsg.), *Theorien der Internationalen Beziehungen. Bestandsaufnahme und Forschungsperspektiven*, PVS Sonderheft 21, Opladen 1990, S. 401-423

HALPERIN, Morton, *Bureaucratic Politics and Foreign Policy*, Washington 1974

HERMANN, Charles F./KEGLEY, Charles W., Jr./ROSENAU, James N. (Hrsg.), *New Directions in the Study of Foreign Policy*, Boston MA 1987

HERMANN, Margaret G., "Explaining Foreign Policy Behavior Using the Personality Characteristics of Political Leaders", in: *International Studies Quarterly* 24 (1980), S. 7-46

KRATOCHWIL, Friedrich V., *Rules, Norms, and Decisions. On the Conditions of Practical and Legal Reasoning in International Relations and Domestic Affairs*, Cambridge 1989

KRELLE, Wilhelm, "Entscheidungstheoretische Methoden in der auswärtigen Politik", in: Helga Haftendorn (Hrsg.), *Theorie der Internationalen Politik. Gegenstand und Methoden der Internationalen Beziehungen*, Hamburg 1975, S. 244-254

KRELLE, Wilhelm, *Theorien der wirtschaftlichen Entscheidung*, Tübingen 1965

LITTLE, Richard/SMITH, Steve, *Belief Systems and International Relations*, Oxford 1988

MANDEL, Robert, "Psychological Approaches to International Relations", in: Margaret G. Hermann (Hrsg.), *Political Psychology: Contemporary Problems and Issues*, Beverly Hills Cal., London 1986, S. 251-278

PAIGE, Glenn, *The Korean Decision*, New York 1968

ROBINSON, James A./SNYDER, Richard C., "Decision-Making in International Politics", in: Herbert C. Kelman (Hrsg.), *International Behavior*, New York 1965, S. 435-463

ROSENAU, James N., "The Premises and Promises of Decision Making Analysis", in: James C. CHARLESWORTH (Hrsg.), *Contemporary Political Analysis*, New York/London 1967, S. 189-211

SCHELLHORN, Kai, *Krisen-Entscheidung*, München 1974

SIMON, Herbert A., "Human Nature in Politics: The Dialogue of Psychology with Political Science", in: *American Political Science Review* 79/2 (1985), S. 293-304

SIMON, Herbert A., *Models of Man. Social and Rational: Mathematical Essays on Rational Human Behavior in a Social Setting*, New York 1955

SIMON, Herbert A., *Administrative Behavior. A Study of Decision-Making Processes in Administrative Organization*, New York 1957

SNYDER, Glenn/DIESING, Paul, *Conflict Among Nations. Bargaining, Decision Making, and System Structure in International Crises*, Princeton 1977

SNYDER, Richard C./ROBINSON, James A., *National and International Decision-Making*, New York 1961

SNYDER, Richard C./BRUCK, H.W./SAPIN, Burton, *Foreign Policy Decision Making. An Approach to the Study of International Politics*, New York 1962 (Auszüge in deutscher Übersetzung in: Helga Haftendorn (Hrsg.): Theorie der Internationalen Politik, Hamburg 1975)

SORENSEN, Theodore, *Decision-Making in the White House. The Olive Branch or the Arrows*, New York 1968

STEINBRUNER, John, *The Cybernetic Theory of Decision. New Dimensions of Political Analysis*, Princeton 1974

TUSCHHOFF, Christian, *Einstellung und Entscheidung: Perzeptionen im sicherheitspolitischen Entscheidungsprozeß der Regan-Administrtion 1981-1984*, Baden-Baden 1990

UTHOFF, Haya/DEETZ, Werner (Hrsg.), *Bürokratische Politik*, Stuttgart 1980

V.
Integrationstheorien

1. EINFÜHRUNG

Während sich die Realistische Schule vornehmlich am nationalen Interesse des Einzelstaates orientiert, fragt die Integrationstheorie nach dem Geflecht internationaler Austauschprozesse. Die Zunahme der technologischen und ökonomischen Zusammenarbeit zwischen den Staaten, die sich vor allem auch auf politisch wenig kontroverse Bereiche erstreckt, verstärke die internationale Zusammenarbeit und fördere damit Frieden und soziale Entwicklung. Wie in der Entscheidungstheorie findet man auch bei der Integrationstheorie verschiedene Richtungen und Ausprägungen. So ist der "funktionalistische" Ansatz von David Mitrany zu unterscheiden vom Neo-Funktionalismus (Ernst B. Haas, Joseph S. Nye) sowie von dem kommunikationstheoretisch fundierten Ansatz von Karl W. Deutsch und dem assoziativ-dissoziativ orientierten Ansatz von Johan Galtung.[1]

Historische Einordnung: Föderations- und Konföderationspläne sind seit dem Mittelalter bekannt (z.B. Dantes Idee eines Weltkaisertums). Sie finden ihren Niederschlag auch in den von Abbé Saint-Pierre (1713) entwickelten Plänen von den Vereinigten Staaten von Europa und den von Immanuel Kant 1795 dargelegten Konzepten für einen Völkerbund. Während des Zweiten Weltkriegs wurde der Integrationsgedanke im Zusammenhang mit der Frage, wie eine friedliche Zukunft zu gestalten sei, neu belebt (vgl. David Mitrany, 1943). Nach dem Zweiten Weltkrieg gab das zunächst erfolgreich verlaufende Experiment der europäische Einigung Anlaß, die dieser Entwicklung zugrundeliegenden Prozesse zu verallgemeinern und daraus eine Integrationstheorie zu entwickeln (Ernst B. Haas, 1958). Beeinflußt von Arbeiten der System- und Kommunikationstheorie erfuhr die Integrationstheorie dann in den 1960er Jahren weiteren Auftrieb.

Theoretische Vororientierungen und Selektionskriterien: Die Integrationstheorie befaßt sich mit solchen Prozessen, durch die Nationen auf den Wunsch und die Möglichkeit verzichten, eine unabhängige Außen- und teilweise auch Innenpolitik zu betreiben und stattdessen gemeinsame Beschlüsse anstreben bzw. die Beschlußfassung an neugebildete gemeinsame Organe delegieren. Sie fragt danach, warum politische Akteure in den einzelnen Gesellschaften bemüht sind, ihre Erwartungen und Aktivitäten an einem neuen politischen Zentrum zu

---

[1] Vgl. H. Behrens/P. Noack, Theorien der Internationalen Politik, München 1984, S. 138.

orientieren und wie die gesellschaftlichen Bedingungen hergestellt werden können, die Integrationsprozesse möglich machen und zugleich selbst bedeuten.[2]

Diese Fragen werden von den verschiedenen Ausprägungen integrationstheoretischen Denkens je unterschiedlich beantwortet. Den Antworten liegen je spezifische Grundverständnisse über den Bedeutungsinhalt des Begriffs Integration sowie der Form der neugeschaffenen Einheit zugrunde. So lassen sich fünf verschiedene Bedeutungen von Integration herausfiltern. Integration wird verstanden 1) als Prozeß, der zum Aufbau föderativer Institutionen führt, 2) als Ausbau international beachteter Rechtsnormen, 3) als kooperative Bewältigung funktionaler Aufgaben, 4) als Verdichtung des Kommunikationsgeflechtes, 5) als politischer Bewußtseinswandel der Eliten und/oder der Massen.[3] Die Integrationsformen unterscheiden sich 1) hinsichtlich der zugrundeliegenden Zielsetzungen (Frieden, Sicherheit, Macht, Wohlfahrt), 2) nach der Intensität der Zusammenarbeit und Kooperation, 3) nach dem Grad der Verteilung der Abhängigkeiten, 4) nach dem Grad der Nutzen-Verteilung und 5) nach dem Grad der politischen und sozialen Homogenität der kooperativen Einheiten. Unterschiede im Sprachgebrauch ergeben sich auch dadurch, ob man mit Integration einen Endzustand beschreibt oder Integration als einen Prozeß versteht, der zum integrierten Zustand führt. Integration kann außerdem einen nationalen (nation-building), regionalen und globalen Bezugsrahmen haben.

Konstitutive Grundannahmen: Im einzelnen basieren die oben genannten Richtungen innerhalb der Integrationstheorie auf folgenden Grundannahmen.

A. *Funktionalismus (David Mitrany).* Der von David Mitrany entwickelte Funktionalismus ist der weitestgehende und zugleich epochemachende theoretische Ansatz im Kontext der Integrationstheorien. Er stellt eine Brücke zwischen Integrationstheorie und Weltstaatsansätzen dar und ist somit konzeptionell verwandt mit der Friedensforschung. Seine wichtigste These lautet: Funktionale Zusammenarbeit in internationalen Organisationen führt zur Welteinheit. Mitrany geht damit von internationalen Organisationen aus, deren Zusammenarbeit er in spezifischen, nichtpolitischen Gebieten institutionalisieren will. Diese Organisationen führen kooperativ solche Aufgaben aus, die nur im weltweiten Maßstab sinnvoll zu lösen sind. Zur Erledigung dieser Aufgaben sollen internationale Organisationen geschaffen werden, die einen funktionalistischen Charakter haben, d.h. sie beschränken sich auf einen spezifischen Aufgabenbereich. Die gemeinsame Bewältigung praktischer Probleme fördere die Zusammenarbeit auch in anderen Kontexten. In einem fortgeschrittenen Integrationsstadium sollen solche Sachprobleme schließlich nicht mehr von Politikern, sondern nur noch von Experten gelöst werden. Damit wäre die konflikträchtige Politisierung internationaler Kooperation überwunden. Das funktionalistische Denken unterscheidet demnach zwischen machtorientierter und damit immer konflikträchtiger Politik und entpolitisierter Kooperation in wohlfahrtsorientierten Sachaufgaben.

---

[2] Vgl. Leon N. Lindberg, The Political Dynamics of European Economic Integration, Stanford 1963, S. 6 und Eva Senghaas-Knobloch, Frieden durch Integration und Assoziation, Stuttgart 1966, S. 161.

[3] H. Behrens/P. Noack, Theorien der Internationalen Politik, S. 136.

B. Neofunktionalismus (Ernst B. Haas, Leon Lindberg, Robert Keohane, u.a.). Der Neofunktionalismus differenziert die Grundannahmen des Funktionalismus, beschränkt sich dabei jedoch auf Vorgänge, die bei einer regionalen Integration auftreten. Überdies trennt der Neofunktionalismus im Unterschied zum Funktionalismus nicht mehr zwischen *funktionalen* und *politischen* Bereichen. Funktionale Kooperation sei vielmehr nur eine erste Stufe, auf die dann die politische Integration folgen soll und muß. Im Mittelpunkt des Interesses steht deshalb die Frage, auf welche Weise funktionale Kooperation zu neuer politischer Gemeinschaftsbildung führt. Eine zentrale Rolle nimmt in dieser Konzeption der Begriff des "spill-over" ein. Er bezeichnet den Vorgang des Übergangs einer ursprünglich rein funktionalen Integration in eine politische Integration. Von einem "spill-over"-Effekt spricht man dann, wenn die Kooperation wegen der unterschiedlich intensiven Integration in Teilbereichen und aufgrund der Vorteile, die sie sichtbar bietet, sich "automatisch" auf weitere Bereiche ausdehnt und letztendlich zu einer immer engeren Interessenverflechtung führt. Am Ende einer solchen Entwicklung steht eine politische Gemeinschaft, die das ganze Spektrum der internationalen Beziehungen des neuen Entscheidungszentrums abdeckt. Zum zweiten spielen die politischen Eliten eine wichtige Rolle. Sie seien diejenigen, die im Falle einer erfolgreichen partiellen Problemlösung die Kooperation erweitern und auch auf den politischen Konfliktaustrag anwenden wollen. Ein so verstandener Integrationsprozeß entfaltet sich vor allem da, wo eine möglichst geringe hierarchische Gliederung herrscht. Damit erleichtert ein Pluralismus möglichst gleichgearteter Einheiten mit hoher Transaktionsdichte sowohl funktionalistische Integration als auch den "spill-over" in den politischen Bereich.

C. Der kommunikationstheoretisch fundierte Ansatz von Karl W. Deutsch. Auch bei Deutsch spielt die Elite eines Staates eine entscheidende Rolle, insofern sie den Verflechtungsvorgang initiiert und die Arrangements zwischen den beteiligten gesellschaftlichen, politischen und ökonomischen Interessen trifft. Nach Deutsch seien ein dichtes Kommunikationsnetz und ein gewisses Maß einheitlicher Wertvorstellungen die wichtigsten Voraussetzungen für Integration. Integration entwickele sich von einem theoretischen Konzept zur politischen Realität, sobald ein "take off"-Punkt erreicht sei. Dieser stelle sich dann ein, wenn die Bevölkerungen der am Integrationsprozeß beteiligten Nationalstaaten erkennen, daß bestimmte gesellschaftliche Bedürfnisse nur noch mittels Integration zu befriedigen sind und infolgedessen integrative Maßnahmen von ihren Regierungen einfordern. Während der Neo-Funktionalismus *Wohlfahrt* als Zweck der Integration bestimmt, sieht Deutsch im *Frieden* das erste Ziel der Integration. Es sei eine pluralistische Sicherheitsgemeinschaft anzustreben, die einen Krieg unmöglich macht. Die Voraussetzungen für die erfolgreiche Tätigkeit einer solchen Gemeinschaft sind 1. gemeinsame Werte der Entscheidungsträger, 2. Voraussagbarkeit des Verhaltens der Entscheidungsträger und 3. "mutual responsiveness", d.h. Offenheit gegenüber den Aktionen und Reaktionen der anderen beteiligten Regierungen.

Insgesamt gesehen ist Deutsch in bezug auf die Zwangsläufigkeit von Integrationsprozessen skeptischer als andere Theoretiker. Die Ursache für die zögernde Einstellung der Staaten sieht er vor allem darin, daß a) ihnen die Erhaltung ihrer Souveränität und ihr Prestige wichtiger sind als das Ziel des Friedens und daß b) die Sicherung des Status quo für sie im Rahmen des Nationalstaates immer noch berechenbarer ist als die unberechenbaren Folgen einer Integration. Schließlich nimmt Deutsch - über den Neofunktionalismus hinausgehend - nicht nur den Prozeß der Integration, sondern auch seine Kehrseite, die Desintegration, analytisch in den Blick.

D. Johan Galtung. Galtung greift die von Deutsch gestellte Frage danach, welche Faktoren einen Integrationsprozeß umkehren können auf und führt die Analyse weiter.[4] Galtung beschäftigt sich - unter dem Eindruck des Gegensatzes von Industriestaaten und Dritter Welt - vor allem mit asymmetrischen Konflikten und kommt zu dem Ergebnis, daß die Konzepte Assoziation und Integration für solche Konflikte weniger Bedeutung haben, da sie in jedem Fall den Stärkeren begünstigen. Während in symmetrischen Verhältnissen Konflikte durch Assoziation überwindbar seien, sei dies in asymmetrischen Verhältnissen nicht der Fall. Hier sei im Interesse des Friedens, d.h. um die ungleichen Kontrahenten auseinanderzuhalten, Dissoziation geboten. An Integration könne später - falls Symmetrie erreicht werde - gedacht werden.

Methode: Das Hauptproblem der integrationstheoretischen Ansätze liegt in der Frage, mit welcher Methode die projektierte Verlaufsanalyse durchzuführen sei und wie die vorhandenen Symmetrien, Kapazitäten und Perzeptionen, die den Integrationsprozeß beeinflussen, gemessen werden können. Auf diese Frage gibt es bis heute keine Antwort, die die empirisch-analytisch orientierte Sozialwissenschaft befriedigen würde.[5]

Machtverständnis: Durch die Konzentration auf die Bedeutung zwischenstaatlicher Zusammenarbeit in eng umgrenzten sachlichen Teilgebieten zur Schaffung eines friedlichen Weltstaatensystems werden andere Faktoren, wie Ideologie, Ablenkung von internen Schwierigkeiten, Absicherung von Elite-Interessen, die wesentlich auf das staatliche Zusammenspiel einwirken, vernachlässigt. Das Konzept der funktionalen Zusammenarbeit entwickelt ein Gegenmodell zu den vom Machtbegriff geprägten Vorstellungen davon, wie internationale Zusammenarbeit funktioniert. Dadurch, daß im Rahmen funktionaler Zusammenschlüsse sachorientiert gearbeitet wird und große und kleine Mächte auf der Grundlage einer funktionalen internationalen Arbeitsteilung unabhängig von ihrer Machtposition zusammenarbeiten, verliert der Faktor Macht seine Bedeutung als Bestimmungsvariable zwischenstaatlichen Handelns. Denn die direkte Betroffenheit aller im Kontext eines Sachgebietes kooperierender Staaten gewährleiste eine problemorientierte Kooperation, bei der Macht und Prestige der beteiligten Akteure allenfalls nachgeordnete Kategorien darstellen.

---

[4] Vgl. Johan Galtung, 'A Structural Theory of Integration', in: Journal of Peace Research 4 (1968).

[5] Klaus-Dieter Nieder, Integration, in: Wichard Woyke, Handwörterbuch Internationale Politik, Opladen 1977, S. 154 sowie Joachim Hütter, Einführung in die internationale Politik, Stuttgart 1976, S. 133.

Kritik und theoretische Anknüpfungspunkte: Die Hauptkritik an funktionalistischen und neo-funktionalistischen Integrationsansätzen richtet sich gegen ihre ausschließliche Berücksichtigung von ökonomisch-technokratischen Prozessen. Dadurch werde der Einfluß z.B. von nationalistischen Ideologien (z.B. Gaullismus) vernachlässigt. Gerade diese aber machten im Kontext des europäischen Einigungsprozesses die politischen Grenzen des Neofunktionalismus deutlich. Denn obgleich der wirtschaftliche Erfolg gesichert schien, trat der "spill-over"-Effekt nicht automatisch ein. Regionale Integration - dies machte de Gaulles Europapolitik deutlich - war keineswegs die vorherrschende Tendenz in der Internationalen Politik. Ernst B. Haas revidierte infolgedessen seine Theorie dahingehend, daß ein Automatismus zwischen ökonomischer und politischer Integration nicht existiere. Zur Erklärung der zunehmenden regionalen Integration müssen neben den internen Prozessen auch die externen Faktoren berücksichtigt werden, die die Integration fördern oder verhindern. Joseph S. Nye hat auf der Grundlage dieser Einsichten und in Anlehnung an das militärische Prinzip der kollektiven Sicherheit das Konzept der "collective economic security" entwickelt. Hiernach wird die europäische Wirtschaftsgemeinschaft auch als Versuch verstanden, eine gemeinsame, und damit stärkere Verhandlungsposition gegenüber der Außenwelt zu erreichen.

Wegen des Mißerfolgs einer "allgemeinen Theorie" der Integration richtete der Neofunktionalismus seit den 1960er Jahren seine Bemühungen verstärkt darauf, präziser als in den früheren Theorien Voraussagen über die Wahrscheinlichkeit und Nichtwahrscheinlichkeit von Integrationsprozessen zu machen. So läßt sich nach Joseph S. Nye das "integrative Potential" einer Region anhand der folgenden sieben Punkte bestimmen: 1) die Symmetrie oder wirtschaftliche Ebenbürtigkeit der Einheiten, 2) die gegenseitige Ergänzung der durch die Eliten hochgehaltenen Werte, 3) der Pluralismus der Interessengruppen, 4) die Reaktions- und Allokationskapazität der Mitgliedstaaten, 5) die perzipierte Gleichheit der Profitverteilung, 6) die Perzeption äußerer Zwänge und 7) geringe sichtbare Kosten.[6] Damit wird eine Verlaufsanalyse zwar präziser, aber auch schwieriger, da - wie gesagt - eine exakte Messung der genannten Symmetrien, Kapazitäten und Perzeptionen in der Internationalen Politik noch nicht möglich ist.

---

[6] Joseph S. Nye, Peace in Parts. Integration and Conflict in Regional Organisation, Boston 1971.

2. LEKTÜRE

The Dynanics of European Integration[7]
WILLIAM WALLACE

William Wallace ist seit 1995 Professor für Internationale Beziehungen an der London School of Economics. Von 1990 bis 1995 war er Walter F. Hallstein Senior Research Fellow am St. Antony's College, Oxford. In den Jahren 1978 bis 1990 war er Director of Studies am Royal Institute of International Affairs in London und als solcher verantwortlich für die Forschungs- und Publikationsprogramme des Instituts.

William Wallace promovierte an der Cornell University und arbeitete als Visiting Professor am French Institute for International Relations (IFRI), an der Stiftung Wissenschaft und Politik (SWP) in Ebenhausen, am European University Institute in Florenz sowie an den Universitäten Freiburg, Columbia und Harvard. Seine wissenschaftlichen Interessen liegen vor allem auf dem Feld der europäischen Integration. Gegenwärtig beschäftigt er sich mit Transformationsprozessen in Europa nach dem Ende des Ost-West-Konflikts. Hierbei stehen Fragen der Ost-Erweiterung der EU und der europäisch-amerikanischen Beziehungen im Vordergrund.

Zu seinen neuesten Veröffentlichungn zählen "Options for British Foreign Policy in the 1990s" (1988, zusammen mit Christopher Tugendhat); "The Transformation of Western Europe" (1990); "The Dynamics of European Integration" (1990); "The USA and Europe in the 1990s: A Changing America in a Transformed World Order" (1992) sowie zusammen mit Helen Wallace "Policy-making in the European Union" (1996).

Europe has changed remarkably in the 45 years since the devastation of 1944-5. Economic recovery has been accompanied by a degree of economic integration among West European countries far beyond that which the protected national economies of the interwar years permitted, or the more open European economy of the nineteenth century witnessed. Social interaction has mushroomed with increasing prosperity and education, through new networks of mass transport and telecommunications. New political structures have been erected, alongside Western Europe's re-established nation-states: to manage European security, coordinate economic development, promote democratic values, encourage social integration and combat the problems of crime, drugs and terrorism which accompany rising cross-border interactions.

One of these structures, the European Community, was constructed with the broader political aim 'to establish the foundations of an ever closer union among the European peoples', even 'to substitute for age-old rivalries the merging of their essential interests; to create, by establishing an economic community, the basis

---

[7]   Aus: William Wallace (Hrsg.), The Dynamics of European Integration, London New York 1990, S. 1-24. Mit freundlicher Genehmigung von Francis Pinter Publishers, London.

for a broader and deeper community among peoples long divided by bloody conflicts; and to lay the foundations for institutions which will give direction to a destiny henceforward shared'.[8] This was political institution-building as a strategy: to promote economic integration, in the expectation that social integration would accompany it, that the interests and loyalties of elites - at least - would thus be progressively transferred from each nation-state to the broader institutionalized community, which would in turn 'lay the foundations' for an eventual political union. It was a process which implied a beginning and an end: from and beyond the nation-state to the eventual achievement of European union. In the circumstances of the early 1950s, 'considering that world peace [and national survival] can be safeguarded only by creative efforts commensurate with the dangers that threaten it', with Western Europe still heavily dependent on the United States for economic support and military protection, the vision of 'an organized and vital Europe' regaining through union the independence and economic strength which its individual states had lost had a powerful appeal.[9]

European union, as envisaged in the 1950s, was limited to Western Europe: economic and political integration under American protection, with active American encouragement, within a framework of rules for international economic interaction laid down under American leadership. The relationship between (Western) European union and Atlantic solidarity was, from the outset, ambiguous and ill-defined. American attitudes ranged from assumptions of European recovery to equal partnership to hopes that a revived Western Europe would allow a progressive reduction in American military commitment. European attitudes ranged from ambitions to achieve full partnership with their American patron and protector to dreams of a Europe free from both the 'superpowers'.[10]

Eastern Europe was on the other side of the 'iron curtain', forcibly integrated into the soviet 'bloc'. Germany, the centre of prewar Europe, was divided between the two: its long-term future another matter for ambiguity, its West European partners repeating their formal commitment to reunification as they worked to lock its Western zones into a West European structure. For the past 40 years, 'Europe' has largely been used as a term for Western Europe: a usage both confirmed and qualified by the reorientation of the countries of 'East Central Europe' towards it at the end of the 1980s, their intellectuals talking of 'rejoining the West', their political leaders of reclaiming their place 'in Europe'.[11]

---

[8] Preamble to Treaty establishing the European Economic Community, clause one; preamble to Treaty establishing the European Coal and Steel Community, clause five. The stronger language comes from the earlier treaty (signed in April 1951), as against March 1957).

[9] Preamble to ECSC Treaty, clause one, clause two.

[10] Harold van B. Cleveland, The Atlantic Idea and its European Rivals, New York 1966, Chapters 5 and 6; Alfred Grosser, The Western Alliance: Euro-American Relations since 1945, London 1978, Chapters 4, 6 and 7.

[11] William Wallace, The Transformation of Western Europe, London 1990, Chapter 2, explores the overlapping concepts of the West, of Europe and of Western Europe as they have been used in the European political debate.

Those who promoted this broad 'federation de l'Ouest' had originally hoped to encompass within the boundaries of their enterprise all those European countries outside the control of Soviet troops which shared 'le même réflexe de refuser le déclin économique qui conduit à la perte des libertés': the 16 countries which met in Paris in July 1947, under the leadership of Britain and France, to respond to the Marshall 'Plan'.[12] Between 1947 and 1957 that broad community had become the loose outer circle around a more tightly institutionalized core: the countries of the Rhine valley and delta, together with Italy. Nevertheless, the strategy was pursued, in the confident expectation that others would apply to join as the original members moved ahead. The confidence of the strategists of European integration was supported by the growth of intellectual theories of integration, from both economists and political scientists.

Thirty years later, the unilinear assumptions of the early proponents and theorists of European integration have long since given way under the pulls and pushes of Community bargaining. The unification of Europe has achieved no final form. On the contrary, the structure and shape of Europe has become more indeterminate, as the Community itself has expanded, and as the 'European space' - that imprecise phrase so frequently used by policy-makers in the 1980s to describe patterns of economic, industrial, social and educational interaction - has so evidently extended across a wider area: to include the six member states of the European Free Trade Area and the Community's several Mediterranean associates, most of them members with the EC states of the OECD and the Council of Europe. Economic integration has drawn *all* the European member states of OECD together into what must now be described as a regional economy. Social interactions across frontiers within this region have expanded enormously, with little distinction between those within and those outside the EC. Even before the political developments of 1989-90, the impermeability of the East-West boundary - as Chapter 8 describes - had begun to yield to the gravitational pull exerted by Western Europe's economic advances, technical superiority, and social and political appeal, spreading across Eastern Europe with trade, tourism and modern communications: raising the prospect of a far wider European space, its structure and boundaries far more indeterminate.

Political integration has moved forward in fits and starts: from the euphoria of the first confident years after the Treaties of Rome to the deadlock over de Gaulle's challenge to the Commission's supranational pretensions and 'Community method'; from the *relance* of the Hague Summit of 1969, after de Gaulle's departure, the launching of the ambitious project for Economic and Monetary Union, the completion of the Community's budgetary arrangements, and the first enlargement, to the divergent reactions of member governments to the economic and political storms which hit Western Europe in 1973-4; from the more tentative initiative of the European Monetary System to the *relance* of the 1980s represented by the '1992' Programme and the Single European Act.

---

[12] Jean Monnet, Mémoires, Paris 1976, pp. 323, 316.

The core EC of 6 has grown, after two rounds of enlargement, to 12. A third round ist unavoidable during the 1990s, with a lengthening queue of declared and undeclared candidates shuffling into place. The revival of the seven-nation Western European Union in 1984 (and its expansion to nine in 1989), the emergence of the five-nation Schengen group, the larger memberships of such diverse bodies as the 'Eureka' technology partnership and the anti-drug *Groupe Pompidou*, even the re-emergence of political interest in the Council of Europe as a forum for associating the states of East Central Europe with an integrating Western Europe, suggest a more diffuse network of integration than any imagined by Jean Monnet or Ernst Haas.[13] It is hardly surprising that the political *and* intellectual debates about the dynamics and direction of European integration at the end of the 1980s lack agreed concepts or frames of reference. The speed and diversity of change, the diffuseness of the formal and informal processes under way, are such as to leave widespread disagreement about underlying trends, let alone about their political and economic implications.

The aim of this study has been to lay the foundations for a more informed intellectual debate, by identifying as far as we can recent economic, social, administrative and institutional trends in European integration, and drawing some preliminary conclusions from those we identify. It has brought together some 30 participants, from a range of backgrounds and intellectual disciplines, to consider papers presented at a series of three conferences in 1988-9, the majority of which are published below. We set out our objectives at the outset as:

(1) to map the observable patterns of political, economic and social interaction within Western Europe; taking the centrality of the Community framework as an issue to be investigated rather than an *a priori* reality; and taking the distinction between the West European region and broader Atlantic and global networks as similarly to be explored through examination of the available evidence.

(2) to examine the degree of congruity or non-congruity between the different patterns observed, and to draw inferences where possible about the links between them.

(3) from this, to examine the role and function of the Community as an institutional framework within the overall processes of European interaction; deliberately working from a broad definition of Europe inwards rather than from Brussels outwards, to explore how far the Community framework 'fits' or shapes underlying patterns of economic, social and political relations.

(4) to begin to rebuild the conceptual debate on European integration on the foundations provided by the accumulation of evidence on current trends and on the relationship between formal and informal integration.

---

[13] Ernst Haas's writings on political integration, most notably: The Uniting of Europe, Stanford CA 1958; and Beyond the Nation State, Stanford CA 1964, did much to set the framework of intellectual expectations about the prospects for European integration on both sides of the Atlantic throughout the 1960s and into the 1970s.

In attempting to 'map' Europe, we have, therefore, come closer to the approach adopted by Karl Deutsch in the 1950s and 1960s than to any other of the early economic and political model-builders, with their greater certainty about the direction of the trends which they were studying.[14] We were conscious that perspectives on 'Europe' depend not only on the place where the observer stands but on the features which she is trained to identify. We therefore brought together a group from several different European countries and from several different disciplines of social science; and included some American scholars of international relations, and some whose primary interest had not previously been in European integration, in order to guard against the biases which all scholars accumulate about their preferred field of study.

Some of the indicators we would have liked to include proved too difficult to assemble within the limits of a twelve-month project. There is much more to be done on the psychological dimension of 'mental maps' of Europe, discussed further below: the imprecise but symbolically significant issue of European values, self-identification, inclusion and exclusion. There is more to be done in tracing the rapidly changing patterns of ownership, production, management, and industrial collaboration, which are discussed by Albert Bressand and Kalypso Nicolaïdis in Chapter 2. Nevertheless, we hope that the reader will come away from this volume with a clearer image of the changing shape of the European region and of the dynamics of change, on which to build a more informed analysis of the interaction of political, economic and social factors in international integration - which has been one of the central issues in both intellectual and the political debate since the emergence of a West European region in the aftermath of World War II.

As the study proceeded, the relationship between an increasingly integrated West European region and the other half of Europe began to change, increasingly rapidly in the autumn and winter of 1989-90. These unanticipated political developments have not, we concluded, undermined the approach of this study; indeed, they have in many ways confirmed it. What emerges from the chapters which follow is the centrality of Germany within Europe, and the centrality of Western Europe in Europe as a whole: not only in terms of the European economy, but also in terms of social interchange, security policy, technological development, and links with third countries. Western Europe *is* core Europe; Eastern Europe is regaining its place as part of its periphery.

The structure and dynamics of European integration in the 1990s will be profoundly affected by the reintegration of these excluded countries into the European order which has developed since the 1950s. But the very strength and intensity of the rules, economic links and patterns of social and political interaction which are outlined in the chapters which follow suggest that the continuities will be stronger than the discontinuities, and that the best guide to likely evolution in the 1990s may be provided by an understanding of the forces

---

[14] Karl Deutsch's most influential contribution in this field was Political Community and the North Atlantic Area, with Sidney Burrell and others, Princeton NJ 1957.

which have pushed Western Europe together, and which are now pulling Eastern Europe towards it.[15]

1. The transformation of Postwar Europe

The postwar Western Europe for which American and European policymakers designed the original structures of Atlantic and European cooperation was one in which iron and steel occupied the commanding heights of the industrial economy; in which the railways were the key to inland transport, and river and coastal traffic the key to trade; and in which agriculture employed a quarter or more of the working population in all but a few countries. Until the social disruption caused by the war, only a tiny minority of the population of European countries had ever travelled beyond their national boundaries. Military service, forced labour, deportation, had taken millions of people, unwillingly, for the first time outside their familiar local worlds. International mass communication had begun with the propaganda radio broadcasts of the axis powers in the 1930s, and the BBC's wartime response.

Armed conflict was succeeded by armed confrontation and the perceived threat of internal subversion. The governments of Western Europe drew together in the hope of American protection and aid and in the face of a clear and present danger from the external and internal Communist threats. Torn between their determinedly national frames of reference and their awareness that Europe's nation-states had failed separately to provide either security or prosperity, those who had most directly experienced the destruction of the war argued for an alternative focus of authority and loyalty, while those who had escaped the worst accepted the need for new structures for international cooperation alongside the nation-state.

Nearly half a century later, their children have grown up into a different Europe and a different world. Electronics has displaced the old 'heavy' industries as the key to industrial advance. Telecommunications now carry much of the traffic of financial and service trade, air transport a rising proportion of personal travel. The European economies of the 1960s, relatively autonomous and responsive to the instruments of national economic management, have given way to a regional European economy, in which governments both inside and outside the EC have painfully discovered the limits of autonomous action. The institutional frameworks of the EC and OECD have set the context for the growth of this highly integrated European economy. But it has also been shaped by innovations in production processes and management practices, which have enabled companies to manufacture and market on a continental scale; and by improvements in communications, most crucially through the radical impact of the revolution in telecommunications on corporate structures, on marketing information and techniques, and on financial markets.

---

[15] This argument is developed further in The Transformation of Western Europe, Chapter 6.

Greater prosperity and better communications have also 'shrunk' Western Europe, as elites - and to a lesser extent broader mass publics - have become accustomed to watching each others' television programmes, to crowding through each others' airports, criss-crossing the continent on its connecting motorways, and jostling each other in Europe's summer and winter resorts. As Federico Romero sets out in Chapter 10, the scale of these intra-regional movements, for business, study, and pleasure, is of a qualitatively higher level than a generation ago, and is still increasing. As it adjusts to these flows Europe is acquiring a *lingua franca*, with the advantage - and disadvantage - of sharing that international language not only with North America but with the rest of the world. The positions of French and German as Europe's leading international languages and bearers of its distinctive cultural and intellectual traditions have been challenged, not only in Western Europe but also in Eastern Europe, by the spread of English as the medium for 'European' newspapers and international television and for more and more of the expert and technical material published for an international audience.

The international environment which imposed upon Europe its postwar shape has also shifted very substantially. In retrospect the period between 1955 and 1965 - the years in which the institutions of West European integration took shape - may have been the Indian summer of European centrality in the international system: when economic recovery had been achieved, without any challenge yet visible from East Asia; when Europe's pivotal position in the structure of global security remained unquestioned, while that structure evolved through short-term crises towards a degree of stability; when the relationship between the West European countries and their North American partners thus in effect defined the 'free world', facing a closed socialist bloc, with a defined group of neutral states in between. The apparent certainties and stabilities of that brief period had eroded in the course of the 1970s and 1980s, well before the events of 1989-90 registered their disappearance. In parallel with this shift in Europe's political and security position the rise of the East Asian economies has changed the shape of the global economy, leaving European countries and companies with a more modest share of world manufactures, trade, and services.

The rapidity of this transformation has left us attempting to adapt to new demands, institutions and concepts which were designed for past circumstances. The Treaties of Rome were drafted in the context of theories of economic integration developed in the postwar years, as well as in the expectation that nuclear power would succeed coal as the key source of energy. Different issues have come to preoccupy the agenda of intergovernmental business - many of them directly posed by the consequences of the economic and social transformation we have noted above. Those concerned with the competitiveness of European industry took 'le défi Americain' as their benchmark, not - as in the 1980s - 'le défi Japonais'. The pollution of the Rhine was one of the few environmental issues on the European intergovernmental agenda in the 1950s. The consequences of rising levels of cross-border movement and of highly developed and rapid communications networks have become matters with which

European governments are acitvely engaged, from data protection to financial fraud, from the drugs trade to responses to refugees.

The scale of economic, political and social change since the late 1950s has - we argue - transformed the quality and character of international integration from that which was envisaged by those who constructed the institutions of postwar Europe. One need only recall that at the beginning of the 1960s no direct dialling links between European national telephone networks existed, that most people who travelled across the Atlantic and the North Sea went by ship, and that containers had not yet replaced port labour in handling international trade in goods.[16] Some observers insist that the impact of technological development, in particular of information technology, is sufficiently radical in its consequences to constitute a 'second industrial divide' comparable to that of the nineteenth-century industrial revolution.[17] Others argue more modestly that the decline of American economic dominance and the rise of the 'trading states' of East Asia is creating an international economy which no longer fits the conventional models of liberal economic theory.[18] Theories of economic integration appropriate to the relatively undirected market forces of 30 years ago, based upon the classical trade theory assumptions of comparative advantage, no longer fit the technology- and corporate strategy-driven forces which drive the contemporary international economy; 'the reigning paradigm ... ist embarrassingly at variance with the facts', leaving an 'extraordinary gap between international trade theory and international macro-economics'.[19] That, in turn, leaves us with 'a growing gap between the reality of economic integration and the conceptual and political framework in which we are used to think about it'.[20]

Conceptual and political frameworks, however, are resistant to change, except under the pressure of determined action from central authority or under the bitter experience of political revolution or other social cataclysm. The dominant political concepts remain those of nations and states, of sovereignty and autonomy, in Europe as in the rest of the world - in some ways *more* in Europe than in the rest of the world, since it was in Europe that these concepts developed and became deeply rooted. 'The nation-state is the twin of the industrial society', the product of the technical and economic changes which transformed Europe in the course of the nineteenth century, and of the social consequences of those changes; outmoded - Poul Schlüter has argued - by 'the phasing-in of the information society to replace the industrial culture and industrial technology

[16] The first STD link in Europe was opened between London and Paris in 1963.

[17] See, for one influential American interpretation, M. Piore/C. Sabel, The Second Industrial Divide: Possibilities for Prosperity, New York 1985.

[18] See, for example, Robert Gilpin, The Political Economy of International Relations, Princeton NJ 1987. The term 'trading states' is taken from Richard Rosecrance, The Rise of the Trading State, New York 1986.

[19] Patrick Minford, 'A Labour-based Theory of International Trade', in: John Black/Alasdair MacBean (eds.), Causes of Changes in the Structure of International Trade, 1960-85, London 1989, pp. 196, 197.

[20] Albert Bressand, 1992: the Global Challenge, Paris 1989, p. 4.

which have served us so well for almost 200 years'.[21] Some will accept Lothar Späth's admission that 'politicians are determining the rhetoric, but industrialists are determining the reality'.[22] But the experience of the past 30 years suggests that the relationship between political and economic developments is by no means as straightforward as the normative theorists of European integration were arguing in the optimistic years after the signing of the Rome Treaties. Politics follows its *own* logic, not simply those of economics and technology.

The transformation of the global economic and political environment also carries implications for the conceptual framework of European integration. The apparent stability of a region within an American-led alliance and an American-led liberal international economy has given way to a more diverse and uncertain world. For some 'the reality of the closing years of this century is that the world of the democracies is increasingly a world of three centres of power', in need of an 'institutional framework for consultation and coordination among those power centres'.[23] Others see the regional impulse as giving way before the dynamics of a global economy, in which geographical considerations are losing their importance. Informal, politically undirected economic evolution, technological and social change have also had a cumulative impact on the formally stable structures of the global political system and economy. European governments are not unique in having to adjust; political leaders in the United States, the Soviet Union, Japan, even China, are being forced to re-examine their assumptions about the international system and their place within it.

2. Structures and Markets: Formal and Informal Integration

The relationship between politics and economics, between states and markets, has been a matter of intense controversy since the modern world first developed. 'Markets constitute a powerful source of sociopolitical change and produce equally powerful responses as societies attempt to protect themselves against market forces.'[24] Alexander Hamilton argued for a strong central authority

---

[21] Address by Poul Schlüter (then Prime Minister of Denmark) to the American-European Community Association, London, 20 September 1988: a very reflective contribution from a policy-maker, with repeated references to Schumpeter's approach to economic and social change. F.H. Hinsley, in his study of Sovereignty, London New York 1966, pp. 214-21, makes the same point about the historical contingency of the nation-state: 'the basic forces producing [the centralized state and the integrated national community] have in each case been those technical and economic changes which have steadily transformed the quality of political and social existence since the beginning of the nineteenth century, and continue to transform it.' (p. 214).

[22] Lothar Späth (then Minister-President of Baden-Württemberg), quoted in Der Spiegel 31 (1988), p. 32.

[23] Lawrence Eagleburger, giving testimony to the US Senate Foreign Relations Committee as Deputy Secretary of State designate, 15 March 1989.

[24] R. Gilpin, The Political Economy, p. 23. For a classic historical overview, see Karl Polanyi, The Great Transformation: the Political and Economic Origins of Our Time, Boston 1957.

in the proposed constitution of the United States as essential to protect American interests against the dominance of the British economy. Karl Marx argued that political and social developments followed economic change, and constructed both a theory of history and a political strategy on that basis. Liberal economists from Adam Smith on have argued that states should interfere as little as possible in the operations of markets, since 'it is the market economy, together with the framework of laws and institutions that enables it to function effectively, which serves to establish order, while *ad hoc* discretionary interferences by governments are a source of disorder.'[25]

Ay, there's the rub: for the framework of laws and institutions does not emerge through the invisible hand which eighteenth-century rationalists believed to govern the markets, but has to be created and maintained. The postwar Western international economy was created and maintained under American leadership, to serve enlightened American security and political interests. Successive initiatives to create a tighter framework of laws and institutions within Western Europe won American support as compatible with these broader interests, while attracting some of their European support precisely because they offered a means of diminishing dependence on American patronage. The ambivalent political objectives which were built into the project of formal European integration from the outset depend partly on divergent views about the liberal and benign, or mercantilist and politicized, nature of international markets and the rules and institutions which order them.

The failure of the theorists of economic and political integration to resolve issues which had vexed generations of theorists before them should thus be put in context. Mitrany, Haas, Lindberg were closer to the idealist than the realist tradition of international relations. But the economists who dominated Atlantic debate on market integration were similarly in the idealist tradition of liberal economics; 'the classic argument for free trade', after all, 'rests on a model of the world in which there is assumed to be perfect competition, absence of market impediments, ample time for markets to adjust, and given technology.'[26] The policy-makers who made the model of an integrated European Community a reality have related to the idealized theory as closely as their trade negotiator colleagues have to *their* conceptual framework: creating, as Helen Wallace observes in Chapter 12, a stable structure for bargaining even as they repeat their commitment to a higher aim. Rhetoric and reality, ideology and practice, intertwine in any discussion of international developments, economic or political.

'There ist', Karl Deutsch remarked, 'apt to be confusion about the term "integration".'[27] The working definition adopted here is of the creation and maintenance of intense and diversified patterns of interaction among previously autonomous units. These patterns may be partly economic in character, partly

[25] David Henderson, Innocence and Design: the Influence of Economic Ideas on Policy, Oxford 1986, p. 101.

[26] Alan V. Deardorff/Robert M. Stern, 'Current Issues in Trade Policy: an Overview', in: Robert M. Stern (ed.), US Trade Policies in a Changing World Economy, Boston 1987, p. 33.

[27] A.V. Deardorff/R.M. Stern, 'Current Issues', p. 2.

social, partly political: definitions of *political* integration all imply accompanying high levels of economic and social interaction. The question of expectations, of common identity or consciousness, of the emergence of a 'sense of community', is the most contested, because the most difficult to measure. Daniel Frei saw this, alongside social interaction and institutionalized political decision-making, as an essential component of political integration.[28] Karl Deutsch defined integration as 'the attainment, within a territory, of a "sense of community" and of institutions and practices strong enough and widespread enough to assure, for a "long" time, dependable expectations of "peaceful change" among its population'.[29] Frequency of contact, breadth of interactions, were among his measures of the emergence of 'dependable expectations'.

A distinction is drawn here between informal and formal integration. Informal integration consists of those intense patterns of interaction which develop without the impetus of deliberate political decisions, following the dynamics of markets, technology, communications networks, and social change. Formal integration consists of those changes in the framework of rules and regulations which encourage - or inhibit, or redirect - informal flows. Informal integration is a continuous process, a flow: it creeps unawares out of the myriad transactions of private individuals pursuing private interests.[30] Formal integration is discontinuous: it proceeds decision by decision, bargain by bargain, treaty by treaty.

Functionalists and federalists, internationalists and nationalists, have argued at length about the relationship between the two.[31] All accept the importance of formal structures of international rules and intergovernmental collaboration in ecouraging or inhibiting informal transactions across national borders. All, equally, accept that informal flows alter the expectations and demands of those who benefit from them, leading to pressures to alter formal structures which stand in the way. The divergence is over the balance between the push of formal institution-building and the pull of informed interaction; and, conversely, over the ability or inability of established formal structures - national governments - to channel and limit informal flows. This divergence, one of the great unanswered and unanswerable questions of theories of integration - unanswerable because it rests upon different conceptions of human behaviour and values - has direct relevance to policy.

The political strategy which Jean Monnet and the Action Committee for a United States of Europe followed in the 1950s, in relaunching the project of

---

[28] Daniel Frei, 'Integrationsprozesse: Theoretische Erkenntnisse und Praktische Folgerungen', in: Werner Weidenfeld (ed.), Die Identität Europas, Bonn 1985, pp. 113-31.

[29] D. Frei, 'Integrationsprozesse', p. 2.

[30] Mica Panic labels the same process 'spontaneous integration' in his National Management of the International Economy, London 1988, p. 142.

[31] For a brief survey of the extensive literature on functional, neo-functional, federal, and intergovernmental approaches to European integration, see Carole Webb, 'Theoretical Perspectives and Problems', in: Helen Wallace et al., Policy-Making in the European Community, Chichester, New York 1983.

formal European integration after the collapse of the European Defence Community, was one of indirection, of *engrenage*.[32] Establish an institutional framework with limited authority, they planned, and the reorientation of personal links among elites and of economic interests among mass publics which would accompany rising informal flows would in time create political pressures to transform Europe's key institutional structures. The disillusioned report in 1975 from Robert Marjolin - one of Monnet's close associates in the 1950s - that 'experience up to now shows nothing that supports the validity of ... the idea which has been the basis of the past twenty years of the views of many Europeans, namely that European political unity, particularly in the economic and monetary field, will come about in an almost imperceptible way', pointed back from Monnet's 'functionalist' approach to the formal institutionbuilding 'federalist' approach.[33] 'What may be required', his report went on, 'in order to create the conditions for an economic and monetary union is ... a radical and almost instantaneous transformation ... giving rise at a precise point in time to European political institutions.'

Since then, however, the economic and monetary integration of Western Europe - not only of Western Europe institutionalized within the EC but also of OECD Western Europe as a whole - has moved forward a good deal further, with governments adjusting to market- and technology-led developments through successive modest rule changes, reluctantly accepted even by those national governments most determined to defend the principles of national sovereignty. The argument remains, vigorously contested, at the centre of the political debate about the future organization of the European region, as to whether such 'practical' and piecemeal adjustments are sufficient of whether radical institutional transformation is necessary.

It is far easier to agree on the interconnection between deliberate processes of political integration and informal processes of economic and social integration than to establish any clear line of causation between them. The formal structures of Western Europe in the late 1980s do not match the observable patterns of economic flows - nor the less clearly visible patterns of European mental maps, subjective assumptions about identity and community. Sweden and Switzerland are, on most economic and social measures, more clearly part of a Western European region defined by the intensity of its interactions than either Portugal or Greece; yet for reasons of history, national identity and security policy the latter two are full members of a formal Community which the former two have so far resisted joining. Flows of European citizens across national borders have risen far faster than the capacity of European governments to construct new rules to govern their movement. The proliferation of *ad hoc* intergovernmental groupings to cope with the different problems thrown up, and of *ad hoc* cooperation between police and customs agencies, testify to the struggle to catch up. Failure

---

[32] J. Monnet, Mémoires, Chapter 16.

[33] Report of the Study Group, Economic and Monetary Union 1980, Commission of the EC, Brussels 1975, Vol. 1, p. 5. Marjolin was the chairman of this group; it is probable that the words quoted were drafted by Andrew Shonfield.

to implement the Treaty of Rome clauses on transport has inhibited but not prevented integration of Europe's transport systems. The pressure of numbers, the consequent build-up of frustration at delays, has already pushed governments into responding in the road transport sector, where the lorry drivers' blocking of frontiers enforced intervention, and is likely to work a similar effect in air transport as flight delays increase public discontent at the inefficiencies of national air control over Europe's cramped and crowded airspace.

There are, we may suggest, two different types of formal integration: the responsive, and the proactive. Much of the detailed work of intergovernmental cooperation can be seen as responsive: recognizing the need to adjust rules to changing economic and social trends, and setting out to amend regulations which were appropriate to the nationally focussed economies and societies of 30-50 years ago but which have been transformed into obstacles by informal developments since then. The arguments for managing such amendments on a European rather than a wider OECD basis are twofold: first, that the greater intensity of interaction within the West European region makes it the 'optimum area' for common rules and political management; and second, that the weight of the US economy (and the complexity of the US political system) makes bargaining over rules within the OECD/GATT system a game in which the USA still holds an undue proportion of the trump cards.

Proactive formal integration has a more deliberate and explicitly political aim: to redirect informal flows into patterns other than those which market forces or social trends might have created. The clearest examples of proactive formal integration within Western Europe in the 1980s, as we would expect, are in the technological field: ranging from the European Space Agency to 'Eureka' and 'Esprit'. Repeated French initiatives since the Fouchet Plan of 1961 to redirect the preferred pattern of cooperation in foreign policy and defence away from an Atlantic to a European framework, first through the creation of European Political Cooperation (EPC) and then through the revival of Western European Union (WEU), have met with resistance from partners reluctant to jeopardize the American commitment; but the evolution of EPC since its establishment, against many sceptical initial expectations, *has* progressively altered European and transatlantic patterns of foreign policy-making.[34] Continuing arguments among West European governments about the detailed implementation of the 1992 programme - most of all about its external implications, about the degree to which it should set boundaries to the benefits of European market integration and about the character of financial and monetary integration - reflect disagreement among the participants about how far these rule-setting exercises should go beyond adjusting to informal trends towards attempting to direct them into different patterns. The Single European Act, that very European compromise between hopes for major institutional reform and fears of national loss of control, was seen

[34] William Wallace, 'Political Cooperation: Integration through Intergovernmentalism', Chapter 13, in: H. Wallace et al., Policy-Making; William Wallace, 'European Defence Cooperation: the reopening debate', in: Survival, May-June 1984; Philippe de Schoutheete, La Coopération Politique Européene, second edition, Brussels 1986.

by some of its signatories as a practical response to changing circumstances, by others as a deliberate exercise in shifting national policy-making into a tighter European frame; leaving the protagonists to bargain over the direction of its implementation.

The institutional framework within which Western Europe began its postwar recovery was provided most directly by the OEEC, and less directly by the US-led international economic organizations, the IMF and the GATT. The security framework which provided the confidence and stability within which previously antagonistic countries could pursue long-term economic relationships was that of the Atlantic Alliance - 'Europe's American pacifier', as Josef Joffe has unkindly but accurately named it: extending security not only to the European members of NATO but also to the European neutrals, whose security was held in place by the tension between the two alliances.[35] The creation of the ECSC, and much more the creation of the EEC, provided an insitutional core to the European region of this Atlantic economic and security community, sufficiently strong to attract other countries towards it, both through association agreements and through applications to join. But that did not *displace* the wider institutional environment. And it is open to argument how far it was idealism and political vision which drove the proponents of a tighter European structure, as against a sober recognition of the underlying dynamics of a reviving European economy in which the German economy would once again emerge as its core: anticipating and adjusting to the geographical advantages which Germany possessed, the skills of its workforce and the potential of its industry, and setting out prudently to build a structure which could contain, and to some extent redirect, the impact of Germany's recovering strength.

3. Europe, which Europe?

In the optimistic years of the 1960s there was a tendency to equate the concept of Europe with the European Community. Politicians and intellectuals wrote books on 'the European idea'; solemn declarations were made about 'the European identity'; conferences and colloques considered the same theme.[36] Most twisted their definition to fit the current size and shape of the EC. Thus 'Europe' took on a broader identity as additional countries joined the original six. Many of those outside the EC adopted the same terminology; politicians called on their governments to 'join Europe', while others declared themselves vigorously 'anti-European'.[37] In the more fluid international environment of the 1980s alternative

---

[35] Josef Joffe, 'Europe's American Pacifer', Foreign Policy 54 (1984), pp. 64-82.

[36] See, out of a vast literature in several languages, Lord Gladwyn, The European Idea, London 1966. The Declaration on the European Identity emerged from lengthy negotiations among diplomats for approval at the Copenhagen Summit in December 1973; characteristically, this unsuccessful attempt at self-definition was a response to the transatlantic challenge of Kissinger's 'Year of Europe'.

[37] This habit had not entirely disappeared in the 1980s, as the Scandinavian members of EFTA considered their future relations with the EC. Several of the collaborators within this

Europes re-emerged. 'Europe from Aberdeen to Athens', the Europe of the EC, was complemented by 'Europe from Helsinki to Heraklion': the Europe of the EC plus EFTA, or more broadly of the Council of Europe and European OECD. Broader that that, the shadows of *Mitteleuropa* and of Catholic Christendom were again becoming visible, that 'Europe from Dublin to Lublin' in which both Irish and Poles would find protection against their larger neighbours. Broader still was the image of 'Europe from Vancouver to Vladivostock', the framework of the Conference on Security and Cooperation in Europe: a European northern hemisphere, almost, to which leaders as disparate as Mikhail Gorbachev and Margaret Thatcher have appealed.[38]

There ist no single or agreed Europe: different frames of reference, and different explicit or implicit preferences, draw different boundaries. A map of Europe which is based upon its political contours - memberships of alliances and economic organizations - will highlight some features, showing clear boundaries between those inside and those out. Maps based upon geographical contours or on economic or social interaction will highlight other features, with border areas less sharply defined. The contours of cultural Europe are the most passionately disputed, with undertones of religious and political conflicts and of the clash between nationalist tradition and cosmopolitan elites. The Atlanticist concept of 'the free world', sharing the democratic values inherited from the Renaissance, the Enlightenment, and the American and French Revolutions, competes with the concept of a distinctive European society, in which demcratic values are blended with a social consensus and concern which - the protagonists argue - the North American culture has rejected.

Part of the problem we face in defining 'Europe' is that for much of the non-European world in the nineteenth-century 'Europeanization' was synonymous with 'modernization': following the examples of Britain, and Germany, and France, acquiring the mixture of technical skills, urban social organization, and 'modern' values needed to compete with these leading countries in a period when they dominated the world. Japanese elites, therefore, dressed in top hats and frock coats, and learned European styles of dancing alongside European methods of chemical and steel production. Kemal Ataturk forbade the wearing of traditional Ottoman dress as part of his drive to transform Turkey into a modern, and therefore European, state. Peter the Great had followed the same path earlier; with the same determination to acquire the skills and social habits needed to compete with the dominant powers of Western Europe, without accepting in full the 'dangerous' political and social doctrines which some European countries had also developed. If Europeanization and modernization were synonymous then, are not 'Americanization' and modernization synonymous now, and for the same

project were welcomed to a conference in Stockholm in December 1988 with the greeting 'We are very glad to have so many participants from Europe'.

[38] Mrs Thatcher's telling reference to 'Europe across the Atlantic' in her Bruges speech of September 1988 stressed the importance of the Atlantic connection; though her extension of 'Europe' to the East included only Poland, Hungary and Czechoslovakia. Mr Gorbachev, in his turn, was reluctant at first to include North America within his definition of a common European home.

reasons of the economic weight and consequent political and cultural influence of dominant powers? The integration of the global economy and of global communications networks is infinitely more highly developed in the 1980s than in the 1990s; and the European region is no longer the centre either of the global economy or of the international political system.

The specifity of the European region is best defined, we argue in this study, not by the claimed uniqueness of history or of ideology, but by the *density* of interactions and the *geographical concentration* of its core countries. The EC of 12 member states occupies a territory 25 % the size of the USA, containing a population 140 % of the American. Inclusion of the EFTA countries in such a calculation increases marginally the ratio of territory to population, while adding a further 20 % to 'Europe's' comparative economic weight. If we accept the definition of 'core Europe' as the countries of the Rhine valley and delta, the geographical concentration and the density of cross-border interactions is even more striking. There is no other grouping of countries which begins to approach such an intensity of interaction; comparisons seem most appropriate with the north-eastern region of the United States, though it may well be that there, too, one has to include Eastern Canada within an integrated economic and social system in which traditional inter-state boundaries are similarly becoming less and less relevant.

But like the north-eastern corner of the North American region, it is easier to discribe Europe's core than its outer limits. The one clear boundary, observable in terms of Karl Deutsch's definition as a marked discontinuity in the flow of economic and social interactions, is between OECD Europe and CMEA Europe. To the West, the North and the South, core Europe shades into less intense interactions with other countries. The gravitational pull of the core European economy has brought the Scandinavian countries into more and more intense relations with it, and has reinforced the dependent relationship of the Mediterranean periphery, with a network of links which ties these countries more tightly to central Europe than to each other. More weakly, across the firm boundaries of the East-West divide, the same process can be observed, pulling the countries of East-central Europe towards the European core. Chapters 7 to 9 explore these border areas of the European region further.

To the West the strength of the North American economy (and society), however, exerts a gravitional pull of its own, offering European governments, companies, elites an alternative network of interactions which has also developed remarkably during the past two decades. And beyond North America there lies East Asia, producing goods which European consumers are increasingly keen to buy, following the trail of American companies in investing in Europe, and holding out to European companies the attraction of strategic alliances and direct investment in the most rapidly growing region of the international economy. From these external developments flow some of the most difficult and value-laden issues which face the governments of core Europe: how far to accept and adjust to these broader informal flows, or rather how far to attempt to regulate and redirect them into other patterns, politically preferred.

The question of boundaries is central to any study of political systems, legal jurisdiction, or economic or social interaction. 'From it all others flow. To draw a boundary around anything is to define, to analyse and reconstruct it, in this case select, indeed adopt, a philosophy of history.'[39] But 'Europe', as we have seen, has never had clear or settled boundaries. Nor, for most of their history, have most of Europe's contemporary states. There were in the Europe of 1989 only ten states with substantially the same boundaries as they had had in 1899 - and that included no state larger than Spain.[40] The fluid geography of Germany, at the centre of almost any definition of Europe, reinforces the point we wish to stress: that the nation-states which constitute Europe are themselves almost all imprecise entities with moveable boundaries. Pomerania, Schleswig-Holstein, Alsace, Silesia, the Trentino, Bohemia, Austria, the German cities in the Slav lands, all testify to the contingency of 'Germany' as a political, even geographical, entity.

So too with Europe, however defined: the observer can identify certain core areas, but not mark out precise or permanent outer limits. The evidence of this study indicates that Germany and its neighbours in the Rhine Valley and across the Alpine passes constitute the contemporary core of Europe, in terms of economic interaction, social interchange and security focus. Historical 'Europes' have largely revolved around the same broadly defined area. The core of eighteenth-century Europe was on most measures to be found in France, then Europe's most populous and wealthy state. The nineteenth-century industrial revolution spread across the continent from Britain into Belgium, the Rhineland, northern France and northern Italy. Part of the ease with which the definition of Europe and of Western Europe was elided in the postwar years, under the forced delimitation imposed by the division of military forces in 1945 (or, by the agreements the three wartime superpowers signed at Yalta), was that Western Europe included almost all the core territories of political, industrial, financial and cultural Europe of the previous 300 years.

The EEC/ECSC of the Six institutionalized - and strengthened - this core area. The creation of EFTA, the negotiation of a network of association agreements with Mediterranean countries, similarly institutionalized the relations between this political and economic core and its immediate periphery. Expansion of the EC since then has altered the institutional pattern - but, the chapters which follow suggest, not yet reshaped the underlying relationship between core and periphery. Karl Deutsch and his research team concluded from their historical comparisons of the growth of political communities that 'political amalgamation ... usually turned out to be a nuclear process', in which 'larger, stronger, more politically, administratively, economically and educationally advanced political units were found to form the cores of strength around which in

[39] Fernand Braudel, The Mediterranean and the Mediterranean World in the Age of Philip II, New York 1972, vol. 1, p. 18.
[40] I am grateful for this point and for much else in this section to the paper prepared by Mark Blacksell for this project on 'Images of Europe - the changing spatial context'. France did not include Alsace and Lorraine in 1899, but did include Algeria. Britain still included the whole of Ireland.

most cases the integrative process developed.'[41] Germany and its immediate neighbours were naturally the focus for the most determined efforts to build a European community to contain national rivalries. It was painfully apparent to France and the Low Countries both that a reviving Germany, even a divided one, would again become a dominant factor in the European economy - and so potentially in European politics - and that they had no alternative but to make the best of their unavoidable entanglement with it. Germany was thus both a negative and a positive factor in the dynamics of European integration: negative, in that fear of the destructive potential of a revived but uncontained Germany was a driving consideration in the minds of the French, Belgian and Dutch politicians as they negotiated the institutional framework for European cooperation; positive, in that as the intensity of such fears subsided the weight of the German economy, the stability of the D-Mark, the competitiveness of German manufactures and capital goods, drew other European countries towards it.

Successful economies, political systems, empires and alliances expand. Unsuccessful ones contract. The same ist to be expected of international political communities and regional economies. So, it appears, the West European community has expanded, both formally and informally, its success attracting its neighbours to identify with it. How then should we attempt to measure its spread? Three complementary approaches appear desirable, following the definition of integration proposed by Daniel Frei: through institutional structure and the network of formal bilateral and multilateral ties; through the intensity of significant interactions, economic, social and political; and through the existence of what Deutsch from his studies of national integration called a 'sense of community', of dependable expectations about anticipated behaviour without mutual distrust. The first ist the most straight-forward. The second ist the subject of the majority of contributions to this study. The third is by far the most difficult to measure, however significant in predisposing politicians and publics to cooperate with each other, to share mutual benefits and to accept mutual obligations.

4. Common Interests, Common Values

Values, loyalties, shared identities are the stuff of political rhetoric, and of intellectual and cultural history. They are, however, the most difficult phenomena for social scientists to study. Economists prefer to exclude them altogether, substituting a model of rational man entirely motivated by calculations of interest. Political scientists and sociologists cannot take this conveniently reductionist way out. Authority, legitimacy, community, all moderate the naked pursuit of power and interest in societies and political systems; the strength or weakness of shared values tipping the scales between solidarity and disintegration when interactions appear to impose more burdens than benefits.[42] The political strategy of

---

[41] K. Deutsch, *Political Community*, p. 19.

[42] 'Support resting on a sense of legitimacy ... provides a necessary reserve if the system is to weather those frequent storms when the more obvious outputs of the system seem to

engrenage rested upon assumptions about the significance of loyalty and of the potential transfer of loyalties from one structure of authority to another. Those who resisted that strategy most vigorously, from de Gaulle to Thatcher, appealed beyond economic interest to the psychic realities of national identity, in order to combat attempts to create an alternative European myth.

Value systems, it should be emphasized, are not static. They are created by shared experience, by learned traditions, by political leadership. Successful policy performance, plus persuasive political rhetoric, builds common identity; unsuccessful performance undermines it. Western Europe's patchwork of national identities and loyalties is not a 'natural' creation; the contingency of Swiss, Dutch, Austrian or West German identity is evident, and the nineteenth-century imposition of British, Italian and Spanish national values and loyalties on their component regions has not totally submerged alternative identities. Postwar initiatives for West European integration rested on a number of explicit values, which their proponents claimed as core European values: plural societies, limited and democratic government, mixed private and public economies. On this foundation was constructed not only the framework of formal institutions which defined Western Europe and the rising tide of informal interaction which this open framework allowed, but also a rhetoric of European identity and community intended to underpin the hard bargaining of economic and political interests with a symbolic 'cement' of shared loyalty and purpose.

Much of this rhetoric was fanciful, particularly in the early years of the political movement for European integration. It presented a 'Sunday clothes interpretation' of European culture, in which 'historiography threatens to become a political pamphlet'.[43] As an attempt to create a new myth, it was a movement of intellectuals, dependent on politicians to propound their preferred interpretation of reality to the mass public - like so many nineteenth-century nationalist movements in their early years. Its failure to capture the imagination of more than a small minority within Western Europe reflected three things. First was its failure to hold the attention of most political leaders within even the core countries of Western Europe - once the first postwar enthusiasms for ideals acquired in the bitter schools of prison camps and exiles had given way before the immediacies of national electoral politics. It also reflected both the lack of the power and authority needed to impose its interpretation on the school books and literature of the different states, and the absence of any sense of grievance or injustice with

---

impose greater hardships than rewards'. David Easton, 'Political Systems', in: Roy C. Macridis/Bernhard E. Brown (eds.), Comparative Politics, Dorsey, Homewood IL 1961, pp. 93-4.

[43] Martin Brands, 'Europe halved and united: from a split object to a restored cultural identity?', in: A. Rijksbaron et al. (eds.), Europe from a Cultural Perspective, Hague 1987, pp. 77, 81. Werner Weidenfeld is even sharper about the 'dualism' of the 'European idea', neatly contrasting the 'free' West and the 'unfree' East and thus wiping away the darker side of Western Europe's own history; 'Was ist die Idee Europas?', Aus Politik und Zeitgeschichte, June 1984, pp. 5-8.

the status quo comparable with that upon which so many nineteenth-century nationalist movements were built.[44]

For those who saw loyalty to a European entity *replacing* loyalty to seperate nation-states, the basis for full European political integration has not yet been built. For those who saw the strategy of *engrenage* encouraging the development of multiple loyalties, in which the mental maps of European citizens would add an additional dimension to those national and regional loyalties they already possessed, the evidence suggests that 'a sense of solidarity' has developed which clearly approaches Deutsch's definition of a sense of community: but, sadly, there is so far very little evidence.[45]

But here again, deliberate political action has been accompanied by informal private interaction. Human movement, cultural intercommunication, also reshape mental maps: as was, of course, the case during the growth of European nationalisms in the eighteenth and nineteenth centuries. From the creation of the Council of Europe, with its modest cultural exchanges and town-twinning schemes, to the ambitious programmes of Franco-German exchanges, governments have acted on the assumption that increased interaction under conditions of mutual trust does change attitudes; and the evidence on Franco-German exchanges and their impact supports this.[46] As Chapters 10, 11 and 13 indicate, such interactions on a regular and frequent basis under mutually trusting conditions remain, however, much more a matter for European elites than for the mass publics who travel for tourism alone: raising the prospect of a growing division between cosmopolitan elites and nationalist non-elites across Western Europe. This is an area which we did not explore further within the confines of this study - but one which needs much further exploration.

---

[44] The most evidently available 'grievance' out of which to build a sense of European solidarity in the 1960s and 1970s was anti-Americanism: the argument that must define themselves, therefore, through opposition to the hegemonic power. There are interesting historical parallels here; the roots of American national identity, after all, are to be found in self-conscious opposition to the corruption of 'Europe' and the hegemony of Britain. Elements of anti-Americanism floated through the European debate, from right to left, from Gaullists to Communists. But the rising prosperity which the American-led international economy delivered throughout the 1960s left little room for passionate campaigns about economic injustice; while governmental awareness, in France as much as elsewhere, of the necessity of maintaining the US security commitment in the face of the continuing weight of Soviet forces held political elites back from resort to this weapon.

[45] Miles Hewstone, Understanding Attitudes to the European Community: A Sociopsychological Study in Four Members States, Cambridge UK 1986, pp. 201-2. Hewstone brings together the theoretical approaches of Kelman and Guetzkow with a small sample survey in depth, and contextual reference to the Eurobaromètre data. This paragraph draws heavily on Martin Böcker's paper on 'Mental Maps of Europe' for this project.

[46] Of the extensive literature on Franco-German contacts, see Robert Picht (ed.), Das Bündnis im Bündnis: Deutsch-Französische Beziehungen im Internationalen Spannungsfeld, Munich 1978, and Chapters 4 und 5 (by Caroline Bray) in: Roger Morgan/Caroline Bray (eds.), Partners and Rivals in Western Europe: Britain, France and Germany, Aldershot UK 1986.

Values and myths, as we have argued earlier, are significant not only in holding existing political systems together, but also in shaping and reshaping imagined communities. The claim to 'European' status has clear political significance, both to those who claim it and to those who attach the label to others. It sets the context for assumptions about rights and obligations in relations among governments within the region - and also for popular assumptions about anticipated access and mutual behaviour. The contingency of European identity is most evident for states on the periphery of the West European core: as is the political significance - and potential economic benefit - of acceptance as European. Article 237 of the Treaty of Rome states imprecisely that 'Any European state may apply to become a member of the Community'. The definition of a European company; the acceptance of European public and private bodies into organized initiatives to improve 'Europe's' competitive position in high technology; the acceptance of applicant governments into European arrangements for collaboration in security policy, defence, and military procurement, and the acceptability of membership in such arrangements to the national publics concerned; the imposition of standards of expected behaviour in political and civil rights higher than those expected of non-European countries; the definition of the boundaries of a future Europe-wide security system (within 'our common European home'); all these depend upon assumptions about the defining characteristics, not only geographical and economic but also political and cultural, of Europe as an entity.

For countries such as Turkey, or Iceland - or Romania, or the Soviet Union - the claim to be European, and the implications in terms of rights and obligations of asserting that claim, are of major importance. For Austria and Sweden, on the edge of core Europe in so many ways, it has become a matter of intense national debate.[47] For Spain the pressures to join both the European Community and the Western European Union were a mix of economic interests and of determination to reassert Spain's 'role' as a major European country. Here, as in so many other ways, the Swiss present a special case. Confidently situated in the geographic and economic centre of Europe, they do not feel the need to question their European identity, or to accept additional obligations in recognition of it.[48] But perhaps the most passionate in the late 1980s have been those Czech, Hungarian and German intellectuals who set out to revive the concept of 'Central Europe', as the 'Eastern border of the West': claiming to draw the boundaries of 'our' Europe to include the territories of German, Hungarian and Catholic influence, while leaving Orthodox Europe outside.[49] The boundaries of 'our' Europe are in the minds of its

[47] See, for example, Rudolf Kirschläger, 'Auf dem Weg zu einem grösseren Europa', Europäische Rundschau 1 (1988).
[48] I am grateful to Manfred Scheich, of the Austrian Foreign Ministry, for a succinct statement of the cultural and historical reasons for the different Swiss and Austrian stances to EC membership at the end of the 1980s: 'the Swiss made their nation against Europe; but Austria was Europe'.
[49] Milan Kundera, 'The Tragedy of Central Europe', New York Review of Books, 26 April 1984. See also Karl Schlögel, Die Mitte liegt ostwärts, Berlin 1986, for a survey of the historical and intellectual origins of this reviving image.

inhabitants; the mental maps which move men in Berlin, or in Belgrade, overlap with those which predominate in Belfast or Brest, but they do not coincide.

The definition of Europe in terms of values and shared community is necessarily and unavoidably subjective: the outcome at any moment of political persuasion, cultural development, and popular interaction. It is always easiest to define a community by differentiating it from outgroups: thus, Europe stops where 'Asia' and 'Africa' begin; or where 'Christian' - or Catholic - culture gives way to other creeds; or where the inheritance of the 'Enlightenment' and the 'democratic revolutions' (or of Napoleon and the French Revolution) ceases to be shared. The problem with all of these definitions is how to distinguish European values and identity from those of 'Europe across the Atlantic'; which so evidently shares so many of them. There is perhaps an underlying divide on this between European elites - particularly intellectual elites - and mass European publics, with the latter happily absorbing American culture even as the former struggle to construct a distinctive outlook - both in foreign policy and in domestic priorities - and of economic interest, as widely spread at mass as at elite level, will in time translate into perceived differences in values between the two sides of the Atlantic as well.

In centralized national political systems such as France and Great Britain, where strong national governments imposed a single identity on subordinate cultures, there is a natural tendency to see the growth of a European identity in terms of the transfer of loyalties, *tout entière*, from one level of authority to another. The realities of communal, ethnic and national identities have in almost all societies been more complex - and confused - than this, with multiple levels of affinity and loyalty. We should expect to observe a particularly confused pattern of loyalties during a period of rapid economic and social change, the reassertion of traditional values paralleling the growth of new. Recognition of a European frame of reference may complement recognition of other frames: Bavarian, for example, as well as German, and even 'free world'. The significant question for students of political change is to measure, as far as is possible, the relative strengths and weaknesses of these multiple loyalties; recognizing that these, too, develop and decay over time.

5. Patchwork of Regimes, or Political System?

We are the prisoners of our concepts. Politicians and political scientists in the 1960s assessed the integration of Europe in terms of the most familiar model of a political system which they had: the modern nation-state, with stable patterns of policy-making and sovereign authority, effectively enforced within clearly established boundaries, and encompassing a coherent national society. The diffuse networks of interaction which hold Europe together fall far short of this ideal type. But so, of course, do most states: the arc of national crisis from Belgrade through Sofia and Bucharest to Warsaw and the lands of the Soviet Union illustrates how far many states fall short of the accepted model.

The alternative available model was that of the international system, based upon cautious cooperation in the pursuit of national interests among sovereign states. The Gaullist onslaught on the proponents of European union asserted the reality of this preferred conceptual model. In practice sovereignty was always conditional and relative; the British and French governments, most strongly attached to the principle, have found themselves compromising in sector after sector over the past 30 years.[50] It is more useful to think in terms of a continuum than of a sharp divide, between intergovernmental cooperation among sovereign states and subordination within a supranational political system: a continuum which stretches from limited cooperation based upon separate national interests, through extended cooperation 'in dense policy spaces' within regimes which 'contain norms and principles justified on the basis of values extending beyond self-interest, and regarded as obligatory on moral grounds by governments', to political communities based on relatively stable structures of bargaining, legal authority, and popular acceptance.[51]

Looking back on the hopes and expectations of the 1960s, it is striking how many of the optimistic assumptions about political integration made then would seem commonplace today. Leon Lindberg considered 'the essence of a political community' to be 'the existence of a legitimate system for the resolution of conflict, for the making of authoritative decisions for the group as a whole'; and defined political integration as 'the process whereby political actors in several distinct settings are persuaded to shift their expectations and political activities to a new centre'.[52] Within the EC framework, such system and process were vigorously challenged during the 1960s; but in the 1980s they were becoming an accepted reality, as ministers, officials, interest group representatives, national and European parliamentarians trod the familiar paths of Community bargaining and legitimation.

But neither the domestic nor the international environment of the late 1980s fits so easily into the language and concepts of 20 to 30 years before. The new Europe of 1990 differs radically from the 'New Europe' which enthusiasts for European integration were proclaiming a generation ago.[53] It interacts *far* more intensively, economically and socially; and that interaction is likely to intensify further within the next decade. But the dynamics of such integration are not peculiar to Europe: interaction within national societies and economies, and within the global economy and its associated network of social transactions and communications, has also grown, responding to the same technological and economic changes. What is distinctive about Europe is, first, the concentration of prosperous, educated and skilled populations within such a small geographical area; second, the creation of a relatively stable institutional network for intergovernmental bargaining for the accommodation of shared interests across a

[50] William Wallace, 'What Price Independence? Sovereignty and Interdependence in British Politics', International Affairs (1986), pp. 367-89.

[51] The quotations are from Robert O. Keohane, After Hegemony: Cooperation and Discord in the World Political Economy, Princeton NJ 1984, pp. 79, 57.

[52] R.O. Keohane, After Hegemony, pp. VII, 6.

[53] See, for example, the many European contributions to Stephen Graubard (ed.), A New Europe? A Timely Appraisal, special edition of Daedalus (journal of the American Academy of Arts and Sciences), Winter 1964.

very broad agenda; and third, the existence of common traditions of history, culture and political values, to which political leaders and institution-builders can appeal for support in legitimizing the rules they have agreed to implement and the burdens they have agreed to share.[54]

The dynamics of European integration thus depend *both* upon the informal pressures of undirected economic and social forces and on the formal channelling of those forces into particular directions. The structures of NATO and of the OECD set the wider institutional context for these informal flows. The OECD in effect set the outer boundaries of the region, but only because it rested on assumptions about shared political values and shared security - the European neutrals being held in place by the balance which NATO provided - as well as on shared rules of economic behaviour. But the emergence of a more tightly integrated and institutionalized core area has pulled the region more closely together: a gravitational force which has attracted the peripheral countries of the European region towards it.

Successive waves of applications for Community membership, the developing network of multilateral and bilateral agreements between the EC and other European countries, indicate a pronounced tendency towards convergence of institutionalized bargaining around the Community framework. Confusion between 'Europe' and 'the European Community' may thus gradually resolve itself in a progressive identity between the two, with other non-Community countries concluding, as did Spain, Portugal and Greece on the establishment - or re-establishment - of democratic government, that 'any European state *must* apply to join the European Community'.

A number of discontinuities remain among the network of regimes which make up the broader Europe. The most evident discontinuity in the management of issue areas is the continuing separation of defence and security issues from economic and social ones. This is not, of course, a discontinuity for the countries of the institutionalized core: except for the anomaly of Ireland, all are members of the Atlantic Alliance, all except Greece and Denmark are members of WEU, and all (except perhaps these three countries of the 'inner periphery') appear to accept a strong implicit linkage between defence and security commitments and the other benefits and obligations of European cooperation. But it remains a major issue for such countries as Austria and Sweden, wishing to exclude this crucial area from the diffuse reciprocity of obligations which has become the accepted language of Community bargaining.

The difficulties of drawing any clear or stable boundaries also pose immense problems for the political integration of Europe. The arguments for each new agreement, association, application are difficult to resist, often compelling; the diffusion of European cooperation which results from this spread encourages the

---

[54] There are, of course, similar resources of history and culture to be activated in other regions: Eastern Asia, Southern Asia, the Arab world, Spanish America. But these are latent, not activated by high levels of interaction across borders under mutually beneficial and relatively stable conditions.

growth of inner groups and the dissolution reciprocity into a patchwork of specific agreements. The divide between a political system and a network of overlapping regimes must be drawn at the point where the allocation of costs and benefits, real and symbolic, ceases to be made within a common set of institutions with general responsibilities, and is undertaken through a number of separate negotiations following different assumptions and rules. The political debate within Western Europe both about the future internal structure of the EC and about the potential accession of new members at the end of the 1980s revolves around this point.

The rise and decline of political systems - and of regimes - also depends on the capacity of their institutions to cope with the demands placed upon them, to provide mutually acceptable outputs, and to grapple with changes in their environment. The more the central policy-making processes of West European cooperation demonstrate their effectiveness in internal rule-making and external negotiation, the more they will attract hesitant outsiders to accede; the broader the issue-areas they cover, the more outsiders will feel the disadvantages of exclusion. Political values provide a weapon in establishing a claim to inclusion - for a rationale for exclusion. They are available for use - and misuse - in the legitimation of decisions taken and in the building of support for burdens imposed.

Interactions between governments, economies and societies within Western Europe have moved well beyond the traditional model of relations among nation-states. Relations between Western Europe and Eastern Europe, conducted until the end of the 1980s under traditional rules and in conditions of hostility and limited mutual contact, are beginning to experience a similar transformation. The construction of new institutional regimes to manage and direct the expansion of economic and social interactions across the boundary which marked the central European divide will be decisively influenced by the capacity of the core institutional structure of West European cooperation: a structure which is gradually acquiring the stability and the coherence of a political system, under the cumulative impact of internal integration and external challenges.

3. ERSCHLIEßUNGSFRAGEN

1) Was heißt Integration und welche Formen der Integration lassen sich unterscheiden?

2) Was versteht Wallace unter formeller, was unter informeller Integration? Welche Arten formeller und informeller Integration unterscheidet er?

3) Welche Faktoren veranlassen Staaten, über die Stufen Kooperation und Koordination hinausgehend, sich auf Integration einzulassen?

4) Welche Bedeutung haben wirtschaftliche Impulse für die Auslösung von Integrationsprozessen, wie bedeutsam sind politische Motive?

5) Verändern sich die Beziehungen zwischen Staaten in einer Region durch den Prozeß der Integration, verstanden als Gemeinschaftsbildung?

6) Welche Mechanismen der Kontrolle bzw. der Konsensbildung fördern und welche behindern den Integrationsprozeß?

7) Welche Möglichkeiten hat ein integriertes System, Asymmetrien abzubauen und 'Krisen' zu bewältigen?

8) Welche Politikfelder eignen sich besser, welche schlechter für Prozesse regionaler Integration?

9) Führt Integration zu 'Identität', z.B. einer europäischen Identität?

4. WEITERFÜHRENDE LITERATUR

BALDWIN Richard E., *Towards an Integrated Europe*, London 1994

BELLERS, Jürgen/HÄCKEL, Erwin, "Theorien internationaler Integration und internationaler Organisationen", in: Volker Rittberger (Hrsg.), *Theorien der Internationalen Beziehungen. Bestandsaufnhame und Forschungsperspektiven*, PVS Sonderheft 21, Opladen 1990, S. 286-310

DE VREE, John K., *Political Integration. The Formation of Theory and its Problems*, Den Haag/Paris 1972

DE VREE, John K., *Political Integration: The Formation of Theory and Its Problems*, The Hague 1972

DEUTSCH, Karl W. u.a., France, *Germany and the Western Alliance: A Study of Elite Attitude on European Integration and World Politics*, New York 1967

DEUTSCH, Karl W., *Die Analyse internationaler Beziehungen*, Frankfurt 1968

DEUTSCH, Karl W., *Nationenbildung, Nationalstaat, Integration*, Düsseldorf 1972

DEUTSCH, Karl W., *The Analysis of International Relations*, Englewood Cliffs NJ 1968

DEUTSCH, Karl W., *The Impact of Communications upon International Relations Theory: The Crisis of Relevance*, Englewood Cliffs NJ 1968

DÖKER, Günther/VEITL, Friedrich (Hrsg.), *Regionalismus und regionale Integration. Zur Theorie der regionalen Integration*, Frankfurt a.M. 1981

GALTUNG, John, "A Structural Theory of Integration", in: *Journal of Peace Research* 4 (1968)

HAAS, Ernst B., "International Integration. The European and the Universal Process", in: *International Political Communities*, New York 1966

HAAS, Ernst B., "Turbulent Fields and the Theory of Regional Integration", in: *International Organization* 2 (1976), S. 173-212

HAAS, Ernst B., *Beyond the Nation-State: Functionalism and International Organization*, Stanford 1964

HAAS, Ernst B., *The Obsolescence of Regional Integration Theory*, Berkeley 1975

HAAS, Ernst B., *The Uniting of Europe*, Stanford 1958

HANSEN, Roger D., "Regional Integration: Reflections on a Decade of Theoretical Efforts", in: *World Politics* 21 (1969), S. 242-271

HARRISON, Reginald J., *Europe in Question. Theories of Regional International Integration*, London 1974

INKELES, Alex, "The Emerging Social Structure of the World", in: *World Politics* 27 (1975)

KEOHANE, Robert O./NYE, Joseph S., "Interdependence and Integration", in: Fred Greenstein/Nelson Polsby (Hrsg.), *Handbook of Political Science*, Vol. 8: International Politics, Andover MA 1975

LINDBERG, Leon N./SCHEINGOLD Stuart A. (Hrsg.), *Regional Integration. Theory and Research*, Cambridge MA 1971

MITRANY, David, *A Working Peace System*, Chicago 1943, 1966

MITRANY, David, *The Functional Theory of Politics*, London 1975

NIEDER, Klaus-Ulrich, "Integration", in: WOYKE, Wichard (Hrsg.), *Handwörterbuch Internationale Politik*, Opladen 1977

NYE, Joseph S., "Comparative Regional Integration: Concept and Measurement", in: *International Organization* 22 (1968), S. 855-880

NYE, Joseph S., *Peace in Parts. Integration and Conflict in Regional Organisation*, Boston 1971

PENTLAND, Charles, *International Theory and European Integration*, New York 1973

PUCHALA, Donald J., "Of Blind Men, Elephants and International Integration", in: *Journal of Common Market Studies* (March 1972), S. 267-284

PUCHALA, Donald J., *European Political Integration. Progress and Prospect*, New Haven 1966

PUCHALA, Donald, "Domestic Politics and Regional Harmonization in the European Communities", in: *World Politics*, 27/4 (1975), S. 496-520

SAETER, Martin, *Europa politisch. Alternativen, Modelle und Motive der Integrationspolitik*, Berlin 1977

SCHMITTER, Philippe C., *Autonomy or Dependence as Regional Integration Outcomes: Central America*, Berkeley 1972

SENGHAAS-KNOBLOCH, Eva, *Frieden durch Integration und Assoziation*, Stuttgart 1969

STEINBRUNNER, John, *The Cybernetic Theory of Decision*, Princeton 1974

WALLACE, William, *The Dynamics of European Integration*, London 1990

VI.

Interdependenztheorie

1. EINFÜHRUNG

Die neuere Forschung empirisch-analytischer Provenienz hat angesichts der geschwundenen Erklärungskraft der traditionellen Kategorien der Realistischen Schule versucht, eine Anzahl von Perspektiven und Konzepten zu entwickeln, die die analytische Dichotomie zwischen Innen-, Außen- und Internationaler Politik überwinden sollen.[1] "Weltpolitik" und "Interdependenz" entwickelten sich zu Schlüsselbegriffen dieses Unternehmens. Mit diesen beiden Begriffen wird eine Modellvorstellung internationaler Beziehungen formuliert, die das traditionelle, staatenorientierte Billiard-Ball-Modell ablöst. An die Stelle der Vorstellung von einer hierarchisch strukturierten zwischenstaatlichen Ordnung tritt die Überzeugung, daß das internationale System durch die Existenz einer Menge qualitativ unterschiedlicher, keiner festen hierarchischen Ordnung unterworfener internationaler Akteure charakterisiert wird und dieses internationale System insofern als "mixed actor system"[2] oder "conglomerate system"[3] begriffen werden muß.

Die Interdependenztheorie untersucht demnach, wie die Integrationstheorie, den Nationalstaat übergreifende Strukturen des internationalen Staatensystems. Gemeinsam ist beiden Theorien, daß sie nicht das Zusammenleben der Staaten gefährdende tiefgreifende Konflikte ins Zentrum ihres Erkenntnisinteresses stellen, sondern nach den Möglichkeiten und Grenzen der Verflochtenheit der internationalen Politik fragen, ohne sich dabei auf nationalstaatliche Begrenzungen festzulegen. Der Interdependenzansatz betrachtet die wechselseitige Abhängigkeit von politischen Konstellationen und Prozessen in staatlichen Einheiten und die auf diese Systeme von außen wirkenden Bedingungen als Grundlage innen- wie außenpolitischer Entscheidungen und Verhaltensmuster. Zu den Hauptvertretern dieses Ansatzes zählen David Baldwin, Richard Cooper, Robert Keohane, Joseph Nye und Richard Rosecrance.

Historische Einordnung: Nach Reinhard Meyers sei der Interdependenzgedanke ideengeschichtlich verwurzelt in der durch die liberale Volkswirtschaftslehre des 18. Jahrhunderts entwickelten Kritik an den Grundgedanken des Mer-

---

[1] Vgl. den Überblick bei Charles A. McClelland, 'On the Fourth Wave: Past and Future in the Study of International Systems', in: James N. Rosenau/Vincent Davis/Maurice A. East (Hrsg.), The Analysis of International Politics. Essays in Honor of Harold and Margaret Sprout, New York 1972, S. 27 ff. (15-40).

[2] Oran R. Young, 'The Actors in World Politics', in: James N. Rosenau/Vincent Davis/Maurice A. East (Hrsg.), The Analysis of International Politics, S. 135 ff. (125-144).

[3] Richard W. Mansbach/Yale H. Ferguson/Donald E. Lampert, The Web of World Politics. Nonstate Actors in the Global System, Englewood Cliffs NJ 1976, S. 42 ff.

kantilismus. Damit sei das Interdependenzkonzept verknüpft mit der idealistischen Sicht internationaler Beziehungen. Durch die konsequente Verfolgung der Prinzipien des Freihandels soll eine Weltgesellschaft, eine "world of interdependent societies" errichtet werden.[4] Mit Hilfe des Freihandels entwickele sich eine internationale Arbeitsteilung, in der jeder wirtschaftliche Akteur auf alle anderen wirtschaftlichen Akteure angewiesen sei. Die so geschaffenen wechselseitigen Abhängigkeiten förderten die Harmonisierung der Interessen und wirkten konfliktreduzierend. Diese Gedankengänge findet man sowohl im Manchester Liberalismus des 19. Jahrhunderts als auch im Föderalismus des 20. Jahrhunderts. Sie lassen sich darüber hinaus auch in den Theorien des Funktionalismus und Neofunktionalismus nachweisen.

Theoretische Vororientierungen und Selektionskriterien: Im Zentrum der Analyse interdependenztheoretischer Ansätze stehen zum einen Abhängigkeitsbeziehungen, wie sie von der klassischen und neueren Imperialismustheorie sowie von der Dependencia-Theorie lateinamerikanischen Ursprungs herausgearbeitet worden sind. Daneben bemüht sich die Interdependenzforschung, folgende empirische Befunde analytisch zu erfassen: 1. die Tatsache, daß sich die Anzahl der im internationalen Staatensystem agierenden Staaten in der jüngsten Vergangenheit stark erhöht hat und viele Staaten ihren Einfluß beträchtlich erweitern konnten; 2. die wachsende Tendenz zur Globalisierung u.a. im Verkehr, in der Kommunikation, in der Wirtschaft und in der Politik (z.B. auf der Ebene supranationaler und internationaler Organisationen); 3. Veränderungen im Mächtegleichgewicht als Folge industrieller Entwicklung, technologischer Innovationen und besonderer Geschicklichkeit in Verhandlungsprozessen; 4. die Zunahme der Verflechtungen zwischen Innenpolitik, Außenpolitik und Internationaler Politik; 5. den Umstand, daß die begrenzten Ressourcen und die globalen Ökologieprobleme in wachsendem Maße eine Politik der kompensatorischen Gewährung von Vorteilen und Konzessionen sowie der internationalen Zusammenarbeit erfordern; 6. die Notwendigkeit, institutionale Regelungen und Strukturen zu errichten, die der zunehmenden Komplexität und Verflochtenheit des internationalen Lebens Rechnung tragen.

Interdependenzorientierte Forschung konzentriert sich vor allem auf die Analyse politischer, wirtschaftlicher und gesellschaftlicher Interaktions- und Verflechtungsbeziehungen. Es lassen sich vier Forschungskonzepte unterscheiden: 1. die "Linkage"-Theorie über den Zusammenhang von Innen- und Außenpolitik (Rosenau 1969); 2. die transnationale Politik (Kaiser 1969); 3. der Forschungsansatz ökonomischer Interdependenz (Cooper 1968, Bergsten 1973) und 4. der "Power and Interdependence"-Ansatz (Keohane/Nye), der die wechselseitigen Abhängigkeitsstrukturen unter dem Blickwinkel der Erfassung von Asymmetrien untersucht. Danach können Verflechtungen zwischen Akteuren zu sehr unterschiedlichen Nutzen bzw. Kosten und damit zu entsprechend unterschiedlicher Betroffenheit führen.

---

[4] Zum Idealismus vgl. die Ausführungen in Kapitel II: Realistische Schule.

Konstitutive Grundannahmen: Keohane und Nye haben in einer Auseinandersetzung mit den Grundannahmen der Realistischen Schule einen Idealtypus der komplexen Interdependenz entwickelt, dem folgende Prämissen zugrunde liegen:

1. Die Agenda auswärtiger Angelegenheiten von Staaten wird nicht mehr von Problemen militärischer Sicherheit dominiert. Probleme der Energie, der Ressourcen, der Bevölkerung, der Ökologie sowie der Nutzung der Meere und des Weltraums nehmen einen ständig steigenden Stellenwert ein. Transnationale Akteure verfolgen in den genannten Problemkontexten ihre Ziele unabhängig von nationalstaatlichen Akteuren.

2. Die Verfügungsmöglichkeit über Ressourcen ist heute ein wichtiger Machtfaktor. Von besonderer Bedeutung ist ferner die Fähigkeit geworden, sich auf supra- und internationaler Ebene eine Verhandlungsplattform zu schaffen und dort seine Interessen auf dem Verhandlungswege durchzusetzen. Rüstungen dienen dagegen immer weniger der direkten Machtdurchsetzung als vielmehr der Abschreckung.

3. Wie die Auseinandersetzungen insbesondere im Nord-Süd-Konflikt um globale Ordnungsprobleme gezeigt haben, werden Entscheidungen initiiert durch Veränderungen in der Ressourcenverteilung, der Rollenerwartungen, der Handlungsnormen und der Legitimitätskritierien in der internationalen Politik.

4. Hochgerüstete Staaten machen die Erfahrung militärischer Ineffizienz, während Solidarisierung auch militärisch schwachen Staaten die Möglichkeit gibt, ihre Interessen besser durchzusetzen.

5. Die Rolle der internationalen Organisationen ist erheblich gewachsen. Sie fungieren heute als Diskussions- und Abstimmungsforen und tragen zum Abbau von Ungerechtigkeit und zur Umverteilung von Ressourcen aktiv bei.[5]

Methode: Wie das Konzept des internationalen Systems ist Interdependenz zunächst und für sich genommen eine analytische Leerkategorie, die lediglich die Behauptung zuläßt, daß alles irgendwie mit allem zusammenhänge. Kausalbeziehungen mit Hilfe von Wenn-Dann-Aussagen können im Kontext der Interdependenzkonzepte erst dann erstellt werden, wenn zuvor die zu untersuchende Interdependenzbeziehung in einen spezifischen, inhaltlich definierbaren Kontext eingebettet wird, der die Setzung unabhängiger Variablen, aus denen Interdependenzen dann jeweils resultieren, ermöglicht. Aus diesem Grund haben sich auch vor allem jene Ansätze empirisch umsetzen lassen, die sich auf den relativ begrenzteren Kontext der Analyse politischer, wirtschaftlicher und gesellschaftlicher Interaktions- und Verflechtungsbeziehungen beziehen. Herauszuheben ist hierbei vor allem das Analyseinstrumentarium, das von Keohane und Nye im "Power and Interdependence"-Ansatz entwickelt worden ist. Keohane und Nye versuchen, die unterschiedliche Betroffenheit von Staaten bei Veränderungen im internationalen Staatensystem mit der Unterscheidung zwischen "*Sensitivity*"- (=liability to costly

---

5 Aus: Henning Behrens/Paul Noack, Theorien der Internationalen Politik, S. 153 f.

effects imposed from outside before policies are altered to try to change the situation) und "*Vulnerability*"-Interdependenz (=liability to suffer costs imposed by external events even after policies have been altered) zu erfassen.[6] Beide Interdependenzbegriffe gehen davon aus, daß Staaten durch gegenseitige Abhängigkeitsbeziehungen miteinander verknüpft sind und daß Veränderungen militärischer, politischer und ökonomischer Art einem Staat nicht nur Vorteile, sondern für andere Staaten auch gravierende Nachteile mit sich bringen. Die wirtschaftlichen Kosten bzw. Teuerungseffekte solcher Veränderungen lassen sich z.B. in Preis- oder Zinsrelationen erfassen, wie dies Richard Cooper vorschlägt.[7] Darüber hinaus sind aber auch die politischen Folgekosten zu berücksichtigen, da Transaktionen zwischen Staaten nicht nur Teuerungen im Bereich der Wirtschaft mit sich bringen, sondern auch Gesellschaften und Regierungen erheblichen Belastungen aussetzen können. Faktoren wie beispielsweise die internationale Studentenprotestbewegung der 1960er Jahre oder der Protest in den USA gegen den Krieg in Vietnam, die nach Keohane und Nye als Folge veränderter globaler Interdependenzbeziehungen in Verkehr und Kommunikation zu verstehen sind, müssen in eine Bilanz der Interdependenz einbezogen werden. Es ist allerdings ein ungelöstes Problem geblieben, derartige politische Folgekosten zu messen.

Neben dem Sensitivity/Vulnerability-Ansatz gehört auch die Aufteilung nach direkter und indirekter Interdependenz zum Kernbestand der analytischen Unterscheidungen.[8] Die Trennung zwischen direkter und indirekter Interdependenz wird gewöhnlich auf die nach dem Zweiten Weltkrieg einsetzende Blockbildung durch die Supermächte bezogen. Die als Ergebnis des Prozesses der Blockbildung entstandenen Strukturen und Interaktionsvorgänge der Weltpolitik lassen sich in direkte und indirekte Interdependenzverhältnisse unterteilen. Unter direkter Interdependenz versteht man sowohl die gegenseitige horizontale Abhängigkeit zwischen den beiden Blöcken und/oder den sie vertretenden Supermächten, als auch die gegenseitige vertikale Abhängigkeit zwischen einer Supermacht und den Mitgliedern des von ihr geführten Blocks. Auch die indirekte Interdependenz umfaßt horizontale und vertikale Strukturen. So bezeichnet die indirekte horizontale Interdependenz jene Fälle, in denen die beiden Supermächte durch Auseinandersetzungen zwischen ihren Klienten auf einer niedrigeren Systemebene (z.B. Indochina-Kriege, Nahostkonflikt) tangiert werden, ohne direkt in einen Konflikt verwickelt zu sein. Während die indirekte vertikale Interdependenz zur Kennzeichnung des Verhältnisses zwischen einem und/oder beiden Blöcken und den Staaten der Dritten Welt herangezogen wird.

---

[6]   Vgl. Robert Keohane/Joseph S. Nye, Jr., Power and Interdependence. World Politics in Transition, Boston 1977.
[7]   Richard Cooper, The Economics of Interdependence, New York 1968.
[8]   Vgl. R. Meyers, Weltpolitik in Grundbegriffen, S. 295 ff.

Schaubild: Direkte und indirekte Interdependenzen

	direkte Interdependenz	indirekte Interdependenz
horizontale Interdependenz	Ost-West-Konflikt, Entspannungspolitik, Rüstungskontrollpolitik	Nahostkonflikt, Koreakrieg
vertikale Interdependenz	Bündnispolitik	Verhältnis Erste-Dritte Welt

(Quelle: Reinhard Meyers: Weltpolitik in Grundbegriffen, Bd.1, Düsseldorf 1979, S. 299)

Machtverständnis: Im Unterschied zur Realistischen Schule, die die Anwendung von oder Drohung mit militärischer Gewalt als effektivstes Mittel internationaler Politik betrachtet, geht der Interdependenzansatz davon aus, daß die Verfügungsgewalt über die für je bestimmte Sachgebiete charakteristischen Ressourcen das Durchsetzungsvermögen des Akteurs bestimmen. Außerdem erweiterten die Förderung und/oder Behinderung von Interdependenzentwicklungen sowie der Einsatz internationaler Organisationen oder transnationaler Akteure für eigene Zwecke den Handlungsspielraum nationalstaatlicher Akteure, weit über das Instrumentarium der klassischen Diplomatie hinaus. Während die Realistische Schule davon ausgeht, daß derjenige, der wirtschaftlich stark ist, auch militärisch stark ist und infolgedessen einen hohen politischen Rang einnimmt, argumentiert der Interdependenzansatz, daß angesichts der Ineffizienz militärischer Gewaltanwendung auch starke Staaten Schwierigkeiten haben, unterschiedliche Handlungsfelder zu verknüpfen. So sei z.b. der Einsatz militärischer Macht gegen Ölpreiserhöhungen unwirksam. Außerdem bewirke der Zusammenschluß schwacher Staaten im Rahmen internationaler Organisationen eher eine Schwächung als eine Stärkung internationaler Hierarchie.[9]

Kritik und theoretische Anknüpfungspunkte: Gegen den Begriff der Interdependenz sind eine Reihe kritischer Einwände vorgetragen worden, die sich vor allem auf drei Punkte beziehen: 1. die inhaltliche Umschreibung des Konzeptes, 2. seine analytische Brauchbarkeit und Aussagekraft (vgl. Methode), 3. die mit ihm verbundenen politischen Implikationen.

ad 1: Eine verbindliche inhaltliche Definition des Begriffes Interdependenz habe die Forschung noch nicht erbracht. Es lassen sich vielmehr mindestens drei Ausprägungen unterscheiden: a) *Interdependenz als Interessenkonnex*: Eine Positionsänderung eines Akteurs in einem Sachbereich führe zu Positionsänderungen anderer Akteure im gleichen oder in anderen Sachbereichen;[10] b) eine *ökonomische Definition des Begriffes*: Interdependenz besteht demnach dann, wenn ein nationaler Akteur gegenüber äußeren wirtschaftlichen Entwicklungen eine erhöhte Sensibilität aufweist, unabhängig davon, ob sie von den Entscheidungsträgern wahrgenommen wird oder nicht;[11] c) eine *Kosten-Nutzen orientierte Defini-*

---

[9] Vgl. R. Meyers, Weltpolitik in Grundbegriffen, S. 304 f.

[10] Edward L. Morse, 'Transnational Economic Processes', in: Robert O. Keohane/Joseph S. Nye, Jr. (Hrsg.), Transnational Relations and World Politics, Cambridge MA [2]1973, S. 29.

[11] R. Cooper, The Economics of Interdependence, S. 59.

tion des Begriffes: Interdependenz involviere eine positive Beziehung zwischen Akteuren, deren Abbruch Kosten für beide Seiten verursachen würde[12] und d) eine *kommunikationstheoretisch fundierte Definition*: Interdependenz zwischen Systemen wird definiert als wechselseitiger Zusammenhang, der auf einem breiten Strom gegenseitiger Transaktionen beruht.[13]

ad 2: Die vorgestellten Interdependenzkonzepte zeichneten sich durch die Nachteile aller integrierenden Ansätze aus, die den Versuch unternehmen, gleichzeitig die Inputbeziehungen zwischen Einheit und System wie die Beziehungen zwischen System und Einheit zu erforschen und dabei zusätzlich noch die Geschehnisse innerhalb der Einheit wie auf der Systemebene behandeln zu wollen. Die analytischen Konzepte sind ungeeignet zur notwendigen Mehr-Ebenen-Analyse, die erforderlich wäre, um nicht nur die ökonomischen, sondern auch die sozialen und politischen Auswirkungen der dynamischen Interaktionsprozesse der gegenwärtigen internationalen Politik zu erfassen. Die Aussagekraft des Interdependenzbegriffes ist letztlich abhängig vom Kontext, in dem man ihn jeweils benutzt. (vgl. Methode)

ad 3: Interdependenzbezogenes Denken verschleiere die politische Bedeutung der ungleichen Verteilung ökonomischer and anderer Ressourcen, die immer noch das politisch einflußreichste Gestaltungsmoment der Struktur des internationalen Systems darstellten.[14] Interdependenz verstanden als naturgegebene Notwendigkeit zur Kooperation, um weltpolitische Probleme zu lösen, verdecke, daß die kapitalistische Strukturierung weltwirtschaftlicher Beziehungen seit 1945 zu einer neuen Hierarchisierung der internationalen Gesellschaft geführt habe, die sich in asymmetrischen Interaktions- bzw. Penetrationsprozessen niederschlage und die am ehesten noch mit den Begriffen der Dominanz bzw. Dependenz erfaßt werden könne.[15]

Ausgehend von dieser Kritik am Interdependenz-Ansatz führten die Bemühungen darum, die Fülle möglicher Beziehungen zwischen den Staaten und deren Gesellschaften auf einen adäquaten Begriff zu bringen zu zwei neuen Ansätzen.

In der Absicht, die Interdependenzen zwischen persönlichkeitsbezogenen, staatlichen und internationalen Faktoren zu untersuchen, hat James S. Rosenau eine Reihe von analytischen Konzepten entwickelt, die dann eine Art von Forschungsmatrix ergaben, nämlich die "issue area". Die "issue area" oder der Problembereich umreißt einen gemeinsamen inhaltlichen oder verfahrensmäßigen Bezug der ihn konstituierenden Probleme und ein darauf bezogenes Rollenverhalten von Akteuren. Um eine Verknüpfung zwischen nationalem und internationa-

---

[12] Kenneth N. Waltz, 'The Myth of Interdependence', in: Charles P. Kindleberger (Hrsg.), The International Corporation, Cambridge MA 1970, S. 205 ff.

[13] Karl W. Deutsch, Politische Kybernetik. Modelle und Perspektiven, Freiburg 1969.

[14] Kenneth N. Waltz, 'Theory of International Relations', in: Fred Greenstein/Nelson W. Polsby (Hrsg.), Handbook of Political Science, Bd. VIII: International Politics, Reading MA 1975, S. 72 ff.

[15] Ekkehard Krippendorff, 'Das Internationale System zwischen Stabilisierung und Klassenkampf', in: ders. (Hrsg.), Probleme der internationalen Beziehungen, Frankfurt 1972 sowie Dieter Senghaas (Hrsg.), Friedensforschung und Gesellschaftskritik, Frankfurt 1973.

lem System in bestimmten Problembereichen erklären zu können, führt Rosenau den Begriff des penetrierten Systems ein. Als sich dieser zu begrenzt erweist, um die Vielzahl der grenzüberschreitenden Prozesse zu erklären, entwickelt Rosenau schließlich den Begriff des "linkage", d.h. von Transaktionsmustern, die in einem System ihren Ausgang nehmen und in einem anderen System Reaktionen auslösen. Dieses Konzept ermöglicht die Aufstellung eines detaillierten "linkage framework", eines Bezugsrahmens, in dem sowohl das einzelstaatliche politische System und seine Einheiten - Akteure, Einstellungen, Institutionen, Prozesse - festgemacht und die in ihm ablaufenden Vermittlungsprozesse dargestellt als auch die verschiedenen regionalen und problemorientierten Systeme angegeben werden können. Derartige Bezugsschemata, die je nach der Fragestellung leicht abgewandelt werden können, haben sich als sehr hilfreich für die Strukturierung empirischer Untersuchungen erwiesen, mit denen eine Verknüpfung von Innen- und Außenpolitik geleistet werden soll.

Neben dem "issue area" und "linkage"-Ansatz entwickelte sich aus dem Interdependenz-Denken das Modell der transnationalen Politik. Dieses Konzept will grenzüberschreitende Interaktions- und Verbindungsprozesse erfassen, die sowohl die Bezogenheit von Akteuren und deren Interaktionen aufeinander ("linkage") als auch Penetrations- (=einseitige Durchdringung eines Akteurs durch Mitglieder eines anderen, die an dessen Entscheidungsprozeß direkt und mit bindender Autorität teilhaben) und Integrationsprozesse (=gegenseitige Verflechtung von Akteuren unter Ersatz des ausschließlich nationalstaatlichen durch einen mehrstaatlichen Entscheidungsrahmen) berücksichtigen. Der Ansatz faßt die verschiedenen Formen, bei denen gesellschaftliche und innenpolitische Prozesse eines oder mehrerer nationalstaatlicher Systeme mit den nach außen gerichteten Aktivitäten von nationalstaatlichen Akteuren oder internationalen Organisationen ein interdependentes Handlungssystem bilden, unter dem Begriff der multinationalen Politik zusammen. (Vgl. hierzu ausführlich Kapitel VII.).

2. LEKTÜRE

Domestic and International Forces and Strategies of Foreign Economic Policy[16]

PETER J. KATZENSTEIN

Peter J. Katzenstein (*1945) ist Walter S. Carpenter Professor of International Studies an der Cornell University. Nach seinem politikwissenschaftlichen Studium am Swarthmore College und an der London School of Economics promovierte er 1973 an der Harvard University. Zu den wichtigsten seiner zahlreichen Aufsätze und Bücher zählen "Japan's National Security: Structures, Norms and Policy Responses in a Changing World" (1993, zusammen mit Nobuo Okawara), "West Germany's Internal Security Policy: State and Violence in the 1970s and 1980s" (1990); "Small States in World Markets: Industrial Policy in Europe" (1988) sowie "Between Power and Plenty: Foreign Economic Policies of Advanced Industrial States" (1978). Er war u.a. Mitglied des Council on Foreign Relations (1980-82), des Council for European Studies (1979-1982) und wurde 1987 in die American Academy of Arts and Sciences gewählt. Seine Forschungsinteressen liegen vor allem im Bereich der inneren politischen Entwicklung Deutschlands und seiner europäischen Nachbarn. In den letzten Jahren hat er sich darüber hinaus auch mit Politik und Gesellschaft Japans auseinandergesetzt.

Der hier ausgewählte Artikel ist eine Einleitung zu einem Sonderheft der Zeitschrift "International Organization", das sich ausschließlich der Analyse der wirtschaftlichen Entwicklung ausgewählter OECD-Länder (USA, Großbritannien, Japan, Westdeutschland, Italien und Frankreich) in den 1950er und 1960er Jahren widmet. Ausgangspunkt der Analyse war die Frage, warum eine alle hier untersuchten Staaten gleichermaßen treffende internationale Herausforderung - wie die Ölpreiskrisen - zu ganz unterschiedlichen nationalen Reaktionen führte. In Beantwortung dieser Frage wurde die These aufgestellt, daß die je spezifischen innenpolitischen Bedingungen die je spezifischen nationalen Reaktionen auf eine gemeinsame Herausforderung aus dem internationalen Umfeld bedingten. Dies gab Anlaß dazu, die Interaktionen zwischen internationalen und innenpolitischen Kräften in der Gestaltung weltwirtschaftlicher Strukturbedingungen näher zu beleuchten.

[...] The management of interdependence is a key problem which all advanced industrial states have confronted in the postwar international political economy. Differences in their domestic structures and the international context in which they are situated have dictated the adoption of different strategies of foreign economic policy. The rationale of all strategies is to establish a basic

---

[16] Original: Peter J. Katzenstein, Introduction: Domestic and International Forces and Strategies of Foreign Economic Policy, in: International Organization 34 (1977), S. 587-606. Mit freundlicher Genehmigung von MIT Press Journals, Cambridge MA.

compatibility between domestic and international policy objectives. But since the domestic structures in the advanced industrial states differ in important ways, so do the strategies of foreign economic policy which these states pursue. [...]

In the contemporary international political economy increasing interdependence goes hand in hand with assertions of national independence. As was true of military policy in the previous era of "national security", in the present era of "international interdependence", strategies of foreign economic policy depend on the interplay of domestic and international forces.[17] The starting premise of this volume thus puts little value on a clear-cut distinction between domestic and international politics. A selective focus on either the primacy of foreign policy and the "internationalization" of international effects or on the primacy of domestic politics and the "externalization" of domestic conditions is mistaken. Such a selective emphasis overlooks the fact that the main purpose of all strategies of foreign economic policy is to make domestic politics compatible with the international political economy.

But the literature on foreign economic policy has, in recent years, unduly discounted the influence of domestic forces. Explanations which focus on the persistence of international interdependence and the pervasiveness of transnational relations have failed to account for a paradox in our understanding of the international political economy. These international explanations do not adequately explain why an international challenge, such as the oil crisis, elicits different national responses. Despite the enormous growth of different forms of international interdependencies and transnational relations, the nation-state has reaffirmed its power to shape strategies of foreign economic policy. [...]

[...] in the mid- or late 1960s [...] both the hegemonic position of the United States in world politics and the assumption of the primacy of international forces in political analysis simultaneously came into serious question. A process of accelerating change in the international security and economic systems illuminated the weakness of the established paradigm. The Vietnam War, it turned out, was not the product of strategic interaction between the superpowers but of Washington's institutionalization of a world order infused by an encompassing structure of "interest and ideology".[18] In the 1960s, the foreign policies of the European states also illuminated the importance of domestic structures. General de Gaulle shifted the course of European politics by

[17] Robert O. Keohane/Joseph S. Nye, Power and Interdependence: World Politics in Transition, Boston 1977, pp. 6-8.

[18] Franz Schurmann, The Logic of World Power: In Inquiry into the Origins, Currents and Contradictions of World Politics, New York 1974, pp. 8-13. On the domestic sources of foreign policy more generally see, among others, Henry A. Kissinger, American Foreign Policy, New York 1974, pp. 11-50. James N. Rosenau (ed.), Domestic Sources of Foreign Policy, New York 1967. James N. Rosenau, 'Pre-Theories and Theories of Foreign Policy', in: R. Barry Farrell (ed.), Approaches to Comparative and International Politics, Evanston IL 1966, pp. 27-92. Domestic Determinants of Foreign Policy (Third German-American Forum), Georgetown University, Washington D.C. 1974. Nicholas Wahl, 'The Autonomy of Domestic Structures in European-American Relations', in: James Chace/Earl C. Ravenal (eds.), Atlantis Lost: US-European Relations after the Cold War, New York 1976, pp. 225-48.

obstinately refusing to succumb to the force of European integration. And Japan's stunning rise to the position of one of the world's foremost commercial powers was evidently made possible by particular features in its domestic politics. [...] Today's international political economy remains unintelligible without a systematic analysis of domestic structures. [...]

1. International and Domestic Forces and Foreign Economic Policy

Strategies of foreign economic policy of the advanced industrial states grow out of the interaction of international and domestic forces. That interaction is evident in the cycle of hegemonic ascendance and decline which we can trace in the international political economy over the last 150 years.[19] An open international political economy favoring the process of international exchange existed during Britain's hegemonic ascendance (1840-1880) and during the prominence of the United States after World War II. These periods were followed by movements toward international closure in periods of hegemonic decline marked by numerous challenges to the established institutions governing foreign economic policy. This was true of the late nineteenth century and the interwar years; some elements of this development can also be detected since the late 1960s. Periods of imperial ascendance are distinguished by the politics of plenty. A coalition within a rising hegemonic state is able to maintain an open international political economy. State power is largely invisible, for the nature of the problem in international economic affairs centers on distribution and regulation which occur within established structures.[20] The international political economy thus is orderly; this in turn facilitates the task of political management. Periods of hegemonic decline, on the other hand, are marked by the "politics of scarcity".[21] A coalition within a declining hegemonic power is, eventually, neither willing nor able to resist the forces pushing toward closure. State power becomes visible, for the nature of the political problem in the international economy centers on redistribution and constitutional debates which question established institutions. The lack of order in the international political economy in turn impedes the exercise of effective political leadership by the declining hegemonic state.

[19] Robert Gilpin, Economic Interdependence in Historical Perspective, Princeton NJ 1976; David P. Calleo/Benjamin M. Rowland, America and the World Political Economy: Atlantic Dreams and National Realities, Bloomington IN 1973; Stephen D. Krasner, 'State Power and the Structure of International Trade', in: World Politics 28/3 (1976), pp. 317-47. For a broader historical treatment see Carlo M. Cipolla (ed.), The Economic Decline of Empires, London 1970.

[20] Robert O. Keohane/Joseph S. Nye, 'World Politics and the International Economic System', in: C. Fred Bergsten (ed.), The Future of the International Economic Order: An Agenda for Research, Lexington MA 1973, pp. 121-26.

[21] Myron Weiner, The Politics of Scarcity: Public Pressure and Political Response in India, Chicago 1962.

From the 1820s on, Britain's industrial prowess and its decision to shift gradually toward a low-tariff policy made it the leading state in the international political economy of the nineteenth century. That role reflected a realignment in Britain's domestic balance of power which gradually tilted in favor of its commercial, industrial, and financial elites. The defeat which Britain's aristocratic landowners suffered in the repeal of the Corn Laws in 1846 was a critical divide in British history. Until Britain's entry into the Common Market in the early 1970s the principle of no tariffs on food imports would not be questioned again. But the repeal of the Corn Laws also had important consequences for the international political economy, for it opened Britain's market to the Continent's grain exports, thus facilitating international trade. The interests of Britain's rapidly expanding industrial, commercial, and financial sectors, cast in the ideology of Manchester Liberalism, received their international sign of legitimation with the signing of the Cobden-Chevalier Tariff Treaty of 1860, which set the stage for numerous other bilateral tariff reductions throughout Europe. A realignment of political forces within Britain was, then, projected onto the international political economy, where Britain's preeminence assured order.

In comparison both to the United States (which decided not to assume its role as political leader until 1945) and to Germany (which became Britain's main political rival in the late nineteenth century) Britain's hegemonic power weakened from the 1880s onward. This was illustrated by its unwillingness and inability to counteract successfully the growing wave of protectionism which spread from the late 1870s in response to the Depression of 1873-1896.[22] Like economic liberalism, economic nationalism was the result of shifting coalitions in domestic politics. In Germany, for example, the (in)famous coalition between iron and rye was based on a high tariff policy and amounted to what has been called the Second Founding of the Empire.[23] This realignment of political forces was as important for Germany as the Corn Laws had been for Britain, and it was critical in pushing the international political economy off its liberal course. Germany's challenge to Britain eventually led to an intensive politicization of the international economy, as economic and military interests became insolubly linked both at home (as in the naval arms race) and abroad (as on the Baghdad Railway).

The absence of a hegemonic power and a protectionist international political economy was still more prominent during the Great Depression of the 1930s.[24]

---

[22] Hans-Jürgen Puhle, Politische Agrarbewegungen in kapitalistischen Industrie-gesellschaften, Göttingen 1975; Alexander Gerschenkron, Bread and Democracy in Germany, Berkeley CA 1943; Charles P. Kindleberger, 'Group Behavior and International Trade', in: The Journal of Political Economy 1/59 (1951), pp. 30-46. Peter A. Gourevitch, 'International Trade, Domestic Coalitions, and Liberty: Comparative Responses to the Great Depression of 1873-1896', in: Journal of Interdisciplinary History 1/8 (1977).

[23] Helmut Böhme, Deutschlands Weg zur Grossmacht: Studien zum Verhältnis von Wirtschaft und Staat während der Reichsgründungszeit 1848-1881, Cologne 1966.

[24] Charles P. Kindleberger, The World in Depression 1929-1939, London 1973; Benjamin M. Rowland (ed.), Balance of Power or Hegemony: The Interwar Monetary System, New York 1976.

The flow of goods, capital, and labor was regulated not by market forces but by states engaging in competitive protectionism and devaluation policies, making the interwar international economy largely political. The breakdown of a liberal international economic order reflected the profound social upheaval which World War I had wrought on all of Europe. The weakening of the old middle class and the intensification of the conflict between organized capital and organized labor pushed more European states toward the Right. Fascist and authoritarian ideologies legitmized the pervasive role of the state in economic affairs, both domestic and international.

With the United States acting the part of international leader, the cycle of hegemonic ascendance and decline has repeated itself since 1945.[25] The Bretton Woods system, reinforced by free-convertibility achieved in 1959 and successive tariff reductions culminating in the Kennedy Round (completed in 1967), facilitated a degree of openness in the international political economy and a growth in international transactions unprecedented in the twentieth century.[26] The multinational corporation, as the institutionalization of this liberal marketplace ideology, became the most dramatic symbol of an international political economy functioning smoothly under US auspices. This international economic order was based on a convergence of domestic and foreign policy interests on both sides of the Atlantic. An open, depoliticized international market was perceived to be an essential precondition for the successful reestablishment of a "bourgeois Europe".[27] Supported by the flow of US government aid and private capital, the rapid economic recovery of the war-devastated states of Western Europe and Japan has led to a gradual diminution of the United States' hegemonic position since the mid-1960s. The oil crisis, however, halted the process of hegemonic decline vis- -vis Western Europe. Through the adroit political maneuvering of Secretary of State Kissinger, the lesser dependence of the United States on raw material imports has temporarily arrested a further decline of the United States in international economic affairs. It remains to be seen whether the domestic stalemate on American energy policy will accelerate that decline in the near future.

International and domestic factors have been closely intertwined in the historical evolution of the international political economy since the middle of the nineteenth century. Shifts in domestic structures have led to basic changes in British, German, and American strategies of foreign economic policy. The

[25] Richard N. Rosecrance, 'Introduction', in: Richard N. Rosecrance (ed.), America as an Ordinary Country: US Foreign Policy and the Future, Cornell Ithaca 1976, pp. 11-19.

[26] Alex Inkeles, 'The Emerging Social Structure of the World', in: World Politics 4/27 (1975), pp. 467-95; Peter J. Katzenstein, 'International Interdependence: Some Long-Term Trends and Recent Changes', in: International Organization 4/29 (1975), pp. 1021-34. Richard N. Rosecrance et al., 'Whither Interdependence?', in: International Organization 3/31 (1977); Richard N. Rosecrance/Arthur Stein, 'Interdependence: Myth or Reality?', in: World Politics 1/26 (1973), p. 1-27.

[27] Charles S. Maier, Recasting Bourgeois Europe: Stabilization in France, Germany, and Italy in the Decade after World War I, Princeton 1975. Maier is now working on a companion volume for the years after World War II.

international context in which these countries found themselves in turn influenced their domestic structures and thus, indirectly, the strategies they adopted in the international political economy. But the relative weight of domestic structures in the shaping of foreign economic policy increased in periods of hegemonic decline. As long as the distribution of power in the international political economy was not in question, strategies of foreign economic policy were conditioned primarily by the structure of the international political economy. But when that structure could no longer be taken for granted, as is true today, the relative importance of domestic forces in shaping foreign economic policy increased. Over the last decade the gradual shift from security issues to economic concerns has further increased the relative weight of domestic structures on foreign economic policy. Everywhere the number of domestic interests tangibly affected by the international political economy is far greater than it had been during the previous era of national security policy. [...]

2. State, Society, and Foreign Economic Policy

[...] The way in which state and society are actually linked is historically conditioned and that link determines to a large extent whether modern capitalism is atomistic, competitive, organized, or statist.[28] In pointing to the effect which private actors have on state policy, "societal" interpretations of foreign economic policy take two different forms. The democratic explanation traces a direct causal chain from mass preferences (the private and public interests of all members of society) translated via elections into government policy (representing public and private interests of state actors).[29] But in the area of foreign economic policy parties and elections are often less important than interest groups in the formulation and implementation of policy. The interest group model of foreign economic policy traces the infusion of private interests into the definition of public preference and the exercise of public choice. It does so through an analysis which focuses on the interrelationships of social sectors and political organizations.[30] In sum, in both the interest group model and the democratic model, foreign economic policy is seen primarily to reflect societal pressures.

But the connection between state and society also runs the opposite way. Public policy can shape private preference. The locus of decisions in a state-centered model of policy lies in the public realm; in many ways states organize

---

[28] Andrew Shonfield, Modern Capitalism: The Changing Balance of Public and Private Power, London 1970; Malcolm MacLennan/Murray Forsyth/Geoffrey Denton, Economic Planning and Policies in Britain, France and Germany, New York 1968; Raymond Vernon (ed.), Big Business and the State: Changing Relations in Western Europe, Cambridge 1974; Jack Hayward/Michael Watson (eds.), Planning, Politics and Public Policy, London 1975; Hugh Patrick/Henry Rosovsky (eds.), Asia's New Giant, Washington D.C. 1976; Heinrich A. Winkler (ed.), Organisierter Kapitalismus: Voraussetzungen und Anfänge, Göttingen 1974.

[29] For example see Assar Lindbeck, 'Stabilization Policy in Open Economies with Endogenous Politicians', in: American Economic Review 2/66 (1976), pp. 1-19.

[30] C.P. Kindleberger, 'Group Behavior', and Raymond A. Bauer/Ithiel de Sola Pool/Lewis Anthony Dexter, American Business and Public Policy: The Politics of Foreign Trade, New York 1963.

the societies they control. This "statist" interpretation of foreign economic policy discounts mass preferences, political parties, and elections, which are viewed as the effects rather than the causes of government policy. Interest groups are not autonomous agents exerting the pressure which shapes policy but subsidiary agents of the state. These two kinds of interrelationships between state and society are, in reality, always mixed. In the contemporary analysis of foreign economic policy, variants of the former (which reflect the Anglo-Saxon experience) usually are discussed in much greater detail than the latter (which reflect the experience of some countries on the European continent and Japan).

Although most prominent interpretations of state and society agree on the symbiotic relation between the two, they differ on questions of evaluation. Conservatives like Friedman or Hayek argue that the expanding role of government has caused the private sector of advanced industrial states to lose vitality in the twentieth century. Liberals like Galbraith dissent, viewing the new osmosis of state and society as a result of the power of the modern corporation. According to Galbraith's analysis, the economy of advanced industrial states is split between technologically advanced, capital-intensive, and oligopolistic segments and technologically backward, labor-intensive, and competitive sectors. Modern business is big, and big business requires big government. Yet modern governments are too weak to deal effectively with the modern corporation. Neo-Marxists view the osmosis of state and society as the outcome of these two developments. Increasing government intervention in the economy not only reflects the inherent instability of modern capitalism, but also constitutes an attempt to compensate for it.[31] [...]

The actors in society and state influencing the definition of foreign economic policy objectives consist of the major interest groups and political action groups. The former represent the relations of production (including industry, finance, commerce, labor, and agriculture); the latter derive from the structure of political authority (primarily the state bureaucracy and political parties). The governing coalitions of social forces in each of the advanced industrial states find their institutional expression in distinct policy networks which link the public and the private sector in the implementation of foreign economic policy. The notion that coalitions and policy networks are central to the domestic structures defining and implementing policy rests on the assumption that "social life is structured - not exclusively of course, but structured nonetheless - by just those formal institutional mechanisms. To disregard such structures at least implies the belief that social reality is essentially amorphous. This does not mean that institutions work as they are intended to work; it does mean that they have an effect."[32] [...]

In their political strategies and domestic structures, the United States, Britain, West Germany, Italy, France, and Japan fall into three distinct groups.[33] Pursuing a liberal international economy as a key objective, policy makers in the

---

[31] John K. Galbraith, The New Industrial State, Harmondsworth 1969.

[32] Bendix, 'Introduction', in: Bendix, State and Society, p. 11.

[33] This organizing framework is elaborated further in the concluding essay of this volume.

two Anglo-Saxon states rely, by and large, on a limited number of policy instruments which affect the entire economy rather than particular sectors or firms. Policy makers in Japan, on the other hand, can pursue their objective of economy growth with a formidable set of policy instruments which impinge on particular sectors of the economy and individual firms. The three continental states occupy an intermediary position with West Germany and Italy showing some affinity for the Anglo-Saxon pattern and France sharing some resemblance to Japan. Corresponding differences also exist in the domestic structures of these six states. In the two Anglo-Saxon countries the coalition between business and the state is relatively unfavorable to state officials and the policy network linking the public with the private sector is relatively fragmented. In Japan, on the other hand, state officials hold a very prominent position in their relations with the business community and the policy network is tightly integrated. The three continental countries hold an intermediary position, with West Germany resembling the Anglo-Saxon pattern, France approximating more the Japanese model, and Italy falling somewhere in between. [...]

[...] The loss of control deplored in the foreign ministries of all advanced industrial states is rooted not only abroad but at home. Lack of action, or inappropriate action, taken in domestic politics often leads to serious consequences in the international political economy. In itself, a global approach to meeting global needs appears to be an inefficient and ineffective way of trying to cope with the problems of the international political economy. The management and the analysis of interdependence must start at home.

* * *

Interdependence: Myth and Reality[34]

RICHARD N. ROSECRANCE

ARTHUR STEIN

Arthur Stein (*1950) ist Professor für Politikwissenschaft an der University of California, Los Angeles. Er studierte an der Cornell und Yale University, wo er auch promovierte. Er war Mitglied des Policy Planning Staff des State Department und der Brooking Institution. Neben zahlreichen Aufsätzen, von denen hier nur der 1993 erschienene umfangreiche Rezensionsartikel zum Interdependenzansatz "Governments, Economic Interdependence, and International Cooperation", in "Behavior, Society, and International Conflict", Vol. 3, hg.v. Philip E. Tetlock, Jo L. Husbands, Robert Jervis, Paul C. Stern, and Charles Tilly, genannt werden soll, hat er zwei Bücher publiziert: "The Nation at War" (1980) und "Why Nations Cooperate?" (1990). Zusammen mit Richard Rosecrance hat er eine Reihe von Sammelbänden herausgegeben u.a. "The Domestic Bases of Grand Strategy" (1993). Augenblicklich arbeitet er an einem Buch über die Beziehungen zwischen Märkten, Staaten und Nationen und die Bedeutung nicht-territorialer nationaler Interessen.

One of the uncertainties of modern international relations is the degree of interdependence among states. Some theorists have asserted that interdependence is high and/or growing, and others have maintained that it is low and/or declining. Essentially, the debate about interdependence has proceeded in three separate phases. (1) In the aftermath of World War II, technology was heralded as the stimulus to an interrelationship among states: The world was shrinking; technological, military, and economic factors would produce interdependence even among erstwhile enemies.[35] (2) Later this conventional wisdom was challenged by Karl Deutsch and his associates, who purported to show that various economic indicators of external reference were declining.[36] International transactions were lessening relative to intranational transactions. More and more, citizens were turning to the nation-state for the satisfaction of their needs, and national economies were taking precedence over the previous international economy of the nineteenth century. [...]

One of the problems in unravelling disagreements about interdependence is the absence of an agreed definition of the term. At least three different notions have been employed. In its most general sense, interdependence suggests a relationship of interests such that if one nation's position changes, other states will

---

[34] Original: Richard N. Rosecrance/Arthur Stein, Interdependence: Myth and Reality, in: World Politics, 26 (1973/74), S. 1-27. Mit freundlicher Genehmigung von Johns Hopkins University Press.

[35] See inter alia, Emery Reves, The Anatomy of Peace, New York 1946, p. 268.

[36] See particularly, Karl W. Deutsch/Lewis J. Edinger/Roy C. Macridis/Richard L. Merritt, France, Germany and the Western Alliance, New York 1967, Chap. 13.

be affected by that change.[37] A second meaning, derived from economics, suggests that interdependence is present when there is an increased national "sensitivity" to external economic developments.[38] This "sensitivity" presumably can either be perceived or unperceived.[39] The most stringent definition comes from Kenneth Waltz, who argues that interdependence entails a relationship that would be costly to break.[40] This definition is different from the others in two senses: (1) It presumes a positive relationship between the interdependent units, such that each will suffer if the relationship is harmed; (2) relationships in which one party is affected by what another does would not necessarily be interdependent by Waltz's definition, because the effect might not be "costly". Since observers use such different definitions of the central term, it is easy to understand why they draw different conclusions about the presence or absence of interdependence in the contemporary world.

At the same time, Waltz's conclusion that interdependence is low or declining can be disputed even on the basis of the stringent definition he employs. The Waltz contentions run approximately as follows: Interdependence exists where there is a division of labor or a specialization of functions. Unlike units perform different functions or offer specialized services; they become interdependent when they perform these services for each other and when units come to rely on such specialization. On the other hand, if units are alike, they cannot offer different commodities or services; interdependence declines. Waltz also asserts that interdependence is lowest where like units have unequal capacities: Then, powers either cannot or do not have to take each other into account. As juridically like units, therefore, states can have little interdependence at any time and place. Since differences in *de facto* capacities among states have grown since World War II, interdependence is now at a nadir. This is not dismaying, however, for it is contended to be a "mistaken conclusion" that "a growing closeness of interdependence would improve the chances of peace".[41] To summarize this argument, interdependence is high where there are (1) unlike units; and (2) where the units are relatively equal in capacity.

A number of comments can be offered in rejoinder. First, if interdependence is taken entirely in the positive sense (where interests of states vary directly, not inversely), it is difficult to understand how a high degree of interdependence

---

[37] This meaning is close to that suggested by Morse and Young. Morse writes: "Interdependent behavior may be understood in terms of the outcome of specified actions of two or more parties (individuals, governments, corporations, etc.) when such actions are mutually contingent." Edward L. Morse, 'Transnational Economic Processes', in: Robert O. Keohane/Joseph S. Nye, Jr. (eds.), Transnational Relations and World Politics, Cambridge MA 1972, p. 29. See also Oran R. Young, 'Interdependencies in World Politics', in: International Journal 24 (1969), p. 726.

[38] See Richard N. Cooper, The Economics of Interdependence, New York 1968, p. 59.

[39] See also Robert D. Tollison/Thomas D. Willett, 'International Integration and the Interdependence of Economic Variables', in: International Organization 27 (1973), pp. 255-71.

[40] See Kenneth N. Waltz, 'The Myth of Interdependence', in: Charles P. Kindleberger (ed.), The International Corporation, Cambridge MA 1970, pp. 205-7.

[41] K.N. Waltz, 'The Myth of Interdependence', p. 205.

could be a cause for conflict. If relationships really were costly to break on all sides, this would be a factor for general international cooperation. Second, while it is true that interdependence may be high where there are unlike units involved in the relationship, it is by no means clear that such differentiation is the *necessary condition* of high interdependence. A most important form of interdependence, that of military alliance, arises when states offer the same defense resources to each other. By pooling their resources, they gain a joint security that each could not attain in isolation, and yet there is no necessary division of labor. Clearly such defense ties might be very costly to break.[42]

If military allies have relationships that are positively interdependent, enemies or adversaries manifest a high degree of negative interdependence in their relationships. Their interests are crucially linked in that it is assumed that if one improves his position, the other suffers. Yet, where such a high degree of interdependence (albeit negative) exists, there is no necessary differentiation of functions or division of labor. Rather, the interdependence of antagonists arises in part because rivals are alike: they compete for the same goals, utilize similar techniques, and seek to win over the same allies or to acquire the same real estate. The very continuance of competition over time, moreover, is likely to make them even more alike. Eventually, rivals may even develop certain positively interdependent goals. If they reside at the top of a hierarchy of nations, it may be a common interest to prevent any inroads on their joint position by other states. If war is likely to result in widespread mutual devastation, they may have a common interest in mutual accommodation and coexistence.

It may also be argued that the greatest inderdependency in contemporary world politics subsists among the most highly developed powers, powers whose economic systems bear the greatest similarity to each other. In military terms, these powers could hurt each other grievously; in economic terms, they have the capacity to help or harm each other. At this juncture, the error of following the comparative-advantage, product-specialization argument too far is clearly portrayed. The basis for international trade today is not only marked product differentiation, but also the capacity of the domestic market. Europeans, Americans, and Japanese sell the bulk of their goods in each other's markets, even though typical approaches to comparative advantage would have them import raw materials from and sell industrial goods to the less developed countries.[43] The products which major industrial countries offer are not highly differentiated in the Ricardian sense; they all offer automobiles, consumer electronics, and industrial equipment. Differences exist, however, in marketing, pricing, quality, and sophistication. As we shall see later, the exchange of manufactured goods for manufactured goods is becoming *more* typical in international trade, not less so. It therefore does not follow that interdependence is low today, even if Waltz's strict definition of the term is employed.

---

[42] Mancur Olson, Jr./Richard Zeckhauser, 'An Economic Theory of Alliances', in: Bruce M. Russett (ed.), Economic Theories of International Politics, Chicago 1968.

[43] This approach is that of the Heckscher-Ohlin theorem emphasizing factor proportions.

At the same time, Waltz correctly points to the fact that nationalism and national interests are not secondary or obsolete phenomena in the contemporary world. Indeed, nationalism is a far more prominent factor in economic and political arrangements today than it was in the halcyon days of the nineteenth century. Prior to 1914, economic internationalism was the order of the day. Passports were unnecessary. Tariffs had only been recently reintroduced. National secrecy in military plans and the demand for patriotic loyalty on the part of citizens were surely less stringent than they are now. Nationalism was in fact strengthened by the reformist orientation of modern politics: Franklin Roosevelt, a domestic reformer who tried to put the United States on the road to economic recovery after the Depression, did so at the expense of the international economic and, to some extent, political system. When governments are expected to regulate the economy to obtain maximum welfare for their citizens, they must often slight the interests of economic and political partners. Citizens may also reflect such attitudes. They do not look to the international system for economic and political benefits, but to their national government. Socialism, nationalization, and domestic economic planning interpose national criteria on international economic forces. By almost any definition of the terms, economic and political nationalism have grown since the last decades of the nineteenth century. What effect has this development had upon interdependence?

By all three definitions, nationalism might have been expected to reduce interdependence. It might be argued that, if nations seek only to achieve their own goals without any reference to the rest of the system, the linkage between units must decline. If nationalistic goals depend on supportive actions by other members of the international community, however, nationalism cannot be achieved in isolation. Not only does interdependence not decline in such circumstances, aggressive nationalism may lead to higher negative interdependence. The greater nationalism of the twentieth century therefore need not entail a reduction of interdependence. [...]

1. The Trade Sector

If we are to gain a greater understanding of present-day interdependence, the trade sector is critical. One of the long-standing contentions of those who assert that interdependence is low or declining is that national industrialization, at least in its later stages, involves a decreasing reliance upon foreign trade. As manufacturing economies develop, states rely more upon themselves for necessary goods and less upon imports from other countries. [...]

Changes in the structure of trade, however, may lead to lower interdependence even though the foreign stake of many developed countries is high or increasing. If interdependence existed only when the relationship would be costly to break, it might be contended that trade at the turn of the century was more truly interdependent that it is today. Before World War I, a typical trade transaction probably involved an exchange of manufactured goods for raw materials; today, much of world trade consists of the exchange of manufactured goods among developed countries. Since these countries could theoretically adopt programs of import replacement, it is contended that interdependence has decreased.[44] [...]

[...] industrial countries, with flexible economies, should be able to reduce their dependence upon each other without great cost. But this argument must take account of yet another point. Not only do developed countries trade with one another mainly in manufactured goods: There is also, in trade among developed nations, an increasing dependence upon particular countries and particular commodities. [...] the recent growth of trade in manufactures among developed societies has not freed economies from the thrall of a few suppliers, nor has it reduced their dependence on imports of particular commodities. Perhaps surprisingly, industrial countries have become more dependent on particular countries for their trade, and are generally more dependent on the supply of particular commodities. Less developed countries may have increased their independence within the system. [...]

It is noteworthy that among developed countries (with the exception of imports to Japan) the changes are all in a positive direction, indicating that trade has become more geographically concentrated among suppliers and markets with time. For the developing countries shown, with the exception of Turkey, trade has become less concentrated geographically, and therefore it reflects a smaller degree of dependence. [...] With the exception of changes in imports for France and the United Kingdom, commodity concentration for the major developed countries has increased in the past decade [1965-75 (U.L.)]: Developed countries are now more dependent upon the import and export of particular commodities than they were previously. Developing countries show no such pattern, and Mexico's reduction of dependence on particular commodity imports and exports is striking. These findings modify conclusions about a reduction in interdependence among industrial countries. The concentration in trade among developed countries is growing. Diversification of suppliers and markets is harder to accomplish. To this degree, dependence and a mutual interdependence of all industrial countries has increased.[45]

---

[44] See K.N. Waltz, 'The Myth of Interdependence', p. 210.

[45] On balance, the foreign-trade sector does not appear to be quite as useful for the measurement of relative interdependence as previous analysts have maintained. Although foreign trade is increasing relatively and absolutely among developed countries, that trade represents an exchange of manufactured goods. As a number of economists have pointed out, if governments can find substitutes for import or export markets among a few industrial countries, the growing effects of concentration do not necessarily increase interdependence. But even if substitutability exists economically, the problems of the political costs of switching from one market to the other and of the circumscription of political latitude involved in the process remain. For the latest review of the literature on trade as a measure of integration, and an excellent bibliography, see Cal Clark/Susan Welch, 'Western European Trade as a Measure of Integration: Untangling the Interpretations', in: Journal of Conflict Resolution 16 (1972), pp. 363-82. Integration theorists might find it useful to examine other transnational economic sectors as well as trade, including those discussed below. One such attempt is outlined in R.D. Tollison/T.D. Willett, 'International Integration'.

There is a further point. The most satisfactory measure of interdependence is not the cost of breaking the relationship, but the degree to which economic interests are direct functions of one another. If the economic position of state *A* changes, will state *B* be affected? In the nineteenth century, there was a *de facto* interdependence of economic units, but political governors did not act in such a way as to maximize the economic interests of their unit. They therefore neglected external economic changes that had a great effect upon the domestic economic system. During the past half-century, political changes within society have made it impossible for political leaders to ignore the domestic impact of external economic forces. Today, therefore, they respond vigorously to external economic changes. Economic effects are now fully comprehended within the political realm. Thus, politically significant interdependence is much higher today than it was during the nineteenth century.

2. The Investment Sector

The investment sector reveals similar patterns. Those who argue that interdependence is decreasing can point to the change in the pattern of overseas investment over the past century.[46] Those who assert that it is rising can center their attention on the tremendous recent growth in foreign investment and on changing patterns of investment.[47] Much of the growth in foreign investment since World War II has been in direct investment (investment which results in an important share of ownership or control of a foreign corporation). By contrast, the leading authority on capital flows in the late nineteenth century observes that "portfolio investment was a far more important component of long-term capital movements before 1914 than direct investment; and it consisted much more of transactions in bonds and other debt instruments than in equities".[48] What direct investment there was in the nineteenth century tended to proceed from capital-abundant to capital-deficient areas.[49] While one-third of British long-term investments were in Europe, much of this was in capital-deficient areas such as Russia. Even when direct investment in other developed countries increased after Word War I, investment in capital-deficient areas remained a large fraction of the total. In this period, American direct investment abroad typically flowed to Latin America.

The recent growth in overseas long-term investment has not only taken the form of direct investment, it has also increasingly gone to other developed countries. [...] In 1936 and 1950, American investments were evenly divided between developed and less developed countries; in 1968, two-thirds of the book

---

[46] Kenneth Waltz notes, for example, that "in 1910, the value of total British investment abroad was 1½ times larger than her national income"; for the United States today, however, it is a meager 18 %. K.N. Waltz, 'The Myth of Interdependence', p. 215.

[47] See R.N. Cooper, The Economics of Interdependence, Chaps. 3, 4, and 5; E.L. Morse, 'Transnational Economic Processes', pp. 36-37.

[48] Arthur Bloomfield, Patterns of Fluctuation in International Investment before 1914, Princeton Studies in International Finance 21 (1968), pp. 3-4.

[49] A. Bloomfield, Patterns of Fluctuation, pp. 2-3.

value of direct American investments were in developed countries. American direct investments in manufacturing have risen from 25.6 per cent of the total in 1936 to 40.6 per cent in 1968. These changes are revealed even more dramatically by an analysis of capital flows. In 1957, 55.5 per cent of the net capital flows from the United States went to less developed countries, with 46.9 per cent going to Latin America. In 1968, 58.4 per cent of American capital flowed to developed countries, with 31.2 per cent going to Europe - an increase of 11.6 per cent since 1957. [...] With these changes, American investments have become more concentrated geographically and in terms of specific industries. [...]

The conclusion to be drawn from these trends is that the stake of the developed countries, and particularly of the United States, in the international economic system has risen as it has become more concentrated.[50] Direct investments imply a higher stake in a foreign country than portfolio investments. Investments in manufacturing enterprises and in other developed countries have narrowed the focus of American investor activity and concern. More is at stake in specific markets, and in specific kinds of enterprises; there is more to lose than there was formerly.

The absolute increase in American direct foreign investment is matched by its relative growth as compared to other GNP indicators. Measured against domestic GNP, in current or constant dollars, the foreign-investment sector has grown rapidly. [...]

This tremendous growth in the book value of American direct investment has been paralleled by a growth in the volume of operations of foreign affiliates compared with U.S. domestic concerns. [...] Domestic sales did not double between 1957 and 1968; however, the sales of foreign manufacturing affiliates rose by more than a factor of three. In 1968, the volume of sales abroad in manufacturing amounted to 10 per cent of domestic sales in manufacturing.

Foreign earnings on direct investments of American corporations have also increased more rapidly than domestic earnings. Since 1950, domestic profits of corporations have risen by about 50 per cent. But earnings on direct foreign investments have increased by more than 450 per cent. By 1969, foreign earnings on direct investments had risen to 28 per cent of domestic earnings.[51]

This increased preoccupation with the foreign economic sector, moreover, was not confined to the United States. The growth of the multinational corporation has been so spectacular that today, "of the 50 largest economic entities (in the world), 37 are countries and 13 are corporations. Of the top 100,

---

[50] It could of course be argued that a reduction in the number of suppliers or buyers does not necessarily raise the costs of such transactions to the United States. A few sources may be cheaper than many sources. But the circumscription does diminish U.S. political initiative; it narrows America's political latitude and thus links her interests more closely with the remaining sources of supply or markets.

[51] This figure of 28 % would be even higher if income from other (non-direct) foreign private assets had been included.

51 are corporations".[52] It has been estimated that about one-quarter of the gross national product of the non-Communist world is earned by the business of such enterprises outside their home countries.[53]

It is of course true that foreign investment as a percentage of national income has decreased since 1913, but the type of investment which has ocurred is such as to give its owner a substantial stake in the foreign sector. In contrast to the experience of the nineteenth century, current foreign investment is not simply credit, it is partial ownership. Control of productive facilities is involved. Today, transfers of technology are an exceedingly important part of direct investment. Since they are so important, it would be foolhardy for host countries to threaten them. But if the cost of breaking the relationship is so high, interdependence must also be high.

The political significance of interdependence is low when its salience is low. In 1913, economic interdependence had very low political salience; governments were not supposed to be responsive to or control external economic influences. Thus, the absolute high value of investment in 1913 had little political significance. Today the rate of increase of the foreign-investment sector and the increasing political responsiveness of governments have given high salience and significance to foreign investment.

3. The Financial Sector

The financial operation of the international economic system has changed greatly since World War I. Under the gold standard of 1880-1913, short-term capital movements were neither as extensive nor as disruptive as they have been in recent years.[54] The amount of funds available for "hot money" flows has now reached an all-time high. [...]

If the sudden speculative movements of this vast pool of currencies are not to undermine domestic monetary stability and economic progress, and perhaps to cause a collapse of the whole Western trading system, governments will have to concert their countermeasures. Increasing recognition of the problem in the past fifteen years has led to the General Agreement to Borrow (GAB), various currency-swap arrangements, an enlargement of IMF quotas, and the creation of Special Drawing Rights (SDR's). Yet is is by no means certain that these and various pending arrangements will fully control the short-term flow of funds among Western and developed nations. The interdependence of the financial structure of trade is growing, but still higher cooperation among governments is necessary to ensure that it will not become a negative interdependence.[55]

---

[52] Lester R. Brown, The Nation State, the Multi-National Corporation and the Changing World Order, mimeo (U.S. Department of Agriculture, 1968), quoted in John McHale, The Transnational World, Austin 1969, p. 8.

[53] Raymond Vernon, Sovereignty at Bay, New York 1971, p. 383.

[54] See A. Bloomfield, Patterns of Fluctuation, p. 87.

[55] See Susan Strange, 'The Dollar Crisis: 1971', in: International Affairs 48 (1972), p. 194.

Other changes have transformed the system since World War I. The old gold standard was based (not surprisingly) on gold as a medium of exchange. Minimum use was made of foreign currencies as reserves. At the end of 1913, the nations of the world held only $ 963 million in foreign-exchange reserves, and over half of these were possessed by Russia, India and Japan.[56] Official gold holdings, in contrast, were more than five times as much.[57] With the move to a gold-exchange standard, the percentage of national reserves accounted for by foreign-exchange holdings has gone up dramatically. [...] in 1945 gold accounted for 70 per cent of international reserves, while foreign exchange totaled 30 per cent. By the end of 1971, on the other hand, gold amounted to only 30 per cent of world reserves, while foreign exchange represented 60 per cent, and a new category of international reserves (SDR's and gold *tranche*) represented 10 per cent.

These figures are even more instructive when analyzed in conjunction with the growth of world trade in the same years. In 1945, world exports in the non-Communist world totaled $ 34.2 billion. By the end of 1971, world exports were estimated at $ 334 billion, 977 per cent of the previous figure. This means that since 1945, the value of world exports has more than doubled every eight years. This growth is more than double the growth rate of foreign-exchange holdings, more than four times that of total international reserves, and almost eight times the growth rate of gold holdings. In 1945, total international reserves were 39 per cent greater than the value of world exports; by the end of 1971, total international reserves were only 40 per cent of the total value of exports in one year. Thus, while the holdings of international reserves have not kept pace with the growth in trade, the degree to which they have kept up is due to vast increases in the holdings of foreign exchange.

This change also represents an increase in international interdependence. Gold was an undifferential asset; it could be earned from any sector, and spent in any sector. A nation had to discipline its trade overall, but not with specific countries. Today, bilateral trading relationships are far more important, and among those trading countries interdependence has increased. What is more important, while the countries whose currencies are media of exchange have some responsibility for disciplining their own financial policies, other countries also have a direct financial stake in their solvency. These other countries have an interest in not allowing reserve currencies to sink too low on international exchanges. Hence the rescue operations for the British pound and the U.S. dollar. Now that Swiss francs, German marks, and Japanese yen are being held as reserves, other nations also have a stake in maintaining the value of such

[56] See A. Bloomfield, Patterns of Fluctuation, p. 7.
[57] A. Bloomfield, Patterns of Fluctuation, p. 7. Peter Lindert disputes the traditional wisdom (and Arthur Bloomfield) by claiming that foreign currencies were used fairly extensively. However, even Lindert's data for 1913 show that only $ 1132 million were held in foreign-exchange reserves, which is 15.9 % of the total world reserves. He also concurs that more than half of these official foreign balances were held in Russia, India, and Japan. See Peter H. Lindert, Key Currencies and Gold, 1900-1913, Princeton Studies in International Finance, No. 24, 1969, pp. 12, 13, 76, 77.

reserves. These currencies may be able to benefit from rescue operations at a later stage. Gold holdings in the nineteenth century did not produce this same stake, this same interdependence. Governments, recognizing this dependence upon currencies, have now gone so far as to create a new reserve unit, the SDR, the use and further extension of which will be entirely dependent upon international agreement. The interdependence of the financial system has now become formal.

4. The Political Sector

The development of political relations among states since 1913 has witnessed two major trends. Between 1919 and 1939, an essentially autarchic trend held sway, with nations striving to reduce their dependence upon others, first in political and later in economic terms. Because of the role of prewar alliances, World War I strengthened the tendency for nations to rely on themselves. The peacetime alignments which emerged in the thirties had little significance in time of crisis or war. Indeed, the only major powers which stood by their alliance commitments were Germany and Japan. The Soviet Union, France, Britain, and Italy all vacillated, and the United States remained out of the bargaining.

After World War II, however, nations came to believe that they could not ensure their own defense without help. National self-sufficiency would no longer provide security. In the wake of Hiroshima, many nations also concluded that major wars would be so horrendous that they could not be tolerated at all. Henceforth, minimal cooperation would be necessary even among adversaries. Arrangements were made for crisis communication and management.

In recent years, however, intergovernmental cooperation and interdependence have grown apart from military stimuli. It can even be argued that the alienation of publics from their governors has strengthened such trends. Contemporary government depends upon such a wealth of information and specialized expertise that the man in the street cannot keep up with what is happening, to say nothing of being able to make informed judgements. Under these circumstances, elections have come to be symbolic processes, largely devoid of intellectual content. Since people do not fully understand their governments, they tend to distrust them and to become resentful toward those in authority. But distrust of those in power nationally does not lead to any new foci of international loyalty and support. If national bureaucracies are immobile, international or supranational institutions are either weak or unresponsive to popular demands. Even in Europe there has been no marked substitution of international for national loyalties.

The difficulties of domestic governance have, paradoxically, forced governmental elites together. Although the masses cannot fully communicate with elites, and elites cannot talk to the masses except in the simplest terms, elites *can* talk to each other. National leaders are coming to recognize that, with individual variations, they are all in the same boat. Among developed societies at least, they face similar problems: the problem of remaining in power as the electorate becomes sullen and resentful; the problems of economic progress and of making their way in international politics while avoiding major war. Leader-to-leader diplomacy has been a way of learning from each other.

The failure of ideology to cope with real governmental problems has also brought leaders together. The barrage of information and the communications revolution have today either destroyed or rendered irrelevant most ideological systems of belief.[58] Rigid doctrinal approaches are discredited by new information. Rulership requires so much expertise and detailed adjustment that ideological systems offer few guidelines. Elites learn from each other, perhaps more than they do from their own publics; in one sense they help each other solve the problem of domestic governance. [...]

5. Conclusion

The earth is today poised between a world of nationalism and a world of transnationalism. The vertical interaction of nationalist processes has moved to a new peak. The horizontal interaction of transnational processes is higher than at any point since World War I. Moreover, it is growing rapidly. As both Kaiser and Morse have pointed out,[59] vertical interaction has made horizontal interaction relevant for political and governmental purposes. If vertical interaction were not so great, the world would be witnessing a return to the *apolitical* interdependence of 1913. However, a rapid further increase in domestic social change and vertical interaction, far from increasing transnational politics, could put an end to them.

Domestic governments lie at the nexus of vertical and horizontal interaction. They are impelled in one direction by the desire to satisfy the electorate and to build domestic support. They are impelled in another by the high degree of horizontal integration of the system. If they are to cope with the great transnational phenomena of the current age - the multinational corporation, the unrivaled impact of private financial transfers, and continuing trade problems - they must cooperate with one another. In some measure the two influences are complementary: If governments are to satisfy the demands of the electorate in economic and financial policies, they may have to cooperate more fully with other nations. Under the stimulus of economic nationalism, however, nations may also occasionally act *against* the multilateral cooperative framework. [...]

Today, therefore, whether interdependence will emerge as positive or negative will depend largely on old-fashioned cooperation among governments. Governments can heed nationalistic, autarchic, or reformist demands of the citizenry. Even if they do not do so, however, the onrush of economic transnationalism is so rapid that it is not certain that governments can keep

---

[58] See Zbigniew Brzezinski, Between Two Ages, New York 1970, Parts II-III.

[59] Karl Kaiser, 'Transnational Politics: Toward a Theory of Multinational Politics', in: International Organization 25 (1971), pp. 811-12; E.L. Morse, 'Transnational Economic Processes', pp. 44-45.

abreast of it. When antiquated forms of cooperation fail, nationalistic alternatives may be substituted. [...]

3. ERSCHLIEßUNGSFRAGEN

1) Was heißt Interdependenz? Welche Begriffsdefinitionen lassen sich unter- scheiden? Welcher Definitionsansatz erscheint Ihnen am brauchbarsten? Begründen Sie Ihre Auswahl.

2) Was ist das analytische Interesse der Interdependenzforschung?

3) Auf welchen empirischen Prämissen basiert der Interdependenzansatz?

4) Welche Richtungen der Interdependenzforschung kann man unterscheiden?

5) Was versteht man unter "Sensitivity"-, was unter "Vulnerability"-Interde- pendenz?

6) Was sind die wesentlichen Unterschiede zwischen der Realistischen Schule und dem Interdependenzansatz?

7) Was ist nach Katzenstein das Hauptanliegen einer jeden außenwirtschafts- politischen Strategie und warum?

8) Was ist das Erkenntnisinteresse des "interest group"-Modells und des "democratic model"? In welcher Weise tragen sie der Wechselbeziehung zwischen Innen- und Außenpolitik Rechnung?

9) Worin unterscheidet sich der Interdependenzansatz vom "interest group"- Modell und vom "democratic model"?

10) Inwiefern unterscheiden sich die USA, Großbritannien, Deutschland, Italien, Frankreich und Japan hinsichtlich ihrer politischen Strategie und ihrer gesell- schftlichen Strukturen? Welche Konsequenzen haben diese Unterschiede für die Analyse von Interdependenzen?

11) Was ist nach Rosecrance and Stein das theoretische Hauptproblem des In- terdependenzansatzes?

12) Inwiefern kann man vom "Mythos der Interdependenz" sprechen?

13) Erstellen Sie über Richard Rosecrance einen Personenkommentar.

4. WEITERFÜHRENDE LITERATUR

BALDWIN, David, "Interdependence and Power. A Conceptual Analysis", in: _International Organization_, 4 (1980), S. 471-506

BEHRENS, Henning/NOACK, Paul, _Theorien der Internationalen Politik_, München 1984

BERGSTEN, Fred C., _The Future of the International Economic Order_, Lexington 1973

BRYANT, Ralph C., _Money and Monetary Policy in Interdependent Nations_, Washington 1980

COOPER, Richard, _The Economics of Interdependence_, New York 1968

DEUTSCH, Karl W., _Politische Kybernetk. Modelle und Perspektiven_, Freiburg 1969

GOUREVITCH, Peter, "The Second Image Reversed: The International Sources of Domestic Politics", in: _International Organization_ 32 (1978), S. 881-912

HAGLUND, David G., _World Politics: Power, Interdependence and Dependence_, Toronto 1990

HVEEM, Helge, "Responses to Interdependence: International Restructuring, National Vulnerability and the New Protectionism", in: James N. Rosenau/Hylke Tromp (Hrsg.), _Interdependence and Conflict in World Politics_, Aldershot 1989, S. 128-46

JONES, R.J. Barry/WILLETS, Peter (Hrsg.), _Interdependence on Trial: Studies in the Theory and Reality of Contemporary Interdependence_, London 1984

KAISER, Karl, "Tansnationale Politik. Zu einer Theorie der multinationalen Politik", in: _Politische Vierteljahresschrift_, Sonderheft 1 (1969), S. 80-109

KAISER, Karl/MORGAN, Roger, "Society and Foreign Policy. Implications for Theory and Practice", in: diess. (Hrsg.), _Britain and West Germany. Changing Societies and the Future of Foreign Policy_, London 1971, S.1-16

KATZENSTEIN, Peter, "Introduction: Domestic and International Forces and Strategies of Foreign Economic Policy", in: _International Organisation_, 34 (1977), S. 587-606

KEOHANE, Robert O./NYE, Joseph S., Jr. (Hrsg.), _Transnational Relations and World Politics_, Cambridge MA 1972

KEOHANE, Robert O./NYE, Joseph S., Jr. , "International Interdependence and Integration", in: Greenstein, Fred/Polsby, Nelson W. (Hrsg.), _Handbook of Political Science, Bd. VIII: International Politics_, Reading MA 1975

KEOHANE, Robert O./NYE, Joseph S., Jr., _Power and Interdependence. World Politics in Transition_, Boston 1977

KEOHANE, Robert O./NYE, Joseph S., Jr., "Power and Interdependence revisited", in: _International Organization_ 41 (1987), S. 725-753

KOHLER-KOCH, Beate, "Interdependenz", in: Volker Rittberger (Hrsg.), _Theorien der Internationalen Beziehungen. Bestandsaufnahme und Forschungsperspektiven_, PVS Sonderheft 21, Opladen 1990, S. 110-129

KRIPPENDORFF, Ekkehard, "Das Internationale System zwischen Stabilisierung und Klassenkampf", in: ders. (Hrsg.), _Probleme der internationalen Beziehungen_, Frankfurt 1972

LEGAULT, Albert/LINDSEY, George, _The Dynamics of the Nuclear Balance_, Ithaca, rev. ed., 1976

LISKA, George, _Nations in Alliance. The Limits of Interdependence_. Baltimore 1962

MALLY, Gerhard, _Interdependence. The European-American Connection in the Gobal Context_, Lexington MA 1976

MANSBACH, Richard W./FERGUSON, Yale H./LAMPERT, Donald E., _The Web of World Politics. Nonstate Actors in the Global System_, Englewood Cliffs, N.J. 1976

MCCLELLAND, Charles A., "On the Fourth Wave: Past and Future in the Study of International Systems", in: James N. Rosenau/Vincent Davis/Maurice A. East (Hrsg.), _The Analysis of International Politics. Essays in Honor of Harold and Margaret Sprout_, New York 1972

MEYERS, Reinhard, *Weltpolitik in Grundbegriffen, Bd. I: Ein lehr- und ideengeschichtlicher Grundriß*, Düsseldorf 1979

MORSE, Edward L., "Crisis Diplomacy, Interdependence, and the Politics of International Economic Relations", in: *World Politics* 24 (1972), S. 123-50

MORSE, Edward L., "The Politics of Interdependence" in: *International Organization* 23 (1969), S. 311-326

MORSE, Edward L., "Transnational Economic Processes", in: Robert O. KEOHANE/Joseph S. NYE, Jr. (Hrsg.), *Transnational Relations and World Politics*, Cambridge MA ²1973

ROSECRANCE, Richard N./STEIN, Arthur, "Interdependence: Myth or Reality?" in: *World Politics* 26 (1973/74), S. 1-27

ROSECRANCE, Richard, *Strategic Deterrence Reconsidered*, Adelphi Papers 116, London 1975

ROSENAU, James N. (Hrsg.), *Comparing Foreign Policies. Theories, Findings and Methods*, New York 1974

ROSENAU, James N. (Hrsg.), *Linkage Politics*, New York 1969

ROSENAU, James N., "Foreign Policy as an Issue-Area", in: ders., *Domestic Sources of Foreign Policy*, New York 1967, S. 11-50

ROSENAU, James N., TROMP, Hylke (Hrsg.), *Interdependence and Conflict in World Politics*, Aldershot 1989

RUEHL, Lothar, *Machtpolitik und Friedensstrategie*, Hamburg 1974

RUGE, Friedrich, *Bündnisse in Vergangenheit und Gegenwart unter besonderer Berücksichtigung von UNO, NATO, EWG und Warschauer Pakt*, Frankfurt 1971

SENGHAAS, Dieter (Hrsg.), *Friedensforschung und Gesellschaftskritik*, Frankfurt 1973

SENGHAAS, Dieter, *Abschreckung und Frieden. Studien zur Kritik organisierter Friedlosigkeit*, Frankfurt 1969

STEIN, Arthur, "The Politics of Linkage", in: *World Politics* 33 (1980), S.

TOLLISON, Robert D./WILLETT, Thomas D., "International Integration and the Interdependence of Economic Variables", in: *International Organization* 2 (1973), S. 255-271

WAGNER, Harrison R., "Economic Interdependence, Bargaining Power, and Political Influence", in: *International Organization* 42/3 (1988), S. 461-483

WALTZ, Kenneth N., "Theory of International Relations", in: Fred Greenstein/ Nelson W. Polsby (Hrsg.), *Handbook of Political Science, Bd. VIII: International Politics*, Reading MA 1975

WALTZ, Kennetz N., "The Myth of Interdependence", in: Charles P. Kindleberger (Hrsg.), *The International Corporation*, Cambridge, MA 1970

WHITMAN, Marina v.N., *Reflections of Interdependence: Issues for Economic Theory and U.S. Policy*, Pittsburgh 1979

WILDE, Jaap de, *Saved from Oblivion: Interdependence Theory in the First Half of the 20th Century. A Study on the Causality between War and Complex Interdependence*, Aldershot u.a. 1991

WILLGERODT, Hans, "Interdependenzen der Handels- und Wirtschaftspolitiken verschiedener Länder: Anforderungen an das GATT", in: Ernst Dürr/Hugo Sieber (Hrsg.), *Weltwirtschaft im Wandel*, Bern u.a. 1988, S. 105-130

YOUNG, Oran R., "Interdependencies in World Politics", in: *International Journal* 24 (1969), S. 726-750

YOUNG, Oran R., "The Actors in World Politics", in: James N. Rosenau/Vincent Davis/Maurice A. East (Hrsg.), *The Analysis of International Politics. Essays in Honor of Harold and Margaret Sprout*, New York 1972

VII.
Transnationale Politik

1. EINFÜHRUNG

Das Modell der transnationalen Politik ist wissenschaftstheoretisch einzuordnen in den Kontext der Bemühungen, dem Aufkommen neuer nichtstaatlicher Akteure (Gewerkschaften, Geschäftsleute und deren Organisationen, große Unternehmen mit Produktionsstätten und Filialen in verschiedenen Ländern [Multis], kulturelle und religiöse Organisationen) sowie der Durchdringung der klassischen Bereiche außenpolitischen Staatshandels seitens gesellschaftlicher, ökonomischer, technologischer und ökologischer Wirkkräfte Rechnung zu tragen. Wie die Interdependenzforschung versucht das Modell der Transnationalen Politik, einen neuen Idealtypus Internationaler Beziehungen zu entwickeln, der die Fülle möglicher Handlungszusammenhänge und Akteure im internationalen System auf einen adäquaten Begriff bringt. Dabei konzentriert sich das Modell der Transnationalen Beziehungen auf die eigenständige Außentätigkeit gesellschaftlicher Gruppen oder Einzelakteure und erfaßt Handlungszusammenhänge, die nicht oder nur in gewissem Ausmaß unter der Kontrolle nationaler Regierungen stehen. Hauptvertreter dieses Ansatzes sind Karl Kaiser, Walter Bühl, Werner Link sowie Robert Keohane und Joseph Nye.

Historische Einordnung: Der Begriff der Transnationalen Politik wurde in den 1960er Jahren entwickelt und ist in den 1970er Jahren unter dem Oberbegriff der Transnationalen Beziehungen weiter ausdifferenziert worden. Das Konzept der transnationalen Beziehungen kann als Ergebnis jener Gedankenkette verstanden werden, die mit der Integrations- und Interdependenztheorie ihren Anfang nahm. Das heißt, es ist ein Konzept, das ausgehend von der Vermehrung nichtstaatlicher internationaler Akteure seit den 1960er Jahren, das Souveränitätsprinzip und das damit verbundene Konzept des Nationalstaats als Hauptakteur der internationalen Beziehungen in Frage stellt. Damit einhergehend werden die zur Bestimmung internationaler Akteure verwendeten Kriterien der Souveränität und Territorialität ersetzt durch das Kriterium der Autonomie und der erfolgreichen Erledigung spezifischer Funktionen.[1]

Theoretische Vororientierungen und Selektionskriterien: Ausgangspunkt für die Entwicklung des Konzeptes der Transnationalen Beziehungen war die Frage, wie die bereits von der Interdependenzforschung hervorgehobenen Phänomene, vor allem die "Verfilzung der Herrschaft bei wirtschaftlicher Integration, institutionelle Durchdringung bei Entscheidungen über Entwicklungshilfe [und]

---

[1] Vgl. Reinhard Meyers, Weltpolitik in Grundbegriffen, S. 270.

Währungsverflechtung"[2] begrifflich erfaßt werden können. Es handelt sich bei diesen Phänomenen um zwischengesellschaftliche Interaktionsprozesse, d.h. Prozesse, in denen einmal dem Zusammenspiel von Regierungen und Gesellschaften eine ausschlaggebende Rolle zukommt, die sich zum anderen durch mehrere nationalstaatliche Systeme gleichzeitig hindurchziehen. Die von den relativ autonomen gesellschaftlichen Akteuren in verschiedenen miteinander kommunizierenden Gesellschaften getroffenen Entscheidungen können weitgehende Konsequenzen für eine nationale Gesellschaft haben. D.h. Veränderungen innerhalb einer nationalen Gesellschaft können durch Veränderungen, die außerhalb des nationalen Systems stattfinden, ausgelöst werden. Dies hat zur Folge, daß Entscheidungen einer Regierung eines politisches Systems immer auch - und mit zunehmender Interdependenz immer häufiger - von äußeren Faktoren beeinflußt werden. Umgekehrt haben aber auch alle Regierungsmaßnahmen wegen der zwischengesellschaftlichen Verflechtung Auswirkungen nicht nur auf die eigene Gesellschaft, sondern immer auch auf andere Gesellschaften. Die Austauschprozesse, die die moderne Welt charakterisieren, zeichnen sich durch ein komplexes Zusammenspiel verschiedener Prozesse und Interaktionsebenen und eine ausgeprägte wechselseitige Abhängigkeit der daran beteiligten Akteure aus.[3]

Im Hinblick auf seinen theoretischen Bezugsrahmen ist damit das Konzept der Transnationalen Beziehungen dem Modell der Weltgesellschaft[4] zuzuordnen. Das Modell der Weltgesellschaft bemüht sich mit Hilfe von soziologischen Konzepten, möglichst alle Dimensionen zu erfassen, die der internationalen Politik zugrunde liegen. Damit geht dieses Modell weit über die Bezugspunkte des Modells der Welt als Staatenwelt hinaus. Neben dem Staat werden hier auch nichtstaatliche Organisationen, die Wirtschaft und Verbände angesprochen; neben der politischen und wirtschaftlichen Dimension treten psychologische und soziologische Aspekte; neben der Ebene des Staates als monolithischer Akteur wird auch die Ebene des einzelnen Entscheidungsträgers berücksichtigt. Dadurch entsteht ein "Spinnennetz" unzähliger Interaktionen und Teilsystemen. Hierin liegt zugleich auch die Problematik des Modells begründet, die Anlaß zu einer weiteren Ausdifferenzierung gegeben hat. In dem Modell der Weltgesellschaft interessiert prinzipiell jeder Vorgang und jede Beziehung. Es bietet keine Selektionskriterien an, mit deren Hilfe sich politische Gegenstände ausgrenzen und relevante Fragestellungen aufwerfen ließen. Darüber hinaus geht in diesem funktionalistisch orientierten Modell, das staatliche und gesellschaftliche Akteure gleichbehandelt, der zentrale qualitative Unterschied zwischen den beiden Akteurstypen verloren, nämlich die Tatsache, daß autoritative Entscheidungen und verbindliche Regelungen zwar von den gesellschaftlichen Akteuren durch ihre transnationalen

---

[2]   Karl Kaiser, 'Transnationale Politik. Zu einer Theorie der multinationalen Politik', in: Politische Vierteljahresschrift, Sonderheft 1 (1969), S. 86.

[3]   K. Kaiser, 'Transnationale Politik', S. 85 f.

[4]   Vgl. J.W. Burton, Systems, States, Diplomacy, and Rules, Cambridge 1968; ders. et al., The Study of World Society: A London Perspective, International Studies Association, Occasional Papers No. 1, 1974.

Aktivitäten *bedingt* werden. *Getroffen* werden solche Entscheidungen aber letztlich von den staatlichen Akteuren mittels Koordination.[5]

Konstitutive Grundannahmen: Folgende sieben, aufeinander aufbauende Prämissen und Grundannahmen bilden den argumentativen Bezugsrahmen des Modells der transnationalen Beziehungen.

1. Die Auffassung vom Staat als alleinigem internationalen Akteur werde weder der Rolle von Individuen noch der Rolle nichtstaatlicher, körperschaftlich verfaßter Akteure in der Außen- und internationalen Politik gerecht, die unter den Bedingungen weltpolitischer Interdependenz gegenüber staatlichen Entscheidungsträgern eine zumindest relative Autonomie besitzen, wodurch ihnen auch nach außen ein bestimmter Handlungsspielraum offen steht. Ein weltpolitischer Akteur könne weder durch das Statuskriterium der Souveränität noch durch das Realkriterium der Territorialität definiert werden. Entscheidend sei vielmehr das auf beobachtbares Verhalten zielende Kriterium der Autonomie. Autonomie bezeichne das Vermögen der für eine gesellschaftliche Einheit handelnden Entscheidungsträger, die grundlegenden Daseinszwecke, Strukturmuster und Entscheidungsmechanismen der Einheit selbst festzulegen, unter Berücksichtigung dieser Vorgaben bestimmte Werte, Handlungsinhalte, Ziele und Mittel zu definieren und endlich die Erfüllung der Werte und Normen wie die praktische Umsetzung der Handlungsinhalte und Ziele zu überprüfen.[6]

2. Nichtstaatliche Akteure treten mit Regierungen anderer Staaten, internationalen Organisationen und/oder in anderen Staaten ansässigen gesellschaftlichen Gruppen- oder Einzelakteuren eigenverantwortlich in Beziehung. Sie schaffen damit über die nationalstaatlichen Grenzen hinweg (also: transnational) drei typische Handlungszusammenhänge: 1. zwischen gesellschaftlichen Gruppen- oder Einzelakteuren verschiedener Nationalität, 2. zwischen gesellschaftlichen Gruppen- oder Einzelakteuren und ausländischen Regierungen und 3. zwischen gesellschaftlichen Gruppen- oder Einzelakteuren und internationalen Organisationen gouvernementaler oder nicht-gouvernementaler Art.[7]

3. Transnationale Beziehungen werden durch Non-Governmental Organizations (NGOs) - also jene nichtregierungsamtlichen internationalen Organisationen, die funktionale Teilbereiche der internationalen Beziehungen abdecken - institutionalisiert.

4. Jene gesellschaftlichen Gruppen, die aus jeweils verschiedenen Gründen (ethnischer, ökonomischer, religiöser oder ideologischer Art) in besonderem Maße außenorientiert sind, stellen die Akteure der nicht-institutionalisierten transnationalen Beziehungen dar. Sie bilden die Verbindungsstelle zwischen dem inter-

---

[5] Vgl. Werner Link, Der Ost-West-Konflikt. Die Organisation der internationalen Beziehungen im 20. Jahrhundert, Stuttgart u.a. 1980, S. 33.

[6] R. Meyers, Weltpolitik in Grundbegriffen, S. 270; Raymond Hopkins/Richard W. Mansbach, Structure and Process in International Politics, New York 1973; ursprünglich K.W. Deutsch, 'External Influences on the Internal Behavior of States', in: R. Barry Farrell (Hrsg.), Approaches to Comparative and International Politics, Evanston 1966.

[7] Vgl. R. Meyers, Weltpolitik in Grundbegriffen, S. 314.

nationalen System und dem jeweiligen staatlichen System, da sie in der Regel besondere Beziehungen sowohl zum internen politischen System als auch zu den internationalen oder ausländischen 'input'-Produzenten besitzen.[8]

5. Die nicht-institutionalisierten transnationalen Beziehungen zwischen einzelnen gesellschaftlichen Akteuren bzw. zwischen ihnen und ausländischen Regierungen sind in der Regel bedeutsamer als die institutionalisierten NGOs.[9]

6. Im zwischengesellschaftlichen bzw. zwischenstaatlichen Beziehungszusammenhang können durch die transnationalen Tätigkeiten gesellschaftlicher Gruppen zwei in ihrer Richtung unterschiedliche Wirkungen entstehen. Sie können - hinsichtlich des allgemeinen Meinungsklimas und hinsichtlich konkreter Politiken - entweder eine Annäherung (Assoziationsfunktion) oder eine Distanzierung (Dissoziationsfunktion) zwischen den betreffenden Staaten bzw. Gesellschaften bewirken.

7. Sowohl die zwischenstaatliche Konfiguration als auch die interne politische Struktur der jeweils beteiligten Gesellschaften stellen wesentliche Bedingungsdimensionen für die Entfaltung der transnationalen Beziehungen dar und werden ihrerseits durch die transnationalen Beziehungen beeinflußt.

Machtverständnis: Das Modell der Transnationalen Beziehungen unterscheidet zwischen einem Typus transnationaler Politik, bei dem annähernd gleichgewichtige Verhältnisse vorliegen und solchen Fällen, bei denen zwischen den teilnehmenden gesellschaftlichen und staatlichen Akteuren Differenzen in politischer und ökonomischer Macht bestehen.[10] Bezugnehmend auf unterschiedliche Machtverhältnisse entwickelt das Modell vier Typen transnationaler Politik: 1. transnationale Politik des gleichgewichtigen Typs, 2. transnationale Politik mit Dominanz-Effekten, 3. außengesteuerte Durchdringung auf zwischengesellschaftlicher Basis und 4. außengesteuerte Durchdringung. Wenn zwischen den teilnehmenden gesellschaftlichen Akteuren starke Machtgefälle bestehen, liegt der zweite Typ, nämlich transnationale Politik mit Dominanz-Effekten vor. Außengesteuerte Durchdringung auf zwischengesellschaftlicher Basis liegt dann vor, wenn ein Gefälle zwischen gesellschaftlichen Akteuren verschiedener nationalstaatlicher Systeme von der Regierung des mächtigeren Akteurs dazu ausgenutzt wird, die Durchsetzung ihrer Ziele im (oder in) anderen nationalstaatlichen System(en) zu betreiben. Außengesteuerte Durchdringung schließlich beschreibt den Fall, wenn eine Regierung direkten Zugang zu gesellschaftlichen Akteuren in anderen nationalstaatlichen Systemen hat oder aufbaut und zur Verfolgung ihrer Interessen nutzt.[11]

Kritik: Die Kritik an diesem Ansatz setzt einmal am Autonomiebegriff an. So weist Werner Link darauf hin, daß die gesellschaftlichen Akteure weder nationale noch internationale Normgeber sind. Nach wie vor seien allein die staatlichen Akteure in der Lage, für alle verbindliche Entscheidungen zu treffen. Gesell-

---

[8] Vgl. K.W. Deutsch, 'External Influences on the Internal Behavior of States'.
[9] Vgl. W. Link, Der Ost-West-Konflikt, S. 28.
[10] K. Kaiser, 'Transnationale Politik'.
[11] Ebenda.

schaftliche Akteure hätten demgegenüber nur eine relative Autonomie, und zwar nicht einmal global, sondern nur in nicht-totalitären Staaten. Diejenigen Zusammenhänge und Regelungen, die von nicht-staatlichen Akteuren zwischengesellschaftlich getroffen werden, seien jedoch im Prozeß der staatlichen und zwischenstaatlichen Entscheidungsfindung und bei der Umsetzung dieser verbindlichen Entscheidung von Gewicht, und zwar insbesondere dann, wenn staatliche und zwischenstaatliche Entscheidungen nur durch das freiwillige transnationale Tätigwerden der jeweiligen Gesellschaftsgruppen verwirklicht werden können. Die transnationalen Beziehungen trügen in diesem Sinne zur Entwicklung der Gesamtbeziehungen bei, d.h. sie bedingten die zwischenstaatlichen Beziehungen, die ihrerseits die transnationalen Beziehungen einschränken, steuern und kontrollieren.[12]

Daneben wird semantische und formale Ungenauigkeit kritisiert. So fragt etwa Reinhard Meyers, ob der Begriff der zwischengesellschaftlichen Interaktionsprozesse zur Bezeichnung der beschriebenen Phänomene glücklich gewählt sei, oder ob es sich hier nicht eher um Prozesse handele, die sich nicht im Raum *zwischen* den Gesellschaften abspielen, "sondern diese ebenso *durchdringen* wie *übergreifen*". Und zwar insofern, als diese Prozesse 1. - unter den Bedingungen des Wirtschaft wie Gesellschaft steuernden Interventions- und Wohlfahrtsstaates[13] - Gesellschaften und Regierungen aufeinander beziehen und damit eine mindestens ebenso fest verwurzelte analytische Trennung durchbrechen wie sie die Dichotomie Innen-/Außenpolitik darstellt und insofern, als sie 2. unterschiedliche nationale Gesellschaften miteinander verbinden. Analog dem Begriff der transnationalen Beziehungen müßte dann eigentlich auch von transgesellschaftlichen - d.h. gesellschaftsübergreifenden - Beziehungen die Rede sein, oder von transnationalen gesellschaftlichen Beziehungen.[14]

Ähnliche Divergenzen weise die formale Bestimmung des Begriffs "transnationale Gesellschaft" auf: So sei zu fragen, ob diese bereits besteht, "wenn zwischen Gesellschaften verschiedener nationalstaatlicher Systeme in bestimmten Sachbereichen soziale Interaktion stattfindet", die dabei entscheidenden sozialen, wirtschaftlichen und politischen Eliten jedoch solche "außerhalb der Regierungsinstitutionen" sind?[15] Oder sei eine transnationale Gesellschaft erst dann gegeben, wenn die horizontalen Interaktionen zwischen gesellschaftlichen Untereinheiten ergänzt werden durch vertikale Interaktionen, die gesellschaftliche Untereinheiten und Regierungsinstitutionen einerseits, Untereinheiten und Individuen andererseits verbinden?[16]

Die Begriffsvielfalt des Bezugsfeldes Transnationale Beziehungen ist noch nicht eindeutig festgelegt. Neben der von Kaiser vorgeschlagenen Typisierung

---

12 Werner Link, Deutsche und amerikanische Gewerkschaften und Geschäftsleute 1945-1975. Eine Studie über transnationale Beziehungen, Düsseldorf 1978.
13 W. Link, Deutsche und amerikanische Gewerkschaften, S. 15 ff.
14 R. Meyers, Weltpolitik in Grundbegriffen, S. 323.
15 K. Kaiser, 'Transnationale Politik', S. 113.
16 Walter L. Bühl, Transnationale Politik. Internationale Beziehungen zwischen Hegemonie und Interdependenz, Stuttgart 1978, S. 113.

transnationaler Politik[17], gilt die Aufmerksamkeit der Forschung in zunehmendem Maße auch dem Phänomen der transgouvernementalen Beziehungen - d.h. solchen Beziehungen, die aus der Anpassung innerstaatlicher Entscheidungsstrukturen an die Bedingungen multinationaler und transnationaler Politik resultieren und in aller Regel dadurch zustande kommen, daß spezialisierte Untereinheiten der nationalen Bürokratie das althergebrachte Vermittlungsmonopol der Außenämter durchbrechen und Probleme ihres jeweiligen Sachbereiches in direktem Kontakt mit anderen nationalen oder internationalen, das gleiche Sachgebiet vertretenden Agenturen zu regeln versuchen.[18]

2. LEKTÜRE

Transnationale Politik. Zu einer Theorie der multinationalen Politik[19]

KARL KAISER

Karl Kaiser, (1934) ist Professor für Politische Wissenschaft an der Universität Köln. Er absolvierte sein "graduate" Studium der Politikwissenschaft an der Universität Grenoble und dem Nuffield College, Oxford und promovierte an der Universität Köln. Von 1963 bis 1968 war er Dozent an der Harvard Universität und Mitglied des dortigen Center for International Affairs. 1969 habilitierte er sich in Bonn. Seit 1973 leitet er das Forschungsinstitut der Deutschen Gesellschaft für Auswärtige Politik. In zahlreichen Veröffentlichungen hat er sich mit den verschiedensten Fragen der internationalen Politik beschäftigt: Frieden, Umwelt, europäische Integration, Amerika und Westeuropa, Großbritannien und Deutschland, Kernenergie, u.a.m.*

Karl Kaisers Beitrag zum ersten Sonderheft der Politischen Vierteljahresschrift widmet sich der Definition, der Zuordnung und der analytischen Differenzierung zwischen dem nach innen und nach außen gerichteten Verhalten einer politischen Einheit. Kaiser analysiert dabei das internationale (westliche) System, dessen traditionelles Erscheinungsbild sich durch die aufkommenden transnationalen Gesellschaften in den 1960er Jahren signifikant verändert hatte.

---

[17] K. Kaiser, 'Transnationale Politik', S. 104 ff.

[18] Robert O. Keohane/Joseph S. Nye, Jr., 'Transgovernmental Relations and International Organizations', in: World Politics 27 (1974/75), S. 39-62; Kaiser, Karl, 'Interdependence and Autonomy: Britain and the Federal Republic in their Multi-national Evironment', in: K. Kaiser/R. Morgan, Britain and West Germany. Changing Societies and the Future of Foreign Policy, London 1971.

[19] Aus: Ernst-Otto Czempiel (Hrsg.), Die anachronistische Souveränität. Zum Verhältnis von Innen- und Außenpolitik, Politische Vierteljahresschrift, Sonderheft 1, Opladen 1969, S.80-109. Mit freundlicher Genehmigung des Westdeutschen Verlages, Wiesbaden.

[...]

1. Zur Kritik des Modells der 'internationalen Politik'

Der Begriff der Internationalen Politik hat, wenn überhaupt, nur dann Gültigkeit, wenn er als ein Idealtypus im Sinne *Max Webers* verstanden wird, denn er beschreibt nicht die Wirklichkeit. Er impliziert zweierlei: einmal, daß es sich um Politik handelt, deren Aktions*bereich* im *Zwischen*raum der Nationalstaaten liegt (*inter* nationes); zum anderen, daß deren *Akteure* Nationalstaaten sind (inter *nationes* - daß hierbei der Begriff der natio den Staat - keineswegs exakt - umschreibt, ist ja bekannt).

Diese Art der Politik hat es in völliger Reinheit in der geschichtlichen Wirklichkeit nicht gegeben. Sie existierte nur annäherungsweise in der Periode vom 17. bis zum 19. Jahrhundert, als die Führung der Außenpolitik der am damaligen internationalen System teilnehmenden Mächte in den Händen einer relativ kleinen Gruppe von Personen lag. Diese konnten im Namen des gesamten Staatswesens handeln und reagierten bei ihren Entscheidungen vornehmlich auf Ereignisse und Anforderungen von außen; hierbei entstand in der Tat eine Politik, die gleichsam nur *zwischen* den teilnehmenden Nationalstaaten bestand, die als geschlossene Einheiten handelten. *Arnold Wolfers'* oft zitierte Metapher von der internationalen Politik als einem Spiel von Billardbällen, die einander ständig abstoßen und in Bewegung halten, spielt darauf an.

Aber schon während dieses Zeitraums gab es Entwicklungen und Faktoren, die etwas anderes als inter-nationale Politik im strengen Sinne darstellten: z.B. innenpolitische Veränderungen wie Hofintrigen oder Kabinettswechsel, die oft eng mit dem zwischenstaatlichen Geschehen verflochten waren; revolutionäre oder religiöse Bewegungen, die das Zusammenleben der Staaten nachhaltig beeinflußten, indem sie mehrere Einheiten gleichzeitig durchdrangen und damit auf diffuse Art zwischenstaatliche Politik und innergesellschaftliche Prozesse verschmelzen ließen. Auch hatte eine einflußreiche internationale Institution wie die katholische Kirche zwar eine eigene territoriale Basis, sie existierte jedoch gleichzeitig *innerhalb* der am damaligen internationalen Geschehen teilnehmenden Staaten.

Die Politikwissenschaft hat sich - vereinfacht ausgedrückt - in ihrer Forschung und bei der Entwicklung ihres Apparats von Begriffen und Theorien nun so verhalten, als ob es tatsächlich eine *inter*-nationale Politik gäbe, d.h. eine Politik nur im Raum zwischen den einzelnen Einheiten. Eine der Folgen hiervon ist gewesen, daß bei der Analyse der internationalen Politik die Erforschung und Erklärung der Vorgänge *innerhalb* der nationalstaatlichen Einheiten und *zwischen* diesen Einheiten für lange Zeit unabhängig voneinander vorgegangen sind - ein Tatbestand, der in zunehmendem Maße kritisch kommentiert worden ist.[20]

---

[20] Vor allem: Chadwick F. Alger, 'Comparison of Intranational and International Politics', in: American Political Science Review 57/3 (1963); James N. Rosenau, 'Pre-theories and Theories of Foreign Policy', in: Barry Farrell (Hrsg.), Approaches to Comparative and International Politics, Evanston 1966; James N. Rosenau, 'Towards the Study of National-Internatio-

Die Forschung über die internationale Politik hat bis in die jüngste Vergangenheit - und auch seitdem nur mit wenigen Ausnahmen - Strukturen und Prozesse innerhalb der nationalstaatlichen Einheiten als 'black box' behandelt, die zwar existierte, deren Inneres jedoch bei den Arbeiten über theoretische Aspekte der internationalen Politik nicht berücksichtigt wurde. Das gleiche galt umgekehrt für die Forschung über Innenpolitik und Regierungssysteme bei ihrer Behandlung der internationalen Politik. [...]

Es herrscht also nach wie vor die Tendenz, daß die Bemühungen um eine Theorie der internationalen Politik den output des anderen Bereichs in Form der Außenpolitik des nationalen Systems als den input für den eigenen Bereich ansehen, ohne sich um die Erklärung der Vorstufe bzw. der Rückkoppelungsprozesse eingehender zu bemühen. Der Begriff der Souveränität wirkt hier als Scheidewand: Für den Spezialisten der Innenpolitik schirmt er - methodisch gesehen - das Gemeinwesen nach außen ab; Eingriffe von dort sind Unfälle, Ausnahmen oder Daten. Für den Experten der internationalen Politik bietet er den Vorwand, die dadurch formal von der internationalen Politik unabhängigen innenpolitischen Vorgänge zu vernachlässigen, da ihn vornehmlich die Außenreaktion des formal souveränen Nationalstaates interessiert. [...]

Drei kurz erläuterte empirische Beispiele sollen die Grenzen der auf der Basis der Zweiteilung in nationale und internationale Politik entwickelten Forschungsansätze und Theoreme verdeutlichen:

Als erstes Beispiel möchte ich das Kooperationsverhältnis zwischen einem Entwicklungshilfe annehmenden und einem Entwicklungshilfe gebenden Staat (oder einer internationalen Organisation) anführen. Hierbei partizipiert auf ganz bestimmten Sachgebieten ein politisches System am Entscheidungsprozeß eines anderen politischen Systems, hier dem Entwicklungsland. Solche Partizipationen reichen von der gemeinsamen Planung über die gemeinsame Durchführung von Programmen bis hin zur Errichtung gemeinsamer Institutionen mit Personal aus beiden Systemen. Versucht man nun diese für die Entwicklungsländer sehr wichtigen Entscheidungsprozesse zu nationalen Entwicklungsprogrammen mit den Kategorien, Begriffen und Forschungsansätzen zu analysieren, die von der Forschung über Regierungssysteme und Innenpolitik vorgelegt wurden, so vernachlässigt man notwendigerweise eine entscheidende Dimension, nämlich die Teilnahme an den verschiedensten Stadien dieses Prozesses seitens eines Akteurs außerhalb dieses politischen Systems. Dessen hierauf bezogene Aktion wird wiederum determiniert von seiner innenpolitischen Struktur, von gewissen außenpolitischen Zielen, ja von der Struktur des internationalen Systems insgesamt. Eine Reihe von Theoremen, wie die Lehre von der Gewaltenteilung oder die Theorie der parlamentarisch-demokratischen Kontrolle, ist hier einfach nicht mehr adäquat. Umgekehrt verschaffen jedoch auch die Ansätze der Lehre von den internationalen Beziehungen keinen vollständigen Zugang zu diesen Phänomenen,

---

nal Linkages', Vortrag vor der Jahreskonferenz der American Political Science Association, 1966, hektographiert. Die folgenden Bemerkungen über die methodischen Folgen und die Voraussetzungen einer Trennung der beiden Forschungsbereiche haben von den vorgenannten Studien wertvolle Anregungen erhalten.

denn es geht hierbei um Fragen wie Entscheidungen über ein Schulsystem, über sozialhygienische Maßnahmen oder Probleme der Infrastruktur, also 'klassische' Gegenstände der Lehre von dem Regierungssystemen, die von der Forschung über die internationale Politik nicht als ihrem Gegenstand zugehörig angesehen worden ist.

Bezeichnet man diesen Tatbestand mit dem in der politischen Kontroverse oft benutzten Begriff des Neokolonialismus, so wird damit zwar eine politische Aussage gemacht, jedoch bleiben die für diese Durchdringungsprozesse charakteristischen Entscheidungsstrukturen, die hierbei auftretenden Beziehungsmuster und relevanten Werte im dunkeln. Von ebenfalls beschränkter Aussagefähigkeit ist die Charakterisierung dieses Zustandes als eine Beschränkung der Souveränität oder als eine Manifestierung von Interdependenz, denn damit wird ein sehr wichtiges Phänomen bestenfalls begrifflich abgelagert, jedoch keinesfalls wissenschaftlich geklärt.

Das zweite Beispiel ist der internationalen Integration entnommen. Hier haben sich auf bestimmten Sachgebieten, zum Beispiel der Agrarwirtschaft innerhalb der EWG, Entscheidungsstrukturen herausgebildet, bei denen verschiedene politische Systeme einander gleichsam durchdringen. Entscheidungen zu Fragen der Agrarpolitik werden in einem außerordentlich komplizierten System getroffen, bei dem nationale Bürokratien, die Kommission der EWG, der Wirtschafts- und Sozialausschuß, die nationalen agrarpolitischen Interessengruppen, der Ministerrat der EWG, die permanenten Vertreter und die Ständigen Ausschüsse teilnehmen. Hierbei sind praktisch alle denkbaren Kombinationen von Interaktionsmöglichkeiten zu beobachten. Interessendifferenzen halten sich dabei nicht mehr an nationale Grenzen, sondern formieren sich über die Bildung von supranationalen Interessengruppen, zweiseitige nationale Absprachen oder wechselnde Allianzen der Kommission mit verschiedenen Gruppen in den jeweiligen Ländern. Das Endresultat ist eine weitgehende multinationale Verfilzung des Herrschaftsprozesses, deren Relevanz nicht zuletzt dadurch demonstriert wird, daß heute etwa drei Viertel aller agrarpolitischen Entscheidungen, die im Bundesministerium für Ernährung, Landwirtschaft und Forsten getroffen werden, im Entscheidungskontext des EWG-Agrarsystems entstehen (wobei natürlich je nach Gegenstand verschiedene Intensitätsgrade der Multilateralisierung zu beobachten sind).

Angesichts der weitgehenden Verflechtung von nationalem und internationalem System auf diesem Sachgebiet sind viele Theoreme und Konzepte der Theorie der internationalen Beziehungen und der Regierungssysteme kaum noch anwendbar. Wie schon im oben erwähnten Beispiel ist die Theorie der Gewaltenteilung oder der demokratisch parlamentarischen Kontrolle (hier vor allem!) nicht mehr adäquat bzw. revisionsbedürftig. Der Herrschaftsprozeß muß überhaupt erst einmal transparent gemacht werden; darüber hinaus muß die Forschung nach völlig neuen Wegen zur Verwirklichung der demokratischen Normen in der geänderten Umwelt suchen. Eine Studie des deutschen Regierungssystems beispielsweise müßte zumindest für die Bereiche, wo eine effektive Integration begonnen hat, den Betrachtungsgegenstand auf die übrigen fünf Partnerländer ausweiten, da ja zum Beispiel deren Agrarsystem gleichsam in das Entscheidungssystem der

Bundesrepublik internalisiert wird (wie umgekehrt das Entscheidungssystem der Bundesrepublik für eine Analyse etwa der französischen Agrarpolitik relevant wäre). Ebenfalls einzubeziehen wären die verschiedenen Institutionen und Gruppierungen, die an diesen Prozessen teilnehmen. In den vorliegenden Untersuchungen des deutschen Regierungssystems ist der Versuch hierzu bisher unterblieben.[21]

Das letzte Beispiel ist dem Wechselspiel zwischen den Bewegungen des Pfund Sterling und der Wirtschafts- und Außenpolitik Großbritanniens entnommen. Diese Währung bildet ja gleichzeitig die nationale Währung Großbritanniens und auf Grund ihrer Konvertibilität und ihrer historisch gewachsenen Rolle eine internationale Währung, die von Regierungen und privaten Körperschaften als Reservewährung benutzt und in der rund ein Drittel des Welthandels getätigt wird.

Damit besteht ein Transmissionsmedium in Form des Pfund Sterling zwischen der britischen Wirtschaft und einer Vielzahl von verhältnismäßig selbständig handelnden gesellschaftlichen Akteuren außerhalb des Landes. Durch die in der Natur des Mediums liegende partielle Öffnung der britischen Gesellschaft findet also auf einem sachlich begrenzten Gebiet eine Durchdringung von verschiedenen Gesellschaften statt, die formell zu verschiedenen nationalstaatlichen Systemen gehören.

Die Handlungen von gesellschaftlichen Akteuren, zum Beispiel in Form von Spekulationen oder Währungsumtausch, obwohl sie formell außerhalb des britischen politischen Systems stattfinden, beeinflussen den Entscheidungskontext der britischen Regierung sowohl in ihrer internen Wirtschaftspolitik als auch ihrer Außenpolitik. Es ist bekannt, daß - über den Diskontsatz - expansive und deflationistische Phasen der britischen Wirtschaftspolitik fast schon eine Funktion der Zahlungsbilanz gewesen sind (wodurch ein stetes Wachstum und die überfällige Modernisierung der britischen Wirtschaft stark behindert wurden). Auch hat die Verschlechterung der Stellung des Pfunds die britische Außenpolitik maßgeblich mitgeprägt, zum Beispiel beim Abbau des überseeischen Engagements und der Hinwendung zur EWG. Die Vorgänge in diesem Transmissionsmedium zwischen britischer Gesellschaft und Akteuren in anderen Gesellschaften tragen dazu bei, daß die britische Regierung nicht nur Maßnahmen gegenüber der eigenen Gesellschaft ergreift, sondern auch ihr Verhältnis mit anderen Regierungen, zum Beispiel im Commonwealth oder innerhalb Westeuropas, überprüft und neu regelt.

Es entstehen hier also politische Prozesse, bei denen verschiedene nationale Gesellschaften miteinander kommunizieren, wobei die gesellschaftlichen Akteure relativ autonom entscheiden. Ausschlaggebend ist, daß ihre Entscheidungen weit-

---

[21] Erste wichtige Fragestellungen hierzu wurden vor einigen Jahren im Anschluß an eine Studie von Max Beloff über das britische Regierungssystem (deutsch: Neue Dimensionen der Außenpolitik, Köln 1961) von Rudolf Wildenmann formuliert. Vgl. Macht und Konsens als Problem der Innen- und Außenpolitik, Frankfurt a.M. 1963. Die politikwissenschaftliche Literatur ist über kurze Hinweise auf die Problematik nicht hinausgegangen, so z.B. Thomas Ellwein, Das Regierungssystem der Bundesrepublik Deutschland, Köln und Opladen 1963, S. 189 ff.

gehende Konsequenzen für eine nationale Gesellschaft haben können, obwohl der Anstoß hierzu formell von außerhalb des nationalen Systems kommen kann. Damit wird also der Entscheidungskontext einer Regierung eines politischen Systems beeinflußt, wobei besonders wichtig ist, daß alle Regierungsmaßnahmen wegen der zwischengesellschaftlichen Kommunikationsmöglichkeit Auswirkungen haben, die nicht auf die eigene Gesellschaft beschränkt sind. Daraus ergibt sich dann ein komplexes Zusammenspiel von Prozessen gesellschaftlicher Akteure in verschiedenen nationalstaatlichen Systemen und einer oder mehrerer Regierungen, bei denen eine Regierung jeweils nur einen Bruchteil eines Gesamtphänomens beeinflussen kann, das sich gleichzeitig durch mehrere nationalstaatliche Systeme hindurchzieht.

Daß es sich hier nicht um internationale Politik im engeren Sinne handelt, liegt auf der Hand: Inner- und zwischengesellschaftliche Prozesse sowie das Zusammenspiel von Regierung und Gesellschaft spielen eine ausschlaggebende Rolle. Noch ist es Innenpolitik im engeren Sinne: Es handelt sich um zwischengesellschaftliche Interaktionsprozesse, die sich durch mehrere nationalstaatliche Systeme gleichzeitig hindurchziehen (Investitionsbewegung, Geldfluß, Menschenbewegung usw.).

Die hier skizzierten politischen Prozesse, die die traditionelle Unterscheidung in nationale und internationale Politik und die damit verbundenen Theorien in Frage stellen, reflektieren und schaffen gleichzeitig Verbindungen und gegenseitige Abhängigkeiten zwischen verschiedenen Entitäten in der sozialen Wirklichkeit. Zwar haben diese Phänomene ihre historischen Vorläufer, jedoch liegt der weiter unten noch näher zu untermauernde Schluß nahe, daß sie typisch für den Prozeß der gegenwärtigen Modernisierung auf die späte Industriegesellschaft hin charakteristisch sind. Die erwähnten Beispiele - Verfilzung der Herrschaft bei wirtschaftlicher Integration, institutionelle Durchdringung bei Entscheidungen über Entwicklungshilfe, Währungsverflechtung und Intervention einer Regierung - sind besonders typisch für die Gegenwart und lassen sich alle um den zwar wissenschaftlichen etwa vagen, jedoch politisch oft benutzten Begriff der Interdependenz ansiedeln.

Die Kritik an der in Theorie und Praxis geübten Unterscheidung von nationaler und internationaler Politik läßt sich deshalb nicht trennen von einer Prüfung der für die moderne Gesellschaft typischen Interdependenzen. Damit stellt sich die Frage nach den strukturellen Voraussetzungen und den hier wirksamen Kräften. Noch wichtiger: Welche Konsequenzen haben diese Vorgänge für das Verhältnis von Staaten untereinander, für die Stabilität, für die Schaffung eines permanenten Friedenssystems? Ist der in diesem Zusammenhang immer wieder vorgetragenen These von der positiven Bedeutung einer wachsenden Interdependenz zuzustimmen? [...]

Die Frage der Unterscheidung von nationaler und internationaler Politik rührt nicht nur an die Probleme einer Abkapselung zweier theoretischer Bereiche und einer Vernachlässigung relevanter gesellschaftlicher Veränderungen. Ein dritter Moment kommt hinzu. Struktur und Prozesse des internationalen Systems der Gegenwart sind mehr denn je in ihrem Charakter multidimensional. Die Rolle des

Nationalstaats, die Natur zwischenstaatlicher Beziehungen oder bestehender Solidaritätsgefühle variieren beträchtlich je nach der Ebene der internationalen Politik, sei es die Ebene der nuklearen oder konventionellen Bedrohung, der Beziehungen zwischen den Weltmächten oder den Allianz-Mitgliedern, des Handels oder der Verteidigung. Diese Multidimensionalität führt zu einer Vielfalt von Methoden der Veränderung, von Verpflichtungen, Konflikten, geteilten Loyalitäten und einander überkreuzenden Konflikts- und Kooperationsmustern. Ähnlich wie bei der Vielfalt der Rollen des Individuums in der differenzierten, modernen Gesellschaft, so kann, wie *Pierre Hassner* beobachtet, diese Multidimensionalität einerseits einen gesunden Pluralismus und eine Relativierung von Ungleichheiten, andererseits Spannungen und Gegensätze zwischen den verschiedenen Ebenen zur Folge haben, wodurch Lähmungen und Disintegration erzeugt werden können.[22]

Die Multidimensionalität des heutigen internationalen Systems, die auch in zunehmendem Maße von der politikwissenschaftlichen Analyse skizziert wird,[23] bedarf also zu ihrer Erfassung durch die empirische Analyse theoretischer Rahmen und Methoden, die dieser Komplexität gerecht zu werden versprechen. Schon allein deshalb ist das um die Trennung von nationaler und internationaler Politik konstruierte theoretische und methodische Gehäuse nicht mehr adäquat.

Im Gegensatz zur älteren Staatstheorie, die die "... internationalen Beziehungen quasi als Tangenten(begriff), die die politischen Systeme nur an der Spitze der gesellschaftlichen Pyramide in der Autorität des Landesherrn berühren, also nicht als Verbindungslinie, die in die Systeme auch eindringen ..."[24], muß sich also unser heutiges Interesse auf die Interaktionsprozesse richten, die die nationalstaatlichen Grenzen überschreiten. Es versteht sich, daß damit die Forderung nach einer Autonomie der internationalen Beziehungen als wissenschaftlicher Disziplin in Frage gestellt wird, wenn diese Forderung auf der Unterstellung einer klaren Trennbarkeit von nationaler und internationaler Politik beruht.[25]

---

[22] Pierre Hassner, 'The Nation-State in the Nuclear Age', in: Survey 67 (April 1968).
[23] Hier vor allem: Pierre Hassner, 'Change and Security in Europe. I: The Background; II: In Search of a System', in: Adelphi Papers 45 (Februar 1968), 49 (Juli 1968); Stanley Hoffmann, Gulliver's Troubles, or the Setting of American Foreign Policy, New York 1968; Oran R. Young: 'Political Discontinuities in the International System', in: World Politics 20/3 (1968).
[24] Kurt Tudyka, 'Veränderung innerstaatlicher Beziehungen als Folge vermehrter auswärtiger Beziehungen', Diskussionspapier für die Tagung der Sektion Internationale Politik der DVPW, Marburg, Juni 1968, hektographiert.
[25] Diese Forderung ist vor allem in den wegweisenden Arbeiten Stanley Hoffmanns erhoben worden (vor allem in: Contemporary Theory in International Relations, Englewood Cliffs 1960, S. 1-7). Die ihr zugrunde liegende (durchaus richtige) Annahme, daß ein Monopol legitimer Gewaltanwendung vorerst *nur* innerstaatlich vorhanden ist und deshalb eine strikte Trennung beider Bereiche erfordert, ist jedoch im Zusammenhang einer Autonomieforderung nur dann relevant, wenn man ein rein konfliktorientiertes Modell der internationalen Politik unterstellt. Diesem läßt sich jedoch durchaus ein kooperationsorientiertes Modell entgegenhalten. Die Wahl grenzüberschreitender Prozesse als Einheit der Analyse will dem komplexen Charakter der heutigen internationalen Politik gerecht werden, in der Konflikt und Kooperation in den verschiedenartigsten Verbindungen auftreten.

2. Der theoretische Rahmen: Multinationale Politik

Der Erforschung und theoretischen Erfassung der grenzüberschreitenden Interaktionsprozesse, die in unserer heutigen Welt ständig an Bedeutung zuzunehmen scheinen, soll der im folgenden zu erörternde Idealtypus der 'Multinationalen Politik' dienen. [...] Hierunter sind jene Formen der Politik zu verstehen, bei denen gesellschaftliche und innenpolitische Prozesse eines oder mehrerer nationalstaatlicher Systeme mit den nach außen gerichteten Aktivitäten von nationalstaatlichen Akteuren oder internationalen Organisationen Interaktionssysteme bilden. [...] [Es] soll zwischen drei Formen multinationaler Politik unterschieden werden, von denen die ersten beiden im Rahmen dieses Beitrags nicht näher untersucht werden können.

2.1. Penetrierte Systeme

Der Begriff und seine Definition gehen auf *Rosenau* zurück. Weiter oben erläuterte ich ein Beispiel eines solchen Systems, nämlich bestimmte Kooperationsverhältnisse zwischen Entwicklungsländern und Entwicklungshilfe gebenden Ländern bzw. Organisationen. Rosenau folgend sollen penetrierte Systeme als dann vorliegend angesehen werden, wenn "Nichtmitglieder einer nationalen Gesellschaft direkt und bindend durch Maßnahmen, die gemeinsam mit Mitgliedern der Gesellschaft unternommen werden, entweder bei der Zuteilung ihrer Werte (allocation of values) oder bei der Mobilisierung von Unterstützung für die Verwirklichung ihrer Ziele teilnehmen"[26].

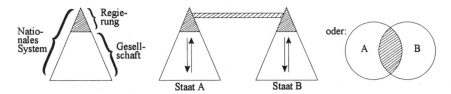

Abb. 1: Penetriertes System

Beispiel für penetrierte Systeme sind vor allem militärische Okkupationen (zum Beispiel das Okkupationssystem in der Bundesrepublik vor 1949 und partiell bis 1954/1955), das Verhältnis zwischen der Sowjetunion und den Satellitenstaaten, vor allem im frühen Stadium des Sowjetblocks. (Hier bediente sich die Penetration mannigfacher Mechanismen, einschließlich der Kontrolle von Streitkräften und Geheimdienst durch sowjetische Offiziere, des sowjetischen Botschafters, gemeinsamer Sitzungen der Zentralkomitees usw. Hierzu liegen zahlreiche Studien vor, zum Beispiel *Brzezinskis* erwähnte Arbeit über den Sowjetblock.) Die sowjetische Intervention in die finnische Innenpolitik von 1961 zwecks Eliminierung bestimmter, unliebsamer Politiker oder die amerikanische

---

[26] J.N. Rosenau, 'Pre-theories and Theories', S. 65.

Intervention zugunsten Adenauers in den Wahlen von 1953 wären Beispiele für die erwähnte 'Mobilisierung von Unterstützung'. [...]

2.2. Systeme internationaler Integration

Integrationssysteme liegen vor, wenn auf regionaler Basis zur Vorbereitung, Verabschiedung und Durchführung von politischen Entscheidungen der ausschließlich nationalstaatliche durch einen mehrstaatlichen Rahmen ersetzt wird - gegebenenfalls unter Gründung einer internationalen Organisation - und eine Konsolidierung in Form eines politischen Zusammenschlusses Ziel der beteiligten nationalen Systeme ist.

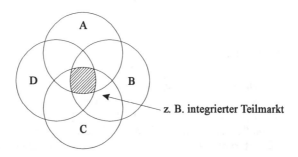

Abb. 2: Integrationssystem

Es hat in der Geschichte mannigfache Integrationsversuche gegeben. *Karl Deutsch* und eine Reihe von Mitarbeitern untersuchten in den 50er Jahren eine Reihe von Fällen und leiteten daraus theoretische Aussagen über die internationale Integration ab, die die Forschung nachhaltig beeinflußten.[27] Im internationalen System der Nachkriegszeit ist vor allem hinzuweisen auf die Integrationsversuche in Ostafrika, Südamerika, Zentralamerika, die gescheiterten Versuche der westindischen Föderation und der Vereinigten Arabischen Republik, vor allem jedoch auf die Integrationsversuche in West-Europa. Hier sind die fruchtbarsten Beiträge auf dem Gebiet der Theorie von amerikanischen Sozialwissenschaftlern gemacht worden.

Neben *Deutsch* sind hier vor allem *Ernst Haas*, *Leon Lindberg* und Amitai Etzioni *zu* erwähnen.[28] Ferner ist hinzuweisen auf die Integrationsversuche inner-

[27] Karl W. Deutsch et al., Political Community in the North Atlantic Area. International Organization in the Light of Historical Experience, Princeton 1957 (1968 neugedruckt).
[28] Das Fehlen eines wesentlichen Beitrags der europäischen Sozialwissenschaft zur Theorie der westeuropäischen Integration hat bestimmte Gründe, über die sich lohnt nachzudenken. Ein Versuch hierzu wurde gemacht in: Karl Kaiser, 'L'Europe des Savants - Die europäische Integration und die Sozialwissenschaften', in: Integration: Berichte zur Europa-Forschung, Oktober 1968. Auf die Vernachlässigung der europäischen Dimension bei Analysen des deutschen Regierungssystems durch die deutsche Politikwissenschaft wurde weiter oben

halb des kommunistischen Systems, die vor allem westeuropäische Sozialwissen-
schaftler zum Gegenstand systematischer Untersuchung gemacht haben.[29] [...]

3. Transnationale Politik

3.1. Transnationale Gesellschaft

Transnationale Politik setzt die Existenz einer transnationalen Gesellschaft
voraus. Damit wäre zuerst ein Begriff zu präzisieren, der von *Raymond Aron* in
die Theorie der internationalen Politik eingeführt wurde:

> "Die transnationale Gesellschaft manifestiert sich im Handelsaustausch, in der Ein-
> und Auswanderung, den gemeinsamen Glaubenssätzen, den Organisationen, die
> über die Grenzen hinausreichen, und schließlich den Zeremonien und Wettbewerben,
> die den Mitgliedern aller dieser Einheiten (d.h. Staaten, d. Verf.) offenstehen. Die
> transnationale Gesellschaft ist um so lebendiger, je größer die Freiheit des Handels-
> austauschs, der Ein- und Auswanderung oder der Kommunikation und je größer die
> gemeinsamen Glaubenssätze und je zahlreicher die nichtnationalen Organisatio-
> nen ..."[30]

[...] Eine transnationale Gesellschaft liegt also vor, wenn zwischen Gesellschaften verschiedener nationalstaatlicher Systeme in bestimmten Sachbereichen
soziale Interaktion stattfindet. Sofern hierbei Eliten Entscheidungen treffen, so
sind dies soziale, wirtschaftliche und politische Eliten außerhalb der Regierungsinstitutionen.

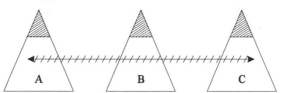

Abb. 3: Transnationale Gesellschaft

Hierbei ist die transnationale Gesellschaft weder geographisch zu verstehen,
noch ist damit gemeint, daß sie die Gesamtgesellschaft der beteiligten nationalstaatlichen Systeme erfaßt. Dies heißt, erstens, daß sich eine transnationale Gesellschaft zwischen geographisch voneinander getrennten Gesellschaften bilden

schon hingewiesen. Vgl. hierzu auch Kurt P. Tudyka, 'Deutsche Politikwissenschaft in der Europa-Forschung', in: Integration. Berichte zur Europa-Forschung, Oktober 1968.

[29] Einen Überblick über den Stand der Integrationstheorie versuchen: Roger D. Hansen,
'Regional Integration: Reflections on a Decade of Theoretical Efforts', in: World Politics 21/2
(1969); Karl Kaiser, 'The US and the EEC in the Atlantic System: The Problem of Theory', in:
Journal of Common Market Studies V/4 (1967); Karl Kaiser, 'The Interaction of Regional
Subsystems: Some Preliminary Notes on Recurrent Patterns and the Role of Superpowers', in:
World Politics 21/1 (1968).

[30] Raymond Aron, Paix et guerre entre les nations, Paris 1962, S. 113.

kann, zweitens, daß sie funktionell zu verstehen ist, das heißt, daß sie begrenzt wird von den Sachbereichen, die Gegenstand transnationaler Interaktion sind, zum Beispiel freier Währungsverkehr (womit also nichts über kulturelle oder pressure group-Interaktion ausgesagt würde, um nur zwei andere Sachbereiche herauszugreifen). [...]

Diese Definition der transnationalen Gesellschaft impliziert drittens, daß *für bestimmte Sachbereiche* die Interaktion zwischen nationalen Systemen unter Bedingungen relativer Offenheit stattfindet, daß also beispielsweise beim Handel relative Freiheit, bei der Währung Konvertibilität und beim Tourismus Einreise- und Bewegungsmöglichkeit vorliegen. Die in diesem Bereich handelnden Körperschaften oder Individuen müssen demnach ein Mindestmaß an Handlungsfreiheit besitzen. Also auch dann, wenn nationalstaatliche Systeme gegeneinander abgekapselt sind, wie dies beispielsweise mit Einschränkungen zwischen sozialistischen und kapitalistischen Ländern der Fall ist, postuliert die Definition transnationaler Gesellschaft für bestimmte Bereiche, *sofern dort Interaktion entsteht.* Transnationale Gesellschaft (und transnationale Politik) bestehen deshalb auch in begrenztem Maße zwischen westlichen und östlichen Ländern und natürlich in stärkerem Maße innerhalb der beiden Systeme. [...]

3.2. Transnationale Politik

Transnationale Politik soll locker definiert werden als jene politischen Prozesse zwischen nationalstaatlichen Regierungen und/oder zwischen transnationaler Gesellschaft und Regierung(en), deren Anstoß von Interaktionen in der transnationalen Gesellschaft gegeben wurde.[31]

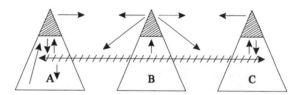

Abb. 4: Transnationale Politik

Ein Beispiel aus der Problematik des internationalen Kapitalverkehrs soll das Phänomen der transnationalen Politik verdeutlichen. Hier bildet sich durch die verhältnismäßig freie Bewegung von Investitionskapital ein Transmissionsmedium, durch das sehr unterschiedliche Gesellschaften miteinander verbunden werden. Dort stattfindende Interaktionen, die durch relativ autonom getroffene Ent-

---

[31] Der Begriff der 'transnationalen Politik' taucht bei Rosenau als Sammelbezeichnung für 'linkage processes' parenthetisch einmal auf und ist mit dem in diesem Beitrag gebrauchten Begriff nicht identisch. Vgl. J.N. Rosenau, 'Towards the Study of National-International Linkages', S. 12. Dies gilt auch für Heinz Kuby/Erich Kitzmüller, Transnationale Wirtschaftspolitik, Hannover 1968.

scheidungen nicht öffentlicher Körperschaften ausgelöst werden, beeinflussen zum Teil sehr maßgeblich den Entscheidungskontext nationalstaatlicher Regierungen und können deren Spielraum begrenzen oder sie zu Maßnahmen gegenüber ihrer Gesellschaft oder anderen Regierungen veranlassen. Eine Begrenzung läge zum Beispiel vor, wenn ausländische Firmen ein Übergewicht bekämen und ausnutzten (zum Beispiel United Fruit in lateinamerikanischen Ländern) oder wenn die Kapitalausfuhr, wie im amerikanischen Falle, die Zahlungsbilanz so sehr schwächt, daß damit der Spielraum der Verteidigungspolitik (Truppenstationierung oder Strategie) eingeengt wird. Solche Transaktionen tragen bei zu Regierungsmaßnahmen gegenüber der jeweiligen Gesellschaft (zum Beispiel Kapitalausfuhrhemmungen oder Investitionshindernisse für Ausländer) oder gegenüber anderen Regierungen (zum Beispiel Bemühungen um eine gemeinsame EWG-Politik zu amerikanischen Investitionen). [...] hieran [sind] folgende drei Aspekte auffallend und von besonderem theoretischen Interesse:

Erstens kommunizieren verschiedene nationale Gesellschaften untereinander, wobei das Transmissionsmedium jeweils verschieden sein kann (zum Beispiel eine Währung oder Kapitalfluß) und Entscheidungen relativ autonom auf gesellschaftlicher Ebene getroffen werden (zum Beispiel von privaten Investoren).

Zweitens können diese Interaktionen wichtige Veränderungen in den beteiligten Gesellschaften hervorrufen (zum Beispiel in Form einer Veränderung der Wirtschaftsstruktur), das heißt weitgehende Konsequenzen für eine nationale Gesellschaft haben, obwohl der Anstoß hierzu formell von außerhalb des nationalen Systems kam.

Drittens kann wegen der sozialen und politischen Wichtigkeit dieser Veränderungen der Entscheidungskontext der Regierung des betreffenden politischen Systems maßgeblich beeinflußt werden, einmal im Sinne einer Einengung ihrer Handlungsfähigkeit, zum anderen im Sinne einer Notwendigkeit zum Handeln. Richtet sich dieses auf die eigene Gesellschaft (zum Beispiel in Form von Enteignung ausländischer Firmen), so hat es Auswirkungen, die wegen der Kommunikation nach außen oft über die Grenze hinausgreifen. Aber häufig ist diese Regierung, sofern sie nicht das Verhältnis ihres politischen Systems zur Außenwelt radikal verändern will (zum Beispiel im theoretischen Fall einer totalen wirtschaftlichen Einkapselung), gezwungen, auf diese gesellschaftlichen Prozesse durch Maßnahmen, die gemeinsam mit anderen Regierungen getroffen werden, zu reagieren (zum Beispiel bei Zahlungsbilanzschwierigkeiten), oder sie steht vor der Notwendigkeit, das zwischenstaatliche Verhältnis mit anderen Regierungen neu zu regeln und gegebenenfalls zu institutionalisieren (zum Beispiel durch eine Reform des internationalen Währungssystems).

Wenn also hier Regierungen auf Ereignisse 'außerhalb' des eigenen nationalstaatlichen Systems reagieren, dann nicht im Sinne des Modells der internationalen Politik, bei dem Regierungen auf die 'außen' und von anderen staatlichen Einheiten geschaffenen Probleme eine Antwort zu finden versuchen, sondern indem sie auf außerhalb des eigenen staatlichen Systems verankerte gesellschaftliche Prozesse reagieren, die gleichzeitig die eigene Gesellschaft durchdringen und zu denen diese beiträgt.

Damit stellt sich die theoretisch besonders relevante Frage, welche typischen Verhaltensmuster sich hinsichtlich der Konsequenzen solcher Prozesse für das Verhalten der Regierungen untereinander bzw. gegenüber der eigenen oder transnationalen Gesellschaft beobachten lassen und ob sich erste Arbeitshypothesen über die Gründe dieses Verhaltens aufstellen lassen. Hierbei sollen drei Typen nationalstaatlicher Reaktion unterschieden werden: nationale Reaktion, Abkapselung und multilaterale Regularisierung.

3.2.1. Nationale Reaktion

Zur Erläuterung soll auf die freie Bewegung von Investitionskapital zurückgegriffen werden. Bekanntlich versuchte die französische Regierung Anfang der sechziger Jahre, im Alleingang Maßnahmen gegen das Hereinströmen amerikanischen Kapitals in die französische Wirtschaft zu ergreifen und dessen Ansiedlung zu drosseln. Dieser Versuch erwies sich jedoch bald als wirkungslos und schädlich für französische Interessen. Die abgelehnten amerikanischen Firmen ließen sich in den Nachbarländern nieder, und ihre Produkte flossen kurze Zeit später nach Frankreich ein. Zwar wäre damit die 'Überfremdung' der Industrie verhindert gewesen, jedoch die Schaffung von Arbeitsplätzen, der allgemeine Beitrag zum Wirtschaftswachstum und die Übernahme von know how verhindert worden. Die Existenz der EWG akzentuierte diesen Trend, da deren Bestimmungen interne Freizügigkeit vorsehen. (Nachdem General Motors sich nicht in Straßburg niederlassen durfte und dies dafür in Antwerpen geschehen war, kamen die dort produzierten Erzeugnisse zollfrei nach Frankreich. In der Zwischenzeit ist es allerdings GM erlaubt worden, eine Produktionsstätte in Straßburg zu errichten.) Eine solche nationale Reaktion kann also nur temporär sein und müßte früher oder später zu einer der weiter unten behandelten Alternativen überleiten.

Auch bei der Frage des amerikanischen Zahlungsbilanzdefizits ist eine nationale Reaktion denkbar und wurde und wird auch versucht. So bemühten sich die USA, durch Beschränkungen des Kapitalexports das Defizit zu vermindern. Gleichzeitig war jedoch die Regierung gezwungen, ihrer wohlfahrtsstaatlichen Funktion nachzukommen und in Zeiten einer Rezession, vor allem 1958 und 1962, den Diskontsatz sehr niedrig zu halten. Damit wurde jedoch das Zahlungsbilanzdefizit durch die hiervon verursachte Abwanderung von kurz- und mittelfristigen Geldern verschlimmert. Großbritannien hatte übrigens diese Option einer innenpolitischen Priorität über die außenwirtschaftlichen Anforderungen nicht, weil es keine ausreichenden Reserven mehr hatte. Da nunmehr auch die amerikanischen Goldreserven stark gesunken sind, ist die Möglichkeit der amerikanischen Regierung, dem innenpolitischen Ziel der Wirtschaftsbelebung mit den überkommenen Methoden Vorrang zu geben, stärker beschränkt.[32]

Aber auch hier stellt eine nationale Lösung keine auf die Dauer befriedigende Lösung dar und besitzt deshalb auch in den Augen der entscheidenden Akteure einen Übergangscharakter.

---

[32] Vgl. hierzu Henry Aubrey, The Dollar in World Affairs, New York 1964.

Da die Akteure einer transnationalen Gesellschaft, wie zum Beispiel multinationale Konzerne oder private Investoren, gleichzeitig innerhalb mehrerer nationaler Systeme tätig sind, kann der Nationalstaat formal wie tatsächlich nur einen Teil ihrer Aktivitäten durch staatliche Eingriffe beeinflussen, und zwar den, der sich innerhalb der Grenzen des nationalstaatlichen Systems abspielt. So kann beispielsweise ein multinationaler Konzern Investitionen, Forschung oder zu versteuernde Gewinne gleichsam innerhalb seines eigenen Milieus in dasjenige Land verlagern, in dem die günstigsten Bedingungen herrschen. Wie die Beispiele der französischen Reaktion auf amerikanische Investitionen, aber auch die amerikanische Währungspolitik zeigen, ist eine Fortsetzung der *nationalen* Lösung nur dann in aller Konsequenz denkbar, wenn hierbei eine einschneidende Systemveränderung durchgeführt wird. Dies leitet über zur zweiten Alternative.

3.2.2. Nationale Abkapselung

Eine Politik der nationalen Lösung kann nur dann *auf lange Zeit* fortgesetzt werden, wenn diejenigen Mechanismen eliminiert werden, die eine solche Lösung durchkreuzen. Dies bedeutet einmal, daß Verbindungen und Kommunikationskanäle innerhalb der transnationalen Gesellschaft durch Beschränkungen der freien Bewegung von Personen, Investitionskapital, Geld, Informationen, Ideen usw. unterbrochen werden müßten.

Zum anderen erfordert die Fortsetzung der nationalen Lösung in Form der Abkapselung, daß sich die betroffene Gesellschaft, ihre Zielsetzung und ihre politische Organisation stark verändern müßten. Dies würde beispielsweise für Frankreich implizieren, daß die auf Wirtschaftswachstum, Erhöhung des Lebensstandards und technischen Fortschritt ausgerichtete französische Gesellschaft sich eine völlig neue, nämlich regressive sozial- und wirtschaftspolitische Zielrichtung geben müßte. Die Reaktion der französischen Regierung auf die Währungskrise vom Herbst 1968 unterstreicht diese Aussage. Die Kontrollmaßnahmen vom November 1968, mit denen der freien Bewegung von Personen (Währungskontingente für ausreisende Touristen) und von französischen Franken Restriktionen im Verkehr nach außen auferlegt wurden, müssen, um *wirklich effektiv* zu sein, Frankreich in ein Stadium polizeistaatlich gesicherten Protektionismus zurückwerfen und damit jenen Prozeß der Modernisierung rückgängig machen, der den Charakter des Landes seit Ende des Zweiten Weltkriegs grundlegend gewandelt hatte. In der wirtschaftswissenschaftlichen Diskussion über den Protektionismus ist der Spiralcharakter einmal einsetzender Abkapselungsmaßnahmen ein oft erörtertes Phänomen.

Sollten die USA nationale Abkapselung als Lösung ihrer Währungsprobleme verfolgen, so würde dies eine radikale Veränderung ihrer Rolle in der Welt bedeuten, da dies letzten Endes auf eine völlige Aufgabe der zentralen Stellung des Dollar in der internationalen Wirtschaft hinauslaufen würde. Beide Fälle implizieren eine einschneidende *Systemveränderung*, deren soziale Kosten als erheblich und, je nach den Umständen, als nicht akzeptabel angesehen würden. Allerdings steht eine dritte Lösung zur Verfügung:

3.2.3. Multinationale Regularisierung

Eine multinationale Regularisierung liegt vor, wenn Regierungen auf die von der transnationalen Politik für die Verwirklichung ihrer Ziele aufgeworfenen Probleme dadurch antworten, daß sie für die entsprechenden Teilbereiche - gegebenenfalls unter Errichtung oder Einschaltung internationaler Organisationen - eine Koordinierung ihrer Politik auf dauerhafter Basis durchführen.

Eine solche Möglichkeit ist an anderer Stelle im Zusammenhang mit gewissen Regelmäßigkeiten bei der Interaktion von verschiedenen Regionen näher untersucht worden,[33] die dortige Aussage soll hier variiert werden. Konkret ausgedrückt würde dies für die beiden erwähnten Fälle bedeuten, daß beispielsweise Frankreich mit anderen Ländern, namentlich den EWG-Partnern, versuchen kann, durch eine gemeinsame Politik die Nachteile zu vermeiden, die sich aus den amerikanischen Investitionen ergeben, ohne auf die Vorteile verzichten zu müssen. Aber die Implikationen reichen weiter: Um beispielsweise die oft erwähnte Umgehung von Steuern durch Verlagerung von Gewinnen innerhalb multinationaler Konzerne zu verhindern - einer der Vorwürfe gegen die übermäßige Ansiedlung ausländischer Firmen -, bedürfte es detaillierter Abkommen zwischen allen beteiligten Regierungen, die über die bisherigen Doppelbesteuerungsabkommen hinausgehen und die multinationalen Großfirmen effektiv kontrollieren.

Im Falle des amerikanischen Zahlungsbilanzdefizits würde eine solche Lösung bedeuten, daß zwecks Vermeidung der gegenseitigen Neutralisierung von wirtschaftspolitischen Maßnahmen die betreffenden Regierungen versuchen, entweder ihre Politik zu koordinieren - dies ist in der Atlantischen Region zum Beispiel innerhalb der sogenannten 'Zehner-Gruppe' und der OECD versucht worden[34] -, oder aber es wird versucht, in einem weiter gespannten Rahmen institutionelle Lösungen zu finden, die effektivere Steuerungsmechanismen für die auf transnationaler Ebene geschaffenen Probleme bieten. Hierzu gehören beispielsweise die Verhandlungen, die nach der schweren Dollarkrise von Anfang 1968 geführt wurden und die mit der Einrichtung von 'Special Drawing Rights' beim Internationalen Währungsfond einen ersten Schritt auf eine Reform des derzeitigen internationalen Währungssystems machten. Schließlich wäre die theoretisch wie praxeologisch besonders wichtige Frage aufzuwerfen, unter welchen Umständen Nationalstaaten zur Politik der Abkapselung oder der multilateralen Regularisierung neigen. Theoretisch kann auch heute noch ein Staat beides. Das französische Beispiel zeigt, wie weit eine kostspielige und nicht-rationale Politik gehen kann, wenn die Erhaltung der Autonomie Priorität hat. Dennoch machen gewisse, in der Struktur des heutigen internationalen Systems und der westlichen Industriegesellschaft liegende Faktoren die Formulierung folgender Hypothese

---

[33] K. Kaiser, 'The Interaction of Regional Subsystems'.

[34] Dies ist ein von der internationalen Politikwissenschaft weitgehend vernachlässigtes und dennoch wichtiges Arbeitsfeld. Zwei ausgezeichnete Einführungen wurden von zwei Wirtschaftswissenschaftlern vorgelegt: Richard N. Cooper, The Economics of Interdependence. Economic Policy in the Atlantic Community, New York 1968; Henry G. Aubrey, Atlantic Economic Cooperation. The Case of the OECD, New York 1967.

möglich, die anschließend bei der Prüfung der strukturellen Bedingungen transnationaler Politik qualifiziert werden soll:

In den mit Wohlfahrtsmaximierung zusammenhängenden Gebieten transnationaler Gesellschaft, wo eine Systemveränderung im Sinne nationaler Abkapselung wegen hoher sozialer Kosten ausscheidet, besteht die Tendenz, auf die aus der transnationalen Gesellschaft rührenden Beeinträchtigungen nationalstaatlicher Regierungspolitik durch eine Regularisierung der zwischenstaatlichen Kooperation, gegebenenfalls in institutioneller Form, zu reagieren.

4. Strukturbedingungen Transnationaler Politik

Transnationale Politik ist kein Produkt des 20. Jahrhunderts, sondern hat es zu verschiedenen historischen Epochen gegeben. Es gab natürlich auch früher Interaktion zwischen Gesellschaften beispielsweise in Form von Handel oder politischen und religiösen Bewegungen, die die politischen Institutionen umging, jedoch gleichzeitig deren Entscheidungskontext und ihre Beziehungen untereinander berührte. Allerdings scheinen in der Gegenwart einige Bedingungen gegeben zu sein, die für die Herausbildung und Intensivierung der transnationalen Politik besonders förderlich sind. Hierbei sollen horizontale und vertikale Kommunikation unterschieden werden.

4.1. Horizontale Kommunikation

Die Kommunikation zwischen den Einheiten der Weltpolitik hat ein nie dagewesenes Ausmaß erreicht. Sprunghafter technischer Fortschritt auf dem Gebiete des Transport- und Nachrichtenwesens hat vor allem in der entwickelten Welt die Voraussetzungen für ein ständiges Anwachsen der Interaktion sowohl zwischen gesellschaftlichen Akteuren verschiedener nationalstaatlicher Systeme als auch zwischen den politischen Institutionen der staatlichen Einheiten geschaffen: Zwischen 1953 und 1966 hat sich der Welthandel an Industrieprodukten in der nichtkommunistischen Welt mehr als verdreifacht. In der Dekade nach 1955 verdreifachte sich die Zahl der jährlich nach Europa reisenden Amerikaner (auf 1,4 Millionen), vervierfachte sich die Zahl der in die USA reisenden Europäer (auf 580 000). Die Luftfrachtkapazität wächst in den letzten zehn Jahren um etwa 20 % jährlich, und im Jahre 1968 investierten amerikanische Firmen allein in Westeuropa 1 Milliarde Dollar. Diese Aufzählung ließe sich beliebig verlängern.[35]

Dieser Prozeß der Ausdehnung der Kommunikation ist ursächlich verbunden mit zwei weiteren Bedingungen: einmal dem Übergang von der gegenwärtigen industriellen zur postindustriellen Gesellschaft. *Brzezinsky* prägte hierfür den Begriff der "technotronischen Gesellschaft"[36]. Ihre gesellschaftlichen Einheiten, zum Beispiel Großfirmen, dehnen hierin ihren Aktionsradius ständig aus, die Ar-

---

[35] Reichhaltige Auskünfte über diese Entwicklungen gibt R.N. Cooper, The Economics of Interdependence.

[36] Zbigniew K. Brzezinski, 'America in the Technotronic Age', in: Encounter 30/1 (1968).

beitsteilung involviert eine stetig wachsende Zahl von Akteuren - sie wird also verfilzter -, die direkte Kommunikation wird ständig einfacher. [...]

Fest steht also, daß die horizontale Kommunikation ständig wächst. Alle Theorien, die eine lineare Abhängigkeit zwischen geographischer Entfernung und Intensität sozialer Interaktion, Machtausübung, Kommunikation usw. postulieren - sofern sie überhaupt jemals richtig gewesen sind -, werden in der heutigen Umwelt durch verschiedene Entwicklungen in Frage gestellt.[37] Die Kosten von Transport und Kommunikation auf lange Entfernung sinken ständig, während die Kapazität steigt. Die menschliche Aktivität befreit sich in zunehmendem Maße von den Fesseln der Entfernung und wird geographisch gesehen immer diffuser. Die ausländische Aktivität amerikanischer Firmen ist ein besonders auffallendes Beispiel für die Intensivierung der horizontalen Kommunikation; ja *William Diebold* hat mit Recht darauf hingewiesen, wie schwierig es ist, die amerikanische Volkswirtschaft definitorisch abzugrenzen, da sie sich offensichtlich über den Außenzoll und die unsichtbare monetäre Grenze hinaus ausdehnt.[38]

Der multinationale Konzern ist jedoch keineswegs nur ein amerikanisches Phänomen. Seine weithin gängige Kennzeichnung als solches mißt dem rechtlichen Eigentum eine übermäßige Bedeutung zu, die durch die Forschung noch nicht bestätigt ist. Im Gegenteil, hier bilden sich Gruppierungen heraus, deren Personal zunehmend international ist, dessen Loyalität (ähnlich den Beamten internationaler Organisationen) sich zu 'denationalisieren' beginnt und das in einem Milieu 'jenseits des Nationalstaats', nämlich dem optimaler ökonomischer Gelegenheiten tätig ist.[39] Zudem gibt es mannigfache multinationale Konzerne europäischen Ursprungs.

Horizontale Kommunikation hat die verschiedensten Agenten bzw. Träger. Gelegentlich stehen sie in einem komplementären Verhältnis zueinander, wie beispielsweise Außenhandel und Außeninvestition: Erhöhte Handelshindernisse schaffen oft Anreize zur direkten Investition, die ihrerseits wahrscheinlich intensivere Verflechtungen zwischen verschiedenen Volkswirtschaften schafft als der Handel (aber auch diese Aussage bedarf noch der Klärung). damit verlieren die (vornehmlich regional angesetzten) klassischen Außenhandelsinstrumente wie Zölle und Kontingente viel von ihrer Bedeutung. Vor allem wichtig als Agenten horizontaler Kommunikation sind multinationale Konzerne, aber auch Banken,

---

37 Hierzu: Albert Wohlstetter, 'Illusions of Distance', in: Foreign Affairs 46/2 (1968).

38 William Diebold, 'New Horizons in Foreign Trade', in: Foreign Affairs 45/2 (1967).

39 Auch dies ist ein Problemkreis, den die internationale Politikwissenschaft vernachlässigt hat. Dies ist besonders im europäischen Falle erstaunlich, denn hier ist der multinationale Konzern schon seit einiger Zeit eine politisch brisante Frage und Gegenstand oft nicht gut informierter Polemik. Selbst bei den einfachen Daten über diese Konzerne herrscht eine große Lücke, ganz zu schweigen von übergeordneten Fragen wie die ihrer politischen Strategie oder ihrer Konsequenz für die Souveränität neuzeitlicher Staaten. Amerikanische Wirtschaftswissenschaftler haben einige vorzügliche Einführungen vorgelegt, von denen die Politikwissenschaft mancherlei Anregungen beziehen kann. Vor allem: Raymond Vernon, 'Multinational Enterprise and National Sovereignty', in: Harvard Business Review, März/April 1967; Raymond Vernon, 'Economic Sovereignty at Bay', in: Foreign Affairs 47/1 (1968); Raymond Vernon, 'The Role of US Enterprise Abroad', in: Daedalus, Winter 1969.

Investoren, Spekulanten, Touristen, multinationale Interessengruppen, private Stiftungen oder multinationale politische Bewegungen.[40]

Eine weitere Bedingung für die zunehmende Relevanz horizontaler Kommunikation geht auf die wachsende Internalisierung der Weltpolitik zurück - namentlich in Verbindung mit der durch die waffentechnische Revolution herbeigeführte Permeabilität der Territorialstaaten. Damit ist der Globus insgesamt zum Handlungsort der als relevant empfundenen Ereignisse geworden und eine weltweite Partizipation an seinem Geschehen im Entstehen. Die *Herzsche* These[41] muß erweitert werden: Die waffentechnische Revolution hat die 'harte Schale' des modernen *Territorial*staats aufgeweicht. Die Revolution in der Kommunikation, die Entstehung einer post-industriellen, in ihrem Wesen die soziale Interaktion expandierende Gesellschaft sowie die zunehmende Wirksamwerdung eines Interdependenzgefühls haben die 'harte Schale' des *Sozial*staats permeabel gemacht. Damit wird die horizontale Kommunikation intensiviert und erfaßt nicht nur die Institution der Regierung, sondern auch die Individuen und Gruppen in den Gesellschaften der nationalstaatlichen Systeme.

4.2. Vertikale Kommunikation

Hiermit sind Verbindungen zwischen Gesellschaften und ihren jeweiligen Regierungsinstitutionen gemeint. Deren Intensität wird in dem Maße gefördert, in dem das Verhältnis demokratisiert ist und/oder eine permanente Intervention der Regierungsinstitutionen in das soziale und wirtschaftliche Leben der Gesellschaft zum konstitutiven Element des politischen Systems wird. Diese Kommunikation hat sich mit der Entwicklung von der Monarchie zur Demokratie und vom 'Nachtwächterstaat' zum Wohlfahrtsstaat (oder sozialistischen Staat) intensiviert.

Intensive horizontale Kommunikation führt solange nicht zu transnationaler Politik wie nicht ein Mindestmaß an vertikaler Interaktion vorhanden ist. Konkreter ausgedrückt, solange die Regierung eines Nachtwächterstaates die von der transnationalen Gesellschaft in die eigene Gesellschaft hineingetragenen wirtschaftlichen Veränderungen oder Störungen als nicht ihren eigenen Aufgabenbereich ansprechend betrachtet, kann sich auf diesem Gebiet keine transnationale Politik entwickeln.

Dieser Tatbestand gestattet die Formulierung einer *Hypothese*: Die Wahrscheinlichkeit einer Beteiligung eines nationalstaatlichen Systems an Formen der transnationalen Politik wird um so größer, je stärker - transnationale Gesellschaft vorausgesetzt - die interventionistische Funktion der Regierungsinstitutionen ausgeprägt ist.

Formalmäßig ausgedrückt: Die Wahrscheinlichkeit einer Beteiligung an transnationaler Politik ist eine Funktion des Produkts aus horizontaler und vertikaler Kommunikation *(tp = hk • vk)*. Ein hoher Grad an Interventionismus

---

[40] Für einige frühe Hinweise auf diese Problematik vgl. Jan J. Schokking/Nels Anderson, 'Observations on the European Integration Process', in: Journal of Conflict Resolution 4/4 (1960), insbes. S. 400 ff.

[41] John Herz, Weltpolitik im Atomzeitalter, Stuttgart 1961.

macht nämlich auch gleichzeitig diese Politik gegenüber Störungen von der Außenwelt verwundbar, da nationalstaatliche Maßnahmen durch Prozesse auf der Ebene der transnationalen Gesellschaft durchkreuzt werden können. Eine demokratische Struktur verstärkt diese vertikalen Verbindungen, die ein konstitutives Element der transnationalen Politik darstellen.

Diese Formel verdeutlicht, inwieweit transnationale Politik ein modernes Phänomen ist, denn die beiden Komponenten der horizontalen und vertikalen Kommunikation sind in besonderem Maße in neuerer Zeit ausgeprägt worden. Dies bedeutet jedoch auch, daß ihre Intensität im demokratisch-kapitalistischen und industrialisierten Teil der Welt am größten ist, da dort transnationale Gesellschaften am mannigfachsten und wirkungsvollsten ausgebildet sind.

Mit der Intensivierung transnationaler Politik verlieren nationalstaatliche Regierungen an autonomer Handlungsfähigkeit. Dies heißt allerdings weder, daß die Regierungen immer dieser Tatsache ins Auge sehen und nach den erforderlichen Konsequenzen fragen, noch daß diese Beschränkung *notwendigerweise* die internationale Stabilität fördert. Die arbeitsteilige westliche Industriegesellschaft bedarf zu ihrer Existenz in zunehmendem Maße transnationaler horizontaler Verbindungen. Man denke hier nur an die 'internationale' Bedingtheit wirtschaftlicher Prosperität und technischen Fortschritts. Gerade in diesem Bereich finden Transaktionen statt, die die traditionellen Entscheidungsinstitutionen der Regierung umgehen, jedoch gleichzeitig deren Entscheidungskontext setzen und ständig verändern, ohne daß die Regierung durch autonome Aktion diese Transaktionen völlig beherrschen kann.

So gesehen werden die Souveränität und der Nationalismus Ideologien zur Abwehr transnationaler Politik, jedoch der Internationalismus, wie die *Sprouts* bemerken,[42] eine Triebkraft transnationaler Verflechtungen.

5. Transnationale Politik und Außengesteuerte Durchdringung

In den bisherigen Ausführungen ist von einem Typ transnationaler Politik ausgegangen, bei dem annähernd gleichgewichtige Verhältnisse vorliegen. In der Wirklichkeit werden jedoch solche Fälle mindestens gleich häufig sein, bei denen zwischen den teilnehmenden gesellschaftlichen und staatlichen Akteuren Differenzen in politischer und ökonomischer Macht bestehen. Damit beträten wir das weite Feld wirtschaftlicher Dominanz, des 'Neokolonialismus', des ökonomischen und politischen Imperialismus, ja der fünften Kolonnen und der Subversion.

Der Stand der Vorarbeiten gestattet es nicht, hierauf im einzelnen einzugehen. Dennoch soll die Möglichkeit einer Bearbeitung, einer theoretischen Neuordnung, ja vielleicht einer Belebung empirischer Forschung auf den erwähnten Gebieten mit Hilfe des theoretischen Rahmens der transnationalen Politik angedeutet werden, indem in nur groben Zügen eine Typologie gezeichnet wird.

---

[42] Harold und Margaret Sprout, Foundations of International Politics, Princeton 1962, S. 74 ff., 519 ff.

Hierin lassen sich auf einem Spektrum verschiedene Formen transnationaler Politik ansiedeln: an einem Ende der bisher behandelte Fall 'transnationaler Politik des gleichgewichtigen Typs' (Abb. 5), am anderen Ende die (hier am Beispiel der kommunistischen Weltbewegung skizzierte) 'außengesteuerte Durchdringung' (Abb. 8) mit den beiden Zwischenstufen der 'transnationalen Politik mit Dominanz-Effekten' (Abb. 6) und der 'außengesteuerten Durchdringung auf zwischengesellschaftlicher Basis' (Abb. 7).

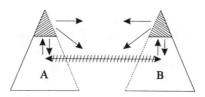

Abb. 5: Transnationale Politik des gleichgewichtigen Typs

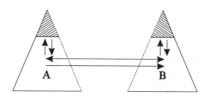

Abb. 6: Transnationale Politik mit Dominanz-Effekten

Vom zweiten Typ transnationaler Politik kann dann gesprochen werden, wenn zwischen den teilnehmenden gesellschaftlichen Akteuren (zum Beispiel in Staat A und B) starke Machgefälle bestehen. Beispiele wären: die von *François Perroux* in seiner 'Theorie der dominierenden Wirtschaft'[43] herausgearbeiteten (von Regierungen unbeabsichtigten) Vormachteffekte (durch Größe, Verhandlungsmacht, sowie technologischen Stand und sozio-ökonomische Ausstrahlungskraft) im Verhältnis zwischen Staaten. Hierzu gehören ferner multinationale Konzerne mit ausländischem Übergewicht sowie jene Formen des 'Neokolonialismus', bei denen ein Übergewicht ausländischer Firmen im Entwicklungsland vorliegt.

---

[43] François Perroux, 'Entwurf einer Theorie der dominierenden Wirtschaft', in: Zeitschrift für Nationalökonomie 13 (1952), S. 1-25, 242-268. Dazu auch: Ute Jeck, Die Theorie der Domination von François Perroux, Berlin 1968.

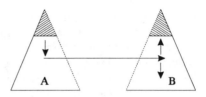

Abb. 7: Außengesteuerte Durchdringung auf zwischengesellschaftlicher Basis

'Außengesteuerte Durchdringung' auf zwischengesellschaftlicher Basis liegt dann vor, wenn ein Gefälle zwischen gesellschaftlichen Akteuren verschiedener nationalstaatlicher Systeme von der Regierung des mächtigeren Akteurs dazu ausgenutzt wird, die Durchsetzung ihrer Ziele im (oder in) anderen nationalstaatlichen System(en) zu betreiben. Hierunter fallen nicht nur bestimmte Fälle der auswärtigen Kulturpolitik (vor allem seitens früherer Kolonialmächte), sondern vor allem die Außenwirtschaftspolitik im Dienste der Außenpolitik. Hierzu gehört etwa das Instrumentarium, das *Albert Hirschman* an Hand einer Analyse der nationalsozialistischen Außenhandelspolitik aufzeigte,[44] aber auch staatliches Verhalten beim Versuch, Zugang zu strategischen Rohstoffen (etwa Uranerz) in anderen Ländern zu erhalten. Vor allem aber wäre hier der weitgefaßte Bereich des politischen Imperialismus im Gewande des ökonomischen Imperialismus einzuordnen, zu dem die Imperialismusforschung reiches Material vorgelegt hat. Schließlich sei auch auf die von *Krippendorf* skizzierten staatlichen Bemühungen hingewiesen, durch Ausnutzung zwischengesellschaftlicher Interaktionen 'Systemerhaltung' (des eigenen) zu betreiben.[45]

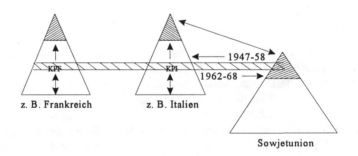

Abb. 8: Außengesteuerte Durchdringung

---

[44]   Albert O. Hirschman, National Power and the Structure of Foreign Trade, Berkeley 1945. Vgl. hierzu auch Peter Bernholz, Außenpolitik und internationale Wirtschaftsbeziehungen, Frankfurt a.M. 1966; Hans Möller, Außenwirtschaftspolitik, Wiesbaden 1961.
[45]   Ekkehardt Krippendorff, 'Ist Außenpolitik noch *Außen*politik?', in: PVS 4/3 (1963); vgl. auch die anregenden Beobachtungen in Kurt P. Tudyka, 'Ökonomische Dimensionen auswärtiger Beziehungen', in: Atomzeitalter 10/7 (1968).

Außengesteuerte Durchdringung liegt vor, wenn eine Regierung direkten Zugang zu gesellschaftlichen Akteuren in anderen nationalstaatlichen Systemen hat oder aufbaut und zur Verfolgung ihrer Interessen nutzt. Hierzu gehören einmal die kommunistische Bewegung, aber auch die Organisation der Reichs- und Volksdeutschen im Ausland unter dem Nationalsozialismus (vor allem durch die Auslands-Organisation der NSDAP und den Volksdeutschen Rat),[46] ferner der gesamte Bereich der 'Fünften Kolonnen' und aktiver Propaganda im Ausland. Auf einige dieser Phänomene hat *Andrew Scott* mit dem Begriff der 'informal penetration' hingewiesen.[47]

Von besonderem Interesse ist der kommunistische Fall, da hier eine eigenartige Verbindung von zwei Ebenen bestand: einer partiell multinationalen und einer internationalen. Einmal partizipierte die Sowjetunion indirekt an der Innenpolitik nichtkommunistischer Länder, und zwar im Wettbewerb mit anderen innenpolitischen Kräften des betreffenden Landes. Eine Institution in Moskau entschied also unter Abwägung der *innen*politischen Situation des in Frage kommenden Landes über die von der örtlichen KP zu verfolgende Politik, wobei das dem *Moskauer* ZK zur Verfügung stehende Instrumentarium von der *internen* Verfassungswirklichkeit des jeweiligen Landes maßgeblich mitbestimmt wurde. (Die Entwicklungen der letzten Jahre haben allerdings die Moskauer Stellung stark geschwächt.) Zum anderen entschied jedoch die gleiche Institution als Akteur im allgemeinen internationalen Geschehen.

Die sowjetischen (bzw. KP-)Aktionen auf der ersten Ebene - die 'Penetrationspolitik' - hatten natürlich Rückwirkungen auf der internationalen Ebene wie umgekehrt die sowjetische Politik auf der zweiten Ebene - die 'Außenpolitik' - die Entwicklungen derjenigen westlichen Länder von außen beeinflußte, deren Innenpolitik die Sowjetunion in Form einer KP durchdrang. Hierbei tauchte die Frage auf, welche Ebene vorherrschte, wie sie sich beeinflußten, wer jeweils entschied, ob Widersprüche bestanden usw. Von besonderem Interesse wäre das nach wie vor aktuelle Problem der Autonomie der örtlichen kommunistischen Parteien: Inwieweit besteht lokale Selbstständigkeit? Wie beeinflußt diese die sowjetische 'Penetrationspolitik'? Noch wichtiger: Welche Feedbacks ergeben sich aus der internationalen kommunistischen Bewegung auf die Entscheidungsprozesse in Moskau? Solche Feedbacks scheinen in den letzten Jahren stärker zu sein als zu den Zeiten des Komintern und im ersten Nachkriegsjahrzehnt. Hier liegt jedoch ein Forschungsgebiet vor, wo noch sehr viel Arbeit zu leisten ist, bevor sich Bestimmteres sagen läßt.

---

[46] Hierzu jetzt die reichhaltige Studie von Hans-Adolf Jacobsen, Nationalsozialistische Außenpolitik 1933-1938, Frankfurt a.M. 1968.

[47] Andrew M. Scott, The Revolution in Statecraft. Informal Penetration, New York 1967. Scott unterscheidet allerdings nicht zwischen Regierung und gesellschaftlichen Akteuren; alle sind Teil der 'penetrating nation', als ob diese als Einheit handelten. Damit werden einmal die halb- oder vollautonomen zwischengesellschaftlicher Prozesse einem nationalen Zweck untergeordnet, was keineswegs immer gerechtfertigt ist. Zum anderen schließt Scott damit die Konsequenzen transnationaler, autonomer gesellschaftlicher Prozesse als Gegenstand wissenschaftlicher Betrachtung aus.

Das Problem wird dadurch vielschichtiger und auch interessanter, daß beim Zusammenwirken der beiden Ebenen die oben erwähnten Penetrierten Systeme zwischen der Sowjetunion und den Satellitenstaaten eine Rolle spielen, denn die sozialistischen Staaten sind Bestandteil der kommunistischen Weltbewegung.

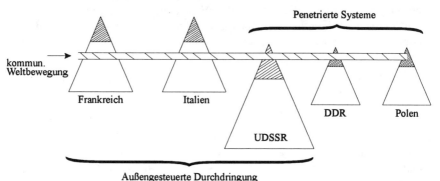

Abb. 9: Kommunistische Weltbewegung

Damit stellen sich mannigfache Fragen, wie zum Beispiel nach dem Einfluß der 'Satelliten' auf die 'außengesteuerte Durchdringung': auf diffuse Weise oder auf dem Umweg über Moskau? Damit fragt sich weiter, welche Konsequenzen die Schwächung der sowjetischen Funktion einer externen Elite in den Penetrierten Systemen des sozialistischen Lagers für die sowjetische Rolle in der 'außengesteuerten Durchdringung' westlicher Länder hat.

Die hier skizzierten Fälle dienen vornehmlich dazu, Variationsmöglichkeiten zwischen 'gleichgewichtiger Transnationaler Politik' und 'Außengesteuerter Durchdringung' aufzuzeigen. In der politischen Wirklichkeit gibt es weitere Möglichkeiten, mit flüssigen Grenzen zwischen ihnen. Diese Typen sollen helfen, das von den verschiedensten Forschungsbereichen vorgelegte Material zu sichten, zu ordnen, neue Fragestellungen zu formulieren und zu versuchen, die bisher nicht bestehende Verbindung zwischen der theoretischen Erfassung der 'internationalen' Politik und der gesellschaftlichen bzw. zwischengesellschaftlichen Prozesse herzustellen.

6. Transnationale Politik in Theorie und Praxeologie

6.1. Abgrenzung von funktionellen Zusammenschlüssen und regionaler Integration

Zwar stellen die vorhergehenden Ausführungen nur einen frühen Ausschnitt aus einer noch nicht beendeten weitergreifenden Arbeit dar, jedoch lassen sich einige Bemerkungen zur Abgrenzung dieses Idealtyps von dem von der funktionalistischen Theorie, vor allem von dem von *Mitrany*[48] gezeichneten Modell eines funktionellen Zusammenschlusses machen.

Transnationale Politik erklärt Prozesse, die zu funktionellen Organisationen führen *können*. Der Funktionalismus unterstellt bekanntlich (sachlich begrenzte) gemeinsame Interessen zwischen verschiedenen Staaten, Interessen, die dann in einem Zusammenschluß organisiert werden können, und zwar durch einen Begründungsakt *der Regierungen*. Transnationale Politik reicht weit in die Vorphasen dieses Prozesses, vor allem in die (auch funktionell begrenzten) transnationalen Gesellschaften. Dieser Idealtyp greift also weiter als das funktionalistische Denken. Er versucht die von der funktionalistischen Theorie vernachlässigten gesellschaftlichen Vorgänge der auf Interaktion orientierten gegenwärtigen Industriegesellschaft zu erfassen und zu erkennen. Transnationale Politik kann, muß aber nicht zu funktionellen Zusammenschlüssen führen - eine durch die Wirklichkeit bestätigte realistischere Annahme als die der rationalen Einsicht in die Notwendigkeit funktioneller Zusammenarbeit seitens neuzeitlicher Regierungen.[49]

Transnationale Politik ist auch von der regionalen Integration streng zu unterscheiden, denn diese hat nicht nur eine engere regionale Ausrichtung, sondern geht von einer Progression in Richtung gemeinsamer Entscheidungen von nationalstaatlichen Regierungen aus, die im voraus in Verträgen kodifiziert und deren Durchführung von Institutionen unterstützt wird. Transnationale Politik ist geographisch diffuser, wenngleich sie auch vornehmlich in der Atlantischen Region zuzüglich Japans auftritt. Im Gegensatz zur Integration hat transnationale Politik keine Ziele; diese kann hinsichtlich nationalstaatlichen Verhaltens völlig verschiedene Ergebnisse hervorbringen, die von der nationalen Abkapselung bis zur Begründung gemeinsamer Institutionen reichen. Integration ist ein Prozeß, dessen Fortgang hierauf gezielte Maßnahmen von Politikern erfordert, transnationale Politik umfaßt soziale und politische Aktionsmuster, die besonders typisch für hochentwickelte demokratische Industriestaaten sind. Sie bergen Möglichkeiten friedenssichernde Maßnahmen, aber auch Gefahren. Dies leitet über zu einer abschließenden Bemerkung über die praxeologische Dimension der transnationalen Politik.

6.2. Transnationale Politik und Praxeologie

In der wissenschaftlichen Literatur und politische Rhetorik taucht immer wieder die Behauptung auf, daß die zunehmende Interdependenz zwischen den heutigen Staaten der Stabilität und dem Frieden diene - in jedem Falle positiv zu beurteilen sei.[50] Diese Aussage erweist sich bei einer oberflächlichen Prüfung als

[48] David Mitrany, A Working Peace System, Chicago 1966.
[49] Diese kurzen Bemerkungen können natürlich der Komplexität der funktionalistischen Theorie nicht gerecht werden. Eine eingehendere Behandlung soll später erfolgen. Zum Funktionalismus vgl. auch die Analyse von Ernst B. Haas, Beyond the Nation-State. Functionalism and International Organization, Stanford 1964.
[50] So z.B. die in anderer Hinsicht sehr zutreffenden Beobachtungen in Edward L. Morse, 'The Politics of Interdependence', in: International Organization, April 1969, im Druck; für eine differenzierte Analyse vgl. R. Vernon, 'Economic Sovereignty at Bay'.

Trugschluß: Wachsende Interdependenz macht nationalstaatliche Systeme auch anfälliger gegen Krisen, die an anderen Stellen des Interdependenzsystem ihren Ursprung haben, etwa im Gefolge dort gewollter oder unbeabsichtigt hervorgerufener Störungen. Interdependenz kann also nur dann im Sinne der obigen Aussage positiv beurteilt werden, wenn erstens rationales Handeln der beteiligten Akteure und zweitens die Beherrschung der hier wirksamen sozio-politischen Kräfte und ihrer Gesetzmäßigkeiten unterstellt wird. Die politische Wirklichkeit widerlegt immer wieder beide Annahmen.

Dennoch bedeutet die angeführte Aussage über die Interdependenz auf ein brennend wichtiges Problem hin: Das Anwachsen der Interdependenz im Gefolge der für die heutigen Gesellschaften charakteristischen Verflechtungen ist nicht von einer entsprechenden Zunahme der Kontrolltechniken begleitet. Gerade die Währungskrisen von 1968/69 zeigen, daß die für die Gegenwart typischen transnationalen Kräfte die Kapazität für tiefgreifende Störungen erhöhen, also die Entwicklung neuer Steuerungstechniken erfordern.

Derzeitig ist jedoch unsere Kenntnis dieses Problembereichs höchst beschränkt. Genaue Untersuchungen transnationaler Gesellschaften und der dort wirksamen Kräfte stehen für die meisten politisch besonders relevanten Gebiete noch aus. Ihre Deutung für das Zusammenleben nationalstaatlicher Systeme - der 'Interdependenz' - muß noch unternommen werden. Damit ist auch offen, welche Maßnahmen, zum Beispiel in Form multinationaler Regularisierung, nötig wären, um diese Prozesse zu kontrollieren. Welche Konsequenzen wären daraus für die innerstaatliche Verfassungsnorm und -wirklichkeit zu ziehen? Wo liegen Ansatzpunkte für eine Politik, die nach Möglichkeiten eines permanent friedenssichernden internationalen System sucht?

Die westlichen Regierungen (zum Beispiel in der Strategie und der Organisation ihrer Diplomatie), aber auch die Politikwissenschaft und einige ihrer Nachbardisziplinen haben diese Problematik mit wenigen Ausnahmen bisher vernachlässigt: Der in die Souveränität gehüllte Nationalstaat bleibt für sie das Zentrum ihres Bezugssystems, theoretisch wie praktisch. Der hier skizzierte Idealtyp der transnationalen Politik, verstanden als erster Schritt auf eine Theorie der multinationalen Politik, versucht Möglichkeiten zu entwickeln, die hier angedeuteten transnationalen Prozesse zu analysieren und zu deuten. Letztlich soll damit auch dem obersten und dringendsten Ziel einer Politikwissenschaft gedient werden, nämlich der Erarbeitung einer handlungswissenschaftlichen Theorie, einer Praxeologie, die den Frieden sichert.

3. ERSCHLIEBUNGSFRAGEN

1) Worin besteht Kaisers Kritik am Modell der "internationalen Politik" der 1950er und 1960er Jahre?

2) Was versteht Kaiser unter "multinationaler Politik", was unter "transnationaler Politik"?

3) Welche Formen multinationaler Politik unterscheidet Kaiser? Durch welche Merkmale zeichnen sie sich aus?

4) Wann kann man nach Kaiser von einer "transnationalen Gesellschaft" sprechen?

5) Wie läßt sich das Verhältnis zwishen transnationalen Akteuren und Nationalstaat charakterisieren? Welche Auswirkungen haben die Strukturmerkmale dieses Verhältnisses auf die Handlungsmöglichkeiten des Nationalstaats?

6) Erläutern Sie die Strukturbedingungen transnationaler Politik.

7) Karl Kaiser unterscheidet die Bedingungen, die für die Herausbildung und Intensivierung der "transnationalen Politik" besonders förderlich sind, als "horizontale und vertikale Komunikation". Erläutern Sie die Begriffe.

8) Wie grenzt Kaiser transnationale Politik von funktionellen Zusammenschlüssen und regionaler Integration ab?

4. WEITERFÜHRENDE LITERATUR

ARON, Raymond, *Frieden und Krieg. Eine Theorie der Staatenwelt*, Frankfurt 1963

BÜHL, Walter L., *Transnationale Politik: Internationale Beziehungen zwischen Hegemonie und Interdependenz*, Stuttgart 1978.

BÜHL, Werner L., *Transnationale Politik. Internationale Politik zwischen Hegemonie und Interdependenz*, Stuttgart 1978

BURTON, J.W. et al., *The Study of World Society: A London Perspective*, International Studies Association, Occasional Papers No. 1, 1974

BURTON, J.W., *Systems, States, Diplomacy, and Rules*, Cambridge 1968

DEUTSCH, K.W., "External Influences on the Internal Behavior of States", in: Farrell, R. Barry (Hrsg.), *Approaches to Comparative and International Politics*, Evanston 1966

HAFTENDORN, Helga, "Verflechtung und Interdependenz als Strukturbedingungen westdeutscher Außenpolitik", in: Haftendorn, H./Wolf-Dieter Karl/Joachim Krause/Lothar Wilker (Hrsg.), *Verwaltete Außenpolitik. Sicherheits- und entspannungspolitische Entscheidungsprozesse in Bonn*, Köln 1978, S. 15-38.

HARROD, Jeffrey, "Transnational Power", in: *The Year Book of World Affairs* (1976), S. 97-115

KAISER, Karl, "Interdependence and Autonomy: Britain and the Federal Republic in their Multi-national Evironment", in: Kaiser, K./Morgan, R., *Britain and West Germany. Changing Societies and the Future of Foreign Policy*, London 1971

KAISER, Karl, "Tansnationale Politik. Zu einer Theorie der multinationalen Politik", in: *Politische Vierteljahresschrift*, Sonderheft 1 (1969), S. 80-109

KEOHANE, Robert O./NYE, Joseph S. Jr. (Hrsg.), *Transnational Relations and World Politics*, Cambridge MA ²1972

KEOHANE, Robert O./NYE, Joseph S. Jr., "Transgovernmental Relations and International Organizations", in: *World Politics* 27 (1974/75), S. 39-62

KUPER, Ernst, "Transnationale Versammlung und nationales Parlament. Einige Überlegungen zu Funktion and Leistung des Parlamentarismus in den internationalen Beziehungen", in: *Zeitschrift für Parlamentsfragen* 22/4 (1991), S. 620-638

LINK, Werner, *Der Ost-West-Konflikt. Die Organisation der internationalen Beziehungen im 20. Jahrhundert*, Stuttgart u.a. 1980

LINK, Werner, *Deutsche und amerikanische Gewerkschaften und Geschäftsleute 1945-1975. Eine Studie über transnationale Beziehungen*, Düsseldorf 1978

MEYERS, Reinhard, *Weltpolitik in Grundbegriffen. Band I: Ein lehr- und ideengeschichtlicher Grundriß*, Düsseldorf 1979

MORSE, Edward L., *Modernization and the Transformation of International Relations*, New York 1976

ROSECRANCE, Richard, *International Relations. Peace or War*, New York 1973

VIII.
Regime-Analyse

1. EINFÜHRUNG

Die Analyse internationaler Regime hat sich in den letzten 15 Jahren zu einem regelrechten "Forschungsprogramm" entwickelt. Auch dieses Programm trug, wie die Interdependenztheorie und das Konzept der Transnationalen Beziehungen, dazu bei, die Aufmerksamkeit der wissenschaftlichen Beschäftigung mit Fragen der Internationalen Politik von den Annahmen der Realistischen Schule, die sich vornehmlich auf Konflikte und Probleme zwischen den Staaten vor dem Hintergrund eines internationalen anarchischen Systems konzentrierten, wegzubewegen hin zu einer Auseinandersetzung mit Fragen der internationalen Zusammenarbeit. So geht die Regime-Analyse der Frage nach, wie Kooperation zwischen Staaten, die Souveränität reklamieren und um Macht und Einfluß konkurrieren unter den Bedingungen internationaler Anarchie möglich ist.

Vertreter des Regime-Ansatzes stehen in der Regel der Realpolitischen Schule sehr kritisch gegenüber. Dies hat zum einen zur Folge, daß sich die Regime-Analyse, vor allem amerikanischer Provenienz, vornehmlich mit Problemfeldern beschäftigt, die nicht zu den primären Untersuchungsgegenständen der realpolitischen Richtung gehören: Handel, Finanz- und Wirtschaftsfragen, Technologie, Kommunikation etc. stehen hier im Vordergrund des Interesses. Eine Auseinandersetzung mit Regimebildung im Sicherheitsbereich ging zunächst Mitte der 80er Jahre von der deutschen Forschung aus. Das Ende des Ost-West-Konflikts weckte schließlich auch auf amerikanischer Seite das Interesse an Kooperationsstrukturen im Sicherheits- und Militärbereich, vor allem auch deswegen, weil nach dem Zusammenbruch der bipolaren Weltordnung nicht-militärische Aspekte internationaler Sicherheit gegenüber den traditionellen Sicherheitsfragen (Rüstungskontrolle und Abrüstung) an Bedeutung gewannen.

Indem die Regime-Analyse das Geflecht institutionalisierter internationaler Kooperation zum Untersuchungsgegenstand gemacht hat, trug sie dazu bei, die Grenzen konventioneller Forschung über internationale Organisationen zu überwinden und auch solche Regeln und Mechanismen internationaler Zusammenarbeit zwischen Staaten in den Blick zu nehmen, deren Institutionalisierungsgrad unterhalb der Ebene internationaler Organisationen liegt. Sie hat Kategorien für eine systematische und vergleichende Analyse von Regelwerken bereitgestellt und Hypothesen zur Erklärung institutionellen Wandels formuliert. Zu den Hauptvertretern des Regime-Ansatzes zählen die Amerikaner Stephen D. Krasner, Ernst B. Haas, Peter J. Katzenstein, Joseph Nye und Robert Keohane. In der Bundesrepublik beschäftigen sich vor allem Volker Rittberger, Klaus-Dieter Wolf, Michael Zürn, Manfred Efinger, Harald Müller und Michael Kreile mit der Analyse internationaler Regime.

Historische Einordnung: Theoriegeschichtlich gesehen wurzelt die Analyse internationaler Regime in der funktionalistischen Theorie internationaler Organisationen und in der Interdependenztheorie.

Theoretische Vororientierungen und Selektionskriterien: Die Analyse vorhandener internationaler Kooperationsstrukturen benutzt, abhängig von ihrem jeweiligen Untersuchungsgegenstand, je spezifische sozialwissenschaftliche Theorien. Die Analysen zeichnen sich deshalb durch einen je spezifischen Theorienpluralismus aus. Von besonderer Bedeutung für die Regimeanalyse sind struktur-funktionalistische Ansätze, Spieltheorie, der "public choice"-Ansatz, die Kognitionstheorie, die "issue area analysis", die soziologische Institutionentheorie, der Neorealismus und die Lerntheorie.[1]

Der Regime-Ansatz postuliert einen Regelungsbedarf in einem bestimmten Politikfeld; er fragt nach den Regimebausteinen, diskutiert die Regimeabgrenzung und -vernetzung mit benachbarten Politikbereichen und bemüht sich um einen Nachweis der Regimeeffizienz, d.h. des Einflusses des Regimes auf die Regimemitglieder. Schließlich erörtert er auch die Regimeleistung, d.h. die ordnungsstiftende und konflikttransformierende Funktion des Regimes gegenüber dem bereichsspezifischen Regelungsbedarf sowie die Regimeevolution, d.h. das "Lernen" im Regime, die dynamische Weiterentwicklung der Regimestruktur nach Maßgabe veränderter Umweltbedingungen.

Damit ist der Objektbereich der Regime-Analyse weit gesteckt. Da dieser Ansatz einen großen Teil der zwischenstaatlichen Beziehungen insgesamt ausschöpft, verlangt er nach Relevanzgesichtspunkten, Leitfragen und Typologien, die ihn ordnen und Anstöße für die Hypothesenbildung geben. So unterscheidet man spezifische und diffuse, formelle und informelle Regime; solche die aufgezwungen und solche die ausgehandelt sind. Zu den Variationsdimensionen, nach denen sich Regime unterscheiden, zählen die Stärke, die Organisationsform, die Reichweite und der Allokationsmodus.[2]

Um die Komplexität des Objektbereichs zu reduzieren, wurden vor allem Modelle und Theorieentwürfe formuliert, die die Entstehung, die Aufrechterhaltung, den Wandel und den Verfall von Regimen erklären sollen. Zum meist diskutierten Erklärungsansatz für Regimewandel avancierte die "Theorie der hegemonialen Stabilität". Diese besagt im Kern, daß nur eine Hegemonialmacht imstande ist, den Ordnungsrahmen für eine offene Weltwirtschaft herzustellen und zu sichern. Demnach sind Regime stabil, solange ihnen die Macht des Hegemons Halt verleiht. Sie werden geschwächt oder verfallen gar, wenn der Hegemonial-

---

[1]   Michael Kreile, 'Regime und Regimewandel in den internationalen Wirtschaftsbeziehungen', in: Beate Kohler-Koch (Hrsg.), Regime in den internationalen Beziehungen, Baden-Baden 1989, S. 101.
[2]   Vgl. Stephen Haggart/Beth A. Simmons, 'Theories of International Regimes', in: International Organisation 41 (1987), S. 491-517.

staat Macht verliert und seine Ordnungsfunktion nicht mehr erfüllen kann. Ohne Hegemonie lasse sich folglich keine dauerhafte Ordnung aufrechterhalten.[3]

Neben diesen *machtstrukturellen* Ansatz treten *problemorientierte, situationsstrukturelle* und *strukturalistisch-funktionale* Modelle. Der *problemorientierte* Ansatz greift auf die von Rosenau vorgestellte "issue area analysis" zurück und geht davon aus, daß die einem Problembereich oder einem Konflikt innewohnenden Charakteristika die Art und Weise vorherbestimmen, wie mit diesem Konflikt umgegangen wird. Mit dieser Orientierung ist es möglich zu erklären, warum die gleiche Gruppe staatlicher Akteure in einem Problembereich zusammenarbeitet und in anderen Problembereichen auf Selbsthilfemaßnahmen und Formen der ungeregelten Konfliktlösung zurückgreift.

Der *situationsstrukturelle* Ansatz greift demgegenüber auf spieltheoretische Überlegungen zurück und argumentiert, daß problematische soziale Situationen "soziale Fallen" darstellen, in denen eine rationale Verfolgung des Eigeninteresses zu einer suboptimalen Lösung für das Kollektiv führen kann. Solche Situationen weckten bei den beteiligten und betroffenen Akteuren das Bedürfnis, eine kooperative Lösung zu finden und damit ein suboptimales Ergebnis zu verhindern.

Der *strukuralistisch-funktionale* Ansatz, der sich vor allem auf das Problem der "Regimenachfrage"[4] konzentriert, macht Anleihen bei der Politischen Ökonomie und ebenfalls bei der Spieltheorie. Ein Regimebedarf entstehe in Konfliktstrukturen, die Nicht-Nullsummenspielen gleichen. In solchen Konfliktstrukturen erfüllten Regime vor allem drei Funktionen: 1. etablieren sie stabile Erwartungen für das zukünftige Verhalten der Gegenseite, indem ein relevanter Teil dieses Verhaltens gemeinsam vereinbarten Regeln folgt. Die Kontingenz möglicher Verhaltensweisen werde so verringert, Vorbereitungskosten reduziert und die Katastrophen, die aus dem Zusammenspiel unsynchronisiert konkurrierenden Verhaltens erwachsen könnten, vermieden; 2. reduzierten sie spezifische Transaktionskosten, insbesondere Versicherungskosten, die Konstruktion von Kommunikationskanälen und den Entwurf von ad-hoc-Regeln; 3. produzierten sie Informationen, die die unter 1. genannten Wirkungen verstärkten und zu deren Beschaffung andernfalls höhere Kosten aufgewandt werden müßten.[5]

Bei den Bemühungen um eine Konzeptualisierung des Regime-Begriffes sind deutliche Unterschiede in der amerikanischen und deutschen Forschung aufgetreten. In der Mehrzahl der amerikanischen Arbeiten, besonders in den Veröffentlichungen von Keohane und Nye dokumentiert sich ein politisch motiviertes Er-

[3] Vgl. vor allem Robert O. Keohane, After Hegemony. Cooperation and Discord in the World Political Economic, Princeton NJ 1984.

[4] Vgl. R.O. Keohane, After Hegenomy; Stephen D. Krasner, International Regimes, Ithaca, London 1983; St. Haggart/B.A. Simmons, Theories of International Regimes; Michael Zürn, Gerechte internationale Regime. Bedingungen und Restriktionen der Entstehung nichthegemonialer internationaler Regime untersucht am Beispiel der Weltkommunikationsordnung, Frankfurt 1987.

[5] Vgl. Harald Müller, 'Regimeanalyse und Sicherheitspolitik', in: B. Kohler-Koch (Hrsg.), Regime in den internationalen Beziehungen, S. 279.

kenntnisinteresse, das die Frage nach einer optimalen Gestaltung internationaler Politik unter Interdependenzbedingungen in den Mittelpunkt rückt und konkret nach den Bestandsbedingungen der von den USA und ihren Verbündeten errichteten Nachkriegsordnung fragt. Da diese in den Bereichen von Handel und Währung besonders augenfällig gefährdet waren, widmeten sich eine Vielzahl von empirischen Studien und theoretischen Reflexionen gerade diesen Themen. Der Schwerpunkt der Regimeanalyse in den USA liegt damit auf den Wirtschaftsbeziehungen und dem Kooperationsverhältnis zu den westlichen Industrienationen.[6]

Demgegenüber vertritt die deutsche Forschung einen umfassenderen Regimebegriff. Unter Rückgriff auf die normativen Prämissen der Friedens- und Konfliktforschung werden Regime in der deutschen Forschung verstanden als Teil eines prozessualen Konfliktmodells der internationalen Beziehungen. Es wird davon ausgegangen, daß in den internationalen Beziehungen, genauso wie in sozialen Beziehungen, Konflikte ubiquitär sind. Internationale Regime könnten deshalb verstanden werden als soziale Institutionen, die Konflikte zwischen Staaten regulieren, indem sie das staatliche Handeln und Verhalten durch Normen und Regeln kontrollieren. Internationale Regime sind demnach zu verstehen als kollektive Antwort auf eine Vielzahl von Konfliktsituationen. Anstatt zu Selbsthilfestrategien zu greifen, die auch die Androhung von Gewalt beinhalten können, regeln Staaten hier ihre Konflikte in einer kontrollierteren und friedlicheren Weise. Mit Hilfe der Regime-Analyse sollen Möglichkeiten aufgedeckt werden, einen stabilen Frieden zu garantieren bzw. eine internationale Sicherheitsgemeinschaft zu etablieren, die von internationalen Regimen als Institutionen des Konfliktmanagements getragen werden.[7]

Konstitutive Grundannahmen: Regime werden verstanden als intervenierende Variable, die sich zwischen die grundlegenden Einflußgrößen internationaler Politik - Macht, Interesse, Normen - und Politikergebnisse schiebt. Internationale Regime sind Regelwerke zur Bewältigung der Folgen und Herausforderungen, die sich für Staaten aus der Technikentwicklung ergeben.

Regime werden definiert als "Zusammenhang von wechselseitigen Erwartungen, Regeln, Plänen, organisatorischen Energien und finanziellen Verpflichtungen, die von einer Gruppe von Staaten aufgenommen worden sind."[8] Sie bezeichnen Netzwerke von impliziten Prinzipien, Regeln, Normen und Entscheidungsverfahren, an denen sich die Erwartungen von Akteuren in einem gegebenen Politikfeld[9] der internationalen Beziehungen ausrichten[10] und die insofern

---

[6] Vgl. Beate Kohler-Koch, 'Zur Empirie und Theorie internationaler Regime', in: dies. (Hrsg.), Regime in den internationalen Beziehungen, S. 17.

[7] Vgl. Volker Rittberger, 'Research on International Regimes in Germany', in: ders. (Hrsg.), Regime Theory and International Relations, Oxford 1993, S. 11 f.

[8] John G. Ruggie, 'International Responses to Technology: Concepts and Trends', in: International Organization 29 (1975), S. 570 (557-583).

[9] Politikfeld ist hier zu verstehen im Sinne der amerikanischen Definition der "issue area", nämlich als ein "um den Bearbeitungsaspekt" ergänztes Problemfeld. Die Grenzen eines Problemfeldes werden durch die Perzeptionen und das Verhalten der Akteure bestimmt, ebenso die Grenzen eines Regimes. Deshalb lasse sich die Regime-Analyse verstehen als Übertragung der Policy-Analyse auf die internationalen Beziehungen. Vgl. Michael Kreile, 'Internatio-

Interdependenzbeziehungen beeinflussen.[11] Regime unterschiedlicher Politikfelder können sich gegenseitig beeinflussen oder auf denselben Prinzipien und Normen basieren. Regime müssen ein gewisses Maß an Dauerhaftigkeit und Unabhängigkeit von den sie erzeugenden Macht- und Interessenstrukturen sowie eine gewisse Effektivität besitzen.[12] Regime unterscheiden sich stark nach ihrer funktionalen Reichweite, geographischer Ausdehnung und dem Kreis ihrer Mitglieder. Internationale Regime müssen im Unterschied zu internationalen Organisationen keine eigene Rechtspersönlichkeit oder eigene soziale Identität besitzen. Allerdings sind internationale Organisationen oder "Verhandlungssysteme" für die Entstehung und Aufrechterhaltung von internationalen Regimen u.U. notwendig, auch um die Regimeevolution gewährleisten zu können.[13]

Kritik und theoretische Anknüpfungspunkte: Die weitreichendste Kritik hat der von Keohane und Nye entwickelte Ansatz der "hegemonialen Stabilität" geerntet. Dieser Ansatz geht davon aus, daß offene Märkte die Existenz eines starken Regimes, vorzugsweise eines hegemonialen, voraussetzen. Gegen diese zentrale Annahme bringt Susan Strange vor, daß sich beispielsweise für die internationalen Finanzbeziehungen zeigen läßt, daß offene Märkte zwar eine staatliche Veranstaltung seien, daß sie aber auch durch unkoordinierte einzelstaatliche Entscheidungen zustande kommen können. Der Regime-Ansatz für die Analyse internationaler Wirtschaftsbeziehungen habe sich damit auch dem Phänomen von "non-regimes" zu stellen, das einer liberalen Weltwirtschaftsordnung als normaler Basis innewohne.[14] Strange hält darüber hinaus der Regime-Analyse vor, daß diese den instabilen Charakter so mancher als Regime bezeichneter Abkommen und Regelwerke verkenne und nicht der Dynamik des Wandels hinter den institutionellen Fassaden gerecht werde, die von Technologien und Märkten erzeugt werde.[15]

Auch Kreile fragt, ob die Fixierung auf Regime nicht möglicherweise den Blick verstellt für Problemfelder, die sich nicht so leicht in das Kategorienschema des Regimeansatzes einpassen lassen, und ob man nicht von vornherein die *politische Ökonomie eines Problemfeldes* zum Forschungsgegenstand machen sollte. Regime wären darin ein Strukturelement unter anderen, und es fiele leichter, die Eigendynamik von Märkten, die Wechselwirkungen einzelstaatlicher "policies", die Interaktionsmuster zwischen staatlichen und privaten Akteuren

---

nale Wirtschaftsbeziehungen', in: B. Kohler-Koch (Hrsg.), Regime in den internationalen Beziehungen, S. 94.

[10] Stephen Krasner, 'Structural Causes and Regime Consequences: Regimes as Intervening Variables', in: International Organization 36 (1982), S. 186 (185-205).

[11] R.O. Keohane/J. Nye, Power and Interdependence, Princeton NJ 1977, S. 19.

[12] Klaus Dieter Wolf/Michael Zürn, '"Internationale Regimes" und Theorien der Internationalen Politik', in: Politische Vierteljahresschrift 27 (1986), S. 204 f.

[13] Norbert Ropers/Peter Schlotter, 'Regimeanalyse und KSZE-Prozeß', in: B. Kohler-Koch (Hrsg.), Regime in den internationalen Beziehungen, S. 317.

[14] Susan Strange/R. Tooze, 'States and Markets in Depression: Managing Surplus Capacity in the 1970s', in: dies (Hrsg.), The International Politics of Surplus Capacity, London 1981, S. 8.

[15] Susan Strange, 'Cave! hic dragones: A Critique of Regime Analysis', in: International Organization 36 (1982), S. 490.

sowie die innenpolitischen Rückwirkungen von Interdependenzen zu erfassen. Dies käme auch dem Forschungsprogramm der Interdependenzanalyse entgegen. Und schließlich ließen sich dadurch wohl auch Probleme des "issue linkage", der Verquickung und Verkettung von Problemfeldern, besser bewältigen als im Rahmen des Regime-Ansatzes.[16]

2. LEKTÜRE

Zur Empirie und Theorie internationaler Regime[17]

BEATE KOHLER-KOCH

Beate Kohler-Koch (*1941) ist Professorin für Politische Wissenschaft an der Universität Mannheim. Sie leitete in den Jahren 1969 bis 1973 das Institut für Europäische Politik, promovierte 1970 und wurde 1972 als Professor für Politische Wissenschaft an die TH Darmstadt berufen. Ihre Forschungsschwerpunkte liegen im Bereich der Europa-Politik, der internationalen Parteienkooperation, der Verbandspolitik sowie der Theorien der internationalen Beziehungen.

Bei dem hier abgedruckten Textausschnitt handelt es sich um die Einleitung zu dem von ihr herausgegebenen Sammelband "Regime in den internationalen Beziehungen". In diesem Band sind die Arbeitsergebnisse der Sektion "Internationale Politik" des Darmstädter Kongresses der Deutschen Vereinigung für Politische Wissenschaft" (DVPW) des Jahres 1988 zusammengefaßt. Mit der Erörterung von Institutionalisierungsprozessen in den internationalen Beziehungen rückte die Frage nach der Fruchtbarkeit des Regime-Ansatzes für die Analyse internationaler Politik in den Mittelpunkt der Forschungsdiskussionen. Damit wurde auf diesem Kongreß erstmalig im breiteren Rahmen in der Bundesrepublik eine Forschungsperspektive diskutiert, die bereits seit Anfang der 80er Jahre einen breiten Teil des Forschungsprogramms der USA einnimmt.

1. Regimebedarf und Regimeentstehung

1.1. Kooperation in einer interdependenten Welt von Egoisten

In dem Maße, in dem Interdependenz als vorherrschendes Charakteristikum internationaler Politik in das Bewußtsein von Politikern und Politikwissenschaft-

---

[16] Michael Kreile, 'Regime und Regimewandel in den internationalen Wirtschaftsbeziehungen', in: B. Kohler-Koch (Hrsg.), Regime in den internationalen Beziehungen, S. 99.
[17] Aus: Beate Kohler-Koch (Hrsg.), Regime in den internationalen Beziehungen, Baden-Baden 1989, S. 17-87. Mit freundlicher Genehmigung des Nomos Verlages, Baden-Baden.

lern gleichermaßen rückte, wuchs auch das Interesse an dem Phänomen der internationalen Kooperation. Es ging um die theoretische Begründung der Wünschbarkeit und vor allem der Möglichkeit von Kooperation und die Ergründung der Bedingungen ihrer tatsächlichen Verwirklichung. In einer Welt, in der eine zunehmende internationale Verflechtung die Eigenständigkeit binnenstaatlichen Geschehens aufhebt, technische Kommunikationsfortschritte die frühere Abgeschiedenheit dank geographischer Distanz aufhebt und die Bedeutung internationaler Austauschprozesse aufgrund ihres schieren Umfangs dramatisch zunimmt, wächst das Bedürfnis nach internationaler Steuerung. Dieses wird selbst von Großmächten geteilt, gehört doch der Bedeutungsverlust militärischer Gewaltmittel und insgesamt die Relativierung unilateraler Machtausübung zu den Kennzeichen "komplexer Interdependenz"[18], wenn es um die Minimierung der eigenen Verwundbarkeit im Interdependenzzusammenhang geht. Gleichermaßen läßt die militärische Sicherheitslage angesichts der Existenzbedrohung beim Einsatz nuklearer Waffen und den Unwägbarkeiten und Kosten einer auf Abschreckung beruhenden Sicherheitspolitik die Defizite unilateralen Handelns deutlich werden. Somit wurde Kooperation zum Schlüssel, der die Tür zu einer besseren - dem status quo allerdings weitgehend verpflichteten - Welt öffnen sollte.

Die Einsicht in die Überlegenheit kooperativen Verhaltens selbst in einer "Welt von Egoisten"[19] ist unschwer zu vermitteln. Spieltheoretische Modellrechnungen können überzeugend demonstrieren, daß in unterschiedlichen - von der komplexen Realität allerdings stark abstrahierenden - Konfliktsituationen autonome, an partikularer Interessenmaximierung interessierte Akteure sehr wohl zu einer Abstimmung ihrer Handlungsstrategien kommen können, die für die Beteiligten insgesamt von Vorteil ist. Das Problem liegt nicht in der mangelnden Attraktivität der durch Kooperation zu erreichenden Güter - der Verweis auf die suboptimalen Ergebnisse unilateralen Handelns unter Interdependenzbedingungen ist ebenso überzeugend wie die Erinnerung an die vor allem im Sicherheitsbereich möglicherweise katastrophalen Risiken wechsel- oder einseitiger Kooperationsverweigerung -, sondern in dem von Olson schon vor fast einem Vierteljahrundert aufgezeigten Dilemma, daß parallele Interessen eine notwendige aber keine hinreichende Grundlage für das Zustandekommen kollektiven Handelns sind.[20] Es bedarf vielmehr zusätzlicher Anreize und Bedingungen, um die Einbindung von autonomen Akteuren in einen institutionalisierten Kooperationszusammenhang zu erreichen,

• solange Erwartungsunsicherheit bezüglich der Verpflichtungsbereitschaft der übrigen Akteure besteht,

• solange die Kosten- und Nutzenverteilung, die aus der Kooperation erwächst, selbst umkämpft ist und

• solange die Rolle des nutznießenden Außenseiters höchst attraktiv bleibt.

---

[18] Robert O. Keohane/Joseph S. Nye, Power and Interdependence. World Politics in Transition, Boston 1977.
[19] Robert Axelrod, Die Evolution der Kooperation, München 1988, S. 3.
[20] Mancur Olson, The Logic of Collective Action, Cambridge MA 1965.

1.2. Der Funktionsbeitrag von Regimen

Wenn also nach der besonderen Bedeutung von Regimen als Spezifikum internationaler Zusammenarbeit gefragt wird, ist das Augenmerk darauf zu richten, wie und warum die Überwindung dieser Kooperationshemmnisse erreicht werden kann und welchen Beitrag Regime zur Festigung der Kooperationsbereitschaft leisten.

Die besondere Funktionsleistung von Regimen[21] wird darin gesehen, daß sie

- Richtlinien für das Verhalten der Akteure aufstellen und damit zum Abbau der Erwartungsunsicherheit bezüglich des Verhaltens anderer Akteure beitragen,

- die Transaktionskosten der internationalen Zusammenarbeit verringern, in dem sie einen normativ-institutionellen und gegebenenfalls auch organisatorischen Rahmen für den Abschluß konkreter Vereinbarungen zur Verfügung stellen,

- sach- und akteursbezogene Informationen zur Verfügung stellen, die als gemeinsame Ausgangslage zur Konkretisierung eines wechselseitig befriedigenden Übereinkommens dienen, die das gegnerische Handeln berechenbar machen und überdies die notwendige Transparenz herstellen, um zu einer fundierten und wechselseitig überprüfbaren Einschätzung über die Verläßlichkeit regimegemäßen Verhaltens zu gelangen.

Unter der Voraussetzung, daß die Beteiligten am Zustandekommen wechselseitiger Übereinkünfte in einer Reihe konkreter Sachfragen interessiert sind, wird erwartet, daß sie bereit sind, sich institutionell Zwänge aufzuerlegen, die langfristig die Möglichkeit produktiver Zusammenarbeit absichern. Eine Grundannahme ist, daß Regime ihre Geltung ihrer eigenen Funktionstüchtigkeit und nicht dem Einsatz irgendwelcher Zwangsmittel verdanken. Es wird davon ausgegangen, daß Staaten sich nicht aufgrund drohender Sanktionen oder dank zusätzlicher materieller Anreize regimegerecht verhalten, sondern weil sie eine kooperative Regelung ihrer internationalen Konflikte langfristig für nutzbringend halten, sie entsprechend Interesse an der Aufrechterhaltung internationaler Kooperationsmöglichkeiten haben und folglich ihre Reputation als verläßlicher Kooperationspartner nicht gefährden möchten.

Ausgehend von der Prämisse, daß eine kooperative Konfliktbearbeitung ungeregelten Formen der Interessenauseinandersetzung vorzuziehen ist und daß Staaten nach dem Verhaltensmuster rationaler Akteure agieren, richtete sich das wissenschaftliche Augenmerk auf Regime-"Bedarf" und Regime-"Tauglichkeit".

1.3. Regimebedarf

Mit der Metapher des "Bedarfs" wird an Theorieansätze aus der Mikroökonomie[22] angeknüpft und auf Untersuchungen oligopolistischer Unternehmensstra-

---

[21] Robert O. Keohane, 'The Demand for International Regimes', in: International Organization 36 (1982), S. 325-355; Robert O. Keohane, After Hegemony: Cooperation and Discord in the World Political Economy, Princeton NJ 1984.
[22] R.O. Keohane, 'The Demand for International Regimes'.

tegien Bezug genommen. Die internationalen Beziehungen in einem bestimmten Politikfeld werden in Analogie zu den für eine oligopolistische Marktstruktur charakteristischen "zirkulären Beziehungen"[23] zwischen Unternehmen gesehen, und der Oligopoltheorie vergleichbar werden "sinnvolle Reaktionshypothesen"[24] im Akteursverhalten aufzustellen gesucht.

Regimebedarf wird entweder als Ergebnis einer bestimmten Situationsstruktur oder als Reflex der spezifischen Beschaffenheit eines Konfliktgegenstandes, aus dem sich sozusagen ein "Bearbeitungsimperativ"[25] ergibt, gesehen.

Ausgangspunkt für die Überlegungen bezüglich eines Regimebedarfs ist die Feststellung, daß eine Verhaltensabstimmung bezüglich eines Problemfeldes von internationalen Akteuren als wünschenswert betrachtet wird und die Kooperation als solche ungeachtet der konkreten Verteilungswirkung später getroffener Übereinkommen von allen Beteiligten als ertragreich eingeschätzt wird. Hinzu kommt, daß angesichts der erwarteten Dauerhaftigkeit gegebener Interaktionsstrukturen und Konfliktmuster Rahmenvereinbarungen für eine kontinuierliche Verhaltensabstimmung möglichen ad-hoc Abstimmungen vorgezogen werden.

Eine Regime-"Bedarf" im Sinne der Überwindung von Kooperationshemmnissen wird in allen Beiträgen mehr oder minder explizit thematisiert. Versucht man die einzelnen Befunde zu generalisierenden Thesen zusammenzufassen, so scheint Regimebedarf in zwei unterschiedlichen Funktionszusammenhängen bzw. mit zwei unterschiedlichen Funktionsleistungen verbunden zu sein.

1.3.1. Die Überwindung kollektiver Dilemmata

Um überhaupt eine zwischenstaatliche Kooperation in Gang zu setzen, aus der heraus spezifische Vereinbarungen zur friedlichen Konfliktregelung zu erwarten sind, wird mit einem Regime ein normativ-institutioneller Handlungsrahmen geschaffen, der das erforderliche Minimum an Verhaltensreziprozität und Erwartungssicherheit gewährleistet. Eindrückliches Beispiel für einen derartigen Regimebedarf ist das "Sicherheitsdilemma", d.h. jene Situation, in der aufgrund der Unsicherheit über das gegnerische Verhalten und der Vieldeutigkeit von Verhaltensweisen einzelstaatliche Politik eher zu einer Verschärfung als zu einem Abbau des Sicherheitsrisikos führt.[26] Der Verzicht auf die Weitergabe bzw. den Erwerb von Kernwaffen führt nur dann zu einer Stabilisierung der Sicherheitslage bzw. der gegebenen Statusverteilung, wenn die potentiellen Rivalen sich dieser Politik anschließen: "In einer Welt voller Ungewißheit, ob alle Konkurrenten um Macht und Status nach Kernwaffen streben, ist der Kernwaffenverzicht schwer;

---

[23] Triffin, in: B. Kohler-Koch (Hrsg.), Regime in den internationalen Beziehungen.

[24] Ott, in: B. Kohler-Koch (Hrsg.), Regime in den internationalen Beziehungen.

[25] Volker Rittberger/Klaus Dieter Wolf/Michael Zürn, Regeln für oder wider den Markt. Kontrollen des Technologietransfers als Gegenstand der Regimeanalyse in den Internationalen Beziehungen, Beitrag zur Sektionstagung "Kontrollen von internationalen Technologietransfers", Berlin 1988, hekt. Ms., S. 16.

[26] Robert Jervis, 'Cooperation under the Security Dilemma', in: World Politics 30 (1987), S. 167-214; Harald Müller, Selbsthilfe oder Kooperation? Die Rolle von Regimen in der Sicherheitspolitik, Beitrag zum 17. DVPW-Kongreß, Darmstadt 1988, hekt. Ms.

Koordination ist geboten."[27] Obwohl ein gleichläufiges Verhalten für alle Beteiligten vorteilhaft wäre, ist angesichts des mangelnden Vertrauens in die Verläßlichkeit von Absprachen zwischen Konkurrenten oder gar Gegnern und angesichts der weitreichenden Folgen absprachewidrigen Verhaltens nicht zu erwarten, daß eine Verhaltensabstimmung sich ohne Kooperationsaufwand ergibt.

Nonproliferation als politisches Ziel bedarf zu seiner Durchsetzung eines vertrauensbildenden Umfeldes: den möglichst uneingeschränkten Glauben an den aus der Fortschreibung des nuklearen status quo resultierenden Stabilitätsgewinn und die internationale Anerkennung der Nichtverbreitung von Kernwaffen als handlungsleitende Norm sowie eine eindeutige und umfassende Regulierung und Überprüfung des internationalen Nuklearhandels sowie der nationalen Verfügung über Spaltmaterialien. Ein als zuverlässig anerkanntes Verifikationssystem, ein technisch wie sachlich hohes Informationsniveau schafft jenes Maß von Erwartungssicherheit bezüglich der Verläßlichkeit gegnerischen Verhaltens, das notwendige Grundlage für die Bereitschaft ist, sich im Zuge internationaler Kooperation in wechselseitige Abhängigkeiten zu begeben. Ist der Schritt in ein solches wechselseitiges Abhängigkeitsverhältnis einmal gewagt, dann konvergieren die Interessen der Beteiligten in dem Wunsch nach einer Reduktion möglicher Zweideutigkeiten durch den Ausbau von Regelungs- und Verfahrensmodalitäten.

Die besondere Bedeutung der konkreten Verhaltensregulierungen als Beitrag zum Abbau von Erwartungsunsicherheit und Festigung von Kooperationsbereitschaft wird in allen behandelten Regimen in den Bereichen von Sicherheit und im Ost-West-Kontext deutlich. Verhaltensregeln, die hinreichend eindeutig und konkret und in ihrer Ausgestaltung weitgehend unumstritten sind, werden als Instrument betrachtet, um die Aktionen der jeweils anderen Seite transparent und kalkulierbar zu machen.[28] Sie dienen als Ersatz für fehlende Kooperationserfahrung bzw. als Korrektiv für die "zwielichtigen Schatten der Vergangenheit"[29].

Unter den Bedingungen der Systemkonkurrenz, angesichts der mangelnden Offenheit und damit Undurchsichtigkeit der subsystemischen Akteursebene und aufgrund einer nur lockeren internationalen Verflechtung ergeben sich besondere Einschätzungsschwierigkeiten, die sich in erheblichen Interpretationsdifferenzen und hohen Erwartungsinstabilitäten niederschlagen. Brock verweist in seiner Erörterung der Entwicklungschancen eines internationalen Nicht-Interventionsregimes darauf hin, daß Erwartungen von Erfahrungen bzw. von den Lehren abhängen, die aus Erfahrungen gezogen wurden, diese aber sich nicht unmittelbar aus den Ereignissen ergeben, sondern das Produkt bestimmter Wahrnehmungsmuster und Interessen sind, was zwangsläufig eine Vieldeutigkeit von Erfahrungen impliziert. Der Übergang zu geregelten Formen kooperativer Konfliktbearbeitung erscheint ihm entsprechend nur möglich, wenn es über die Präzisierung des Interventionsverbots gelingt, unzulässige Verhaltensweisen klar zu definieren und so

---

[27] H. Müller, Selbsthilfe oder Kooperation?

[28] Efinger, in: B. Kohler-Koch (Hrsg.), Regime in den internationalen Beziehungen.

[29] Brock, in: B. Kohler-Koch (Hrsg.), Regime in den internationalen Beziehungen.

die Unterscheidung zwischen kooperativem und nichtkooperativem Verhalten zu erleichtern.[30]

Bei der Einhegung des Ost-West-Konfliktes durch den KSZE-Prozeß und den daraus entwickelten Regimen[31] und bei der Bändigung militärischer Konfliktgefahren durch die vertrauensbildenden Vereinbarungen der KVAE[32] steht die längerfristige Sicherung der Kooperationsbereitschaft der beteiligten Akteure im Vordergrund des Interesses.

1.3.2. Die Einbindung konkurrierender Akteure

In den in diesem Band behandelten Regimen im Bereich von Wirtschaft, Umwelt und Technik außerhalb des Ost-West-Kontextes besteht zwischen den beteiligten Akteuren nicht nur Übereinstimmung über die Vorteilhaftigkeit internationaler Zusammenarbeit, sondern Kooperation ist eine fast alltägliche Erfahrung, deren Übertragung auf bestimmte Problemfelder nicht als mit unüberwindbaren Hindernissen belastet betrachtet wird: Die Interaktionsdichte zwischen den Verhandlungspartnern aber auch zwischen den von den internationalen Regulierungen erfaßten wirtschaftlichen und gesellschaftlichen Gruppen ist bei den regionalbezogenen Umweltregimen im Westen aber auch bei den global angelegten Verschuldungs- bzw. Dienstleistungs-Regimen so entwickelt, daß es keiner besonderen Anstrengungen bedarf, um die wechselseitige Kooperationsbereitschaft bzw. -fähigkeit einer verläßlichen Überprüfung zu unterziehen.

Gleichermaßen sind die den Regimen zugrunde liegenden Prinzipien und Handlungsnormen unter den Beteiligten nicht umstritten. Vielmehr geht es in den meisten Fällen um ein für alle Seiten als angemessen betrachtetes Übereinkommen über die prinzipien- und normgerechte Umsetzung der gemeinsamen Ziele in Regeln und Verfahren. Die Institutionalisierung der Zusammenarbeit in Form eines Regimes wird einer Politik der ad-hoc Abstimmungen vorgezogen, weil über die längerfristige Einbindung in einen Verhaltenskodex das Kosten-Nutzen-Kalkül nachhaltig im Sinne des Regimes verändert wird.

Die funktionale Bedeutung dieser Bindungswirkung wird vor allem dann hoch veranschlagt, wenn wie am Beispiel der internationalen Defizitfinanzierung und Umschuldung von Entwicklungsländern eindrücklich gezeigt werden kann, daß der Gegenwartswert künftiger Kooperationsgewinne hoch zu veranschlagen ist: Die institutionelle Absicherung durch ein Regime senkt nicht nur in erheblichem Ausmaß die in einem Umschuldungsverfahren anfallenden Informations- und Verhandlungskosten, sie mindert für die Gläubiger vor allem das Risiko, gegeneinander ausgespielt zu werden und erhöht die Möglichkeiten, nicht nur das Wohlverhalten der Schuldner zu erzwingen, sondern auch durch adäquate finanzielle Entlastungen deren Zahlungsfähigkeit zu erhalten.[33]

---

[30] Ebenda.
[31] Ropers/Schlotter, in: B. Kohler-Koch (Hrsg.), Regime in den internationalen Beziehungen.
[32] Efinger, in: B. Kohler-Koch (Hrsg.), Regime in den internationalen Beziehungen.
[33] Betz, in: B. Kohler-Koch (Hrsg.), Regime in den internationalen Beziehungen.

Betz zeigt in seinem Beitrag auf, daß für Gläubiger wie Schuldner gleichermaßen gilt, daß die durch das Regime geschaffene Erwartungssicherheit die Kooperationsbereitschaft auch Krisensituationen überdauern läßt. Nur unter der Prämisse, daß auch zukünftig eine anpassungsorientierte Disziplin geübt und die grundsätzliche Zahlungsbereitschaft fortbesteht, sind Regierungen der Industrieländer und Geschäftsbanken bereit, sich weiter finanziell in überschuldeten Ländern zu engagieren. In gleicher Weise wirkt die Erwartung wenn nicht gar Berechenbarkeit künftiger Zahlungserleichterungen bei den Schuldnern daraufhin, daß sie nicht dem Druck nationaler Finanzierungszwänge entsprechen und ihre internationalen Zahlungsverpflichtungen einseitig aufkündigen.[34]

Eine ähnliche Situationsstruktur wie im internationalen Schuldenmanagement liegt auch bei den Exportkontrollvereinbarungen und der internationalen Umweltpolitik vor. Unkoordiniertes Verhalten erbringt suboptimale Ergebnisse: Eine Embargostrategie ist bei freigehandelten Gütern nur wirksam, wenn sie lückenlos befolgt wird; Umweltschutz als öffentliches Gut kann nur erlangt werden, wenn durch die Einbindung aller relevanten Akteure der Anreiz, sich als umweltpolitischer Trittbrettfahrer ökonomische Wettbewerbsvorteile zu verschaffen, gemindert wird. Die Amalgamierung paralleler Interessen zu einem gemeinsamen Ziel, auf das hin man sich wechselseitig verpflichtet, die konkrete Festlegung erwünschten Verhaltens und die Kontrolle des tatsächlichen Verhaltens sind konstituierende Elemente der Umweltregime wie aller anderen Regime im Bereich von Wirtschaft oder Sicherheit. Gleichermaßen ergibt sich auch in der internationalen Umweltpolitik ein abgestimmtes Verhalten nicht naturwüchsig; die Bereitschaft zur Reziprozität muß durch entsprechende Rahmenbedingungen geschaffen werden.

Trotzdem stellt sich gerade im Fall der (westlichen) Umweltregime die Frage, ob die von einem Regime zu erbringende Funktionsleistung vergleichbar hoch ist wie beispielsweise zur Gewährleistung von Kooperation in der Situation des Sicherheitsdilemmas. Allgemein formuliert: Ist der Funktionsbeitrag eines Regimes nicht qualitativ anders zu gewichten, wenn das Kooperationserfordernis, d.h. die Notwendigkeit über Kooperation zu der erwünschten Verhaltensabstimmung zu kommen, wie auch die situationsstrukturellen Kooperationshindernisse sich erheblich unterscheiden. Der Rang, den der Wert "Umwelt" auf der politischen Prioritätenliste einnimmt, mag gleich hoch sein wie der Wert militärische "Sicherheit". In zahlreichen Fällen der internationalen Umweltpolitik zeigt sich jedoch, daß die Strategie des "umweltpolitischen Alleingangs"[35] keineswegs zu suboptimalen Ergebnissen verglichen mit den zu erwartenden kooperativen Aktionen führen muß. Hinzu kommt, daß die Einbindung zumindest der westlichen Industrieländer in ein dichtes Geflecht funktionaler Organisationen, die zumindest partiell sich der Umweltproblematik angenommen haben, ein Informations- und Kommunikationsniveau geschaffen hat, das zwar einerseits die Herausbildung problemfeldspezifischer Regime erleichtern mag, andererseits aber auch die Notwendigkeit einer gesonderten Regimebildung fraglich erscheinen lassen kann.

---

34 Ebenda.
35 Prittwitz, in: B. Kohler-Koch (Hrsg.), Regime in den internationalen Beziehungen.

Hinzu kommt, daß die wechselseitige Handlungsverpflichtung mittels international vereinbarter Regime für die zieladäquate Politikformulierung einer Regierung offensichtlich weniger bedeutend ist, wenn es sich um ein Politikfeld handelt, dessen politische Arena stark von gesellschaftlichen Gruppen beeinflußt wird. Es ist nicht zufällig, daß in den Fallstudien zum Umweltschutz die Autoren sich in ihrer Beurteilung der Effektivität der Umweltregime zurückhalten, weil die Verschärfung umweltgemäßer Maßnahmen eben "nur mit Vorbehalt auf das Zustandekommen internationaler Regime zurückzuführen" ist, da in allen Fällen innenpolitische Veränderungen zugunsten des Umweltschutzes festzustellen sind.[36] Grundsätzlich ist zu erwarten, daß ein Umweltregime ein zieladäquates Verhalten begünstigt, weil es die Berechenbarkeit künftiger Kosten-Nutzen-Bilanzen, die sich aus der Extrapolation von Verhalten ergibt und auf Erwartungssicherheit beruht, erleichtert. Auf dieser Basis können Ausgleichsmaßnahmen wie beispielsweise Transferzahlungen an von den Umwelteinwirkungen wenig betroffene "Verschmutzer" oder ein Technologietransfer an Staaten mit unterentwickelter Umwelttechnologie wirkungsvoll organisiert werden. Doch auch wenn damit die "exit-option" unattraktiver gestaltet wird, erscheint mir der besondere Regime-Bedarf im Bereich Umwelt einen anderen Stellenwert einzunehmen als im Bereich Sicherheit.

Die Frage nach der Regime-Tauglichkeit knüpft in den Arbeiten der Tübinger Forschungsgruppe an die These an, daß die Form der Konfliktbearbeitung sich wesentlich aus der Beschaffenheit des Konfliktgegenstandes ergibt.[37] Damit wird von der Untersuchung der besonderen Funktionsleistung von Regimen übergegangen zur Analyse jener Bedingungen, aus denen sich das mögliche Zustandekommen von Regimen projizieren läßt. Aus den in diesem Band versammelten Fallstudien lassen sich nur bedingt Aussagen zur Regimetauglichkeit gewinnen. Zum einen handelt es sich mehrheitlich um Fallstudien zu bereits bestehenden internationalen Regimen. An ihnen eine ex-post facto Rekonstruktion von "Regimetauglichkeit" vorzunehmen, birgt stets die Gefahr einer deterministischen Überinterpretation in sich; zum anderen bedürfte es einer sehr viel elaborierteren Aufbereitung der einzelnen Konfliktgegenstände um zu einer angemessenen Konflikttypologie zu gelangen.

1.4. Regimeentstehung

Sowohl die Reflexion von Regimebedarf wie von Regimetauglichkeit läßt noch keine Antwort auf die Frage nach der Regime-Entstehung zu. Aus der Feststellung eines Bedarfs, d.h. der Wünschbarkeit/Sinnhaftigkeit einer institutionellen Absicherung internationaler Kooperation auf die Wahrscheinlichkeit der Entstehung eines Regimes zu schließen, käme einem funktionalistischen Kurzschluß gleich:"... understanding the functions of international regimes will not help to

---

[36] Ebenda.
[37] Manfred Efinger/Volker Rittberger/Michael Zürn, Internationale Regime in den Ost-West-Beziehungen. Ein Beitrag zur Erforschung der friedlicheren Behandlung internationaler Konflikte, Frankfurt 1988, S. 86.

explain their occurrence."[38] Auch wenn man von einem rationalen Akteursansatz ausgeht, kann aus der Überlegenheit einer norm- und regelgeleiteten Bearbeitung eines internationalen Konfliktes gegenüber alternativen Strategien nicht gefolgert werden, daß ein den Bedarfsanforderungen gemäßes Regime, ja nicht einmal daß überhaupt eine Kooperation zustande kommt. Es wäre unzulässig, wollte man die Einschätzung "... functional theories see regimes as more or less efficient responses to fixed needs"[39] auf ein mechanistisches Verständnis des Zusammenhangs von Regimebedarf und Regimeentstehung beziehen. Ohnehin ist die Analyse des besonderen Funktionsbeitrags von Regimen zur internationalen Kooperation nicht nur in der Phase der Regimeentstehung sondern für den gesamten Entwicklungsprozeß, insbesondere unter dem Gesichtspunkt der autokorrelativen Verstärkung regimegeleiteter Kooperation von Interesse.

Für die amerikanische Regimediskussion stellte Young[40] fest, daß es zwar einen bemerkenswerten Grad von Übereinstimmung bezüglich der Gründe gebe, warum internationale Akteure sich bereitwillig in Regime einbeziehen ließen. Gleichzeitig herrsche aber ein vergleichbar hoher Grad an Konfusion und Dissens was den tatsächlichen Prozeß, in dem Regime zur Entstehung kommen, anbetrifft.

In der Tat sind Regime diesbezüglich ein sperriger Untersuchungsgegenstand. Regime sind ein analytisches Konstrukt, daß sich auf einen Wirklichkeitsausschnitt bezieht, der sich durch mehr oder weniger konvergierende Wahrnehmungen der Akteure konstituiert. Sowohl die wissenschaftliche Diskussion[41] als auch die politischen Aushandlungsprozesse haben es offenkundig werden lassen, daß bereits die Abgrenzung des Problemfeldes ein Prozeß ist, der vielfältige Gestaltungsmöglichkeiten offen läßt. Regime als ein auf bestimmte Konfliktgegenstände innerhalb eines so formierten Problemfeldes bezogenes Regelwerk erhalten ihre Konturen erst durch die wissenschaftliche Beobachtung bzw. durch politische Einschätzungen. Schwierigkeiten bei der Abgrenzung eines Regimes von benachbarten oder übergeordneten Regimen,[42] Dissens bezüglich der Einschätzung von Regimewandel bzw. -fortbestand[43] wie auch die ketzerische Frage, ob es sich bei den internationalen Vereinbarungen zur Umwelt tatsächlich um ein Regime und nicht lediglich ein "anarchisch gewachsenes Sammelsurium von Regeln"[44] handele, weisen auf die damit verbundenen Probleme hin.

Selbst in den Fällen, in denen die Abgrenzung des Regimes keine Schwierigkeiten bereitet, ist seine Entscheidung nicht einfach in Form einer Entscheidungs-

---

[38]   R.O. Keohane, After Hegemony, S. 82.

[39]   Stephan Haggard/Beth A. Simmons, 'Theories of International Regimes', in: International Organization 41 (1987), S. 499.

[40]   Oran R. Young, International Regimes: Towards a New Theory of Institutions, in: World Politics 39 (1986), S. 109.

[41]   U.a. Ernst B. Haas, 'Is There a Hole in the Whole? Knowledge, Technology, Interdependence and the Construction of International Regimes', in: International Organization 29 (1975), S. 827-876; Ernst B. Haas, 'Why Collaborate? Issue-Linkage and International Regimes', in: World Politics 32 (1980), S. 357-405.

[42]   Betz, in: B. Kohler-Koch (Hrsg.), Regime in den internationalen Beziehungen.

[43]   Kreile, in: B. Kohler-Koch (Hrsg.), Regime in den internationalen Beziehungen.

[44]   Strübel, in: B. Kohler-Koch (Hrsg.), Regime in den internationalen Beziehungen.

analyse zu erhellen. Für Regime gilt, was Schotter über Institutionen schrieb: "Institutions are often bastard children whose parents are hard to trace."[45] In der Mehrzahl der Fälle resultieren die einem Regime zugerechneten Prinzipien, Normen, Regeln und Verfahrensweisen aus einer Vielzahl einzelner Vereinbarungen, Abkommen etc., die nicht unbedingt intentional auf das später zustandegekommene Regime gerichtet sein mußten.

Um vergleichsfähige Aussagen zur Entstehung von Regime zu erhalten, müßte in den empirischen Studien überdies stärker zwischen der Untersuchung des Zustandekommens von Kooperation an sich (bezüglich eines bestimmten Konfliktgegenstandes) und der Entstehung eines durch eine spezifische Struktur gekennzeichneten Regimes differenziert werden. Gleichzeitig müßte die Möglichkeit alternativer Strategien, nämlich das Gewährenlassen von Marktkräften bzw. die Einsetzung internationaler Organisationen zur Gestaltung der internationalen Beziehung mitbedacht werden.

1.4.1. Die Rolle interessierter Parteien

Bezüglich der Entstehung der in diesem Band behandelten Regime rückt eine Überlegung in den Vordergrund, die in der bisherigen Regimediskussion lediglich im Kontext der "hegemonialen Stabilität" Berücksichtigung fand: die Frage nach der treibenden Kraft, nach den Akteuren, die in der internationalen Arena die "Nachfrage" nach einem Regime artikulieren. Es ist auffällig, daß in zahlreichen Fällen, in denen sowohl die Funktionalität einer regelgeleiteten Konfliktbearbeitung als auch die Handlungsziele unbestritten waren, der Ausgangspunkt für die Regimebildung in dem einseitigen Interesse eines oder einiger weniger Akteure zu sehen ist. Es sind die sicherheits- und vertrauensbildenden Maßnahmen im Ost-West-Kontext und einige Umweltkonflikte, bei denen man ein wechselseitiges Aufeinanderzubewegen und eine wenn auch phasenmäßig manchmal verschobene gleichgewichtige Verteilung der Initiatorenrolle beobachten kann. Selbst im Bereich der internationalen Umweltpolitik ging in der Mehrzahl der Fälle die Initiative zur Formulierung internationaler Übereinkünfte von einigen wenigen Akteuren aus. Die Annahme, daß eben die von externer Umweltbelastung am meisten betroffenen Staaten aktiv wurden und zur Vermeidung weiterer Schäden bzw. zur Abwälzung der Kosten die internationale Anerkennung des Verursacherprinzips durchzusetzen suchten, trifft nur die halbe Wahrheit. Mit diesem Erklärungsmuster kann die Differenzierung in der Akteursrolle beim Rheinregime relativ gut erfaßt werden; bei der Auseinandersetzung um die Reinhaltung der Nord- und Ostsee sowie um die Verringerung des sauren Regens greift dieser Ansatz zu kurz. In dem besonderen Engagement der skandinavischen Länder und der revidierten Haltung der Bundesrepublik kommt nämlich zum Ausdruck, daß es sich bei den Umweltkonflikten nicht nur um einen Interessenkonflikt, d.h. den Kampf um die Kosten- und Nutzenverteilung bei der Produktion eines von allen Beteiligten gleichermaßen erstrebten Gutes handelt, sondern daß hier gleichzeitig unterschiedliche Weltorientierungen zum Ausdruck kommen.

---

[45] Andrew Schotter, The Economic Theory of Social Institutions, Cambridge MA 1981, S. 14.

Das Gut "Umwelt" nimmt nicht nur einen unterschiedlichen Platz auf der Rangskala politischer Prioritäten ein, sondern ist im Wertesystem der Regimebeteiligten unterschiedlich verortet.

Die Führungsrolle der USA bei der Bildung eines Regimes zum Schutze der Ozonschicht verweist deutlich auf eine zusätzliche Einflußgröße nämlich die Verfügung über ökonomisch-technische Handlungskapazitäten.[46] Die Forderungen der Entwicklungsländer anläßlich der Londoner Ozonkonferenz vom März 1989 nach Einrichtung eines Sonderfonds, um ihnen die für den Ozonschutz notwendige Entwicklung von Substitutionsprodukten zu ermöglichen,[47] verweist auf die finanziellen und technischen Schranken einer aktiven Umweltpolitik. In ähnlicher Weise hat sich das wirtschaftliche und technologische Gefälle bei der Bildung und Ausgestaltung des Ostseeregimes bemerkbar gemacht.

Eine asymmetrische Interessenlage behindert zwar aber vereitelt nicht zwangsläufig die Entstehung eines Regimes. Ein Interessenausgleich kann über Transferleistungen hergestellt werden - wie es mit der Übernahme eines finanziellen Beitrags zu den Beseitigungskosten der französischen Kali-Abfälle seitens der übrigen Rheinanlieger versucht wurde -[48], eine Annäherung kann durch eine Einstellungsänderung infolge verbesserter Kenntnisse und damit einhergehender gewandelter Einschätzung des Problems zustande kommen - wie bei einigen Umweltregimen zu beobachten war - oder Ergebnis einer aktiven Linkage-Politik sein, wie am Beispiel des KSZE-Prozesses zu verfolgen ist.[49]

Interessant sind jene Fälle, in denen eine asymmetrische Interessenstruktur bzw. ein Dissens bezüglich der Zielsetzung des Regimes nicht im Vorfeld der Regimebildung aufgehoben werden konnte. Im Falle des Regimes zur Nichtverbreitung von Kernwaffen führte die unterschiedliche Definition der "gemeinsamen" Sicherheitsinteressen, nämlich die unterschiedliche Gewichtung der Gefährdung durch horizontale bzw. vertikale Proliferation zu einer Addition teilweise konkurrierender Prinzipien, die dann auf der Ebene der Normen, Regeln und Verfahren sehr ungleichgewichtig ausgestaltet wurden.[50]

Soweit bei den aus dem KSZE-Prozeß entstandenen Regimen eine eindeutig einseitige "Nachfrage" zu verzeichnen war, kamen Regime nur mühsam über einen "deklaratorischen" Entwicklungsstand hinaus. Die Einigung auf konkrete Regeln mit eindeutig handlungsanweisendem Charakter scheiterte zunächst daran, daß die Einigung auf die allgemein formulierten Prinzipien und Normen oft nur auf einem Formelkompromiß beruhten. Bei Regimen des Korbes II (Wirtschaft u.a.) und III (Zusammenarbeit im humanitären Bereich) ist allerdings auch festzustellen, daß die inhaltliche Ausgestaltung der Regimeregelungen deutlich der Zielinterpretation einer Seite entspricht. Die Vereinbarungen bezüglich Wirt-

---

[46] Prittwitz, in: B. Kohler-Koch (Hrsg.), Regime in den internationalen Beziehungen.
[47] Neue Zürcher Zeitung v. 09.03.1989, F 56, S. 1 f.
[48] Strübel, in: B. Kohler-Koch (Hrsg.), Regime in den internationalen Beziehungen.
[49] Ropers/Schlotter, in: B. Kohler-Koch (Hrsg.), Regime in den internationalen Beziehungen.
[50] H. Müller, Selbsthilfe oder Kooperation?.

schaftsaustausch, Freizügigkeit tragen unverkennbar die "westliche Handschrift"[51].

1.4.2. Das institutionell-organisatorische Umfeld

Die Beiträge dieses Bandes bieten eine zweite wichtige Einsicht, die erst aus der Zusammenschau zahlreicher Einzelstudien entsteht: Regimebildung vollzieht sich in einem Umfeld weitgehend institutionalisierter internationaler Beziehungen.

In allen Fällen ist zu beobachten, daß in dem Prozeß der Regimebildung internationale Organisationen eine Rolle spielten, sei es als Foren der internationalen Verständigung, als Akteure, die wesentliche Vorleistungen für das Zustandekommen von Regimen erbrachten oder als eigentliche "Produzenten" von Regimen. Insgesamt ist festzustellen, daß in allen Politikfeldern die Existenz internationaler Organisationen einen recht hohen Grad der Institutionalisierung der internationalen Beziehungen beinhaltet und die dadurch vorgegebenen Verhaltensmuster nicht unerheblich für das Zustandekommen von Regimen und deren inhaltliche Ausgestaltung sind. Internationalen Organisationen kommt eine besondere Bedeutung bei der Formulierung grundlegender Prinzipien und Normen im internationalen System zu. Besonders deutlich ist dies im Bezug auf die mögliche Herausbildung eines globalen Nicht-Interventionsregimes. Die inhaltliche Ausgestaltung und (völkerrechtliche) Interpretation des Selbstbestimmungsprinzips und der Nicht-Interventionsnorm ist eng mit der Entwicklung der Vereinten Nationen verbunden. Die im UN-System gefundenen prinzipiellen Übereinkünfte sind Handlungsrahmen auch für Vereinbarungen, die lediglich beschränkte regionale Handlungsbereiche umfassen und außerhalb des organisatorischen Rahmens der Vereinten Nationen ausgehandelt werden. Die Anbindung an bzw. Distanz zu bestimmten internationalen Organisationen oder selbst verschiedenen Organen, Gremien bzw. Sonder- und Unterorganisationen des UN-Systems ist häufig Teil der Strategie um die Durchsetzung des Geltungsanspruchs konkurrierender Prinzipien.

So wurden zahlreiche Initiativen der Entwicklungsländer, Foren wie UNCTAD oder das Intergovernmental Bureau for Information (IBI) als Verhandlungszentren zur Regulierung des internationalen Datendienstleistungshandels ins Spiel zu bringen, von den OECD-Ländern konterkariert. Die Befassung von GATT, Internationaler Fernmeldeunion (ITU), Weltorganisation für geistiges Eigentum (WiPO) erfolgt nicht nur aus pragmatischen Gründen, weil hier ein zur Bewältigung der zentralen Konfliktbereiche des Problemfeldes Datendienstleistungshandel "historisch gewachsene internationale Regelungszusammenhänge"[52] bestehen, sondern weil in ihnen die wirtschaftlich-technische Vormachtstellung der westlichen Industrieländer und der führenden Wirtschaftsunternehmen wirkungsvoll zur Geltung kommt. Die Anstrengungen der Industrienationen, auch

---

[51] Ropers/Schlotter, in: B. Kohler-Koch (Hrsg.), Regime in den internationalen Beziehungen.

[52] Christoph Hüttig, 'Regime in den internationalen Beziehungen. Zur Fruchtbarkeit des Regime-Ansatzes in der Analyse internationaler Politik', in: Hans-Hermann Hartwich (Hrsg.), Macht und Ohnmacht politischer Institutionen, Opladen 1989.

den Datendienstleistungshandel in die Uruguay-Runde einzubringen, zeigt das nachhaltige Interesse dieser Ländergruppe, den im GATT verankerten Prinzipien auch in diesem Regelungsfeld Geltung zu verschaffen. Die Versuche der Entwicklungsländer, ein Junktim zur Weltinformationsordnung herzustellen und damit eine Verknüpfung zum völkerrechtlichen Prinzip des "free and balanced flow of informations" zu schaffen, sind in einem solchen normativ-institutionellen Umfeld zum Scheitern verurteilt.

Die Abschottung der Verhandlungen um die Nutzung der mineralischen Rohstoffe der Antarktis, die im exklusiven Kreis der Mitglieder des Antarktisclubs geführt wurden, hatte nicht zuletzt den Zweck, die Forderung der Staaten der Dritten Welt nach Anerkennung des "common heritage of mankind" als universell gültiges Prinzip abzuwehren.[53] Auch bei der Entstehung des Nonproliferationsregimes zu beobachtende Wechsel des Verhandlungsforums zwischen Genfer Abrüstungskomitee, UN-Abrüstungsausschuß und Vollversammlung war geprägt von dem Bemühen bestimmter Staatengruppen, die im UN-System geltenden universellen Prinzipien gegen die Interessen der die Verhandlungen dominierenden Koalition von USA und Sowjetunion durchzusetzen.[54]

Die Rolle internationaler Organisationen als Foren der Verständigung bei der Herausbildung internationaler Regime ist besonders augenfällig im Umweltbereich. So vollzog sich die internationale Prinzipien- und Normbildung zur Bekämpfung der Luftverschmutzung im Rahmen verschiedener globaler und regionaler Organisationen.[55] In diesem Fall haben einzelne Staaten, nämlich die von der Umweltversäuerung besonders betroffenen skandinavischen Länder, ihre Mitgliedschaft in den internationalen Organisationen gezielt zum "agenda setting" genutzt. Ergebnis dieser multilateralen Umweltaußenpolitik war ein deutlich gehobenes Informationsniveau bezüglich der Natur und des Umfangs der Umweltschädigung und eine daraus erwachsende gemeinsame Problemsicht. Für das letztendliche Zustandekommen des "Saurer-Regen-Regimes" mißt Prittwitz den internationalen Organisationen allerdings nur eine marginale Rolle zu. Er verweist darauf, daß die Konvention über weiträumige grenzüberschreitende Luftverschmutzung zwar im Rahmen der Europäischen Wirtschaftskommission (ECE) der Vereinten Nationen zustande kam, daß aber die entscheidende Initiative zur Bildung des 30 %-Clubs von einer Gruppe umweltpolitisch besonders aktiver Länder ausging. Damit wird die Bedeutung der einzelnen in den Entstehungsprozeß dieses Regimes einbezogenen internationalen Organisationen als Foren der multilateralen Politikabstimmung jedoch nicht geschmälert.

Im Falle des Ozon- und des Mittelmeerregimes wurde der Verhandlungsrahmen vornehmlich von dem Umweltprogramm der Vereinten Nationen (UNEP) gestellt. Vergleicht man die Kooperationsbedingungen bei der Einigung über ein Regime zur Bekämpfung der Luftverschmutzung mit denen bei der Bewältigung der Umweltverschmutzung im Mittelmeerraum, so fällt unmittelbar ins Auge, daß

---

[53] Wolf, in: B. Kohler-Koch (Hrsg.), Regime in den internationalen Beziehungen.
[54] Beate Kohler, Der Vertrag über die Nichtverbreitung von Kernwaffen und das Problem der Sicherheitsgarantien, Frankfurt 1972.
[55] Prittwitz, in: B. Kohler-Koch (Hrsg.), Regime in den internationalen Beziehungen.

die skandinavischen Länder auf ein dichtes Organisationsnetz multilateraler Interessenabstimmung zurückgreifen konnten, wohingegen die Anrainerstaaten des Mittelmeers nur in globalen oder subregionalen Organisationen zusammenarbeiten. Somit kommt der UNEP und insbesondere deren Regionalbüro in Athen sowie den auf Malta, in Frankreich, Jugoslawien und Tunesien eingerichteten Aktivitätszentren eine besondere Bedeutung zu.[56]

Eine für das Zustandekommen von Regimen wichtige Leistung erbringen internationale Organisationen mit der Aufbereitung, Auswertung und Verbreitung einschlägiger Informationen. Das von der OECD initiierte internationale Forschungsprogramm über den weiträumigen Transport von Luftschadstoffen[57] sorgte erst für jenen internationalen Kenntnisstand und jenes Problembewußtsein, die Voraussetzung für eine gemeinschaftliche Bekämpfung der Luftverschmutzung waren. In gleicher Weise trägt das von UNEP initiierte Programm zur Messung und Erforschung der Mittelmeerverschmutzung dazu bei, dem "Aktionsplan Mittelmeer" eine bessere Realisierungschance zu bieten.

Neben dieser Informationsfunktion tragen die bestehenden internationalen Organisationen wesentlich zu einer Verkürzung und Verbesserung der Kommunikationswege bei. Je nachdem, wie viele Gremien sich auf dem jeweils relevanten Politikfeld tummeln, in welchem Umfang das von dem Regime zu bearbeitende Problemfeld mit den Kompetenzbereichen etablierter internationaler Organisationen deckungsgleich ist und die jeweilige Mitgliedschaft übereinstimmt, ist die Herausbildung einer spezifisch dem Regime dienenden internationalen Organisation mehr oder weniger dringlich. Diese Feststellung trifft offensichtlich auf alle jene Fälle zu, in denen nicht ein Staat oder eine Staatengruppe aufgrund ihrer überlegenen Handlungskapazitäten, die sie im Interesse der Regimebildung einzubringen bereit ist, die erforderlichen Serviceleistungen erbringt, wie dies die USA verschiedentlich (Antarktis, Ozon) taten.

Mit der KSZE ist der besondere Fall gegeben, daß hier eine ständige Konferenz eingerichtet wurde, die eine Reihe von Regimen unterschiedlicher Reichweite und Verbindlichkeit zu verschiedenen Problemfeldern hervorgebracht hat.[58] Die Dynamik des KSZE-Prozesses hat die Herausbildung und zum Teil beschleunigte Evolution einzelner Regime wesentlich beeinflußt. Es sind auch eindeutig Wechselwirkungen zwischen unterschiedlichen Problemfeldern einschließlich der Verknüpfung von einzelnen Regimeverhandlungen zu beobachten. Die Verschränkung des KSZE-Prozesses mit der KVAE, aber auch mit Vereinbarungen im Rahmen der ECE sind offenkundig; sie beruhen ebenso auf der Ausstrahlungswirkung einmal verankerter Prinzipien und Normen als auch auf der Übertragung der jeweiligen Konjunkturen von Kooperationsbereitschaft und -erfolg.

---

[56] Strübel, in: B. Kohler-Koch (Hrsg.), Regime in den internationalen Beziehungen.
[57] Prittwitz, in: B. Kohler-Koch (Hrsg.), Regime in den internationalen Beziehungen.
[58] Ropers/Schlotter, in: B. Kohler-Koch (Hrsg.), Regime in den internationalen Beziehungen.

Auch wenn die Regimebildung bezogen auf die Defizitfinanzierung und Umschuldung von Entwicklungsländern nicht ohne Berücksichtigung der besonderen Rolle des Internationalen Währungsfonds und der Weltbank zu verstehen ist, so kommt den dezentral gefällten Entscheidungen staatlicher wie nicht-staatlicher Akteure ein höherer Stellenwert zu als bei allen anderen hier behandelten Regimen. Entscheidend für die Regimeevolution war die von den internationalen Geschäftsbanken getragene Entwicklung der internationalen Kapitalmärkte sowie die Kredit- und Bankrechtspolitik führender Industriestaaten mit der diese den laufenden Entwicklungen Rechnung zu tragen suchten. Somit kommt Betz zu dem Schluß, "... daß die Vergrößerung der Reichweite des Schuldregimes und die Modifikationen seiner Normen und Regeln von exogenen Kräften gesteuert wurden"[59].

2. Regimestrukturen

2.1. Das Zusammenwirken der Strukturelemente

In der Literatur herrscht weitgehende Übereinstimmung bezüglich der Strukturmerkmale eines Regimes: ein viergliedriges Kompositum aus Prinzipien, Normen, Regeln, Verfahren. Die einzelnen Elemente werden in einer hierarchischen Beziehung gesehen, d.h. Prinzipien werden als Festlegung der Handlungsziele betrachtet, die je nach Grad ihrer Abstraktheit genereller Natur und damit regimeübergreifend oder auch nur auf das spezifische Problemfeld ausgerichtet sein können. Die Normen enthalten die den Prinzipien gemäßen Verhaltensgebote, deren Konkretisierung in Regeln erfolgt, mit denen meß- und überprüfbare Standards für das "regimegemäße" Handeln der Akteure vorgegeben werden. Mit den Verfahren werden die Informations- und Entscheidungsprozesse innerhalb eines Regimes vorgegeben. Es wird davon ausgegangen, daß die Regimestruktur einer "inneren Logik" entsprechen müsse, d.h. daß die einzelnen Strukturbestandteile "in einer gewissen logischen, sich nicht widersprechenden Verbindung stehen (müssen)."[60] Darüber hinaus ist in der bisherigen Regimediskussion - wie Müller zu Recht feststellt - nicht systematisch versucht worden, "die besondere Leistung jeder Ebene und ihr Zusammenspiel zu untersuchen"[61].

Ein Blick auf die in diesem Band zusammengefaßten Regimeuntersuchungen zeigt, daß eine so klare Strukturbestimmung für die Aufarbeitung von Fallstudien für eine vergleichende Analyse von außerordentlichem Vorteil ist, auch wenn die Abgrenzung der einzelnen Strukturelemente voneinander im konkreten Fall Interpretationsschwierigkeiten aufwirft und so mit der empirischen Ausfüllung die ursprüngliche Klarheit des abstrakten Strukturgebildes wieder verwischt wird.

Die Besonderheit von Regimen liegt im Zusammenwirken dieser einzelnen Strukturelemente. Entsprechend wäre es zu kurz gegriffen, wollte man die Effektivität eines Regimes lediglich an dem Ausbau bzw. der Akzeptanz seines Regel-

[59] Betz, in: B. Kohler-Koch (Hrsg.), Regime in den internationalen Beziehungen.
[60] M. Efinger/V. Rittberger/M. Zürn, Internationale Regime, S. 69.
[61] H. Müller, Selbsthilfe oder Kooperation?, S. 11.

systems messen. Den Regimeregeln eine hervorgehobene Bedeutung beizumessen, erscheint naheliegend, wenn man sich die Regimekonstruktion idealtypisch dergestalt vergegenwärtigt, daß es nach einer Annäherung und schließlich Übereinstimmung in Prinzipienfragen stufenweise zu einer Ausformulierung wechselseitig anerkannter Normen und daraus abgeleiteter Verhaltensregeln sowie Verfahren kommt, die ihrerseits in nachfolgenden Verhandlungsrunden weiter differenziert werden. Die Umsetzung der in den Normen noch allgemein gehaltenen Verhaltensvorschriften in konkrete Regeln führt zu einer zunehmenden Einengung von Handlungsoptionen. Die Schwerfälligkeit bzw. Stagnation vieler Regimeentwicklungen genau in dieser Ausbauphase ist Indiz dafür, daß die Verregelung der internationalen Beziehungen als spürbare Einbuße außenpolitischer Handlungsspielräume empfunden wird. Trotzdem ist eine hohe Regelungsdichte, d.h. eine relativ umfassende Regelung der Konfliktgegenstände des Problemfeldes sowie die weitgehende Einhaltung der Regeln kein ausreichendes Bewertungskriterium für den Erfolg eines Regimes.

In verschiedenen Beiträgen wird deutlich, daß sowohl das konkrete Regelungsziel als auch die erwünschte Fortdauer einer kooperativen Konfliktbearbeitung sich nur bei einer ausreichenden Rückbindung der Regeln an die zugrunde liegenden Prinzipien und Normen ergibt. Wenn wie beispielsweise in den amerikanischen Berichten zur Implementation der KVAE-Bestimmungen festgestellt wird, daß die Gegenseite "... generally met both the letter and the spirit of the Stockholm document"[62], so verweist dies auf die besondere Bedeutung der Normakzeptanz auch in der Einschätzung der Akteure. Während bezogen auf die Sicherheits- und Vertrauensbildung im Rahmen von KSZE und KVAE und im Nonproliferationsregime eine hohe Normakzeptanz festzustellen ist, bietet die strategische Rüstungskontrolle ein eindrückliches Beispiel dafür, wie die legalistische Interpretation von Regimeregeln einer Fortsetzung der Kooperation den Boden entzieht. Da die Vertragspartner, insbesondere die Sowjetunion, die in den Abkommen enthaltenen Zweideutigkeiten und offenen Stellen gezielt ausnützten, statt sich eine der Norm gerechten Zurückhaltung aufzuerlegen, wurde wechselseitig neues Mißtrauen gesät und die eigentliche Regimefunktion, nämlich Erwartungssicherheit zu schaffen, unterhöhlt. Es waren somit nicht nur die Mängel in der Regelsetzung, die in diesem Fall zur "Schwächung kooperativer Sicherheitspolitik" führten, sondern gerade auch die fehlende "Internalisierung der in SALT vorgeblich akzeptierten Normen."[63]

Insofern ist es gerechtfertigt, von einem Regime nur dann zu sprechen, wenn den Absprachen auf Regelebene eine normative Orientierung vorgegeben ist, wie auch umgekehrt Verständigungen über die Allgemeingültigkeit von Prinzipien und die daraus zu entwickelnden handlungsleitenden Normen erst dann Regimequalität erhalten, wenn sie in konkret faßbare Regeln und Verfahren umgesetzt werden. Etliche der in diesem Band vorgestellten Regime - beispielsweise im Bereich der KSZE und der Umweltpolitik - existierten über Jahre hinweg in jenem Zustand nascendi, in dem zwar Prinzipien- und Normenkataloge vereinbart, aber

---

62 Efinger, in: B. Kohler-Koch (Hrsg.), Regime in den internationalen Beziehungen.
63 H. Müller, Selbsthilfe oder Kooperation?, S. 15.

keine spezifischen Verhaltensregelungen getroffen werden konnten. "Nichtintervention" gehört zwar international zum normativen Grundkonsens, konnte aber bis heute nicht zu einem Regime entwickelt werden.

2.2. Zur inneren Stimmigkeit von Regimestrukturen

Die zeitlich meist vorgelagerte Einigung auf ein Handlungsziel in Form eines prinzipiell erwünschten Sollzustandes wird häufig implizit als ausreichende Garantie für die innere Stimmigkeit eines Regimes betrachtet. Zusätzlich wird durch eine enge funktionale Betrachtung suggeriert, daß sich aus dem Funktionsgebot von Widerspruchsfreiheit zwecks Erwartungssicherheit eine eindeutige Ausrichtung der Normen, Regeln und Verfahren auf das gemeinsame Handlungsziel ergebe. Eine solche Einschätzung verkennt die intersubjektiv häufig gegebene Zweideutigkeit von Zielen sowie den Macht- und Interessenkontext, in den Verhandlungen über Regimebildung eingebettet sind.

Die Zweideutigkeit von Handlungszielen wie beispielsweise Vertrauensbildung in den west-östlichen Sicherheitsbeziehungen ergibt sich daraus, daß diese von den Kontrahenten als Etappen auf dem Weg zu jeweils anderen politischen Zielen - Transparenz bzw. Abrüstung - oder gar in einem umgekehrten Ziel-Mittel-Verhältnis gesehen werden: Sicherheit durch Vertrauen auf der Grundlage von Transparenz als westliche Sichtweise, Abbau der militärischen Offensivkapazitäten als Voraussetzung von Vertrauen und Sicherheit als östliche Sichtweise. Die KSZE- und KVAE-Verhandlungen haben gezeigt, welche Schwierigkeiten sich aus einem unterschiedlichen Vertrauensbegriff zwischen Ost und West ergeben, weil dieser in einem jeweils anderen Kontext entwickelt wurde und somit Bestandteil unterschiedlicher theoretischer Sichten von Sicherheit ist.[64] Aber selbst zwischen Akteuren, die sich bezogen auf einzelne Politikfelder eines gemeinsamen großen Schatzes an "conventional wisdom"[65] erfreuen, ist zu verfolgen, daß die allgemeine theoretisch-abstrakte Übereinstimmung in der Evaluation von Zielen und adäquaten Ziel-Mittel-Kombinationen sehr schnell aufbricht, wenn es um eine konkrete Situationsanalyse und die Abstimmung spezifischer Verhaltensregeln geht. Doch selbst die abstrakt-theoretische Weltsicht stimmt nur selten überein: Nicht zufälligerweise hat die Befragung führender Wirtschaftsexperten der großen westlichen Industrienationen zu zwölf unterschiedlichen makroökonomischen Modellen geführt. Wenn aber selbst unter Wirtschaftsfachleuten erhebliche Auffassungsunterschiede bezüglich des angemessenen Maßnahmenkataloges zur Verwirklichung erstrebter makroökonomischer Ziele, ja selbst der Verträglichkeit einzelner Ziele miteinander bestehen, dann ist jede Hoffnung auf eine "sachlogische" Umsetzung von Prinzipien in Normen und Regeln verfehlt.[66]

---

[64] Efinger, in: B. Kohler-Koch (Hrsg.), Regime in den internationalen Beziehungen.
[65] Galbraith (ohne nähere Angaben, U.L.).
[66] Frankel und Frankel/Rocket zit. in: Wolfgang Fischer, Das atomare Nichtverbreitungsregime, vertikale Proliferation und die Interessen der Bundesrepublik Deutschland, Jül-Spez-479, Jülich 1988, S. 22 f.; sowie Charles L. Schultze, International Macroeconomics

Regimebildung ist somit als ein Verhandlungsprozeß zu verstehen, bei dem auch in der Phase der Auseinandersetzung um Regeln und Verfahren immer wieder erneut die Frage nach der angemessenen Formulierung bzw. Interpretation der regimeleitenden Prinzipien und Normen aufgeworfen wird. Im Falle der vertrauens- und sicherheitsbildenden Maßnahmen der KVAE oder auch der Menschenrechte im Rahmen der KSZE ist zu beobachten, daß mit der Ausgestaltung und Implementation des Regel- bzw. Verfahrenssystems weitere Annäherungen in der Interpretation der regimeleitenden Prinzipien und Normen erzielt werden konnten.[67]

Der besondere Wert des Beitrages von Wolf liegt darin, daß er die Herausbildung der Struktur eines internationalen Regimes zum Gegenstand seiner Analyse macht. Für das antarktische Regime zur Nutzung mineralischer Rohstoffe überprüft er systematisch unterschiedliche Erklärungsansätze um eine Antwort auf die Frage zu finden, warum entgegen aller Erwartung es nicht zu einem internationalistischen Regime gekommen ist. Mit anderen Worten: Wie ist zu erklären, daß bei der Behandlung globaler Gemeinschaftsgüter das Prinzip des "gemeinsamen Menschheitserbes" eine nur untergeordnete Rolle spielt und das Regime gemessen an den Kriterien von "Gemeinwohlorientierung", "Universalität", "Egalität" und "internationaler Kontrolle" eindeutig defizient ist? Mit dieser Stoßrichtung seiner Untersuchung kommt Wolf der Aufdeckung macht- und interessenspolitischer Zusammenhänge bei der Regimebildung näher als jene Analysen, die sich lediglich auf das Zustandekommen eines Regimes beschränken ohne dessen spezifische Gestalt zu berücksichtigen. Die von Wolf am Beispiel des Mineralienregimes gewonnenen Einsichten sind auch auf andere Regimefälle übertragbar: Dem offenkundigen Konflikt über prinzipielle Handlungsziele wird formal durch die Zusammenfassung widersprüchlicher Prinzipien Rechnung getragen und materiell wird er dadurch bereinigt, daß eine bestimmte Kategorie der unverträglichen Prinzipien marginalisiert wird: das am Konzept des "gemeinsamen Menschheitserbes" (common heritage of mankind) orientierte Prinzip "the interest of all humankind should not be prejudiced" hat lediglich legitimatorischen Charakter; Richtschnur ist vielmehr die prinzipielle Festlegung, daß die Exklusivität bewahrt werden soll: Den "Konsultativparteien des Antarktisvertrages" soll es vorbehalten bleiben "... to take an active and responsible role over minerals"[68]. Zwar erwies sich auch bei der Formulierung der Prinzipien dieses Regimes die besondere Bedeutung des normativ-institutionellen Umfeldes - die "Ausstrahlungswirkung"[69] der international verankerten Prinzipien ist deutlich zu verfolgen -, die "Thematisierungs- und Verhandlungsmacht" im Politikfeld Antarktis[70] war jedoch derart verteilt, daß die interessierten Parteien mit der Wahl der institutionellen Anknüpfung des Regimes, des Verhandlungsrahmens

---

Coordination - Marrying the Economic Models with Political Reality, in: Martin Feldstein (Hrsg.), International Economic Cooperation, Chicago 1988, S. 51 ff.
[67] Efinger, Ropers/Schlotter, in: B. Kohler-Koch (Hrsg.), Regime in den internationalen Beziehungen.
[68] Wolf, in: B. Kohler-Koch (Hrsg.), Regime in den internationalen Beziehungen.
[69] Ebenda.
[70] Ebenda.

und damit der Begrenzung der Verhandlungsteilnehmer sowie mit der Abgrenzung des Problemfeldes ihre exklusiven Interessen durchzusetzen vermochten.

Eine ähnliche Entwicklung war bei der Entstehung des Nonproliferationsregimes zu beobachten. Der eigentliche Streitpunkt im Vorfeld dieser Verhandlungen, die schließlich zum Abschluß des Nichtverbreitungsvertrages führten, war die Definition des Problems: Ging die Kriegsgefahr von nuklearer Aufrüstung oder lediglich vom Erwerb von Nuklearwaffen durch zusätzliche Staaten aus? Die diesbezüglichen grundsätzlichen Auffassungsunterschiede, die ganz offenkundig von unterschiedlichen Interessenlagen gespeist wurden, spiegeln sich im Ausbau der Struktur des Nonproliferationsregimes wider: Auf der Ebene der Prinzipien wird nicht nur die Kriegsgefahr durch Proliferation und damit die Wünschbarkeit der Nichtverbreitung von Kernwaffen, sondern auch die Förderung der friedlichen Nutzung der Kernenergie sowie eine Begrenzung der weiteren Aufrüstung der Kernwaffenstaaten postuliert. Daß diese nebeneinander gestellten Prinzipien von ungleicher Relevanz für die Vertragsparteien sind und diese ihre jeweilige Verhandlungsmacht bei der Konkretisierung des Prinzipienkataloges einzubringen wußten, zeigt sich an der Ausgestaltung der Normen, Regeln und Verfahren. So stellt Müller bezüglich der Regimenormen Unterschiede in Gewicht und Verbindlichkeit fest; diese "reflektieren zum Teil die unterschiedliche funktionale Bedeutung der Normen für den Regimebestand, zum Teil die unterschiedliche Machtverteilung unter den jeweiligen Befürwortern"[71]. Bezüglich der Regeln ist festzustellen, daß die Export- und Verifikationsregeln "mit großer Sorgfalt" ausgearbeitet sind; die Zusammenarbeit zur friedlichen Nutzung der Kernenergie "wesentlich unspezifischer" und "am verschwommensten diejenigen Regeln geraten (sind), die konkrete Verpflichtungen der Kernwaffenstaaten betreffen". ..."Das Regime war hier nicht in der Lage, die Schranken der bestehenden Machtverteilung zu durchbrechen. ... Insgesamt hat sich die asymmetrische Machtverteilung außerhalb des Regimes in einer ungleichen Verregelung innerhalb des Regimes deutlich niedergeschlagen und einer relativ schwachen Belastung der Kernwaffenmächte mit explizit geregelten Verpflichtungen geführt."[72] Daß die tatsächlich im Regime vorherrschenden Prinzipien die "Prinzipien der Herrschenden" sind, ist angesichts der im Problemfeld gegebenen Machtverteilung nicht verwunderlich; ihr ist es offensichtlich zuzurechnen, daß es zu einem differenziert ausgestalteten Regime von hoher Effektivität und Dauerhaftigkeit kam, obwohl die Einseitigkeit der Interessen, von denen her das Regime seinen Ausgang nahm, sowie der anfängliche Dissens über die Handlungsziele nur teilweise überwunden wurden und das Regime durch eine ungleichgewichtig ausgestaltete Struktur wie auch eine unterschiedliche Normakzeptanz charakterisiert ist.[73]

---

[71] H. Müller, Selbsthilfe oder Kooperation?.

[72] H. Müller, Selbsthilfe oder Kooperation?.

[73] Darauf verweist Fischer, der für die Bundesrepublik Deutschland einen eindeutigen "Vorrang militärstrategisch-sicherheitspolitischer Erwägungen" feststellt, die bezogen auf die Verlängerungskonferenz des Nichtverbreitungsvertrages im Jahre 1995 dazu führen sollten, "eine stabile Abwehrlinie gegen weitergehende, verbindliche Abrüstungsregelungen zu errichten..." Dem Vertrag bescheinigt er aus "regimetheoretischer Sicht" eine "Fehlkonstruktion

Eine ungleichgewichtige Ausgestaltung von Regimen ist nicht notwendiger-weise Ausdruck eines Dissens auf der Ebene der Prinzipien, sondern kann auch aus der Unvereinbarkeit der Allokationsmodi im betreffenden Politikfeld resultie-ren, wie dies in der west-östlichen Kooperation im Bereich von Wirtschaft, Wis-senschaft und Technik festzustellen ist: Die Beteiligten haben sich bezüglich der Prinzipien und Normen auf einen Kompromiß geeinigt, "allerdings mit einem leichten Übergewicht zugunsten marktwirtschaftlicher Austauschprogramma-tik"[74]. Hier wie bei der "Zusammenarbeit in humanitären und anderen Bereichen" (Korb III) im Rahmen der KSZE, bei der die Kompromisse ebenfalls "primär die Handschrift des Westens" widerspiegeln, ist festzustellen, daß man bis auf Aus-nahmen von ausgebildeten Regimen noch weit entfernt ist: Es gibt "eine Reihe deutlich abgestufter Präzisions- und Verbindlichkeitsebenen, die es den sozialisti-schen Ländern erlaubte, die transnationalen Beziehungen in besonders sensiblen Bereichen weiterhin restriktiv zu handhaben"[75]. Die relativ ausgeglichene Macht-verteilung in diesem Politikfeld zwischen den Staaten der KSZE hat zur Folge, daß nicht zwischenstaatlicher, sondern nur innerstaatlicher Druck Ausgangspunkt für eine Positionsänderung und damit die Ausbildung eines Regimes sein kann. Die beiden Fälle, in denen ein detailliert ausgestaltetes und implementiertes Re-gime zustande kam, nämlich bezogen auf "familiär begründete Freizügigkeit" und "Arbeitsbedingungen für Journalisten", dürfte der Erfolg "... vor allem auf das Zusammenspiel zwischen der staatlichen Interessenvertretung, dem Druck der betroffenen gesellschaftlichen Gruppen (Minderheiten, Medien) sowie der öffent-lichkeitswirksamen Artikulation ihrer Interessen zurückzuführen sein."[76]

Die in diesem Band versammelten Beispiele sind eindrücklicher Beleg dafür, daß Regimestrukturen nicht als logische Ableitung von problemfeldrelevanten Normen, Regeln und Verfahren aus einem konsensual gefundenen obersten Prin-zip entstehen.[77] Vielmehr reflektieren sie die im weiteren Verhandlungsprozeß jeweils gültigen machtstrukturellen, normativ-institutionellen und situationsstruk-turellen Bedingungsfaktoren. Dabei sollte allerdings der einschränkende Hinweis: "structure alone is a poor predictor of regime characteristics"[78] berücksichtigt werden. Methodologisch ernst genommen hat dieser Einwand zur Konsequenz, daß die Regimeanalyse auf die Verschränkung von innenpolitischen und interna-

---

... auf der Ebene der ihn leitenden Normen." W. Fischer, Das atomare Nichtverbreitungs-regime, S. 2 bzw. 3.

[74] Ropers/Schlotter, in: B. Kohler-Koch (Hrsg.), Regime in den internationalen Bezie-hungen.

[75] Ebenda.

[76] Ebenda.

[77] Schon Krasner verwies darauf: "There may be many rules and decision-making procedures that are consistent with the same principles and norms." Stephen D. Krasner, 'Structural Causes and Regime Consequences: Regimes as Intervening Variables', in: Interna-tional Organization 36 (1982), S. 187.

[78] S. Haggard/B.A. Simmons, 'Theories of International Regimes', S. 501.

tionalen Bestimmungsgründen auszuweiten ist[79] und das Konzept eines "reflective approach"[80] zu einem Forschungsprogramm entwickelt wird.

Die ungleiche Verregelung konkurrierender Prinzipien innerhalb eines Regimes wirft die Frage nach der Verteilungsgerechtigkeit auf. Bei der Produktion öffentlicher Güter - als einem der typischen Kooperationsdilemmata - mag zwar der Nutzen allen gleichermaßen zugute kommen, aber die mit seiner Produktion verbundenen Belastungen in Form von Verzicht auf Prestige- und Statusgewinn (Nuklearwaffen), erhöhten Produktionskosten (Umwelt), politischen Anpassungsleistungen (VSBM) etc. sind überwiegend ungleich verteilt. Trotzdem gehört die Mehrzahl der Regime mit ungleicher Verteilungswirkung, deren Entstehung überdies auf einseitig getragene Initiativen zurückgehen, zu den Regimen, die sich durch Effektivität, Dauerhaftigkeit und einen hohen Entwicklungsgrad auszeichnen.

2.3. Der Beitrag einzelner Regimeelemente

Auch wenn sich die besondere Regimeleistung erst bei dem Zusammenwirken von Prinzipien, Normen, Regeln und Verfahren ergibt, lassen sich zusätzliche Einsichten erschließen, wenn man nach dem besonderen Beitrag der einzelnen Strukturelemente für Zustandekommen und Erhalt einer kooperativen Konfliktbearbeitung fragt. Der nutzentheoretische Ansatz, übertragen auf den Bereich der internationalen Zusammenarbeit,[81] läßt es plausibel erscheinen, daß Variationen der Höhe des erwartbaren Nutzens und Unterschiede der Nutzenart geeignet sind, die Kooperationsbereitschaft zwischen Staaten auch unter ungünstigen situationsstrukturellen Gegebenheiten zu stärken. Mit anderen Worten, die kooperationsfeindliche Situationsstruktur des "Gefangenendilemmas" oder des "Dilemmas der öffentlichen Güter" kann durch Veränderungen der "Struktur des Belohnungswertes der Kooperation" und damit eine Änderung der Eigenschaften der Situation sowie durch Einflußnahme auf die "Struktur des Erwartungswertes in bezug auf die Zusammenarbeit" korrigiert werden,[82] bzw. die Situationsstruktur des "kollektiven Dilemmas" löst sich durch einen Wechsel (in der Wahrnehmung) des erwarteten Nutzentyps auf.[83]

2.3.1. Nutzendefinition durch Prinzipien

Der Prozeß der internationalen Verständigung über die Prinzipien eines Regimes ist in vielen Fällen als gezielter Versuch der Uminterpretation der Art des zu erwartenden Nutzens kooperativer Konfliktregelung zu verstehen. Besonders deutlich wird dies im Umweltbereich, in dem beispielsweise im Falle der Gewäs-

[79] James N. Rosenau, 'Before Cooperation: Hegemons, Regimes, and Habit-Driven Actors in World Politics', in: International Organization 40 (1986), S. 849-894.

[80] Robert O. Keohane, International Institutions: Two Approaches, Beitrag zum 17. DVPW-Kongreß, Darmstadt 1988, hekt. Ms.

[81] Daniel Frei, Internationale Zusammenarbeit. Theoretische Ansätze und empirische Beiträge, Königstein/Ts. 1982.

[82] D. Frei, Internationale Zusammenarbeit, S. 25 ff.

[83] D. Frei, Internationale Zusammenarbeit, S. 85 ff.

serverschmutzung des Rheins[84] oder des sauren Regens[85] der materielle Nutzen zunächst im Vordergrund stand und die Ungleichheit der Kosten-Nutzenbilanz der angesprochenen Staaten eine geregelte Zusammenarbeit verhinderte. Die aktive "Umweltaußenpolitik"[86] der skandinavischen Staaten zielte von Anfang an darauf ab, Ökologie nicht nur in instrumenteller Beziehung zur Ökonomie darzustellen und damit lediglich als Teil eines wirtschaftlichen Kosten-Nutzen-Kalküls zu behandeln, sondern der Umwelt einen "Wert an sich" beizumessen. Ob nun diese internationalen Aktivitäten oder die Umwertung im öffentlichen Bewußtsein als binnenstaatlicher Prozeß zu einer Veränderung der Nutzenkategorie geführt haben, mag dahin gestellt sein. Festzustellen ist, daß diese Umweltregime den Beteiligten einen "zielbezogenen Nutzen" versprechen, der den "materiellen Nutzen" sozusagen überlagert: Die Gefahr von ökologischen Trittbrettfahrern ausgebeutet zu werden, bleibt zwar weiter bestehen, doch die daraus entstehenden Kosten bzw. die zu erzielenden Gewinne, wenn man selbst die Rolle des nutznießenden Außenseiters einnimmt, werden niedriger bewertet als zuvor, weil sie in Relation zu dem Nutzengewinn gesehen werden, den die Bereitschaft zum eigenen Beitrag für das kollektiv erstrebte Gut erbringt.[87]

Eine solche Relativierung des materiellen Nutzens wird zusätzlich gefördert, wenn dem Zielgewinn ein Nutzen in Gestalt von Solidaritätsbelohnung hinzutritt, wie es auf den Fall des CoCom-Regimes zutrifft.[88]

Nicht zu vernachlässigen ist auch der Effekt, daß die intensive Befassung mit den das Regime bestimmenden Prinzipien zu einer Vereinheitlichung der Erwartungen bezüglich der Art des zu erzielenden Nutzens unter den Beteiligten führt, was generell als kooperationsförderlich betrachtet wird.[89]

2.3.2. Variation des Belohnungswertes durch Regeln und Verfahren

Eine zweite Dimension möglicher Nutzenänderungen erschließt sich durch die Gestaltung der Regimeregeln und Verfahren. Die Nutzentheorie betrachtet Nutzen als Produkt zweier unabhängiger Variablen, zum einen des Belohnungswertes, d.h. die Einschätzung des Nutzens, der mit einer bestimmten Handlungsoption verbunden ist und zum anderen des Erwartungswertes, d.h. die Schätzung der Wahrscheinlichkeit, mit der man die Realisierung des Nutzens erwarten kann. Letzterer Gesichtspunkt hat in der Regimeanalyse besondere Aufmerksamkeit auf

[84] Strübel, in: B. Kohler-Koch (Hrsg.), Regime in den internationalen Beziehungen.
[85] Prittwitz, in: B. Kohler-Koch (Hrsg.), Regime in den internationalen Beziehungen.
[86] Ebenda.
[87] Frei kommt in der Auswertung der empirischen Daten von Reychler 1979, der UN-Delegierte befragt hat, zur der Einschätzung, daß die sich überwiegend im internationalen Kontext bewegenden Akteure vornehmlich eine zweckbezogene Nutzenerwartung erkennen lassen. D. Frei, Internationale Zusammenarbeit, S. 116 ff.
[88] Das Zusammenfallen der drei Nutzentypen und die Möglichkeit ihrer gleichzeitigen Befriedigung betrachtet Frei als besonders günstige Bedingung für eine erfolgreiche internationale Zusammenarbeit, D. Frei, Internationale Zusammenarbeit, S. 87; Solidaritätsnutzen sichert Kooperationsbereitschaft in jenen Phasen, in denen die Zusammenarbeit nicht zu materiellen Vorteilen führt.
[89] D. Frei, Internationale Zusammenarbeit, S. 91.

sich gelenkt, wohingegen die Variation des Belohnungswertes nicht weiter thematisiert wurde.

In all jenen Fällen, in denen die Situationsstruktur dem kollektiven Dilemma bei der Produktion öffentlicher Güter entspricht, ist jedoch zu beobachten, daß durch die Ausgestaltung von Regeln und Verfahren Elemente eingebracht werden, die zu einer teilweisen "Privatisierung" der erbrachten Güter führen oder selektive Kooperationsanreize enthalten. Die Verbesserung der Wasserqualität von Flüssen und Meeren ist zwar ein öffentliches Gut, dessen Nutzung niemandem verwehrt werden kann; der Zugang zu relevanten Informationen wie Qualitätszustandsberichte anhand vergleichender Meßergebnisse, laufende Überwachung und Kontrolle, gezielte Ermittlung von Schadensursachen oder die Einbeziehung in Frühwarnsysteme, technologische Kooperation etc., kann dagegen selektiv gehandhabt werden. Zu den selektiven Kooperationsanreizen gehören Transferzahlungen (z.B. als Ergänzung des Chloridabkommens zwischen den Rheinanliegern; die Schaffung eines Fonds wie er von den Entwicklungsländern im Rahmen des Ozonregimes gefordert wird), Technologietransfer und Förderung der technologischen Zusammenarbeit (z.B. im Rahmen des Nichtverbreitungsvertrages).

Die eingehende Präzisierung der jeweiligen Verpflichtungen wie sie beispielsweise in den Vereinbarungen über vertrauens- und sicherheitsbildende Maßnahmen der KVAE niedergelegt sind, sind dazu angetan, sowohl den eigenen Nutzengewinn aus der erhöhten Transparenz kalkulierbarer zu machen, als auch die zu erwartenden Kosten bei einem nicht dem Regime gemäßen Verhalten der anderen einzugrenzen. Ohnehin ist die einem Regime typische Begrenzung der Kooperation auf ein spezifisches Problemfeld bereits ein Beitrag zur Veränderung der Belohnungsstruktur, weil dadurch die üblicherweise bei umfasenderen Vorhaben der Zusammenarbeit anfallenden hohen Kosten vermieden werden.[90]

Erwartungssicherheit herzustellen wird als eine wichtige, manchmal die wichtigste Funktionsleistung von Regimen betrachtet. Zur Überwindung der Kooperationsbarrieren unter den Bedingungen des Sicherheitsdilemmas ist das Vertrauen in die Verläßlichkeit der gegnerischen Kooperationsbereitschaft unabdingbare Voraussetzung für die Aufnahme geregelter Beziehungen. Zwar bewirkt die wechselseitige Festlegung auf gemeinsame Prinzipien und Normen schon eine Fokussierung der Verhaltenserwartungen, doch erst die genaue Beschreibung des erwünschten Verhaltens in den Regeln sowie die in den Verfahren verankerten Möglichkeiten der Überprüfung schaffen die Grundlage für Vertrauen.

Es liegt nahe, daß in den Regimen im Bereich Sicherheit große Mühe darauf verwandt wird, durch die Fassung der in den Regeln festgelegten Rechte und Pflichten der Regimemitglieder mögliche Zweideutigkeiten in der Verhaltensinterpretation auszuschließen. So ist der Erfolg des KVAE-Regimes nicht zuletzt darauf zurückzuführen, daß es in den Verhandlungen gelungen war, einen differenzierten und in der überwiegenden Zahl der Fälle auch präzisen Maßnahmenka-

---

[90] D. Frei, Internationale Zusammenarbeit, S. 26 f.

talog zu vereinbaren.[91] So werden Ankündigungsmodalitäten militärischer Aktivitäten, die Rahmenbedingungen von Manöverbeobachtungen etc. bis ins Detail vorgeschrieben. Die Eindeutigkeit der Regeln erlaubt es, Regelabweichungen zu beobachten und festzustellen, wenn nicht gar zu messen. Zusätzlich sind in den Regimen Kontrollmaßnahmen eingebaut, die in den Sicherheitsregimen besonders elaboriert sind. Die vertrauens- und sicherheitsbildenden Maßnahmen der KVAE sehen ebenso wie das nukleare Nichtverbreitungsregime detaillierte Inspektions- bzw. Verifikationsmaßnahmen vor und ermöglichen es, daß die Erörterung über Regelverletzungen bzw. damit zusammenhängende Interpretationsstreitigkeiten Gegenstand der Implementationsdebatten auf den KSZE-Folgekonferenzen bzw. den Überprüfungskonferenzen des Nichtverbreitungsvertrages werden können.

Auch bei den Umweltregimen sind mit Stofflisten, Grenzwertfestlegungen etc. sehr genau und eingehend die erwünschten Handlungsrestriktionen festgelegt - auch wenn sie durch eine großzügige Ausnahmegenehmigungspraxis de facto häufig unterlaufen werden.[92] Meß- und Überwachungsprogramme sind in der Regel ebenfalls vorgesehen, werden jedoch häufig (noch) dezentral durchgeführt und lassen dementsprechend bei einer vergleichenden Auswertung Interpretationsspielräume offen.

Die unter dem Ostsee-Regime vorgesehene Verpflichtung zur Berichterstattung dient wie die Implementationsdebatten in den Sicherheitsregimen nicht nur als politischer Druck zum regimeadäquaten Verhalten, sondern auch zur besseren Verständigung über das was als "Verhaltensadäquanz" zu verstehen ist.

Gerade am Beispiel der internationalen Umweltpolitik wird deutlich, daß umfassendere Kooperationsvereinbarungen über eine gradualistische Strategie der schrittweisen Verregelung komplexer Problemfelder erfolgt. Die erwünschte Verringerung der Schadstoffbelastung von Gewässern und der Luft wird über die Festlegung von Regeln für einzelne Stoffe erreicht. Die Erfahrungen in der Zusammenarbeit können somit sukzessiv gewonnen und verarbeitet werden; die Eintrittsbarrieren in das internationale Regime sind vergleichbar niedrig, weil der zu leistende Einsatz und damit der mögliche Verlust niedrig gehalten sind.

Erwartungssicherheit wird gerade durch den fortgesetzten Charakter der Zusammenarbeit gefördert; Regime organisieren die Kooperation als ständigen Prozeß. Dabei kommt den durch die Verfahren festgelegten Informations- und Kommunikationsstrukturen eine besondere Bedeutung zu. Vor allem die Einrichtung ständiger Konferenzen, Kommissionen oder internationaler Organisationen mit eigenständigem Sekretariat hilft, lange Kommunikationskanäle und die daraus entstehenden Verständigungsschwierigkeiten zu vermeiden und ein hohes Informationsniveau zu erreichen. Beides wird als weitere wichtige Funktionsleistung von Regimen bewertet.

---

[91] Efinger, in: B. Kohler-Koch (Hrsg.), Regime in den internationalen Beziehungen.
[92] Strübel, in: B. Kohler-Koch (Hrsg.), Regime in den internationalen Beziehungen.

3. Zur Bedeutung von Regimen

3.1. Unterschiedliche Dimensionen von Regimewirkung

In seiner Würdigung der beiden wegweisenden Arbeiten zur Regimediskussion von Keohane[93] und Krasner[94] wirft Young die Frage auf, ob von der sichtlich ansteigenden Flut wissenschaftlicher Arbeiten über internationale Regime ein nachhaltigerer Beitrag zu unserem Wissen über internationale Beziehungen zu erwarten ist als von anderen Modethemen der Disziplin. Die Antwort hängt seiner Auffassung nach davon ab, ob es gelingt, die Bedeutung von Regimen oder Institutionen allgemein als Bestimmungsfaktoren kollektiven Verhaltens auf internationaler Ebene zu ergründen.[95] Der vorliegenden Literatur attestiert er diesbezüglich einen überraschenden Mangel und eine bemerkenswerte Uneinheitlichkeit sowohl in der grundsätzlichen Einschätzung der möglichen Rolle von Institutionen als auch bezüglich der Ausgangsthesen zur Erklärung ihrer Wirkungsweise;[96] Feststellungen, die auch durch die inzwischen erschienene Literatur nicht überholt sind.

Auffällig ist darüber hinaus, daß bisher keine systematische Differenzierung der Wirkungsmöglichkeiten von internationalen Regimen vorgenommen wurde. Die Konzeptionalisierung von Regimen als intervenierende Variable, die sich zwischen die grundlegenden Einflußgrößen internationaler Politik - Macht, Interesse, Normen - und Politikergebnisse schiebt, ist in der Regimeanalyse weitgehend übernommen worden. Die Einschätzungen dessen, was als "Ergebnis", als "related behavior and outcomes"[97] zu verstehen ist, unterscheiden sich jedoch erheblich. Gleichermaßen sind die Ansätze zur Operationalisierung dessen, was als Regimewirkung zu fassen wäre - soweit dies überhaupt versucht wurde - selten vergleichbar.

3.1.1. Verhaltensanpassung

Bei der Erörterung von Regime-"Effizienz" bzw. Regime-"Effektivität" wird allgemein das Kriterium der Akzeptanz und Einhaltung der Normen und Regeln des Regimes angelegt, mit anderen Worten, die Frage nach der Wirkung des Regimes wird mit dem Verweis auf das Verhalten der Akteure beantwortet. In den Studien dieses Bandes, die den Entstehungs- und Entwicklungsprozeß einzelner internationaler Regime nachzeichnen, wird deutlich sichtbar, daß die Befolgung

---

[93] R.O. Keohane, After Hegemony.

[94] S.D. Krasner, Structural Causes; Stephen D. Krasner (Hrsg.), International Regimes, Ithaca 1983 [Die Verweise im Text beziehen sich auf die Veröffentlichung in: International Organization 36 (1982).].

[95] O.R. Young, International Regimes, S. 105. "The ultimate justification for devoting substantial time and energy to the study of regimes must be the proposition that we can account for a good deal of the variance in collective behavior at the international level in terms of the impact of institutional arrangements. For the most part, however, this proposition is relegated to the realm of assumptions rather than brought forward as a focus for analytical and empirical investigation." (O.R. Young, International Regimes, S. 115).

[96] O.R. Young, International Regimes, S. 115.

[97] S.D. Krasner, Structural Causes, S. 189.

der Regimeregeln mit einer eindeutigen Verhaltensänderung gleichzusetzen ist, die zwar nicht immer für alle Akteure aber doch einen großen Teil von ihnen zutrifft.[98] Dabei wird in der Regel jedoch eher implizit unterstellt, daß die Modifikation des Verhaltens der Existenz des Regimes zuzuschreiben ist, als daß explizit die Wirkungskraft des Regimes als unabhängige bzw. intervenierende Variable thematisiert, d.h. der hypothetischen Frage nachgegangen wird, ob und inwieweit das norm- und regelgerechte Verhalten der Regimemitglieder sich von ihrem voraussichtlichen Verhalten in Abwesenheit des Regimes unterscheidet. Müller kommt in seiner Untersuchung des Nonproliferationsregimes zu einer eindeutig positiven Bewertung,[99] wohingegen Betz bei seiner Analyse des internationalen Regimes zur Defizitfinanzierung und Umschuldung von Entwicklungsländern nur einen "bescheidenen unabhängigen Einfluß des Schuldenregimes" feststellen kann.[100] Ähnliche Vorbehalte gelten für die Mehrzahl der Umweltregime.[101]

3.1.2. Zielverwirklichung

Während einige Autoren die Verhaltensanpassung der Akteure an das Regime zum ausschlaggebenden Kriterium ihrer Regimebeurteilung wählen - beispielsweise Ropers/Schlotter in bezug auf die im Rahmen der KSZE entstandenen Regime[102] -, wird von anderen Autoren zusätzlich oder sogar vornehmlich die Erreichung des angestrebten Handlungszieles herangezogen. Besonders im Bereich der Umwelt ist es naheliegend, die Untersuchung der Umsetzung der von den internationalen Regimen vorgegebenen Standards in nationalstaatliche Verhaltensvorschriften und -praktiken um die Analyse der dadurch bewirkten Umweltverbesserung zu ergänzen. Die Meßbarkeit der Ergebnisse, eine weitgehende Transparenz der Verursachungen und die Verfügbarkeit von Daten schaffen besonders günstige Voraussetzungen für eine derartige Wirkungsforschung. Die Feststellungen, daß selbst in Fällen eines weitgehend implementierten Regimes keine signifikanten Veränderungen der Schadstoffbelastungen[103] oder gar steigende Umweltbelastungen[104] festzustellen sind, verweist auf typische Schwachstellen von Regimen. Um es am Beispiel der Umweltregime zu verdeutlichen: Nur ein Teil der erforderlichen Regelungstatbestände wird erfaßt (die Schadstofflisten in den Verträgen der Rheinanlieger umfassen nur einen Teil der in den entsprechenden EG-Richtlinien erfaßten), die vereinbarten Standards liegen weit unter dem Durchschnitt der nationalstaatlich festgelegten Werte (Emissionsverminderung von Schwefeldioxid), nicht alle relevanten Akteure wer-

---

[98] Vgl. die Beiträge von Müller, Ropers/Schlotter; Efinger; Zürn, Betz, Hüttig, Strübel und Prittwitz in: B. Kohler-Koch (Hrsg.), Regime in den internationalen Beziehungen.
[99] Müller, in: B. Kohler-Koch (Hrsg.), Regime in den internationalen Beziehungen.
[100] Betz, in: B. Kohler-Koch (Hrsg.), Regime in den internationalen Beziehungen.
[101] Prittwitz, in: B. Kohler-Koch (Hrsg.), Regime in den internationalen Beziehungen.
[102] Ropers/Schlotter (in: B. Kohler-Koch (Hrsg.), Regime in den internationalen Beziehungen) nehmen allerdings auch das Kriterium der Zielverwirklichung auf, wenn sie beispielsweise Urteile über die Verbesserung der Freizügigkeitsregelung anführen.
[103] Strübel, in: B. Kohler-Koch (Hrsg.), Regime in den internationalen Beziehungen.
[104] Prittwitz, in: B. Kohler-Koch (Hrsg.), Regime in den internationalen Beziehungen.

den in die Pflicht genommen (z.B. die Unterlieger der Flüsse wie die DDR und CSSR, die mit Schadstoffeinleitungen in die Elbe auch zur Verschmutzung der Nordsee beitragen). Die für Regime typische Begrenzung auf ein Problemfeld leistet überdies der Problemverschiebung (Einleitung der Kaliabfälle direkt in die Nordsee statt in den Rhein nach Abschluß des Chloridabkommens) Vorschub; die Vereinbarung internationaler Absprachen mittels eines Regimes dienen als "Handlungsersatz"[105], in dem sie als Nachweis internationaler Anstrengungen zur Problemlösung benutzt, Defizite der Kooperationsunwilligkeit der ausländischen Staaten zugeschrieben werden und damit die Aufmerksamkeit von der fortgesetzten Umweltbelastung durch eigenes Tun abgelenkt wird.

Mit all diesen Variablen, deren Ausgestaltung wesentlich die Stärke eines Regimes im Sinne der Verwirklichung der angestrebten Handlungsziele bestimmen, sind Attribute der Regime selbst angesprochen. Zu ihnen zählen auch Zweideutigkeiten in der Formulierung von Rechten und Pflichten, Generalklauseln, mangelnde Überwachungs- und Kontrollverfahren, die abweichendes Verhalten der Regimemitglieder begünstigen, da nicht ohne weiteres eine normgerechte Umsetzung auf subsystemischer Ebene zu erwarten ist. Efingers Effektivitätsbegriff umfaßt neben dem Kriterium der Folgebereitschaft der Staaten auch wesentliche Elemente dieser Regimeeigenschaften, nämlich die "angemessene Konkretisierung der Prinzipien und Normen" in den Regeln und die "relativ umfassende" Verregelung der "Konfliktgegenstände des Problemfeldes".[106] Aus methodologischen Gründen erscheint es jedoch sinnvoll, im Hinblick auf die Wirkung von Regimen zwischen den Eigenschaften des Regimes und dem Verhalten der Akteure eine systematische Trennung vorzunehmen; geht es doch bei der Beurteilung der verhaltensleitenden Bedeutung ("coercive function") um die Frage, ob, warum und wie ein so und nicht anders geschaffenes Regime Wirkungen ausübt.

3.1.3. Veränderungen des internationalen Systems

Eine wiederum andere Dimension von Regimewirkung ist mit der Frage nach den von ihnen ausgehenden Veränderungen auf die strukturellen und prozessualen Gegebenheiten des internationalen Systems angesprochen. So wurde von Wolf/Zürn[107] ein systematisches Frageraster des Regimeansatzes entwickelt, in dem die Auswirkungen, die sich aus der Errichtung bzw. der Wertezuteilung durch ein Regime auf die globale wie die politikfeldspezifische Machtstruktur und die Entstehung und Entwicklung anderer internationaler Regime ergeben, Gegenstand der Untersuchung sind. Dieses Untersuchungsziel wird in einen normativ-empirischen Ansatz eingebunden: "Normativ, da ein Beitrag zur politischen Bearbeitung von Interdependenzproblemen oder des Hegemonieverfalls geleistet werden soll, und... dabei Erkenntnisse für gewaltmindernde Formen kollektiver Zusammenarbeit bzw. einer gewaltlosen Enthegemonisierung des internationalen

---

[105] Ebenda.

[106] Efinger, in: B. Kohler-Koch (Hrsg.), Regime in den internationalen Beziehungen.

[107] Klaus Dieter Wolf/Michael Zürn, '"International Regimes" und Theorien der Internationalen Politik', in: Politische Vierteljahresschrift 27 (1986), S. 209; M. Zürn, Gerechte internationale Regime, S. 27.

Systems angestrebt werden."[108] Die normative Perspektive prägt auch das Tübinger Forschungsprojekt über internationale Regime in den Ost-West-Beziehungen,[109] das explizit als "Beitrag zur Erforschung der friedlichen Behandlung internationaler Konflikte" - so der Untertitel des Buches, in dem das Forschungsdesign vorgestellt wird - verstanden wird. Ermittelt werden soll, "ob und inwieweit internationale Regime dazu beitragen, den gewaltsamen Austrag von Konflikten im Ost-West-Verhältnis unwahrscheinlicher zu machen"[110].

In diesem Band nimmt Efinger in seinem Beitrag über das KVAE-Regime die Frage nach der Friedensleistung dieses Ost-West-Regimes auf.[111] Abgesehen von dem Problem, angemessene Indikatoren zur Messung der Wirkung eines Regimes zu finden, sie zu operationalisieren und entsprechende Daten zu gewinnen, zeigen sich dabei methodologische Schwierigkeiten grundlegender Art. Der Zugang über eine Bewertung, wieweit die Zwecke des Regelwerkes und die mit den Prinzipien und Normen verknüpften Handlungsziele erreicht wurden, ist zwar in dem besonderen Fall des VSBM-Regimes, nicht aber allgemein möglich. Bei einem Sicherheitsregime, das erklärtermaßen Frieden über den Weg der Vertrauensbildung zu erreichen sucht und dessen Normen und Regeln auf Transparenz und Regelmäßigkeit von Verhalten abgestellt sind und damit die Berechenbarkeit und Kontrollierbarkeit des gegnerischen Handelns bezwecken, ist die Erfüllung des Regimes zwangsläufig "friedensförderlich". Hier fallen Regimezweck und die Regimen allgemein zugedachte Funktionsleistung, nämlich über die Verfestigung von Erwartungssicherheit, Erhöhung des Informationsniveaus und Reduzierung der Transaktionskosten die situationsstrukturellen Hindernisse für die kollektive Zusammenarbeit zu überwinden, zusammen. Will man generell den Beitrag von Regimen zu einer friedlichen Bearbeitung von Konflikten ergründen, so ist die Funktionsleistung und Verteilungswirkung in den Mittelpunkt der Aufmerksamkeit zu rücken.

Außerdem bedarf es einer Vorabklärung des Bezugsfeldes. Wenn die Regimeforscher ihrem Erkenntnisobjekt sozusagen wesensgemäß eine friedensförderliche Wirkung unterstellen, so begeben sie sich in die gleiche prekäre Situation wie die Neofunktionalisten, die zunächst unkonditional Integration gleichsetzten mit Frieden, damit aber lediglich das Binnenverhältnis und nicht die Außenwirkung regionaler Integrationsprozesse im Auge hatten. Entsprechend wäre es verfehlt, wollte man an "externe" Regime, deren Regelungszweck die Koordination eines nach außen und eventuell sogar zu Lasten Dritter gerichtetes Handeln ist, die Kategorie von Friedensförderung anlegen. Das CoCom-Regime zielt auf eine Stärkung der eigenen Verteidigungsfähigkeit durch Wahrung der militär-technologischen wie technisch-ökonomischen Überlegenheit ab; es ist auf Sicherheit vor dem Gegner und nicht auf die Erlangung der gemeinsamen Sicherheit der Konfliktparteien angelegt. In ähnlicher Weise sind auch die Binnen- und Außenwirkungen des Mineralien-Regimes der Antarktis zu unterscheiden, das in seinen

---

[108] K.D. Wolf/M. Zürn, "International Regimes", S. 218.
[109] M. Efinger/V. Rittberger/M. Zürn, Internationale Regime.
[110] M. Efinger/V. Rittberger/M. Zürn, Internationale Regime, S. 4.
[111] Efinger, in: B. Kohler-Koch (Hrsg.), Regime in den internationalen Beziehungen.

wesentlichen Zügen einem klassischen Kartell gleicht: Durch gezielte Maßnahmen der Marktzugangsbeschränkung wird der Club exklusiv gehalten, dessen
Mitglieder zu einer internen Verhaltensabstimmung zusammenfinden, deren Kosten weitgehend externalisiert werden.

So eindeutig wie in diesen beiden genannten Fällen ist die Frage der Be-
zugseinheit in der Regel jedoch nicht zu klären. Auch die typologische Gegenüberstellung von externen Regimen und internen, das Binnenverhältnis der Teilnehmer regulierenden Regimen hilft nur bedingt weiter. Alle regional begrenzten
Regime leben in einem Umfeld, in das hinein sie Außenwirkungen - intendiert
oder nicht - entfalten. So sind selbst quasi-globale Regime wie das GATT oder
der IWF im Kontext der west-östlichen Systemkonkurrenz zu sehen und zu beurteilen.[112]

Mit anderen Worten, je nach der Ausrichtung des Erkenntnisinteresses werden andere Ausschnitte der internationalen Beziehungen und der in ihnen beob-
achtbaren Regimewirkungen gewählt werden. Die Frage nach dem Beitrag von
Regimen zur Überwindung kollektiver Dilemmata ist für die Friedensforschung
hoch bedeutsam, weil sich damit nicht nur logisch, sondern auch praxeologisch
Wege zur Überwindung des Gefangenendilemmas und der kooperativen Stabilisierung der gemeinsamen Sicherheit aufzeigen lassen. Wobei es interessant wäre
zu untersuchen, ob und inwieweit unter diesen spezifischen Bedingungen auto-
korrelative Entwicklungen in Gang gebracht werden können. Ebenso wichtig ist
sicher, den sich aus der Errichtung und Entwicklung von Regimen, gleichgültig
welcher Situationsstruktur sie entsprangen, ganz allgemein ausgehenden Wirkungen auf die Qualität internationaler Beziehungen nachzugehen, d.h. die Frage zu
prüfen, ob Regime als Kennzeichen einer zunehmenden Verregelung der internationalen Beziehungen zu verstehen sind und ihrerseits einer norm- und regelgeleiteten Form der internationalen Konfliktaustragung weiter Vorschub leisten. So
gleichwertig beide Ansätze auch sein mögen, so darf doch nicht übersehen werden, daß sie unterschiedliche Stoßrichtungen haben. Beide zielen jedoch ins
Leere, wenn nicht das eigentliche Defizit der bisherigen Regimeforschung, nämlich die mangelnde Verknüpfung mit einer theoretischen Reflexion jener "prime
dynamics that drive world politics"[113], behoben wird.

3.2. Ansätze zur Erklärung von Regimewirkung

Voraussetzung für die Erhellung solcher Zusammenhänge ist die Klärung der
theoretischen Annahmen der Wirkungsweise von Regimen, d.h. der Frage, wie
Regime zu einer Verhaltensänderung von internationalen Akteuren beitragen, in
deren Folge sich dann mittel- oder langfristige Prozesse und Strukturen der internationalen Beziehungen in Teilausschnitten oder generell wandeln.

---

[112] Vgl. Verweis bei S. Haggard/B.A. Simmons, Theories of International Regimes,
S. 503 f.
[113] J.N. Rosenau, Before Cooperation, S. 874.

Die Diskussion darüber, wie Regime wirken, ist über rudimentäre Ansätze bisher nicht hinausgekommen.[114] Zusätzlich ist sie durch konkurrierende Sichtweisen geprägt, in denen sich unterschiedliche Modellvorstellungen internationaler Beziehungen ebenso widerspiegeln wie verschiedene methodologische Präferenzen.

Young hat überzeugend dargelegt, daß im Modell der realistischen Schule die Vorstellung von einer eigenständigen Bindungswirkung von internationalen Regimen keinen Platz hat. Zwischenstaatliche Übereinkünfte werden lediglich als taktische Instrumente im Kampf um die Macht betrachtet, die aufgekündigt werden, sobald sich ihr Nutzen überholt hat: "Attempts to 'quick-freeze' even parts of an essentially fluid relationship have been singularly unsuccessful and unconvincing ..." ist aus der Sicht von Strange[115] die angemessene Lageanalyse. Zwar ist in der Darstellung von Morgenthau die normative Vorstellung: "The institutionalisation of common interests must gradually take the sting out of surviving hostile confrontations" Teil der politischen Grundvorstellung selbst eines Henry Kissinger, doch er fügt kritisch hinzu, daß die Angemessenheit einer solchen Feststellung in der internationalen Politik doch zu bezweifeln sei.[116] In der Einschätzung der Realisten verbreiten die Regimeforscher eine falsche Vorstellung über die Dauerhaftigkeit internationaler Übereinkünfte und erzeugen eine gefährliche Hoffnung in die Ordnungsfunktion von Institutionen, die für die tatsächliche internationale Politik nur marginal sei.

3.2.1. Rationales Handeln unter Interdependenzbedingungen

Einen überzeugenden funktionalen Stellenwert erhalten Regime dagegen im Modell internationaler Beziehungen als System "komplexer Interdependenz"[117]. Wenn die Folgewirkungen externer Einflüsse nicht mehr durch autonomes Handeln eingegrenzt werden können, so erzeugt eine solche "Verwundbarkeit" wirksame Antriebe, um im Wege der internationalen Zusammenarbeit unerwünschte Entwicklungen einzudämmen bzw. durch abgestimmtes Verhalten Fälle von Marktversagen auszugleichen.

Die Präferenz für den "methodologischen Individualismus"[118], d.h. die Wahl der Theorie rationalen Handelns als Erklärungsansatz internationaler Regime hat jedoch zur Aufgabe der für die "komplexe Interdependenz" wesentlichen Modell-

---

[114] So stellen Keohane/Nye in ihrem Rückblick 10 Jahre nach Erscheinen ihres Buches über "Power and Interdependence" fest: "We know even less about the effects of international regimes on state behavior than about regime change." Robert O. Keohane/Joseph S. Nye, Power and Interdependence revisited, in: International Organization 41 (1987), S. 742.

[115] Susan Strange, 'Cave! hic dragones: a critique of regime analysis', in: International Organization 36 (1982), S. 489.

[116] Hans J. Morgenthau, Henry Kissinger, Secretary of State, in: Encounter, November 1974, S. 59.

[117] Robert O. Keohane/Joseph S. Nye, Power and Interdependence. World Politics in Transition, Boston 1977.

[118] Karl-Dieter Opp, Individualistische Sozialwissenschaft: Arbeitsweise und Probleme individualistisch orientierter Sozialwissenschaften, Stuttgart 1979.

annahmen geführt.[119] Mit dem Versuch "linking the upward-looking theory of strategy with the downward-looking theory of regimes"[120] wurde versucht, das Paradoxon von Kooperation unter Bedingungen von Anarchie[121] als Resultat individuellen rationalen Handelns erklären zu wollen. Auch wenn die führenden Vertreter dieser Richtung[122] ein verfeinertes Rationalitätskonzept verwenden, in dem sie vor allem die Kontextgebundenheit rationalen Handelns aufnehmen, ist eine der Kernfragen der nutzentheoretischen Analyse der Entstehung und Stabilisierung sozialer Institutionen,[123] nämlich die nach einer endogenen Erklärung für Präferenzänderungen der Akteure nicht beantwortet. Ohne sie ist die Bereitschaft zu norm- und regelgeleitetem Verhalten nicht zu erklären, denn Reziprozitäts- und Solidaritätsnormen können endogen nur als Ergebnis eines fortgesetzten Interaktionsprozesses erklärt werden; dieser kommt jedoch erst zustande, wenn ein Strategiewechsel bereits stattgefunden hat. Hinzu kommt, daß die Theorie rationalen Handelns als stark formalisiertes Konzept Ergebnisse auf einer Abstraktionshöhe produziert, die bezogen auf konkrete Handlungssituationen wenig Rückschlüsse zuläßt. Keohane selbst äußert sich in jüngster Zeit zurückhaltend bezüglich der Leistungsfähigkeit des gewählten Theorieansatzes: Er könne weder als umfassende deduktive Erklärung internationaler Institutionen dienen, bedürfe dringend der Ergänzung um die historische Dimension und der institutionellen Rahmenbedingungen, schließlich verlange die vorgebrachte Kritik "... to doubt the legitimacy of rationalism's intellectual hegemony"[124].

3.2.2. "reflective approach"

Alternative Ansätze, die der traditionellen soziologischen Institutionentheorie verbunden wären, sind für die Regimeanalyse bislang nicht operationalisiert worden. Sie werden als wünschenswerte Ergänzung - so der von Keohane[125] als "reflective approach" bezeichnete Versuch, den Einfluß menschlicher Subjektivität und die Einbettung internationaler Institutionen in schon bestehende institutionelle Praktiken zu konzeptionalisieren - angesehen oder als einzig tragfähige Grundlage einer weiterführenden Regimeanalyse betrachtet - so von Young das Modell internationaler Akteure als "tole players whose actions are heavily con-

[119] Ähnlich argumentiert auch Roger K. Smith in seinem Beitrag: Explaining the Non-Proliferation Regime: Anomalies for Contemporary International Relations Theory, in: International Organization 41 (1987), S. 253-281.

[120] Robert Axelrod/Robert O. Keohane, 'Achieving Cooperation under Anarchy: Strategies and Institutions', in: World Politics 38 (1986), S. 252.

[121] "Cooperation under anarchy" lautet der programmatische Titel des von Oye 1986 herausgegebenen Sonderbandes von World Politics, in dem eine Zusammenführung von Spieltheorie und Regimeanalyse vorgestellt wurde. Kenneth A. Oye (Hrsg.), Cooperation under Anarchy, Princeton NJ 1986.

[122] R. Axelrod, Die Evolution der Kooperation; R.O. Keohane, After Hegemony; K.A. Oye, Cooperation under Anarchy.

[123] Thomas Voss, Rationale Akteure und soziale Institutionen. Beitrag zu einer endogenen Theorie des sozialen Tauschs, München 1985.

[124] R.O. Keohane, International Institutions, S. 36.

[125] R.O. Keohane, International Institutions.

strained by the requirements of the roles they occupy"[126]. Hiermit wird eine
- wenn auch nur unbestimmte - Analogie zum Rollenbegriff aus der Soziologie
hergestellt wie auch zu der grundlegenden soziologischen Prämisse der Wert- und
Normenorientierung sozialen Handelns.

Selbst die Übernahme dieses Ansatzes würde zunächst jedoch nicht eines der
wesentlichen Defizite der rationalistischen Analyse beheben, nämlich die Reduktion des international relevanten Akteurs auf den Staat und dessen Behandlung als
in sich geschlossene Untersuchungseinheit bzw. als alleinig bestimmt durch die
rationalen Kosten-Nutzen-Erwägungen staatlicher Akteure.[127] Hierin liegt gerade
die massivste Abweichung von Modell komplexer Interdependenz, welches die
Bedeutung einer Vielzahl gesellschaftlicher Gruppen als transnationale Akteure
und die Durchdringung einzelstaatlicher Grenzen durch eine Vielzahl von Kommunikationskanälen hervorhob und damit auch die Unbestimmtheit einzelstaatlicher Prioritäten in der internationalen Politik aufzeigt.

Die Weiterentwicklung der Regimeanalyse steht somit vor einer doppelten
Herausforderung: Zum einen müßte sie in das Interdependenzmodell integriert
werden, zum anderen müßte sie die grundsätzliche Frage nach der Rolle politischer Institutionen in den internationalen Beziehungen einbeziehen. Um eine Herausforderung handelt es sich insofern, als das Interesse an der Regimeanalyse die
konzeptionelle Weiterentwicklung der Interdependenztheorie praktisch verdrängt
hat; nach der raschen Aufnahme des Begriffs und der damit verbundenen dispara-
ten Ansätze in der Wirtschafts- und Politikwissenschaft in den späten 60er und
frühen 70er Jahren hat die Beschäftigung mit Interdependenzfragen drastisch
abgenommen.[128] Eine theoretisch-methodologische Fortentwicklung fand nicht
statt; vor allem fehlt es an Operationalisierungen für die empirische Forschung.

Ähnliches gilt für die Theoriediskussion zum Thema politische Institutionen.
Die Politikwissenschaft "verfügt ... nicht über eine Theorie politischer Institutionen, die für ihre Forschung analytisch und normativ verständnisleitend sein
könnte: weder im Sinne eines strukturierten Hintergrundwissens noch in Form
von ausgearbeiteten, miteinander konkurrierenden Ansätzen"[129]. Dieses eindeutige Urteil wird nicht nur in bezug auf die deutsche Politikwissenschaft, sondern
allgemein gefällt: "... auch international ist Theorie politischer Institutionen bisher
wenig elaboriert."[130] Für die Soziologie dagegen ist "Institution" eine zentrale
Kategorie ihrer Theoriebildung, die zu einer Vielzahl prominenter, mit einander
konkurrierender Ansätze geführt hat und zu einer entsprechenden Vielfalt in der
Interpretation dessen, was als "Institution" zu verstehen sei.

[126] O.R. Young, International Regimes, S. 119.

[127] J.N. Rosenau, Before Cooperation, S. 887-891.

[128] Keohane/Nye sprechen von dem "relative neglect of complex interdependence", der
scharf mit der intensiven Beschäftigung mit dem Regimekonzept kontrastiere.
R.O. Keohane/J.S. Nye, Power and Interdependence, S. 740.

[129] Dieses Defizit soll im Forschungsschwerpunkt "Theorie politischer Institutionen"
aufgearbeitet werden. Gerhard Göhler, Informationen zum Schwerpunktprogramm der DFG:
Theorie politischer Institutionen, o.O., November 1988b, hekt. Ms., S. 1.

[130] Gerhard Göhler, Antrag auf Errichtung eines Schwerpunktprogramms "Theorie politischer Institutionen", Berlin 1988a, hekt. Ms., S. 2.

3.3. Internationale Regime als Institutionen im Verständnis der verstehend-interaktionistischen Soziologie

Will man den Grundannahmen des Modells der internationalen Interdependenz gerecht werden, so scheint weder die Übertragung der anthropologischen Theorie der Institutionen (in Anlehnung an Gehlen oder Schelsky)[131], noch die Übernahme der Systemtheorie (von Parsons oder Luhmann)[132] fruchtbar zu sein. Angesichts der für das Zustandekommen von Regimen wie auch für die Folgebereitschaft gegenüber Regimen besonderen Relevanz der Verschränkung der nationalen und internationalen Ebene erscheint es dagegen vielversprechend zu sein, Anleihen bei der verstehend-interaktionistischen Soziologie aufzunehmen.[133] Die systematische Verknüpfung von internationaler und nationaler Ebene ist auch die zentrale Forderung von Haggard/Simmons in ihren Überlegungen "Towards a new theory of international cooperation"[134]. Sie knüpfen dabei an rationalistische Handlungstheorien - Koalitionsansatz und "Zwei-Ebenen-Spiele" - an, deren inhärente Schwächen bereits oben thematisiert wurden; sie verweisen aber auch auf den möglichen Ertrag einer Weiterführung der Untersuchung transnationaler Koalitionen in der Tradition der frühen neo-funktionalistischen Analysen der westeuropäischen Integration.[135] Die teleologische Tendenz sollte jedoch in einer interaktionistisch orientierten Regimeanalyse vermieden werden.

Folgt man der These des Interdependenzansatzes von der zunehmenden Verflechtung inter- und transnationaler Beziehungen, so verspricht für die Regimeanalyse ein Verständnis von Institutionen Einsichten zu erschließen, das diese als Produkt von Handeln in Interaktionen mit anderen und in Ausrichtung auf das Handeln von anderen begreift und ihnen eine Objektqualität zumißt, die Institutionen nicht als "starre Ganzheiten"[136], als "Gestalten eigenen Gewichts", die den Handelnden gegenüber "Selbstmacht" gewinnen[137] begreift, sondern die erst durch die Ausrichtung interaktiven Handelns auf sie hin Wirkung entfalten und sich in der Handhabung verändern. Damit wird ein Verständnis von Institution und Institutionalisierung aufgegriffen, das Lau folgendermaßen definiert hat: "'Institutionalisierung' soll der Prozeß heißen, in dem lebensweltlich Handelnde durch das Ineinanderpassen ihrer Handlungsperspektiven Sinnzusammenhänge schaffen. 'Institutionen' sollen die sozialen Objekte alltagsweltlichen Handelns heißen, die sich in 'Institutionalisierungsprozessen' konstituieren und denen aufgrund historischer Bewährung und Verankerung in persönlichen und gesellschaftlichen Wissensvorräten Geltung verliehen worden ist."[138] Diese prozeßhafte

---

[131] Arnold Gehlen, Mensch und Institutionen, in: Anthropologische Forschung, Hamburg 1961; Schelsky, (ohne weitere Angaben, U.L.).

[132] Parsons, Luhmann, (Verweise jeweils ohne weitere Angaben, U.L.).

[133] Hans Haferkamp, Soziologie als Handlungstheorie, Düsseldorf 1972; Ephrem Else Lau, Interaktion und Institution. Zur Theorie der Institution und der Institutionalisierung aus der Perspektive einer verstehend-interaktionistischen Soziologie, Berlin 1978.

[134] S. Haggard/B.A. Simmons, Theories of International Regimes, S. 515 ff.

[135] Ernst B. Haas, The Uniting of Europe, Stanford 1958.

[136] E.E. Lau, Interaktion und Institution, S. 246.

[137] A. Gehlen, Mensch und Institutionen, S. 71.

[138] E.E. Lau, Interaktion und Institution, S. 50.

Sicht von "Institutionalisierung" und auch "Institution" entspricht dem Denken jener, die internationale Politik als "Summe von Handlungszusammenhängen" begreifen.[139] Darin impliziert ist die Vorstellung der Differenzierung internationaler Politik in unterschiedliche Handlungsbereiche, die politik- bzw. problemfeldspezifisch aus der Interaktion verschiedener Akteure oder Akteursgruppen gebildet werden und die die üblicherweise gedachte Grenze zwischen innerstaatlicher und internationaler Politik überlagern.[140] Regime wären demnach als Handlungszusammenhänge besonderer Intensität zu begreifen, die von Interessen gelenkt, aber nicht notwendigerweise intentional begründet sein müssen. Damit wäre die Entstehung von Regimen, wie von Young[141] angenommen, sowohl als nichtintendiertes Produkt von Beziehungen (spontaneous) wie auch als Verhandlungsergebnis (negotiated) oder einseitiges Oktroy (imposed) zu begreifen. Inwieweit ihnen eine normale Wirkung zugeschrieben werden kann und Regime damit einen qualitativ anderen Charakter als lediglich eine Regelmäßigkeit von Verhaltensmustern[142] erhalten, kann damit nicht erklärt werden. In der Vorstellung der "Institutionalisierung" als "Ineinanderpassen von Handlungsperspektiven" sind dagegen Norm- und Machtaspekte beinhaltet. "Institutionalisierungshandeln" hat nach Lau nämlich nicht nur die Qualität von "interaktivem sozialem Handeln", sondern zumeist gleichzeitig auch von "nichtinteraktivem sozialem Handeln", das sich weniger an dem "Zurückhandeln" der Partner, als an Handlungszusammenhängen orientiert, die durch "Vorstellungen über geltende Ordnungen" ermöglicht werden. Der Grund hierfür ist, daß "... die Interagierenden sich, indem sie aufeinander zu handeln, auf schon konstituierte Handlungszusammenhänge beziehen und sie so in ihr ablaufendes Handeln hereinnehmen"[143]. Handlungsperspektiven als projektierte Problemlösung eines durch die Situation gestellten Problems sind an die Situationsdefinition gebunden. In die Situationsdefinition gehen jedoch nicht nur vorgeformte Wissenstatbestände bezüglich der faktischen sondern auch der normativen Situationsbedeutung ein. Der Bezug zu Institutionen stellt sich her als "sedimentierter Wissensvorrat",

---

[139] Ernst Otto Czempiel, Internationale Politik, Paderborn 1981, S. 22, 97 ff.

[140] Internationale Politik ist demnach "die prinzipiell unendliche Menge von Handlungszusammenhängen, deren Beziehung zueinander vielfältig ungeordnet, unterbrochen, anarchisch ist und ihrerseits keinen Handlungszusammenhang darstellt" (E.O. Czempiel, Internationale Politik, S. 98). Abgesehen von dem Hinweis, daß "der Mensch als Träger von Handlungen ... der Schnittpunkt beliebig vieler Handlungszusammenhänge sein (kann)" (E.O. Czempiel, Internationale Politik, S. 23). - Simmel sprach von einzelnen als "Kreuzungspunkt sozialer Kreise" (Simmel, ohne nähere Angaben, U.L.) -, wird die raum-zeitliche Verknüpfung dieser Handlungszusammenhänge jedoch nicht thematisiert. Sowohl für die Bildung und Entwicklung von Regimen als auch für ihre Wirkung scheint es jedoch unerläßlich, sowohl die horizontale Verkettung, d.h. die politikfeld-übergreifenden Wechselbeziehungen, als auch die vertikale Verknüpfung, d.h. die historischen Kontinuitäten einzubeziehen.

[141] Oran R. Young, 'Regime Dynamics: The Rise and Fall of International Regimes', in: International Organization 36 (1982), S. 277-297.

[142] Die sonst übliche Formulierung "standardisierte Verhaltensweisen" (patterned behaviour) wird hier bewußt nicht gewählt, weil dies nach der Definition von Radcliffe-Brown (A.R. Radcliffe-Brown, Structure and Function in Primitive Society: Essays and Adresses, London 1952, S. 199) verknüpft ist mit "Sollensvorstellungen".

[143] E.E. Lau, Interaktion und Institution, S. 122.

der typisierte Situations-Kategorien für die Interpretation einer Situation bzw. deren Uminterpretation gemäß typisierten Situationsvorstellungen bereit hält. Die Auseinandersetzungen um die Feststellung "struktureller Ungleichgewichte" nach EWG-Vertrag und die Vertragskonformität staatlicher Interventionen aber auch die Diskussion über "orderly marketing agreements" im Rahmen des GATT sind plastische Beispiele für die Bedeutung von Normbezügen.

Der interaktionistische Ansatz ermöglicht es, diese Normwirkung als eine durch das Handeln der Akteure gestaltungsfähige Größe zu begreifen. Dies vollzieht sich in drei Dimensionen:

- die Auswahl von Interaktionspartnern und organisatorischen Handlungsrahmen,

- eine Politik der aktiven "Bewährung und Verankerung" bestimmter "Wissensvorräte" durch Einbindung in Verfahren,

- die Synchronisierung der "Geltung" von Wissensvorräten in international interdependenten Handlungsbereichen.

Da die Handelnden füreinander aktiv die Situation bestimmen[144] und das Aufeinanderabstimmen von Handlungsentwürfen zu einer gemeinsamen Handlung, in diesem Fall einem Regime, am leichtesten zu bewerkstelligen ist, wenn bestimmte Übereinstimmungen vorab gegeben sind, so ist die Auswahl der Verhandlungspartner in der frühen Entstehungsphase eines Regimes entscheidend für dessen inhaltliche Ausgestaltung. Die Beschränkung der Verhandlungen über mineralische Rohstoffe auf den Club der Konsultativparteien des Antarktis-Vertrages, die Festlegung der Exportrichtlinien des Nichtverbreitungsregimes im Londoner Suppliers Club, die Vorabstimmung der Großen 7 über Fragen von Umschuldung und Defizitfinanzierung sind deutliches Indiz hierfür. Wer am Institutionalisierungsprozeß beteiligt ist, bestimmt mit, was institutionalisiert wird und was nicht. Daß dem Späterkommenden nur die Möglichkeit bleibt, die gebotenen institutionellen Handlungsperspektiven zu nutzen oder die Partner in einen Prozeß der Neuinstitutionalisierung hineinzudrängen, zeigte sich nachdrücklich am Beispiel des britischen und später des griechischen EG-Beitritts und der sich anschließenden jeweiligen "Neuverhandlungen".

Das politische Tauziehen über den organisatorischen Rahmen von Regimeverhandlungen zeigt ebenfalls, daß die in den Sekretariaten und Kommissionen personifizierte und in Verfahren konkretisierte Verkörperung bestimmter Prinzipien und Normen in bestehenden internationalen Organisationen als einflußreich für die Aktualisierung "sedimentierter Wissensvorräte" der interagierenden Partner betrachtet wird. Der Wechsel der Verhandlungsebenen zwischen EG und OECD bei der Abstimmung der westeuropäischen Haltung zu den Forderungen nach einer Neuen Weltwirtschaftsordnung[145] oder der Festlegung von Schutz-

---

[144] Erving Goffmann, Wir alle spielen Theater, München 1969, S. 7.

[145] Udo Steffens, Interessenausgleich und westeuropäische Integration: Elemente zur Erklärung der Europäischen Gemeinschaft, Frankfurt 1984.

standards für chemische Produkte und Prozesse[146], mehr noch die Konkurrenz zwischen GATT bzw. OECD und UNCTAD als angemessener Verhandlungsort für Handels- bzw. Entwicklungsfragen, sind ein empirischer Beleg hierfür.

Die Einbindung der für die Bildung und Stabilisierung eines Regimes relevanten Partner in eine bestehende internationale Organisation ist der Versuch, den mit der Organisation institutionalisierten Konsens neu zu aktualisieren und funktional wirksam zu machen.

Ausgehend von der Vorstellung, daß Institutionen nicht an sich wirken und nicht als Akteure mißzuverstehen sind, sondern ihre Wirkung nur als Objekt sozialen Handelns entfalten, ist für ihre normative Ausstrahlungskraft die Verstetigung des Objektbezugs in der sozialen Interaktion von Bedeutung. Bezogen auf internationale Regime heißt dies, daß Verfahren nicht nur geeignet sind, Transparenz, Berechenbarkeit und damit Erwartungssicherheit herzustellen. Vielmehr dienen Durchführungs-, Überprüfungs- und Kontrollverfahren, Implementationsdebatten etc. auch der Verstetigung des "Objektbezugs", d.h. der möglichst alltäglichen Orientierung des Handelns hin auf die Institution "Regime". Die Absicherung der Geltungswirkung von Institutionen durch die kontinuierliche Wiederholung objektgerichteter Interaktion hat Vowe[147] in Anlehnung an Luhmann in seiner Untersuchung zur Funktion von Enquête-Kommissionen dargelegt. Gerade am Beispiel der Enquête-Kommission zur Gentechnik konnte er zeigen, wie die Verstetigung von Verfahren zur Einbindung bzw. Marginalisierung systemoppositioneller Positionen führte.[148] Es wäre zu fragen, ob nicht die Einbindung der Westeuropäer in das CoCom-Regime vornehmlich diesen Verstetigungseffekt verfolgte. Nicht so sehr die Durchsetzung konkurrierender Strategien und die interne Verteilungswirkung des Regimes wäre dann von Interesse als vielmehr seine Nützlichkeit als Instrument der langfristigen Verhaltensabsicherung.[149]

Die aktive Umweltaußenpolitik der skandinavischen Länder zur internationalen Anerkennung ökologischer Prinzipien ist eines von vielen Beispielen für den Versuch, in einem Politikfeld gezielt auf die Kohärenz von nationalen und internationalen Prinzipien und Normen hinzuwirken. Auch an den verschiedenen mittels der KSZE entstandenen Regimen kann beobachtet werden, daß die Ausein-

---

[146] Volker Schneider, Politiknetzwerke der Chemikalienkontrolle. Eine Analyse einer transnationalen Politikentwicklung, Berlin 1988.

[147] Gerhard Vowe, Die Sicherung öffentlicher Akzeptanz - Verlauf, Struktur und Funktion der Enquête-Kommission "Chancen und Risiken der Gentechnologie", Darmstadt 1988, hekt. Ms., erscheint gekürzt in: Politische Bildung 22 (1989), S. 49-62.

[148] "Mit jedem Verfahrensdurchlauf wird verhindert, daß Akteure, Themen, Prozesse sich der Struktur des politischen Systems entziehen oder sich gar gegen die Struktur des politischen Systems wenden. Es wird immer wieder über Verfahren die Struktur des politischen Systems eingeschliffen in das alltägliche politische Handeln." G. Vowe, Die Sicherung öffentlicher Akzeptanz, S. 32.

[149] Wobei dies eindeutig im Rahmen der hegemonialen außenpolitischen Strategie zu sehen ist. Nicht umsonst sprachen die Unterhändler der Schweiz, als es um die Übernahme des CoCom-Regimes für die Schweizer Außenhandelspolitik ging, nicht von einem "agreement", das geschlossen worden sei, sondern von einem "understanding" im wörtlichen Sinne. André Schaller, Schweizer Neutralität im West-Ost-Handel, Bern 1987.

andersetzung um die Übereinstimmung der in den Regimen verankerten Prinzipien mit denen des eigenen politischen bzw. ökonomischen Systems zentrales Anliegen der Kontrahenten war. Aktive Bemühungen um die Extension des eigenen Modells der Wirtschaftsordnung war eindeutiges Anliegen der USA bei der Konstruktion der wirtschaftlichen Nachkriegsregime, kann aber auch im Verhältnis der Bundesrepublik zur EG beobachtet werden. Die Verflechtung ordnungspolitischer Interessen vor allem im Bereich von Handels- und Wettbewerbspolitik oder auch bezogen auf Mitbestimmungsfragen und "sozialem Dialog" wird von Regierung wie von Verbänden als oberstes Anliegen betrachtet.[150] Gerade in letzterem Fall ist augenfällig, daß die angestrebte Verträglichkeit, wenn nicht gar Deckungsgleichheit der Institutionen, nicht so sehr als Vehikel zur Durchsetzung der eigenen Interessen im EG-Kontext, denn als Absicherung ihrer Gültigkeit im nationalen Rahmen gesehen wird.

Die in internationalen Institutionen inkorporierten Sollenserwartungen können nur dann als Legitimitätsstütze entsprechender nationaler Institutionen wirken, wenn sie in den binnenstaatlichen Interaktionsbeziehungen ausreichend präsent sind - sei es durch allgemeine symbolische Vermittlungsprozesse,[151] sei es durch die unmittelbare Einbeziehung nationaler Akteure. Dies wiederum verweist auf zwei für die Regimediskussion wichtige Variablen: zum einen auf das Auseinanderfallen von "Regelungs-" und "Partizipationsradius"[152] gerade in der internationalen Politik, zum anderen auf den unterschiedlichen Grad transnationaler Verflechtung. Zunächst ist allgemein festzustellen, daß internationale Warenbeziehungen und damit einhergehenden Dienstleistungen sich in den zurückliegenden Jahrzehnten signifikant erhöht haben und dadurch vielfältige und leicht zu knüpfende Kontakte vor allem wirtschaftlicher Interessenorganisationen und Unternehmen über nationale Grenzen hinweg ermöglicht wurden. Darüber hinaus ist eine Zunahme der bi- und multilateralen Aktivitäten von Parteien, Verbänden und

---

[150] Hans-Wolfgang Platzer, Unternehmensverbände in der EG, Kehl 1984; Beate Kohler-Koch/Hans Wolfgang Platzer, 'Tripartismus - Bedingungen und Perspektiven des sozialen Dialogs in der EG', in: integration 4 (1986), S.166-180.

[151] Die publizitätsträchtige Inszenierung der Gipfeldiplomatie kann als symbolhafte internationale Bestätigung zentraler Prinzipien der Wirtschaftsordnungspolitik betrachtet werden, die in verschiedenen Fällen auch der Legitimation "prinzipien-adäquater" und damit dem internationalen Konsens entspringender konkreter wirtschaftspolitischer Maßnahmen diente. Das überzeugendste Beispiel liefert der Bonner Gipfel 1978. Robert D. Putnam/Nicholas Bayne, Hanging Together. Cooperation and Conflict in the Seven-Power-Summits, London 1987.

Daß die Adressaten dieser Form von Diplomatie eher kritische Gruppen in den eigenen Staaten und nicht die Regierenden der Partnerstaaten sind, bestätigen kritische Beobachter wie auch Akteure dieser Gipfeltreffen: "So the notion that the Summits are a true bargaining forum, at least based on the three I have attended strikes me as somewhat unrealistic. But they can be an important way for the various government leaders to get their domestic constituencies to go along with what they feel needs to be done. I think that is a technique that ought to be built on ...". Michael W. Blumenthal, 'Two Perspectives on International Macroeconomic Policy Coordination', in: Martin Feldstein (Hrsg.), International Economic Cooperation, Chicago 1988, S. 49.

[152] Theo Schiller, 'Politische Systemstrukturen als Entstehungskontext außerparlamentarischer Aktion', in: H.H. Hartwich (Hrsg.), Gesellschaftliche Probleme als Anstoß und Folge von Politik, Opladen 1983, S. 176-187.

anderen gesellschaftlichen Großgruppen zu verfolgen, die sich zu einem regional unterschiedlich engen Netz transnationaler Beziehungen verdichtet haben. Von dieser zunehmenden Vernetzung nationaler und internationaler Interaktion sind auch die staatlichen Behörden nicht ausgenommen; insbesondere für die zentralen Ministerien wird von einer hohen Intensität "transgouvernementaler" Beziehungen ausgegangen. Der Stand der empirischen Untersuchung des Ausmaßes und der Wirkungsrichtung transnationaler Beziehungen ist noch immer unterentwikkelt,[153] und vor allem fehlt es sowohl an systematischen Reflektionen als auch an empirischen Studien über den Zusammenhang von gesellschaftlicher Transnationalität und behördlicher Intergouvernementalität und internationalen Regimen.

Geht man von der "Kontextualität" von Interaktionen aus, d.h. deren Einbettung in übergreifende Strukturen und Prozesse,[154] so ist zu fragen, ob, wie und in welchem Maße in internationalen Interaktionen es zu einer Angleichung oder Abgrenzung der in solchen Strukturen und Prozessen gewonnenen Orientierungen kommt. Nimmt man bei der Entstehung von Regimen nicht nur die Verhandlungen, die zur Kodifizierung der einzelnen Elemente der Regimestruktur führten, in den Blick, sondern auch die Vorphase der Identifizierung einer "gemeinsamen Situation"[155], dann drängt sich die Hypothese auf, daß Transnationalität von erheblicher Bedeutung ist. Sie entspricht der Vorstellung von Institutionalisierung als "das aufeinanderabgestimmte, ineinandersichpassende ablaufende Handeln vieler"[156] und läßt - wiederum hypothetisch - unterstellen, daß die Intensität der Interaktion wie die Abgestimmtheit und das wechselseitige Passen wesentlich den Erfolg der Umsetzung in "Handlungszusammenhänge und -verkettungen", d.h. Institutionen beeinflussen. Danach wären als relevante Variablen für die Regimeanalyse die quantitativen - Umfang in Zahl, Raum und Zeit - sowie qualitativen - Akteursebene, Politikfelder, Verfaßtheit der politischen, ökonomischen und gesellschaftlichen Bezugssysteme - Aspekte transnationaler Beziehungen zu berücksichtigen. Auf der Ebene von Plausibilitätsüberlegungen erscheint die These einleuchtend, daß in den wechselseitig eng verflochtenen westlichen Industriestaaten mit ihrer strukturell bedingt hohen Parallelität von grundlegenden Interessen und Wertorientierungen die Abstimmung und das Zusammenpassen von Prinzipien und Normen leichter zu erreichen ist als im Verhältnis zu den Staaten Osteuropas oder der Dritten Welt.[157] Transnationalität wird den Aus-

---

[153] In einer umfangreichen empirischen Untersuchung der transnationalen Beziehungen deutscher Wirtschaftsverbände wurde offenkundig, daß das grenzüberschreitende Engagement geringer entwickelt ist und differenzierter betrachtet werden muß als bisher angenommen. Beate Kohler-Koch, Wirtschaftsverbände als transnationale Akteure: Der Beitrag deutscher Verbände zum Management von internationaler Interdependenz, Baden-Baden 1989.

[154] Herbert Blumler, 'Der methodologische Standort des symbolischen Interaktionismus', in: Arbeitsgruppe Bielefelder Soziologen (Hrsg.), Alltagswissen, Interaktion und gesellschaftliche Wirklichkeit, Bd. 1, Reinbek 1973, S. 100.

[155] Peter L. Berger/Thomas Luckmann, The Social Construction of Reality, Garden City 1967, S. 57; John Gerard Ruggie, International Responses to Technology: Concepts and Trends, in: International Organization 29 (1975), S. 559.

[156] E.E. Lau, Interaktion und Institution, S. 50.

[157] In einem strukturalistischen polit-ökonomischen Ansatz wird ohnehin von einer grundsätzlichen Parallelität der Interessen ausgegangen werden und entsprechend in Konflikt-

handlungsprozeß insbesondere der Regimeregeln nicht leichter machen, da abgesehen von der Varianz nach Politikfeldern die politische Arena und die berührten Politiknetze umfangreicher sein werden, was wiederum auch mit der Frage der Umsetzungsebene von Regimen in deren Implementationsphase zusammenhängt. Selbst wenn aufgrund der problemspezifischen Situationsstruktur Akteure einer "epistemic community"[158] sich mit einem kollektiven Dilemma konfrontiert sehen wie in der internationalen Technologie- oder Umweltpolitik, so kommt der Funktionsleistung von Regimen ein geringerer Stellenwert zu als zwischen Akteuren, deren Distanz und Abschottung größer ist. Auch bezogen auf die Normakzeptanz ist eine positive Korrelation mit Transnationalität zu vermuten.

Bei den Untersuchungen der Zusammenhänge zwischen Transnationalität und Regimen sollte die Gerichtetheit transnationaler Interaktionsprozesse nicht übersehen werden. Dies stellt sich zum einen als Folgeproblem von Größenordnungsverhältnissen - besonders offenkundig im Verhältnis der USA zu ihren "Partnerstaaten", deutlich aber auch in den Beziehungen der Bundesrepublik zu den mittleren und kleinen EG-Staaten -, zum anderen als Ethnozentriertheit - beispielsweise in multinationalen Konzernen,[159] besonders aber als Ausdruck struktureller Abhängigkeitsverhältnisse - dar.[160]

Für die empirische Forschung würde eine Hinwendung zu einem interaktionistisch-soziologischen Ansatz bedeuten, daß die Aufmerksamkeit weniger auf die in internationalen Vereinbarungen niedergelegten Regimeelemente gelegt würde als auf die in den unterschiedlichen Akteursgruppen aktualisierte "Sedimentierung von Wissensbeständen", die im Interaktionshandeln feststellbare "Hinwendung" zur Regime-Institution. Dabei sind die faktischen, normativen und sinngerichteten Orientierungen zu berücksichtigen, auf deren jeweilige Bedeutung auch in den "kognitiven" Ansätzen der Regimeanalyse bereits hingewiesen wurde.[161] Ein solcher Ansatz wirkt dem Fehlschluß entgegen, daß zunehmende Interdependenz zwischen nationalen und internationalen Bereichen wie zwischen unterschiedlichen Handlungsfeldern und die wachsende Interaktionsdichte zu einer fortschreitenden Institutionalisierung der internationalen Politik führen müsse. Die Interaktionen sind nach wie vor segmentiert und die Ausrichtung auf Institutionen konstituieren sich je nach Akteursgruppe in unterschiedlicher

fällen die Situationsstruktur nicht als "Gefangenendilemma", sondern lediglich als "kooperatives Spiel" aufgefaßt. Alexander E. Wendt, 'The Agent-Structure Problem in International Relations Theory', in: International Organization 41 (1987), S. 343 f.

[158] J.G. Ruggie, International Responses, S. 569.

[159] Bernard Mennis/Karl P. Sauvant, Emerging Forms of Transnational Community. Transnational Business Enterprises and Regional Integration, Lexington MA 1976.

[160] Zur Konzeption "struktureller Macht" vgl. Susan Strange, States and Markets. An Introduction to International Political Economy, London 1988; zur unterschiedlichen Einschätzung der hegemonialen Stellung der USA, je nachdem ob ein geschlossener Akteursansatz oder ein "Akteur als Struktur" Ansatz gewählt wird und je nachdem welche Handlungsbereiche berücksichtigt werden, vgl. Peter J. Katzenstein, Der neue Institutionalismus und Internationale Regime: Amerika, Japan und Westdeutschland in der internationalen Politik, Beitrag zum 17. DVPW-Kongreß, Darmstadt 1988, hekt. Ms.

[161] E.B. Haas, Why Collaborate? Issue-Linkage and International Regimes.

Weise.[162] Die Implementation von Normen und Regeln eines internationalen Regimes in Form der Übernahme in das eigene Rechtssystem oder doch zumindest formalisierte Vereinbarungen zur Achtung international anerkannter Normen ist der wirkungsvollste Schritt zur "Vergesellschaftung" der internationalen Institution im binnenstaatlichen Bereich.[163] Insofern ist die von Frei konstatierte mangelnde Übereinstimmung von "Binnenmoral" und "Außenmoral" nicht lediglich als Ausdruck einer taktischen Haltung gegenüber den "Adressaten der Äußerung"[164] zu werten und seine Hypothese, "Staaten mit wirksamer Trennung zwischen außenpolitischer Willensbildung und operationeller Führung der Außenpolitik (seien) eher zu internationaler Zusammenarbeit bereit als andere", verliert an Plausibilität[165].

Sie sehr viel genauere Aufarbeitung der in den institutionellen Prozessen eingebundenen Akteure[166] und deren Rückbindung an ihr jeweiliges soziales Milieu läßt auch verläßlichere Prognosen über die "Tiefenwirkung", d.h. die Effektivität und Dauerhaftigkeit von Regimen erwarten. Sie vermeidet die künstliche Trennung von innerstaatlicher und internationaler Politik und erlaubt auch die Berücksichtigung der Einsichten über "bürokratische Politik" bzw. die Relevanz des "organisatorischen Prozesses"[167] aus der Entscheidungsforschung.

Schließlich sollte zur allgemeinen Einschätzung der Bedeutung von Regimen in der internationalen Politik nicht übersehen werden, daß Interaktionen, vor allem jene in der Qualität gemeinsamen institutionellen Handelns der politischen Realität nur eines Teils der Welt entspricht.[168] [...]

[162] Bezogen auf die Frage, wie Institutionen und institutionelle Prozesse den Handelnden gegeben und vermittelt sind, spricht Lau davon: "Obwohl also institutionelles Wissen - als gesellschaftliches Wissen - insofern es sich aus Typisierungen zusammensetzt 'homogen' ist, konstituiert es sich subjektiv in verschiedener Weise." E.E. Lau, Interaktion und Institution, S. 129.

[163] Die amerikanische Rechtspraxis ist jedoch ein aufschlußreicher Beleg dafür, daß selbst in Staatsverträgen festgelegte Vereinbarungen über die Anerkennung bzw. zwischenstaatliche Abstimmung bei konfligierenden ausländischen Rechtsprinzipien nicht beachtet werden und statt dessen eine weitgehende extraterritoriale Anwendung amerikanischen Rechts geübt wird. Peter C. Honegger, Die Extraterritorialität des amerikanischen Rechts auf neuer Grundlage, in: Neue Zürcher Zeitung v. 11.02.1989, F 34, S. 19.

[164] D. Frei, Internationale Zusammenarbeit, S. 81 ff., 88 ff.

[165] D. Frei, Internationale Zusammenarbeit, S. 89.

[166] In dieser Hinsicht ist die Arbeit von James A. Dunn, 'Automobiles in International Trade: Regime Change or Persistence', in: International Organization 41 (1987), S. 225-252, besonders aufschlußreich.

[167] Graham T. Allison, The Essence of Decision. Explaining the Cuban Missile Crisis, Boston 1971.

[168] Hierauf verweist Senghaas-Knobloch in ihrer Reflexion über "Struktur, Erfahrungsbezug und subjektive Orientierungsweisen: innergesellschaftlicher im Vergleich mit internationalen Beziehungen" (Eva Senghaas-Knobloch, 'Zur politischen Psychologie internationaler Politik', in: Aus Politik und Zeitgeschichte B 52-53 (1988), S. 16.)

3. ERSCHLIEßUNGSFRAGEN

1) Was zählt zu den konstituierenden Merkmalen von Regimen, und in welchem Verhältnis stehen sie zueinander?

2) Welche Bedeutung hat die Interdependenztheorie für die Regimeanalyse?

3) Was ist das erkenntnisleitende Interesse der Regime-Forschung?

4) Was sind die Funktionsleistungen internationaler Regime?

5) Was sind die Strukturmerkmale internationaler Regime? In welchem Verhältnis stehen die einzelnen Merkmale zueinander?

6) Welche Rolle spielen internationale Organisationen im Prozeß der Regimebildung?

7) Welche Dimensionen von Regimewirkung diskutiert Kohler-Koch?

8) Unter welchen Bedingungen können sich autonome Akteure auf eine Zusammenarbeit in Gestalt eines "Internationalen Regimes" verständigen, das ihnen auf Dauer bestimmte Handlungsrestriktionen auferlegt? Um welche Handlungsrestriktionen handelt es sich?

9) Worin unterscheiden sich deutsche und amerikanische Ansätze der Regimeanalyse?

10) Vor welchen Herausforderungen steht nach Kohler-Koch die Weiterentwicklung der Regime-Analyse?

11) In welcher Weise dienen die Grundannahmen der verstehend-interaktionistischen Soziologie - nach Kohler-Koch - der Integration des Regime-Ansatzes in das Modell komplexer Interdependenz einerseits und der Konzeptualisierung einer Theorie internationaler politischer Institutionen andererseits?

4. WEITERFÜHRENDE LITERATUR

BERNAUER, Thomas, *The Chemistry of Regime Formation. Explaining International Cooperation for a Comprehensive Ban on Chemical Weapons*, Aldershot, Dartmouth 1993

EFINGER, Manfred/RITTBERGER, Volker/WOLF, Klaus Dieter/ZÜRN, Michael, "Internationale Regime und internationale Politik", in: Volker Rittberger (Hrsg.), *Theorien der Internationalen Beziehungen. Bestandsaufnahme und Forschungsperspektiven*, PVS Sonderheft 21, Opladen 1990, S. 263-285

EFINGER, Manfred, "Vertrauens- und Sicherheitsbildende Maßnahmen", in: B. Kohler-Koch (Hrsg.), *Regime in den internationalen Beziehungen*, Baden-Baden 1989, S. 343-384

EFINGER, Manfred, *Internationale Regime in den Ost-West-Beziehungen: ein Beitrag zur Erforschung der friedlichen Behandlung internationaler Konflikte*, Frankfurt a.M. 1988

GAMBETTA, D. (Hrsg.), *Trust: Making and Breaking Cooperative Relations*, Oxford 1990

GRUNBERG, Isabelle, "Exploring the 'Myth' of Hegemonic Stability", in: *International Organization* 44/4 (1990), S. 431-77

HAAS, Ernst B., "Is There a Hole in the Whole? Knowledge, Technology, Interdependence, and the Construction of International Regimes", in: *International Organization* 29/3 (1975), S. 827-76

HAAS, Ernst B., "On Systems and International Regimes", in: *World Politics* 27/2 (1975), S. 147 ff.

HAAS, Ernst B., "Why Collaborate? Issue-Linkage and International Regimes", in: *World Politics* 32/3 (1980), S. 357-405

HAGGARD, Stephan/SIMMONS, Beth A., "Theories of International Regimes", in: *International Organization* 41/3 (1987), S. 491-517

HÜTTIG, Christoph, "Die Analyse internationaler Regime. Forschungsprogrammatische 'Sackgasse' oder Aufbruch zu neuen Ufern einer Theorie der Internationalen Beziehungen?", in: *Neue Politische Literatur* 35/1 (1990), S. 32-49

HÜTTIG, Christoph, "Regime in den internationalen Beziehungen. Zur Fruchtbarkeit des Regime-Ansatzes in der Analyse internationale Politik", in: Hans-Hermann Hartwich (Hrsg.), *Macht und Ohnmacht politischer Institutionen*, Opladen 1989

KEELEY, James F., "Toward a Foucauldian Analysis of International Regimes", in: *International Organization* 44/1 (1990), S. 83-105

KEOHANE, Robert O., "The Demand for International Regimes", in: *International Organization* 36/2 (1982), S. 325-355

KEOHANE, Robert O., "The Theory of Hegemonic Stability and Changes in International Economic Regimes, 1967-1977", in: Ole R. Holsti/Randolph M. Siverson/Alexander L. George (Hrsg.), *Change in the International System*, Boulder Col. 1980, S. 131-162

KEOHANE, Robert O., *After Hegemony. Cooperation and Discord in the World Political Economy*, Princeton NJ 1984

KEOHANE, Robert O./NYE, Joseph S., "Power and Interdependence Revisited", in: *International Organization* 41/4 (1987), S. 725-753

KOHLER-KOCH, Beate (Hrsg.), *Regime in den internationalen Beziehungen*, Baden-Baden 1989

KRASNER, Stephen D. (Hrsg.), *International Regimes,* Ithaca NY 1983

KRASNER, Stephen D., "Structural Causes and Regime Consequences: Regimes as Intervening Variables", in: *International Organization* 36 (1982), S. 185-205

KREILE, Michael, "Regime und Regimewandel in den internationalen Wirtschaftsbeziehungen", in: B. Kohler-Koch (Hrsg.), *Regime in den internationalen Beziehungen*, Baden-Baden 1989, S. 89-103

LIPSON, Charles, "Why are Some International Agreements Informal?", in: *International Organization* 45/4 (1991), S. 495-538

MÜLLER, Harald, "Regimeanalyse und Sicherheitspolitik", in: B. Kohler-Koch (Hrsg.), *Regime in den internationalen Beziehungen*, Baden-Baden 1989, S. 277-313

MÜLLER, Harald, *Die Chance der Kooperation. Regime in den internationalen Beziehungen*, Darmstadt 1993

OYE, Kenneth A., "Explaining Cooperation under Anarchy: Hypothesis and Strategies", in: *World Politics* 38/1 (1985), S. 1-24

RITTBERGER, Volker (Hrsg.), *International Regimes in East-West Politics*, London 1990

RITTBERGER, Volker (Hrsg.), *Regime Theory and International Relations*, Oxford 1993

RITTBERGER, Volker/ZÜRN, Michael, *Towards Regulated Anarchy in East-West Relations - Causes and Consequences of East-West Regimes*, Tübingen: Universität Tübingen, Arbeitspapiere zur Internationalen Politik und Friedensforschung 1989

ROPERS, Norbert/SCHLOTTER, Peter, "Regimeanalyse und KSZE-Prozeß", in: B. Kohler-Koch (Hrsg.), *Regime in den internationalen Beziehungen*, Baden-Baden 1989, S. 315-342

ROSENAU, James N., *Turbulence in World Politics: A Theory of Change and Continuity*, London 1990

STEIN, Arthur A., "Coordination and Collaboration: Regimes in an Anarchic World", in: *International Organization* 36/2 (1982), S. 299-324

STEIN, Arthur A., "The Hegemons Dilemma: Great Britain, the United States, and the International Economic Order", in: *International Organization* 38 (1984), S. 355-386

STEIN, Arthur A., "The Politics of Linkage", in: *World Politics* 33/1 (1980), S. 62-81

STEIN, Janice Gross (Hrsg.), *Getting to the Table: The Processes of International Prenegotiation*, Baltimore Md. 1989

STRANGE, Susan, "Cave! hic dragones: A Critique of Regime Analysis", in: *International Organization* 36 (1982), S. 479-496

STRANGE, Susan, "The Persistent Myth of Lost Hegemony", in: *International Organization* 41/4 (1987), S. 551-74

TOOZE, Roger, "Regimes and International Cooperation", in: A.J.R. Groom/Paul Taylor (Hrsg.), *Frameworks for International Cooperation*, London 1990, S. 210-216

WEBB, Michael C./KRASNER, Stephen D., "Hegemonic Stability Theory: An Empirical Assessment.", in: *Review of International Studies* 15 (1989), S. 183-98

WOLF, Klaus Dieter/ZÜRN, Michael, "Internationale Regimes" und Theorien der Internationalen Politik, in: *Politische Vierteljahresschrift* 27 (1986), S. 201-221

WOLF, Klaus Dieter/ZÜRN, Michael, *International Regimes and Theorien der internationalen Politik*, Tübingen: Universität Tübingen, Arbeitspapiere zur Internationalen Politik und Friedensforschung 1986

YOUNG, Oran R., "International Regimes: Problems of Concept Formation", in: *World Politics* 32/3 (1980), S. 331-356

YOUNG, Oran R., "International Regimes: Toward a New Theory of Institutions", in: *World Politics* 39/1 (1986), S. 104-122

YOUNG, Oran R., "Political Leadership and Regime Formation: On the Development of Institutions in International Society", in: *International Organization* 45/3 (1991), S. 281-308

YOUNG, Oran R., "Regime Dynamics: the Rise and Fall of International Regimes", in: Stephen D. Krasner (Hrsg.), *International Regimes*, Ithaca NY 1983, S. 93-114

YOUNG, Oran R., "The Politics of International Regime Formation: Managing Natural Resources and the Environment", in: *International Organization* 45/3 (1989), S. 349-375

YOUNG, Oran R., *International Cooperation: Building Regimes for Natural Resources and the Environment*, Ithaca NY 1989.

ZASCHKE, Wolfgang, *Die Analyse internationaler Politikfelder in der "liberalen Schule": Zur Kritik der Regime-Diskussion am Beispiel der internationalen Sozialpolitik*, Nijmegen Katholieke Univ. Diss. 1990

ZÜRN, Michael, *Gerechte internationale Regime. Bedingungen und Restriktionen der Entstehung nicht-hegemonialer internationaler Regime untersucht am Beispiel der Weltkommunikationsordnung*, Frankfurt/M 1987

ZÜRN, Michael/WOLF, Klaus Dieter/EFINGER, Manfred, "Problemfelder und Situationsstrukturen in der Analyse internationaler Politik. Eine Brücke zwischen den Polen?", in: Volker Rittberger (Hrsg.), *Theorien der Internationalen Beziehungen. Bestandsaufnahme und Forschungsperspektiven*, (PVS Sonderheft 21) Opladen , S. 151-174

IX.
Internationale Politische Ökonomie

1. EINFÜHRUNG

Wie die Interdependenzforschung und die Regime-Analyse so konzentriert sich auch die Internationale Politische Ökonomie auf Fragen der Wirtschafts-, Währungs- und Handelspolitik im Kontext des "komplexen Konglomeratssystems".[1] Durch eine Übertragung von in der Nationalökonomie und in den Sozialwissenschaften entwickelten empirisch-analytischen Konzepten auf internationale Wirtschaftsbeziehungen bemühen sie sich darum, Licht in die wechselseitige Durchdringung von Politik und Ökonomie und die Folgen dieser Durchdringung zu bringen. Im Zentrum des Interesses steht dabei die Politisierung bzw. politische Instrumentalisierung der Außenwirtschaftspolitik. Der Gegenstandsbereich internationaler Wirtschaftstheorien umfaßt die internationale Wirtschafts-, Währungs- und Handelspolitik. Die Untersuchungsgegenstände (Energie, Rohstoffe, Währungsprobleme) sind durch eine starke Aktualitätsbezogenheit gekennzeichnet. Zu den Hauptvertretern dieser Theorien zählen Fred C. Bergsten, Richard N. Cooper, Edward L. Morse, Charles B. Kindleberger, Klaus Knorr, Robert Gilpin und Susan Strange.

Historische Einordnung: Internationale Politische Ökonomie ist eine Weiterentwicklung der Forschungsansätze und Interpretationsperspektiven, die im Kontext der Politischen Ökonomie entworfen worden sind. Der Begriff "Politische Ökonomie" kam gegen Ende des 18. Jahrhunderts auf. Er bezeichnete zu diesem Zeitpunkt den eng begrenzten Bereich politischen Handels, der sich auf die Wohlfahrt eines Staates und die Regulierung seiner wirtschaftlichen Angelegenheiten bezog. Zu den Vertretern des auch als "Klassische Theorie" bezeichneten Ansatzes gehören neben Adam Smith auch David Ricardo, Jean Baptiste Say, Thomas Robert Malthus und John Stuart Mill. Die "klassische Theorie" beschäftigt sich vor allem mit den institutionellen Voraussetzungen wirtschaftlichen Handelns. Das Produktionssystem steht im Mittelpunkt der analytischen Betrachtungen. Das Erkenntnisinteresse richtet sich auf Probleme des Wirtschaftswachstums. Die "klassische Theorie" geht davon aus, daß Privatinteressen und gesellschaftliche Interessen in einem konkurrierenden Verhältnis zueinander stehen. Beide in Übereinstimmung zu bringen sei eine nie ganz lösbare Aufgabe der Wirtschafts- und Sozialpolitik. Die klassische Politische Ökonomie unterscheidet nicht streng zwischen der wirtschaftlichen und politischen Sphäre; politische Prozesse finden keine explizite Berücksichtigung.

---

[1] Vgl. Kap. VI: Interdependenztheorie, Anm. 2 u. 3.

Eine erste geschlossen entwickelte Gesellschafts-, Wirtschafts- und Staats- theorie stellt die von Karl Marx und Friedrich Engels entwickelte marxistische Politische Ökonomie dar. In dieser Variante wird die Produktion von Gütern und Dienstleistungen zur gesellschaftlichen Struktur direkt in Beziehung gesetzt: das politische System wird als Herrschaft über die Produktionsmittel in unterschied- lich historisch ablaufenden Formationen angesehen.

In der Zeit nach dem Zweiten Weltkrieg haben die "Neue Linke" (in Europa) und die Vertreter der "Radical Economics" (in den Vereinigten Staaten) Teile der marxistischen Analyse übernommen. Der Schwerpunkt ihrer Betrachtung liegt auf der Ungleichheit der Einkommensverteilung und Vermögensverteilung, in der ihrer Ansicht nach der Ursprung jeglicher Macht im gesellschaftlichen System gesehen wird; die Ungleichheit bewirke, daß nur wenige diese Macht ausüben und darüber hinaus auch auf die internationale Verteilung aufgrund ihrer imperia- listischen Vorgehensweise Einfluß nehmen.

Neben der orthodox marxistischen Analyse gab es auch "unorthodoxe" Ver- suche, die gegenseitige Abhängigkeit von Wirtschaft und Politik zu analysieren. Aus dieser Richtung stammt auch die wesentlichste Kritik an der traditionellen ökonomischen Theorie. So behandelt John Kenneth Galbraith Wirtschaft und Politik als eine Einheit, der aufgrund der Wechselbeziehungen zwischen beiden Bereichen (gegenseitige Verflechtung von Politik und Wirtschaft in hochindu- strialisierten Gesellschaften) zentrale Bedeutung zukommt.

Ein weiterer Schwerpunkt innerhalb der Politischen Ökonomie ist die in der Mitte der 1960er Jahre aufkommende Neue Politische Ökonomie, oder ökonomi- sche Theorie der Politik, in welcher die Interdependenz zwischen Wirtschaft und Politik mit dem Instrumentarium der modernen Wirtschaftstheorie untersucht wird. Die ökonomische Theorie der Politik geht im Unterschied zur traditionellen wirtschaftswissenschaftlichen Forschung, die Markt und Plan als Regelungsme- chanismen zur Erzielung von gesamtwirtschaftlicher Effizienz in den Mittelpunkt ihrer Forschung stellt, davon aus, daß sich diese Mechanismen theoretisch nicht unversehrt in die Praxis übertragen lassen: Regierungen, Verwaltungen und Inter- essengruppen bestimmen den Ablauf nicht nur des politischen, sondern auch des wirtschaftlichen Geschehens. Deshalb erscheint es angebracht, auch die Träger (wirtschafts-)politischer Entscheidungen in der Ökonomie zu berücksichtigen, z.B. wenn es um Vorschläge wirkungsvoller, d.h. politisch durchsetzbarer wirt- schaftspolitischer Maßnahmen geht.

Die Neue Politische Ökonomie untersucht das Verhalten der Regierung, der Verwaltung (Bürokratie) und der Interessengruppen mit ökonomischen Metho- den, vor allem unter der Annahme individuellen Rationalverhaltens und unter Verwendung eines teilweise formal-mathematischen ökonomischen Instrumenta- riums. Ein Hauptgewicht der Neuen Politischen Ökonomie liegt in der Formulie- rung politisch-ökonomischer Gesamtmodelle, die eine Integration des Faktors 'Staat' in die ökonomische Analyse gewährleisten sollen. In diesen Gesamtmodel- len, die sich mit der Interdependenz zwischen dem ökonomischen und dem politi- schen Subsystem moderner, hoch industrialisierter, demokratischer Gesellschaf- ten befassen, interagieren: 1. die Bürger als Wähler und als Nachfrager politischer

Güter; 2. Regierung und Parteien, die im Wettbewerb um die Regierungsgewalt stehen, als (potentielle) Anbieter politischer Güter; 3. die Bürokratie als Produzent politischer Güter, die sowohl gegenüber den politischen Unternehmern als auch gegenüber der Wählerschaft eigene Ziele verfolgt (insbes. Sicherheitsziele wie Wachstum und Ausdehnung des Entscheidungsbereiches) sowie 4. schließlich die wirtschaftlichen Interessengruppen, die versuchen, das Verhalten der politischen Unternehmer sowie der Bürokratie in ihrem Sinne zu beeinflussen.

In dem Modell des politisch-ökonomischen Zusammenhangs treffen die Wähler ihre Wahlentscheidungen so, daß diejenige Regierung an die Macht kommt (oder an der Macht bleibt), die den Präferenzen der Mehrheit der Wählerschaft am ehesten entspricht. Um wiedergewählt zu werden, muß die Regierung entsprechend den Präferenzen der Mehrheit der Wähler (insbesondere vor allgemeinen Wahlen) handeln. Die Wirtschaftslage eines Landes wirkt auf die Entscheidung der Wähler ein, sich für oder gegen die Regierung auszusprechen. Mit dem Einsatz wirtschaftspolitischer Instrumente, die die Verbindung zwischen dem Handeln der Regierung und der öffentlichen Verwaltung sowie dem Wirtschaftsablauf herstellen, versucht die Regierung, auf den wirtschaftlichen Sektor Einfluß zu nehmen, um dadurch ihre Wiederwahl zu sichern oder andere Ziele zu verfolgen.

In dem Maße wie die wirtschaftliche Lage eines Landes auch durch äußere Faktoren beeinflußt wurde, d.h. mit zunehmender wirtschaftlicher Interdependenz insbesondere zwischen den hochindustrialisierten Staaten rückten auch äußere Faktoren, Faktoren der internationalen Wirtschaft, in das Zentrum des Interesses der Politischen Ökonomie, die sich konsequenterweise zur Internationalen Politischen Ökonomie weiterentwickelte. Während sich die Politische Ökonomie vor allem mit dem Management einzelner nationaler Volkswirtschaften beschäftigte, konzentriert sich die Internationale Politische Ökonomie zunächst ausschließlich auf weltwirtschaftspolitische Regelungsmechanismen. So argumentierte Richard Cooper in seinem 1968 erschienen Werk "The Economics of Interdependence", für die multilaterale Zusammenarbeit, insbesondere der industrialisierten liberaldemokratischen Gesellschaften, unter der Führung der USA, weil der Nutzen internationaler wirtschaftlicher Integration und Interdependenz vor allem im Handel- und Finanzbereich verloren ginge, wenn es nicht gelänge, die nationalen Volkswirtschaften zu koordinieren und einen effizienten Weg zur Regelung der Weltwirtschaft zu finden.

Theoretische Vororientierungen und Selektionskriterien: Ähnlich wie die Regime-Forschung zeichnen sich die Ansätze aus dem Bereich der Internationalen Politischen Ökonomie durch einen Theorienpluralismus aus. Internationale Politische Ökonomie bezeichnet demnach ein Bündel von Fragen, die mit Hilfe einer eklektischen Theoriemischung analysiert werden. Zu den Fragen, die gestellt werden, zählen die folgenden:

1. Wie beeinflussen der Staat und die von ihm verursachten bzw. ausgelösten politischen Prozesse die Produktion und Distribution von Wohlstand und Reichtum?

2. Wie beeinflussen politische Entscheidungen und Interessen die Lokalisierung wirtschaftlicher Aktivitäten und die Verteilung der Kosten und Nutzen dieser Aktivitäten. Und Umgekehrt: In welcher Weise beeinflussen Märkte und wirtschaftliche Kräfte die Verteilung von Macht und Wohlstand zwischen den Staaten und anderen politischen Akteuren, und wie beeinflussen die wirtschaftlichen Kräfte die internationale Verteilung politischer und militärischer Macht?

3. Unter welchen Bedingungen entsteht die interdependente Weltwirtschaft? Fördern Interdependenzstrukturen harmonisches Verhalten oder verursachen sie Konflikte zwischen den Staaten? Benötigt man tatsächlich eine hegemoniale Macht, um kooperative Beziehungen zwischen kapitalistischen Staaten sicherzustellen, oder kann Kooperation auch spontan durch gegenseitige Interessen entstehen?

4. Von welcher Art sind die Beziehungen zwischen wirtschaftlichem Wandel und politischen Wandel? Wie wirken sich strukturelle Veränderungen im globalen Gefüge wirtschaftlicher Aktivitäten (führende wirtschaftliche Sektoren, Wachstumszyklen) auf die internationalen politischen Beziehungen aus? Und umgekehrt: Wie beeinflussen politische Faktoren die Art und die Folgen struktureller Veränderungen im wirtschaftlichen Bereich? Sind einschneidende wirtschaftliche Fluktuationen (Wirtschaftszyklen) und deren politische Folgen endogener Natur, d.h. gehören sie zur Wirkungsweise der Marktwirtschaft dazu, oder sind sie das Resultat exogener Einflüsse, wie etwa Krieg und politische Entwicklungen, auf das Wirtschaftssystem?

5. Welche Bedeutung hat das Weltwirtschaftssystem für nationale Volkswirtschaften? Was sind die Folgen weltwirtschaftlicher Entwicklung für die nationalen wirtschaftlichen Entwicklungen, wirtschaftlicher Niedergang, der wirtschaftliche Wohlstand individueller Wirtschaftssysteme? Wie beeinflußt das Weltwirtschaftssystem die wirtschaftliche Entwicklung der Entwicklungsländer und den wirtschaftlichen Verfall entwickelter Wirtschaftssysteme? Welche Auswirkungen hat das Weltwirtschaftssystem auf den Wohlstand eines Landes? Wie beeinflußt es die Verteilung von Reichtum und Macht zwischen den nationalen Volkswirtschaften? Tendiert die Arbeitsweise des Weltwirtschaftssystems dazu, Reichtum und Macht zu konzentrieren, oder fördert es eher ihr Diffundierung?

Untersuchungen zur Internationalen Politischen Ökonomie zeichnen sich durch die Verwendung analytischer Begriffspaare aus. Das heißt, untersucht wird die Wechselwirkung zwischen zwei Kräften, wobei die eine politisches Handeln und die andere eher wirtschaftliches Handeln beschreiben will. So schlägt Charles Lindblom (1977) etwa "exchange" (Austausch) und "authority" (Autorität) als zentrale Konzepte der politischen Ökonomie vor. Peter Blau (1964) benutzt "exchange" und "coercion" (Zwang); Charles Kindleberger (1970) und David Baldwin (1971) ziehen die Konzepte "power" (Macht) und "money" (Geld) vor, während Klaus Knorr "power" und "wealth" (Wohlstand) benutzt. Während Oliver Williamson (1975) "markets" (Märkte) und "hierarchies" (Hierarchien) kontrastiert, setzt Richard Rosecrance die Konzepte "markets" und "territoriality" (Territorialität) einander gegenüber. Robert Gilpin (1987) und Susan Strange

(1989) benutzen hingegen beide die Begriffe "states" (Staaten) und "markets" (Märkte).

Die Interpretation des Verhältnisses von Staaten und Märkten, von "politics" und "economics" spaltet sich, seit es eine Beschäftigung mit der politischen Ökonomie gibt, in konfligierende Richtungen, die jeweils unterschiedliche Ideologien repräsentieren. So lassen sich Interpretationen aus der Perspektive des wirtschaftlichen Nationalismus (oder wie sie zeitgenössisch genannt wurde des Merkantilismus) unterscheiden von solchen, die aus der Perspektive des Liberalismus (Adam Smith) oder aus der Perspektive des Marxismus argumentieren.[2]

Aus diesen drei Interpretationsrichtungen heraus haben sich in den 1960er und 1970er Jahren wiederum drei Ansätze weiterentwickelt, die den Strukturveränderungen im Weltwirtschaftsgefüge und der Wirkungsweise der modernen internationalen politischen Ökonomie Rechnung tragen wollten. Die erste neuere Richtung orientiert sich weitestgehend an den Prämissen des wirtschaftlichen Liberalismus. Sie wird als Theorie der "dual economy" bezeichnet. Sie betrachtet die Entwicklung des Marktes als Antwort auf das universelle Begehren nach mehr Effizienz und Gewinnmaximierung.[3] Die zweite Richtung, die Theorie des "Modern World System" ist stark beeinflußt vom Marxismus. Hiernach ist der Weltmarkt vor allem ein Mechanismus zur wirtschaftlichen Ausbeutung der weniger entwickelten Länder durch die entwickelten kapitalistischen Wirtschaften.[4] Die dritte Richtung schließlich, die zwar eng aber nicht ganz dem politischen Realismus verbunden ist, ist die im Kontext des Regime-Ansatzes bereits erwähnt Theorie der hegemonialen Stabilität. Sie interpretiert den Aufstieg und die Handlungsweise moderner internationaler Wirtschaften im Sinne erfolgreicher liberaler dominierender Mächte.[5]

Die *liberale Interpretation* ist der Überzeugung, daß die Vorteile internationaler Arbeitsteilung basierend auf dem Prinzip komparativer Kostenvorteile die spontane Entstehung von Märkten verursache und Harmonie zwischen den Staaten begünstige. Sie geht darüber hinaus davon aus, daß die sich ausweitenden Netze wirtschaftlicher Interdependenz in einem wettbewerbsorientierten anarchischen Staatensystem die Basis für Frieden und Kooperation schaffen. Die *nationalwirtschaftlich orientierten Interpretationen* heben im Unterschied dazu die Bedeutung des Faktors Macht bei der Entstehung von Märkten hervor sowie den konfliktträchtigen Charakter internationaler Wirtschaftsbeziehungen. Vertreter dieser Sichtweise argumentieren, daß wirtschaftliche Interdependenz eine politi-

---

[2] Vgl. Hierzu Robert Gilpin, The Political Economy of International Relations, Princeton 1987, Kap. 2.

[3] Vgl. Joseph A. Schumpeter, Capitalism, Socialism and Democracy, New York [3]1950.

[4] Vgl. Immanuel Wallerstein, The Modern World-System: Capitalist Agriculture and the Origins of the European World-Economy in the Sixteenth Century, New York 1974; Paul Baran, The Political Economy of Growth, New York 1967; Andre Gunder Frank, Latin America: Underdevelopment or Revolution, New York 1969.

[5] Vgl. Robert O. Keohane, 'The Theory of Hegemonic Stability and Changes in International Economic Regimes, 1967-1977', in: O.R. Holsti/R.M. Siverson/A.L. George (Hrsg.), Change in ther International System, Boulder, Colo. 1980, Kapitel 6; sowie ders., After Hegemony: Cooperation and Discord in the World Political Economy, Princeton 1984.

sche Basis benötige und daß sie nur einen weiteren Bereich zwischenstaatlicher Konflikte kreiere, die nationale Verwundbarkeit vergrößere und einen Mechanismus darstelle, der es einer Gesellschaft erlaube, eine andere zu dominieren. Obwohl alle *marxistischen Interpretationen* die Bedeutung des kapitalistischen Imperialismus für die Entstehung einer "world market economy" hervorheben, lassen sie sich doch wiederum in zwei verschiedene Richtungen unterteilen. Zum einen in die Verfechter der von Lenin formulierten These, daß Beziehungen zwischen Marktwirtschaften immer konfliktträchtig seien und in Anhänger der von Karl Kautsky vorgestellten Deutungsweise, die besagt, daß die dominanten Marktwirtschaften miteinander kooperieren in der gemeinsamen Ausbeutung der schwächeren Wirtschaftssysteme.

Konstitutive Grundannahmen: Theorien der Internationalen Politischen Ökonomie gehen davon aus, daß ein Verständnis der Probleme im Handels- und Finanzbereich sowie der wirtschaftlichen Entwicklung eine Zusammenführung der theoretischen Erkenntnisse der Wirtschafts- und Politikwissenschaft verlangt und zwar aufgrund folgender empirischer Tatbestände:

1. Wirtschaftliche Faktoren hätten in der Geschichte der internationalen Beziehungen immer eine wichtige Rolle gespielt. Die Art und Weise, wie sich Wirtschaft und Politik gegenseitig beeinflussen, habe sich jedoch in der Gegenwart fundamental verändert.

2. Der "Markt" habe sich zum primären Mittel/Medium der Organisation wirtschaftlicher Beziehungen entwickelt und damit andere Formen, wie z.B. Reziprozität, Redistribution und imperiale "command economies", verdrängt.

3. Die beiden Organisationsformen "moderner Staat" und "Markt" hätten sich in den letzten Jahrhunderten durch gegenseitige Beeinflussung entwickelt und ihre Interaktionen seien heute ausschlaggebend für den Charakter und die Dynamik der internationalen Beziehungen.

4. Veränderungen in der gesellschaftlichen Organisation und im menschlichen Bewußtsein hätten Wirtschaftsfragen zu einem unhintergehbaren, wenn nicht ausschlaggebenden Faktor der internationalen Beziehungen werden lassen. Denn der wirtschaftliche Wohlstand der Nationen und Völker und das Schicksal der Staaten hingen eng zusammen mit den Funktionen und Folgen des Marktgeschehens.

5. Weder der Staat noch der Markt übten eine dominierende Rolle aus. Vielmehr seien die Kausalbeziehungen zwischen Markt und Staat inter-aktiv bestimmt und unterlägen manchmal zyklischen Entwicklungen. Deshalb bezögen sich die im Kontext der Internationalen Politischen Ökonomie gestellten Fragen vor allem auf wechselseitige Interaktionen jeweils sehr unterschiedlicher Mittel der Organisation und Ordnung menschlichen Handelns und Verhaltens: eben den Staat und den Markt.

Machtverständnis: Die Definition von Macht und die Art und Weise ihres Einsatzes zur Realisierung nationaler wirtschaftlicher Interessen steht im Mittelpunkt des Interesses der Internationalen Politischen Ökonomie. Denn wirtschaftliche Interdependenz etabliere eine Machtbeziehung zwischen Gruppen und Gesellschaften. Ein Markt sei nicht politisch neutral. Seine Existenz schaffe wirtschaftliche Macht, die ein Akteur gegen einen anderen einsetzen kann. Auch die Verletzbarkeiten, die durch wirtschaftliche Interdependenz entstehen, könnten ausgenutzt und manipuliert werden.[6] Mit der Konzentration auf den Faktor "Macht" als Bestimmungsvariable internationaler Politik ähnelt das Erkenntnisinteresse der Internationalen Politischen Ökonomie dem Erkenntnisinteresse der Realpolitischen Schule. Der fundamentale Unterschied beider Richtungen besteht jedoch in der Definition dessen, was unter Macht in den internationalen Beziehungen zu verstehen ist. Während sich die Realpolitische Schule vor allem auf militärische Machtbeziehungen konzentriert, analysiert die Internationale Politische Ökonomie die Interdependenz von wirtschaftlicher und politischer/militärischer Macht.[7] Susan Strange faßt die Bedeutung dieses Wechselverhältnisses folgendermaßen zusammen: "It is power that determines the relationship between authority and market. Markets cannot play a dominant role in the way in which a political economy functions unless allowed to do so by whoever wields power and possesses authority."[8]

2. LEKTÜRE

The Study of International Political Economy[9]

SUSAN STRANGE

Susan Strange (*1923) ist seit 1989 Professor für Internationale Beziehungen an der European University in Florenz. Sie arbeitete nach ihrem Studium an der Université de Caen und der London School of Economics zunächst als Journalistin beim Economist und dem Observer. Von 1949-64 war sie Lecturer on International Relations am University College in London. Nach mehreren internationalen Fellowships lehrte sie von 1978 bis 1988 als Montague Barton Professor of International Relations an der London School of Economics. Zu ihren wichtigsten Veröffentlichungen zählen "Sterling and British Policy" (1971), "International Monetary Relations" (1976), (zusammen mit R. Tooze) "The International Politics of Surplus Capacity" (1981), "Path to International Political Economy" (1984), "Casino Capitalism" (1986), "States and Markets" (1988) sowie (zusammen mit J. Stopford) "Rival States, Rival Firms" (1991).

---

[6] Albert O. Hirschmann, National Power and the Structure of Foreign Trade, Berkeley 1945, S. 16.
[7] Vgl. hierzu vor allem Klaus Knorr, Power and Wealth: The Political Economy of International Power, New York 1973.
[8] S. Strange, States and Markets, London 1989, S. 23.
[9] Aus: Susan Strange, States and Markets, London 1989, Pt. I, S. 9-42 in Auszügen. Mit freundlicher Genehmigung von Francis Pinter Publisher, London.

Bei dem hier abgedruckten Text handelt es sich um Auszüge aus ihrem Buch "States and Markets", in dem sie versucht, mit Hilfe der Begriffe und der Wirkungsweisen von "Staaten" und "Märkten" eine Theorie der internationalen politischen Ökonomie zu entwickeln.

1. The Conflict of Values and Theories

[...] You will find that most of the conventional textbooks and most of the more specialized works of an analytical nature are directed primarily at what is properly called the *politics of international economic relations*. What that means is that it is directed at those problems and issues that have arisen in the relations between nations, as represented by their governments. The agenda of topics for discussion follows closely the agendas of inter-state diplomacy concerning major economic issues. [...] The literature on the politics of international economic relations reflects the concerns of governments, not people. It tends always to overweight the interests of the most powerful governments. Scholars who accept this definition of the subject thus become the servants of state bureaucracies, not independent thinkers or critics.

What I am suggesting here is a way to synthesize politics and economics by means of structural analysis of the efforts of states - or more properly of any kind of political authority - on markets and, conversely, of market forces on states. [...]

The main problem in attempting such a synthesis lies in the very nature of economics and politics. Economics - as every first-year student is told - is about the use of scarce resources for unlimited wants. How best to make use of those scarce resources is fundamentally a question of efficiency. The question is, 'What is the most efficient allocation of resources?' Supplementary to it are a whole lot of related questions about how markets behave, which government policies are best, and how different parts of the economic system function - always in terms of their efficiency or inefficiency. 'Market failure' of one kind or another, for example, is the subject of much economic inquiry and research.

Politics, though, is about providing public order and public goods. In some universities, indeed, the department of politics is actually called the department of government. Students of politics are expected to know about conflicting theories of what sort of order is best, and how it is to be achieved and maintained. They are usually expected to know a good deal about the political institutions of their own country - and of some others. Some may choose to specialize in the study of world politics. But here too the ruling questions tend to concern the maintenance of order and peace and the provision of minimal public goods, together with the management of issues and conflicts arising between them. The study of trade relations between states, for example, is frequently justified, explicitly or implicitly, on the grounds that these may give rise to conflicts of interest, and perhaps to trade wars, and that these may spill over into military conflicts. There is very scant historical evidence to support such an assumption, but the reason for including such issues in the study of world politics is revealing. Almost all the standard texts on international politics assume the maintenance of order to be the prime if not the only *problématique* of the study.[10]

The consequence is that each discipline tends to take the other for granted. Markets are studied in economics on the assumption that they are not going to be disrupted by war, revolution or other civil disorders. Government and the panoply of law and the administration of justice are taken for granted. Politics, meanwhile, assumes that the economy will continue to function reasonably smoothly - whether it is a command economy run according to the decisions of an army of bureaucrats or a market economy reflecting the multiple decisions taken by prudent and profit-maximizing producers and canny consumers. Politics in the liberal Western tradition recognizes a trade-off between order and liberty and between security and justice - if you want more of the one, you may have to sacrifice some of the other. But only rarely does it take in the further dimension of efficiency - the ability of the sustaining economy to produce the wealth necessary for both order and justice. If you want both more wealth *and* order, must justice and liberty be sacrificed? [...]

What we need is [...] a framework of analysis, a method of diagnosis of the human condition as it is, or as it was, affected by economic, political and social circumstances. This is the necessary precondition for prescription, for forming opinions about what could and should be done about it. For each doctrine has its own custom-built method of analysis, so planned that it leads inevitably to the conclusion it is designed to lead to. [...]

What we have to do [...] is to find a method of analysis of the world economy that opens the door of student or reader choice and allows more pragmatism in prescription; and, secondly, a method of analysis that breaks down the dividing walls between the ideologues and makes possible some communication and even debate between them.

I believe it can be done. We have to start by thinking about the basic values which human beings seek to provide through social organization, i.e. wealth, security, freedom and justice. We can then recognize that different societies (or the same societies at different times), while producing some of each of the four values, nevertheless give a different order of priority to each of them. All societies need to produce food, shelter and other material goods; but some will give the production of wealth in material form the highest priority. All societies will be organized to give the individual some greater security from the violence and abuse of others, both from others within that society and others from outside ist. But some will put order and security first. Indeed, the two great advantages of social organization over life in individual isolation is that association with other humans both increases the possibility of wealth and adds to personal security. Social organization does, however, entail certain choices regarding the relative justice of one set of arrangements over another. An isolated individual like

---

[10] I have used the French word here because the English 'problematic' is also used confusingly as an adjective meaning 'doubtful' or 'open to question'. I would define *problématique* as the underlying question or puzzle that gives purpose to a field of study.

Robinson Crusoe has no problems with these two values of freedom and justice; the only limits on his freedom of choice are set by nature and his own capability. His own liberty is not constrained or compromised by someone else's. Nor does any question of justice arise - except perhaps between his claims to life or resources and those of plants or animals - for there is no other human claimant on resources whose claims need to be arbitrated.

Once you have a society, therefore, you have arrangements made which provide *some* wealth, *some* security, *some* element of freedom of choice for the members or groups of them, and *some* element of justice. These basic values are like chemical elements of hydrogen, oxygen, carbon and nitrogen. Combined in different proportions, they will give quite different chemical compounds. In the same way, a cook can take flour, eggs, milk and fat and make different kinds of cakes, pancakes, biscuits or cookies by combining them in different ways and different proportions.

Societies therefore differ from each other in the proportions in which they combine the different basic values. That was the simple but important point behind the desert-island tales in the prologue. Ideal societies, too, will differ, just as real ones do, in the priority given to particular basic values and in the proportion in which the different basic values are mixed. Plato and Hobbes wanted more order; both lived in troubled and chaotic times. Rousseau and Marx wanted more justice; both were offended by the inequalities they saw around them. Adam Smith, Maynard Keynes and Milton Friedman all thought - despite their differences - that is was important to generate more wealth. Hayek and John Stuart Mill wanted more freedom - though the trouble with freedom is that, more than the other values, it often involves a zero-sum game: more freedom for me means less for you; national liberation for one ethnic group may mean enslavement for others.

Thus, whether we are anthropologists studying a society remote in every way from the one we are familiar with, or whether we are comparative political economists comparing, let us say, socialist societies and market societies, or whether we are international political economists studying a world system that is both a single global social and economic system and, coexisting with it, a series of national societies, we can in each case apply the same analytical method of political economy. What values, we can ask, do these arrangements rate the highest? And which do they rate the lowest? Secondary to that, there are the old questions of all political analysis, 'Who gets what out of it? Who benefits, who loses? Who carries the risks and who is spared from risk? Who gets the opportunities and who is denied an opportunity - whether for goods and services or more fundamentally a share of all the values, not only wealth, but also security, the freedom to choose for themselves, some measure of justice from the rest of society?'

The definition, therefore, that I would give to the study of international political economy is that it concerns the social, political and economic arrangements affecting the global systems of production, exchange and distribution, and the mix of values reflected therein. Those arrangements are not divinely ordained, nor are they the fortuitous outcome of blind chance. Rather they are the result of human decisions taken in the context of man-made institutions and sets of self-set rules and customs.

It follows that the study of international political economy cannot avoid a close concern with causes. Consequences today - for states, for corporations, for individuals - imply causes yesterday. There is no way that contemporary international political economy can be understood without making some effort to dig back to its roots, to peer behind the curtain of passing time into what went before. Of course, there is no one 'correct' interpretation of history. No historian is an impartial, totally neutral witness, either in the choice of evidence or in its presentation. But that does not mean that history can be safely ignored. Nor should it be too narrowly or parochially conceived. There may be just as much for Europeans and Americans to learn from the political and economic history of India, China or Japan as from that of Western Europe and North America. One important lesson that is too often forgotten when the history of thought - political thought or economic thought - is divorced from the political and economic history of events, is that perceptions of the past always have a powerful influence on perceptions of present problems and future solutions. Happily, I think, this acute awareness of the historical dimension of international political economy has now taken as strong a hold in American scholarship as it has always had in Europe. Because Europeans live in places where they are surrounded by reminders of the past - a past that stretches back, not a few hundreds of years, as in even the longest white-settled parts of the United States, but thousands of years - it is easier for Europeans to remain sensitive to this historical dimension. Now, a generation of American political economists share that sensitivity.

Thirdly, besides present arrangements and past causes, international political economy must be concerned with future possibilities. In my opinion, the future cannot be predicted; but it cannot be ignored. What, the political economist must ask, are the options that will be open in future to states, to enterprises, to individuals? Can the world be made wealther? Safer and more stable and orderly? More just than it used to be? These are important and legitimate questions. Such questions inspire the interest of many people in the subject. Some of these people will not rest until they think htey have found the answers. Others, less sure, will be content to clarify the issues and the options, knowing that their personal opinion of optimal solutions will not necessarily carry the day in the real world of politics and markets, but feeling that nevertheless they have a moral responsibility to attempt a cool and rational analysis based on reading, listening and thinking. Although final decisions may be taken in the real world on the basis of value preferences and power relationships, perceptions and ideas also play some part and these at least can be susceptible to rational presentation of the costs and risks of alternative options. To my mind, the difference between the normative, prescriptive approach to international political economy and the reflective, analytical approach is a matter of personal temperament and individual experience, training and so forth. There is no right or wrong about it. The study of international political economy, like that of international relations and foreign policy, has room for both.

The way things are managed, how they got to be managed in that particular way, and what choices this leaves realistically open for the future, these three aspects or *problématiques* of political economy are implicit in the semantic origins of the word 'economics'. It derives from the Greek *oikonomia*, which meant a household - typically in the ancient world, not a small nuclear family but rather a patriarchal settlement of an extended family and its slaves, living off the crops and flocks of the surrounding land. The management of the *oikonomia* thus included the choices made in cropping and in breeding, in the provision of security from attack or robbery, in the customary relations between men and women, old and young, the teaching of children and the administration of justice in disputed matters. In other words, it was rather more about politics than economics.

'Political economy' as a current term in French, Italian or English only came nto general use towards the end of the eighteenth century, when it came to mean, more narrowly and specifically, that part of political management that related to the prosperity of the state and the ordering - as we would say - of its 'economic' affairs. It was, in this more restricted sense, related to the nation-state of modern times, that Adam Smith, whose *Wealth of Nations* appeared in 1776, understood the term. In fact, before Adam Smith, the French had shown a more active interest than the English in political economy. French rulers and writers had already perceived the close connection between the wealth of the nation and the power of the state. Like Thomas Jefferson in America, the French physiocrats of the eighteenth century thought that agriculture was the basis of national wealth and saw the management of agriculture as the first *problématique* of political economy. Adam Smith, on the contrary, saw trade and industry as the basis of national wealth, narrow mercantilism as the chief obstacle to its growth and the *problématique* of political economy as how best to achieve this while defending the realm and managing the currency. History proved Smith right and the physiocrats wrong, so that it was in Scotland and England that the main debates of political economy in the next century were conducted, not in France.

And it was the British too who were mainly responsible for letting the term 'political economy' fall into disuse for more than half a century, until about the 1960s. The subject had become so complex and arcane that when a book appeared in 1890 that set out to explain what went on in economic matters in simple, everyday terms that anyone could understand, ist author, Alfred Marshall, coined a new word to distinguish it from political economy. He called his book *Principles of Economics*. Only in the 1960s did the study of political economy (outside of radical left-wing circles) once again become both popular and legitimate. And then it was more because of a concern with the management of the world economy than with the management of particular national economies. A seminal book by an American economist, Richard Cooper, appeared in 1968 called *The Economics of Interdependence*. It developed an argument in favour of multilateral co-operation, especially by industrialized liberal democracies led by the United States, on the grounds that the full benefits of international economic integration and interdependence in trade and finance would be lost if there were a failure so to coordinate national policies as to find an agreed and efficient way of managing the world economy.[11]

Cooper's lead was followed more readily by American scholars interested in international organization than by his fellow economists. By the early 1970s, they began to ask why it was that the apparently stable and set 'rules of the game that had prevailed in international economic relations in the 1950s and 1960s seemed to be less and less observed in the 1970s. The erosion of what came to be called - in a rather strange use of the world - international 'regimes' became the dominant *problématique* of international political economy in the United States. As defined by Stephen Krasner in an edited collection of papers devoted to this theme, regimes were 'sets of explicit or implicit principles, norms, rules and decision-making procedures around which actor expectations converge'[12].

Krasner's original argument in introducing the papers was that regimes were an intervening variable between structural power and outcomes - an argument much closer to mine than to much of the subsequent American work on the subject of different international regimes. The latter has often tended to take the way things are managed in the international market economy as given, without enquiring too much into the underlying reasons of why it was certain principles, norms and rules and not others that prevailed. Or, if research did ask the 'why' questions, the range of possible explanations was too narrowly drawn. An influential study by Keohane and Nye of US-Canadian and US-Australian relations in the 'issue-areas' - another term drawn from international relations - of money and ocean management called *Power and Interdependence* listed the change in states' relative political power, or in other words the political structure, as a possible explanation for regime change, but omitted changes in economic power and in economic structures, paying attention only to economic processes, which was a much narrower factor altogether.[13]

Concentration on international organizations and on the politics of international economic relations has tended to let inter-governmental relations overshadow the equally important transnational relations, that is to say, relations across national frontiers between social and political groups or economic enterprises on either side of a political frontier, or between any of these and the government of another state. Corporations, banks, religious leaders, universities and scientific communities are all participants in certain important kinds of transnational relations. And in such transnational relations, the relationship across frontiers with some governments will be far more important in determining the outcomes in political economy that will relations with other governments. For example, it is a recognized fact in business circles that decisions taken by the US Supreme Court, and sometimes by lesser courts, or by some federal or state

[11] A further development of the argument was made by Miriam Camps in The Management of Interdependence, New York 1974, Council on Foreign Relations, and in W. Diebold's, The United States and the Industrial World, New York 1972, also for the Council on Foreign Relations.

[12] S.D. Krasner, International Regimes, Ithaca London 1983.

[13] R.O. Keohane/J.S. Nye, Power and Interdependence, Boston Toronto 1977.

agency of the United States, may be of crucial importance far beyond the border of the country. The 'global reach' of US government is one of the features of the contemporary international political economy that is easily overlooked by too close attention to international organizations and so-called international regimes.[14]

If the omission or underrating of transnational relations - especially economic relations - was one important deficiency of political economy based on the regimes' *problématique*, another serious one was that it did not absolutely require the researcher or the student to ask whose power those 'principles, norms, rules and decisionmaking processes' most reflected. Nor did it insist on asking about the sources of such power: was it based on coercive force, on success in the market and on wealth, or on the adherence of others to an ideology, a belief system or some set of ideas?

By not requiring these basic structural questions about power to be addressed, and by failing to insist that the values given predominant emphasis in any international 'regime' should always be explicitly identified, the presumption has often gone unchallenged that any regime is better than none. It is too often assumed that the erosion or collapse of a set of norms or rules is always a bad thing, to be regretted, and if possible reversed. Such an assumption takes the *status quo ante* the erosion to be preferable to the *ex post* situation. But that assumption unconsciously overweights the value of order and stability over the other values, and especially the order and stability of international arrangements for the world economy designed and partially imposed in the period after 1945. It is easy enough to see why. These post-war 'regimes' were set in place by the United States taking a lead where no other state could do so. It was natural for American scholars to assume that these arrangements were admirable and well-designed, without questioning too closely the kind of power they reflected or the mix of values they inferred as desirable - not only for the United States but for all right-thinking people the world over.

By contrast, the approach that I am proposing, by concentrating on the authority - market and the market - authority nexus, and by directing attention to the four basic values of security, wealth, freedom and justice, ought to succeed in highlighting the non-regimes as much as the regimes, the non-decisions and the failures to take a decision, which, no less than active policy-making have affected - and still affect - the outcomes of the international political economy.

It is also more likely to reveal the 'hidden agenda' of issues that are of little interest to governments, where there is no international agreement, no organization, no secretariat to publicise the question and not necessarily any accepted norms or principles around which actor perceptions converge. The failure to do this - which also reveals the bias in favour of the status quo - is one of the major weaknesses of the regimes approach. For, among the many different ways in which power may be exercised in the international political economy - a

---

[14] Global Reach was the title of a popular book on multinationals written in the mid-1970s: R. Barnet/R. Muller, Global Reach, London 1974.

question to which we now turn in the next chapter - the power to keep an issue off the agenda of discussion or to see that, if discussed, nothing effective is done about it, is not the least important.

2. Power in The World Economy

It is impossible to study political economy and especially international political economy without giving close attention to the role of power in economic life. Each system of political economy - the political economy of the United States compared with that of the Soviet Union, the political economy of the states of Western Europe in the eighteenth century compared with the highly integrated political economy of the world today - differs, as I have tried to explain, in the relative priority it gives to each of the four basic values of society. Each reflects a different mix in the proportional weight given to wealth, order, justice and freedom. What decides the nature of the mix is, fundamentally, a question of power.

It is power that determines the relationship between authority and market. Markets cannot play a dominant role in the way in which a political economy functions unless allowed to do so by whoever wields power and possesses authority. The difference between a private-enterprise, market-based economy and a state-run, command-based economy lies not only in the amount of freedom given by authority to the market operators, but also in the context within which the market functions. And the context, too, reflects a certain distribution of power. Whether it is a secure or an insecure context, whether it is stable or unstable, booming or depressed, reflects a series of decisions taken by those with authority. Thus it is not only the direct power of authority over markets that matters; it is also the indirect effect of authority on the context or surrounding conditions within which the market functions.

In the study of political economy it is not enough, therefore, to ask where authority lies - who has power. It is important to ask why they have it - what is the source of power.[15] Is it command of coercive force? Is it the possession of great wealth? Is it moral authority, power derived from the proclamation of powerful ideas that have wide appeal, are accepted as valid and give legitimacy to the proclaimers, whether politicians, religious leaders or philosophers? In many political economies, those who exercise authority, who decide how big a role shall be given to markets, and the rules under which the markets work will derive power from all three sources - from force, from wealth and from ideas. In others, different groups will derive different sorts of power from different sources. They will have rather different power-bases and will be acting upon the political economy at the same time but possibly in opposed directions.

The point is only that it is impossible to arrive at the end result, the ultimate goal of study and analysis in international political economy without giving

[15] An illuminating study which brings out this side of Smith's writings is David Reisman's *Adam Smith's Sociological Economics*, London 1976.

explicit or implicit answers to these fundamental questions about how power has been used to shape the political economy and the way in which it distributes costs and benefits, risks and opportunities to social groups, enterprises and organizations within the system. Many writers on political economy will avoid making their answers explicit, either because they do not see how important it is to their conclusions, and especially policy recommendations, or because they assume that readers share their implicit assumptions about who has power and why, and how it is used. But if, like me, you are trying to write about political economy in a way that will be useful to people who have very different value preferences, and who do not necessarily agree about what kinds of power are really important and decisive, then it is particularly important to try to clarify the assumptions about power that underlie a particular view, such as mine, of the nature of the international political economy and how it works. That is what I shall try to do in this chapter. I shall try to draw a kind of sketch-map of the landscape as I see it, explaining in the process why it is that I have given particular attention in the rest of the book to what I see as the most outstanding features of the landscape, both those of the first order (as in Part II, Chapters, 3, 4, 5 and 6), and those of a still important but secondary order (as in Part III, Chapters, 7, 8, 9, 10 and 11). Whether the reader is trying just to understand why the international political economy results in the particular who-gets-what, the particular mix of basic values that we can observe around us, or whether he or she is seeking solutions and policy descriptions to change the system does not matter. Both have to start with an examination of power.

2.1. Structural and relational power

The argument in this book is that there are two kinds of power exercised in a political economy - structural power and relational power - but that in the competitive games now being played out in the world system between states and between economic enterprises, it is increasingly structural power that counts far more than relational power. Relational power, as conventionally described by realist writers of textbooks on international relations, is the power of *A* to get to *B* to do something they would not otherwise do. In 1940 German relational power made Sweden allow German troops to pass through her 'neutral' territory. US relational power over Panama dictated the terms for the Panama Canal. Structural power, on the other hand, is the power to shape and determine the structures of the global political economy within which other states, their political institutions, their economic enterprises and (not least) their scientists and other professional people have to operate. This structural power, as I shall explain it, means rather more than the power to set the agenda of discussion or to design (in American academic language) the international regimes of rules and customs that are supposed to govern international economic relations. That is one aspect of structural power, but not all of it. US structural power over the way in which wheat or corn (maize to the British) is traded allows buyers and sellers to hedge by dealing in 'futures'; even the Soviet Union, when it buys grain, accepts this way of doing things. Lloyds of London is an authority in the international market for insurance; it allows big risks to be 'sold' by small insurers or underwriters to big reinsurance operators, thus centralizing the system in those countries and with those operators large enough to accept and manage the big risks. Anyone who needs insurance has to go along with this way of doing things. Structural power, in short, confers the power to decide how things shall be done, the power to shape frameworks within which states relate to each other, relate to people, or relate to corporate enterprises. The relative power of each party in a relationship is more, or less, if one party is also determining the surrounding structure of the relationship.

It seems to me that this is a much more useful distinction for the understanding and analysis of power in political economy than the distinction between economic power and political power. We may say that someone has economic power if they have a lot of money to spend: they have purchasing power. They may also have economic power if they have something to sell which other people badly want. Such economic power will be all the greater if they are the only ones able to sell it, if, in short, they have monopoly or oligopoly power. They may also have economic power if they can provide the finance or investment capital to enable others to produce or to sell a service. Banks, by controlling credit, have economic power. Equally, we can say that people have political power if they control the machinery of state or any other institution and can use it to compel obedience or conformity to their wishes and preferences from others. The trouble with this distinction, however, is that when it comes to particular situations - particularly in the international political economy - it is very difficult (as some later examples will show) to draw a clear distinction between political and economic power. It is impossible to have political power without the power to purchase, to command production, to mobilize capital. And it is impossible to have economic power without the sanction only be supplied by political authority. Those with most economic power are no longer - or only very rarely - single individuals. They are corporations or state enterprises that have set up their own hierarchies of authority and chains of command in which decisions are taken that are essentially political more than economic. I do as the company president or the managing director says, not because I shall gain economically, but because he has the authority to command me, a middle manager or a shopfloor worker. Mine not to reason why - just as if he were the general and I am a private soldier.

The next part of the argument is that structural power is to be found not in a single structure but in four separate distinguishable but related structures. This view differs from the Marxist or neo-Marxist view of structural power which lays great stress on only one of my four structures - the structure of production. It differs from Robert Cox's interpretation of structural power which also attaches prime importance to the structure of production.[16] Cox sees production as the basis of social and political power in the society. The state, therefore, is the embodiment in political power in the society. The state, therefore, is the embodiment in political terms of the authority of the class or classes in control of the production structure. States, however, live in an anarchical world order. The

[16] R. Cox, Production, Power, and World Order, New York 1987.

image, or model, in that interpretation is a club sandwich, or a layer cake, in which production is the bottom layer and world order the top layer, with the state in between both, responding to change both in the world order and in the production structure on which it is based. My image is rather of a four-faceted triangular pyramid or tetrahedron (i.e. a figure made up of four planes or triangular faces). Each touches the other three and is held in place by them. Each facet represents one of the four structures through which power is exercised on particular relationships. If the model could be made of transparent glass or plastic, you could represent particular relationships being played out, as on a stage, within the four walls of the four-sided pyramid. No one facet is always or necessarily more important than the other three. Each is supported, joined to and held up by the other three.

These four, interacting structures are not peculiar to the world system, or the global political economy, as you may prefer to call it. The sources of superior structural power are the same in very small human groups, like a family or a remote village community, as they are in the world at large. The four sources, corresponding to the four sides of the transparent pyramid, are: control over security; control over production; control over credit; and control over knowledge, beliefs and ideas.

Thus, structural power lies with those in a position to exercise control over (i.e. to threaten or to preserve) people's security, especially from violence. It lies also with those able to decide and control the manner or mode of production of goods and services for survival. Thirdly, it lies - at least in all advanced economies, whether state-capitalist, private-capitalist or a mix of both - with those able to control the supply and distribution of credit. Such control of credit is important because, through it, purchasing power can be acquired without either working for it or trading for it, but it is acquired in the last resort on the basis of reputation on the borrower's side and confidence on the lender's.

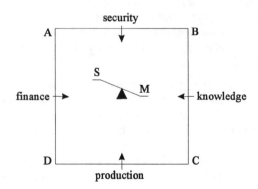

Or, in three dimensions

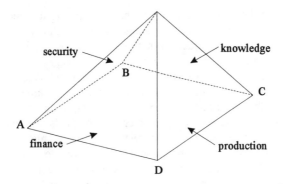

But since each structure affects the other three, but none necessarily dominates:

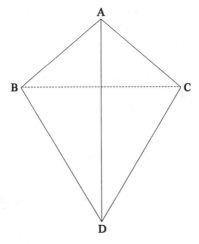

Here, ACD represents the production structure; ABD the security structure; ABC the finance structure; and BCD the knowledge structure.

Figure 2.1. Four structures around the state-market see-saw.

Fourthly and lastly, structural power can also be exercised by those who possess knowledge, who can wholly or partially limit or decide the terms of access to it. This structural power in particular does not easily fit into the layer-cake, club-sandwich model because it may very easily lie in part beyond the range and scope of the state or any other 'political' authority. Yet its importance in political economy, though not easy to define or describe, is not to be underrated.

The bottom line, or conclusion, of this approach to the question of power in the international political economy seems to me to throw serious doubt on an important assumption of much contemporary writing on international political economy, especially in the United States. The assumption is that the United States has lost hegemonic power in the system and that this is why, in plain terms, the world economy is in such a state of instability, uncertainly and even disorder that economic forecasts are unreliable, if not impossible; it is why there is such widespread gloom and even despair over the prospects of solving contemporary problems of international economic relations. But, to me, using the model or analytical framework, the conclusion seems inevitable that the United States government and the corporations dependent upon it have *not* in fact lost structural power in and over the system. They may have changed their mind about how to use ist, but they have not lost it. Nor, taking the four structures of power together, are they likely to do so in the foreseeable future. Not all readers will agree with this conclusion of mine. But even if they do not, I would still contend that their assessment of power in the international political economy will be more realistic if they adopt a structural approach such as, or similar to, the one outlined above and developed later in the book than if they stay with conventional notions of relational power - still less if, with the theoretical economists, they try to ignore power altogether.

The rest of this book is an attempt to explore and develop each of these aspects or sources of structural power in the world political economy. It is essentially an attempt to break right away from the politics of international economic relations approach which I find biased and constricting. It tries to develop an alternative approach based on the four fundamental sources of structural power. Once these are understood, it can be shown that certain subjects of discussion in international political economy, such as trade, aid, energy or international transport systems, are actually secondary structures. They are not as they are by accident but are shaped by the four basic structures of security, production, finance and knowledge. [...]

2.2. Four sources of structural power

Before proceeding to illustrate with examples this notion of four-sided structural power, it may be helpful to elaborate a little the four sources just listed from which it is derived. They are no more than a statement of common sense. But common sense has often been obscured by abstruse academic discussion about the nature of 'state' or by definitions of 'power' so abstract, or so narrowly based on the experience of one place, one society, one period of human experience, that a re-statement of the fairly obvious seems necessary. (Readers confident of their own common sense can easily skip the next few paragraphs.)

First, so long as the possibility of violent conflict threatens personal security, he who offers others protection against that threat is able to exercise power in other non-security matters like the distribution of food or the administration of justice. The greater the perceived threat to security, the higher price will be willingly paid and the greater risk accepted that the same defence force that gives protection will itself offer another kind of threat to those it claims to protect. Within states, it has been those that felt themselves most insecure, that perceived themselves as 'revolutionary' states challenging the accepted order and the prevailing ideology of their time or region that have been most prepared to pay the costs and accept the risks of military government and 'state security' forces such as secret police.

Who decides what shall be produced, by whom, by what means and with what combination of land, labour, capital and technology and how each shall be rewarded is as fundamental a question in political economy as who decides the means of defence against insecurity. As Cox and a great many radical and left-wing writers have demonstrated, the mode of production is the basis of class power over other classes. The class in a position to decide or to change the mode of production can use its structural power over production to consolidate and defend its social and political power, establishing constitutions, setting up political institutions and laying down legal and administrative processes and precedents that make it hard for others to challenge or upset. Now that an ever-growing proportion of goods and services produced throughout the world are produced in response, in one way or another, to the world economy and not to local needs, tastes or demands, the structural power over production has become the base for social and political changes that cut right across national frontiers. The old territorial frontiers of the state used also to separate, far more than they do now, not only the national culture and language from that of neighbours, but also national social structures and the national economy. Now, the territorial limits of state power remain but the other frontiers are crumbling so that structural power over production geared to a world market becomes that of increasing cultural, linguistic and ideological influence.

The third leg, or facet, of structural power is, admittedly, rather more peculiar to advanced industrialized economies, whether socialist or capitalist, than it is to small communities or less developed economies. But finance - the control of credit - is the facet which has perhaps risen in importance in the last quarter century more rapidly than any other and has come to be of decisive importance in international economic relations and in the competition of corporate enterprises. It sometimes seems as if its complex manifestations are too technical and arcane to be easily understood even by those professionally engaged in banking and finance. Yet its power to determine outcomes - in security, in production and in research - is enormous. It is the facet of structural power least well understood by the Marxists and radicals who have written most cogently about structural power over production. Many of them still entertain the old-fashioned notion that before you invest you must accumulate capital by piling up this year's profit on last year's, that capitalism somehow depends on the accumulation of capital. What they do not understand is that what is invested in an advanced economy is not money but credit, and that credit can be created. It does not have to be accumulated. Therefore, whoever can so gain the confidence of others in their ability to create credit will control a capitalist - or indeed a socialist - economy. So large have the financial requirements of industry and even of agriculture become in a high-technology age that there would have been none of the economic growth the world has seen in the past four or five decades if we had had to wait for profits to be accumulated. They could *only* have been financed through the creation of credit.

Fourthly, and finally, knowledge is power and whoever is able to develop or acquire and to deny the access of others to a kind of knowledge respected and sought by others; and whoever can control the channels by which it is communicated to those given access to it, will exercise a very special kind of structural power. In past times priests and sages have often exercised such dominance over kings and generals. It is a structural power less easy to keep control over, more subtle and more elusive. For that reason priesthoods in every religion have hedged their power even more jealously than military castes and ranks of nobility. Keeping the laity out and in ignorance has been a necessary means of preserving structural power over them. Today the knowledge most sought after for the acquisition of relational power and to reinforce other kinds of structural power (i.e. in security matters, in production and in finance) is technology. The advanced technologies of new materials, new products, new systems of changing plants and animals, new systems of collecting, storing and retrieving information - all these open doors to both structural power and relational power.

What is common to all four kinds of structural power is that the possessor is able to change the range of choices open to others, without apparently putting pressure directly on them to take one decision or to make one choice rather than others. Such power is less 'visible'. The range of options open to the others will be extended by giving them opportunities they would not otherwise have had. And it may be restricted by imposing costs or risks upon them larger than they would otherwise have faced, thus making it less easy to make some choices while making it more easy to make others. When Mother or Father says, 'If you're a good boy and study hard, we'll give you a bicycle for your birthday', the boy is still free to chose between studying hard and going out to play with friends. But the choice is weighted more heavily in favour of studying by the parents' structural power over the family budget. To take another example from international political economy, the big oil companies had the power to look for oil and sell it. The oil states in the 1950s and 1960s could offer them concessions. But the royalties the companies could offer on production in return gave them structural power over the governments. The governments could choose to forego the extra revenue. But is was so large in relation to any other possible source of income that the range of choice, the weighting of options, was substantially changed by the structural power over oil production and oil marketing. It was only when the oil-producing states gained access to knowledge about the oil business, and when they had use the royalties from the companies to consolidate their financial power, that they could offer a partial challenge to the companies' structural power over production. Until then, as the examples of Iran in 1951 and Indonesia later indicated, the cost of expelling the companies was, for most, unacceptably high.

Another point about my four-faceted plastic pyramid image is that it is significant that each facet touches the other three. Each interacts with the others. It should also be represented as balancing on one of the points, rather than resting on a single base. There is a sense in which each facet - security, production, finance and knowledge-plus-beliefs is basic for the others. But to represent the others as resting permanently on any one more than on the others suggests that one is dominant. This is not necessarily or always so.

For example, the realist school of thought in international relations has held that in the last resort military power and the ability to use coercive force to compel the compliance of others must always prevail. *In the last resort*, this is undeniably true. But in the real world, not every relationship is put under such pressure. Not every decision is pushed to such extremes. There are many times and places where decisions are taken in which coercive force, though it plays some part in the choices made, does not play the whole, and is not the only significant source of power.

2.3. Some examples

Let me suggest a few illustrations of the way in which structural power can be derived simultaneously from more than one source, from more sides than one of the plastic pyramid. In 1948, the United States had only recently demonstrated in Europe its superiority in conventional force over any other European power except the Soviet Union. And at Hiroshima and Nagasaki it had demonstrated that its *unconventional* power was superior to the Soviet Union and all others through its (temporary) monopoly of atomic weapons of mass destruction. But that kind of strategic power was not enough by itself to set the wheels of economic life turning again in Western Europe. Without the productive power to supply food and capital goods for the reconstruction of European industry, and without the financial power to offer credits in universally acceptable dollars, the United States could not have exercised the power over the recipients of Marshall Aid that it did. Nor was American structural power based only on dominance of the security structure, the production structure and the financial structure. Its authority was reinforced by the belief outside America that the United States fully intended to use its power to create a better post-war world for others as well as for its own people. Roosevelt had pronounced the Four Freedoms as America's war aims, had invited the United Nations to San Francisco as an assurance that the United States would not again, as in 1920, change its mind. President Truman had followed up in his inaugural address to the Congress with the firm promise of American help to peoples seeking freedom and a better material life. Moral authority based on faith in American intentions powerfully reinforced its other sources of structural power.

A very different example of the power derived in part from the force of ideas would be that exercised within and beyond Iran after the fall of the Shah by Ayatollah Khomeini and his followers. The idea that the Shah, out of greed and lust for power, had fallen captive not only to a foreign country but to a culture and a materialistic belief system alien and inimical to traditional Islamic values had contributed powerfully to the collapse of his government and his own exile. But the power of the ayatollahs in defending and promoting Islamic virtues would have been constrained if they had not also gained control over the state and the armed forces sufficient to confirm their authority both within the country and beyond. Undoubtedly, the power of ideas was indispensible but it could only be used to affect outcomes in conjunction with military capability and economic resources.

Structural power, derived in part from ideas, in part from coercive force and in part from wealth, is not confined to states and those who seize the power of government. For example, the Mafia has used the threat of violence - and violence itself - to ensure obedience within its ranks. It has extracted a kind of tax from those it claimed to protect. But its strength over a surprisingly long period also owed much to beliefs rooted in an older, simpler and harder society - beliefs in the importance of loyalty to the family and to the *capo*, and of honour in personal relations. Its durability as a force in the international political economy should not be underrated. Although great secrecy shrouds the details of Mafia operations, enough is known about its connection with the international trade in narcotics, in arms and in finance to make it an importance source of non-state authority. Yet it would not be so if there had not been weaknesses in the state-based structure for the control of drugs and arms deals or the regulation of financial transactions across frontiers.

The weaknesses of the basic structures as well as their strengths influence power relations between states and between other organizations. Take, for example, the remilitarization of the Rhineland by Hitler in 1936. This had been declared a demilitarized zone by the Treaty of Versailles after World War I. It was supposed to act as a kind of cushion or shock-absorber in the security structure for Europe, making it more difficult for Germany to start a second European war. When Hitler marched troops into the zone, he was aware that mere denunciation of the 'unequal' treaty was not enough. He had done that many times before. The show of force was necessary to demonstrate the weakness of the structure and to add to it. The fact that the troops met with no opposition was not because France was lacking in military might. Indeed, at that moment French forces were probably superior to Germany's in men and in aircraft. It was weak because France and Britain were divided in the realm of ideas and specifically on the question of the wisdom of the Versailles settlement. Britian still hoped that direct negotiation with Germany and diplomatic manoeuvring with Italy to outflank her would combine to avoid war. Differences in the perception of the problem and in beliefs about what to do about it robbed former allies of structural power in matters of security. Their inaction in 1936 enhanced Hitler's perception of their lack of will to resist and allowed him far more important military victories in Austria and Czechoslovakia at relatively low cost. Perceptions, not only of relational power, but of the solidity or otherwise of structures are often crucial to outcomes.

A different kind of example, this time of the use of coercive structural power in relation to the market, would be the use of Anglo-American naval power in

World War I and again in World War II to interfere with the conduct of trade by neutral countries. The targets were innocent, peaceful traders, who wanted to sell their goods to the enemies of Britain and the United States. Their ships were stopped by the naval patrols of the two allies and if their masters could not produce a valid 'navicert' - a document guaranteeing that the voyage and the cargoes had been authorized by British or American authorities at their port of origin and that they were not destined for the enemy - they were subjected to forcible seizure of both ship and cargo. The relational power of Allied warships over neutral merchant ships was the basis or necessary condition for the setting of a highly partial security structure within which trade could be carried on. It was accepted and traders conformed to the rules laid down by the two great naval powers, so that it came briefly to resemble a regime or power structure. And the regime was dismantled, not when Britain and American structural power at sea declined but when, after hostilities ceased, the allies decided that they no longer needed to use their power in the security structure to distort and interfere with the market. [...]

2.4. A network of bargains

Starting with structures, though, is only half the battle. The next important question is where to go from there, how to proceed with the analysis of a particular situation so as to discern in more detail where a government, a political movement or a corporate enterprise has a range of feasible choices, and what possible scenarios might follow, depending on which choices are made. My proposal, based on some experience of trying to write monetary and financial history in a world context and to look at sectors of agriculture, industry and services also on a global scale, is that you should look for the key bargains in any situation, and then decide which might, and which probably will not, be liable to change, altering the range of choices for all or some of those concerned.

The basic bargain to look for first is often a tacit one, that between authority and the market. One of the simplest and earliest examples would be the tacit agreement between kings, and princes in medieval Europe and the participants in the great trade fairs, or in local town markets given a special licence or charter by the king in return for a payment of tax. The rules gave access and in some cases guaranteed the maintenance of minimum public order; the buyers and sellers profited from the trade. Non-state authorities can make such basic bargains too. At Wimbledon, the British Lawn Tennis Association sets the prices of entry for spectators, lays down the rules for the selection of players and reserves some seats for its own members and those of affiliated tennis clubs. If it reserved all the seats, or too many of them, the bargain with the market - the general public - might break down. If its rules excluded too many good players, again, the market might shrink and undermine the bargain. The Olympic Games network of bargains is even more complex because governments become involved in deciding on political grounds whether athletes may compete and in financing their participation.

Even in a command economy, there is, behind the veil of bureaucratic control, a kind of bargain between authority in the form of state ministries, and market in the form of consumers and producers. To maintain the authority of the state, a bargain has to be struck with the producers - managers and workers - to reward them sufficiently and to give effective enough incentives for them to produce the goods and services that will sell to consumers. Some waste of unsold goods, unused resources can be tolerated - as, in different ways, it can in a private enterprise system. But too much waste will put a strain on the bargain with the consumers. When there is discontent with the way the bargains are working out on the part of *both* producers and consumers, as there was in Poland in 1973 and again in the early 1980s, authority is in trouble. Martial law and coercive force may have to be used to back up the unsatisfactory bargain. In that particular case, two of the weak links in the network of bargains were, firstly, the inability of Solidarity, having brought the workers out on strike, to get them back to work again and, secondly, the inability of the government to produce the necessary food and consumer goods to back up any deal on wages and the workers' purchasing power. It was, unfortunately, a situation made worse by the intervention of the United States. Imposing sanctions and taking no action to restore the flow of Western bank credit only further weakened the strength of both partners in the two key bargains.

One set of bargains - inevitably in a system in which political authority is so concentrated in the hands of many states - is that made between the governments of states. But those bargains, as countless specialized studies have demonstrated again and again, depend heavily on the durability of some internal, domestic bargains, especially in the most structurally powerful states. Sometimes these will be between political parties. Sometimes they will be between the government and the local representatives of sectoral interests or the leaders of organized labour. They can also (though less often) be with organized groups of consumers or environmental conservationists. Identifying whose support, political, financial or moral, is indispensible to the partners in the key bargains is often an essential stage in analysis of a dynamic situation. It was the static nature of a great deal of work on the bureaucratic politics model, incidentally, that was its great weakness. The US Treasury or the Department of State may be a powerful bureaucracy in the policy-making under one Secretary and one President. It did not always follow that it survived death, resignation or the next election.

Work that has been done by political scientists on the subject of neo-corporatism is particularly instructive in this context. Neo-corporatism is the practice in democratic states within the world market economy of hammering out a trilateral bargain regarding the management of the national economy between the agencies of government, the representatives of management in industry, banking, agriculture and trade, and the representatives of labour and, in some cases, farmers. It has been most fully developed and has proved most successful in the smaller European states, and in a somewhat different and less well understood form in Japan and Taiwan and less successfully in South Korea. Austria takes the neo-corporatist prize, followed by the Netherlands and Sweden. The success of annual negotiations over wages and prices requires two things:

some flexibility in government policy to accommodate and to mediate successfully between capital and labour, and some confidence on the part of both capital and labour that each of the other two parties will deliver the promised goods. The bargaining therefore becomes easier as time builds such confidence, but more difficult as external forces - interest rates or oil prices, for example - make it more difficult to put promises into practice. The essential ingredient is common consent given to the survival of the nation-state as a distinct entity, as autonomous as possible in its international political and economic relations and the conduct of its domestic affairs. Such consent, and the willingness to sacrifice short-term special interests to the long-term collective national interest, seems to be less necessary in larger countries, and especially in those with a large domestic market as a base for industry. It seems less necessary - and also perhaps more difficult - in the larger members of the European Community like Britain, France, Germany or even Italy for the government to seek neo-corporatist solutions. Both state and market appear to offer that much more status to the state bureaucracy, more opportunity to the managers of industry and more security to labour. Even more clearly in this the case with the United States.

Another set of bargains in which the world economy of today is of increasing importance and significance is the rather peculiar tacit bargain between central banks and commercial banks. It cannot, in the nature of banking, be too explicit. Bankers say there is a moral hazard if they are ever able to be too sure that the central bank will bail them out, no matter what they have done. On the other hand, unless they have some confidence in the willingness of the central bank as lender of last resort to come to their aid in times of crisis, they are unlikely to heed its warnings or obey the spirit as well as the letter of its prudential regulations at other times. That is a particularly delicately balanced bargain.

With corporations, whether private or state-owned, as well as with banks, the bargains struck will not only differ in character from country to country but also from sector to sector. The international oil business - as earlier references have already hinted - is a particularly complex cat's-cradle of interlocking bargains. In the 1960s, for instance, there were the bargains between the seven biggest oil companies to maintain an effective cartel, exerting authority over the market. There was also the network of bargains between the companies and the host-states in which oil was found and produced. And there was an important financial bargain between the oil companies and the government of the United States, imitated in practice by those of other consumer countries. It allowed the companies effective freedom from the demands of the internal revenue for tax provided they continued to apply their large profits to investment in exploration, thus raising the chances of further discoveries of new oilfields. Assuring a continued flow of crude petroleum adequate to meet the needs of a fast-growing world economy was a vital link in the network of bargains. Only very rapid demand in the market and the unexpected resolution of the dissatisfied host states found out the weak links in the network.

The great advantage of paying attention to bargains, it seems to me, is that it is more likely to result in feasible prescription for policy-makers in business or in government and politics than other approaches. Making pretty blueprints for the reform of international organizations may be a beguiling pastime. It seldom cuts much ice with the relevant governments. The last years of the League of Nations were spent in drawing blueprints; only a few years after, it looked in retrospect like fiddling while Rome burnt. Equally irrelevant in the real world is the elaboration of abstract economic theory, when it is based on unrealistic assumptions, such as 'Let us assume infinitely living households with perfect information on market conditions'. In real life, durable conditions in political economy cannot be created which ignore the interlocking interests of powerful people. The problem - which never has an easy, quick or permanent solution - is to find that balance of interest and power that allows a working set of bargains to be hammered out and observed.

3. ERSCHLIEßUNGSFRAGEN

1) Was sind nach Strange die Defizite einer Theorie internationaler Beziehungen, die einseitig entweder auf die Wirtschaft oder auf die Politik gerichtet sind?

2) Inwiefern ist nach Susan Strange die Konzentration auf den Nationalstaat problematisch für die Analyse internationaler Beziehungen? Welche alternativen Herangehensweisen empfiehlt sie für die Analyse internationaler Wirtschaftsbeziehungen?

3) Wie definiert Strange die Inhalte des Studiums der "international political economy"?

4) Was versteht Strange unter struktureller, was unter relationaler Macht?

5) Welche Erscheinungsformen struktureller Macht unterscheidet Strange?

6) Welche Arten struktureller Macht kennzeichnen nach Susan Strange die Beziehungen zwischen Politik und Wirtschaft?

7) In welcher funktionalen Hinsicht ähneln sich die von Strange erörterten Merkmale struktureller Macht und das von Galtung entwickelte Konzept struktureller Gewalt?

8) Strukturelle Macht kennzeichnet jedoch nur eine Seite internationaler Beziehungen. Darüber hinaus gibt es weitere Möglichkeiten, nationale Zielvorstellungen gegen konkurrierende Vorstellungen durchzusetzen. Welche Möglichkeiten nennt Susan Strange?

9) Was versteht man unter Neo-Korporatismus?

4. WEITERFÜHRENDE LITERATUR

ANGELL, Norman, *The Great Illusion: A Study of the Relation of Military Power in Nations to their Economic and Social Advantage*, New York 1911

AVERY, William P./David P. RAPKIN (Hrsg.), *America in a Changing World Political Economy*, New York 1982

BALDWIN, David A., *Economic Statecraft*, Princeton NJ 1985

BARRY Jones, R., *Perspectives on Political Economy*, London 1983

BLOCK, Fred L., *The Origins of International Economic Disorder: A Study of United States International Monetary Policy from World War II to the Present*, Berkeley CA 1977

BRYANT, Ralph C./Richard PORTES (Hrsg.), *Global Macroeconomics: Policy Conflict and Coordination*, London 1987

BUITER, Willem H./Richard C. MARSTON (Hrsg.), *International Economic Policy Coordination*, Cambridge 1985

CALLEO, David P. "The Decline and Rebuilding of an International Economic System: Some General Considerations", in: David P. Calleo (Hrsg.), *Money and the Coming World Order*, New York 1976

CALLEO, David P./Benjamin M. ROWLAND, *America and the World Political Economy: Atlantic Dreams and National Realities*, Bloomington, Ind. 1973

CHOUCRI, Nazli, "International Political Economy: A Theoretical Perspective", in: Holsti, Ole R./Randolph M. Siverson/Alexander L. George (Hrsg.), *Change in the International System*, Boulder, Colo. 1980

COHEN, Benjamin J., *Organizing the World's Money: The Political Economy of International Monetary Relations*, New York 1977

COHEN, Benjamin J., *The Question of Imperialism: The Political Economy of Dominance and Dependence*, New York 1973

CONYBEARE, John A.C., "Public Goods, Prisoners' Dilemmas and the International Political Economy", in: *International Studies Quarterly* 28 (1984), S. 5-22

COOPER, Richard, *The Economics of Interdependence: Economic Policy in the Atlantic Community*, New York 1968

COX, Robert W. *Production, Power, and World Order. Social Forces in the Making of History*, New York 1987

COX, Robert W., "Ideologies and the New International Economic Order: Reflections on Some Recent Literature", in: *International Organization* 33 (1979), S. 257-302

CUMINGS, Bruce, "The Origins and Development of the Northeast Asian Political Economy: Industrial Sectors, Product Cycles, and Political Consequences", in: *International Organization* 38 (1984), S. 1-40

ELLIOTT, William Y., *The Political Economy of American Foreign Policy*, New York 1955

FREY Bruno, *International Political Economics*, New York 1984

FREY, Bruno, "The Public Choice View of International Political Economy", in: *International Organization* 38 (1984), S. 199-223

GARDNER, Richard N., *Sterling-Dollar Diplomacy in Current Perspective: The Origins and Prospects of Our International Economic Order*, New York 1980

GILPIN, Robert, "Economic Interdependence and National Security in Historical Perspective", in: Klaus Knorr/Frank N. Trager (Hrsg.), *Economic Issues and National Security*, Lawrence KS 1977

GILPIN, Robert, *The Political Economy of International Relations*, Princeton 1987

GILPIN, Robert, *U.S. Power and the Multinational Corporation: The Political Economy of Foreign Direct Investment*, New York 1975

GILPIN, Robert, *War and Change in World Politics*, New York 1981

HIRSCH, Fred/John H. GOLDTHORPE (Hrsg.), *The Political Economy of Inflation*, Cambridge 1978

HIRSCHMAN, Albert O., *Essays in Trespassing: Economics to Politics and Beyond*, New York 1981

HIRSCHMAN, Albert O., *National Power and the Structure of Foreign Trade*, Berkeley CA 1945

KATZENSTEIN, Peter J. (Hrsg.): *Between Power and Plenty. Foreign Economic Policies of Advanced Industrial States*, Madison, Wisconsin 1978

KATZENSTEIN, Peter J., "International Relations and Domestic Structures: Foreign Economic Policies of Advanced Industrial States", in: *International Organization* 30 (1976), S. 1-45

KATZENSTEIN, Peter J., *Small States in World Markets: Industrial Policy in Europe*, Ithaca NY 1985

KENWOOD, A.G./LOUGHEAD, A.L., *The Growth of the International Economy, 1920-1980*, London 1983

KINDLEBERGER, Charles P., "Dominance and Leadership in the International Economy: Exploitation, Public Goods, and Free Rides", in: *International Studies Quarterly* 25 (1981), S. 242-54

KINDLEBERGER, Charles P., *Power and Money: The Economics of International Politics and the Politics of International Economics*, New York 1970

KINDLEBERGER, Charles P., *The International Economic Order. Essays on Financial Crisis and International Public Goods*, New York u.a. 1988

KINDLEBERGER, Charles P./Guido di TELLA (Hrsg.), *Economics in the Long View, Vol. 1, Models and Methodology*, New York 1982

KNORR, Klaus, *Power and Wealth: The Political Economy of International Power*, New York 1973

KNORR, Klaus, *The Power of Nations. The Political Economy of International Relations*, New York 1978

LAKE, David A., "Beneath the Commerce of Nations: A Theory of International Economic Structures", in: *International Studies Quarterly* 28 (1984), S. 143-70

LINDBLOM, Charles E., *Politics and Markets: The World's Political-Economic Systems*, New York 1977

LIPSON, Charles, "International Cooperation in Economic and Security Affairs", in: *World Politics* 38/1 (1985), S. 1-23

LIPSON, Charles, "Why Are Some International Agreements Informal?", in: *International Organization* 45/4 (1991), S. 495-538

NYE, Joseph S. Jr., "Multinational Corporations in World Politics", in: *Foreign Affairs* (1974), S. 153-175

O'BRIEN, R. Cruise, *Economics, Information and Power*, London 1985

ROBSON, Peter, *The Economics of International Integration*, London 1980

ROSECRANCE, Richard, *The Rise of the Trading State: Commerce and Conquest in the Modern World*, New York 1986

RUGGIE, John Gerard, *The Antinomies of Interdependence: National Welfare and the International Division of Labor*, New York 1983

SEERS, D., *The Political Economy of Nationalism*, Oxford 1983

SNIDAL, Duncan, "The Limits of Hegemonic Stability Theory", in: *International Organization* 39 (1985), S. 579-614

SPERO, J., *The Politics of International Economic Relations*, London 1985

STANILAND, M., *What is Political Economy?*, New Haven 1985

STRANGE, Susan, "International Economics and International Relations: A Case of Mutual Neglect", in: *International Affairs* 46 (1970), S. 304-315

STRANGE, Susan, "International Political Economy: The Story So Far and the Way Ahead", in: W. Ladd Hollist/F. LaMond Tullis (Hrsg.), *An International Political Economy*. International Political Economy Yearbook, Vol. 1, Kap. 1, Boulder Colo. 1985

STRANGE, Susan, "Structures, Values and Risk in the Study of the International Political Economy", in: R.J. Barry Jones (Hrsg.), *Perspectives on Political Economy*, Chapter 8, London 1985

STRANGE, Susan, "The Global Political Economy, 1959-1984", in: *International Journal* 34 (1984), S. 267-83

STRANGE, Susan, "What is Economic Power and Who Has It?", in: *International Journal*, 20/2 (1975), S. 222-237

STRANGE, Susan, *Casino Capitalism*, Oxford 1986

STRANGE, Susan, *Paths to International Political Economy*, London 1984

STRANGE, Susan, *States and Markets*, London 1988

TUDYKA, Kurt, "Politische Ökonomie der Internationalen Beziehungen", in: Volker Rittberger (Hrsg.), *Theorien der Internationalen Beziehungen. Bestandsaufnahme und Forschungsperspektiven*, PVS Sonderheft 21, Opladen 1990, S. 130-150

WALL, D., *The Charity of Nations: The Political Economy of Foreign Aid*, London 1973

WALLERSTEIN, Immanuel, *The Capitalist World Economy*, Cambridge 1979

WEBB, Michael C., "International Economic Structures, Government Interests, and International Coordination of Macroeconomic Adjustment Policies", in: *International Organization* 45/3 (1991), S. 309-331

ZYSMAN, John, *Government, Markets, and Growth: Financial Systems and the Politics of Industrial Change*, Ithaca NY 1983

X.
Weltinnenpolitik

Vertreter des Konzeptes von Weltpolitik als Weltinnenpolitik nehmen Beobachtungen der Interdependenzforschung und der transnationalen Politik zum Anlaß, danach zu fragen, ob nicht die Revolution im Kommunikationswesen, die Entstehung einer post-industriellen, in ihrem Wesen die soziale Interaktion expandierende Gesellschaft, das zunehmende Wirksamwerden eines Interdependenzgefühls, die Notwendigkeit der Durchsetzung von weltweit geltenden Sozial- und Umweltstandards und nicht zuletzt die immer stärker artikulierte Forderung nach der Durchsetzung der Menschenrechte mit Hilfe der UNO als unabhängiger, eigenständiger Akteur und legitimierter Weltpolizist uns mit dem Phänomen konfrontieren, daß Außenpolitik immer mehr Teil globaler Innenpolitik wird.[1] Sie fragen des weiteren danach, ob nicht angesichts der damit einhergehenden Veränderungen im Charakter sowohl der internationalen Politik als auch der Innenpolitik die Bedeutung des Nationalstaates für die internationale Politik in den moderneren Theorien der Internationalen Politik "unterbewertet" wird und ihm nicht im Unterschied zu den Grundannahmen der transnationalen Politik und der Interdependenztheorie doch eine größere Bedeutung für die Gestaltung des internationalen Systems beigemessen werden muß. Es lassen sich zwei verschiedene Diskussionskontexte des Konzeptes von Weltinnenpolitik unterscheiden: Die Ende der 1970er Jahre von Wolfram Hanrieder vorgestellte These von der "Domestication" der Weltpolitik und die nach dem Ende des Ost-West-Konflikts im Kontext der Neudefinition der Rolle der Vereinten Nationen diskutierte Frage der Legitimität eines interventionistischen Völkerrechts.

Historische Einordnung: Während die These, daß aufgrund der zunehmenden Verflechtung von Staat und Gesellschaft sich eine Globalisierung innenpolitischer Fragen abzeichnet, in erster Linie ereignisgeschichtlich begründet werden muß (zunehmende Interdependenz der Bereiche Politik und Ökonomie seit dem Zweiten Weltkrieg), läßt sich der "neue Interventionismus" ideengeschichtlich zurückführen auf die Wurzeln des politischen Liberalismus, wie er zu Anfang des 20. Jahrhunderts vor allem in der Person des amerikanischen Präsidenten Woodrow Wilson verkörpert wurde. Der politische Liberalismus zeichnet sich aus durch eine ausgeprägte Sympathie für internationale Organisa-

---

[1] Vgl. u.a. Günter Verheugen, 'Außenpolitik als globale Innenpolitik', in: Die neue Gesellschaft/Frankfurter Hefte, Bonn, 41/10 (1994), S. 897-902; Zenk, Peter-Michael, Auf dem Weg zur Weltinnenpolitik? Zur Problematik militärischer Intervention bei innerstaatlichen Konflikten, Hamburg: Institut für Friedensforschung u. Sicherheitspolitik 1994, (Hamburger Beiträge zur Friedensforschung u. Sicherheitspolitik, H. 86).

tionen, durch den vorbehaltlosen Einsatz für die Menschenrechte und für das Selbstbestimmungsrecht der Völker sowie durch die tiefe Überzeugung, daß das eigene Glück dann am besten geschützt ist, wenn die Idee der Freiheit auch anderenorts ungeteilte Zustimmung findet. Der beste Schutz der Demokratie liege somit in der Ausbreitung des Demokratiegedankens selbst, denn: Demokratien führen gegeneinander keine Kriege und versuchen, ihre inneren Konflikte unblutig zu lösen.

Während der Zeit des Kalten Krieges war diese vor allem in den USA beheimatete Bewegung des Liberalismus gespalten. Die 'Liberalen des Kalten Krieges' konzentrierten sich vor allem darauf, die Ausbreitung des Kommunismus durch eine Politik des 'Containment' zu unterbinden. Andere sahen sich unmittelbarer in der Tradition von Wilson und engagierten sich weiterhin in internationalen Organisationen, um einen Weg aus dem verhängnisvollen Rüstungswettlauf und dem nuklearen Dilemma zu finden. Die Unterstützung autoritärer Regime durch westliche Politik blieb ihnen immer ein Dorn im Auge, da sie dem Einsatz für die Menschenrechte diametral entgegenstand.[2] Das Ende des Kalten Krieges ermöglichte eine erneute Vereinigung beider Denkschulen. Innerhalb des traditionellen Internationalismus sollte den Vereinten Nationen fortan eine größere Rolle im Rahmen eines neu zu belebenden, arbeits- und lastenteiligen, kollektiven Sicherheitssystem zugedacht werden.[3]

Theoretische Vororientierungen und Selektionskriterien: Dem Konzept der Weltinnenpolitik liegen zum einen die Grundannahmen der Interdependenztheorie zugrunde. Zum anderen setzt es sich mit dem Völkerrecht und den Möglichkeiten und Notwendigkeiten seiner Weiterentwicklung nach dem Ende der bipolaren Weltordnung auseinander. Das Konzept der Weltinnenpolitik sei - so Dieter Senghaas - im Hinblick auf zentrale Weltprobleme in dreifacher Hinsicht zu diskutieren: erstens im Hinblick auf die Globalisierung von internationalen Prozessen, ihren Problemen und den daraus erforderlich werdenden Regelungsschüben; zweitens im Hinblick auf Fragmentierungsprozesse in der Welt und die hierfür erforderlich werdenden Streitschlichtungsmodalitäten; und schließlich drittens im Hinblick auf eine neue Kultur der Konfliktbearbeitung einschließlich entsprechender Interventionsmodalitäten von seiten der Weltgemeinschaft.[4]

Konstitutive Grundannahmen: Während sich jene Arbeiten, die sich mit der Rolle Internationaler Organisationen für die Sicherung des Weltfriedens und die globale Einhaltung demokratischer Prinzipien und Menschenrechte beschäftigen, mit der Frage auseinandersetzen, wo Möglichkeiten und Grenzen kollektiver Interventionen liegen und welche Rahmenbedingungen für einen erfolgreichen Verlauf solcher Interventionen erfüllt sein müssen, und sich bei der Beantwortung dieser Frage vor allem auf die Analyse des völkerrechtlichen Handlungsspielraums konzentrieren, beschäftigen sie die Arbeiten, die die wechselseitige Durch-

---

[2] Vgl. Stephen John Stedman, 'The New Interventionist', in: Foreign Affairs (1993), S. 4 ff.

[3] Vgl. P.-M. Zenk, Auf dem Weg zur Weltinnenpolitik?, S. 7.

[4] Dieter Senghaas, 'Weltinnenpolitik - Ansätz für ein Konzept', in: Europa-Archiv 47 (1992), S. 647.

dringung von Politik und Ökonomie zum Ausgangspunkt ihrer Analyse nehmen vor allem mit Aspekten der Sicherung und Aufrechterhaltung innerer und internationaler Wohlfahrt und wirtschaftlicher Gerechtigkeit. Sie betrachten den Nationalstaat als maßgeblichen Akteur und fragen danach, wie die Macht eines Staates gesichert und ausgebaut werden kann. Damit unterscheiden sie sich von der Integrations- und Interdependenztheorie sowie vom Ansatz transnationaler Politik, die die Notwendigkeit internationaler Kooperation zum Anlaß nehmen, um auf die relative Abnahme der Bedeutung des Staates als internationaler Akteur und auf das Aufweichen innerer Machtstrukturen durch äußere Einflüsse hinzuweisen.

Entsprechend dieser Zweiteilung des Forschungsansatzes lassen sich auch die konstitutiven Grundannahmen unterteilen zum einen in solche Prämisse, die sich auf die Ende der 1970er Jahre vor dem Hintergrund der immer stärkeren Verflechtung von Politik und Ökonomie und der Stagnation der Integrationsprozesse vor allem in Europa beziehen und zum zweiten in jene Überlegungen, die die weltpolitischen Veränderungen seit Ende der 1980er Jahre zum Ausgangspunkt nehmen. Zu den Grundannahmen des ersten Konzeptes zählen folgende vier Punkte:

1. Der größte Teil der globalen politischen Prozesse sei heute von einer Art, die typisch ist für innenpolitische Prozesse. Weltpolitik konzentriere sich immer stärker auf die Problembereiche redistributiver Politik. Deshalb könne man von Weltpolitik als Weltinnenpolitik sprechen.

2. Im Gegensatz zu den Erwartungen der Funktionalisten und anderen Integrationstheoretikern führe nicht ein neuer Typ internationaler Politik zur Auflösung des traditionellen Nationalstaates, sondern ein neuer Nationalstaat bedinge die Auflösung traditioneller internationaler Politik.

3. Der Nationalstaat, Nationalismus und das Nationalinteresse seien weiterhin zentrale Elemente der gegenwärtigen Weltpolitik. Das internationale System sei trotz der vielen Faktoren, die auf eine Auflösung des Nationalstaats als Akteur der internationalen Politik schließen lassen, auch weiterhin hinsichtlich seiner essentiellen Bestimmungsvariablen vor allem ein zwischenstaatliches System. Gleichzeitig existieren Kräfte im internationalen System, die die Rolle des Nationalstaates modifizieren. Sie vergrößern z.B. in gewissen Bereichen seine Mitgestaltungsmöglichkeiten und verengen diese zugleich in anderen Kontexten.

4. Die Tendenz der "Domestication" Internationaler Politik folge einem Paradigma, das den innenpolitischen Prozessen hochentwickelter Industriegesellschaften, vor allem der USA, Kanada, Japan sowie West- und Nordeuropa, entspricht. Weder die politischen und wirtschaftlichen Aktivitäten der ehemaligen Sowjetunion und Chinas, noch diejenigen der Dritten Welt hätten tiefgreifenden Einfluß auf die Gestaltung globaler Basisprobleme.

Das zweite Konzept geht hingegen von folgenden Überlegungen aus:

1. Die Globalisierung der Regelungserfordernisse und die der internationalen Politik zugrundeliegenden Sicherheits-, Entwicklungs- und Ökologieproble-

me lassen überzeugende Lösungen in rein nationalen Bereichen nicht mehr zu. Der partielle Verzicht auf Souveränität zugunsten gemeinsam getragener Lösungen auf der Basis gemeinsamen Rechts werde insofern immer wichtiger und auch immer häufiger angestrebt.

2. In dem Maße, wie vormals innere Angelegenheiten zu internationalen Angelegenheiten werden, wird das Recht zur Intervention gestärkt, da immer weniger Sachverhalte als alleinige Angelegenheiten eines Staates unter das Interventionsverbot fallen.

3. Das immer dichter werdende Netz internationaler Kooperationen und Verträge charakterisiere einen Prozeß, in dem das Völkerrecht immer stärkeren Einfluß auf das Verhalten der Staaten gewinnt. Aufgrund dieser drei Beobachtungen könne man von einer Entwicklung hin zur Weltinnenpolitik sprechen.

In diesem Konzept der Weltinnenpolitik spielt das Ende des Kalten Krieges als einschneidendes Ereignis für die Gestaltung des internationalen Systems eine entscheidende Rolle. So wird argumentiert, daß das Ende des Kalten Krieges zwar zum Ende der hegemonial geprägten bipolaren Ordnung führte, die Teilung der Welt jedoch durch den Zusammenbruch der ehemaligen Sowjetunion keineswegs beseitigt wurde. Heute treten auch früher schon vorhandene Determinanten mit mehr Kontur in Erscheinung. An die Stelle der alten Zweiteilung nach Ost und West sei eine Dreiteilung der Staatenwelt getreten, in denen ihr jeweiliger politischer und damit oftmals korrelierender wirtschaftlicher Entwicklungsstand bestimmenden Einfluß besitzt und sie entweder einer postmodernen, einer modernen oder einen prämodernen Stufe zuordnet.[5]

Motor der *modernen Staatenwelt* sei der Nationalstaat als Träger der Modernisierung. Die moderne Staatenwelt werde maßgeblich charakterisiert vom Gedanken staatlicher Souveränität und der konsequenten Trennung von außen- und innenpolitischen Angelegenheiten. Die Staaten hätten das Monopol der Machtausübung; Gewalt stelle die höchste Sicherheitsgarantie dar. In der *postmodernen Welt* wächst das Staatensystem der Moderne über sich hinaus, es entfaltet sich in größerer, nicht mehr in erster Linie durch Nationalstaatlichkeit geprägter 'trans- oder supranationaler' Ordnung. Weder Gleichgewicht noch Souveränität seien die tragenden Prinzipien, sondern eher Kontrolle und bewußte Einmischung in normale innere Angelegenheiten mit dem Instrument gegenseitiger Verträge oder Regime. Im postmodernen Umfeld wird die Außenpolitik zudem wesentlich von der Innenpolitik, also durch die Gesellschaft und ihre Werthaltung mitbestimmt.[6] In der *prämodernen Welt* fehlt die ordnende Hand des Nationalstaates mit seinem Monopol der Machtausübung vor allem auch im Inneren. Da die Ebene des modernen Staates nicht oder noch nicht vollständig erreicht wurde, fehlt gleichzeitig auch die Basis dafür, sich in eine höhere, postmoderne Staatenorganisation zu integrieren.

---

[5] Vgl. P.-M. Zenk, Auf dem Weg zur Weltinnenpolitik?, S. 57.
[6] Vgl. Ernst-Otto Czempiel, Weltpolitik im Umbruch. Das internationale System nach Ende des Ost-West-Konflikts, München 1992, S. 105.

Machtverständnis: Ausgangspunkt der Überlegungen über die Permeabilität des modernen Staates, für das Verschwinden der Barrieren zwischen Innen- und Außenpolitik war die in den 1970er Jahren immer stärker ins Bewußtsein rückende Tatsache, daß die *innere Macht* eines Staates nur durch internationale wirtschaftliche Kooperation und politische "accomodation" aufrechterhalten werden kann. "Internal state power is sustained by external cooperation".[7] Das Verhältnis zwischen der Macht eines Staates und der Gesellschaft habe in der Periode nach dem Zweiten Weltkrieg bedeutende Veränderungen erfahren. Diese Veränderungen seien hervorgerufen worden durch die Gleichsetzung von Macht und Nationalstaat in den heutigen Industrienationen, durch das Zusammenwirken von führenden Kräften der Wirtschaft mit dem Staatsapparat sowie durch die Ausdehnung der Verwaltungsaufgaben und der Bürokratie. Im Unterschied zu Lassalles frühkapitalistischen "Nachtwächterstaat", dessen Aufgabe vor allem darin bestand, die zunehmenden Aktivitäten der Industriellen und Kaufleute zu schützen, und der öffentliche Dienstleistungen in den Händen der Privatwirtschaft beließ, liegen heute große Teile gesellschaftlicher Aktivitäten in den Händen des Staates; nur noch wenige Bereiche der gesellschaftlichen Entwicklung werden von der Privatwirtschaft getragen. Der Staat sorgt für die Ausbildung qualifizierter Arbeitskräfte; wissenschaftliche und technische Neuerungen werden staatlich gefördert. Der Staat regelt die Gesamtnachfrage nach den Erzeugnissen des Industriesystems; er sorgt für die Lohn- und Preisregulierung, ohne die die Preise eines Industriesystems nicht stabil wären. So steht der Staat nicht mehr über der Gesellschaft oder versucht sich von ihr zu trennen, sondern er ist Teil der Gesellschaft. Indem der Staat diese wichtigen gesellschaftlichen Aufgaben übernimmt und diese aufgrund der immer dichter werdenden internationalen Interdependenzstrukturen immer häufiger nur noch durch internationale Kooperation erfüllt werden können, erhöht sich einerseits die Abhängigkeit der Staatsmacht von der Position und Rolle eines Staates in internationalen Kooperationsstrukturen; andererseits verändert sich dadurch Inhalt und Charakter internationaler Kooperation, die sich nun vermehrt auf solche Politikbereiche konzentriert, die im Grunde genommen zum klassischen Bereich der Innenpolitik zählen. Analog zu den veränderten Inhalte von Außenpolitik verändern sich auch die außenpolitischen Durchsetzungsstrategien. Kommunikation und Koordination sowie die Sicherung von Mitsprachemöglichkeiten gewinnen gegenüber den klassischen Machtmitteln der am nationalen Interesse ausgerichteten Außenpolitik eine immer größere Bedeutung.

Kritik und theoretische Anknüpfungspunkte: Dieter Senghaas weist kritisch darauf hin, daß das wohlfahrtsorientierte und strukturell begründete Modell der Weltinnenpolitik ein Konzept sei, daß nur einen Teil der Welt beschreibt, nämlich die OECD-Welt, die sich in der Tat durch eine "unvergleichliche materielle, kommunikationsmäßige, informationelle und institutionelle Vernetzung" auszeichne. Die OECD-Staaten haben über dies eine vergleichbare ordnungspolitische Ausrichtung im Sinne von demokratischer Rechtstaatlichkeit und Markt-

---

[7] Vgl. Wolfram Hanrieder, 'Dissolving International Politics: Reflections on the Nation-State', in: American Political Science Review 72 (1972), S. 1276-1287, hier: 1276.

wirtschaft. Mit der OECD vergleichbare Verdichtungen von Wirtschafts- und politischen Räumen lassen sich jedoch in anderen Teilen der Welt nicht beobachten. Das Konzept der Weltinnenpolitik beschreibe insofern keine globalen Strukturen, sondern beschränke sich auf einen Teilbereich des Weltstaatensystems.[8]

Hingegen bildet die Welt als Ganzes in zunehmendem Maße eine Art von Schicksalsgemeinschaft. Während der gesamten Nachkriegszeit war die Gefahr eines Nuklearkrieges konstitutiv für diesen Zustand. An die Stelle dieser Gefahr sei inzwischen ein exponentiell wachsende Weltökologieproblematik getreten. Vor allem sie konstituiere, was mit dem Begriff "Weltrisikogesellschaft" (Michael Zürn) beschrieben wurde: Wenn reichtumsbedingte abträgliche Ökologieeffekte sich mit armutsbedingten Ökologiebelastungen kombinieren, kann es zu weltweiten Folgen kommen, die alle übrigen Weltprobleme als klein erscheinen lassen. In der Auseinandersetzung mit dieser Problematik fände Weltinnenpolitik eine problemangemessene Zuspitzung und damit ihren eigentlichen Gegenstand.[9]

2. LEKTÜRE

Dissolving International Politics[10]

WOLFRAM HANRIEDER

Prof. Wolfram Hanrieder wurde 1931 in München geboren. Er erwarb den B.A. und M.A. an der University of Chicago und promovierte in Politikwissenschaft an der University of California, Berkeley. Er unterrichtete zunächst an der Princeton University und ist seit 1967 Professor für Politikwissenschaft an der University of California, Santa Barbara. Prof. Hanrieder war Gastprofessor an den Universitäten in Braunschweig, Kiel, Köln und in den Jahren 1984 und 1986 Erich -Voegelin Professor an der Münchener Universität. Er publiziert hauptsächlich in den Gebieten der bundesrepublikanischen Außenpolitik, der deutsch-amerikanischen Beziehungen und der transatlantischen Sicherheits- und Wirtschaftspolitik. Sein jüngstes Buch, "Germany, America, Europe: Forty Years of German Foreign Policy" (1989, 1991) ist 1991 in deutscher Übersetzung unter dem Titel "Deutschland, Europa, Amerika. Die Außenpolitik der Bundesrepublik Deutschland 1949-1989" erschienen. Eine aktualisierte Zweitausgabe erscheint im Herbst 1995.

---

[8] D. Senghaas, 'Weltinnenpolitik - Ansätze für ein Konzept', S. 643 f.

[9] D. Senghaas, 'Weltinnenpolitik - Ansätze für ein Konzept', S. 647.

[10] Wolfram Hanrieder, 'Dissolving International Politics: Reflections on the Nation-State', in: American Political Science Review 72 (1978), S. 1276-1287. Mit freundlicher Genehmigung der American Political Science Association.

The diminishing salience of territorial issues, the restraints imposed by the nuclear balance, the shift away from the primacy of military-strategic elements of power to the primacy of economic elements, the day-to-day realities of economic interdependence, and changes in the nature of the nation-state have produced a new international order which resembles in important ways the domestic political systems prevalent in the industrialized noncommunist part of the world. This leads to the "domestication" of international politics. At the same time competitive nationalism, the vitality of the nation-state, differing perceptions of the proper role of government in the economy, and other considerations allow not much more than a tenuous coordination of foreign policies even among similar nation-states, making it unlikely that the European Economic Community and the Atlantic alliance will proceed beyond existing structures toward tighter integration.

Two distinctive forces act on the modern nation-state, and though it, on contemporary international politics. On the one hand, the welfare demands of its citizens have pushed the modern nation-state toward a peak of power and activity unprecedented in its 300-year history. Whatever a country's institutional arrangements, stages of economic growth, or ideological preferences may be, remedies for the economic and social problems of the individual are sought in public policy and collective action. Politics has become the primary arena for the redistribution of income, status and other public satisfactions. Politics everywhere extends into wider areas, touching upon aspects of public and private life that in the past have escaped governmental scrutiny as well as governmental solicitude. The modern state is pervasive in its activities; assertive of its prerogatives; and powerful in what it can give, take or withhold.

On the other hand, the power of the state, although obtrusive and dominant in its domestic context, appears compromised in rather novel ways in its international context - in part because of the restraints imposed by the nuclear balance of terror, and in part because the domestic power of the state can be sustained only through international economic cooperation and political accommodation. In order to meet its responsibilities for mass social and economic welfare, the modern state is compelled to interact with other states in ways which, although not lacking in conflict and competition, demand cooperation, acceptance of the logic of interdependence, and a willingness to condone restraints on state behavior and sovereign prerogatives. Internal state power is sustained by external cooperation.

These two forces acting on the nation-state carry with them conflicting as well as complementary implications about the nature of the contemporary international system; and they lead to questions about the balance between independent and interdependent state activities, between security concerns and welfare concerns, between conflict and cooperation, and between domestic and international politics.

1. Nationalism and the Contemporary International System

The assertive character of the nation-state is reflected in a "new nationalism", a phenomen that has a deep impact on global politics. The forces of nationalism, aside from the inhibitions created by the nuclear balance, have proved to be the major restraint placed upon the conduct of the superpowers in the period after World War II. In their attempt to create a world order congenial to their attempt to create a world order congenial to their ideological preferences or to their national interests, both the United States and the Soviet Union have had to contend with the stubborn appeal of nationalism, inside as well as outside of their respective alliances. The fissures appearing in both the North Atlantic Treaty Organization and the Warsaw Treaty Organization during the last two decades are in large part attributable to the resistance of secondary alliance members to making their policies conform to the guidelines set forth by their alliance superpower. In many instances, this resistance is based not so much on ideological grounds - nationalism as a counter-ideology to international ideologies - but on pragmatic considerations which suggest that differences among national socioeconomic, cultural and political circumstances warrant different definitions of the public good and require divergent paths toward its realization. The "new nationalism", although not lacking in emotional overtones, is supported by rational calculations on how to further the national interest within global and regional configurations of power in which the superpowers still exert an overwhelming measure of influence. Nor are these calculations directed solely toward the superpowers. Secondary powers engage in competitive nationalism among themselves, especially in regional ventures such as the European Economic Community where conflicting interests rub against one another abrasively precisely because they are packed together closely.

National divergencies continue to resist attempts to streamline and coordinate policies within alliances. Both the United States and Soviet Union have responded to "deviationists" within their alliances with a good deal of exasperation; and both have sought to contain the centrifugal forces within their spheres of influence as much as possible, although in practical terms they have dealt differently with challenges to their hegemony. Moreover, the United States at times has viewed the problems experienced by the Soviet Union in Eastern Europe with a measure of guarded sympathy. The much-noted remarks by Helmut Sonnenfeldt in December 1975, in which he characterized the relationship between the Soviet Union and Eastern Europe as "unnatural" and "inorganic", and therefore potentially destabilizing and a threat to world peace, seem to indicate that the United States perceived the forces of nationalism to be detrimental to American interests even when they weaken the opponent's sphere of influence. To what extent Moscow's hostile reaction to Eurocommunism may stem from a similar calculation is a matter of speculation.

Both superpowers also have found it onerous to cope with the forces of nationalism in the Third World. Many of the new states in the Third World are going through a process of self-definition, and their governing elites have used the rhetoric and symbols of nationalism to create or enhance a national identity that is ill-defined if not entirely lacking. It is not surprising that those in power seek to enhance national consciousness and the corresponding legitimation of their rule by stressing the notions of separateness, of a distinct identity, that are inherent in the ideology of nationalism. This explains in part the lack of success of international ideologies in many Third World states. Aside from the dubious applicability of ideological prescriptions in solving immediate problems of governance, adherence to international ideologies would diminish the measure of independence and separateness that these states have achieved only in the recent past. Although the governments of some of these countries describe themselves as Marxist or socialist, there is little indication that this means adherence to an internationalist Marxist ideology. Any internationalist or cosmopolitan value system is bound to have limited appeal in states that are engaged in the process of self-definition, perceived primarily in national terms.

The Soviet experience in the Middle East, and in several African countries had demonstrated that the Soviet Union is at least as inept as the United States in attempting to steer political and economic development in the Third World on the basis of ideological prescriptions. In their dealings with the Third World, both the Soviet Union and the United States have persistently and seriously underestimated the forces of nationalism. American opposition throughout the late 1950s and 1960s to socalled "neutralism" of the Third World was based in large part on a misreading of the psychological and political factors that motivated the elites in Third World countries. Part of the reason for the American débacle in Vietnam (aside from the futile attempt to apply measures of containment that had proved successful in Europe to areas in which they were totally inappropriate) was an underestimation of the driving forces and appeal of nationalism in Southeast Asia. Ho Chi Minh was as much a nationalist as he was a communist, and the war in Vietnam was a war of reunification as much as a war of ideology. As John Lewis Gaddis has put it, "compared to such entrenched phenomena as nationalism, racism, greed, or sheer human intractability, communism is today a relatively insignificant determinant of events on the international scene, unless of course we choose to import significance to it by giving it more attention than it deserves".[11]

2. The Domestication of International Politics

Nationalism, then, is alive and well. Far from being secondary or obsolete, the nation-state, nationalism, and the idea of the national interest are central elements in contemporary world politics. The international system has remained an interstate system in many of its essential features. At the same time equally powerful forces are at work which have modified the role of the nation-state, broadening its capacity to shape events in some respects, narrowing it in others. These forces are in part the result of the changing nature of the nation-state itself and in part the result of new ways in which nation-states interact. They are

[11] John Lewis Gaddis, 'Containment: A Reassessment', in: Foreign Affairs 55 (1977), p. 885.

developments which go to the roots of the perennial preoccupations of the state: welfare and security.

The meaning of national welfare and the approaches toward its achievement are profoundly affected by the major change in the nation-state that I mentioned at the beginning: its growing responsiveness to the revolution of rising expectations or, as Daniel Bell calls it in a somewhat sharper term, the "revolution of rising entitlement".[12] Modern governments have become increasingly sensitive to demands for a wide variety of welfare services and have taken on responsibility for mass social and economic welfare. The improvement through state intervention of the material (and perhaps even psychological) well-being of its citizens has become one of the central functions of state activity. The satisfaction of rising claims by citizens has become a major source of the state's legitimation and of a government's continuance in office.

This has led to an intensive flow of interactions, of social demand-and-supply communications between the state and society, through which politics and the bureaucracy rather than the market have become the major agents for social change and the redistribution of wealth and power. But the demands which are generated and processed through these "vertical" interactions on the domestic level can be satisfied only by extensive commercial, monetary and technological interactions on the international level. Three types of processes are available for this purpose. There are the "horizontal" interactions among the units of world politics, on the government-to-government level, which take place in bilateral as well as multilateral settings. This is the stuff of traditional international politics. There are "lateral" interactions, also called "transnational", which are the society-to-society dealings across national boundaries among subnational groups and organizations, such as multinational corporations, international banks, export-import firms, professional organizations, coordinating and consultative arrangements among national political parties, labor unions, guerrilla organizations, and so forth. (Although the participants in this type of transaction are "private" or "semi-public", their juridical and political status differs from country to country - a point to which I shall return later.) Another type of interaction is "integrative", involving supranational processes (such as those of the European Economic Community) which are institutionalized and have to some extent diminished national prerogatives.[13]

In sum, there has developed on the global level an interconnected and intensified flow of national-vertical, international-horizontal, transnational-lateral and supranational-integrative processes - a complex of relationships, usually described as interdependence, in which demands are articulated and processed through formal as well as informal channels, governmental as well as non-governmental organizations, national as well as international and supranational

---

[12] Daniel Bell, 'The Future World Disorder: The Structural Context of Crises', in: Foreign Policy 27 (1977).
[13] There is an additional, "mixed" type of interaction in which one party is a governmental agency and the other party is a private firm. These "diagonal" interactions are typical of many East-West and North-South economic dealings.

institutions. These processes of interaction are interdependent - that is to say they are a system - and they perform a variety of functions, most prominently those of welfare and security. They are the structures through which governments perform a variety of functions; they are the ways in which state and society seek to arrange their domestic and foreign environment. But even in a highly interdependent global system national governments have ample discretion as to what structures, what types of interactions, they wish to employ for performing certain functions. To put it more precisely: the choice of one structure over another is determined as much by internal ideological, institutional, and political orthodoxies as it is by external necessities. Most trading relationships in the industrialized noncommunist parts of the world are handled in transnational processes, with national governments deciding how "private" the enterprise system is allowed to be; in communist countries international trade is a state activity. Security issues everywhere are traditionally processed on the international, government-to-government level; as are such important economic issues as formal currency devaluations and tariff policies. Supranational processes, as exemplified in the European Economic Community, tend to be limited to essentially economic interactions.

In what follows, I shall try to demonstrate that the bulk of today's global political processes are of a kind that are typical of and approximate domestic political processes, leading to the "domestication" of international politics; and that, contrary to the expectations of functionalists and other theorists, it is not a new type of international politics which is "dissolving" the traditional nation-state but a new nation-state which is "dissolving" traditional international politics.

Five aspects of the contemporary global political system have a bearing on my argument. First, interdependence requires a permissive context; it is possible only in a type of international system that allows it. "Liberalization" of trade and money flows, minimal interference with transnational investment activities, absence of protectionism, and other "liberal" economic preferences - as well as the political purposes and ideological justifications connected with them - are prerequisites for a highly interdependent political and economic system. Although it is technology that has shrunk the world, politics has kept it that way. International economic systems, as much as military-strategic and political systems, reflect the influence and interests of their predominant members. The international economic and monetary arrangements of the postwar period were essentially the creation of the United States, which emerged from the war as the undisputed economic and monetary superpower. Although conceived initially as a worldwide arrangement of liberalized trade and monetary relations - a global "open-door" for the United States - following the onset of the cold war the arrangement began to revolve around the trilateral relationship among the United States, Western Europe, and Japan, with the communist economic-monetary system becoming a regional sub-system. This trilateral combine was subjected to increasing stress during the 1960s and underwent major changes in the early 1970s, with the result that the United States has had to share its predominant position with Western Europe and Japan. A new international monetary and trading system is developing, but its shape is still ambiguous, especially since the impact of the North-South conflict and of OPEC's monetary resources is as yet uncertain.

Second, although domestic demands can be satisfied only by intense participation in international or transnational activities - providing governments with powerful incentives to cooperate with one another - nationalism nontheless can thrive in a context of interdependence just as interdependence can survive competing nationalism. Richard Rosecrance and Arthur Stein suggest that "under the stimulus of economic nationalism ... nations may also occasionally act against the multilateral framework ... Nationalism might have been expected to reduce interdependence. It might be argued that, if nations seek only to achieve their own goals without reference to the rest of the system, the linkage between units must decline. If nationalistic goals depend on supportive actions by other members of the international community, however, nationalism cannot be achieved in isolation. Not only does interdependence not decline in such circumstances, aggressive nationalism may lead to higher negative interdependence. The greater nationalism of the twentieth century therefore need not entail a reduction of interdependence."[14]

A third point is that in an interdependent system, whether global or regional, domestic political conflicts over the redistribution of wealth and power may extend into the transnational, supranational, or international context. This affects the disposition of issues. Schattschneider says: "The outcome of all conflict is determined by the *scope* of its contagion. The number of people involved in any conflict determines what happens; every change in the number of participants, every increase or reduction in the number of participants affects the result."[15] Whether the constituency for conflict resolution is enlarged in an interdependent system depends on the extent to which national governments permit transnational and supranational processes to take place. If these processes are curtailed by governmental restrictions, the scope of conflict remains localized, with the government acting as the gatekeeper between internal and external demand flows.

The same process can work in reverse. Political conflict may be projected not only from the domestic onto the international scene but international conflicts over redistribution of income may be projected onto domestic political scenes. National governments have always been at the fulcrum where foreign and domestic policies meet, where conflicting pressures have to be weighed and adjusted, where the perennial scarcity of resources requires hard choices and rank-ordering of priorities. Governments have to manage two interlocking processes of redistribution of power, influence, and wealth. In most contemporary societies, the government engages in a continuing process of redistributing domestic power and wealth. It does so whether it is an "activist" government or whether it is content to let "market forces" make the redistribution. A redistribution takes place in either case. By not acting, the government also acts. At the same time a national government is confronted with a continuous

[14] Richard Rosecrance/Arthur Stein, 'Interdependence: Myth and Reality', in: World Politics 26 (1973/74), pp. 21, 5.

[15] E.E. Schattschneider, The Semi-Sovereign People, New York 1964, p. 2.

redistributive process in the international system, a constantly shifting configuration of power. In states where the national government allows or encourages a wide range of transnational "private" interactions - where the government partially forswears the role of gatekeeper between internal and external environment - international redistributive processes reach into national redistributive processes more easily because they are not checked by governmental interposition.

As a result, and this is my fourth point, a new convergence of international and domestic political processes is under way in the industrialized noncommunist parts of the world, with consequences that are most likely irreversible but are neither fully understood nor perhaps fully acceptable. In some major respects, governments find it increasingly difficult, or meaningless, to distinguish between foreign policy and domestic policy. Nowhere is this more clearly visible and institutionalized than in the operations of regional international organizations that are endowed with some measure of supranational authority, however limited. It is difficult to distinguish between domestic and foreign policy in an institution whose policies have consequences that cannot be assessed in terms of either purely external or purely internal consequences. But the fusion of domestic and foreign policy takes place even in the absence of supranational processes; it reflects a process in which the traditional boundaries separating the nation-state from the environing international system are becoming increasingly obscured and permeable.[16]

The fifth point, which is of central importance, is that security issues have diminished in salience relative to economic issues. Although security can become a question of national survival in the nuclear age - and in that sense is unsurpassed in importance - a noticeable shift of emphasis has taken place in world politics, away from the primacy of military-strategic elements of power toward the primacy of economic elements. For one, the likelihood of invasions and direct military aggression has receded, especially in areas which are basically unattractive objects of physical aggression and territorial occupation. Except in parts of the non-industrialized world and in the Middle East, territorial revisions are not a pressing issue in modern international politics. A number of years ago, John Herz argued that for centuries the major attribute of the nation-state was its "territoriality": its identification with an area that was surrounded by a "wall of defensibility" and hence relatively impermeable to outside penetration. This territoriality was bound to vanish, so Herz argued, largely because of developments in the means of destruction, such as nuclear weapons, which made even the most powerful nation-state subject to being permeated.[17] Although Herz

---

[16] In addition to its practical consequences, the fusion of domestic and foreign policy raises some fundamental theoretical issues for the analysis of international and domestic politics. See Wolfram F. Hanrieder, 'Compatibility and Consensus: A Proposal for the Conceptual Linkage of External and Internal Dimensions of Foreign Policy', in: American Political Science Review 61 (1967), pp. 971-82; Wolfram F. Hanrieder (ed.), Comparative Foreign Policy: Theoretical Essays, New York 1971.

[17] John H. Herz, 'The Rise and Demise of the Territorial State', in: World Politics 9 (1957), pp. 473-93.

later modified his views on the future of the nation-state,[18] his argument on the changed meaning and importance of territoriality was clearly valid.

The diminishing salience of territorial issues, the restraints imposed by the nuclear balance, and the day-to-day realities of economic interdependence have changed the meaning of power in global politics. Access rather than acquisition, presence rather than rule, penetration rather than possession have become the important issues. Often one gains the impression that negotiations over such technical questions as arms control, trade agreements, technology transfers, and monetary reform are not only attempts at problem-solving but also re-examinations of the meaning and sources of power in the last third of this century. Many military-strategic and economic issues are at bottom political issues couched in technical terms.

This has led a number of analysts to argue that "low politics" has replaced "high politics" as the stuff of international politics. There is a good deal of truth in this; and the distinction is a useful one although it should be sharpened. For one, the dichotomy between "high" and "low" politics, between the pursuit of security and power (the dramatic-political-intangible) and the pursuit of welfare and affluence (the economic-incremental-tangible) can be overdrawn. Karl Kaiser was correct when he suggested a number of years ago that what political actors view as either high or low politics depends on specific circumstances, changes over time, and in any case may be different from country to country.[19] Also, there is a difference between high and low politics that has not been sufficiently stressed and that is pertinent to my argument: power, security and defense commodities are indivisible, and hence less subject to the redistributive aspects of political processes, whereas welfare issues are divisible and at the very core of redistribution politics. Goals such as power and security are public goods and subject to the calcules of relative gain. Goals pertaining to welfare, economics and "profit" are private goods and can be assessed with respect to absolute gain. To put it another way: high politics pertains to indivisible collective goods whereas low politics pertains to divisible private goods.[20]

In combination, the five features of global politics that I have enumerated suggest that international politics is subject to a process of "domestication". In particular, the more international political processes concentrate on activities that are distributive the more they resemble traditional domestic political processes.

[18] John H. Herz, 'The Territorial State Revisited - Reflections on the Future of the Nation-State', in: Polity 1 (1968), pp. 11-34.

[19] Karl Kaiser, 'The U.S. and the EEC in the Atlantic System: The Problem of Theory', in: Journal of Common Market Studies 5 (1967), pp. 338-425.

[20] The indivisible nature of the demands dealt with by high politics gives them a zero-sum quality. Territorial disputes are highly volatile because of the exclusiveness of territorial possession; A's security may mean B's insecurity; A's prestige may be achieved at the expense of B's. Theodore J. Lowi, 'American Business, Public Policy, Case Studies, and Political Theory', in: World Politics 16 (1964), pp. 677-715, makes a distinction among distributive, regulatory, and redistributive domestic political processes, which is extended to foreign policy issues by Randall B. Ripley/Grace A. Franklin, Congress, the Bureaucracy, and Public Policy, Homewood Ill. 1976.

This development is fed from two sources, as I have tried to demonstrate. On the one hand, the diminishing salience of security issues relative to economic issues narrows the area of "high" nondistributive politics and enlarges the area of "low" distributive politics. At the same time, distributive processes have increased in frequency as well as in intensity - nationally as well as internationally and transnationally. It isn't so much that welfare issues have emerged as high politics, as some authors would suggest, but rather that distributive political processes have gained in relative importance, and that the mounting demands generated within a society cannot be satisfied without recourse to international and transnational processes. As governments rely on external transactions to meet domestic demands, distributive politics on the international and national levels have become intermingled, leading to a fusion of domestic and foreign policy in the area of distributive politics. In order for this to happen, both international and domestic circumstances must be appropriate. The international system must be sufficiently stable, predictable, and permissive for extensive transnational processes to take place; and national political systems must feature political, institutional, and ideological attitudes that accept these processes.

It is precisely the domestication of international politics which sustains (and demonstrates) the vitality of the nation-state. By extending domestic political processes and their corresponding attitudes into the international environment, the nation-state has eroded traditional aspects of international politics. Many analysts in the postwar period perceived the major change in international political, economic, and strategic processes to come from a gradual weakening of the nation-state. Transnational and international processes were expected to modify the nation-state. Modern international politics was to dissolve the nation-state. What has happened, however, is that the modern nation-state has "dissolved" a certain type of international politics as the importance of nondistributive processes diminished relative to distributive processes.[21]

This is not to deny the continuing importance of security issues and the extensive residual of traditional international politics that is still visible in global processes. The contemporary international system is a mix of traditional and novel processes, and its essence lies in the dialectic relationship between the old and the new. This dialectic is reflected in what has happened to the idea of the "national interest". The concept of the national interest is, practically by definition, an idea based on nondistributive, indivisible values, enjoyed by society as a whole: security, prestige, territoriality, political advantages sought in manipulating the balance of power, and so forth. In short: the idea of the national interest is synonymous with "high" politics. As international politics becomes more "domesticated", the policy areas covered by the concept of the national interest become more narrow and ambiguous. Distributive values, unlike

---

[21] The title for this essay suggested itself to me after reading an excellent review article by R. Harrison Wagner, entitled 'Dissolving the State: Three Recent Perspectives on International Relations', in: International Organization 28 (1974), pp. 435-66. It seemed to me that precisely the opposite was taking place: namely, that new activities of the nation-state were "dissolving" a certain type of international politics.

nondistributive values, are not shared equally by all segments of society. Since the idea of the nation-state and the national interest have been used in an almost symbiotic sense, at least in traditional parlance, it seems ironic that while the salience of the nation-state has been enhanced, for the reasons enumerated, the analytical usefulness of the term "national interest" has been seriously diminished.

3. Domestication and the Trilateral Paradigm

More specifically, what does "domestication" of international politics mean? What domestic model of political and economic processes, of what state or what type of state, is being approximated by international processes? What type of nation-state "dissolves" international politics?

3.1. The Third World

One type of domestic order that is not approximated by the general international system is that of a typical Third World country - if one may apply the term "typical" to such a diverse part of the world. One of the most fundamental distinctions between developed and underdeveloped countries is the way in which demands for the redistribution of public and private goods are generated, articulated, aggregated and conveyed to the government for satisfaction. Most LDCs are deficient in private or semi-public institutions that can process societal demands vertically or seek benefits laterally, that can operate inside as well as outside of their political systems. Underdeveloped countries tend to be "state-dominant" systems rather than "society-dominant" systems because their political and bureaucratic institutions serve primarily to administer governmental demands downwards rather than respond to societal demands made upwards. Vertical interaction is fragmentary and erratic in both directions. Lateral-transnational interactions are equally tenuous because there are few private organizations or distinct class interests that could interact with their counterparts in other societies. One result ist that the redistributive demands made by LDCs on the international scene generally have to be made by their governments. Demands are articulated by the state rather than by society, pressed forward horizontally rather than laterally.

Moreover, in those LDCs that have emerged only recently from colonial domination, many of which are characterized by artificial borders and strong centrifugal forces, it is only natural that their governments should emphasize, in their quest for self-definition, the cohesive rather than the fragile features of their system. In this situation, a state's legitimacy is usually more effectively asserted through its foreign than through its domestic policies. The reality of a new nation, its uniqueness and integrity, are more convincingly expressed in its external relations than in divisive domestic political processes. Foreign policy is put in the service of nation-building.

This trend toward "statism" is reinforced by the establishment of an administrative "new class" in many LDCs, whose political activities are not genuinely revolutionary, in the sense of leading toward a fundamentally restructured social order or creating one de novo. In the absence of a broad middle class, these elites have become "conservative" themselves, turning themselves into an administrative bourgeoisie.[22] All this supports the view that the political and economic dealings of the LDCs tend to be state-managed and consequently employ international rather than transnational structures for the articulation of demands. "Statism", the absence of effective private or semi-public organizations, the definition of nationhood through external activities, the rhetoric of nationalism, and (in some cases) the quest for boundary revisions lend a certain old-fashioned qualitiy to the foreign policies of many LDCs. They are deeply shaped by the precept of "high" politics.

3.2. The Soviet and Chinese Model

Neither does the prevailing "domestication" of international politics approximate the Soviet and Chinese models, which are also characterized by the notions of "high" politics. There are in fact significant parallels between the Third World model and the Soviet and Chinese models, above all perhaps the "state-dominant" mode of dealing with internal and external demand flows. Both the Soviet and Chinese governments preempt commercial and monetary activities; and the integrative features of COMECON are not supranational (in the sense the term is applied to the European Common Market) but rather international since they effect redistributions of income on the government-to-government level. This explains in part why the Soviet Union has found it so difficult to expand its regional economic subsystem on the global level. In addition to suffering from basic economic and monetary weaknesses, which propel the Soviet Union to seek extensive trading arrangements with the West on a barter basis, government-to-government transactions tend to be inadequate because of sluggish bureaucratic processes and because the Soviet Union cannot across the board provide Third World countries with extensive capital investments, stable raw materials prices, and an effective voice in rearranging the global monetary system. What the Third World needs the most, the Soviet Union can provide the least. The frustrations engendered by these difficulties - and there are many more which I cannot discuss in this limited space - may also explain the apparent Soviet inclination to seek expansion of its global influence through traditional power politics, tinged with gun boat diplomacy. This may be a way of compensating for Soviet disabilities in the area of commercial and monetary instruments. One writer, much worried about growing Soviet military strength and its apparent expansionist intent, writes that "Russian imperial strategy has already emerged fully formed in the classic mold ...".[23] This may well be the case, but it raises the question whether the "classic" mold is the best way of extending influence in a world system characterized by economic interdependence and the relative decline of usable military power relative to economic power. In my view, most features of the contemporary international system place the Soviet Union at a large disadvantage relative to the economic power of the trilateral industrialized world.

---

[22] Gerard Chaliand, Revolution in the Third World, New York 1977.

In any case, and that is really the point that matters in the context of my argument, it can be demonstrated that the prevailing domestication of international politics is not the result of Soviet or Chinese political and economic activities, which have not been very effective in shaping basic global processes.

3.3. The Industrialized Trilateral Model

It is apparent that the domestication of international politics follows a paradigm that stems from the internal processes of highly developed industrialized societies, primarily those of the United States, Canada, Japan, and Western and Northern Europe. These processes are characterized by frequent and intense interactions - vertical, horizontal and lateral - and by the prevalence of demands which might be summarized by the term "middle class". These countries are not only similar with respect to the types of demands that percolate within and among them, but they also have available to them a similar set of policy instruments with which to direct, contain, expand or otherwise affect both vertical-domestic as well as horizontal-international and lateral-transnational processes: security policy, trade and monetary policy, fiscal policy, income policy, wages policy, labor policy, taxation policy. There is a wide array of instruments with which modern governments and their bureaucracies can manipulate national as well as international demand flows: similar functions are performed with similar policy instruments.

Not the same, however, are the domestic "structures" (formal-institutional as well as informal-habitual) through which the demands are channeled, and which reflect the values that determine what instruments of public policy are considered legitimate. In the first place, such notions as "middle class" demands are in themselves different in different societies: The meaning of "middle-class values" is not comprehensible apart from other values and traditions that could be summarized as "political culture" and "economic-sociological culture". (It is surprising, in fact, that the concept of "economic culture" has not gained the same prominence as that accorded to "political culture".) In addition, the division of labor between state and society, the mix between public, semipublic and private structures, the relations between interest groups and bureaucracies, the redistributive use of taxation, sensitivity to inflation and unemployment, attitudes on economic growth, preoccupation with national security - to mention just a few examples - are significantly different in different industrialized societies. The domestic political and economic structures in industrialized countries, and the explicit and implicit code that defines the appropriate role of government in the economy and society, are quite divergent. These divergencies have a great impact on the type of policies that are pursued, how they are implemented, how readily they can be coordinated internationally, and to what extent they permit or resist "linkages" in alliance politics. In other words, we must now draw further distinctions within the general paradigm of "industrialized societies" and consider how these distinctions affect economic interdependence and intraalliance

---

[23] Edward N. Luttwak, 'Defense Reconsidered', in: Commentary 63 (1977), pp. 51-58.

cooperation. This can be demonstrated most poignantly in the case of European economic integration and the transatlantic relationships between the United States and Western Europe.

4. Coordination of Politics and the Nation-State

From the beginning of European integration and of the coordinating features of the Atlantic alliance, two contradictory processes (at times of unequal intensity) have been visible: a process of divergence and a process of integration. These contradictory trends have been analyzed in a long series of academic publications, and review of this literature, as well as of the public debate about the issues themselves, need not detain us here. One might suggest, however, that the processes of "coordination" of policies among nation-states in the European and Atlantic communities occupy a middle ground between the tendencies toward divergence and the tendencies toward integration. A spectrum of policies and attitudes emerges that goes from divergence to "parallelism" to coordination to integration, ranging from minimal cooperation to maximal institutional collaboration.

All members of the European and Atlantic communities have at different times, for different reasons, and on different issues, pursued all four categories of policies. There are a number of well-known examples of policy divergencies as well as of integrative processes: de Gaulle's decision to remove France from the unified command structure of NATO (as well as other Gaullist foreign policy projects) is an example of policy divergence, whereas the establishment of the European Community is an example of an integrative type of policy.

Located as they are at the two extremes of the divergence-parallelism-coordination-integration spectrum, such examples tend to be the most dramatic. It seems to me, however, that the more pressing issues in transatlantic and intra-European processes ae located in the middle ground of the spectrum, in the areas of parallelism and coordination.

There is no question that in many important respects the political systems of Western Europe have become more and more alike. But parallelism has not impelled them toward more integrative structures but, at best, toward more coordination of national policies. This is so not only because of internal domestic obstacles but also because each member of the European Community has a distinctly different relationship with the United States.

But at the same time governments must employ horizontal and encourage lateral transactions in order to satisfy the vertical demands pressed upon them by their electorates, which can be ignored only at the risk of being removed from office. It is primarily for this reason that the coordination of policies has become a central issue in intra-European as well as transatlantic relationships. Parallel developments, the similarity of domestic problems and of public demands, require some measure of international and transnational cooperation. But since the intensification of integration is unacceptable to many members of the European

Community for a variety of reasons, coordination appears to be the only alternative. Policy coordination has become a substitute for integration.

Should the Community be enlarged in the next few years, the prospects for deeper integration become even more remote. But there is a question right now whether there exist compelling economic and monetary reasons for giving community institutions more power, or whether it is sufficient to solidify and streamline them. As Leon Lindberg and Stuart Scheingold have pointed out several years ago,[24] important industrial and commercial interests in the Community are interested primarily in sustaining the present level of integration, seeing their interests adequately served by the status quo and shying away from the uncertainties and readjustments which attend changes in the scope and intensity of supranational arrangements. Solidification and rationalization rather than intensification is the key phrase here - and the trend is as pronounced now as it was years ago. the "expansive logic of sector integration" as Ernst Haas called it seems to have turned into the "status quo logic of sector integration", a logic which welcomes the existing measure of integration but turns to coordination for solving new problems rather than go beyond it.

The same applies to monetary policy. A decade ago, Lawrence Krause noted a phenomenon that is even more pronounced now than it was then, and that has contributed (along with other important reasons) to the postponing of a monetary union within the Community: "Governments do not need to be told ... that excessive inflation in an open economy quickly leads to difficulties for themselves and their trading partners. They can see for themselves the rapidly deteriorating balance of payments, and pressures immediately arise for corrective actions. A 'hidden hand' toward policy coordination is directed by the market mechanism and it has proven to be very effective with the EEC."[25] Leaving the joint-floated currency snake (an "integrative" device) toward the coordinating device of hammering out monetary assistance measures among the Community members is a typical example from the more recent past. While the infirmities of the dollar have provided added incentives for fashioning a coordinated European monetary policy, it is unlikely that this will lead to monetary integration. The creation of a common European currency would be practically the equivalent of political union since it requires that the central prerogatives remaining with national governments - in economic, monetary, social, fiscal and foreign policy - would be given over the supranational institutions. Again, coordination rather than integration appears to be more acceptable.

The possibilities for coordination are uneven in the area of indivisible goods, such as security issues and "high politics" foreign policy issues. The Western stance at the European Security Conference was fairly well coordinated, but this was so in large part because West Germany's *Ostpolitik* and the resulting treaty arrangements had already resolved issues that were vital to the Soviet Union and

---

[24] Leon N. Lindberg/Stuart A. Scheingold, Europe's Would-Be Polity, Englewood Cliffs NJ 1970.

[25] Lawrence B. Krause, European Economic Integration and the United States, Washington D.C. 1967, p. 24.

Eastern Europe. A coordinated European foreign policy is as remote now as it has ever been; and it is difficult to imagine events that would push the Community in that direction, especially in a decade in which governments are less inclined to pursue grandiose schemes for global and regional power rearrangements than in the 1960s.

Coordination on security issues is a particularly instructive example, for here one must distinguish between security as an end - which may be an "indivisible" product for an alliance as well as for a nation-state - and the means with which that end is achieved (say, weapons procurement) which can be a highly divisible commodity. Whether security is indivisible in the Western alliance, and it its regional European NATO component, is an uncertainty that has plagued NATO for almost two decades. With the institutionalization of strategic nuclear "parity" and "equivalence" in the SALT accords, Washington's European NATO partners (and especially the Federal Republic) can hardly feel reassured about the willingness of the United States to meet a conventional attack with a nuclear response. It is still the central paradox of NATO strategy that in dealing with the Soviet Union the United States must implicitly recognize strategic parity whereas a convincing extension of American nuclear protection to Europe implies American superiority. Were it not for the fact that direct military aggression is highly unlikely, the fissures within NATO would be wider and deeper than they are. As it is, the issue has been swept under the rug, and when it tends to reappear - which happens whenever the Europeans see or imagine reasons to question American resolve - the rug is simply moved to cover it up again. With respect to the "indivisibility" of regional defense, the changes of the French military posture, as exemplified in the ideas of French chief of staff, General Guy Méry, appear somewhat more encouraging since they reflect the recognition that the narrow space of Western Europe requires a common defense. In the transatlantic context, conflicts of interests have been contained through the coordination of contingency planning, as exemplified in NATO's Eurogroup. In the European regional context, the coordination accomplished within the Western European Union contrasts with the early 1950s when integrative rather than coordinating arrangements were envisaged, such as the plans for the aborted European Defense Community.

Highly divisible aspects of security policy - weapons procurement, weapons standardization, cost-sharing arrangements, and so forth - make coordination much more difficult. The same is true in energy policy and raw materials policy, because high politics tends to mingle with low politics along the lines I have redefined these terms earlier.

Aside from conflicting interests, the obstacles to policy coordination stem from differences among national styles of problem solving and decision making. Even if the problems and their apparent solutions were the same in different countries (which they are not), there would be different ways of approaching them. In each country there are entrenched administrative practices that are unique and that resist international or transnational coordination. While the bureaucratic instinct may be universal and timeless, it cannot be stripped totally of its local historical and institutional context. Equally important, in each country powerful juridical, political and ideological traditions have developed which circumscribe the proper role of government in the economy and society - to use a simple phrase for a highly complex reality. These traditions, and their structural manifestations, are different in different countries. The differences are especially pertinent in policy processes that are distributive rather than non-distributive; they appear in their starkest form in welfare concerns rather than in security concerns. Although governments everywhere are pressured to direct the solution of economic and social problems, their impulses and capacities to act are energized and inhibited in different ways.

A number of years ago, Cyril Black pointed out that "there is much evidence that Japan and France, the United States and the Soviet Union, or Mexico and Poland are becoming more alike functionally ... What they do is becoming more similar, but the way they do it remains different in significant respects."[26] The same point has been made persuasively in a number of more recent analyses.[27] Peter Katzenstein,[28] for example, argues that the differing relationships between state and society (as well as other related factors) in the United States and France have a profound impact on the success of coordinating economic and monetary policies: "The similarity in the policy networks linking state and society will determine the degree of similarity in government responses to problems of the international economy. The joint impact of international effects and domestic structures thus condition government policy ... Consistency and content of policies ... are the two primary dimensions which affect the coordination of

[26] Cyril E. Black, The Dynamics of Modernization, New York 1966, p. 49.

[27] A whole new "trend" is visible in the number of analyses that focus on internal, "subsystemic" processes and thus stress the differences rather than the similarities among nation-states and their foreign policies. See, among many other examples, Isaiah Frank/Ryokichi Hirono (eds.), How the United States and Japan See Each Other's Economy: An Exchange of Views Between the American and Japanese Committees for Economic Development, New York 1974; Norman Frohlich/Joe A. Oppenheimer, 'Entrepreneurial Politics and Foreign Policy', in: World Politics 24 (1972), Supplement, pp. 151-78; Roger D. Hansen, 'European Integration: Forward March, Parade Rest, or Dismissed?', in: International Organization 27 (1973), pp. 225-54; Jack Hayward/Michael Watson (eds.), Planning, Politics and Public Policy: The British, French, and Italian Experience, New York 1975; Arnold J. Heidenheimer/Hugh Heclo/Carolyn Teich Adams, Comparative Public Policy: The Politics of Social Choice in Europe and America, New York 1976; Stanley Hoffmann, 'Toward a Common European Foreign Policy?', in: Wolfram Hanrieder (ed.), The United States and Western Europe: Political, Economic and Strategic Perspectives, Cambridge MA 1974; Stephen D. Krasner, 'Are Bureaucracies Important?', in: Foreign Policy 7 (1972), pp. 159-79; Charles E. Lindblom, Politics and Markets: The World's Political-Economic Systems, New York 1977; Edward L. Morse, Modernization and the Transformation of International Relations, New York 1976; Henrik Schmiegelow/Michèle Schmiegelow, 'The New Mercantilism in International Relations: The Case of France's External Monetary Policy', in: International Organization 29 (1975), pp. 367-91; Helen Wallace/William Wallace/Carole Webb (eds.), Policy-Making in the European Communities, New York 1977; William Wallace, 'Issue Linkage Among Atlantic Governments', in: International Affairs 52 (1976), pp. 163-79.

[28] Peter J. Katzenstein, 'International Relations and Domestic Structures: Foreign Economic Policies of Advanced Industrial States', in: International Organization 30 (1976), pp. 19, 44.

policies between states ... In the French-American case government policies diverged along both dimensions, thus raising the greatest problems for the coordination of policies. The corporatist policy networks in the Federal Republic, to take another example, generate a foreign economic policy which is reminiscent of French policy in its great consistency but resembles American policy in its economic content. Policy coordination between West Germany and France as well as West Germany and the United States has, therefore, been more successful than between France and the United States."

5. Nationalism and Interdependence

The processes I have described reflect a dialectic of independence and interdependence. In advancing their interests, governments and subgovernmental groups, society as well as the state, have brought about interdependence. Interdependence is sustained because these interest calculations do not allow the disintegration of interdependence toward a more fragmented and contentious international system but neither propel it toward more integration and supranationality. Interdependence, and the coordination required for its operation, is a halfway house between disintegration and integration of political and economic processes. Interdependence is the prototypical phenomenon of an international system that derives its dynamics from the pursuit of the national interest as well as of interests that are narrower and larger than the national interest.

It must be stressed again that the term "national interest" in this context is ambiguous and can be misleading. Distributive goods, which are the bulk of interdependence processes, are not shared equally by all segments of society as is the case with nondistributive goods, such as security. If we cannot even properly apply the term "national interest", with its rationalistic overtones, it would appear to be even more misleading to use the term "nationalism", with its emotive, irrational and atavistic implications-implications that correspond much more to the nation-state concept that we see as being eroded by various permeative processes. The concept of nationalism is analytically outdated, focusing as it does on an irrelevant view of territoriality and carrying with it the assumption that the nation, incorporated by its people, represents an organic whole. In short, the terminology of nationalism is inappropriate precisely because it rests on the notion of indivisible values and the corresponding idea of "high politics", at a time when most day-to-day political and economic processes are of the divisible kind.

I am aware of the paradox of having stated earlier that "nationalism is alive and well", and suggesting now the inapplicability of the term itself. But there is a difference between a concept and a sentiment. The idea of the "nation" as a communal organization still elicits feelings of commitment and hence enriches public life. This "psychological" nationalism should perhaps be viewed as a quest for continuity when traditional values are changing and the possibilities for identification with a larger purpose are diminishing. The secularization of both theological and political ideologies brings with it an agnostic pragmatism which provides little more than a utilitarian view of public life. The theme of the "end of ideology", tattered as it is, still explains a good deal.

Interdependence also narrows the opportunities for national self-identification. The contours of a national identity become nebulous precisely because the interests and values advanced in processes of interdependence cannot be unequivocally defined and experienced in national terms. In part they continue to be national, but they are at the same time larger and smaller - global as well as municipal, cosmopolitan as well as provincial. The nation-state, the social and cultural environment within wich most citizens continue to define their spiritual and material well-being, has become deficient in providing that well-being - at the very least in its material sense, but most likely in a spiritual sense as well. Governments, in seeking to meet the demands pressed upon them by their electorates, are compelled to turn to external sources in order to meet these demands. But their reluctance to opt either for divergence or for integration places them in an area of ambiguity where coordination appears as the reasonable as well as the necessary course of action. And yet the obstacles to coordination arise from the differences among industrialized societies and their governmental structures, although the needs that coordination is intended to meet are common and widely shared.

*   *   *

Weltinnenpolitik - Ansätze für ein Konzept[29]

DIETER SENGHAAS

Dieter Senghaas (*1940) ist Professor für Internationale Politik, insbesondere Friedens-, Konflikt- und Entwicklungsforschung an der Universität Bremen und übt gleichzeitig eine Forschungsprofessur an der Stiftung Wissenschaft und Politik, Ebenhausen bei München aus.

Weltinnenpolitik: Das ist ein weit ausgreifendes Konzept, vielleicht zu ausgreifend angesichts der Beobachtung, daß die meisten derzeitigen Staaten in der Welt die größten Schwierigkeiten haben, ihre eigene Innenpolitik problemgerecht zu gestalten. Warum sollten sie zu "Weltinnenpolitik" fähig sein, wenn sie nicht einmal imstande sind, ihre wichtigsten politischen Probleme im eigenen Land zu bewältigen?

---

[29] Dieter Senghaas, Weltinnenpolitik - Ansätze für ein Konzept, in: Europa-Archiv 47 (1992), S. 643-652. Mit freundlicher Genehmigung des Verlags für Internationale Politik, Bonn.

Weltinnenpolitik: Das ist auch ein verführerisches Konzept, weil mit ihm insgeheim unterstellt wird, daß die Welt eine Einheit bildet, während sie in Wirklichkeit unübersehbar in mehrfacher Hinsicht zerklüftet ist. Und dennoch zeigen sich allenthalben Problembereiche mit tendenziell oder tatsächlich schon existierenden weltweiten Bezügen - Problembereiche, die sich nicht mehr als die Summe unkoordinierter nationaler Politiken angemessen bearbeiten lassen. Weltpolitische Bemühungen um eine solche Bearbeitung gibt es schon, und deshalb ist das Konzept einer "Weltinnenpolitik" nicht nur eine Fiktion, sondern auch in der Realität bruchstückhaft verwirklicht - gewiß unzulänglich, aber erweiterungsfähig, wenngleich ungeachtet aller Wünschbarkeiten nicht vorauszusagen ist, wohin die Entwicklung gehen wird.

Eine Diskussion über Weltinnenpolitik setzt also, erstens, ein realistisches Bild der heute existierenden Welt als einem in sich zerklüfteten Gebilde voraus. Nur vor einem solchen Hintergrund können Fragen mit weltweitem Bezug angemessen thematisiert werden. Eine solche Diskussion sollte, zweitens, die schon vorhandenen Ansätze einer Weltinnenpolitik registrieren. Und sie sollte, drittens, zur weiteren programmatischen Entfaltung des Konzepts der Weltinnenpolitik beitragen.

1. Die Welt, in der sich Weltinnenpolitik zu bewähren hätte

Was meint die Aussage, die Welt sei keine homogene Einheit, sondern ein zerklüftetes und in sich gebrochenes Gebilde? Wie stellt sich die Welt heute dar? Wenigstens die folgenden drei Kontexte sollten unterschieden werden:

1.1. Die "Welt der OECD"

Wenn man begreifbar machen möchte, was "Weltinnenpolitik" sein könnte, dann eignet sich hierfür dieser Ausschnitt des internationalen Systems vortrefflich. Die Staaten der Organisation for Wirtschaftliche Zusammenarbeit und Entwicklung (OECD) und darin insbesondere die Europäische Gemeinschaft sind in unvergleichlicher Weise miteinander materiell, kommunikationsmäßig und informationell sowie institutionell vernetzt. Sie haben überdies eine vergleichbare ordnungspolitische Ausrichtung im Sinne von demokratischer Rechtsstaatlichkeit und Marktwirtschaft.

Wenngleich immer noch nicht davon gesprochen werden kann, daß staatliche Souveränität in diesem Segment der Welt anachronistisch geworden sei, so ist sie doch in vielfacher Hinsicht durch innere gesellschaftliche Kräfte und die transnationalen Verbindungen gesellschaftlicher Gruppierungen deutlich relativiert. Diese Aussage gilt vor allem im Hinblick auf die Europäische Gemeinschaft, weit weniger natürlich hinsichtlich der Vereinigten Staaten und Japan, bei denen vor allem in außenwirtschaftlicher Hinsicht ein vergleichbarer Souveränitätsabbau nicht zu beobachten ist.

In diesem Segment des internationalen Systems findet eine anhaltende Koordination und Konzertierung der Politik statt. Sicher sind solche Bemühungen nicht immer von Erfolg gekrönt, und die Gefahr einer Renationalisierung ist nicht aus der Welt. Eine von vielen befürchtete zugespitzte Renationalisierung wesentlicher Politikbereiche nach dem Ende des Ost-West-Konflikts ist allerdings bisher nicht eingetreten, obgleich in der Vergangenheit Konzertierung und Koordination innerhalb der OECD nicht selten als ein Ausfluß der übergeordneten, die Nachkriegszeit kennzeichnenden bipolaren Konfliktkonstellation interpretiert wurden.

Käme es zu einer solchen Renationalisierung, dann würde ein Ausschnitt von Weltinnenpolitik - oder präziser: von OECD-Welt-Innenpolitik - zusammenbrechen: Das Ausmaß an materieller Vernetzung würde sich zurückbilden, der institutionelle Zusammenhalt würde geschwächt werden, und die für eine Zivilisierung von Politik erforderlichen Koordinationsleistungen würden mehr oder minder versiegen. Es schlüge die Stunde der Renaissance alter Machtpolitik im Sinne kompetitiver bis antagonistischer geopolitischer Bestrebungen. Gegebenenfalls würde sich dic Welt der OECD in drei regionale Wirtschaftsblöcke zergliedern; selbst diese Blöcke könnten noch in sich zerbröseln: Im Bereich der heutigen EG würde es dann zu einem Wiederaufleben von Machtlagern und Rivalitäten von der Art der zwanziger und dreißiger Jahre kommen.

Aber selbst wenn eine solche Entwicklung verhindert werden kann und der Integrationsprozeß vor allem im Bereich einer sich erweiternden Europäischen Gemeinschaft fortschreitet, sind gegenläufige Prozesse am Rande nicht auszuschließen. So führen bekanntlich integrative Verdichtungsprozesse immer auch leicht zur Verdichtung von Kernzonen bei gleichzeitiger Marginalisierung von Randzonen. Wenn in jüngster Zeit beispielsweise in Italien politische Kräfte im Norden den chronisch zurückbleibenden Süden am liebsten aus dem nationalen Verbund ausstoßen würden (etwa die Lombardische Liga), dann wird die Dialektik von Verdichtung und Marginalisierung mit potentiell staatssprengender Folge politisch virulent. Andernorts bemühen sich zurückhängende Gebiete (wie beispielsweise Schottland innerhalb Großbritanniens), durch Trennung von der jeweiligen Zentralregion bessere Startchancen für eine eigenständige und nachholende Entwicklung zu gewinnen. Im letzteren Fall wird in Selbstbestimmung und Souveränität und nicht in der Integration in übergeordnete Verbünde die Chance für eine Entwicklung nach eigenen Maßstäben gesehen.

Die Welt der OECD ist also in einer Hinsicht unvergleichlich homogen und verkörpert eine über die einzelnen Gesellschaften hinausgehende "Gesellschaftswelt" beziehungsweise "Wirtschaftswelt". Sie kennt aber auch Einbruchstellen und mäßige Zerklüftungen, die - sollten sie politisch virulent werden - diesen begrenzten Ausschnitt von Weltinnenpolitik in Frage stellen könnten. Damit würde auch der sogenannte "OECD-Frieden" zu einem Ende kommen, also jene in der internationalen Politik bemerkenswerte Errungenschaft der vergangenen Jahrzehnte, deren wesentlicher Inhalt in einem dauerhaften Frieden zwischen den führenden Industriegesellschaften der Welt bestand.

Um eine solche Regression zu verhindern, sind gerade auch im OECD-Segment des internationalen Systems anhaltende Bemühungen um eine weitere Zivilisierung von Politik erforderlich. Sie müssen sich auf die Festigung demokratischer Rechtsstaatlichkeit ausrichten, vertrauensbildende Sicherheitsstrukturen im Sinne institutionalisierter Erwartungsverläßlichkeit zum Ziel haben, ökonomischen Ausgleich anstreben und die Fähigkeit zu einer verständnisvollen Begegnung mit Menschen in anderen Gesellschaften und Kulturräumen fördern.

1.2. Die "übrige Welt"

Was innerhalb der OECD ein Randphänomen ist, nämlich die Gefahr der Marginalisierung als Folge von Verdichtungsprozessen, charakterisiert grundlegend die Welt außerhalb der OECD, hier als "übrige Welt" bezeichnet. Mit der OECD vergleichbare Verdichtungen von Wirtschafts- und politischen Räumen lassen sich dort nicht beobachten. Im Gegenteil, alle Versuche, die seit den sechziger Jahren und insbesondere seit der Mitte der siebziger Jahre unter dem Stichwort "collective self-reliance" diskutiert wurden, sind gescheitert. Ist die Welt der OECD von einer symmetrischen Interdependenz gekennzeichnet, definiert sich die Lage der übrigen Welt aus asymmetrischer Interdependenz. In ihr steht nachholende Entwicklung, ob mit Aussicht auf Erfolg oder nicht, auf der politischen Tagesordnung: der Versuch, tragfähige Ökonomien zu bilden, die imstande wären, wirtschaftliche Grundleistungen für die eigenen Bevölkerungen zu mobilisieren.

"Weltinnenpolitik" ist in diesem Ausschnitt des internationalen Systems nicht das "natürliche" Ergebnis sich verdichtender Wirtschaftsräume, die schließlich durch gemeinsame Institutionen politisch überwölbt würden; sie hat vielmehr eher Forderungscharakter, wie er in der Debatte über eine Neue Internationale Wirtschaftsordnung seit Mitte der siebziger Jahre artikuliert wird. Im Sinne einer für überfällig gehaltenen Weltinnenpolitik zugunsten der Entwicklungsregionen der Welt wurden unter anderem die Reform des Welthandels- und des Weltfinanzsystems gefordert, weiterhin ein weltweit abgestimmtes Industrialisierungsprogramm, erleichterte Modalitäten für den internationalen Technologietransfer und vieles andere mehr. Entsprechende internationale Regime sollten die für erforderlich gehaltene weltweite Kooperation steuern helfen.

Allerdings bildet die "übrige Welt", also im wesentlichen die Entwicklungsregionen der Welt, keine homogene Einheit. In ihr finden sich, beispielsweise in Ostasien, Gesellschaften, denen es gelungen ist beziehungsweise in Bälde gelingen wird, Teil der OECD-Welt zu werden. Ihre Erfolgsgeschichte ist nicht verständlich ohne Berücksichtigung der rigorosen Steuerung der jeweiligen Wirtschafts- beziehungsweise Entwicklungspolitik: Die souveräne und extrem staatsinterventionistische Gestaltung des eigenen Entwicklungsprozesses und insbesondere der außenwirtschaftlichen Rahmenbedingungen war Grundlage der Entwicklungsstrategie. Allerdings wäre auch hier Staatsinterventionismus wie an vielen anderen Stellen in der sonstigen Entwicklungswelt ohne produktive Folgen geblieben, wären nicht die inhaltlichen Akzente der jeweiligen Politik korrekt gesetzt worden: Die souveräne Verfügung über eigene Ressourcen ist noch keine Garantie dafür, daß elementare Entwicklungsprobleme gelöst werden.

Dieser Sachverhalt zeigt sich deutlich in den sogenannten Schwellenländern außerhalb Ostasiens (beispielsweise in Lateinamerika: in Brasilien, Mexiko und Argentinien, aber auch auf anderen Kontinenten), wo oft relativ starke Staatsapparate durchaus über Handlungspotentiale verfügen, die Akzente der jeweiligen

Entwicklungspolitik aber falsch gesetzt waren und positive Ergebnisse deshalb nicht zustande gekommen sind. Bestenfalls kommt es dann zu sektoralen Erfolgen ohne entsprechende Breiteneffekte. Die Chance, den eigenen Entwicklungsprozeß souverän gestalten zu können, wurde vielerorts, anders als in Ostasien, vergeudet.

Die meisten Länder in den Entwicklungsregionen der Welt zeichnen sich jedoch durch schwache Steuerungsapparate sowie überdies durch strukturelle Stagnation oder Regression oder gar wachsende Chaotisierung aus. In extremen Fällen, wie vielerorts in Afrika, werden solche Länder zu chronischen Empfängern von internationaler Alimentierung. Entwicklungspolitik ist dann oft nur noch akute Katastrophenhilfe in Räumen, in denen nicht selten an die Stelle öffentlicher Verwaltung Bürgerkriegsparteien und Soldatesken getreten sind. Von Souveränität im Sinne eines gesicherten Gewaltmonopols und der eigenständigen Fähigkeit zur Steuerung politischer Prozesse kann dort nicht mehr die Rede sein, von einer Grundlage für Weltinnenpolitik erst recht nicht.

Wollte man vermittels Weltinnenpolitik die Lage der "übrigen Welt" verbessern - und das kann nur heißen: Entwicklung angemessen inszenieren -, dann stellen sich ihr dort ganz andere Aufgaben als in dem verdichteten Interaktionsraum der OECD. Ohne Zweifel hätte dabei Souveränität einen strategischen Stellenwert, weil ohne die souveräne Steuerung von Entwicklungsprozessen die Folgen eines internationalen Verdrängungswettbewerbs und des aus ihm resultierenden Peripherisierungsdrucks nicht konterkariert werden können.

Wenn also in gängiger Diskussion weltflächig von der "Obsoletheit nationaler Souveränität" gesprochen wird, dann geschieht dies aus einer sehr OECD-zentrischen Betrachtungsweise. Unter der Voraussetzung, daß die Grundlage für Integration, nämlich substitutive Arbeitsteilung, Bestand hat, ist und wird in der Welt der OECD Souveränität zwar nicht obsolet werden, aber sie hat hier doch einen weit geringeren Stellenwert als in den Entwicklungsregionen. In dieser "übrigen Welt" sind starke staatliche Steuerungsmedien erforderlich. Ohne sie würde sich eine Überwältigung peripherer Räume in der Weltwirtschaft durch produktivere Ökonomien, wie in der Vergangenheit üblich, auch in der Zukunft fortsetzen.

1.3. Die "ganze Welt"

Internationaler Handel, die Transnationalisierung von Produkten, der Technologietransfer, die Internationalisierung von Forschungs- und Entwicklungsaktivitäten, die Globalisierung der Finanzmärkte sowie die Internationalisierung von Information, Kommunikation und Verkehr sind weltweite Vorgänge, die sich jedoch im wesentlichen innerhalb der beiden aufgezeigten Kontexte, OECD und übrige Welt jeweils spezifisch niederschlagen. Die Welt als ganzes bildet insbesondere eine Art von globaler Schicksalsgemeinschaft. Während der gesamten Nachkriegszeit war die Gefahr eines Nuklearkrieges konstitutiv für diese weltweite Schicksalsgemeinschaft.

An die Stelle dieser Gefahr ist inzwischen eine offensichtlich exponentiell wachsende Weltökologieproblematik getreten. Vor allem sie konstituiert, was jüngst mit dem Begriff der "Weltrisikogesellschaft" (Michael Zürn) beschrieben wurde: Wenn reichtumsbedingte abträgliche Ökologieeffekte sich mit armutsbedingten Ökobelastungen kombinieren, kann es zu weltweiten Folgen kommen, die alle übrigen Weltprobleme als klein erscheinen lassen. In der Auseinandersetzung mit dieser Problematik findet Weltinnenpolitik eine problemangemessene Zuspitzung und damit ihren eigentlichen Gegenstand. Vielleicht wird einmal später die Rio-Konferenz über Umwelt und Entwicklung (1992) als Einstieg in eine wirklich weltweit konzipierte kooperative Weltinnenpolitik interpretiert werden können.

2. Ansätze von Weltinnenpolitik und deren programmatische Erweiterung

Weltinnenpolitik im Hinblick auf zentrale Weltprobleme ist in dreifacher Hinsicht zu diskutieren: erstens im Hinblick auf die Globalisierung von internationalen Prozessen, ihren Problemen und den daraus erforderlich werdenden Regelungsschüben; zweitens im Hinblick auf Fragmentierungsprozesse in der Welt und die hierfür erforderlich werdenden Streitschlichtungsmodalitäten; und schließlich drittens im Hinblick auf eine neue Kultur der Konfliktbearbeitung einschließlich entsprechender Interventionsmodalitäten von seiten der Weltgemeinschaft.

2.1. Globalisierung und Regelungserfordernisse

Der Prozeß der Internationalisierung und Globalisierung, der unausweichlich zu einer höheren Komplexität politischer Vorgänge in der Welt führt, macht eine entsprechende Koordination und Konzentrierung von Politik erforderlich. Regelungen sind insbesondere nötig im Hinblick auf die drei zentralen Problembereiche internationaler Politik:

- die internationale Ökologieproblematik und die sich aus ihr ergebenden Erfordernisse, beispielsweise für eine weltweit wirksame Klimakonvention;

- die internationale Entwicklungsproblematik, die sich in der Spannung zwischen den Erfordernissen einer weltweiten Liberalisierung von Märkten und staatsinterventionistischer Entwicklungspolitik bewegt;

- die internationale Sicherheitsproblematik, wie sie sich in den Regelungserfordernissen im Bereich der Nichtweiterverbreitung von Massenvernichtungswaffen, eines umfassenden Teststopp-Abkommens, einer den Waffenhandel beschränkenden Konvention und im Hinblick auf den Transfer von Rüstungstechnologie niederschlägt.

Andere weltweite Problembereiche kommen hinzu, beispielsweise die Abwehr von Seuchen und Epidemien (AIDS), die Eindämmung des internationalen Drogenhandels und entsprechender Geldwäsche, politisch, ökologisch und ökonomisch verursachte internationale Migrationsbewegungen sowie die dadurch mitbedingten innergesellschaftlichen Konflikte.

Die der internationalen Politik zugrunde liegenden Sicherheits-, Entwicklungs- und Ökologiedilemmata lassen - nicht anders als die genannten übrigen Weltprobleme - zufriedenstellende Lösungen in einem rein nationalen Rahmen nicht mehr zu. Absprachen sowie eine Koordination und Konzertierung von Politik sind erforderlich. Dabei darf nicht übersehen werden, daß der normale Bezugspunkt von Politik die Bevölkerung im jeweils eigenen Staate ist. Da die Bevölkerungen aber heute gesellschaftlichen Konflikten stärker ausgesetzt sind als noch vor Jahrzehnten, wird sich diese Binnenorientierung von Politik nicht abschwächen, sondern eher noch akzentuieren. Internationale Regelungen in den genannten Problembereichen werden dadurch um ein Vielfaches erschwert: Ist schon die Koordination von Politik im Innern von Gesellschaften zu einem wachsenden, oft als unhandhabbar erscheinenden Problem geworden, so erweist sich politische Koordination im zwischenstaatlichen und zwischengesellschaftlichen Umfeld als ein noch widerborstigeres Geschäft. Nicht nur schlagen massiv artikulierte innergesellschaftliche Interessen direkt auf die internationale Ebene durch, auch die Konflikte zwischen den Staaten akzentuieren sich. Die Auseinandersetzung mit den genannten Weltproblemen stellt also nicht nur Koordinationsaufgaben auf internationaler Ebene, sondern auch solche im innergesellschaftlichen Bereich, ohne deren zufriedenstellende Lösung die auf internationaler Ebene vertretene Politik keine Legitimität fände.

In aller Nüchternheit muß dabei betont werden, daß nicht alle realen Probleme auf diesem (oder auf anderem) Wege einer Lösung zugeführt werden können. Diese Beobachtung gilt insbesondere für das weitere Wachstum der Weltbevölkerung und die daraus resultierenden schwerwiegenden Folgen im Hinblick auf die Belastbarkeit ohnehin schon brüchiger politischer, sozialer, wirtschaftlicher und kultureller Systeme, von der zusätzlichen Belastung der Ökologie ganz zu schweigen. Was immer möglicherweise hinsichtlich der internationalen Ökologie- und Entwicklungsproblematik an positiven Ergebnissen erreicht werden könnte, wird aller Wahrscheinlichkeit nach durch die absehbare Verdoppelung der Weltbevölkerung konterkariert werden. Und da diese Verdoppelung gerade in den Problemzonen der Welt stattfinden wird, wird die Zerklüftung der Welt eher zunehmen, als sich einebnen lassen. Daher werden sich die Konfliktpotentiale der Welt - innergesellschaftlich, regional, kontinental und weltweit - weiter akzentuieren, der Aufwand für Konfliktbearbeitung wird erheblich zunehmen.

2.2. Der Prozeß der Fragmentierung und die Erfordernisse für Streitschlichtung

Wenn Konflikte zunehmen, sei es, weil Globalisierungsprozesse immer auch zu Marginalisierungen und entsprechenden Konfliktpotentialen führen, sei es einfach, weil unvereinbare Interessen härter aufeinanderstoßen, muß Streitschlichtung zu einem existentiellen Aktionsfeld von Weltinnenpolitik werden. Die hierfür erforderlichen Kapazitäten und Fähigkeiten sind kaum entwickelt.

"Friedliche Streitbeilegung" ist ein völkerrechtliches Konzept, das in wenig akzentuierten Konfliktsituationen vielfach lautlos erprobt ist, jedoch bei zugespitzten Konflikten wenig benutzt wurde - ein deutliches Zeichen für die anhaltende Bedeutung nationaler Souveränität. Es konnte sich deshalb auch kaum wirklich bewähren. Vielleicht sind nunmehr nach dem Ende des Ost-West-Konflikts die Zugzwänge in Richtung auf bilaterale, regionale und internationale Streitschlichtung um ein Vielfaches stärker als in den zwanziger und dreißiger Jahren, in denen dieser Konfliktlösungsmodus weithin versagt hat. Dabei ist an die ganze Palette friedlicher Streitbeilegungsverfahren zu denken: an Konsultation und Verhandlung, an Untersuchung und Tatsachenerhebung, an Vermittlung, gute Dienste, Vergleich und Schiedsspruch, aber auch an gerichtliche Entscheidungen oder an eine Kombination solcher Verfahren.

Von vergleichbarer Bedeutung ist der Ausbau präventiver Diplomatie, vor allem auf der Ebene der Vereinten Nationen und regionaler Organisationen wie der Konferenz über Sicherheit und Zusammenarbeit in Europa (KSZE). Auch muß auf friedensverträgliche Sicherheitsstrukturen hingearbeitet werden, die auf vertrauens- und sicherheitsbildenden Maßnahmen sowie auf Inspektions- und Verifikationsregimen aufbauen und drastische Rüstungsbegrenzungsmaßnahmen vor allem im Bereich offensiv einsetzbarer Waffen zur Voraussetzung haben. Denn nur wo friedliche Streitschlichtung, präventive Diplomatie und friedensverträgliche Sicherheitsstrukturen kombiniert sind, ist der politische Boden für ein gemeinsames System kollektiver Sicherheit, wie es die Charta der Vereinten Nationen vorsieht, aufbereitet.

Wenn Weltinnenpolitik in der Dimension von friedlicher Konfliktbearbeitung nicht nur Programme, sondern Realität werden soll, müßte man unter dem Dach der Vereinten Nationen und wünschenswerter regionaler Suborganisationen (wie der KSZE in Europa und vergleichbarer Institutionen andernorts) Aktivitäten in den genannten Dimensionen fördern. Damit könnte dem Fort- und verstärkten Wiederaufleben gewaltorientierter Konfliktstrategien, soweit das in internationaler Politik überhaupt möglich ist, wirksam entgegengearbeitet werden.

2.3. Zur politischen Kultur legitimer Intervention

Die alte Weltordnung, wie sie sich seit den Staatsbildungsprozessen in der frühen Neuzeit entwickelt hat, baute auf dem Staat als souveränem Akteur auf: Die Welt war eine Staatenwelt. Zu ihren Prinzipien gehörten die völkerrechtlich postulierte Gleichheit aller Staaten und das Interventionsverbot im Sinne des Prinzips der Nichteinmischung. Im Idealtyp dieser Weltordnung entschieden die Staaten als die wesentlichen Akteure gemäß einer Selbstbeurteilung politischer Lagen und Interessen; sie handelten vermittels Strategien, die nach eigenem Gutdünken festgelegt wurden (Selbsthilfe). Individuen spielten in dieser Weltordnung keine Rolle.

Diese alte Weltordnung der Souveränität glich in der Wirklichkeit niemals ihrem Idealtypus. Heute jedoch ist die immer noch existierende Staatenwelt, wenngleich in Abschichtungen, von jener Erscheinung durchdrungen, die jüngst als internationale "Gesellschaftswelt" beziehungsweise "Wirtschaftswelt" bezeichnet wurde (Ernst-Otto Czempiel): Unterschiedliche Interdependenzen haben die Völker "in wirksame Verhältnisse miteinander kommen lassen" (Immanuel Kant). Die Folge in vielen Bereichen sind gegenseitige Einwirkungen.

Ganz allgemein läßt sich beobachten, daß in aller Regel Politik, die in umgrenzten Räumen wie beispielsweise in einzelnen Staaten betrieben wird, ungeachtet des Ortes dieser Staaten in der internationalen Hierarchie erhebliche Folgewirkungen in anderen Staaten zeitigt. Das gilt nicht nur für Wirtschaftsbeziehungen, wo Produktivitätsfortschritte an einer Stelle zu einem Verdrängungswettbewerb an anderen Stellen führen. Inzwischen erzeugt insbesondere die Internationalisierung von Information und Kommunikation erhebliche weltweit spürbare Effekte. Ferner: Ökonomische Zusammenbrüche und ökologische Katastrophen lassen Flüchtlingsströme entstehen, die ihrerseits Probleme in Gesellschaften auslösen, die mit der Verursachung dieser Ereignisse nichts zu tun haben und die sich dennoch deren Folgen nicht entziehen können. Insbesondere ziehen Kriege und Bürgerkriege Folgeprobleme andernorts nach sich, die nicht ohne weiteres abwehrbar sind. Auch ist die Sensibilität für das Schicksal von Menschen, wie es sich an irgendeiner Ecke in der Welt kundtut, heute zumindest in den hochindustrialisierten Ländern größer als in der Vergangenheit; daher setzen dramatische politische Ereignisse und insbesondere Notlagen, durch die große Teile einer Bevölkerung oder ganze Völker betroffen werden, andernorts Menschen und politisch Verantwortliche unter Handlungszwänge.

Wenn dies aber die Wirklichkeit ist, kann nicht mehr gleichgültig sein, welche Politik andernorts betrieben wird, insofern Konsequenzen dieser Politik andere Staaten, Völker und Menschen in das nahe oder fernere Geschehen einbeziehen.

Auch kann nicht übersehen werden, daß Staaten zwar immer noch ein Eckpfeiler internationaler Ordnung sind, die Beurteilung von internationaler Politik sich aber immer mehr auf die Frage zuspitzt, ob Politik dem Schutzgebot gegenüber dem einzelnen gerecht wird: dem Schutz der Freiheit, dem Schutz vor Gewalt, dem Schutz vor Not und dem Schutz vor Chauvinismus. Man kann in dieser vierfachen Schutzaufgabe das Ziel aller Friedenspolitik sehen. Weltinnenpolitik begründet sich letztlich normativ in dieser vierfachen Hinsicht - ob mit oder ohne Erfolg, ist eine andere Frage.

Wenn die Interdependenzen in der Welt zunehmen, dann findet faktisch eine Einmischung in die inneren Angelegenheiten anderer Völker statt. Zugespitzt kann sich nur die Frage stellen, welche bewußten und gezielten Einmischungen von außen - ungeachtet des alten völkerrechtlichen Prinzips der Nichteinmischung in die inneren Angelegenheiten anderer - rechtens sind. Mit anderen Worten: Angesichts der Folgeeffekte des Handelns politischer Führungen und gesellschaftlicher Akteure andernorts ist im Hinblick auf abträgliche Folgen eine Kasuistik legitimer Intervention im Sinne der vierfachen Schutzbedürftigkeit von Individuen geboten.

3. Vorschläge für eine Interventionskasuistik

Eine solche Interventionskasuistik könnte - beispielhaft - von folgenden Fallgruppen ausgehen:

1. Genozid-Politik: Wenn, wie im Falle Kambodschas unter dem Pol-Pot-Regime, eine politische Führung dabei ist, am eigenen Volk Völkermord zu begehen, ist eine Intervention gemäß der UN-Charta und anderer völkerrechtlich relevanter Dokumente geboten.

2. Politik, die Menschen massenhaft vertreibt: Wenn eine Politik, gleich aus welchen Gründen (Bürgerkrieg, Wirtschaftspolitik mit katastrophalen Folgen, Rassismus), gezielt oder in der Konsequenz Menschen vertreibt, so daß diese, wollen sie überleben, Schutz und Hilfe andernorts suchen müssen, ist Intervention geboten. Solche Politik führt zu einer Art von Folgeüberwälzung nach außen und schafft in Staaten und Gesellschaften, die keinerlei Verantwortung für ihre Verursachung haben, oft gravierende Probleme. Es besteht deshalb legitimes Interesse und auch ein Recht, solche Ursachen abzustellen. Sollte beispielsweise demnächst serbische Politik im Kosovo dazu führen, daß die Kosovo-Albaner als Ergebnis "ethnischer Säuberung" ihr Land fluchtartig verlassen, möglicherweise sogar eine kriegerische Auseinandersetzung zwischen Albanien und Serbien droht, handelt es sich um einen Fall dieser zweiten Kategorie.

3. Kriege/Bürgerkriege und erforderliche Hilfsaktionen: Wenn Kriege und Bürgerkriege Menschen in katastrophale Notlagen treiben, die sie aus eigenen Kräften nicht mehr abwenden können, sind internationale Hilfsaktionen geboten, die allerdings nicht nur die unmittelbare Not an Ort und Stelle lindern dürfen, sondern auch auf die Beseitigung der Kriegs- und Bürgerkriegsursachen einwirken müssen. Wenn, wie derzeit im ehemaligen Jugoslawien oder in Somalia, Menschen systematisch in den Tod und in Not getrieben werden, stellt sich die Frage von Intervention oder Nichtintervention, einschließlich einer militärischen Komponente, eigentlich nicht im Prinzip; es stellt sich vielmehr nur noch die Frage, ob eine Intervention angesichts der Lage an Ort und Stelle Aussicht auf Erfolg hat.

4. Innere Drangsalierung von Menschen ohne externe Folgen: Gravierende Verletzungen fundamentaler Menschenrechte sind bei repressiven Regimen an der Tagesordnung. Dieser Fall bezieht sich auf Vorgänge im Inneren einer Gesellschaft, die nicht unmittelbare Folgewirkungen andernorts zeitigen (wie es beispielsweise in dem Massaker der chinesischen Führung an eigenen Bürgern auf dem Tian-An-Men-Platz in Peking der Fall war). Solche Mißachtung von Menschenrechten findet, wie auch in den Jahresberichten von Amnesty International dokumentiert, leider weltweit und anhaltend statt. Wollte man in allen diesen Fällen intervenieren, würde das Instrument der Intervention völlig überbürdet und damit gelähmt. Intervention ist in solchen Fällen nur in der Form gezielter Verurteilungen sowie, um Nachdruck zu verleihen, nur mit Hilfe von Embargo- und Boykottmaßnahmen möglich.

5. Verletzung von Minderheitsrechten: Viele der derzeit innerhalb und außerhalb Europas beobachteten Konflikte haben eine ethnopolitische Komponente

und resultieren daraus, daß Minderheitsrechte sträflich mißachtet werden. Internationale Politik sollte auf die förmliche Garantie von Minderheitsrechten ausgerichtet sein und, wie im KSZE-Rahmen schon erfolgt, auf entsprechende Prinzipien verpflichtet werden. Werden trotz solcher Selbstverpflichtungen, wie sie alle KSZE-Mitglieder eingegangen sind, Minderheitsrechte verletzt, wären ein Konzept und ein institutioneller Rahmen gegeben, über den die internationale Gemeinschaft legitim zu intervenieren imstande ist. Intervention auf dem Hintergrund internationaler Regelungen kann nicht durch den Hinweis auf das Prinzip der Nichteinmischung abgewehrt werden.

6. Ökologische Kriegführung: Interventionistische Politik gegen die Androhung ökologischer Kriegführung beziehungsweise im Falle einer tatsächlich stattfindenden Kriegführung dieser Art sollte von vornherein als von seiten der internationalen Gemeinschaft legitimiert gelten.

7. Streben nach Massenvernichtungswaffen und ihre Proliferation: Beides sollte mit deutlichen Sanktionen belegt werden. Eine solche Politik kann nur an Legitimität gewinnen, wenn die heutigen Besitzer von Massenvernichtungswaffen ihre eigenen Bestände abbauen und dazu beitragen, daß die Produzenten von zivil- und rüstungswirtschaftlicher Technologie entsprechende Anlagen nicht aus dem eigenen Hoheitsbereich heraus in andere Staaten transferieren.

Eine Interventionskasuistik dieser Art läuft natürlich Gefahr, Fälle legitimer Intervention zu bezeichnen, bei denen eine (wie immer im einzelnen abgestufte) Intervention nicht unter allen Umständen tatsächlich durchführbar ist. Opportunitätsgesichtspunkte spielen eine erhebliche Rolle: Was kann aufgrund welcher Intervention mit welcher Wahrscheinlichkeit tatsächlich erreicht werden? Auf diese Frage gibt es nur in den seltensten Fällen eine eindeutige Antwort. Auch ist die Legitimität von Intervention nach der Schwere des Verhaltens zu bewerten.

Wichtig für das Verständnis der Interventionsproblematik ist ein vorgängiges Verständnis dessen, was als Friedensbedrohung zu begreifen ist. "Threats to world peace": Die Bedrohung des Friedens findet nicht nur statt, wenn ein Staat den anderen mit militärischen Mitteln angreift. Ein zeitgemäßes Konzept der Friedensbedrohung hat die oben zitierte vierfache Schutzbedürftigkeit von Menschen zur Grundlage: Schutz der Freiheit, Schutz vor Gewalt, Schutz vor Not und Schutz vor Chauvinismus. Deshalb ist eine Politik, die gravierenden Verstößen gegen die Schutzbedürftigkeit von Menschen entgegenwirkt, von vornherein und prinzipiell legitim, wenn sie glaubhaft auf die Wiederherstellung solchen Schutzes ausgerichtet ist. Die Gefahr, daß dabei Intervention politisch mißbraucht wird, besteht heute weit weniger als vor Jahrzehnten, denn die Sensibilität der internationalen Öffentlichkeit gegenüber einem mißbräuchlichen Verhalten ist ständig im Wachsen. "Humanitäre Interventionen" im Sinne imperialistischer Politik, wie sie noch vor 100 Jahren gang und gäbe waren, stehen kaum mehr auf der Tagesordnung.

Das Konzept einer Weltinnenpolitik provoziert letztlich die Frage, ob es zu einer Zivilisierung der internationalen Beziehungen kommen wird oder nicht. Wenn über weltinnenpolitische Bezüge die Zivilisierung internationaler Politik vorangetrieben werden könnte, würden auch die Anlässe und das Ausmaß legitimer Einmischung in die inneren Angelegenheiten von Staaten eher eine Randerscheinung werden, vergleichbar den Bemühungen im Inneren von Staaten um eine angemessene Bearbeitung von abweichendem Verhalten. Der Interventionsbedarf kann jedoch, gemessen an den Auslösersituationen für legitime Intervention, so wachsen, daß dadurch das Instrumentarium selbst ungeachtet aller Opportunitätsprobleme überfordert würde. Viel wird also davon abhängen, ob in der Folge der konkreten Ausgestaltung von Weltinnenpolitik bei einer wachsenden Zahl von Staaten, Gesellschaften und Völkern ein ausreichendes gemeinsames Verständnis über die Erfordernisse zivilisierter Politik zustande kommt oder nicht. Kommt es zustande, dann entstünde eine Kultur legitimer Intervention, die gegen die Exzesse menschenverachtender Politik gerichtet wäre.

3. ERSCHLIEBUNGSFRAGEN

1) Woraus schöpft nach Hanrieder der moderne Nationalstaat seine Macht und wie wirkt sich der "neue Nationalismus" auf die Inhalte der internationalen Politik aus?

2) Wie hängen - nach Hanrieder - Nationalstaatlichkeit und Interdependenz zusammen?

3) Warum kann man nach Hanrieder das internationale System nicht als "interdependentes System" im Sinne des Interdependenzansatzes bezeichnen?

4) Was heißt "domestication" internationaler Politik und auf welche Strukturmerkmale der internationalen Beziehungen bezieht sich Hanrieder, wenn er von der "domestication" interntaionaler Politik spricht?

5) Welche Typen von Nationalstaaten fördern die "domestication" interntionaler Politik und welche Typen tendieren eher zur Aufrechterhaltung der klassischen Unterscheidung von "high" und "low politics"? Begründen Sie Ihre Antwort.

6) Warum fördert die "domestication" internationaler Politik die Bereitschaft des Nationalstaates, sich an kooperativ-koordinierenden internationalen Strukturen (internationale Regime bzw. regionale Zusammenschlüsse) zu beteiligen?

7) Hanrieder charakterisiert die Prozesse, aus denen er seine These ableitet als solche, die eine Dialektik zwischen Unabhängigkeit und Interdependenz widerspiegeln. Erläutern Sie dies.

8) An welchem Ausschnitt des internationalen Systems kann man am besten erläutern, was "Weltinnenpolitik" sein könnte und warum?

9) Was versteht man unter "Weltrisikogesellschaft"?

10) Inwiefern stellt die Beschäftigung mit den Problemen der Weltrisikogesellschaft den eigentlichen Gegenstand der Weltinnenpolitik dar?

11) In welchen zentralen Bereichen der internationalen Politik ist nach Senghaas Koordination und Konzertierung von Politik erforderlich?

12) In welcher Hinsicht läßt sich Weltinnenpolitik normativ begründen?

13) In welchen Fällen hält Senghaas eine Intervention gemäß der UN-Charta zum Schutz von Individuen für gerechtfertigt?

4. WEITERFÜHRENDE LITERATUR

CZEMPIEL, Ernst-Otto, *Weltpolitik im Umbruch. Das internationale System nach Ende des Ost-West-Konflikts*, München 1992

CZEMPIEL, Ernst-Otto, "Intervention aus politikwissenschaftlicher Sicht", in: ders. /Werner Link (Hrsg.), *Interventionsproblematik*, Kehl a. Rhein, Straßburg 1984

HANRIEDER, Wolfram, "Dissolving International Politics: Reflections on the Nation-State", in: *American Political Science Review* 72 (1978), S. 1276-1287

IPSEN, Knut, "Auf dem Weg zur Relativierung der inneren Souveränität bei Friedensbedrohung", in: *Vereinte Nationen* 2/1992

MATTHIES, Volker, *Frieden durch Einmischung*, Bonn 1993

SENGHAAS, Dieter, "Weltinnenpolitik, Ansätze für ein Konzept", in: *Europa-Archiv* 22/1992, 643-652

VERHEUGEN, Günter, "Außenpolitik als globale Innenpolitik", in: *Die neue Gesellschaft/Frankfurter Hefte*, Bonn 41/10 (1994), S. 897-902

ZENK, Peter-Michael, *Auf dem Weg zur Weltinnenpolitik? Zur Problematik militärischer Intervention bei innerstaatlichen Konflikten*, Hamburg: Institut für Friedensforschung u. Sicherheitspolitik 1994, (Hamburger Beiträge zur Friedensforschung u. Sicherheitspolitik, H. 86)

Glossar

aktuelle Gewalt (→ Seidelmann): = direkt auf Personen und Sachen einwirkende und an den davon ausgehenden Beschädigungen oder Zerstörungen empirisch erfaßbare Gewalt.

Balance of Power (→ Realistische Schule): ein Prinzip, das das Machtungleichgewicht, das zwischen den verschiedenen Staaten existiert, ausgleicht. Das Gleichgewichtsprinzip richtet sich vor allem darauf, die Unabhängigkeit der Staaten zu erhalten. Die realistische Schule unterscheidet das Gleichgewichtsprinzip im Naturzustand vom Gleichgewichtsprinzip in einer internationalen Gesellschaft. Während das Gleichgewichtsprinzip im Naturzustand Anwendung findet, um die nationale Unabhängigkeit zu sichern, impliziert es im Kontext einer internationalen Gesellschaft Selbstbeschränkung und die Beschränkung anderer, ist hier also sehr eng mit dem Reziprozitätsprinzip verbunden.

Bipolarität (→ Hoffmann): bezeichnet eine Ordnung, die auf der Existenz zweier Mächte - die Vereinigten Staaten und die Sowjetunion - beruht, deren Macht die einer jeden anderen Einheit bei weitem übersteigt und die einander so ebenbürtig sind, daß sie gemeinsam in die höchste Gruppe eingestuft werden können, gemessen am üblichen Machtmaßstab, nämlich der Fähigkeit, Kriege zu führen und dem Feind Schaden zuzufügen.

direkte Interdependenz (→ Interdependenztheorie): bezeichnet die gegenseitige Abhängigkeit zwischen den beiden Blöcken und/oder den sie vertretenden Supermächten (direkte horizontale Interdependenz) und die Abhängigkeit zwischen einer Supermacht und den Mitgliedern des von ihr geführten Blocks (direkte vertikale Interdependenz).

erkenntnisleitendes Interesse (→ Seidelmann): = normative Setzung, die es ermöglicht, Kriterien für die Entwicklung wissenschaftlicher Fragestellungen und für die Bewertung der damit gewonnenen Untersuchungsergebnisse abzuleiten.

Funktionalismus (→ Integrationstheorie): unterstellt sachlich begrenzte gemeinsame Interessen zwischen Staaten, die dann in einem Zusammenschluß organisiert werden können, und zwar durch einen Begründungsakt der Regierungen.

hegemoniale Stabilität (→ Regime-Analyse; Internationale Politische Ökonomie): ein von R. Keohane und J. Nye entwickelter Ansatz, der davon ausgeht, daß offene Märkte die Existenz eines starken Regimes, vorzugsweise eines hegemonialen, voraussetzen. Die Theorie der hegemonialen Stabilität besagt im Kern, daß nur eine Hegemonialmacht imstande ist, den Ordnungsrahmen für eine offene Weltwirtschaft herzustellen und zu sichern. Regime seien stabil, solange ihnen die Macht des Hegemons Halt verleiht. Sie werden geschwächt oder verfallen gar, wenn der Hegemonialstaat Macht verliert und seine Ordnungsfunktion nicht mehr erfüllen kann.

horizontale Kommunikation (→ Kaiser): bezeichnet sowohl die Interaktionen zwischen gesellschaftlichen Akteuren verschiedener nationalstaatlicher Systeme als auch zwischen den politischen Institutionen der staatlichen Einheiten.

indirekte Interdependenz (→ Interdependenztheorie): bezeichnet jene Fälle, in denen die beiden Supermächte durch Auseinandersetzungen zwischen ihren Klienten auf einer niedrigeren Systemebene (z.B. Indochina-Kriege, Nahostkonflikt) tangiert werden, ohne direkt in einen Konflikt verwickelt zu sein (indirekte horizontale Interdependenz) und beschreibt das Verhältnis zwischen einem und/oder beiden Blöcken und den Staaten der Dritten Welt (indirekte vertikale Interdependenz).

Inkrementalismus (→ Integrationstheorie): = Planungs- und Entscheidungstheorie. Inkrementalismus bedeutet ein schrittweises Vorgehen bei der Erreichung eines Planungsziels unter genauer Angabe der jeweiligen Änderungen und des Folgeschritts.

Integration: = institutionalisierte Verflechtung von Staaten. Die Integrationstheorie untersucht Prozesse der politischen Einigung und versteht diese als das Ergebnis wirtschaftlicher, technologischer und gesellschaftlicher Kooperation und Verflechtung.

Interdependenz: bezeichnet wechselseitige Abhängigkeitsstrukturen, die ein Ergebnis internationaler und transnationaler Interaktionsprozesse sind. Interdependenztheorie untersucht die Durchlässigkeit staatlicher Grenzen und das Ineinandergehen von Außen- und Innenpolitik.

Internationale Gesellschaft (→ Realistische Schule): charakterisiert die Zusammenarbeit und das Zusammenleben einer Gruppe von Staaten, die sich im Bewußtsein gemeinsamer Interessen und gemeinsamer Werte zu einer Gesellschaft zusammengeschlossen haben, in der ein gemeinsames Regelwerk das Zusammenleben ermöglicht und die dazu dient, die Unabhängigkeit und die Souveränität eines jeden Mitglieds zu bewahren. Um eine internationale Gesellschaft zu etablieren, ist es notwendig, zwei konfligierende Umstände miteinander in Einklang zu bringen: zum einen das mit den Ideen von Souveränität und Unabhängigkeit verbundene Streben der Nationalstaaten nach Gleichheit und zum anderen die Anerkennung der unterschiedlichen Machtpotentiale, die jeweils unterschiedliche Möglichkeiten der Grenzsicherung und Interessendurchsetzung implizieren. Die Prinzipien der →*Reziprozität* und des Machtgleichgewichts (→ *balance of power*) helfen diese konfligierenden Interessen auszugleichen und das Konfliktpotential einzudämmen.

issue area: (→ Interdependenztheorie) = ein Problembereich, der durch einen gemeinsamen inhaltlichen und verfahrensmäßigen Bezug der ihn konstituierenden Probleme und ein darauf bezogenes Rollenverhalten von Akteuren gekennzeichnet ist. (→ *penetriertes System*; → *linkage-Politik*)

linkage-Politik (→ Seidelmann; Interdependenztheorie): bezeichnet zwei oder mehrere an sich voneinander unabhängige politische Forderungen, Themen oder Bereiche miteinander zu verknüpfen und so politische "Pakete" zu bilden. Das "linkage"-Konzept bemüht sich durch die Aufhebung der analytischen Trennung von Außen- und Internationaler Politik darum, die künstliche Trennung von Akteure und Interaktionen zu überwinden und den gegenseitigen Bezug von Außen- und Internationaler Politik auch begrifflich zu verdeutlichen. Das "linkage"-Konzept ermöglicht die Erstellung eines detaillierten "linkage framework", eines Bezugsrahmens, in dem sowohl das einzelstaatliche politische System und seine Einheiten - Akteure, Einstellungen, Institutionen, Prozesse - festgemacht und die in ihm ablaufenden Vermittlungsprozesse dargestellt als auch die verschiedenen regionalen und problemorientierten Systeme angegeben werden können.

multinationale Regularisierung (→ Kaiser): liegt dann vor, wenn Regierungen auf die von der transnationalen Politik für die Verwirklichung ihrer Ziele aufgeworfenen Probleme dadurch antworten, daß sie für die entsprechenden Teilbereichen - gegebenenfalls unter Errichtung oder Einschaltung internationaler Organisationen - eine Koordinierung ihrer Politik auf dauerhafter Basis durchführen.

Multipolarität (→ Hoffmann): beschreibt den Trend zur nuklearen Proliferation. Dieser Trend ist das Resultat der Befürchtung, daß die Großmächte die verbündeten kleineren Mächte nicht schützen werden, weil dies möglicherweise zu ihrer eigenen Zerstörung führt. Die kleinere Macht gerät deshalb in die Versuchung, sich selbst durch Nuklearwaffen zu schützen.

Nationalinteresse (→ Realistische Schule): Der Begriff des nationalen Interesses deckt ein derart breites Bedeutungsspektrum ab, daß er kaum inhaltlich präzise zu füllen ist. Darüber hinaus existiert auch kein verbindlicher Interpretationsrahmen, in den er sich einpassen ließe. Traditionell wird der Begriff des Nationalinteresses folgendermaßen beschrieben und eingeordnet: Das Nationalinteresse entspringe dem nationalen Egoismus des Menschen und bezeichne die auf das Volk verlagerte Eigenliebe. Nationalinteresse sei als Summe all jener Gegebenheiten aufzufassen, die unter dem Gesichtspunkt ihres Vorteils für den Staat bewertet werden. Zu diesen Gegebenheiten zählen vor allem der Wille zum Überleben (Selbsterhaltung), die Bewahrung der territorialen Existenz, der politischen Unabhängigkeit und fundamentalen Einrichtungen des Staates, das Streben nach außenpolitischer Handlungsfreiheit, Prestige und Machtzuwachs.

negativer Friede (→ Seidelmann): = Nichtkrieg; bezeichnet den Zustand eines Staatensystems, in dem Konflikte nicht mit militärischer Gewalt ausgetragen werden. Dieser Friede bezieht sich sowohl auf einen Verhaltenszustand als auch auf ein Prozeßmuster zwischenstaatlicher Beziehungen.

Neue Politische Ökonomie (→ Strange): auch ökonomische Theorie der Politik; untersucht die Interdependenz zwischen Wirtschaft und Politik mit dem Instrumentarium der modernen Wirtschaftstheorie. Sie geht davon aus, daß Regierungen, Verwaltungen und Interessengruppen den Ablauf nicht nur des politischen, sondern auch des wirtschaftlichen Geschehens bestimmen. Sie fordert deshalb, auch die Träger (wirtschafts-)politischer Entscheidungen in der Ökonomie zu berücksichtigen, z.B. wenn es um Vorschläge politisch durchsetzbarer wirtschaftspolitischer Maßnahmen geht.

penetriertes System (→ Interdependenztheorie): erklärt eine Verknüpfung zwischen nationalem und internationalem System in bestimmten Problembereichen. Ein penetriertes System liegt nach Rosenau dann vor, wenn "Nichtmitglieder eine nationalen Gesellschaft direkt und bindend durch Maßnahmen, die gemeinsam mit Mitgliedern der Gesellschaft unternommen werden, entweder bei der Zuteilung ihrer Werte oder bei der Mobilisierung von Unterstützung für die Verwirklichung ihrer Ziele teilnehmen."

Perzeption (→ Sicherheitsdilemma; Jervis): = Wahrnehmung der äußeren Umwelt durch den Akteur. Die Perzeptionstheorie analysiert, wie sich Bilder (images) und Einstellungen aus dem Verhältnis zwischen zwei Nationen entwickeln und welche Rolle sie im außenpolitischen Prozeß spielen. Die Grundannahme derartiger Forschungen ist, daß das menschliche Verhalten in weitem Umfang von der Art und Weise bestimmt wird, in der der Mensch seine physische und gesellschaftliche Umgebung wahrnimmt und beurteilt.

Politische Ökonomie (→ Strange): kam als Begriff gegen Ende des 18. Jahrhunderts auf; er bezeichnete zu diesem Zeitpunkt den eng begrenzten Bereich politischen Handelns, der sich auf die Wohlfahrt eines Staates und die Regulierung seiner wirtschaftlichen Angelegenheiten bezog. Zu den Vertretern der auch als "klassische Theorie" bezeichneten Politischen Ökonomie gehören neben Adam Smith auch David Ricardo, Jean Baptiste Say, Thomas Robert Malthus und John Stuart Mill.

politisches System (→ Czempiel): = Im Rahmen der struktur-funktionalen Theorie David Eastons wird darunter der Satz derjenigen Rollen verstanden, die rechtlich verbindlich Wertallokationen treffen (= Regierung, Parlament, Bürokratie, Parteien).

Polyzentrismus (→ Hoffmann): beschreibt den Zustand des internationalen Systems, der aus der Abwertung der Erzwingungsgewalt resultiert. Der Begriff Zentren beschreibt jene Einheiten, die die "neuen" Machtfaktoren (diplomatische Position, die Rolle in Bündnisse und Organisationen, geographische Lage, Besitz knapper Rohstoffe, menschliche Talente, Störpotentiale) in ausreichender Menge besitzen und darauf drängen, eine Rolle in der internationalen Politik zu spielen.

positiver Friede (→ Seidelmann): = Friedensbegriff, der im Rahmen der "kritischen Friedensforschung" entwickelt wurde. Mit diesem Begriff wird die Aufmerksamkeit auf nichtmilitärische Gewaltformen gelenkt, z.B. wirtschaftliche Gewalt oder soziokulturelle Gewalt.

Realpolitik (→ Realistische Schule): Vgl. hierzu Ludwig von Rochau, Grundsatz der Realpolitik, 1853. Dieser Begriff hatte zunächst innenpolitische Bedeutung. Das durch ihn bezeichnete Programm hob darauf ab, den deutschen Liberalismus zum Verlassen seiner während der Revolution 1848/49 bezogenen ideologischen Position und zur stärkeren Anpassung an die politische Wirklichkeit zu bewegen. In der Folge diente der Begriff dann vornehmlich zur Charakterisierung der Bismarck'schen Außenpolitik, die - verstanden als eine Politik des Möglichen - weder als reine Machtpolitik noch als reine Interessenpolitik aufgefaßt wurde, sondern, indem sie sich an den tatsächlichen

- eben realen - Gegebenheiten der internationalen Lage orientierte, ihre politischen Zielsetzungen beschränkte und - wie es eine spätere Definition will - "... mit den gegebenen Verhältnissen rechnet und weder unerreichbaren Zielen nachjagt noch sich durch Gefühle und Stimmungen leiten läßt." Realpolitik wurde von ihren Gegner häufig als unverantwortlicher Opportunismus gebrandmarkt. Ein wenig von diesem Vorwurf klingt gelegentlich noch in der Übernahme des Begriffes in den anglo-amerikanischen Sprachgebrauch an. Im allgemeinen bezeichnet er dort aber eine Politik, die folgende Elemente enthält: zentrales Bewegungsmoment jeglicher Politik ist das Interesse des Herrschers, später des Staates; die politischen Zwänge und Notwendigkeiten entspringen aus dem unregulierten Wettbewerb der Staaten; politisches Kalkül, das diese Notwendigkeiten berücksichtigt, kann rationale politische Strategien ermitteln; letztes Beurteilungskriterium für die Politik ist der Erfolg, und Erfolg wird definiert als die Erhaltung und Stärkung des Staates.

Regime (→ Regime-Analyse): bezeichnen Netzwerke von Regeln, Normen und Verfahren, die Interdependenzbeziehungen beeinflussen. Ein internationales Regime ist eine norm- und regelgeleitete Form der Bearbeitung von Konflikten, die sich auf die Konfliktgegenstände innerhalb eines Problemfeldes bezieht. Internationale Regime können unterschiedliche Problemfelder regulieren, sich gegenseitig beeinflussen oder auf denselben Prinzipien beruhen und ähnliche Normen und Regeln aufweisen.

Reziprozität (reciprocity) (→ Realistische Schule): = 'equality of treatment'. Dieses Prinzip wird betrachtet als die Grundlage aller Zusammenarbeit in der internationalen Gesellschaft. Denn die Voraussetzung für die Errichtung einer internationalen Gesellschaft ist die Bereitschaft ihrer Mitglieder die Unabhängigkeit eines jeden Mitgliedes anzuerkennen. Reziprozität impliziert die Möglichkeit, bei Mißachtung des Grundsatzes der Gleichheit Vergeltungsmaßnahmen einzuleiten. Reziprozität sei insofern die Grundlage der Diplomatie, des internationalen Rechts und internationaler Organisationen.

Sensitivity- und Vulnerability-Interdependenz (→ Interdependenztheorie): = Maßstab für die Erfassung unterschiedlicher Betroffenheit von Staaten bei Veränderungen im internationalen Staatensystem. Das Konzept basiert auf der Annahme, daß Veränderungen politischer Richtlinien dazu benutzt werden können, Folgekosten zu mindern. Ob solche politischen Rahmenbedingungen in einem Staat verändert werden oder nicht, als Antwort darauf, daß die Handlung eines anderen Staates zu Nachteilen geführt hat, dies ist das Kriterium für die Unterscheidung zwischen Sensitivity (Empfindlichkeit) und Vulnerability (Verwundbarkeit)-Interdependenz. Empfindlichkeit/Sensitivity bezeichnet den Grad der Neigung eines Akteurs, auf Veränderungen von außen negativ zu reagieren, solange keine politischen oder wirtschaftlichen Abwehrmaßnahmen gegen die von außen initiierten Veränderungen des Handlungsumfeldes getroffen wurden. Verwundbarkeit/Vulnerability bezeichnet hingegen den Umstand, daß ein Akteur, auch nachdem er sich bemüht hat, die negativen Effekte einer von außen initiierten Veränderung des Handlungsumfeldes durch entsprechende Gegensteuerung abzuwenden bzw. abzumildern, weiterhin unter diesen Veränderungen leidet.

Sicherheitsdilemma (→ Jervis): bezeichnet den Mechanismus, daß das ständige Ansammeln von Machtmitteln zur Erhaltung und Erweiterung der eigenen Sicherheit schließlich das Gegenteil des ursprünglichen Zieles bedingt, nämlich gesteigerte Unsicherheit, weil diese Politik von anderen Akteuren als Bedrohung empfunden wird und sie ihrerseits zum Aufrüsten veranlaßt, um den vormaligen Machtvorsprung wiederzuerlangen und noch auszubauen. Diese Spirale resultiert schließlich in Machtakkumulation, Machtwettstreit, Aufrüstung und letztendlich in tatsächlicher Gewaltanwendung.

Souveränität (→ Realistische Schule): = die innere und äußere Macht eines Staates. Innere Souveränität besteht dann, wenn ein Staat das Monopol über den legitimen Gebrauch von Gewaltmitteln innerhalb seiner Grenzen besitzt. Äußere Souveränität herrscht dann vor, wenn der Staat keiner höheren Autorität unterworfen ist. D.h. äußere Souveränität setzt voraus, daß ein Staat genügend Macht besitzt, um äußere Versuche, in die inneren Angelegenheiten zu intervenieren, abwehren zu können.

spill-over-Effekt (→ Integrationstheorie): Von einem "spill-over"-Effekt spricht man dann, wenn die Kooperation wegen der unterschiedlich intensiven Integration in Teilbereichen und aufgrund der Vorteile, die sie sichtbar bietet, sich "automatisch" auf weitere Bereiche ausdehnt und letztendlich zu einer immer engeren Interessenverflechtung führt. Am Ende einer solchen Entwicklung steht eine politische Gemeinschaft, die das ganze Spektrum der internationalen Beziehungen des neuen Entscheidungszentrums abdeckt.

strukturelle Gewalt (→ Seidelmann): = diejenigen Strukturen, die zur Aufrechterhaltung von ungerechter Herrschaft dienen und die nur indirekt, d.h. über den Rückschluß von mangelnden Selbstbestimmungs- und Selbstverwirklichungsmöglichkeiten erfaßbar sind. Strukturelle Gewalt sind verfestigte gesellschaftliche Muster, die durch Verinnerlichung, Gewöhnung oder schlichte Hinnahme zu ihrer Aufrechterhaltung in der Regel keiner aktuellen Gewalt mehr bedürfen. Strukturelle Gewalt ist objektiv vorhanden und konstituiert Konfliktpotential, das aber, weil es oft subjektiv nicht wahrgenommen wird, nicht zur Austragung kommt.

take-off-Punkt (Integrationstheorie; K.W. Deutsch): = abgewandelte Form des "spill-over"-Konzeptes. Nach Deutsch muß zunächst der "take-off"-Punkt erreicht werden, bevor Integration von einem theoretischen Konzept zur politischen Realität werden kann.

transnationale Gesellschaft (→ Kaiser): liegt dann vor, wenn zwischen Gesellschaften verschiedener nationalstaatlicher Systeme in bestimmten Sachbereichen soziale Interaktion stattfindet.

transnationale Korporationen (→ Czempiel): bezeichnet diejenigen wirtschaftlichen Unternehmen der Industrie-, Bergbau-, Dienstleistungs- und Finanzsektoren, die ihren Sitz in einem Land haben und Tochtergesellschaften mindestens in einem fremden Land besitzen.

transnationale Politik (→ Kaiser): = jene politischen Prozesse zwischen nationalstaatlichen Regierungen und/oder zwischen transnationaler Gesellschaft und Regierung(en), deren Anstoß von Interaktionen in der transnationalen Gesellschaft gegeben wurde.

vertikale Kommunikation (→ Kaiser): bezeichnet Interaktionen zwischen Gesellschaften und ihren jeweiligen Regierungsinstitutionen.

Vulnerability-Interdependenz (→ *Sensitivity- und Vulnerability-Interdependenz*)

Werturteilsstreit (→ Seidelmann): In den 1960er Jahre stattfindende wissenschaftliche Kontroverse darum, ob, wie und welche Werturteile in die wissenschaftliche Analyse eingeführt werden sollten.